Econometrics: Theory, Applications and Data Analysis Using Stata

计量经济学

理论、应用与Stata操作

李景华　编著

上海财经大学出版社

图书在版编目(CIP)数据

计量经济学:理论、应用与Stata操作/李景华编著. —上海:上海财经大学出版社,2023.4

ISBN 978-7-5642-4137-7/F·4137

Ⅰ.①计… Ⅱ.①李… Ⅲ.①计量经济学 Ⅳ.①F224.0

中国国家版本馆CIP数据核字(2023)第048428号

□ 策划编辑 石兴凤
□ 责任编辑 石兴凤
□ 封面设计 贺加贝

计量经济学

理论、应用与Stata操作

李景华 编著

上海财经大学出版社出版发行

(上海市中山北一路369号 邮编200083)

网 址:http://www.sufep.com

电子邮箱:webmaster@sufep.com

全国新华书店经销

上海华业装璜印刷厂有限公司印刷装订

2023年4月第1版 2024年8月第3次印刷

787mm×1092mm 1/16 27印张 624千字

定价:98.00元

在终极分析里，一切知识都是历史；在抽象情形下，一切科学都是数学；在理性角度上，一切判断都是统计学。①

——[印]C. R. 拉奥

前言

如果说人们研究物理是为了了解自然界中物质的结构、物质间的相互作用以及物质运动变化的规律，那么研究经济就是为了了解社会经济系统的基本结构、相互作用和运行规律。经济系统中各部分之间、经济过程中各环节之间和经济活动中各因素之间，在经济运行过程中都存在着内在的、本质的、必然的联系。虽然一般经济理论从定性角度总结了这种联系，但是如果缺乏对其中定量的相互依存关系的揭示，就不能深刻地了解经济规律。因此，揭示经济现象中客观存在的数量关系，是经济研究的一项重要任务，是检验、发现和发展经济理论的一种重要手段，也是进行经济预测和管理决策的一项基础性工作。经济数量分析最重要的分支学科是计量经济学。在全党全国各族人民迈上全面建设社会主义现代化国家新征程、向第二个百年奋斗目标进军的关键时刻，为响应中国共产党第二十次全国代表大会的号召，高举中国特色社会主义伟大旗帜，全面贯彻习近平新时代中国特色社会主义思想，弘扬伟大建党精神，自信自强、守正创新，踔厉奋发、勇毅前行，为全面建设社会主义现代化国家、全面推进中华民族伟大复兴而团结奋斗。计量经济学应该在现实经济管理中发挥应有的作用。

“计量经济学”(econometrics)一词是首届诺贝尔经济学奖获得者挪威经济学家拉格纳·弗瑞希(Ragnar Frish)在 1926 年创建的，他认为计量经济学是一般经济理论、数学和统计学的统一。经过 20 世纪 40 年代、50 年代的发展和 60 年代的扩张，计量经济学迅

① All knowledge is, in final analysis, history. All sciences are, in the abstract, mathematics. All judgements are, in their rationale, statistics. 见 C. Radhakrishna Rao, *Statistics and Truth: Putting Chance to Work* (2nd Edition), World Scientific Publishing Co. Pte. Ltd., New Jersey, 1997.

速成为经济研究最重要的内容,以至于1980年诺贝尔经济学奖获得者劳伦斯·R.克莱因(Lawrence R. Klein)对此曾评价,"计量经济学在经济学科中居于最重要的地位""在大多数大学和学院中,计量经济学的讲授已经成为经济学课表中最权威的一部分"。从当今国外世界一流大学经济学课程体系的实际情况看,其核心课程是微观经济学、宏观经济学和计量经济学。在国内,从1998年开始计量经济学也成为教育部规定的经济管理专业的核心课程之一。从经济、管理学研究越来越趋向实证研究的发展趋势看,计量经济学在未来的经济、管理学教学和科研中将越发重要。

要深入研究经济现象必须搜集相关数据,数据经由适当的模型才能抽象出经济规律,规律反过来又能指导实践。简而言之,人类社会的经济现象是实,客观规律是虚,以虚驭实才能尽得其实;社会经济的现实数据是物,人为构建的模型是虚,神行于虚方能不滞于物。这里强调模型、规律虽然看似是虚无的精神产物,但是在某种意义上却比实际的现象和数据更加重要,因为即使是同样的经济现象,甚至同样的数据,不同的模型将得出不同的规律。唯有正确的模型才能发现正确的规律。实际上,构造模型与其说是科学,不如说是艺术。理论模型的设定、变量的选取、函数形式的选择,这些过程都是科学与艺术的结合。可以说经济现象、数据、模型与规律之间的关系就是科学与艺术的关系。计量经济学的本质是搜集经济社会的实际数据,通过量化方法特别是回归分析模型方法揭示现实世界的经济规律。人们只有通过经济现象中的数据,经由模型抽象出客观规律,才能真正理解客观经济现象,并由此管理、控制经济行为,造福于人类。由于计量经济学主要为经验研究者提供量化理论基础和系统的模型分析方法,因而成为经济、管理实证分析中不可或缺的重要内容。国内外出版的相关专业书籍、教材种类繁多,层次不一,其中有不少经典作品,对于计量经济学的应用、传播和普及起到了重要推动作用。在计量经济学的实际教学中,不同层次学校,不同专业的本科生、研究生,对该课程的要求是不一样的。对于以经济管理学学术训练的较高要求为目标的学生需要更倾向于数理理论的严谨性,对于一般要求的学生则更侧重于对计量经济学理论、模型和方法的实际运用。计量经济学主要应用于经济学、管理领域,但是其作为一般工具,也可应用于政治学、法学和社会学等其他专业领域。因此,在把握该学科一定基本标准的情况下,对于不同群体,教学目标、理论体系和案例选择都应该不同。

一本好的教材本身就是一个好的老师。韩愈曾说,"师者,所以传道授业解惑也"。于计量经济学而言,"道"是天道,是现实经济社会运行的规律、道理;"业"是知识,是关于经济运行规律的书面总结;"惑"是疑惑,不仅是计量经济学知识中的疑难困惑,更是知识与天道之间的复杂关系。从这个角度讲,对一本教材最基本的要求是"业",不仅应该做到厘清基本概念、理论和方法，而且需要做到重点突出、难点突破，更需要构建逻辑清晰、结构合理的知识体系框架。一本好的教材既能详略得当地整合知识，又能在知识与现实之间辩难解惑，还能让书本知识重回经济社会现实，这才算做到了传道、授业和解惑三方面的统一。

基于此，本书特别强调了三个方面：一是理论框架逻辑线索清晰。本书以经典线性模型假定及其放宽为基本线索整合计量经济学基本理论，从具有随机抽样特点的截面数据到一般大样本数据，再到复杂的时间序列数据，最后是结合这两种数据特点的面板数据，严格假定下的数学结论，保证了理论的严谨性，逐渐放宽假定，保证了模型对现实数据的适用性。从严格假定到逐步放宽，这样的逻辑理论体系也符合人们认识和理解事物从特殊到一般的思维过程。二是既考虑到国内经济管理专业学生普遍具有高等数学，主要包括微积分、线性代数和概率统计学的基础知识，也考虑到本学科主要作为经济管理专业学生工具方法的应用性特点，更多结合了计量经济学在政法领域的实际应用案例，特别是法律、规则和政治等方面的例子。三是考虑到计量经济学的实践性，使用国际上主流计量经济学软件 Stata 17，针对现实数据或生成特定数据，给出了基本计量经济学操作，甚至数据导入、变换、参数估计、检验、修正等程序，还包含了部分计量经济学问题的 Monte Carlo 模拟。很多程序都独具匠心，值得初学者反复模仿、体会。将程序模块化，化繁为简，方便学生掌握软件的基本操作要领，也为进一步提高打下基础。特别地，对于一些实际数据集案例，给出了基于简单直觉的回归分析模型与规范的计量经济模型经验实证分析的对比，充分展示出计量经济理论、模型和方法的严谨性、科学性，力求做到理论、模型、方法、经济现象、数据与经济规律的统一，达到传道、授业和解惑相统一的目的。

读书本质上是发现自我、完善自我的过程。读书不是记忆背诵、知识灌注，而是生命点燃、知行合一。学习计量经济学，就是要学会自主观察经济现象，提取相关数据，思考模型方法，辨析相关理论，勤于实践，探索经济现象背后的规律。人们常说的所谓知行合一，于社会人而言，是要在寻常社会生活中善于用理论知识指导自己的实际行动；于读书人而言，读书不仅是学知识，而且是读人、读社会、读天道。要真正掌握计量经济学，尤其需要做到理论联系实际，既要学好计量经济学的基本理论、模型和方法，又要勤于思考、善于实践，将计量经济学的理论和方法运用到现实经济数据中去，为现实经济社会服务。

本书按照经济学专业 64 学时教学要求设计内容，大体可分为两个层次：第一层次的基本内容是截面数据和时间序列数据分析部分，属于计量经济学本科阶段的基本要求；另一层次包含面板数据和时间序列数据高级专题内容，属于计量经济学的较高要求部分。这也是本书作者在本科生和研究生计量经济学教学过程中对教学内容的实际处理方式。

由于本人水平有限,即使在计量经济学领域学识也很肤浅,书中定有不妥甚至错误之处,恳请读者批评指正。

李景华
2023年2月于北京

目　录

在终极模式中，一切经济学都是计量经济学。[①]

第一章 绪 论

本章将对计量经济学进行概览性介绍，主要包括什么是计量经济学，如何进行计量经济学分析，为什么学习计量经济学以及计量经济学的历史和未来，目的是为读者介绍计量经济学的背景，建立计量经济学知识体系的一个基本框架。对于其中的某些具体细节，刚接触计量经济学的读者也许未必能完全理解，但是首先了解该学科的背景、知识体系框架对于进一步学习还是相当有益的。

第一节 什么是计量经济学

一、计量经济学概述

计量经济学对应的英文是"Econometrics"，在我国也有"经济计量学"的译法，是由挪威经济学家、首届诺贝尔经济学奖获得者之一拉格纳·弗瑞希于1926年模仿"biometrics"(生物计量学)创造的。一般认为，1930年12月29日，弗瑞希、丁伯根(Jan Tinbergen)和费雪(Fisher)等经济学家在美国成立世界计量经济学会，以及1933年该学会创办出版*Econometrica*，标志着计量经济学作为一门独立经济学科正式诞生。经过20世纪40年代、50年代的大发展和60年代的大扩张，计量经济学迅速成为经济研究中最重要的内容。以至于1980年诺贝尔经济学奖获得者劳伦斯·R.克莱因提出，"计量经济学在经济学科中居于最重要的地位""在大多数大学和学院中，计量经济学的讲授已经成为经济学课表中最权威的一部分"。1970年诺贝尔经济学奖获得者、著名经济学家保罗·A.萨缪尔森(Paul A. Samuelson)甚至说，"第二次世界大战后的经济学是计量经济学的时代。"

---

① All economics are, in ultimate mode, econometrics.

——Jinghua Li

弗瑞希1933年在*Econometrica*创刊号的发刊词中将计量经济学定义为经济理论、统计学和数学三者相结合的产物。他认为"用定量方法探讨经济学可以从好几个方面着手,但任何一个方面本身都不能与计量经济学混为一谈。计量经济学与经济统计学绝不是一回事;它也不同于我们所说的一般经济理论,尽管经济理论的很大部分具有明确的数量特征;它也不应被视为数学应用于经济学的同义语。经验表明,统计学、经济理论和数学这三者对于真正了解现代经济生活中的数量关系来说,都是必要的,但本身并非充分条件。三者结合起来,就是力量,这种结合构成了计量经济学"①。

弗瑞希这段对计量经济学的经典定义从跨学科或学科交叉融合角度深刻揭示了计量经济学的学科特点。图1.1.1清楚地表明了统计学、经济学与数学三个学科之间的关系。统计学是关于认识客观现象总体数量特征和数量关系的科学。它是通过搜集、整理、分析统计资料,认识客观现象数量规律性的方法论科学。统计学要求客观地反映数据观测结果。经济学是研究社会如何利用稀缺资源生产有价值的商品,并分配给不同个体的学科。进一步地,经济学是关于选择及其无意后果的理论。一般经济理论更多地表现为定性的经济规律。数学,是研究现实世界的空间形式与数量关系的科学(恩格斯)。进一步地,数学被称为模式的科学(science of pattern),目的是揭示人们从自然界和数学本身的抽象世界中所观察到的结构和对称性。

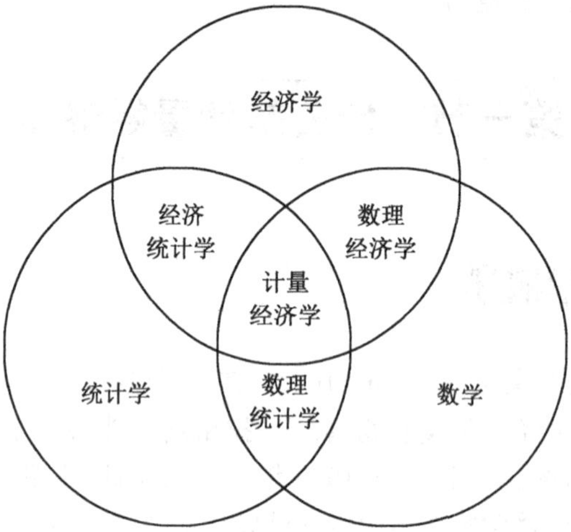

图1.1.1 计量经济学与相关学科的关系

① But there are several aspects of the quantitative approach to economics, and no single one of these aspects, taken by itself, should be confounded with econometrics. Thus, econometrics is by no means the same as economic statistics. Nor is it identical with what we call general economic theory, although a considerable portion of this theory has a definitely quantitative character. Nor should econometrics be taken as synonomous with the application of mathematics to economics. Experience has shown that each of these three view-points, that of statistics, economic theory, and mathematics, is a necessary, but not by itself a sufficient, condition for a real understanding of the quantitative relations in modern economic life. It is the unification of all three that is powerful. And it is this unification that constitutes econometrics. 见 Ragnar Frisch. "Editor's Note", *Econometrica*, 1(1)(January, 1933): 1—4.

这三门学科两两相交,形成了新的学科。经济学与数学的交集称为数理经济学(mathematical economics),是运用数学符号、方法表述和研究经济现象及其规律的学科。经济学与统计学的交集称为经济统计学(economic statistics),是统计学在经济领域中的应用学科,以经济数据为研究对象,包括经济数据的采集、生成和传输,用统计方法分析经济数据背后的经济现象以及复杂经济系统的规律,为经济和管理决策服务。数理统计学(mathematical statistics)以概率论为理论基础,根据试验或观察数据,研究随机现象,对研究对象的客观规律性作出合理的估计和判断。

统计学、经济学和数学这三门学科的共同交集就是计量经济学,而且三者关系并不是简单并列的,而是协调一致的。关于这三者的结合方式,另外3位诺贝尔经济学奖获得者保罗・A. 萨缪尔森(Paul A. Samuelson)、贾林・C. 库普曼斯(Tjalling C. Koopmans)和理查德・斯通(Richard Stone)于1954年给出了一个更加具体的说法,“计量经济学可以定义为基于理论和观测并行发展的实际经济现象的数量分析,它们通过适当的推断方法联系在一起。”[①]这个定义清晰表明,经济现象背后的规律是基于经济理论和实际观测的统计推断结果。

通俗地说,经济学为计量经济学提供理论基础,统计学为其提供数据资料,数学为其提供研究方法。由于一般经济理论的陈述和假说通常是定性的,并没有对经济变量之间的关系提供数据度量,因此如果没有计量经济学,经济学将是一门相对模糊的科学。马克思说过,一种科学只有在成功地运用数学时,才算达到了真正完善的地步。计量经济学正是通过运用数学、统计学为一般经济理论提供定量估计、检验和预测,从而使经济学逐渐由定性走向定量、模糊走向精确、幼稚走向成熟的。

计量经济学的这些定义与现代经济研究是完全一致的,在社会经济发展过程中呈现出来的是各种各样的经济现象,在经济现象背后的各种联系中,既有外在的、非本质的、偶然的联系,又有客观的、规律性的联系。客观规律性的联系对经济现象的发展和变化起着决定性的作用。这种内在的、本质的、必然的联系,就是经济规律。经济学研究的主要目的是透过纷繁复杂的经济现象,识别经济变量之间的因果关系,揭示经济系统的运行规律。

实际上,人们探索现实世界经济规律的方法是一个历史演进过程。从经济学发展史看,经济学研究是一个从定性总结一般经济理论,到抽象地采用数理经济学方法,再到定量的以计量经济学数据模型方法探索经济规律的过程。以亚当・斯密(Adam Smith)(见图1.1.2)为代表的以定性分析方法为主的经济研究到约翰・梅纳德・凯恩斯(John Maynard Keynes)(见图1.1.3)达到高峰,从方法角度看,主要采用的是逻辑分析、历史分析的经验总结方法,透过社会经济现象发现背后的本质经济规律。以保罗・A. 萨缪尔森(见图1.1.4)为代表的经济学家推动了以数理经济学为主要方法的经济研究,强调全面、

① In these terms econometrics may be defined as the quantitative analysis of actual economic phenomena based on the concurrent development of theory and observation, related by appropriate methods of inference. 见 P. A. Samuelson, T. C. Koopmans and J. R. N. Stone. "Report of the Evaluative Committee for Econometrica", *Econometrica*, 22(2)(Apr., 1954): 141-146.

系统地采用抽象数学符号描述、推理和揭示经济规律。[①] 拉格纳·弗瑞希(见图 1.1.5)和简·丁伯根等经济学家开创了现在以精确定量的计量经济模型方法为主的经济研究。三个阶段之间形成逐次渐进关系。不经历数理经济学阶段,经济学仍将是一门主要用文字表述的定性经验总结的学科。不经历计量经济学阶段,抽象的数学公式化理论就没有具体确定的数字特征。特别需要指出的是,20 世纪 30 年代经济学开始的数学化,使得经济学不再围绕真实生活中的问题而构建理论框架,而是围绕分析方法按照理论方法和实证方法展开。

图 1.1.2 英国 20 英镑纸币背面的亚当·斯密头像

图 1.1.3 约翰·梅纳德·凯恩斯

① By 1935 economics entered into a mathematical epoch. It became easier for a camel to pass through the eye of a needle than for a nonmathematical genius to enter into the pantheon of original theorists. 见 P. A. Samuelson,"Alvin Hansen as a Creative Economic Theorist",*The Quarterly Journal of Economics*,90(1)(Feb.,1976):24—31.

图 1.1.4 保罗・A. 萨缪尔森

图 1.1.5 拉格纳・弗瑞希

比如对于最基本的经济规律需求定律，人们通过观察与需求相关的经济现象，总结出需求量与价格之间呈反方向变动或需求曲线向下倾斜的经济规律，从而形成定性的一般经济理论。数理经济学将该规律抽象为数学形式的解析表达，如 $D=\beta_0+\beta_1 P$，其中，D 代表需求，P 代表价格，β_1 前面的符号就应该是负号。计量经济学则是精确量化的解析表示，比如 $D=0.8-0.75P$。由于观测抽样的不确定性，这条经济规律中参数 β_1 的估计来自统计推断(这里涉及更专业的统计逻辑过程：对虚拟假设 $\beta_1=0$ 的假设检验，如果实际数据证实其为小概率事件，则支持它是需求变动的原因)。

再比如，理性预期革命(The Rational Expectations Revolution)的产生。1973 年，芝加哥大学的诺贝尔经济学奖获得者罗伯特・E. 卢卡斯(Robert E. Lucas Jr.)发表了一篇影响深远的论文。[①] 该文不仅为凯恩斯学派附加预期的菲利普斯曲线提供了微观基础，而且为后来的理性预期革命提供了经验支持。附加预期的菲利普斯曲线假设失业围绕着未预料到的通货膨胀的变化而波动。卢卡斯认为，这种关系可能来自生产者对一般价格水平的不确定性。当一个企业面临着消费者愿意花更多的钱购买自己的产品时，该企业不能确定是因为其产品价格发生了有利的相对变化，还是因为发生了一般性的价格上涨(通货膨胀)。就企业产品相对价格提高而言，企业当然希望扩大产出；但是如果产品价格提高只是反映了一般通货膨胀，则企业不改变产出才是合理的。

卢卡斯认为，企业会通过一个概率判断来考虑消费者愿意花更多钱的不确定性。他说，理性的方法是考察过去的经验，了解历史上两种价格变化发生的概率，并基于概率法

① Robert E. Lucas, Jr.. "Some International Evidence on Output-Inflation Tradeoffs", *American Economic Review*, 63(3)(June, 1973): 326—334.

则和历史经验对当前的价格变化进行判断。在过去通货膨胀很少发生的情况下，理性的企业会预期当前的价格提高可能是相对价格的提高。在过去通货膨胀频繁发生的情况下，价格提高很可能由于通货膨胀。如果企业像卢卡斯所描述的那样行事，那么就能得到一条附加预期的菲利普斯曲线——只有被企业认为超越了相对价格变化的通货膨胀，才会激励企业扩大生产，以减小通货膨胀。

于是，在那些一般价格水平较少发生变化的国家，企业的产出、失业率更容易受到商品名义需求变化的影响。因此，通过考查决定失业率的实际产出如何随着名义产出的变化而变化，就能检验卢卡斯的理论，其中，名义产出反映了家庭花钱购买商品的支付意愿。与通常附加预期的菲利普斯曲线理论一致，卢卡斯预测名义收入的变化将与实际产出的水平正相关，特别是在那些价格水平波动更频繁的国家，名义收入的系数更小。

卢卡斯通过对16个国家的数据检验了该理论，对每个国家，都将当期的实际产出对名义收入最近的变化和实际产出的滞后1年值进行回归。实际产出的滞后值可以反映产出的周期性。卢卡斯估计的供给曲线

$$RealOutput_t=\beta_0+\beta_1 UnpredictedChangeInNominalIncome_t \\ +\beta_2 UnpredictedRealOutput_{t-1}+\mu_t$$

卢卡斯用实际产出和名义产出与其时间趋势之间的离差来度量未预料到的实际产出和未预料到的名义产出变化量。假设人们会根据历史趋势来预测实际产出和名义产出。附加预期的菲利普斯曲线支持 β_1 为正，即未预料到的货币刺激会扩大产出并因而减少失业。在16个国家数据中，有13个国家的 β_1 显著为正。

对于卢卡斯有关不同国家的 β_1 的行为理论，后来的研究者也进行了一些检验。比如，鲍尔、曼昆和罗默(Ball, Mankiw and Romer, 1988)[①]利用一个包含43个国家的样本，估计了不同国家的 β_1 的估计值与每个国家名义收入变量变化的方差的关系

$$E(\hat{\beta}_{i1})=0.388-1.639variance_i \\ (e.s.e)\quad(0.057)\quad(0.482)$$

其中，$\hat{\beta}_{i1}$ 是第 i 个国家 β_1 的估计值，$variance_i$ 是第 i 个国家不同时期的名义收入围绕其趋势变化的方差。该研究首先估计了多个国家的"卢卡斯供给曲线"，然后分析了不同国家供给曲线系数估计值的变化情况。他们发现 $variance_i$ 的系数是负的，且统计显著，即在那些没有什么理由把消费者支出的意外增加归因于相对价格提高的国家，其 β_1 就较小。

这一结论既支持了卢卡斯的理论，又增强了理性预期的可信度：只有在货币政策当局的决策出乎经济行为主体的意料之外时，货币政策才能影响产出。"因此，只要它是还没有使用过的，(通货膨胀与失业之间)明显的短期替代关系就是适当的……这些结论当然与即便更适当稳定的菲利普斯曲线的存在也是不一致的。另外，它们直接来自，当且仅当通货膨胀成功地'愚弄'了劳动力和产品提供者，让他们认为相对价格正在朝着有利于他

① Laurence N. Ball, Gregory Mankiw, and David Romer. "The New Keynesian Economics and the Output-Inflation Trade-Off", Brookings Papers on Economics Activity no. 1, 1988.

们的方向变化时，通货膨胀才会刺激实际产出。"①

菲利普斯的原始论文基本上是一个容易引发争议的统计结果，其中的经济理论缺乏说服力。对菲利普斯曲线最早的质疑是纯理论的，虽挑战了菲利普斯的统计结论的合理性，但没有给出经验分析。卢卡斯的论文将经济理论与数学、统计学和统计结论相结合，从经验和理论上解释了菲利普斯的结论，同时对现有数据给出了全新的理解。1995 年，卢卡斯"因发展和应用理性预期假说，并因而改变了宏观经济分析和加深了人们对经济政策的理解"②而获得诺贝尔经济学奖。

又比如资本资产定价模型(The Capital Asset Pricing Model)的构建。由于人性具有厌恶风险的本能，于是市场给持有风险资产的人更高的期望回报。风险资产的期望回报率超过无风险资产回报率的部分被称为**风险溢价**(the risk premium)，由此可以构建一个假设一种资产的期望风险溢价与该资产回报率的标准差成正比模型。回报的标准差越大，投资者对实际回报的不确定性就越大。也就是说，一种资产的回报所具有的波动越大，投资者要求对这种资产风险的补偿就越高。

直到 20 世纪 50 年代，职业金融分析人员都一直使用着这个朴素的模型。到 50—70 年代 6 位诺贝尔经济学奖获得者哈里 · M. 马科维茨(Harry M. Markowitz)、默顿 · 米勒(Merton Miller)、威廉 · F. 夏普(William F. Sharpe)③、罗伯特 · C. 默顿(Robert C. Merton)、迈伦 · S. 斯科尔斯(Myron S. Scholes)④和詹姆斯 · 托宾(James Tobin)⑤改变了人们对风险和回报的看法。他们采用"分散证券投资组合"来规范"不要把所有的鸡蛋放在同一个篮子里"的民间谚语，并通过数学分析发现，这句谚语对金融市场中资产的风险溢价所具有的含义。

假定明年夏天你只能投资泳装和雨伞两种资产。如果阳光充足，泳装就有好的收益；如果雨水充足，雨伞就有好的收益。如果整个夏天，一半是阳光明媚，一半是阴雨连绵，则两项投资的波动都很大。用收益的方差表示资产风险的简单模型，预期这些资产会因此需要较高的风险溢价。但事实并非如此。分散投资使得你持有这些资产的风险小，无非就是简单地分散了所有的风险，并因此得到一个不变的回报率。实际上，分散所有的风险并不容易，假设这个夏天是以多云天气为主，既没有明媚的阳光，也没有下雨，泳装和雨伞生意就不是好的投资产品。

---

① Thus the apparent short-term trade-off (between inflation and unemployment) is favorable as long as it remains unused. … These results are, of course, inconsistent with the existence of even moderately stable Phillips curves. On the other hand, they fellow directly from the view that inflation stimulates real output if, and only if, it succeeds in "fooling" suppliers of labor and goods into thinking relative prices are moving in their favor.

② For having developed and applied the hypothesis of rational expectations, and thereby having transformed macroeconomic analysis and deepened our understanding of economic policy.

③ 因在金融经济学理论中的先驱工作(for their pioneering work in the theory of financial economics)而获得 1990 年诺贝尔经济学奖。

④ 因提出金融衍生品定价的新方法(for a new method to determine the value of derivatives)而获得 1997 年诺贝尔经济学奖。

⑤ 因分析金融市场及其与支出决策、就业、生产和价格的关系(for his analysis of financial markets and their relations to expenditure decisions, employment, production and prices)而获得 1981 年诺贝尔经济学奖。

资本资产定价模型表明,当市场处于均衡状态时,一种资产的风险与整个资产市场的风险之间的相对比例为β

$$\text{Asset's excess expected return above riskless rate}$$
$$=\beta\cdot(\text{Excess return of a "market portfolio" above the riskless rate})$$

其中的市场组合(market portfolio)就是包含市场上所有资产的一种投资组合,每种资产所占的比例都等于该资产总价值占市场上所有资产总价值的比例。

该直线的斜率就是该资产的β。如果一种资产的回报率在现实中总是围绕其均衡值波动,那么收集该资产的回报率R_{At}、市场组合的回报率R_{Mt}和无风险资产的回报率(用政府债券的回报率R_g度量)的时间序列数据,就能估计出该资产的风险

$$(R_{At}-R_g)=\beta(R_{Mt}-R_g)+\mu_t,t=1,2,\cdots,T$$

其中,下标t表示抽取观测发生的时期,T表示对该资产观测的总次数,β度量了在最优投资组合的无法分散的风险中该资产的贡献。

资本资产定价模型的构建过程充分体现了"计量经济学(econometrics)"中"经济(econ)"的重要性。对于资产定价模型,经济理论指出,需要研究哪些变量;研究风险在一种资产定价中的作用只需要检验该资产相对于一个市场组合的超额回报;一种资产的超额回报与市场组合的超额回报之间的关系是一条没有截距的直线,其斜率β取决于该资产无法分散的风险。而计量经济学超越了一般经济理论,经济理论只告诉人们一种资产的超额回报与市场组合的超额回报之间的定性关系,计量经济学在此基础上将理论与经验观测结合起来,使得人们能够精确量化一种资产的超额回报与市场超额回报之间的关系,并评价理论与观测事实之间的关系。

正如需求定律、理性预期革命和资产定价模型的研究,如果一般经济理论是采用语言文字,通过历史、逻辑推理总结经济规律,数理经济学采用抽象数学符号解析表示、推理,揭示经济规律,那么计量经济学就是一个定量化的发现、发展和检验经济规律的过程。

人们普遍认为,计量经济学是经济研究的工具,但是实际上计量经济学就是现代经济研究本身!这就像没有人认为数学定理才是数学,数学证明只是数学的工具一样。实际上,没有计量经济学采用实际经济数据,建立模型,进行经验研究的过程,就没有现代经济学研究。

另外,从现代经济学各分支学科发展情形看,无论是理论经济学还是应用经济学,具体而言,无论是政治经济学、西方经济学、世界经济,还是数量经济学、国民经济学、区域经济学、财政学、金融学、产业经济学、国际贸易、劳动经济、国防经济甚至经济史,都进入到计量经济学的经验研究模式,所以无论从单一学科的纵向维度,还是各学科的横向维度看,可以这么讲,一切经济学归根结底都是计量经济学。

总之,计量经济学的构成要素为一般经济理论、统计数据和数学方法,研究手段或表现形式为建立计量经济模型,目的在于发现和验证经济活动中变量之间的数量关系和规律。

二、因果效应

计量经济学以现实经济观测数据为基础进行经验研究,在推动经济学现代化、科学化

过程中发挥了极其重要的作用。但是,由于经济观测数据具有非实验性的特点,因此人们通常无法像自然科学那样通过可控实验识别经济变量之间的因果关系。这就需要讨论变量之间的关系。

(一)变量之间的关系

一般来说,语言文字表达的命题可能具有模糊性、多面性。不同假定下,采用语言文字通过逻辑推理表述的一般经济理论可能似是而非,甚至在很多时候对某一概念都难以达成共识,比如有人讲胜利是事实,实际上像电影《长津湖》反映的是第九兵团胜利了,但是联合国军队也讲他们胜利了。2022 年俄罗斯是否入侵乌克兰,在国内中文网上也引起广泛争议。概念问题还是相对容易达成一致的,更麻烦的是不同假定和逻辑导致完全不同的结论。比如美貌溢价现象,长得漂亮具有生产力吗?对不同性别有不同效果吗?[①]棒球协会的转会制度对比赛的竞争平衡有效果吗?正效应还是没有效应甚至负效应?[②]这些靠逻辑和文字来回答可能导致模棱两可的问题就要求通过实际数据来发现、检验或证实,但是不同数据的论证结果可能不同,这就要求必须有严格的数据逻辑论证过程。实际上,采用不同数据、不同逻辑、不同方法,结论也可能不一样。如经济学中大量的悖论,像列昂惕夫之谜、国际资本流动悖论等,都是这样的。只有在逻辑严密、方法科学严谨和随机数据假定下才能真正发现、发展和检验理论。

对于经济**经验研究**(empirical research)而言,计量经济学的目标主要是推断在其他条件不变的情况下一个变量对于另外一个变量的**因果效应**(causal effect)关系。所谓**其他条件不变**(ceteris paribus),就是其他相关因素保持不变。保持其他因素不变对经济分析至关重要,如果不能保持其他因素不变,就不可能量化因果效应。

所谓**因果关系**,是指两个或两个以上变量在行为机制上的依赖性,作为结果的变量是由作为原因的变量所决定的,原因变量的变化引起结果变量的变化。

因果关系很多时候并不是显而易见的,比如,下列哪些现象属于因果关系?

A. 种瓜得瓜,种豆得豆　　B. 闪电之后雷鸣

C. 白天之后有黑夜　　D. 生产决定消费

简单地说,因果关系的特点是,除了具有先行后续(先因后果)的特征外,还具有引起与被引起关系。这里,A 和 D 是因果联系,具备引起与被引起关系。而 B、C 仅仅具有先行和后续关系,不具有引起与被引起关系。

因果分析是实验设计和统计研究等领域试图建立事件因果关系常用的方法。因果关系的存在,必然会伴随着相关性。但是,相关性未必意味着存在因果关系。从因到果还需要时间上的先后顺序以及合理的机制等。因此,相关性只是因果关系的必要不充分条件。对于任何两个相关的事件 A 和 B,它们可能的关系包括巧合关系、(直接)单向因果关系、反向因果关系、共因关系、互为(双向)因果关系,如表 1.1.1 所示。

---

① Daniel S. Hamermesh and Jeff E. Biddle. Beauty and the Labor Market, *The American Economic Review*, 84(5)(Dec., 1994):1174—1194.

② Peter Fishman. Competitive Balance and Free Agency in Major League Baseball, *The American Economist*, 47(2)(Fall,2003):86—91.

表 1.1.1 变量之间的关系

分类	关系
A和B之间有关联	巧合关系
A导致B	单向因果关系
B导致A	反向因果关系
A和B都是由C导致的	共因关系
A导致B并且B导致A	互为(双向)因果关系

由表1.1.1可知,A与B都具有相关性,但是仅从A与B相关来看,是无法得出A与B间的因果关系的,为此,需要进一步分析来验证因果关系。

对于**巧合关系**而言,现实世界中可能存在两个变量完全没有关系,仅因为人们对两个事件的讨论比较越多,就臆造两者之间存在某种关系,即自我说服、自我洗脑。如德国的米歇尔定律,将德国社会民主党在民众投票中的份额与德国西部粗钢产量的大小联系起来。

(直接)**单向因果关系**,是原因直接导致结果,A直接导致B,不是其他。劳动力与国内生产总值之间具有单向因果关系,在经济行为上是劳动力影响国内生产总值,不是相反。

所谓**反向因果关系**,即原因和结果是相反的,原因被错误地认为是结果。比如,风与风车之间的关系,观察到风车旋转越快,风就越大这一现象可能会简单认为,风是由风车的旋转引起的。而事实恰恰相反,风不需要风车也能存在,风车却需要风来转动。在没有风车或风车不转动的地方也可以观察到风,于是有理由相信风在风车发明之前就已经存在。

所谓**共因关系**,是对A和B都产生影响的因素,但在分析A和B的关系时,人们可能会简单认为是A导致B,或B导致A,例如,穿鞋睡觉与头痛的关系。观察到穿鞋睡觉与醒来时头痛相关的现象,可以简单认为,穿鞋睡觉会引起头痛。但是,一个更合理的解释是,两者都是由第三个因素造成的。比如,醉汉喝醉后,直接穿着鞋上床睡觉,早晨醒来因为醉酒而头痛,从而引起了穿鞋睡觉和头痛之间的相关性。再如冰激凌销量与溺水死亡率之间的关系。观察到随着冰激凌销量增加,溺水死亡率急剧上升的现象,可以简单认为,吃冰激凌会导致溺水。但是,吃冰激凌和游泳背后的共同因素是季节。在炎热的夏季,冰激凌的销售速度远高于寒冷的月份,而且人们更有可能进行游泳活动。又如肥胖与温室气体的关系。自20世纪50年代以来,大气中的二氧化碳含量和肥胖人数都急剧上升。与其简单认为大气中的二氧化碳会导致肥胖,不如说是经济增长使人们有条件吃更多的食物,进而导致肥胖,同时也产生了更多的二氧化碳。

因果关系不一定是单向的,也可能是**双向(互为)因果关系**。例如,在捕食者与被捕食者的关系中,捕食者的数量影响被捕食者的数量,但是被捕食者的数量,即食物的供给,也影响捕食者的数量;另一个众所周知的例子是,骑自行车的人比不骑自行车的人体重指数更低。这通常可以解释为骑车行为增加了身体活动水平,因此降低了体重指数。但是,一项关于骑自行车人群的前瞻性研究结果显示,骑自行车对人体重指数的影响较小,那么可以认为,体重指数较低的人,更有可能骑自行车。在国内生产总值与消费总额之间存在经济行为上的互为因果关系,国内生产总值既决定消费总额,反过来又受消费拉动。

在经济研究中,人们可能不经意地将相关关系误认为因果关系。当然,人们也会犯另一种错误,即完全忽视相关性。实际上,在经济学、管理学、医学、心理学、法学和社会学等领域中,相关性是一种有价值的科学证据。但是,相关性本身不能用来证明治疗与疗效、风险因素与疾病或社会经济因素与各种结果之间的因果关系。

(二)辛普森悖论(Simpson's Paradox)

在现实生活中,对于各种变量之间的相关性,某些相关关系简单,如身高与体重的相关性;某些相关关系复杂,如教育与个人收入。辛普森悖论就是复杂相关关系的典型例子。[①] 当人们尝试探究两个变量(比如健康状况与服用药物)是否具有相关性时,就可以通过分组对它进行研究。然而,在分组比较中呈正相关的变量,在整体中有时反而是负相关的。该现象于 20 世纪初就有人讨论,但直到 1951 年,E. H. 辛普森在他发表的论文中阐述该现象后,才正式被描述解释。

假设需要研究某种药物的疗效,数据由 30 岁和 40 岁两组被试组成,每组都有服药和未服药的个体。所有观测数据如表 1.1.2 所示。

表 1.1.2　　辛普森悖论数据

Id	Age	Treat	Health
1	30	0	75
2	30	0	78
3	30	0	80
4	30	0	80
5	30	0	82
6	30	0	85
7	30	0	87
8	30	1	88
9	30	1	90
10	30	1	92
11	40	0	58
12	40	0	60
13	40	0	64
14	40	0	66
15	40	1	60
16	40	1	62
17	40	1	63
18	40	1	65
19	40	1	67
20	40	1	70

① Simpson, E. H. "The Interpretation of Interaction in Contingency Tables", *Journal of the Royal Statistical Society: Series B (Methodological)*, 1951, 13(2): 238−241.

本书采用 Courier New 字体表示 Stata 软件操作代码。下面的命令表示将表 1.1.2 数据导入软件,并用表 1.1.3 显示描述统计结果。

```
  import excel "F:\ Econometrics\Simpson's paradox.xlsx", sheet("Sheet1")
firstrow
  table Age Treat, contents(mean Health n Health) row
```

表 1.1.3 辛普森悖论数据描述统计

Age	Treat	
	0	1
30	81	90
	7	3
40	62	64.5
	4	6
Total	74.090912	73
	11	9

从表 1.1.3 容易发现,在分组计算中,30 岁年龄组的服药者的平均身体健康指数比未服药者高(90−81=)9;在 40 岁年龄组,服药者的平均身体健康指数也比未服药者高(64.5−62=)2.5。

但是,如果不分组,整体而言,则所有服药者的平均身体健康指数却比所有未服药者低(74.09−73=)1.09。也就是说,在分组数据中,服药与否与健康指数正相关;在整体数据中,服药却与健康指数负相关。由图 1.1.6 能更清楚地展示数据之间的这种关系。

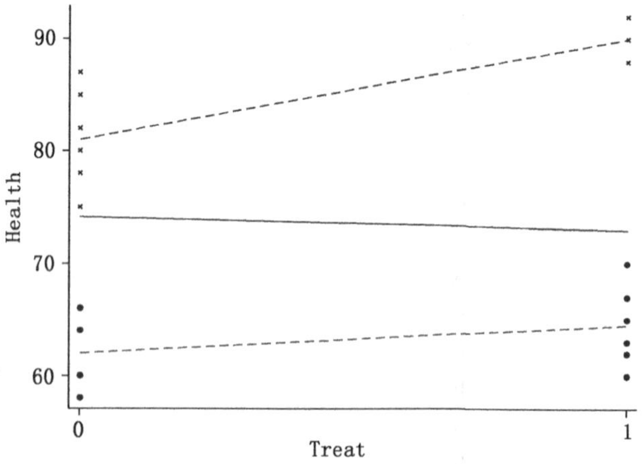

图 1.1.6 辛普森悖论图示

图 1.1.6 的 Stata 命令如下:

```
Scatter Health Treat if Age==30, msymbol(x) || scatter Health Treat if
Age==40, msymbol(o) || lfit Health Treat if Age==30, lpattern(dash) || lfit
Health Treat if Age==40, lpattern(dash) || lfit Health Treat, xlabel(0 1)
legend(off) ytitle("Health")
```

图中，横轴“0”表示未服药，“1”表示服药；纵轴表示身体健康指数；“×”表示 30 岁年龄组个体的身体状况。图形上半部分 30 岁年龄组虚线连接了 30 岁未服药者的平均身体健康指数(81)与服药者的平均身体健康指数(90)。该虚线斜率为正，表明服药者平均健康状况较未服药者好。图形下半部分“·”表示的 40 岁年龄组虚线的含义与 30 岁相同，也说明服药者的平均健康状况较未服药者好。

如果不区分年龄，整体而言，图 1.1.6 中实线连接了所有被试未服药者的平均健康指数(74.09)与服药者的平均健康指数(73)。该线斜率为负，表明对于所有被试而言，服药者的平均健康状况较未服药者差。

为什么会出现这一令人惊讶的相反结果？服药与健康指数究竟有什么关系？

仔细观察图 1.1.6 容易发现形成这一悖论的原因。造成图中实线与虚线斜率符号相反的主要原因是，未服药者大多数是位于图 1.1.6 左上角 30 岁且健康状况较好的个体，而服药者大多数是位于图 1.1.6 右下角 40 岁且健康状况欠佳的个体。因此，当用整体数据比较服药者与未服药者的平均健康水平时，占大多数的 30 岁未服药者的健康水平决定了整体未服药者(包括 30 岁和 40 岁的未服药者)的平均健康水平，占大多数的 40 岁服药者的健康水平决定了整体服药者(包括 30 岁和 40 岁的服药者)的平均健康水平。前者偏上，而后者偏下，这就造成了整体实线斜率为负。

进一步分析表 1.1.3 容易发现，30 岁年龄组的未服药者与服药者的比例是 7∶3；40 岁年龄组的未服药者与服药者的比例是 4∶6。这意味着服药与否与年龄呈正相关。同时，40 岁年龄组的平均健康水平又比 30 岁年龄组的差(见表 1.1.4，63.5<83.7)，即健康水平与年龄负相关。

表 1.1.4 **按年龄分组的健康描述统计**

Age	mean(Health)
30	83.699997
40	63.5
Total	73.599998

表 1.1.4 的 Stata 命令：

```
table Age, contents(mean Health) row
```

由此可见，整体数据的比较结果并不完全是服药的因果效果，其中还包括由于年龄因素造成的健康水平差异。整体数据比较结果并未对个体年龄因素进行控制，因而造成服药效果中混入了个体年龄的影响。

用健康指数对服药与否进行线性回归,结果是 Treat 系数为负(如图 1.1.7),表明服药与健康指数负相关。由于服药个体中大多年龄较大,如果不控制年龄因素,服药与否与健康的相关性就包含了个体年龄对健康状况的影响,因此得到负的治疗效果。

图 1.1.7 的 Stata 命令:

```
reg Health Treat
```

Source	SS	df	MS			
				Number of obs	=	20
				F(1, 18)	=	0.04
Model	5.89090909	1	5.89090909	Prob > F	=	0.8370
Residual	2432.90909	18	135.161616	R-squared	=	0.0024
				Adj R-squared	=	-0.0530
Total	2438.8	19	128.357895	Root MSE	=	11.626

Health	Coef.	Std. Err.	t	P>|t|	[95% Conf.	Interval]
Treat	-1.090909	5.225455	-0.21	0.837	-12.06918	9.887364
_cons	74.09091	3.505342	21.14	0.000	66.72646	81.45536

图 1.1.7 未控制年龄的回归结果

当然,如果按不同年龄组进行回归,30 岁组、40 岁组 Treat 系数则为正(见图 1.1.8 和图 1.1.9)。这两个回归结果与图 1.1.6 显示的不同年龄组 Treat 与 Health 正相关的结果是一致的。

Source	SS	df	MS			
				Number of obs	=	10
				F(1, 8)	=	12.60
Model	170.1	1	170.1	Prob > F	=	0.0075
Residual	108	8	13.5	R-squared	=	0.6117
				Adj R-squared	=	0.5631
Total	278.1	9	30.9	Root MSE	=	3.6742

Health	Coefficient	Std. err.	t	P>|t|	[95% conf.	interval]
Treat	9	2.535463	3.55	0.008	3.153212	14.84679
_cons	81	1.38873	58.33	0.000	77.79758	84.20242

图 1.1.8 按 30 岁年龄组的回归结果

Stata 命令:

```
reg Health Treat if Age==30
reg Health Treat if Age==40
```

Source	SS	df	MS			
Model	15	1	15	Number of obs	=	10
Residual	105.5	8	13.1875	F(1, 8)	=	1.14
				Prob > F	=	0.3173
				R-squared	=	0.1245
				Adj R-squared	=	0.0150
Total	120.5	9	13.3888889	Root MSE	=	3.6315

Health	Coefficient	Std. err.	t	P>|t|	[95% conf.	interval]
Treat	2.5	2.344097	1.07	0.317	-2.905498	7.905498
_cons	62	1.81573	34.15	0.000	57.81292	66.18708

图 1.1.9　按 40 岁年龄组的回归结果

当然，采用多元回归模型，如果控制年龄因素，则结果也是 Treat 系数为正（见图 1.1.10），表明服药与健康指数正相关。由于剔除了年龄的影响，结果显示服药对健康有正向因果关系。

图 1.1.10 的 Stata 命令：

```
reg Health Treat Age
```

Source	SS	df	MS			
Model	2177.98	2	1088.99	Number of obs	=	20
Residual	260.82	17	15.3423529	F(2, 17)	=	70.98
				Prob > F	=	0.0000
				R-squared	=	0.8931
				Adj R-squared	=	0.8805
Total	2438.8	19	128.357895	Root MSE	=	3.9169

Health	Coef.	Std. Err.	t	P>|t|	[95% Conf.	Interval]
Treat	5.533333	1.846459	3.00	0.008	1.637645	9.429022
Age	-2.186	.1837204	-11.90	0.000	-2.573616	-1.798384
_cons	147.62	6.291524	23.46	0.000	134.346	160.894

图 1.1.10　控制年龄之后的回归结果

辛普森悖论说明，无论是对相关关系还是因果关系的探索，并没有人们直觉认为的那么容易。对于局部成立的，对于整体而言未必必然是成立的。萨缪尔森所谓的合成谬误（fallacy of composition）就是这个意思。由此可见，科学论证之难。有些事情，故事很美妙，道理很通顺，逻辑能自洽，也有案例支撑，但仍可能是谬论。人们如果被个别案例所左右，就可能犯以偏概全的错误，还是应该坚持因果推断，坚持统计推断。

（三）经济学中的因果关系

识别经济现象中的因果关系是理解经济现象、形成解释经济现象的经济理论的基础。

这就需要更规范地讨论经济学中的因果关系。

1. 因果关系

什么是因果关系呢？早期,人们将因果关系看作一种逻辑上的必然性,即依据某种逻辑或数学规律性,原因将必然地导致相应的结果。直到休谟(Hume,1739)否定了这种因果关系观。他认为,因果关系不是来源于逻辑或数学上事件之间的必然联系,而是产生于事件或现象之间的经验规律性。[①]

当人们观察到某些现象总是发生在临近的时间或空间,或者一些事件总是紧跟着另一些事件发生,就会在观念上建立起这些现象或事件之间的因果联系。于是,经验规律的主观反映构成了识别因果关系的基本准则。

虽然因果关系依赖于观察积累起来的经验规律性,但是如果单个的事件序列能够被看作更具普遍性的因果规律的特例,那么以建立在经验观察基础上的具有普遍性的因果规律为前提,单个的因果陈述能够被逻辑一致地推理出来。在这种观念下,即便是那些不可能重复发生的历史事件,基于普遍的因果规律性,人们也能够在一定程度上获得关于这些事件因果关系的理解。

排除偶然规律性,在原因和结果之间联系的必然性的基础上,因果关系还反映了一个从原因到结果的过程。比如,在“受控实验”中,研究者控制一个或多个变量,然后观察感兴趣的变量的变化情况。如果实验结果显示,观察变量随着受控变量的变化而系统性地变化,那么就可以建立一个因果关系的假说。

随着人们对因果机制的强调,对某一事件原因的理解逐渐变成对某一事件产生过程的解释,从而原因的概念也扩展到有效原因和因果过程的有机统一。

2. 经济学中的因果关系

物理、化学、生物等抽象的自然科学定律往往只涉及少数几个变量,因为影响自然现象的因素通常是较少的。然而在经济学乃至整个社会科学领域,情况就大不相同。在一般情况下,某个经济事件或某类经济现象往往受到许多因素的影响,而且这些因素还可能属于不同的类型。比如,要列出影响个人收入原因的完整清单,即便不是不可能的,也是非常困难的,更不用说去衡量每个因素影响的数量大小和相对重要性了,这就是经济和社会现象的复杂性。

当一个结果依赖于同时发生作用的多个因素时,这些原因应该被分离出来,经济事件或经济现象必然涉及的多个因果关系应该分别研究。在大多数自然科学中,具体地在实验科学和实地科学中,人们借助于受控实验,通过设定其他因素不发生作用,专门考察某一个原因对结果的影响。当人们观察到某种经验规律并试图解释经验规律以建立有意义的因果关系假说时,往往不能用实验条件去替代社会条件,因而不能在其他因素不发生作用的情况下分离出所关注的因果关系。经济经验规律是由一个未知的结构产生的,每一个因素的影响都与其他因素的影响混杂在一起。于是,基于观察到的经验规律性,只能采用抽象的方法,从某些已被普遍接受的公理和假定条件出发,逻辑一致地推导出观察到的两个现象之间的联系。

---

① Hume. *A Treatise of Humane Nature*. Oxford:Calrendon Press,1739.

当原因 X 变化时，依据理论描述的特定机制或过程，结果 Y 将以一种系统的方式随 X 的变化而变化，从而建立起 X 和 Y 之间因果关系的假说。

人们能够依据逻辑一致的理论，操控事实上不能操控的原因而产生某种结果的思想实验，在社会科学领域的因果推断中起着关键作用。比如，对于需求规律的思想实验。观察到需求量和商品价格的反向变化关系，依据经济行为人在预算约束条件下追求效用最大化的假设，可以做这样一个思想实验：如果提高商品的价格，在其他条件不变的情况下，经济行为人的实际收入下降，因而他将减少对所有商品的消费。同时，在其他商品价格不变的条件下，商品价格的上升使其与其他商品比较起来变得更加昂贵，经济行为人将会使用相对便宜的商品来替代变得昂贵的商品，这样对该商品的需求也将减少。于是，对综合收入效应和替代效应的结果提出了这样的因果关系假说：在其他条件不变的情况下，某种商品价格的变化将导致其需求量反方向变化。相反，不能根据这个观察结果推断商品的价格怎样随需求量的变化而变化，因为理论表明商品的价格是由供求机制决定的，它并不支持通过操控需求量来改变价格的思想实验。

为了专门考察特定的事件或现象影响另一个事件或现象的机制和过程，进行思想实验所依据的理论必须抽象掉其他因素的作用。因此，经济学中的因果关系应该明确建立在"其他条件不变"的基础上。正如马歇尔(Marshall，1890)所说，"像其他任何一门科学一样，经济学的任务是研究特定的原因所导致的结果。不过，经济学中的因果关系不是绝对的，它需要'其他条件不变'的限制，以便原因能够不受干扰地产生相应的结果。"[1]在需求规律的例子中，被当作不变的其他因素应该包括收入、消费者的偏好和其他商品的价格等。

如果被假设不变的因素能够被合理地看作影响结果的多重原因，那么所关注的原因和这些因素便是可加的。于是，所关注的因果关系对假定不变的因素具有不变性。也就是说，被假设不变的因素发生变化时，因果关系本身并不发生改变。比如，当收入或消费者的偏好变化时，描述商品价格和需求量之间因果关系的需求曲线的位置会发生变化，但因果关系，即需求曲线的形状并不发生改变。

因为经济学中的因果关系存在"其他条件不变"的限制，而且这些限制是不可去除的，所以对于所要解释的经济现象而言，所关注的因果关系并未考虑所有的因素。从这个意义上说，经济学中的因果关系是不准确的。正是由于研究对象的复杂性并且不能普遍采用受控实验，所以人们总是试图将影响研究对象的众多因素进行分类，以便找到所研究现象的某类因果关系。

如果在逻辑一致的理论背景下观察到的经验规律显示出从原因到结果的必然性，那么就获得了因果关系的假说。不过，由于经济学中的因果关系建立在"其他条件不变"的基础上，所以只有在积累了大量的经验证据之后，因果关系的假说才能被接受。

因果关系的最初想法常常来源于一些经验线索。尽管经验线索并不构成因果关系假说不容争辩的证据，但是它促使人们去考虑因果关系存在的可能性。经济学中因果关系的线索主要包括经济现象之间各种各样的协同变化、时间上的先后顺序以及不同因素之

① Marshall，Alfred. *Principles of Economics*. London：Macmillan，1890.

间的联合作用等。

自格兰杰(Granger,1969)以来,经济变量之间时间上的先后顺序被广泛用作因果关系的重要经验线索。[①] 在人类的行动中,预期和对未来的规划的确起到重要作用,从而原因可能发生在预期结果的后面。但是在人们的观念中存在的是原因—行动—结果的时间观念。因此,尽管在理论上存在结果在先的可能性,时间先后顺序在社会科学各个分支学科的因果关系的推断中仍然起到重要作用。自然地,时间先后顺序的判断建立在时间序列数据的基础上。研究经济变量之间时间上的先后顺序,试图发现因果关系的经验线索。

经济学家必须建立变量之间的因果关系。在萨缪尔森(Samuelson,1947)看来,经济学中的因果关系应该建立在比较静态分析的基础上。[②]

通过构造一个演绎系统揭示了经验关系的必然性,即从一些公理和假设出发符合逻辑地推导出经验规律所包含的现象与现象之间的关系。在经验规律中,X 和 Y 协同变化,或者 X 发生在 Y 的前面。在演绎系统中,X 成为 Y 的逻辑前提,从而 X 和 Y 之间的经验上的相关关系成为 X 一步一步地产生 Y 的逻辑联系:在给定的因果背景下,如果 X 发生,那么 Y 将发生。这样,从经验观察中获得的 X 和 Y 之间的联系被赋予了必然性成分,因果规律同偶然规律区别出来,于是一个特定的因果关系的假说被建立起来。

比如,测算化肥对农作物产量的影响。影响农作物产量的因素很多,至少包括土地、降水、阳光等。假设真的可以选择相同条件的土地,对每块土地施加不同数量的化肥,就可以得到不同数量的产量。显然,该产量可以理解为截面数据中的随机变量,采用统计学方法就可以定量测算施肥与产量之间的因果效应。

农作物产量问题大致可以假设保持其他因素不变。更多的工作则很难保持其他因素不变,比如测算教育的回报。让一个人多受1年教育,他的工资会提高多少?显然,这里也存在保持其他条件不变的问题。要给相同条件的人,予以不同年限的教育,才能测算出不同年限教育对收入的影响。这种实验在自然状态下是难以实现的,其中存在所谓的**反事实**(counterfactual)推理问题,即对于某件事进行否定而重新表征,以构建一种可能性假设的思维活动,实际上,只能收集人群总体中随机样本的收入和受教育年限的非实验数据。但是,人们选择自身受教育水平可能不独立于影响工资收入的其他因素,比如工作经历、个人能力等因素。显然,受教育水平高,会使工作经历时间缩短,即教育水平与工作经历负相关。而个人能力有可能与受教育水平正相关。当然,保持其他因素不变这一在现实中难以实现的假设,在回归模型中是可以轻松实现的,这也是模型的神奇功能之一!这将在多元回归分析模型中予以具体介绍。

另外一个问题是,如果说降水、工作经历等易于量化的话,土地质量、个人能力等则难以量化。计量经济学方法的许多进展,都是对模型中这些无法观测因素的处理。

最后,化肥量、受教育水平可能不是随机决定的。有理由认为,土地质量越好,越应该多施肥,这一点对受教育水平也成立,个人基因越好,也应该接受更好的教育。

---

① Granger, C. W. J. Investigating Causal Relations by Econometric Models and Cross-spectral Methods. *Econometrica*, 1969, 37 (3): 424—438.

② Samuelson, P. A. *Foundations of Economic Analysis*. Cambridge, MA: Harvard University Press, 1947.

再看一个更难以解释清楚的因果关系。为研究执法对犯罪的影响，一个简单的问题是，更多的警察出现在街上会减少犯罪吗？

简单的考虑，两个各种情况相同的城市，A 市比 B 市多 1000 名警察，两个城市的犯罪率会有多大差别？

要找到两个除警力规模外，其他情况都一样的两个城市，完全不可能。幸运的是，计量经济学分析并不要求这样，只需要搜集犯罪和警力规模的非实验数据，但是两者之间的因果关系却不容易解释，有可能是同时决定的。

回归分析是判断变量之间是否具有相关关系的一种数学分析方法，它着重判断一个随机变量与一个或几个可控变量之间是否具有相关关系。由于它的特定功能，所以也被用来进行变量之间的因果分析。但是，仅仅依靠回归分析尚不能对变量之间的因果关系作出最后判断，必须与经济行为的定性分析相结合。也就是说，变量之间的因果关系需要以经济理论为依据。计量经济学方法的本质是采用回归分析的方法揭示变量之间的因果效应。

总之，**计量经济学**是以揭示经济活动中客观存在的数量关系和规律为内容的一门经济学学科。它是以经济理论为依据，以统计数据为基础，运用数学方法，通过建立计量经济模型来研究经济活动中具有因果关系和随机性的各因素之间数量关系和变动规律的一门科学。

第二节 如何进行计量经济学分析

如何进行计量经济学分析呢？首先，从宏观角度介绍科学研究范式和研究方法，然后具体介绍建立计量经济模型的步骤。

一、研究范式与方法论

（一）科学研究范式

人类科学研究经历了四种**范式**（Paradigm）的演变，即实验科学范式、理论科学范式、计算（仿真）科学范式、数据科学范式。

实验科学范式，是人类科学史上最早的科学研究方法，主要以描述和记录自然现象为特征，也称为**第一范式**。该范式从时间上看是从原始的钻木取火，发展到 18 世纪以前以伽利略（Galileo Galilei）为代表的文艺复兴时期的科学发展初级阶段。实验科学范式开启了现代科学之门。早期的经济学研究，如亚当·斯密的《国富论》就是以经验归纳为主的。

受到实验条件的限制，实验科学范式难以完成对自然现象更精确的描述。于是人们尝试尽量简化实验模型，去掉一些复杂的干扰，只留下关键因素，如物理学中“足够光滑”“足够长的时间”“空气足够稀薄”，经济学中的“其他条件不变”等假设条件描述，然后通过演算、推理，归纳总结出一般规律，这就是**理论科学范式**，也称**第二范式**。这种研究范式一直持续到19世纪末，都堪称完美。牛顿(Isaac Newton)三大定律成功解释了经典力学，麦克斯韦(James Clerk Maxwell)理论成功解释了电磁学，经典物理学大厦美轮美奂。研究方法以演绎法为主，不局限于描述经验事实。现代经济学研究包括计量经济学研究，主要采用的是理论科学范式。

随着验证理论的难度和经济投入越来越高，理论科学范式研究开始显得力不从心。量子力学和相对论的出现，都以理论研究为主，其复杂的计算超越了实验设计。到20世纪中叶，冯·诺依曼(John von Neumann)提出了现代电子计算机架构，利用计算机对科学实验进行模拟仿真的模式得到迅速普及，人们可以对复杂现象通过模拟仿真，推演出越来越多复杂的现象，典型案例如模拟核试验、天气预报等。随着计算机仿真越来越多地取代实验，逐渐成为科研的常规方法，被称为**计算(仿真)科学范式**，即**第三范式**。计算(仿真)科学范式，能模拟或仿真复杂的自然现象，解决的问题往往无法得出解析解。在现代计量经济学研究中，也常常采用计算机模拟方式，讨论复杂的经济学问题。

从21世纪初期开始，未来科学的发展趋势是，随着数据的爆炸性增长，计算机将不仅能做模拟仿真，还能从大数据中查找和挖掘所需信息，进行分析总结，抽象出理论。于是，数据密集发现(data-intensive scientific discovery)范式从第三范式中分离出来，成为一个独特的科学研究范式。甚至可以说，过去由牛顿、爱因斯坦(Albert Einstein)等科学家或经济学家完成的工作，未来完全可以由计算机完成。这种科学研究的方式，被称为**数据科学范式**或**第四范式**。在计量经济学研究中，也常常通过设备采集数据或是模拟器仿真产生数据(Monte Carlo方法)，并通过计算机实现过程仿真。将数据和资料(信息)存储在数据库中，采用数据挖掘、机器学习等方法来分析相关数据，并发现其中的相关规律和知识，将成为大数据计量经济学的主要研究方式。

当然，现阶段计量经济学的主要研究范式是理论科学范式。

(二)方法论

实验科学或理论科学范式解决问题的方法论是基于知识的，即从实践(数据)中总结提炼出一般性知识(模式、模型、函数、定理等)，然后用知识去解决问题。基本思路是，问题—知识—问题，即根据问题寻求知识，运用知识解决问题。

大数据时代引出了新的方法论，问题—数据—问题，即根据问题寻找数据，运用数据解决问题。该方法论本质上是从数据视角提出问题，在数据层面分析问题，以数据为中心解决问题。自然语言的机器翻译，曾提出过很多算法，但效果并不理想，直到Google翻译等改变了策略，不再仅靠复杂的算法翻译，而是对跨语言数据库进行简单查询，从而提升了效率。

从经济学方法论角度，经济学可以分为**规范经济学**(normative economics)和**实证经济学**(positive economics)。规范经济学解决“应该是什么”的问题，一般从某价值判断出发，提出分析和处理经济问题的标准，作为建立经济理论的前提和制定经济政策的依据。实证经济学不涉及价值判断，解决“是什么”“能不能”之类的实证问题。实证经济学又分为主要采用演绎法的理论(theoretical)实证和主要采用归纳法的经验(empirical)实证。

以需求理论为例，通过对市场上大量的价格现象可以归纳出，当商品价格上升时，需求量减少。演绎法则给出了背后的机制：人是理性的（大前提），消费者也是理性的（小前提），消费者会根据价格变化调整消费数量（结论）。具体而言，所谓**演绎推理**（deductive reasoning），是由一般到特殊的推理方法，从一般性的前提出发，通过逻辑推导，得出具体陈述或个别结论的过程。演绎法主要用于预测未来。

假设学习时间越长，成绩就越好，两者呈线性关系，如图 1.2.1 所示。因为是假设，图中用虚线表示这一未经证实的可能的规律。得到观测数据（样本）之后，可以进行线性回归拟合，如图 1.2.2 所示。如果拟合效果不错，就大致证明线性关系成立，如图 1.2.3 所示。因此得出结论，学习时间越长，成绩就越好。统计上，假设检验是可以被证明的，只要数据平均误差在可接受的范围，那么这条直线拟合线反映的（总体）规律就成立。

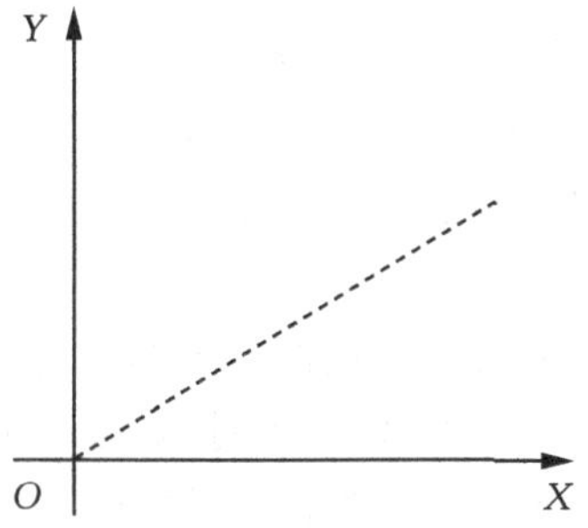

图 1.2.1 假设

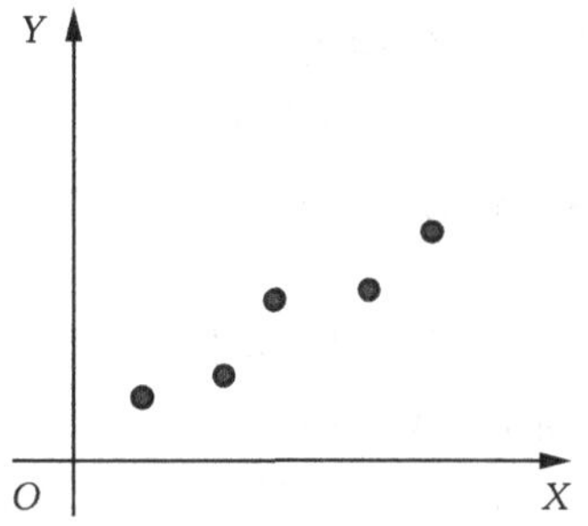

图 1.2.2 观测

显然，演绎推理，依赖人们的先验认知。统计或计量经济学的基本方法都属于根据观测数据进行假设检验的演绎推理。

归纳推理（inductive reasoning），是一种由个别到一般的推理方法，由一定程度的关于个别事物的观点过渡到范围较大的观点，由特殊具体的事例推导出一般原理、原则的解释方法。

根据如图 1.2.4 所示观测数据，拟合一条如图 1.2.5 所示的反映变化趋势的直线，总结为该现象的规律（如图 1.2.6 所示），这就是归纳推理。

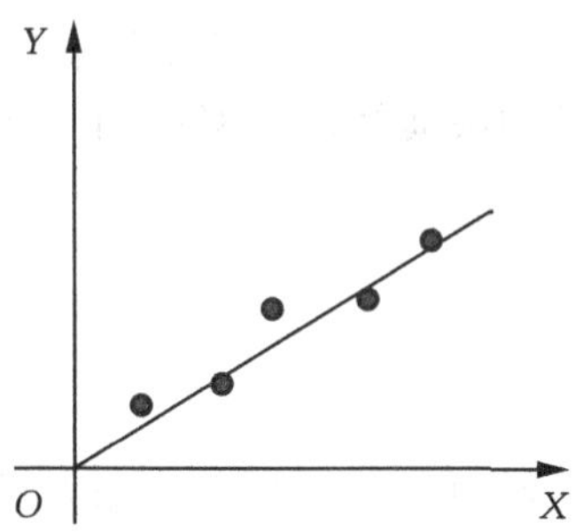

图 1.2.3 接受或拒绝假设

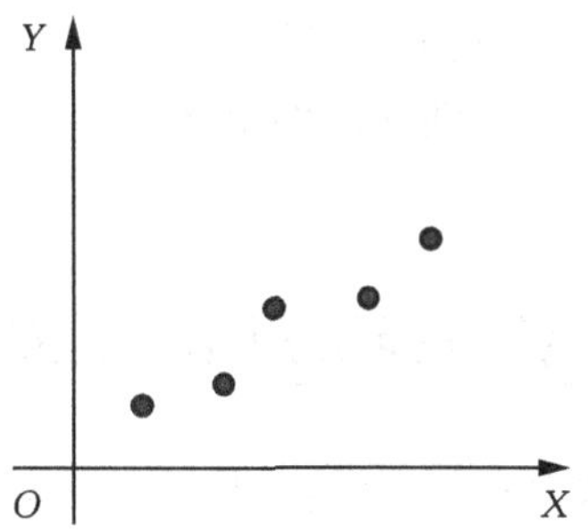

图 1.2.4 观测

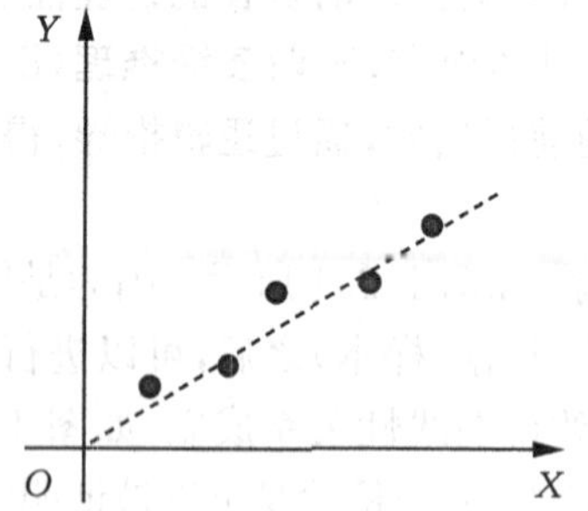

图 1.2.5 发现可能的结果

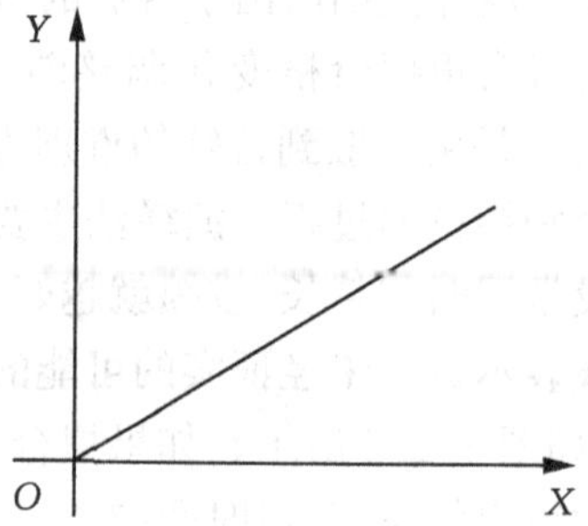

图 1.2.6 形成结论

显然,归纳推理依赖人们的后验发现。观察经济现象,得到经济规律,一般都属于归纳推理。机器学习,关注符合数据特征的判断或预测结果,也属于归纳推理。

归纳法概括事物的过去,主要用于对事物过去现象的说明,但是难以概括事物的进展和未来。

实证经济学的目的是揭示经济现象内在的、本质的、必然的规律。早期的古典经济学者如西尼尔(N. W. Senior)认为,经济学主要依靠的是推理而不是观测,演绎法是其基本研究方法。后来人们如穆勒(J. S. Mill)、凯恩斯(J. N. Keynes)逐渐意识到经济学研究需要将演绎法和归纳法相结合,归纳法是对演绎法的补充和修正。20 世纪 20 年代以后,归纳法在经济研究中的作用愈加重要,如哈奇森(T. W. Hutchison)等人普遍认为科学的经济学命题必须能被经验验证,于是归纳法作用成为对经济理论或假说的检验和判决。

纷繁复杂的现实经济现象具有随机性和不确定性。人们既要从许多个别事物中推出普遍原理归纳法,又要有假设、抽象推理的演绎法。对个别事物进行归纳,得出作为假设的推断,提出假说甚至数学符号化,通过数学演绎推理,得出结论,并再检验。在理论经济学中,经济系统中变量之间的关系是因果逻辑关系或者可用方程表示的函数关系,从方法论角度看更偏重于演绎法。对于计量经济学而言,经济系统看作一个服从某种概率分布的随机过程,变量之间的因果关系受到不可观测因素的干扰。计量经济学的主要任务就是控制各种偶然因素,在概率论意义上检验实际观测是否反映了一般性的经济规律,从方法论角度看更偏重于经验归纳。但是,计量经济研究选题、研究视角、数据收集和处理、模型设定等都是演绎法的范畴。因此,计量经济方法是抽象演绎法和经验归纳法的有机结合。

二、计量经济模型方法的步骤

凯恩斯曾说,经济学是一门以模型思考的科学,也是一门选择与当前世界相适应的模型的艺术。模型的目的在于把那些近似不变或相对恒定的因素与那些暂时的或波动的因素分离开来,以便发展出一套逻辑思维方法来分析后者。经济学中的进步几乎全部体现在模型选择方面的不断改进。[①] 模型对于经济学研究如此重要，这就要求人们必须对模型、数理经济模型和计量经济模型有一个初步了解。

（一）计量经济模型

模型，是对研究对象的刻画和模拟。采用不同工具对研究对象进行刻画和模拟，会得到不同的模型。常见的如语言模型、数学模型和计算机模拟模型等。语言模型就是用文字来刻画研究对象的模型。数学模型是用数学语言和符号刻画研究对象，它能够揭示现实活动中的数量关系，是一种重要的模型。计算机模拟模型就是采用计算机技术刻画研究对象的一种模型。

在经济管理领域，经济数学模型就是用数学方法刻画经济活动的模型。采用的数学方法不同，对经济活动揭示的程度也就不同，不同方法、不同程度构成了各类不同的经济数学模型。例如，用语言模型表述消费与收入的关系。凯恩斯的绝对收入假说认为，平均而言，随着人们收入的增加，消费也增加，但消费的增加要低于收入的增加。

数理经济模型揭示经济活动中各个因素之间的理论关系，用确定性的数学方程加以描述。消费经济现象可以用消费函数描述

$$C=f(Y)$$

甚至更具体地用线性方程描述为

$$C=\beta_0+\beta_1 Y,0<\beta_1<1$$

这里，C 表示消费额，Y 表示收入。函数描述了收入与消费额之间的理论关系，认为这种关系是准确实现的。利用数理经济模型，可以分析经济活动中各种因素之间的互相影响，为控制和预测经济活动提供理论指导。但是，数理经济模型并没有揭示因素之间的定量关系，参数 β_0、β_1 是未知的。

计量经济模型揭示经济关系中各个因素之间的定量关系，用随机性的数学方程加以描述。例如，消费活动中各因素之间的关系用随机数学方程可以描述为

$$C=\beta_0+\beta_1 Y+\mu$$

其中，μ 为随机干扰项，代表除收入以外的其他影响消费的因素。这就是计量经济模型的线性形式。以中国居民收入与消费支出的关系为研究对象，以 1978－2000 年按 1990 年不变价测算的中国人均国内生产总值（GDP）与以居民消费价格指数（1990＝100）缩减的人均居民消费支出（CONSP）两组数据为样本，就可以应用计量经济方法得到如下关系

$$C=201.1071+0.3862\,Y$$

方程揭示了这个特定问题中收入与消费之间的定量关系。利用这个关系，可以对研究对象进一步深入研究，例如，结构分析、消费预测等。这就是计量经济模型受到高度重视和广泛应用的原因所在。

从这个例子也可以清楚地看到经济理论、数理经济学和计量经济学在经济研究中各自不同的作用。

---

① 李景华. 法与工商管理：概念、模型及其应用[J]. 学术论坛，2016，39(11)：47－51.

(二)建立计量经济模型的步骤

无论是检验、发现和发展某个经济理论或假设,还是进行商业决策或者政策分析,都需要使用计量经济方法进行**经验分析**(empirical analysis),即利用数据来检验、发现和发展某理论或估计某种关系。在多数情况下,首先需要构造**经济模型**(economic model),即描述各种经济关系的数理经济学方程,如资源约束条件下的生产利润最大化,或预算约束下的消费者效用最大化。当然效用最大化框架也能用以分析非经济性质行为,如1992年诺贝尔经济学奖获得者加里·斯坦利·贝克尔(Becker,1968)对犯罪行为所做的经济学模型。①

贝克尔采用一个效用最大化框架,描述个人对犯罪行为的选择。虽然每一具体的犯罪行为都有明显的经济回报,但大多数犯罪行为也有成本。犯罪的机会成本使得罪犯不能参与合法就业之类的活动,此外,还存在与罪犯可能被抓相联系的成本,以及罪犯被抓后,如果被证明有罪,与监禁相关的成本。从这个角度看,从事非法活动的决策是资源配置的方式之一,是在充分考虑各种可选择成本和收益之后的决定。

这样,从事犯罪活动时间是各种影响因素的函数

$$Y=f(X_1,X_2,X_3,X_4,X_5,X_6,X_7)$$

其中,Y 表示从事犯罪活动时间,X_1 表示犯罪活动的每小时收入,X_2 表示合法就业的每小时收入,X_3 表示犯罪或就业之外的收入,X_4 表示犯罪被抓住的概率,X_5 表示犯罪被抓后,被证明有罪的概率,X_6 表示被证明有罪后预期的宣判,X_7 表示年龄。

虽然还可能有其他因素影响个人犯罪的决策,但从规范分析角度看,贝克尔的经济模型还是相当经典的。该模型可以对影响犯罪活动的每个因素进行分析,是计量经济模型对变量进行估计的基础。

规范的经济建模是经验分析的起点,但是很多时候,计量经济分析是从常识甚至直觉开始的。虽然规范推导能具洞见,但贝克尔的犯罪行为决定模型即使不从效用最大化开始推导,从直觉角度看,也是相当合理的。

考虑工作培训对工人生产力的影响,几乎不需要任何规范的经济理论,根据基本常识就可以得出,教育、工作经验和培训等因素会影响工人的生产力。而工人的工资与其生产力是相适应的,于是

$$Wage=f(Educ,Exper,Training)$$

其中,$Wage$ 表示小时工资,$Educ$ 表示受到正规教育的年限,$Exper$ 表示工作年数,$Training$ 表示教育培训的周数。

在设定了一个数理经济模型之后,就需要将它转化为一个**计量经济模型**(econometric model)。两者的主要区别是,前者有明确的函数形式,后者需要考虑因素的可观测性。这里需要区分因素与变量的关系。严格地讲,上述生产力函数中的小时工资、受正规教育年限、工作年数、教育培训周数等,只能称为"因素",这些因素之间存在着因果关系。为了建

① Becker,G. S. "Crime and Punishment:An Economic Approach",*Journal of Political Economy*,1968,76:169—217.

立计量经济模型,必须选择适当的变量来表征这些因素,这些变量必须具有数据可得性。假设生产力还受工人智力水平的影响,而智力水平很难观测,甚至是不可能观测的,那么智力水平因素就不列为该模型变量。当然,该因素可以在计量经济模型中加以说明。

通过设定一个特定的计量经济模型,解决了经济模型中内在的不确定性:

$$Crime=\beta_0+\beta_1 Wage_m+\beta_2 Othinc+\beta_3 Freqarr+\beta_4 Freqconv+\beta_5 Avgsen+\beta_6 Age+\mu$$

其中,$Crime$ 表示犯罪活动的频率,$Wage_m$ 表示合法就业所得的工资,$Othinc$ 表示通过其他途径得到的收入,$Freqarr$ 表示以前违法被抓的概率,$Freqconv$ 表示被证明有罪的概率,$Avgsen$ 表示被证明有罪后判处监禁的平均时间,Age 表示年龄。

这些变量的选择,既有经济理论的依据,又有数据可得性方面的考虑。特别是,模型中还包括了**误差项**(error term)或**干扰项**(disturbance term)μ。μ 不仅包括不可观测的因素,比如从事犯罪活动的工资、道德、家庭背景等,还包括度量犯罪活动频率的误差。模型包含了一个干扰项正是计量经济模型最为独特的地方。

$\beta_0,\beta_1,\cdots,\beta_6$ 是该计量经济模型的**参数**,描述了模型中犯罪决定因素与犯罪之间关系的方向和强度。参数估计值体现了经济现象中变量之间的数量关系和变动规律,是人们进行经济研究的目的。

对于工资模型而言,一个计量经济模型是

$$Wage=\beta_0+\beta_1 Educ+\beta_2 Exper+\beta_3 Training+\mu$$

其中,μ 包含的因素有天生禀赋、家庭背景、教育质量等影响一个人工资的无数其他因素。由于研究目标是工作培训的影响,β_3 就是需要定量测算的参数。

一般情况下,计量经济分析是从一个计量经济模型开始的,因为对经济模型的推导更多属于数理经济学的任务。一旦设定了计量经济模型,所关注的假设就可用未知参数来表达。比如,假设合法就业的工资 $Wage_m$ 对犯罪行为没有影响,就等价于 $\beta_1=0$。

一项经验研究,需要收集数据,然后采用回归分析方法估计计量经济模型中的参数,并检验假设。

从上述例子可以看出,计量经济模型是采用回归分析方法来揭示经济现象中客观存在的因果关系的经济数学模型。这里对建立计量经济模型过程做一个整体介绍。

1. 设计理论模型

所谓理论模型设计,就是通过对所要研究的经济现象进行深入的分析,根据特定的研究目的,按照经济行为理论和样本数据的可得性,选择模型中将包含的影响因素和变量,并采用适当的数学表达式描述这些变量之间随机因果关系的过程。例如,消费函数

$$C=f(Y,\mu)$$

就是一个抽象的理论模型,μ 反映除收入以外的其他干扰因素,如性别、文化程度、消费偏好、消费环境以及家庭生命周期等。理论模型设计主要包含三部分工作,即确定变量、明确变量之间的数学关系、拟定模型中待估计参数的数值范围。

(1)确定模型所包含的变量

在单方程模型中,变量分为两类。作为研究对象的变量,也就是因果关系中的“果”,例如,消费函数中的消费量,是模型中的**被解释变量**;而作为“原因”的变量,例如,消费函数中的收入,是模型中的**解释变量**。确定模型所包含的变量,主要是指确定解释变量。可

以作为解释变量的有下列几类变量:外生经济变量、外生条件变量、外生政策变量和滞后被解释变量。其中有些变量,如条件变量、政策变量,经常以虚拟变量的形式出现。

严格地说,上述消费函数中的消费量、收入、价格和消费者偏好等,只能称为"因素",这些因素间存在着因果关系。为了建立起计量经济模型,必须选择适当的变量来表示这些因素,也就是这些变量必须具有数据可得性。于是,可以用居民人均消费支出来表示消费量,用居民人均可支配收入来表示收入,用不变价格来表示价格,用个人偏好作为一个变量来表示消费者偏好。这样,最后建立的模型是关于消费、收入、价格和消费者偏好变量之间关系的数学表达式。如果个人偏好没有数据支持,则不能成为该模型的变量。

问题的关键在于,在确定了被解释变量之后,怎样才能正确地选择解释变量。

第一,需要正确理解和把握所研究的经济现象中暗含的经济学理论和经济行为规律。这是正确选择解释变量的基础。例如,在消费问题中,已经明确判定属于供给充分的情况,那么影响消费的主要因素就应该在需求要素方面,而在当前,一般的需求要素主要是收入、价格与个人偏好等。如果属于供给不足的情况,那么影响消费的主要因素就应该在供给方面,而不在需求要素方面,这时可以选择固定资产投资总额等变量作为解释变量。由此可见,同样是建立消费模型,所处的经济环境不同,变量选择是不同的。

实际上,在选择变量时,特别容易发生错误。下面的例子来自已有的计量经济学应用研究成果,代表了两类容易发生的错误。例如

$$CZSR = 4219.1 + 4.7290 \times GPRZE$$

其中,$CZSR$ 表示财政收入,$GPRZE$ 表示股票融资额。这个模型不符合经济理论,遗漏了重要的解释变量。实际上,影响财政收入的因素虽多,但是最重要的是各项税收。股票融资额肯定不是重要的因素,更不是唯一因素。再如

$$NFCPCKE = -107.66 + 0.13 \times SHSPLSZE + 0.22 \times NFCPSGE$$

其中,$NFCPCKE$ 表示农副产品出口额,$SHSPLSZE$ 表示社会商品零售总额,$NFCPSGE$ 表示农副产品收购额。这个模型仍然不符合经济理论,它选择了无关的变量。因为社会商品零售总额与农副产品出口额无直接关系,也不是影响农副产品出口额的原因。再看一个例子

$$SCZLJKE = 0.73 \times QGYTZ + 0.21 \times CKE + 0.18 \times SCXF + 67.60 \times JCKZC$$

其中,$SCZLJKE$ 表示生产资料进口额,$QGYTZ$ 表示轻工业投资,CKE 表示出口额,$SCXF$ 表示生产消费,$JCKZC$ 表示进出口政策。从经济理论看,这里选择了不重要的变量。因为轻工业投资对生产资料进口额虽有影响,但不是重要的,或者说是不完全的,重要的是全社会固定资产投资额,所以应该选择这个变量。

简单地说,这三个例子反映的问题无外乎是解释变量的少选或多选问题。变量选择问题在将来的计量经济模型设定部分会有更科学的讨论。值得注意的是,上述几个模型都能很好地拟合样本数据,所以绝对不能把对样本数据的拟合程度作为判断模型变量选择是否正确的主要标准。

第二,选择变量要考虑数据的可得性。这就要求对经济统计学有透彻的了解。计量经济模型是要在样本数据,即变量的样本观测值的支持下,采用一定的数学方法估计参数,以揭示变量之间的定量关系。因此,所选择的变量必须是统计指标体系中存在的、有

可靠的数据来源的。如果必须引入个别对被解释变量有重要影响的条件变量、政策变量，则采用虚拟变量的样本观测值的选取方法。

当然，计量经济研究的过程是艰辛的，变量的选择往往不是一次就能完成的，需要经过多次反复。

(2)明确模型的数学形式

选择了适当的变量，接下来就要选择适当的数学形式描述这些变量之间的关系，即建立理论模型。

选择模型的数学形式的主要依据是经济行为理论。在数理经济学中，已经对常用的生产函数、需求函数、消费函数、投资函数等模型的数学形式进行了广泛的研究，可以借鉴这些研究成果。需要指出的是，现代经济学尤其注重经验研究。任何建立在一定经济学理论假设基础上的理论模型，如果不能很好地解释过去，尤其是历史统计数据，那么它是不能被人们所接受的。这就要求理论模型的建立在参数估计、模型检验的全过程中反复修改，以得到一种既能有较好的经济学解释又能较好地反映历史上已经发生的诸变量之间关系的数学模型，忽视任何一方面都是不对的；也可以根据变量的样本数据作出解释变量与被解释变量之间关系的散点图，由散点图显示的变量之间的函数关系作为理论模型的数学形式，这也是人们在建模时经常采用的方法。

在某些情况下，如果无法事先确定模型的数学形式，那么就采用各种可能的形式进行尝试模拟，然后选择模拟结果较好的一种。

(3)拟定理论模型中待估参数的理论期望值

理论模型中的待估参数一般都具有特定的经济含义，它们的数值，要待模型估计、检验后，即经济数学模型完成后才能确定，但对于它们的数值范围，即理论期望值，可以根据它们的经济含义在开始时拟定。这一理论期望值可以用来检验模型的估计结果。

拟定理论模型中待估参数的理论期望值，关键在于理解待估参数的经济含义。例如，消费函数中的边际消费倾向取值在 0—1 之间。

具体应用模型的设定过程，不是一个简单的按部就班的过程，而是需要考虑 4 个方面问题的综合权衡过程：

一是计量经济模型类型的选择。确定是应该建立参数模型还是非参数模型，采用什么类型的数据。在经验研究中，使用哪一类模型需要由所要研究的经济问题的本质决定，即“问题导向”。并不是一个计量经济模型或方法可用于研究任何经济问题。例如，研究金融市场有效性或可预测性时，需要对资产回报率的条件均值建模；研究实体经济和金融市场之间的波动溢出效应时，需要对条件方差建模；而研究风险价值(Value at Risk, VaR)时，则需要对条件分位数或条件分布建模。

二是变量选择。变量选取原则是研究目的导向、理论导向或者数据关系导向，还是现实原则，比如，经济主体关系、统计检验必要性和一般性导向等。

三是变量性质选择。变量是内生还是外生、随机还是确定的等。

四是模型函数关系选择。在经济理论和统计检验原则下，设定变量之间的函数关系。

2. 收集样本数据

样本数据的收集与整理，是建立计量经济模型过程中最为费时费力的工作，也是对模型质量影响极大的一项工作。从工作程序讲,它是在理论模型建立之后进行,但实际上经常是同时进行的,因为能否收集到合适的样本观测值是决定变量取舍的主要因素之一。

(1)四类常用的样本数据

经济数据的类型多种多样。不同数据类型的特点各不相同,对应的计量经济处理方法也不一样。比较典型的经济数据类型包括截面数据、时间序列数据、面板数据和虚拟变量数据等。现在,大数据也频繁出现在人们的研究中。

(i)截面数据

截面数据(cross-sectional data),就是在给定时点对个人、家庭、企业、城市、省、国家或一系列其他单位采集样本所构成的数据。例如,家计调查数据、工业普查数据、人口普查数据等,主要由统计部门提供。研究者也可以根据研究需要,设计调查方案,开展实际调查,获得截面数据。

截面数据最重要的特点是,通常假定它们是从总体中通过**随机抽样**(random sampling)得到的。计量经济模型主要是建立在基于随机抽样理论的截面数据基础上的,随机性是计量经济模型对截面数据最重要的要求。

采用截面数据作为计量经济模型的样本数据,应注意以下几个问题:一是样本与总体的一致性问题。计量经济模型的参数估计,从数学上讲,是用从总体中随机抽取的个体样本估计总体的参数,所以要求总体与个体必须是一致的。例如,估计煤炭企业的生产函数模型,只能用煤炭企业的数据作为样本,不能用煤炭行业的数据。截面数据很难用于一些总量模型的估计,例如,要建立煤炭行业的生产函数模型,就无法找到合适的截面数据。二是模型随机误差项的异方差问题。用截面数据作样本,容易引起模型随机误差项产生异方差。

(ii)时间序列数据

时间序列数据(time series data)是由一个或几个变量按照时间先后顺序排列的观测值构成的。例如,GDP、就业、货币供给、政府财政收支等数据,一般由统计部门提供。

由于过往事件可以影响到未来的事件,而且滞后影响在社会科学中普遍存在,所以时间序列数据的一个重要特点是,很难假设它独立于时间。多数时间序列数据都与其近期历史(高度)相关。

在采用时间序列数据作样本时,要注意以下几个问题:一是所选择的样本区间内经济行为的一致性问题。例如,建立纺织行业生产模型,选择反映市场需求因素的变量,诸如居民收入、出口额等作为解释变量,而没有选择反映生产能力的变量,诸如资本、劳动等,原因是纺织行业属于供大于求的情况。对于这个模型,采用时间序列数据作样本时,只能选择 20 世纪 80 年代后期以来的数据,因为纺织行业供大于求的局面只出现在这个阶段,而在 80 年代中期以前的一个长时期里,我国纺织品是供不应求的,那时制约行业产出量的主要因素是投入要素。二是样本数据在不同样本点之间的可比性问题。经济变量的时间序列数据往往是以价值形态出现的,包含价格因素,而同一件实物在不同年份的价格是不同的,这就造成样本数据在不同样本点之间不可比,需要对原始数据进行调整,消除其不可比因素,方可作为模型的样本数据。三是样本观测值过于集中的问题。经济变量在时间序列上的变化往往是缓慢的,例如,居民收入每年的变化幅度只有 5%左右。如果在一个消费函数模型中，以居民消费作为被解释变量，以居民收入作为解释变量，以它的时间序列数据作为解释变量的样本数据，由于样本数据过于集中，因此所建立的模型很难反映两个变量之间的长期关系。这也是时间序列数据不适宜对模型中反映长期变化关系的结构参数的估计的一个主要原因。四是模型随机误差项的序列相关问题。用时间序列数据作样本，容易引起模型随机误差项产生序列相关。

(iii)面板数据

面板数据(panel data)，是由数据集中一个截面单位的时间序列构成的。例如，对一系列个人的工资、就业和受教育情况的历史连续观测了多年，或一系列企业投资、财务数据等多年的数据等。其中的特例是**混合截面数据**(pooled cross-section data)。采用面板数据作样本时，面临的问题更复杂，后文将用专门章节讨论其中的问题。

(iv)虚拟变量数据

虚拟变量数据(dummy variable data)是对定性因素的取值，也称为二进制数据，一般取 0 或 1。虚拟变量经常被用在计量经济模型中，以表示政策、条件等因素。例如，建立我国的粮食生产计量经济模型，以粮食产量作为被解释变量，解释变量中除了播种面积、化肥使用量、农机总动力、成灾面积等外，显然，政策因素是不可忽略的。1980 年前后，由于实行了不同的政策，即使上述变量都没有变化，粮食产量也会发生大的变化，于是必须在解释变量中引入政策变量，用一个虚变量表示，对于 1980 年以后的年份，该虚变量的样本观测值为 1，对于 1980 年以前的年份，该虚变量的样本观测值为 0。也可以取 0、1 以外的数值，表示该因素的变化程度。例如，在工业生产模型中用虚变量表示气候对工业生产的影响，可以将不同年份气候的影响程度分别用 0、1、−1 甚至 0.5、−0.5 等。不过，这种方法应慎用，以免违背客观性。

本书以不同数据类型对应于不同计量经济模型方法为逻辑线索。第一部分主要介绍了对截面数据的分析，原因是截面数据存在的概念和技术困难小，这也是计量经济分析的主体内容。同时，它也为其他数据类型分析提供了基础。时间序列数据的计量分析与截面数据分析基本相同，但是，由于许多时间序列数据的趋势性和高度持续性，对它进行分析将更为复杂。早期用于说明计量经济方法的时间序列数据例子，现在普遍被认为是有缺陷的，于是，将对时间序列数据的处理放到第二部分，其中还将引入趋势性、持续性和动态性等概念。第三部分将详细介绍混合面板数据和面板数据的计量经济分析。独立混合截面数据和简单的面板数据分析，基本上是截面数据分析的直接推广。

(v)大数据

随着互联网与移动互联网等信息技术的发展与广泛应用，经济观测数据正以指数增长的速度快速增加，形成所谓的**大数据**(big data)。除传统数字型结构化数据之外，大数据还包括大量的非结构化和半结构化数据，如文本、图形、音频、视频等数据。即使是数字型数据，也包含一些新型数据，例如，区间数据、函数数据、符号数据等。大数据来源包括互联网电商公司的交易数据、企业与政府部门的网站、各种社交平台与感应器等。这些大数据大多是实时或几乎实时收集记录，其数量、体量大，但很多情况下信息密度低。

大数据提供了传统数据所没有涉及的很多信息，这些信息可以用来构建以前不能精确测度的一些重要变量。如，通过社交平台和新闻媒体文本数据，可构建投资者或消费者的情绪指数。大数据也使得构建高频化的重要经济指数或经济变量成为可能,如,宏观经济物价指数、CPI或PPI,目前抽样最高频率是月度数据。大数据产生了不少有别于传统数据的新型数据。例如,每笔交易数据、日内资产价格数据、区间数据、函数数据等。与传统数据相比,大数据有助于挖掘大数据中变量之间的复杂关系,特别是非线性关系。因此,非线性计量经济模型在大数据时代可望有更广的发展与应用空间。用于大数据分析的很多机器学习方法,例如决策树、随机森林、人工神经网络、深度学习等,都是非线性计算机算法,很大程度上类似于统计学的非参数分析。大数据和机器学习也可望在研究经济因果关系方面提供帮助。随着大数据及其分析技术的发展,计量经济学正在形成一个以大数据分析为主的新的计量经济学研究领域。①

(2)样本数据的质量

样本数据的质量问题大体上可以概括为完整性、准确性、可比性和一致性四个方面。

(i)完整性

完整性即模型中包含的所有变量都必须得到相同容量的样本观测值。这既是模型参数估计的需要,也是经济现象本身应该具有的特征。但是,在实际中,"遗失数据"的现象是经常发生的。在出现"遗失数据"时,如果样本容量足够大,样本点之间的联系并不紧密的情况下,可以将"遗失数据"所在的样本点整个去掉;如果样本容量有限,或者样本点之间的联系紧密,去掉某个样本点会影响模型的估计质量,则要采取特定的技术将"遗失数据"补上。

(ii)准确性

准确性有两方面含义:一是所得到的数据必须准确反映它所描述的经济因素的状态,即统计数据或调查数据本身是准确的;二是它必须是模型研究中所准确需要的,即满足模型对变量口径的要求。前一个方面是显而易见的,而后一个方面则容易被忽视。例如,在生产函数模型中,作为解释变量的资本、劳动等必须是投入生产过程中的、对产出量起作用的那部分生产要素,以劳动为例,应该是投入生产过程中的、对产出量起作用的那部分劳动者。于是,在收集样本数据时,就应该收集生产性职工人数,而不能以全体职工人数作为样本数据,尽管全体职工人数在统计上是很准确的,但其中有相当一部分与生产过程无关,不是模型所需要的。

(iii)可比性

可比性也就是通常所说的数据口径问题,在计量经济模型研究中可以说无处不在。而人们容易得到的经济统计数据,一般可比性较差,其原因在于统计范围口径的变化和价格口径的变化,必须进行处理后才能用于模型参数的估计。计量经济方法,是从样本数据中寻找经济活动本身客观存在的规律性,如果数据是不可比的,得到的规律性就难以反映实际。不同的研究者研究同一个经济现象,采用同样的变量和数学形式,选择的样本点也相同,但可能得到相差甚远的模型参数估计结果。为什么?原因在于样本数据的可比性。例如,采用时间序列数据作为生产函数模型的样本数据,产出量用不变价格计算的总产值

① 李景华,夏文强.大数据与机器学习对计量经济学发展的影响.大数据与产业创新研究.北京:中国经济出版社,2022.

在不同年份间是可比的；资本用当年价格计算的固定资产原值，在不同年份间是不可比的。对于统计资料中直接提供的用当年价格计算的固定资产原值，直接用于模型估计，与进行处理后再用于模型的估计，结果当然不会相同。

(iv)一致性

一致性即母体与样本的一致性。违反一致性的情况经常会发生，例如，用企业的数据作为行业生产函数模型的样本数据，用人均收入与消费的数据作为总量消费函数模型的样本数据，用部分省份的数据作为全国总量模型的样本数据等。

3. 估计模型参数

模型参数的估计方法，是计量经济学的核心内容。在建立了理论模型并收集整理了符合模型要求的样本数据之后，就可以选择适当的方法估计模型，得到模型参数的估计量。常用的方法有普通最小二乘法、矩估计、最大似然估计法、广义最小二乘法等。模型参数的估计是一个纯技术的过程，包括对模型进行识别(对联立方程模型而言)、估计方法的选择等内容。

4. 检验模型

在得到模型的参数估计后，一个计量经济模型就初步建立起来了。但是，它能否客观揭示所研究经济现象中诸因素之间的关系、能否付诸应用，还要通过检验才能决定。一般来讲，计量经济模型必须通过四级检验，即经济意义检验、统计检验、计量经济检验和预测检验。

(1)经济意义检验

经济意义检验主要检验模型参数估计量在经济意义上的合理性。主要方法是将模型参数的估计值与预先拟定的理论期望值进行比较，包括参数估计量的符号、大小、相互之间的关系，以判断其合理性。

首先检验参数估计量的符号。例如，有下列煤炭行业生产模型

$$\begin{aligned}MTCL = &-108.5427+0.00067\times GDZCYZ+0.01527\times ZGRS\\&-0.00681\times DLXHL+0.00256\times MCXHL\end{aligned}$$

其中，$MTCL$ 表示煤炭产量，$GDZCYZ$ 表示固定资产原值，$ZGRS$ 表示职工人数，$DLXHL$ 表示电力消耗量，$MCXHL$ 表示木材消耗量。在该模型中，电力消耗量前的参数估计量为负，意味着电力消耗越多，煤炭产量越低，从经济行为上无法解释。模型不能通过经济意义检验，应该查找原因重新建立或估计模型。

如果所有参数估计量的符号正确，则要进一步检验参数估计量的大小。例如，有下列煤炭企业生产函数模型

$$\ln(MTCL)=2.69+1.85\ln(GDZCYZ)+0.51\ln(ZGRS)$$

因为该模型是一个对数—对数模型，所以在该模型中，固定资产原值前的参数的经济意义是明确的，即固定资产原值的产出弹性，表示当固定资产原值增加1%时煤炭产量增加的百分数。根据产出弹性的概念，该参数估计量应该是0与1之间的一个数，模型中的参数估计量虽然符号正确，但是数值范围与理论期望值不符，不能通过检验，应该查找原因重新建立或估计模型。

即使模型参数估计量的符号正确、数值范围适当，仍然不能说已经通过经济意义检

验,还要对参数之间的关系进行检验。例如,有下列职工家庭日用品需求模型

$$\ln(RJGMRYPZCE)=-3.69+1.20\ln(RJSR)-6.40\ln(RYPLJG)$$

其中,$RJGMRYPZCE$ 表示人均购买日用品支出额,$RJSR$ 表示人均收入,$RYPLJG$ 表示日用品类价格。

该模型也是一个对数—对数模型,所以在该模型中,人均收入和日用品类价格前的参数的经济意义是它们各自的需求弹性。这两个参数估计量的符号是正确的,数值范围大体适当。但是根据经济意义,两参数估计量之和应该在1左右,因为当收入增长1%、价格增长1%时,人均购买日用品支出额也应该增长1%左右。而该模型的参数估计量不能通过检验,应该查找原因重新建立或估计模型。

只有当模型中的参数估计值通过所有经济意义检验,方可进行下一步检验。模型参数估计量的经济意义检验是一项最基本的检验,经济意义不合理,不管其他方面的质量多么高,模型也是没有实际价值的。

(2)统计检验

统计检验是由统计理论决定的,目的在于检验模型的统计学性质。通常广泛应用的统计检验准则有拟合优度检验、方程和变量的显著性检验等。

(3)计量经济检验

计量经济检验是由计量经济学理论决定的,目的在于检验模型的计量经济性质。通常主要的检验准则有解释变量的多重共线性检验、随机干扰项的异方差性检验和序列相关检验、解释变量的内生性检验等。

(4)预测检验

预测检验主要检验模型参数估计量的稳定性以及相对样本容量变化时的灵敏度,确定所建立的模型是否可以用于样本观测值以外的范围,即模型的所谓超样本特性。具体的检验方法为:

(i)利用扩大了的样本重新估计模型参数,将新的估计值与原来的估计值进行比较,并检验二者之间差距的显著性;

(ii)将所建立的模型用于样本以外某一时期的实际预测,并将该预测值与实际观测值进行比较,并检验二者之间差距的显著性。

经历并通过了设计模型、收集数据、估计参数和检验模型4个步骤后,所需要的计量经济模型就基本建立起来了,可以将它应用于预定的经济研究目的。

(三)计量经济模型成功的三要素

从建立计量经济模型的步骤中不难看出,任何一项计量经济研究、任何一个计量经济模型赖以成功的要素应该有三个:理论、数据和方法。理论,即经济理论,所研究的经济现象的行为理论,是计量经济研究的基础。数据,反映研究对象的活动水平、相互间联系以及外部环境的数据,或更广义地讲是信息,是计量经济研究的原料。方法,主要包括模型方法和计算方法,是计量经济研究的工具与手段,是计量经济学不同于其他经济学分支学科的主要特征。这三方面缺一不可。

一般情况下,在计量经济研究中,方法研究是人们关注的重点,方法水平往往成为衡

量一项研究成果水平的主要依据，但是不能因此而忽视对经济理论的探讨。一个不懂得经济学理论、不了解经济行为的人，是无法从事计量经济研究工作的，是不可能建立起一个哪怕是极其简单的计量经济模型的。所以，计量经济学研究者首先应该是一个经济学研究者。相比之下，人们对模型、数据，尤其是模型假设和数据质量问题的重视更显不足。在一个研究项目中，对模型假设、模型使用的前提条件，对数据的可得性、可用性、可靠性应认真推敲，特别要注意数据质量方面的问题。

（四）计量经济学应用软件

随着计量经济学理论和方法的发展，计算过程越来越复杂，相关计算软件的发展对计量经济研究具有重要支撑作用。能完成计量经济数据管理与分析的软件很多，常用的有Eviews、SPSS、SAS 和 Stata 等，各种软件的侧重点各不相同。

Stata 软件是目前经济学研究最有力的工具。不论研究使用的是截面数据、时间序列数据还是面板数据，Stata 软件都能方便地组织、管理数据，进行有效的计量、统计分析。

对于一部分用户而言，Stata 软件是一种含有下拉菜单快捷方式的统计软件包，允许用户编辑、查看数据，生成变量、画图和进行统计分析。对于另一部分用户而言，Stata 软件是一种命令驱动软件包，能够方便地执行事先编辑的 do 文件。还有一些用户，将 Stata 软件当作编程语言，应用程序解决问题。对于经济学实证研究而言，学习和编写高效的 do 文件特别有益。编写容易理解、方便修改的 do 文件，对于建立和扩展计量经济学研究，具有重要的基础性作用。

本书的数据处理、作图、计算估计和检验等过程都是采用 Stata17 完成的。从对现实数据的处理到生成具有特定特征的数据，再到作图，进行参数估计和统计、计量经济检验、模型修正，以及最新的计量经济模型的特定命令、程序的使用，都是采用 Stata 软件完成的。Stata 软件能够出色完成经济学研究几乎所有的工作，即使是没有任何软件程序基础的读者，也可以从本书给出例子的程序或 do 文件出发，按照本书体系中从简单到复杂的计量经济例子，循序渐进地一步步掌握该软件的操作。

实践是学习软件最重要的方法，需要多做练习和操作实际案例，在实践中了解和掌握软件的各种命令和应用技巧。

第三节　为什么要学习计量经济学

如果说人们学习物理学是为了了解自然界中物质结构、物质间的相互作用和运动的基本规律，那么学习经济学就是为了了解社会经济系统的结构、相互作用和运行规律。经济系统中各部分之间、经济过程中各环节之间和经济活动中各因素之间，在经济运行过程中都存在着内在的、本质的、必然的联系。虽然一般经济理论从定性角度总结了这种联系，但是如果缺乏对其中定量的相互依存关系揭示，就不能深刻地了解经济规律。揭示这种客观存在的数量关系，本身也是经济研究的一项重要任务，是进行经济决策或预测的一项基础性工作，同时也是检验、发现和发展经济理论的一种重要手段。所以说，计量经济学是经济分析，特别是经济数量分析最重要的分支学科。为什么要学习计量经济学？简单地说，主要有四方面原因。

一、估计变量之间的定量关系

在观察和研究经济运行的过程中，往往需要测算一个变量或几个变量发生变化时对其他变量乃至经济系统、过程和活动产生什么样的影响。这种定量分析主要包括弹性分析、乘数分析与比较静态分析。

早在20世纪初到第一次世界大战前，美国的穆尔、英国的庇古、法国的雷诺等人都从事过市场需求弹性的计量研究工作。弹性，是经济学中的一个重要概念，是某一变量的相对变化引起另一变量的相对变化的度量，即是变量的变化率之比。在经济研究中，除了需要研究经济中变量绝对量之间的关系，还要掌握变量的相对变化所带来的相互影响，以掌握经济活动的数量规律和有效地控制经济运行。计量经济学揭示了变量之间的直接因果关系，从计量经济模型出发可以进一步测算变量相对变化量之间的关系。具体而言，所谓市场需求弹性，即某商品需求变动率同该商品价格、其他商品价格或收入等变动率之比。例如，价格增长1%时，需求将下降0.5%，用0.5%比1%得0.5即为需求的价格弹性。又如，牛肉价格上涨后，消费者转而购买猪肉；由于牛肉价格上涨1%，猪肉需求将增加2%，用2%比1%就得到猪肉的替代弹性为2。再如，收入增加1%，牛肉需求将增加0.4%，用0.4%比1%得到牛肉需求的收入弹性为0.4；等等。早期的资本主义社会的企业家为了获取最大利润，雇请大批专家学者为其提供市场需求分析资料。对于社会主义市场经济而言，为搞好综合平衡，及时、有效地进行宏观调控，需求弹性的计量经济分析不仅为政府制定政策提供了依据，还能为调节产、供、销关系给出具体方案，对于建立和完善社会主义市场经济体制很有启发意义。

经典的案例如，范等人(Fan et al.，1995)对中国农户的消费行为进行了研究，他们计算了几大类商品的价格弹性和收入弹性，结果如表1.3.1所示：

表1.3.1　　商品的价格弹性和收入弹性

	价格弹性	收入弹性
食品	−0.526	0.707
衣物	−0.248	0.694
燃料	−0.269	0.216
住房	−0.611	2.170

显然，在各大类商品中，衣物、燃料的价格弹性较低，而食品、住房的价格弹性较高。这表明，农户在衣物、燃料上的支出受价格波动的影响较小，而在食品、住房上的支出则更容易受价格变化的影响。从收入弹性看，住房的收入弹性大，可以视为奢侈品；而其他3种商品收入弹性相对较小，应该视为生活必需品。这表明，农户对住房条件的改善最为重视，在收入增加时，他们会更多支出在改善住房条件上，而其他3种商品则花费相对较少。

乘数，是某一变量的绝对变化引起另一变量的绝对变化的度量，即是变量的变化量之比，也称倍数。它直接度量经济系统中变量之间的相互影响，经常被用来研究外生变量的变化对内生变量的影响，对于实现经济系统的调控有重要作用。

随着 2007 年美国金融危机的爆发，各国政府都出台了财政计划刺激经济。中国政府更是制订了 4 万亿元的投资计划。为评价该项政策，王国静、田国强(2014)对中国的财政乘数进行了估计，研究表明长期的政府消费乘数为 0.7904，而长期的政府投资乘数为 6.1130。这说明，政府消费更多表现为挤出效应，而政府投资更多是乘数效应。[①]

比较静态分析，是比较经济系统的不同均衡状态之间的联系，探索经济系统从一个平衡点到另一个平衡点时变量的变化，研究系统中某个变量或参数的变化对另外变量或参数的影响。显然，弹性分析和乘数分析都是比较静态分析的形式。计量经济模型为比较静态分析提供了一个基础，没有定量描述变量之间关系的、包含变量和参数的计量经济模型，比较静态分析将无从着手。

估计经济系统中变量之间的定量关系是计量经济模型应用的主要方面，是其他应用的基础。

二、经济预测

计量经济模型作为一类经济数学模型，是从用于经济预测，特别是短期预测而发展起来的。在 20 世纪 50 年代、60 年代，在西方国家经济预测中不乏成功的实例，成为经济预测的一种主要模型方法。但是，进入 70 年代以来，人们对计量经济模型的预测功能提出了质疑，起因并不是它未能对发生于 1973 年和 1979 年的两次“石油危机”发出预报，而是几乎所有的模型都无法预测“石油危机”对经济造成的影响。对计量经济模型的预测功能的批评是有道理的，或者说计量经济模型的预测功能曾经被夸大了。应该看到，计量经济模型是以模拟历史、从已经发生的经济活动中找出变化规律为主要技术手段。于是，对于非稳定发展的经济过程、对于缺乏规范行为理论的经济活动，计量经济模型便显得无能为力。同时，还应该看到，20 世纪 40—60 年代甚至后来建立的计量经济模型都是以凯恩斯理论为经济理论基础的，而经济理论本身已经有了很大的发展，滞后于经济现实与经济理论的模型在应用中当然要遇到障碍。

为了适应经济预测的需要，计量经济模型技术也在不断发展之中。将计量经济模型与其他经济数学模型相结合，采用大数据及相关技术是未来的一个主要发展方向。

当然，很多时候为经济活动建立计量经济模型，既是为了经济分析同时也是为了经济预测。这类模型包括经济周期、经济波动、经济增长、经济衰退等模型。最早建立经济周期模型的是 1969 年首届诺贝尔经济学奖获得者荷兰经济学家丁伯根，他被认为是“计量经济模型建造者之父”，丁伯根的经济计量研究工作对荷兰的经济政策起到了很大的影响作用。对经济周期模型的研究最为出色的是美国经济学家克莱因。他从 20 世纪 40 年代末到 60 年代初，先后建立了美、英经济模型，日本经济增长模型，并据此进行了各种经济

① 王国静，田国强. 政府支出乘数[J]. 经济研究，2014，(9).

预测。60年代以来,克莱因在美国宾夕法尼亚大学领导建立的“沃顿”模型是那个时代资本主义世界最负盛名的。这个模型包括约40个方程,可以对几百种情况进行预测,其预测结果为各主要发达国家的报刊长期广泛引用,影响较大。

西方计量经济学家所建立的各种计量经济模型,在实际应用上大部分限于局部均衡理论、收入和就业理论中的一些计量经济问题,前者如供求函数的估算、单个市场上价格的预报、成本曲线的估算等;后者如按各种收入水平预测消费者需求、对货币需求的估算等。

三、经济政策经验评价

政策评价是指为从不同的政策中选择较好的政策予以实行,或者说是为研究不同的政策对经济目标所产生影响的差异而进行的评估。从宏观经济领域到微观经济领域,时时处处都存在政策评价问题。实际上,经济政策具有不可试验性。虽然有时在采取某项政策前,在局部范围内先进行试验,然后推行,但即使如此,局部可行的全局上并不一定可行,即所谓的合成谬误。这就使得政策评价显得尤其重要。

经济数学模型可以起到“经济政策实验室”的作用。尤其是计量经济模型,揭示了经济系统中变量之间的相互联系,将经济目标作为被解释变量,经济政策作为解释变量,可以很方便地评价各种不同的政策对目标的影响。

计量经济模型用于政策评价,主要有三种方法:一是工具一目标法。给定目标变量的预期值,即人们希望达到的目标,通过求解模型,可以得到政策变量值。二是政策模拟。将各种不同的政策作为变量代入模型,计算各自的目标值,然后比较其优劣,决定政策的取舍。三是最优控制方法。将计量经济模型与最优化方法结合起来,选择使得目标最优的政策或政策组合。

四、检验、发现和发展经济理论

实践的观点是辩证唯物主义首要的和基本的观点,实践是检验真理的唯一标准。任何经济学理论,只有当它成功地解释了历史,才能为人们所接受。计量经济模型提供了一种检验经济理论的科学方法。一个成功的计量经济模型,必须很好地拟合样本数据,而样本数据就是已经发生的经济活动的客观再现,所以在模型中表现出来的经济活动的数量关系就是经济活动所遵循的经济规律,也就是经济理论的客观再现。于是,按照某种经济理论去建立模型,然后用表示已经发生的经济活动的样本数据去拟合,如果拟合很好,那么这种经济理论就得到了验证,这就是检验经济理论。

随着经济数据的不断积累,以及更科学的计量经济方法的出现,人们会更容易发现拒绝有瑕疵甚至错误的经济理论的证据,即现有经济理论不能很好地解释观测数据,就是对现有经济理论的证伪,此时便需要新的经济理论。

用表示已经发生的经济活动的样本数据去拟合各种模型,拟合最好的模型所表现出来的数量关系,就是经济活动所遵循的经济规律,即发现和发展理论。

比如，表明通货膨胀与失业率之间存在负相关的菲利普斯曲线[①]，就是菲利普斯采用1861—1913年英国数据，通过在大量无关变量中搜寻相关的变量，最终发现的相关关系。这种关系不是偶然的巧合，而是真正的相关。这个新的经济理论的发现当然归功于计量经济学。

再比如米尔顿·弗里德曼(Milton Friedman)(见图1.3.1)的持久收入假说(Friedman's permanent income hypothesis)研究。"宏观经济学之父"约翰·梅纳德·凯恩斯(John Maynard Keynes)[②]在他的代表作《就业、利息和货币通论》中提出了反映消费支出与收入之间关系的消费函数[③]，将消费相对于收入的变化称为"边际消费倾向"。该函数在凯恩斯宏观经济理论中居于核心位置。

图1.3.1 米尔顿·弗里德曼

消费函数是经济学理论中的最重要主题之一，很多学者都研究过该主题，米尔顿·弗里德曼的持久收入假说[④]就是其中之一。

凯恩斯关于消费函数的表述是

$$Consumption = \beta_0 + \beta_1 Income$$

其中，β_1 表示消费相对收入的变化，即凯恩斯的边际消费倾向。

① A. W. Phillips. "The Relation Between Unemployment and the Tate of Change of Money Wages in the United Kingdom, 1861—1957", *Economica*, 25 (November, 1958): 283—299.

② 英国经济学家、现代经济学最有影响的经济学家之一，因开创了经济学的"凯恩斯革命"而著称于世，被称为"宏观经济学之父"。他创立的宏观经济学与弗洛伊德所创的精神分析法和爱因斯坦发现的相对论一起并称为20世纪人类知识界的三大革命。凯恩斯的代表作是《就业、利息和货币通论》(*The General Theory of Employment, Interest and Money*, 1936)，他的另外两部重要的经济理论著作是《论货币改革》(*A Tract on Monetary Reform*, 1923)和《货币论》(*A Treatise on Money*, 1930)。1998年的美国经济学会年会上，在150名经济学家的投票中，凯恩斯被评为20世纪"最有影响力"的经济学家，弗里德曼排名第二。

③ John Maynard Keynes. *The General Theory of Employment, Interest, and Money*, London: Macmillan, 1936.

④ Milton Friedman. *A Theory of the Consumption Function*, Princeton, NJ: Princeton University Press, 1957.

弗里德曼认为,如果适当度量收入和消费,那么收入为0时,消费也应该为0,即消费应该与收入成正比。这个适当度量的收入和消费就是"持久收入"(permanent income)和"持久消费",于是,他把消费函数设定为

$$Permanent\ Consumption = \beta_1 \cdot Permanent\ Income$$

该函数与凯恩斯消费函数的主要区别是没有截距项。

弗里德曼将持久收入与消费者的财富联系在一起。他认为,消费者在选择消费多少时,真正关注的是他们的长期财务状况。比如,同样是刚毕业的大学生,一般专业的学生可能会比医学专业的学生消费得少,因为医学专业毕业生可能预期到未来的高收入,于是将部分未来收入用于今天略高一些的消费。正是基于这样的考虑,弗里德曼将持久收入定义为,一个人在不减少个人预期财富的情况下可以开支的最大消费。

对于一个给定持久收入水平的家庭,持久消费是这个家庭的平均消费

$$Permanent\ Consumption = \mathrm{E}(Consumption \mid Permanent\ Income)$$

考虑到随机性,弗里德曼的消费函数为

$$Consumption = \beta_1 \cdot Permanent\ Income + \mu_c$$

其中,μ_c 是均值为0的随机变量。

持久收入与常规度量的收入可能不相等,但是平均看是相等的,于是收入与持久收入之间的关系为

$$Income = Permanent\ Income + \mu_y$$

其中,μ_y 是均值为0的随机变量。

由于持久收入无法观测,所以对边际消费倾向的经验分析必须使用常规度量的消费和收入数据,不能从

$$Consumption = \beta_1 \cdot Permanent\ Income + \mu_c$$

中估计 β_1,因为持久收入的观测数据不存在,而必须从

$$Consumption = \beta_1 \cdot (Income - \mu_y) + \mu_c = \beta_1 \cdot Income - \beta_1 \cdot \mu_y + \mu_c = \beta_1 \cdot Income + \mu$$

中估计 β_1,其中,$\mu = -\beta_1 \cdot \mu_y + \mu_c$。

实际上,弗里德曼采用观测数据估计出的两个结果明显不同。

弗里德曼最重要的经济理论贡献是人们在经济决策时引入对未来的预期,从而从理论上解释了为什么收入和消费这一关系不应该具有截距项,还利用经济理论描述了干扰项的结构,以及与持久收入和持久消费的随机偏差之间的关系。弗里德曼持久收入假说的研究工作,既充分体现出"计量经济学(econometrics)"中"经济(econom)"的含义,又体现了计量经济检验和发展经济理论的重要作用。

1976年,弗里德曼因在"消费分析、货币历史和理论以及阐述了稳定政策的复杂性的杰出贡献"[①]而获得诺贝尔经济学奖。

实际上,计量经济学在推动经济理论发展和创新方面发挥着越来越重要的作用。历史地看,经济理论的发展和创新,过去主要依靠逻辑和历史分析,现阶段和未来将会更多

---

① For his achievements in the fields of consumption analysis, monetary history and theory and for his demonstration of the complexity of stabilization policy.

地依赖数据和计量经济分析。

第四节 计量经济学的历史和未来

在 20 世纪之前，人们主要采用逻辑方法，如归纳、综合和推理，探讨已经发生的经济现象背后的客观规律。随着资本主义社会的兴起和发展、工业化大生产的出现、经济活动规模的不断扩大、经济现象的日趋复杂，这就要求人们对经济现象作出更加深入、更加精确的解释、判断和分析，以预测和控制经济运行状况。在这样的社会历史条件下，计量经济学应运而生。

一、计量经济学简史

早在 1676 年，英国古典经济学家威廉·配第（William Petty）完成了《政治算术》（*Political Arithmetick*，1690）（见图 1.4.1）一书。这是一部用“数字、重量和尺度”等实际数据来阐明经济现象的著作，其中的“政治”是指政治经济学，“算术”是指统计方法。在这部书中，配第采用实际资料，运用数字、重量和尺度等统计方法对英国、法国和荷兰三国的国情国力，做了系统的数量对比分析。也就是说，配第开创了运用数学和统计学研究经济学的范式。该书不但是政治经济学开山之作，还为统计学的形成和发展奠定了方法论基础。因此，威廉·佩第是“政治经济学之父”，在某种程度上也是统计学的创始人。当然，《政治算术》在其方法论结构方面也是属于计量经济学范式的，它对后来形成的计量经济学产生了很大的影响。

图 1.4.1 威廉·配第的《政治算术》

意大利数学家切瓦（Giovanni Ceva）曾积极主张在经济理论研究中采用数学方法。1711 年，他出版了一本关于货币价值的书，第一次把数学用于经济问题，开创了数理经济学。

1838 年，法国经济学家古诺在其《财富理论的数学原理》一书中对商品需求作了“需求量是价格的函数”的数学规定，即 $d=f(p)$，并且认为这种函数关系一般是递减的，即 p 越大，d 越小。但是，从配第到切瓦、古诺所作出的数字分析或数量分析，都不是真正意义上的计量经济学。因为《政治算术》并未列出一个完整的经济现象之间的函数关系，即未列出各种方程式。切瓦、古诺虽然进了一步——把经济现象描述成数学函数关系，但并未列出函数关系的具体形式，也未给出相关具体的数字，只是提出了一些原则而已。

直到 19 世纪后半期，数学方法才对经济学产生了实质性的影响，经济学中才大量运用数学来研究问题。当时，瑞士洛桑大学教授瓦尔拉斯（Léon Walras）创立了“一般均衡经济学”（1874），是计量经济学重要的方法论基础之一。但“一般均衡经济学”本身也不是计量经济学。真正将数学理论和统计计算有效地结合起来的成果，是 20 世纪美国哥伦比亚大学教授穆尔（H. L. Moore）。他于 1929 年出版《综合经济》一书。该书专门描述了关于资本主义国家的经济周期、工资率变化，以及资本主义社会商品的需求等各种计量数学公式。《综合经济》为计量经济学进一步奠定了基础。因此，计量经济学作为独立的科学是在 20 世纪 30 年代初才出现的。

总的来说，从 17 世纪创立微积分到 1920 年推断统计形成，科学发展为计量经济学的产生奠定了理论基础。其中的重要工作包括英国科学家牛顿（Newton）1704 年和德国数学家莱布尼兹（Leibniz）1684 年分别独立创立微积分、德国数学家高斯（C. F. Gauss）1809 年提出最小二乘法、1821 年高斯提出正态分布理论、1886 年英国统计学家高尔顿（Francis Galton）（见图 1.4.2）提出回归理论、20 世纪 20 年代学生（Student）和费雪（R. A. Fisher）提出抽样分布和精确小样本理论。内曼（J. D. Neyman）在 1928－1938 年间发表了一系列文章，建立了假设检验的严格的数学理论。

图 1.4.2　弗朗西斯·高尔顿

1930年12月29日计量经济学学会在美国成立。作为国际性组织的计量经济学会，其宗旨是“促进对经济问题达到理论数量和经验数量方法相结合”。1933年，该学会创办《计量经济学》杂志。从此，计量经济学便以美国为中心在发达国家迅速发展起来。

现在世界绝大多数国家都非常重视计量经济学的研究，世界各国的重点大学经济科系都开设计量经济学课程，从事计量经济学研究和应用的人员日益增多。西方国家将数学理论和统计理论渗透到经济领域的几乎所有方面。同时，计量经济学研究方法也被应用到其他社会科学中，如历史学、政治学、社会学、心理学等，还被具体应用到包括卫生、教育、运输、住房建筑、环境保护在内的公共政策领域。因此，计量经济学几乎成为研究经济社会发展以及各个领域中问题和政策的学科。

计量经济学从创立至今虽然不到100年时间，但是却发展迅猛，在经济研究中的地位日趋重要。同时随着物质生产的社会化、科学技术的现代化、经济理论研究的繁荣、数据资料的齐备、计算工具的改进等，计量经济学便迅速发展成为一门独立的、日臻丰富完善的科学。

历史地看，计量经济学发展大致经历了4个时期。

(一)20世纪20年代中期—40年代末，经典计量经济学产生与形成阶段

挪威经济学家弗瑞希1926年模仿biometrics提出计量经济学(Econometrics)，1930年世界计量经济学会建立，1933年计量经济学杂志出版，标志着作为独立学科的计量经济学的诞生。弗瑞希为世界计量经济学会成立做了大量工作，创办计量经济学期刊，担任主编20多年，被称为“动态经济理论的开拓者”。

20世纪30年代，计量经济学的研究对象是微观主体，主要是厂商、家庭等个别生产者和消费者。第二次世界大战以后，计算机技术的发展与应用推动了计量经济学的发展，从40年代开始，计量经济学的研究从微观向局部地区扩大至整个宏观经济系统，处理国民收入、消费、投资、失业等宏观经济数据，模型基本上是单方程形式的。

这一时期的经典工作包括：1928年道格拉斯(P. H. Douglas)构造并测算了美国制造业的生产函数，发现了产量与生产要素之间具有稳定的关系。1936年，荷兰经济学家丁伯根开发了联立方程体系的宏观计量经济模型。丁伯根为计量经济学的理论化和系统化做出了贡献，出版了第一本比较完善的计量经济学教科书，被称为“计量经济学之父”。

(二)20世纪50年代初期—70年代中期，经典计量经济学发展阶段

1950年以库普曼(Koopman)的论文“动态经济模型的统计推断”和Koopman-Hood的“线性联立经济关系的估计”为标志，联立方程进入计量经济学。人们开始用联立方程描述一个国家整体的宏观经济活动。最著名的是劳伦斯·克莱因的美国宏观经济模型，包括20个方程。联立方程比较好地揭示了错综复杂的经济变量内在的联系。70年代是联立方程发展最辉煌的时期。这一时期西方致力于大规模的宏观计量经济模型研究，从国内发展到国际，最著名的联立方程是“连接计划”(Link Project)。到1987年，已经包括78个国家2万个方程。克莱因由此获得1980年诺贝尔经济学奖。克莱因帮助许多国家建立了宏观经济计量模型，被称为“计量经济模型之父”。苏联在20世纪20年代也开展

过这方面的研究,但到 30 年代就中止了。联立方程的应用是计量经济学发展的第二个里程碑。

50 年代、60 年代的主要改进还包括对最小二乘法提出新的检验方法,如 Durbin-Watson 检验等。70 年代以前,计量经济学经历了从简单到复杂、从单一方程到联立方程的进化过程。为了理解、预测和控制经济运行过程,计量经济学从研究适合国内的计量模型发展到国际大型模型,以研究国际经济波动的影响和国际经济发展战略可能引起的各种后果,为制定和评价长期经济政策服务。

20 世纪 70 年代,宏观模型被大规模地运用于经济波动、国际战略和经济政策制定,时间序列和联立方程经历了辉煌的时代。

这一时期的经典工作包括:库兹涅茨(S. S. Kuznets)和斯通(J. R. N. Stone)系统完善了作为宏观计量经济模型基础的国民收入统计体系。哈维尔莫(T. Haavelmo)明确了联立方程模型推断中的问题。哈维尔莫是弗瑞希的学生,率先将随机因素和大量的统计理论引入计量经济学,开创了用随机抽样推演经济理论,利用统计数据进行经济预测的先河,被称为"现代计量经济学之父"。

(三)20 世纪 70 年代末至今,现代计量经济学形成

后来人们发现有时候联立方程的预测能力并不像想象的那样强,模型结构也不稳定。究其原因:一是基本假定,经济时间序列是平稳的,而 70 年代后各国的经济结构发生了很大变化,如石油危机、汇率波动、滞胀等,经济变量表现出非平稳特征,所以在利用联立方程模型对非平稳经济变量进行预测时常常出现失误。二是计量经济模型的虚假回归问题。这两大问题的存在直接影响了计量经济模型参数估计的准确性。

格兰杰—纽博尔德(Granger-Newbold)于 1974 年首先提出虚假回归问题。如果一个时间序列是不平稳的,那么传统的 t 检验和 F 检验就不成立,结果往往是在没有什么关系的变量之间得出显著的相关关系。虽然可以通过对变量差分等方法避免非平稳,但是由于多数经济变量的经济含义及其相互关系是以绝对水平的形式给出的,差分等方法会失掉很多有用的信息,如两变量之间的长期均衡关系等。博克斯—詹金斯(Box-Jenkins)于 1967 年出版《时间序列分析——预测与控制》一书。时间序列模型有别于回归模型,是一种全新的建模方法,是依靠变量本身的外推机制建立模型。由于时间序列模型妥善地解决了变量的非平稳性问题,从而为在经济领域应用时间序列模型奠定了理论基础。人们发现耗费许多财力、人力建立的计量经济模型有时竟不如一个简单的时间序列模型预测能力好。库珀(Cooper,1972)专门对两种模型的预测精度做了详细比较。

这一时期,计量经济学者面临三个亟待解决的问题:

(i)如何检验经济变量的非平稳性。

(ii)如何把时间序列模型引入计量经济分析领域。

(iii)进一步修正经典计量经济模型。

1976 年,乔治·E. 博克斯(George E. Box)、格威利姆·詹金斯(Gwilym Jenkins)提出 ARIMA 模型,妥善解决了变量非平稳问题。

迪基—富勒(Dickey-Fuller)于 1979 年首先提出检验时间序列非平稳性(单位根)的

DF 检验法，之后又提出 ADF 检验法。菲利普斯—佩伦(Phillips-Perron)于 1988 年提出 Z 检验法，这是一种非参数检验方法。

1964—1978 年，误差修正模型提出并完善。萨根(Sargan)于 1964 年提出误差修正模型概念，最初是用于研究商品库存量问题。亨德里—安德森(Hendry-Anderson，1977)和戴维森(Davidson，1978)的论文进一步完善了这种模型，并尝试用这种模型解决非平稳变量的建模问题。亨德里(Hendry)还提出动态回归理论。1980 年，西姆斯(Sims)提出向量自回归模型(VAR)，这是一种用一组内生变量作动态结构估计的联立模型。这种模型的特点是不以经济理论为基础，然而预测能力很强。西姆斯因此获得 2011 年诺贝尔经济学奖。这些成果为协整理论方法和应用的提出奠定了基础。1982 年，恩格尔提出 ARCH 模型。

计量经济学发展的第三个里程碑是 1987 年恩格尔—格兰杰(Engle-Granger)发表论文"协整与误差修正，描述、估计与检验"，正式提出协整概念。虽然一些经济变量本身是非平稳序列，但是其线性组合却有可能是平稳序列。这种平稳线性组合被称为协整方程，可解释为变量之间的长期稳定均衡关系。满足一定条件的非平稳变量，可以构建模型。协整理论标志着现代计量经济分析方法真正形成，从而把计量经济学理论的研究又推向一个新阶段。格兰杰(Granger)定理证明若干个一阶非平稳变量间若存在协整关系，那么这些变量一定存在误差修正模型表达式，反之亦成立。1988—1992 年，约翰森(Johansen，丹麦)连续发表了 4 篇关于向量自回归模型中检验协整向量，并建立向量误差修正模型(VEC)的文章，进一步丰富了协整理论。

(四)诺贝尔经济学奖与计量经济学

从 1969 年诺贝尔经济学奖设立至 2022 年，已经历 54 届，共有 92 位经济学家获奖。其中至少有 15 位是直接因为对计量经济学的发展做出贡献而获奖者，居经济学各分支之首。

1969 年，首届经济学奖得主并非萨缪尔森等经济学大家，而是计量经济学的创立者弗瑞希和推广应用计量经济学、第一个用于研究经济周期理论的计量经济模型的丁伯根。诺贝尔经济学奖给出的获奖理由是发展和运用动态模型分析经济过程(for having developed and applied dynamic models for the analysis of economic processes)。

1973 年，列昂惕夫(Wassily Leontief)发展了投入产出方法并运用到重大经济问题中(for the development of the input-output method and for its application to important economic problems)。投入产出方法属于广义的计量经济学范畴。

1980 年，克莱因是经典计量经济学的理论与应用的集大成者。他创新了计量经济模型并用到经济波动和经济政策分析中(for the creation of econometric models and the application to the analysis of economic fluctuations and economic policies)。

1984 年，斯通由于发展了国民账户体系并由此改进经验经济分析基础的重大贡献(for having made fundamental contributions to the development of systems of national accounts and hence greatly improved the basis for empirical economic analysis)而获奖。

1989 年，哈维尔莫因 1943 年发表论文奠定了计量经济学的概率论基础和联立经济结构分析(for his clarification of the probability theory foundations of econometrics and his analyses of simultaneous economic structures)而获奖。

这6位诺贝尔经济学奖获得者的贡献集中在经典计量经济学方面。

2000年,赫克曼(James J. Heckman)发展了选择性样本分析理论和方法(for his development of theory and methods for analyzing selective samples),麦克法登(Daniel L. McFadden)发展了离散选择分析的理论和方法(for his development of theory and methods for analyzing discrete choice),对微观计量经济学做出原创性贡献。

2003年,恩格尔和格兰杰[①]获奖主要由于在时间序列计量经济学方面的贡献。恩格尔提出了具有时变波动性的经济时间序列分析方法ARCH模型[for methods of analyzing economic time series with time—varying volatility (ARCH)],格兰杰提出了具有非平稳的时间序列分析方法(有共同趋势的经济时间序列分析方法协整理论)[for methods of analyzing economic time series with common trends (cointegration)]。

2011年,萨金特(Thomas J. Sargent)和西姆斯由于在宏观经济因果效应的经验研究(for their empirical research on cause and effect in the macroeconomy)而获奖,主要反映在时间序列数据计量经济学方面。他们提出的向量自回归模型为分析经济如何受到经济政策临时变动和其他因素影响提供了方法和手段。

2021年,卡德(David Card)、安格里斯特(Joshua D. Angrist)和因本斯(Guido Imbens)的主要获奖理由是对因果关系分析的方法论贡献(for their methodological contributions to the analysis of causal relationships)。倍差估计量、工具变量等方法代表了他们研究的特色。

这9位诺贝尔经济学奖获得者的贡献主要集中在现代计量经济学方面。

另外,即使主要贡献不是直接表现在计量经济学这一分支,但研究中普遍应用计量经济学的获奖者有7位。

1987年,索罗(Robert M. Solow)因经济增长理论贡献(for his contributions to the theory of economic growth)获奖,主要是运用计量经济学方法建立总量生产函数及导出增长方程。

1985年,莫迪利亚尼(Franco Modigliani)由于储蓄和金融市场的引领分析(for his pioneering analyses of saving and of financial markets)而获奖,在研究中广泛应用计量经

---

① 格兰杰,1934年生于英国威尔士,1959年获英国诺丁汉大学博士学位。他提出的"协整"理论,在宏观经济学上的应用相当广泛。例如,在分析财富和消费之间的关系时,由于两者都是非平稳的变量,用平稳序列的统计方法分析会导致错误的结果。而且,大多数经济数据都属于非平稳的,但某些组合却平稳,在这样的经济系统中,短期动态受大的随机扰动的影响,但长期动态受经济均衡关系的控制。瑞典皇家科学院称他的贡献可用于研究"财富与消费、汇率与物价水平,以及短期利率与长期利率之间的关系"等。

Granger, C. W. J.. Investigating causal relations by econometric models and cross-spectral methods, *Econometrica*, 1969, 37: 424—438.

Granger, C. W. J.. and Newbold, P., Spurious regressions in econometrics, *Journal of Econometrics*, 1974(2): 111—174.

Granger, C. W. J.. Some properties of time series data and their use in econometric model specification, *Journal of Econometrics*, 1981, 16: 121—130.

济学的实证分析。

1993 年，福格尔（Robert W. Fogel）和诺斯（Douglass C. North）主要研究经济史，但是获奖原因在于运用经济理论和定量方法解释经济和制度变迁新制度经济学的创新研究（for having renewed research in economic history by applying economic theory and quantitative methods in order to explain economic and institutional change），也就是在经济史研究中的定量研究领域所做出的贡献。福格尔是一位"计量经济史先驱"。他认为经济分析问题是一个如何从数据中获取信息的问题。他不仅用经济学方法挑战历史上的一些经济理论，而且运用抽样方法建立有关储蓄、税收和人口方面大量原始的微观经济数据集合。

2015 年，安格斯—迪顿（Angus Deaton）因对消费、贫困和福利的分析（for his analysis of consumption，poverty，and welfare）而获奖，对消费和储蓄理论、福利的经济计量做出了基础性贡献。

2016 年，哈特（Oliver Hart）和霍姆斯特罗姆（Bengt Holmström）由于契约理论贡献（for their contributions to contract theory）而获奖。契约理论是研究在特定交易环境下分析不同合同人之间的经济行为与结果，往往需要通过假定条件在一定程度上简化交易属性，建立模型来分析并得出理论观点。

二、计量经济学在我国的发展状况

计量经济学作为一门学科已有近百年的发展历史。在中国，计量经济学的发展也有近 40 年，极大地推动了中国经济学教育与研究的学术化、规范化、国际化，成为经济学研究理论联系实际的主要方法、工具和内容。在很长一段时间，中国经济学研究以定性分析为主，缺少对现实经济的定量分析和经验研究。计量经济学的引进与广泛应用，使中国经济学研究水平得到很大的提升，中国经济学研究逐渐走上科学化道路。

中国最早的计量经济学工作可以追溯到 1960 年中国科学院经济研究所成立了一个经济数学方法研究组，主要开展投入产出技术[①]、优化研究等。那时在大专院校经济类专业还没开设计量经济学课程。直到改革开放以后，1979 年 3 月我国学者成立了中国数量经济研究会，1984 年定名为中国数量经济学会，并出版期刊《数量经济技术经济研究》。

1980 年，中国数量经济学会首次举办计量经济学颐和园讲习班，邀请诺贝尔经济学奖获得者克莱因和邹至庄、刘遵义、萧政、粟庆雄、安德森、安藤共 7 位在美国任教的著名计量经济学家和统计学家，利用 7 周时间对 100 余位学员集中讲授了计量经济学的基础与前沿课程。这批学员后来大多成为中国计量经济学教育与研究的元老与骨干。自此，计量经济学的教学与科研迅速展开，取得许多研究成果。

1998 年 7 月，教育部高等学校经济学科教学指导委员会首次将计量经济学列为我国大学经济类专业本科学生的 8 门必修课之一。现在，多数大学已经把（高级）计量经济学列为经济管理类硕士生和博士生的必修课程。计量经济学在我国经济管理工作中也发挥

---

① 陈锡康，杨翠红，李景华，等编著．投入产出技术[M]．北京：科学出版社，2011．

着越来越重要的作用。

当然,在中国计量经济学还主要为经济学专业研究者所使用,人们对计量经济学还存在一些认识误区,比如,直接照搬照抄国外经验研究的计量经济模型、方法与工具,而不注意其适用前提与条件,不注意经济理论或假说与基于计量经济模型的统计假定之间的差别,不注意数据证据与模型证据之间的异同,缺乏对计量经济统计推断结果的经济学解释。此外,一些人认为中国特色社会主义政治经济学研究不宜采用量化分析或数量分析方法等。这些误会或是由于计量经济学门槛较高,或是由于缺乏对计量经济学的了解导致的。从数学角度看,没有足够的线性代数、微积分和概率统计基础;从经济学角度看,没有一定的微观经济学和宏观经济学基础,都难以真正领会计量经济学的实质。未来随着经济学、高等数学的普及,计量经济学必将成为更多经济学人的研究内容。

三、计量经济学的未来

计量经济学的最新发展包括以下几个方面:

(一)面板数据计量经济学

面板数据是将截面数据和时间序列数据综合起来的一种数据类型。面板数据既能够提供不同个体在同一时点的截面信息,又能够提供同一个体在不同时间点的动态变化。因此,与传统的截面数据模型和时间序列数据模型相比,面板数据模型在模型估计、假设检验和科学应用等方面具有明显的优势。国内外高质量面板数据的出现极大地推动了面板数据计量经济学的发展,在宏观经济学和应用微观计量经济学等各个领域都有非常重要的应用。面板数据计量经济学的最新发展主要集中在三个部分:其一是非线性面板数据建模的发展,包括各类非参数半参数条件均值模型、条件分位数模型和离散数据模型等;其二是非平稳面板数据模型的发展,包括面板数据单位根检验与协整分析,以及包含非平稳变量和未知时间趋势的估计与检验等;其三是包含与横截面相关的面板数据建模。最近几年,关于处理面板数据建模过程中截面相关性的研究,成为面板数据领域最为活跃的研究方向之一。另外,将截面相关性与半参数或非参数模型相结合,研究模型的估计与检验方法,也是目前最为活跃的研究领域之一。

(二)微观计量经济学与政策评估

因果分析与政策效应评估是经济分析最为关注的核心问题,其主要难点在于经济事件与经济政策的内生性问题、巨大的社会成本与社会经济政策无法使用类似于自然科学中常用的模拟实验方法。最近十年中,计量经济学家更加关注工具变量的外生性问题,讨论在工具变量严格外生性条件无法满足的情况下对统计检验的影响,目前较有影响力的做法是采用再抽样或贝叶斯的方法校正近似外生性的影响。随着大数据时代的到来,计量经济学家也开始关注在存在大量的工具变量的情况下工具变量的选择问题。目前主要的做法分为两类:一类是在工具变量中加入稀疏性假设,采用 LASSO 等变量选择的方法在第一阶段选择有效的工具变量;其二是不采取稀疏性假设,通过主成分分析或岭回归等降维的正则化方法处理估计中的问题。

当工具变量仅是简单的二元变量时，工具变量法就与政策处理效应的一系列估计方法建立了联系，这部分是近几年来发展最为迅速的研究领域之一。倍差法、半参数倍差法、匹配法、匹配得分法等应运而生，成为学者们关注的焦点。断点回归成为近年来非常热门的估计“准实验”政策处理效应的方法。局部平均处理效应、边际处理效应和分位数处理效应等问题也是近几年来学者们关注的热点。

(三)大数据(高维度)计量经济学

在目前的大数据时代，数据的可得性和多样性导致样本量无限增大，同时变量个数无限增多，这对分析大数据的计量经济学方法有了新的要求。数据可得性增加以及现代高性能计算机群(HPC)的计算性能和存储功能使处理这些大数据成为可能，由此催生了以巨大经济变量为研究对象的高维度计量经济学。计量经济理论在处理高维度数据时所面临的问题主要有两个：一是如何选择重要的变量，使模型的预测性能更强；二是如何对变量进行选择，使得对模型的估计有更好的性质。高维度计量经济学包括经典的线性和非线性非参数模型，一般假设真实模型只包括有限的变量。高维度计量经济方法的优势是可以用数据来探究其重要性，从而进行变量选择。套索估计量、高维度方法、SCAD 估计量、Dantzig 估计量、弹性网估计量等不断涌现。套索方法有很多吸引人的性质，其中一个就是可以用来处理变量个数超过样本量的情况，并且能够选择变量。高维度计量经济学的一个重要应用就是处理多工具变量。好的工具变量需满足两个性质：一是工具变量要和结构方程中的随机误差项不相关，否则该工具变量本身也成为内生变量；二是工具变量要能够解释内生性变量。在现实中，如何寻找合适的工具变量是一个非常困难的问题，那么，通过引入大量的外生变量，从中选择能够解释内生性变量的工具变量，就可以为如何寻找工具变量这一困扰实证研究的问题提供解决思路。国际上有学者对套索方法选择工具变量进行了改进并提供了理论依据，也有学者用主成分分析、可适性套索方法进行工具变量的估计和选择。大数据计量经济学是一个方兴未艾的研究方向，统计学、计算机科学等其他学科也在大数据的分析上有了长足的进展，将原先不具备的分析方法推向一个新的领域。当然，高维度计量经济学还需在增强经济现象解释、处理海量数据的因果机制等方面进一步提高模型的解释力。

(四)金融高频率计量经济学

在现代金融产品的研究中，数据的可得性和数据存储的功能得到快速提升，分钟数据和秒数据处理弥补了原有风险研究所用的月度和日数据的不足。投资机构的高频交易日渐成为资本市场活动的主力军，由此产生的数据为研究金融市场的行为提供了可能。高频计量经济学更多地关注某些随机过程在时间间隔趋于零的理论性质，例如，大数定律和中心极限定理，更多的是采用广义模型，甚至不要求具体模型，多用非参数的方法进行估计。在时间序列计量经济学的研究中，高频数据的特点使人们可以更加细致地观察经济活动。这方面的研究对随机过程研究中的平稳性假设提出了挑战。此外，厚尾性研究、非平稳数据研究等已经成为新的研究热点。除了高频计量经济学以外，从微观层面研究金融危机也是一个新的发展方向。

(五)动态一般均衡模型的宏观计量经济学

动态一般均衡模型是从宏观经济的微观基础出发,从消费者、生产者、中间厂商和政府部门等的动态最优化决策过程来推导一般均衡结果产生的宏观经济变动。用动态随机一般均衡模型可以增强模型的解释力和经济学含义,并使得过去宏观经济学和微观经济学的两分法问题得到了解决。通过计量经济模型的估计和推断使人们加深了对宏观变量随机过程的了解,并对模型本身的有效性进行评估。近年来,动态随机一般均衡模型在计算和引入新的冲击、放宽模型假设——例如,允许厂商和消费者的异质性等方面——有很大进展。进一步放宽模型的假设,减少模型校准和更好地估计高阶非线性模型,从而提高模型的预测能力,是该方法未来需要解决的问题。

总之,计量经济学是一门实用性很强的学科,其未来发展的原动力直接来源于现实经济生活中所产生的大量原始数据。党的二十大报告指出:“我们要以科学的态度对待科学,以真理的精神追求真理。”在全球化经济竞争日趋激烈的环境中,这些数据的可利用价值越来越大。如何对其进行有效加工,会影响未来计量经济学的发展方向。

习题一

1. 计量经济学是(　　)的一个分支学科。

A. 数学　　　　B. 统计学

C. 经济学　　　　D. 数理统计学

2. 经济学研究为什么会发展到将统计学、经济理论和数学相结合的计量经济学阶段?

3. 如何理解萨缪尔森、库普曼和斯通1954年提出的计量经济学定义?

4. 人们表述和研究经济现象背后的经济规律的方法是如何演进的?

5. 如何理解经济分析中的因果关系?

6. 人类科学研究经历了哪四种范式?

7. 如何理解计量经济模型的方法论?

8. 建立一个计量经济模型主要包括哪四个步骤?

9. 理论模型的设定包括哪三方面内容?

10. 计量经济模型的被解释变量一定是(　　)。

A. 控制变量　　　　B. 政策变量

C. 随机变量　　　　D. 外生变量

11. 经济数据有哪五种类型?各有什么特点?

12. 简述数据质量的四个方面的含义。

13. 有人采用全国各省市农业总产值的截面数据估计生产函数模型,然后用该模型预测未来农业的产出量,这违反了数据的(　　)原则。

A. 一致性　　B. 准确性
C. 可比性　　D. 完整性

14. 计量经济模型的检验包括哪四个方面?

15. 计量经济模型成功的三要素是什么?

16. 为什么要学习计量经济学?

17. 举例说明一位诺贝尔经济学奖获得者在计量经济学领域的贡献。

18. 大数据计量经济学未来的发展趋势如何?

19. 假设你要建立一个犯罪活动的经济模型,比方说花在犯罪活动上的小时数,你应该考虑哪些变量?

上帝不会跟宇宙掷骰子。[①]

——阿尔伯特·爱因斯坦

第二章 截面数据回归分析

为了研究经济现象中的规律,首先需要找出现象中相互影响的因素,然后进一步抽象为可以量化的变量,变量之间的关系可以用函数来刻画。计量经济学一般采用某一(些)变量变动对另一变量均值变动影响的函数来刻画经济现象中的规律,这就是总体回归函数。为什么是某一(些)变量对另一变量均值的影响,而不是某一(些)变量对另一变量的影响?是因为任何社会经济现象中都必然存在随机干扰因素的影响,单个或少数变量就能决定另一变量的具有严格规律的现象更多的是天文、物理或化学等自然现象。对于社会经济现象,由于通常相互之间形成影响的变量较多,一般不可能用精确的函数关系描述彼此之间的关系,这就需要构造总体回归模型以包含随机干扰因素来刻画变量之间的相互影响关系。

简单地说,抽象意义角度的**经济研究就是用量化的函数表达式来刻画经济现象中的规律**。为了研究总体中的某一特性,一般需要通过抽样得到样本,于是就需要建立对应于总体回归函数的样本回归函数的概念。通过一系列假定,可以推导出参数估计量,进而通过样本估计出具体的参数估计值。所以,**估计**是回归分析的核心问题。虽然对应于具体样本的估计值是确定的,但是由于抽样的随机性,所以估计量具有随机性,这就需要通过无偏性、有效性等来判断其与总体的关系,这就是高斯－马尔科夫定理,当然,由此也就有了回归分析的关键问题,即**假设检验**、**置信区间**和**预测**等。

截面数据(cross-sectional data)是指在给定时点对个人、家庭、企业、乡村、城市、省、国家或一系列其他单位采集样本所构成的数据。截面数据是对相同统计指标在同一时间对不同对象的统计数据,其中所谓的截面就是指同一时间截面。截面数据的一个重要特点是,它可以被看成是从某一总体中通过**随机抽样**(random sampling)而得到的样本。例如,随机地从本校大学生总体中抽取 300 名大学生,调查他们的收入、消费等信息,就得到一个截面数据集,当然这也是一个所有本校大学生构成总体的随机样本。随机抽样有助

---

① God does not play dice with the universe.

——Albert Einstein

于保证参数估计量的良好统计性质，便于更容易地揭示总体的特性。

回归分析(regression analysis)起源于高尔顿(Francis Galton，1882—1911)对人类身高遗传关系的研究(1886)，他发现父亲与孩子的身高之间存在着一种回归到族群均值的趋势(返祖现象)。后来作为学术术语的“回归分析”一词是指确定两个或两个以上变量间相互依赖的定量关系的一种统计分析方法。

经济现象中的规律可以通过抽象出其中的变量及变量之间的相互关系来表示，于是收集经济现象的相关数据，采用回归分析来揭示其中的定量关系也就成为必然选择。

本章主要探讨截面数据的回归分析问题。第一节从变量之间的关系出发，逐次介绍一元回归分析模型的设定、基本假定、参数估计、统计推断和性质。一元回归分析是计量经济学的基础，第二节多元回归分析几乎可以看成一元回归分析的直接推广。特别地，本节还对经济研究中的假设检验进行了详细探讨。由于回归分析基本假定是一种理想状态，其严格性保证了高斯一马尔科夫定理的科学性，但是现实经济数据模型难以达到这种理想状态的假定要求，于是需要考虑放宽基本假定。第三节放宽多元回归模型基本假定4零条件均值和6正态性假定，讨论多元回归分析OLS的渐近性。第四节放宽多元回归基本假定3解释变量独立性假定，讨论多重共线性问题。第五节放宽多元回归基本假定5同方差假定，讨论模型中的异方差性问题。第六节专门讨论涉及定性变量的所谓虚拟变量问题，使得回归模型的变量取值更具一般性，当然其中还会涉及变量不服从正态分布以及异方差问题。第七节主要讨论放宽多元回归基本假定1，讨论模型设定的一般问题。

这样，对于回归分析理想状态的6条基本假定，除了数据来自随机抽样的假定2，所有的基本假定都进行了适当的放宽处理，这就大大提高了回归分析模型的适用性，增强了对实际经济数据进行回归分析的科学性。

第一节　一元线性回归分析

一、回归分析的概念

(一)变量间的相互关系

无论是自然现象还是社会经济现象，为揭示现象背后的规律，就需要探讨其中变量之间的联系。计量经济学主要研究各经济变量之间的相互联系方式、联系程度及其运动规律。变量间的关系可分为两类：一类是确定的**函数关系**，另一类是不确定的统计**相关关系**。

确定性现象间的关系常常表现为函数关系。比如，自然现象中的万有引力定律，任意两个质点有通过连心线方向上的力相互吸引。该引力大小与它们质量的乘积成正比，与它们距离的平方成反比，与两物体的化学组成和其间介质种类无关，用公式表示为 $F=$

$G\cdot\frac{m_1m_2}{r^2}$。所以，万有引力定律就是用函数表示的关系式。这个函数关系反映了变量之间的确定性关系。于是，只要给定了两个质点的质量和相互之间的距离，就能确定它们之间的引力大小。万有引力定律揭示了自然现象背后的本质规律，第一次解释了（自然界中四种相互作用之一）一种基本相互作用的规律，把地面上物体运动的规律和天体运动的规律统一起来，对以后物理学和天文学的发展具有深远的影响。万有引力定律的发现，是17世纪自然科学最伟大的成果之一，在人类认识自然的历史上树立了一座里程碑。万有引力定律的发现，使人们建立了有能力理解天地间的各种事物的信心，解放了人们的思想，在科学文化的发展史上起到了积极的推动作用。这里之所以强调这一自然规律的重要性，是为了说明探索发现社会经济规律也可能会产生与之同样重要的作用。

社会经济现象中的规律更加复杂，一般表现为非确定性。这类现象间的关系常常表现为统计相关关系，如消费支出 Y 与可支配收入 X 之间的关系。这种关系的特点是，消费支出 Y 随着可支配收入 X 的变化呈现某种规律性的变化：在适当的范围内，随着 X 的增加，Y 也增加。但与确定的函数关系不同的是，给定可支配收入 X，与之对应的消费支出 Y 并不确定。其中的主要原因在于，除了可支配收入，还有诸如财富、物价水平、存贷款利率、就业状况甚至广告等其他许多因素都在影响着人们的消费支出。这时，虽然无法确知消费支出与可支配收入之间确定的函数关系，却能通过统计、计量等方法研究它们之间的统计相关关系。消费支出 Y 作为非确定性变量，也常被称为随机变量。相关关系反映了变量之间的某种依存关系，但并非一一对应的。相关关系是一种变量间的不完全确定关系。

当然，变量间的函数关系与相关关系并不是绝对的，在一定条件下两者可相互转化。例如，在对确定性现象的观测中，往往存在测量误差，这时函数关系常会通过相关关系表现出来；反之，如果对非确定性现象的影响因素能够一一辨识出来，并全部纳入变量间的依存关系式中，则变量间的相关关系就会向函数关系转化。相关分析与回归分析主要研究非确定性现象间的统计相关关系。

（二）相关分析、因果关系与回归分析

相关分析（correlation analysis）主要研究随机变量间的相关形式及相关程度。从变量间相关的表现形式看，有线性相关与非线性相关之分，前者往往表现为变量之间关系的散点图接近于一条直线。对变量间线性相关程度的大小可通过相关系数来测量，两个变量 X 和 Y 的总体相关系数为

$$\rho_{XY}=\frac{\mathrm{Cov}(X,Y)}{\sqrt{\mathrm{Var}(X)\mathrm{Var}(Y)}}$$

式中，$\mathrm{Cov}(X,Y)$ 是变量 X 和 Y 的协方差，$\mathrm{Var}(X)$ 和 $\mathrm{Var}(Y)$ 分别是变量 X 和 Y 的方差。

如果给出 X 和 Y 的一组样本 $\{(X_i,Y_i),i=1,2,\cdots,n\}$，样本相关系数为

$$r_{XY}=\frac{\sum_{i=1}^{n}(X_i-\overline{X})(Y_i-\overline{Y})}{\sqrt{\sum_{i=1}^{n}(X_i-\overline{X})^2\sum_{i=1}^{n}(Y_i-\overline{Y})^2}}$$

式中，$\overline{X}$ 与 $\overline{Y}$ 分别是变量 X 和 Y 的样本均值。

多个变量间的线性相关程度可用复相关系数与偏相关系数来度量。

非线性相关表现为变量的散点图接近于曲线或比较复杂的关系，很多时候会被转化为线性相关进行研究。

简单地说，**相关关系**是指两个以上的变量的样本观测值序列之间表现出来的随机数学关系，用相关系数来衡量。

因果关系是指两个或两个以上变量在行为机制上的依赖性，作为结果的变量是由作为原因的变量来决定的，原因变量的变化引起结果变量的变化。因果关系有单向因果关系和互为因果关系之分。具有因果关系的变量之间一定具有数学上的相关关系，而具有相关关系的变量之间并不一定具有因果关系。当具有相关关系的变量间存在着因果关系时，可以通过回归分析来研究它们之间的具体依存关系。例如，根据经济学理论，消费支出与可支配收入之间不但密切相关，而且有因果关系，即可支配收入的变化往往是消费支出变化的原因，这时不仅可以通过相关分析研究两者间的相关程度，而且可以通过回归分析研究两者间的具体依存关系，即考察可支配收入每一个单位的变化所引起的消费支出的平均变化。

回归分析是研究一个变量关于另一个（些）变量的依赖关系的计算方法和理论，其目的在于通过后者的已知或设定值去估计和（或）预测前者的（总体）均值。

相关分析与回归分析既有联系又有区别。首先，两者都是研究非确定性变量间的统计依赖关系，并能测度线性依赖程度的大小。其次，两者间又有明显的区别。相关分析仅仅是从统计数据上测度变量间的相关程度，而无需考察两者间是否有因果关系，因此，变量的地位在相关分析中是对称的，而且都是随机变量；回归分析则更关注具有统计相关关系的变量间的因果关系分析，变量的地位是不对称的。最后，相关分析只关注变量间的联系程度，不关注具体的依赖关系；而回归分析则更加关注变量间的具体依赖关系，因此可以进一步通过一个变量的变化来估计或预测另一个变量的变化，达到深入分析变量间依存关系、掌握其运动规律的目的。

二、一元线性回归模型

最简单的回归分析使用的是一元线性回归模型，它主要被用来研究两个变量之间的关系。虽然一元线性回归模型作为经验分析的一般工具还存在着变量有限、函数形式单一等局限性，不过在某些情况下有时也会非常适用，而且掌握了一元线性回归模型的理论与方法，将为进一步学习、应用多元线性回归模型奠定坚实的基础。

许多经验研究都是想研究这样的问题：设 Y 和 X 是代表某个总体的两个变量，能否用 X 来解释 Y，或研究 Y 是如何随 X 变化而变化的。例如，Y 是农作物产量，X 是肥料的使用量,研究目的是揭示农作物产量变化随肥料使用量的变化规律。其中最为棘手的问题是,给定肥料使用量,对应的农作物产量并不能完全确定。其主要原因是,除了肥料使用,其他因素如土地质量、阳光、温度、雨露等都影响农作物的产量,因此,无法确定农作物产量与肥料使用量之间的确切关系。

再比如,Y 是每小时工资,X 是受教育年数,研究目的是探索每小时工资随教育年数的变化规律。同样,设 Y 是社区的犯罪率,X 是警察的数量,目的是希望找到社区犯罪率随警察数量变化的规律。这些社会经济问题同样都面临无法得到确定型关系的困境。

一般而言,构造用 X 解释 Y 的模型时,将会面临三个问题:第一,既然两个变量之间没有一个确切的关系,那么应该如何考虑其他影响 Y 的因素?第二,Y 和 X 的函数关系是怎样的?第三,何以确定在**其他条件不变**(ceteris paribus)的情况下刻画 Y 和 X 之间的关系(这通常是经济学研究中的一个理想目标)?

实际上,一个关于 Y 和 X 的简单方程就可以消除这三个困惑:

$$Y=\beta_0+\beta_1 X+\mu \qquad (2.1.1)$$

假设式(2.1.1)在所研究的总体中成立,那么式(2.1.1)就是一个**总体一元线性回归模型**(population unary linear regression model)。

一般地,

$$Y_i=\beta_0+\beta_1 X_i+\mu_i$$

或者

$$Y_i=\mathrm{E}(Y|X_i)+\mu_i$$

其中,i 为第 i 个观测。方程中的 μ 表示 Y 除了受 X 的系统性影响外,还受其他未包括在模型中的诸多因素的随机性影响,μ 即为这些影响因素的综合代表。由于包含了随机项,式(2.1.1)也称为随机形式的总体回归模型。

一般地,称 Y 为**被解释变量**(explained variable)、**因变量**(dependent variable)、**响应变量**(response variable)、**被预测变量**(control variable)或者**回归子**(regressand),称 X 为**解释变量**(explanatory variable)、**自变量**(independent variable)、**控制变量**(control variable)、**预测变量**(predictor variable)或者**回归元**(regressor)。X 有时还被称为**协变量**(covariable)。被解释变量和解释变量两个词在计量经济学中使用较多。因变量和自变量在数学中更通用。响应和控制在实验性科学中运用最多,因为变量 X 是在实验者的控制之中的。在一些纯粹预测而非因果推断的应用研究中,被预测变量和预测变量这类词会被使用。回归子、回归元是从模型直观出发,说明变量之间的关系。

变量 μ 被称为关系式中的**误差项**(error term)或者**随机干扰**(stochastic disturbance),表示除 X 之外影响 Y 的因素。一元线性回归分析把除 X 之外其他所有影响 Y 的因素都看成无法观测的因素或"观测不到的"因素。图 2.1.1 为解释变量 X、随机干扰项 μ 与被解释变量 Y 之间的关系。

在图 2.1.1 中,实心点表示可观测变量,空心点表示不可观测变量,用带箭头的实线表示变量之间的单向因果关系。三个变量 X、μ 和 Y 之间的关系是,X、μ 都与 Y 有单向因果关系,都是影响 Y 的变量,但是 X 与 μ 之间没有关系。图 2.1.1 反映了经济研究的本质,几乎所有的经济研究都可以用该图及其变形表示。

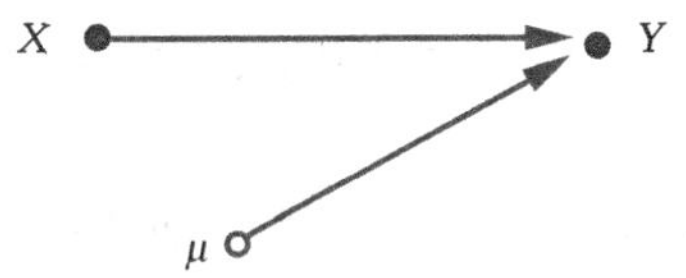

图 2.1.1　解释变量 X、随机干扰项 μ 与被解释变量 Y 之间的关系

对于条件均值 $E(Y|X_i)$，涉及条件分布的概念。对于二维随机变量(X,Y)，可以考虑在其中一个随机变量取得(可能的)固定值的条件下另一随机变量的概率分布，这样得到的 X 或 Y 的概率分布叫做**条件概率分布**，简称**条件分布**。均值是表示一组数据集中趋势的度量，**条件均值**就是给定某些信息条件下另一变量的均值。这样，在给定 X_i 的条件下，变量 Y 形成某种分布，$E(Y|X_i)$表示该条件下分布的平均值，见图 2.1.2 中 X_1 或 X_2 对应的 Y 及其频数。

式(2.1.1)还给出了 Y 和 X 之间的函数关系。若 μ 代表的其他因素都保持不变，于是 μ 的变化为零，即 $\Delta\mu=0$，则 X 对 Y 具有线性影响：

$$若\ \Delta\mu=0，则\ \Delta Y=\beta_1\Delta X$$

也就是说，保持 μ 中其他因素不变，β_1 就是 Y 与 X 的关系式中的**斜率参数**(slope parameter)。在应用经济学中，它是研究者的主要兴趣所在。常数项 β_0 有时被称为**截距参数**(intercept parameter)，常数项一般不是研究的要点。

式(2.1.1)的线性形式意味着：不管 X 的初始值是多少，它的任何一单位变化对 Y 的影响都是相同的，即"线性"的含义是，参数 β_0 和 β_1 是线性的。至于 Y 和 X 的形式，并没有任何限制，甚至取对数、开平方、n 次方等都没问题。当然，线性关系对许多应用经济问题来说是不现实的。例如，在工资—教育的例子中，或许还要考虑到递增的教育回报，即后一年的教育比前一年的教育对工资的影响更大，这就构成变量之间的非线性关系。

为研究农作物产量与化肥使用量之间的关系，一个简单的农作物产量与化肥使用量及其他非观测因素的关系为

$$Yield=\beta_0+\beta_1 Fertilizer+\mu$$

其中，$Yield$ 表示农作物产量，$Fertilizer$ 表示化肥使用量。研究目标是，在其他因素不变的情况下，化肥使用量如何影响农作物产量，该影响由参数 β_1 给出，即 β_1 度量了在其他条件不变的情况下化肥使用量对农作物产量的影响：$\Delta Yield=\beta_1\Delta Fertilizer$。误差项 μ 包含了土地质量、阳光、降水等因素。当然，这里的参数 β_0 也可以简单理解为当化肥使用量为 0 时的农作物产量。

这就是说，给定化肥使用量 $Fertilizer_i$，农作物产量 $Yield_i$ 可表示为两部分之和：

(i)该化肥使用量下所有观测的平均产量 $E(Yield|Fertilizer_i)$，称为系统性部分或确定性部分；

(ii)其他随机部分或非系统部分 μ_i。

研究面临的一个真正困难是，式(2.1.1)是否真的能得到关于 X 如何在其他条件不变的情况下影响 Y 的结论。从方程可以看出，保持所有其他条件不变，β_1 确实能够度量 X 对 Y 的影响，但对这个因果关系问题的讨论其实没这么简单。试想，怎么可能在忽略

所有其他因素的同时又得到其他因素不变情况下 X 对 Y 的影响呢？

只有对随机干扰项 μ 与解释变量 X 之间的关系给予适当约束时，才能从一个随机样本中得到参数 β_1 和 β_0 的可靠估计量。

第一，对干扰项 μ 作出假定 $E(\mu)=0$。当然，即使 $E(\mu)=a$，a 是常数，对式(2.1.1)，有 $Y=(\beta_0+a)+\beta_1X+(\mu-a)$，令 $\mu'=\mu-a$，仍然有 $E(\mu')=0$。这时，截距项变为 β_0+a，而斜率项不变，即 $E(\mu)=0$ 无碍乎是假定总体中 μ 的均值为 0。其实只要模型中包含截距项 β_0，该假定总是可行的，所以，$E(\mu)=0$ 实际上定义了截距项 β_0。例如，对于农作物产量的例子，无非是假定诸如土地质量、阳光雨露等对农作物产量有影响而又无法观测的因素进行规范化，将其对总体的平均影响定义为 0，或可理解为合并到截距项 β_0 中去，这对研究目的参数 β_1 没有任何影响。

第二，对 μ 和 X 的关系作出假定。从概率角度出发，在任意给定 X 值的条件下定义 μ 的分布，具体地说，对于任意一个 X 值，都能够在其刻画的总体某个部分求出 μ 的期望值。一元回归分析的关键假定是，μ 的平均值与 X 值无关(没有任何依赖关系)，即

$$E(\mu|X)=E(\mu) \tag{2.1.2}$$

式(2.1.2)的基本含义是，解释变量 X 的不同取值将总体划分为若干不同部分，每个部分中无法观测因素都具有相同的平均值，且等于整个总体中 μ 的平均值。式 $E(\mu|X)=E(\mu)$ 表明，μ **均值独立**(mean independent)于变量 X。[①] $E(\mu|X)=0$ 被称为**零条件均值假定**(zero conditional mean assumption)。

当然，这里仅定义了 μ 均值独立于变量 X，并不能说两者完全没有关系，比如，μ 的方差随 X 变化而变化并没有被排除在外。

假设学生的“计量经济学”期末考试成绩(score)取决于出勤率(attend)和影响考试成绩的其他无法观测因素(如学生能力等)，那么可以得到如下模型

$$\text{score}=\beta_0+\beta_1\text{attend}+\mu$$

该模型需要假定，无论出勤率如何，能力的平均影响都相同。比如，$E(\text{Abil}|\text{Attend}=16)$ 表示出勤 16 次学生的平均能力，而 $E(\text{Abil}|12)$ 表示出勤 12 次学生的平均能力。零条件均值假定意味着两者是相等的。更一般地，所有出勤次数的学生能力对考试成绩的影响都相同。但是，如果认为越有能力的人出勤越多，即能力对成绩的影响就随着出勤次数的增加而递增，那么式(2.1.2)就是错误的。因为观察不到学生的能力，所以无法确切地知道能力的平均影响是否对所有出勤次数都一样，但这是进行一元回归分析之前必须确认的假定。

在农作物产量的例子中，如果施肥量与该地区的其他条件没有关系，那么式(2.1.2)就能够成立：土地的平均质量不会依赖于施肥量。然而，如果更多的肥料被施用在更高质量的土地上，那么 μ 的期望值就会随着肥料的用量而改变，式(2.1.2)也就不成立了。

对以 X 为条件的总体模型式(2.1.1)取期望值，并利用零条件均值假定，由于

$$E(X|X)=X$$

有

① 独立、零条件均值(强外生)、不相关(弱外生)是三个联系逐渐增强的概念。

$$E(Y|X)=\beta_0+\beta_1 X \tag{2.1.3}$$

至此也可以简单地说，之所以给出一个怪异的零条件均值假定，就是为了得到式(2.1.3)，该式被称为**总体回归函数**(population regression function，PRF)。它表明，X 增加1个单位，Y 的期望值将增加 β_1 个单位，即总体回归函数给出了不同 X 值水平与 Y 的平均值水平之间的对应关系。因此，式(2.1.3)也称为确定形式的总体回归模型。

进一步说，正是由于总体回归函数是解释变量对被解释变量均值的影响，才可能是社会经济现象中的一般规律。如果不是均值而是特定值，就不能代表一般规律。值得注意的是，式(2.1.3)已经清楚表明，在其他条件不变的情况下，变量 X 对变量 Y 期望的影响。

一般地，

$$E(Y_i|X_i)=f(X_i)$$

表示在给定解释变量 X_i 条件下被解释变量 Y_i 的期望轨迹，称为总体回归线，或更一般地称为总体回归曲线，相应的函数称为**总体回归函数**。

这样，对于任意 Y 的值，可以看成两个部分：一部分是表示 $E(Y|X)=\beta_0+\beta_1 X$，称为 Y 的系统部分，即由 X 解释的部分；以及非系统部分 μ，或者说不能由 X 解释的部分。

图2.1.2展示了被解释变量的期望 $E(Y|X)$ 是如何被如 $\beta_0+\beta_1 X$ 这样的线性关系来系统解释的：Y 的平均值随着不同 X 值的增加而增加。特别值得注意的是，近似于正态分布的非系统部分，每一 X 对应于不同的 Y 及相应的频数 $g(Y|X)$ 也清楚地展现在图上。正是由于 $E(\mu|X)=0$，所以实心点位于直线 $E(Y|X)=f(X)$ 上，否则就不能呈现图中的直线状态。

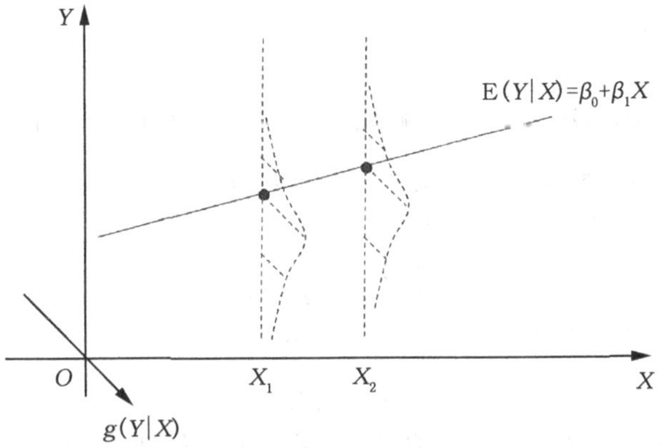

图2.1.2　X 的线性函数 $E(Y|X)$

应该特别注意理解式(2.1.1)、式(2.1.2)和式(2.1.3)的重要意义。式(2.1.1)代表了经济学科随机性研究与物理等学科确定性科学研究的本质区别，经济研究的对象是随机的。式(2.1.2)代表了该经济研究模型成立的关键条件，随机干扰与解释变量无关。如果经济研究停留在如式(2.1.1)的随机表示上，就无从进一步研究变量之间的关系，于是式(2.1.3)回到了确定性函数，巧妙地用被解释变量的期望与解释变量形成对应关系，从而使无从着手的变量之间的随机关系落实到可以代入数据的确定性函数关系上来。

例 2.1.1 可支配收入与消费支出的关系

假定消费支出由以下模型决定:

$$Cnsmptn=\beta_0+\beta_1 Inc+\mu \tag{2.1.4}$$

这里,$Y=Cnsmptn$,而 $X=Inc$。研究目的是,在其他因素不变的情况下,收入如何影响支出,这个影响由系数 β_1 给出。误差项 μ 包括其他影响消费支出的因素,如财富、物价水平、存贷款利率、就业状况甚至广告等。如果这些因素与收入无关,那么式(2.1.2)就成立:财富、物价水平、存贷款利率、就业状况甚至广告等因素独立于收入。但是,如果这些因素与收入有关,那么 μ 的期望值就会随收入的变化而变化。

对应于图 2.1.2,假如当收入 $X_1=1000$ 元时,消费 Y 可以有 100 元、200 元甚至 1000 元以上,但是平均为 600 元,而且消费是平均值为 600 元的人数最多,极端消费 100 元和 1000 元以上的消费人数都很少,各种消费水平的人数整体分布呈倒 U 形。于是,研究目标就是探讨消费平均而言随着收入变化而变化的系统规律。

三、参数估计

(一)普通最小二乘估计

有了总体一元线性回归模型,如何估计模型(2.1.1)中的参数 β_0 和 β_1 并保证其可靠性是应用计量经济模型进行经济分析的基础,为此,首先需要从总体中抽取一个样本。令 $\{(X_i,Y_i),i=1,2,\cdots,n\}$ 表示从总体中抽取的一个容量为 n 的随机样本。因为这些数据来自模型(2.1.1),所以对每个观测 i,有

$$Y_i=\beta_0+\beta_1 X_i+\mu_i \tag{2.1.5}$$

这里,μ_i 是第 i 次观测的误差项,包括除 X_i 之外所有影响 Y_i 的因素。

通过该样本,可以得到总体回归模型中参数 β_0、β_1 的估计值 $\hat{\beta}_0$、$\hat{\beta}_1$。这样,对应 Y 在 $X=X_i$ 时的一个**拟合值**(fitted value)

$$\hat{Y}_i=\hat{\beta}_0+\hat{\beta}_1 X_i \tag{2.1.6}$$

于是,得到**样本回归模型**(sample regression model)

$$Y_i=\hat{\beta}_0+\hat{\beta}_1 X_i+\hat{\mu}_i \tag{2.1.7}$$

样本中的每个观测值都有一个拟合值,定义第 i 次观测实际值与其拟合值之差为**残差**(residual),代表其他影响 Y_i 的随机因素集合的估计。

$$\hat{\mu}_i=Y_i-\hat{\beta}_0-\hat{\beta}_1 X_i \tag{2.1.8}$$

因此式(2.1.7)就是随机形式的样本回归模型。为了得到对样本观测的最优拟合,可以定义**残差平方和**(residual sum of squares)最小,即在给定样本观测值之下选择 $\hat{\beta}_0$、$\hat{\beta}_1$,使得 Y_i 与 $\hat{Y}_i$ 之差的平方和

$$Q=\sum_{i=1}^{n}\hat{\mu}_i^2=\sum_{i=1}^{n}(Y_i-\hat{Y}_i)^2=\sum_{i=1}^{n}[Y_i-(\hat{\beta}_0+\hat{\beta}_1 X_i)]^2 \tag{2.1.9}$$

最小。由于该方法考虑的是最小化二次残差，所以该方法也被称为**普通最小二乘法**(ordinary least squares，OLS)。之所以采用平方和最小，是由于样本回归线上的点 $\hat{Y}_i$ 与真实观测点 Y_i 之差可正可负，简单求和可能会导致其中很大的误差相互抵消，只有平方和才能反映二者在总体上的接近程度，这就是最小二乘原理。观测值、拟合值、残差与样本回归线关系如图 2.1.3 所示：对应于 X_i，实心点是观测(X_i, Y_i)，拟合值是位于样本直线 $\hat{Y}=\hat{\beta}_0+\hat{\beta}_1 X$ 上的空心点，两者之间的差为残差 $\hat{\mu}_i$。

注意这里用虚线表示的样本回归线就是对图 2.1.2 中用实线表示的总体回归函数的估计。

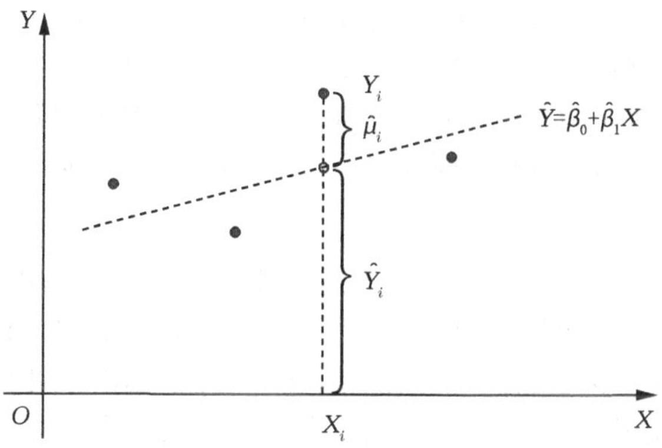

图 2.1.3　观测值、拟合值、残差与样本回归线

根据导数法则，或求该优化问题的一阶条件有

$$\begin{cases}\dfrac{\partial Q}{\partial \hat{\beta}_0}=0\\ \dfrac{\partial Q}{\partial \hat{\beta}_1}=0\end{cases}$$

即有**正规方程组**(normal equations)

$$\begin{cases}\sum_{i=1}^{n}(Y_i-\hat{\beta}_0-\hat{\beta}_1 X_i)=0\\ \sum_{i=1}^{n}(Y_i-\hat{\beta}_0-\hat{\beta}_1 X_i)X_i=0\end{cases}\tag{2.1.10}$$

解得

$$\begin{cases}\hat{\beta}_0=\dfrac{\sum X_i^2\sum Y_i-\sum X_i\sum Y_iX_i}{n\sum X_i^2-(\sum X_i)^2}\\ \hat{\beta}_1=\dfrac{n\sum Y_iX_i-\sum Y_i\sum X_i}{n\sum X_i^2-(\sum X_i)^2}\end{cases}\tag{2.1.11}$$

记观测去均值结果为

$$\begin{cases} x_i = X_i - \overline{X} \\ y_i = Y_i - \overline{Y} \end{cases}$$

则式(2.1.11)可以表示为

$$\begin{cases} \hat{\beta}_1 = \dfrac{\sum x_i y_i}{\sum x_i^2} \\ \hat{\beta}_0 = \overline{Y} - \hat{\beta}_1 \overline{X} \end{cases} \tag{2.1.12}$$

在上述推导过程中,应特别注意理解正规方程组(2.1.10)和参数估计(2.1.12)这两个重要结果,由于后续工作会不断采用一元回归参数估计作为简单的示例,所以要求记住该结果。正规方程组式(2.1.10)实际上是零条件均值假定的另一种表现形式,参数估计式(2.1.12)则直观反映了两变量之间的本质关系,所以理解了前者是零条件均值分解出来的零均值、零相关,后者两变量之间的关系就是两者的协方差除以该变量的方差的内在逻辑,无须额外记忆。

由于参数 $\hat{\beta}_0$、$\hat{\beta}_1$ 由普通最小二乘法给出,所以式(2.1.6)也称为**OLS 回归线**(OLS regression line)。由于它的估计来自样本,所以也称为**样本回归函数**(sample regression function,SRF),是确定形式的样本回归模型。样本取自总体,因此可用该函数近似代表总体回归函数,也就是说,它是总体回归函数式(2.1.3)的一个样本估计。显然,不同的样本将得到不同的样本回归函数。

特别需要注意的是,由式(2.1.11)和式(2.1.12)给出的参数估计结果是由一个具体样本观测数据计算出来的**估计值**(estimate)或者点估计,是参数估计量 $\hat{\beta}_0$ 和 $\hat{\beta}_1$ 的一个具体数值。但是,如果将式(2.1.11)和式(2.1.12)看成 $\hat{\beta}_0$ 和 $\hat{\beta}_1$ 的一个解析表达式,那么它就是 Y_i 的函数,也就是样本的函数。由于 Y_i 是随机变量,所以 $\hat{\beta}_0$ 和 $\hat{\beta}_1$ 也是随机变量,因此称之为**估计量**(estimator)。正是因为这个原因,$\hat{\beta}_0$ 和 $\hat{\beta}_1$ 有时被看作随机变量,有时又被看作确定的数值。

(二)参数的矩估计方法(method of moments approach)

其实从零条件均值假定出发,有 μ 无条件均值为零,且它与解释变量无关,即两个总体矩条件[①]

$$\mathrm{E}(\mu)=0$$

且

① 零条件均值假定意味着:在总体中,μ 与 X 不相关。

由于 $\mathrm{E}(\mu X|X)=X\cdot \mathrm{E}(\mu|X)=X\cdot \mathrm{E}(\mu)=0$

则 $\mathrm{E}(\mu X)=0$

因此 $\mathrm{Cov}(\mu,X)=\mathrm{E}(X\mu)-\mathrm{E}(X)\mathrm{E}(\mu)=\mathrm{E}(\mu X)=0$

即 μ 与 X 不相关。

$$\mathrm{Cov}(X,\mu)=\mathrm{E}(X\mu)=0$$

于是

$$\mathrm{E}(Y-\beta_0-\beta_1 X)=0$$

$$\mathrm{E}[X(Y-\beta_0-\beta_1 X)]=0$$

对于样本$\{(X_i,Y_i),i=1,2,\cdots,n\}$，有

$$\begin{cases}\sum_{i=1}^{n}(Y_i-\hat{\beta}_0-\hat{\beta}_1 X_i)=0\\ \sum_{i=1}^{n}(Y_i-\hat{\beta}_0-\hat{\beta}_1 X_i)X_i=0\end{cases}$$

该结果与 OLS 方法完全一致。这种估计样本回归函数的方法称为**矩估计**方法。

(三)参数的最大似然估计方法

最大似然法(Maximum Likelihood,ML)是不同于普通最小二乘法的一种参数估计方法，是从最大似然原理出发发展起来的其他估计方法的基础。虽然其应用没有普通最小二乘法普遍，但在计量经济学理论上占据很重要的地位，因为最大似然原理比普通最小二乘原理更本质地揭示了通过样本估计总体参数的内在机理。计量经济学理论的发展，更多的是以最大似然原理为基础的，对于某些特殊的计量经济模型，只有最大似然方法才是较好的估计方法。

对于普通最小二乘法，当从模型总体随机抽取 n 组样本观测值后，最合理的参数估计量应该使得模型能最好地拟合样本数据。而对于最大似然法，当从模型总体随机抽取 n 组样本观测值后，最合理的参数估计量应该使得从模型中抽取该 n 组样本观测值的概率最大。显然，这是从不同原理出发的两种参数估计方法。

从总体中经过 n 次随机抽取得到样本容量为 n 的样本观测值，在任意一次随机抽取中，样本观测值都以一定的概率出现，如果已经知道总体的参数，那么由变量的频率函数可以计算其概率。如果只知道总体服从某种分布，但不知道其分布参数，则通过随机样本可以求出总体的参数估计量。以正态分布的总体为例，每个总体都有自己的分布参数期望和方差，如果已经得到 n 组样本观测值，在这些可供选择的总体中，哪个总体最可能产生已经得到的 n 组样本观测值呢？显然，要对每个可能的正态总体估计取得 n 组样本观测值的联合概率，然后选择其参数能使观测值的联合概率为最大的那个总体。将样本观测值联合概率函数称为变量的似然函数，在已经取得样本观测值的情况下，使似然函数取极大值的总体分布参数所代表的总体具有最大的概率取得这些样本观测值，该总体参数就是所要求的参数。通过似然函数极大化以求得总体参数估计量的方法被称为极大似然法。

在满足基本假设条件下，对一元线性回归模型

$$Y_i=\beta_0+\beta_1 X_i+\mu_i$$

随机抽取一组样本观测值$\{(X_i,Y_i),i=1,2,\cdots,n\}$。假如模型的参数估计量已经求得，为 $\hat{\beta}_0$ 和 $\hat{\beta}_1$，那么 Y_i 服从如下的正态分布

$$Y_i \sim N(\hat{\beta}_0 + \hat{\beta}_1 X_i, \sigma^2)$$

于是,Y_i 的概率函数为

$$P(Y_i) = \frac{1}{\sigma\sqrt{2\pi}} \mathrm{e}^{-\frac{1}{2\sigma^2}(Y_i - \hat{\beta}_0 - \hat{\beta}_1 X_i)^2}$$

因为 Y_i 是相互独立的,所以 Y 的所有样本观测值的联合概率,即似然函数为

$$L(\hat{\beta}_0, \hat{\beta}_1, \sigma^2) = P(Y_1, Y_2, \cdots, Y_n)$$

$$= \frac{1}{(\sigma\sqrt{2\pi})^n} \mathrm{e}^{-\frac{1}{2\sigma^2}\sum(Y_i - \hat{\beta}_0 - \hat{\beta}_1 X_i)^2}$$

将该似然函数极大化,即可求得模型参数的极大似然估计量。

由于似然函数的极大化与似然函数的对数的极大化是等价的,所以取对数似然函数如下:

$$L^* = \ln(L) = -n\ln(\sqrt{2\pi}\sigma) - \frac{1}{2\sigma^2}\sum(Y_i - \hat{\beta}_0 - \hat{\beta}_1 X_i)^2$$

对 L^* 求极大值,等价于对 $\sum (Y_i - \hat{\beta}_0 - \hat{\beta}_1 X_i)^2$ 求极小值。

可见,在满足一定假设的情况下,模型结构参数的最大似然估计量与普通最小二乘估计量是相同的。

普通最小二乘法与最大似然估计法的区别是:最小二乘法是基于几何意义上距离最小,对数据分布没有要求;而最大似然估计是基于概率意义上出现的概率最大,要求给定概率密度函数。

(四)实际案例

为熟悉一元回归的参数估计过程,下面进行一项实践作业,包含在实际研究过程中的数据收集和参数估计等内容。

例 2.1.2 为研究中国居民 2020 年人均可支配收入与人均消费支出之间的关系,首先将理论模型设定为一个简单的一元回归线性模型,然后收集处理数据并进行参数估计。

表 2.1.1 是采用国家统计局编《中国统计年鉴》(2021)“6—18 分地区居民人均可支配收入”和“6—20 分地区居民人均消费支出”给出的数据,代表 2020 年中国大陆 31 个省、市、自治区以当年价测算的居民年人均可支配收入(X)与年人均消费支出(Y)。该数据是同一年份中不同地区居民收入和消费统计数据,因此属于截面数据。

具体的数据采集方式如下:首先进行截面数据收集,直接在国家统计局官方网站上由“国家统计局—统计数据—数据查询—地区数据—分省年度数据—高级查询—居民人均可支配收入—查询数据”,即可得到收入数据。或简单地,由“数据查询—地区数据—分省年度数据—高级查询—居民人均可支配收入”,同时,在地区选择上,选择全部,时间选择“2020”即可。更为正式地,在“统计数据”栏点击“数据查询”,点击最上方右侧“出版物”,点击《2021 年中国统计年鉴》,左侧目录栏找到第六个版块“人民生活”,人民生活版块下 6—18 为“分地区居民人均可支配收入”,6—20 为“分地区居民人均消费支出”,即可获得 2020

年全国31个省、市、自治区居民人均可支配收入以及人均消费支出的数据。

表2.1.1的第2列和第3列给出了中国大陆31个省、市、自治区以当年价测算的居民年人均可支配收入与年人均消费支出的两组数据。

表2.1.1　　一元回归模型参数估计的计算

地区	X_i	Y_i	x_i	y_i	x_iy_i	x_i^2
北京	69433.5	38903.3	37347.12	17890.94	668174965.6	1394807083
天津	43854.1	28461.4	11767.72	7449.039	87658172.97	138479142.9
河北	27135.9	18037	−4950.48	−2975.36	14729478.08	24507290.56
山西	25213.7	15732.7	−6872.68	−5279.66	36285442.99	47233783.59
内蒙古	31497.3	19794.5	−589.084	−1217.86	717422.4432	347019.807
辽宁	32738.3	20672.1	651.9161	−340.261	−221821.823	424994.6393
吉林	25751	17317.7	−6335.38	−3694.66	23407097.55	40137088.79
黑龙江	24902	17056.4	−7184.38	−3955.96	28421144.49	51615371.61
上海	72232.4	42536.3	40146.02	21523.94	864100390.6	1611702611
江苏	43390.4	26225.1	11304.02	5212.739	58924882.45	127780780.6
浙江	52397.4	31294.7	20311.02	10282.34	208844747.4	412537376.2
安徽	28103.2	18877.3	−3983.18	−2135.06	8504341.695	15865753.75
福建	37202.4	25125.8	5116.016	4113.439	21044418.78	26173621.03
江西	28016.5	17955.3	−4069.88	−3057.06	12441884.44	16563954.72
山东	32885.7	20940.1	799.3161	−72.2613	−57759.6149	638906.2741
河南	24810.1	16142.6	−7276.28	−4869.76	35433765.53	52944306.97
湖北	27880.6	19245.9	−4205.78	−1766.46	7429354.404	17688617.97
湖南	29379.9	20997.6	−2706.48	−14.7613	39951.19417	7325054.944
广东	41028.6	28491.9	8942.216	7479.539	66883651.69	79963229.3
广西	24562.3	16356.8	−7524.08	−4655.56	35028833.61	56611838.1
海南	27904.1	18971.6	−4182.28	−2040.76	8535043.029	17491498.38
重庆	30823.9	21678.1	−1262.48	665.7387	−840484.383	1593865.524
四川	26522.1	19783.4	−5564.28	−1228.96	6838289.486	30961255
贵州	21795.4	14873.8	−10291	−6138.56	63171835.23	105904349
云南	23294.9	16792.4	−8791.48	−4219.96	37099721.62	77290188.65
西藏	21744.1	13224.8	−10342.3	−7787.56	80541169.53	106962835.7
陕西	26226	17417.6	−5860.38	−3594.76	21066681.09	34344099.12
甘肃	20335.1	16174.9	−11751.3	−4837.46	56846380.84	138092672.6
青海	24037.4	18284.2	−8048.98	−2728.16	21958926.22	64786141.36
宁夏	25734.9	17505.8	−6351.48	−3506.56	22271867.48	40341347.36
新疆	23844.7	16512.1	−8241.68	−4500.26	37089730.89	67925353.03
合计	994677.9	651383.2			2532369526	4809041432
平均	32086.38	21012.36				

数据来源：国家统计局．中国统计年鉴2021[M]．北京：中国统计出版社，2021.

为熟悉一元线性回归模型中的参数估计原理，对该数据进行手动计算，过程如下：首先，对于原始观测(X_i, Y_i)，计算去均值的结果(x_i, y_i)；其次，计算 $x_i y_i$ 以及 x_i^2；最后，对相关结果求和、取均值。

由式(2.1.12)计算得

$$\hat{\beta}_1 = \frac{\sum x_i y_i}{\sum x_i^2} = \frac{2532369526}{4809041432} = 0.5266$$

$\hat{\beta}_0 = \overline{Y} - \hat{\beta}_1 \overline{X} = 21012.36 - 0.5266 \times 32086.38 = 4115.67$

这样，由该样本估计的回归方程是

$$\hat{Y}_i = 4115.67 + 0.5266 X_i$$

(五)OLS 估计量的代数性质

(i)OLS 残差和为零。

$$\sum_{i=1}^{n} \hat{\mu}_i = 0$$

由于 $\hat{\mu}_i = Y_i - \hat{Y}_i = Y_i - \hat{\beta}_0 - \hat{\beta}_1 X_i$，所以该性质就是 OLS 的一阶条件之一。也就是说，OLS 估计量是按照残差和为 0 来选择的。

(ii)解释变量 X 与 OLS 残差的样本协方差为零。

$$\sum_{i=1}^{n} X_i \hat{\mu}_i = 0$$

显然，该性质是 OLS 的另一个一阶条件。

(iii)点$(\overline{X}, \overline{Y})$总在 OLS 回归线上，即在式(2.1.6)中，令 $X = \overline{X}$，则 $\hat{Y} = \overline{Y}$。

实际上，由性质(i)，

$$\sum_{i=1}^{n} (Y_i - \hat{\beta}_0 - \hat{\beta}_1 X_i) = 0$$

两边同除以 n 即得。

(iv)拟合值的均值等于样本观测值的均值，即 $\overline{\hat{Y}} = \overline{Y}$。

实际上，

$$\overline{\hat{Y}} = \frac{1}{n} \sum_{i=1}^{n} \hat{Y}_i = \frac{1}{n} \sum_{i=1}^{n} (\hat{\beta}_0 + \hat{\beta}_1 X_i) = \hat{\beta}_0 + \hat{\beta}_1 \overline{X}$$

四、普通最小二乘估计量的统计性质

$\hat{\beta}_0$ 和 $\hat{\beta}_1$ 是总体回归模型中参数的估计量。研究 OLS 的统计性质，就是研究估计量在从总体中抽取不同随机样本时的分布性质。为得到一元线性回归模型的 OLS 估计量的统计性质，需要构造一系列基本假定。

(一)一元线性回归模型的基本假定

回归分析的目的是通过样本回归模型(函数)估计总体回归模型(函数)。为了保证参数估计量的良好统计性质,一元线性回归模型的基本假定包括对模型设定、抽样方法和随机干扰项三个方面的5条假定。

假定1　线性于参数

总体模型可表示为

$$Y=\beta_0+\beta_1X+\mu$$

其中,Y、X和μ都是随机变量,β_0、β_1是未知参数,μ是随机误差或随机干扰项。

假定1暗含着模型是正确设定的。也就是说,模型采用了正确的变量,且函数形式正确。

假定2　随机抽样

有一个n个观测值的随机样本$\{(X_i,Y_i),i=1,2,\cdots,n\}$来自假定1中的总体模型。该假定也意味着:解释变量样本不是常数,样本$\{X_i,i=1,2,\cdots,n\}$取值不完全相同。

对应于每个随机样本观测i,总体模型可以表示为

$$Y_i=\beta_0+\beta_1X_i+\mu_i,i=1,2,\cdots,n$$

假定3　零条件均值

对于任意给定解释变量的值,误差μ的期望值为零,即

$$\mathrm{E}(\mu_i|X)=0$$

对于一个随机样本,该假定表明,对于所有$i=1,2,\cdots,n$,都有$\mathrm{E}(\mu_i|X_i)=0$。

这样可以以样本中的X_i为条件推导出OLS估计量的统计性质,即选择n个样本值$X_1,X_2,\cdots,X_n$,通过μ_i的一个随机样本,得到一个Y的样本;然后采用同样的$X_1,X_2,\cdots,X_n$,又得到Y的另一个样本;如此重复下去,得到随机抽样结果。

零条件均值假定表示,在确定X_i的情况下,虽然误差项可以取不同值,但是如果考虑所有可能的值,则它们的期望为零,即随机误差项均值独立于解释变量。

假定4　同方差

任意给定解释变量的值,误差项都具有相同的方差,即

$$\mathrm{Var}(\mu_i|X)=\sigma^2,i=1,2,\cdots,n$$

同方差假定表示,每个对应的误差项具有相同的常数方差。

假定5　正态分布

误差项μ服从零均值、同方差的正态分布,即

$$\mu_i\sim N(0,\sigma^2)$$

假定5是为通过样本回归函数推断总体回归函数而给出的。

总的来说,这5条假定从不同方面对一元回归提出了要求,可以简单地将它们区分为2+3的形式,即前2条假定分别是关于模型形式设定和数据抽样的要求,后3个都是关于误差项的要求。这5条假定被称为一元回归的**经典线性模型假定**(classical linear model assumptions)。满足该假定的线性回归模型,也被称为**经典线性回归模型**(classical linear regression model,CLRM),特别地,前4条假定被称为**高斯—马尔科夫假定**

(Gauss-Markov assumption)。

对于一元线性回归模型，考虑假定 3 和假定 4，有

$$E(Y|X)=\beta_0+\beta_1 X, \mathrm{Var}(\mu|X)=\sigma^2$$

即对于任意给定解释变量 X 的值，如 X_1、X_2 和 X_3，Y 的条件期望线性于 X，但是方差保持不变。如图 2.1.4 所示，“线性”表现为总体回归线是直线；“零条件均值”表现为，对于任意 X_i，μ_i 与其独立，并对应于频数最高处的 Y_i（即集中趋势）；“同方差”表现为分布曲线形状（即离散程度）相同。

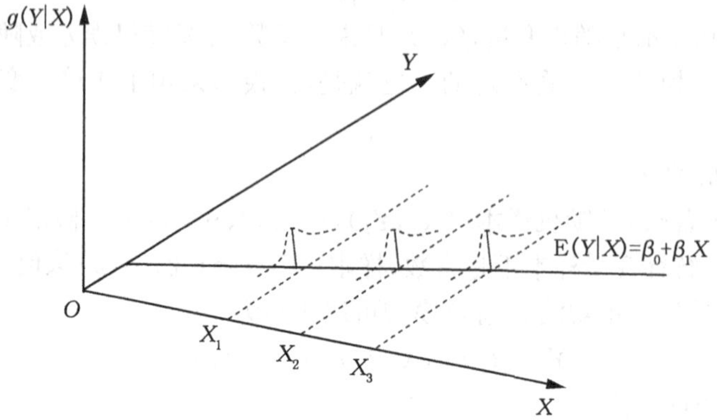

图 2.1.4 零条件均值、同方差假定下的一元回归方程

特别需要提醒的是，实际上这 5 条假定都在图 2.1.4 上对应着明显不同的形态。比如，对于假定线性于参数而言，如果根据变量形式调整坐标轴尺度，那么总体回归线就表现为一条直线；随机抽样，表现为在 X 的不同取值 X_i 下，正态分布曲线下的点是随机的；等等。当然，对于相反情形，包括非线性模型、非随机抽样、非零条件均值、非同方差和非正态分布，在图形上也会表现出不同形态。比如，对于非线性于参数，表现为总体回归线不是一条直线等。另外，轴 $g(Y|X)$ 表示对应于点 (X,Y) 的频数，即对应于点 (X,Y) 的数量是多少个。显然，一般情况是在每个 X_i 处对应于其均值处的频数最多，而分布于两端的极端值的频数较少，于是，在每个 X_i 处频数分布形状都大致呈正态分布。

如果 $\mathrm{Var}(\mu|X)=\sigma_X^2$，即误差项表现出异方差（heteroskedasticity），由于 $\mathrm{Var}(\mu|X)=\mathrm{Var}(Y|X)$，因此方程就出现异方差问题（见图 2.5.1）。

（二）高斯—马尔科夫定理

根据样本估计出模型参数后，需考虑参数估计值的精度，即是否能代表总体参数的真值。一般地，由于随机抽样的波动性以及估计方法的不同，会使估计的参数与总体参数的真值不同，因此参数估计量的统计性质就成了衡量该估计量“好坏”的主要标准。

一个用于考察总体的估计量，可从如下 6 个方面考察其优劣性质：(i)线性性，即它是否为另一随机变量的线性函数；(ii)无偏性，即它的均值或期望值是否等于总体的真实值；(iii)有效性，即它是否在所有无偏估计量中具有最小方差；(iv)渐近无偏性，即样本容

量趋于无穷大时，它的均值序列趋于总体真值；(v)一致性，即样本容量趋于无穷大时，它是否依概率收敛于总体的真值；(vi)渐近有效性，即样本容量趋于无穷大时，它在所有的一致估计量中具有最小的渐近方差。

前三个标准也称作估计量的**小样本性质**(small-sample properties)，因为一旦某估计量具有该类性质，它是不以样本的大小而改变的。拥有这类性质的估计量称为**最优线性无偏估计量**(best liner unbiased estimator，BLUE)。当然，在小样本情形下，有时很难找到最优线性无偏估计量，这时就需要考察样本容量增大时估计量的渐近性质。后三个标准称为估计量的**大样本**或**渐近性质**(large-sample or asymptotic properties)。如果小样本情况下不能满足估计的标准，则应扩大样本容量，考察参数估计量的大样本性质。

可以证明，在一元线性回归模型的基本假定下，普通最小二乘估计量是具有最小方差的线性无偏估计量。

1. 线性性

线性，即估计量 $\hat{\beta}_0$ 和 $\hat{\beta}_1$ 是 Y 的线性组合。

由

$$\hat{\beta}_1=\frac{\sum_{i=1}^{n}x_iy_i}{\mathrm{TSS}_X}=\frac{\sum_{i=1}^{n}x_i(Y_i-\overline{Y})}{\mathrm{TSS}_X}=\frac{\sum_{i=1}^{n}x_iY_i}{\mathrm{TSS}_X}=\sum_{i=1}^{n}k_iY_i$$

其中，$\sum_{i=1}^{n}x_i=\sum_{i=1}^{n}(X_i-\overline{X})=0,k_i=\frac{x_i}{\mathrm{TSS}_X}$。

类似地，有

$$\hat{\beta}_0=\overline{Y}-\hat{\beta}_1\overline{X}=\frac{1}{n}\sum_{i=1}^{n}Y_i-\sum_{i=1}^{n}k_iY_i\overline{X}=\sum_{i=1}^{n}(\frac{1}{n}-\overline{X}k_i)Y_i=\sum_{i=1}^{n}w_iY_i$$

其中，$w_i=\frac{1}{n}-\overline{X}k_i$。

2. 无偏性

对于任意 β_0 和 β_1，有

$$\mathrm{E}(\hat{\beta}_0)=\beta_0$$

$$\mathrm{E}(\hat{\beta}_1)=\beta_1$$

即 $\hat{\beta}_0$ 对 β_0 而言是无偏的，$\hat{\beta}_1$ 对 β_1 而言是无偏的。①

证明：

① 有 3 位经济学家在森林中打猎，他们发现 30 米处有一头鹿。第一位经济学家举枪射击，击中了鹿身后 3 米远的一棵树；第二位经济学家几乎同时开枪，击中了鹿身前 3 米远的一棵树；第三位经济学家高兴得跳起来，并喊道："平均地看，我们击中它了！"经济学研究总是"平均地看"，在其他条件不变的情况下，平均而言正确通常总比平均而言错误要好一些。但是从平均角度出发的无偏性也有一些缺陷。如果这两位经济学家击中了离鹿的心脏前后 3 厘米远的位置，而不是 3 米远的地方，那么他们将会一边吃鹿肉一边庆祝他们的成功。这就是说，除无偏性之外，还要考虑估计量方差的大小，这就是有效性。

$$\hat{\beta}_1=\frac{\sum_{i=1}^{n}x_iy_i}{\mathrm{TSS}_X}=\frac{\sum_{i=1}^{n}x_i(Y_i-\overline{Y})}{\mathrm{TSS}_X}=\frac{\sum_{i=1}^{n}x_i(\beta_0+\beta_1X_i+\mu_i)}{\mathrm{TSS}_X}=\beta_1+\frac{\sum_{i=1}^{n}x_i\mu_i}{\mathrm{TSS}_X}$$

即 $\hat{\beta}_1$ 的估计量等于总体斜率 β_1 与误差($\mu_1,\mu_2,\cdots,\mu_n$)的一个线性组合。以 X_i 的值为条件,$\hat{\beta}_1$ 的随机性来自样本中的误差,而误差一般不为零,这就是 $\hat{\beta}_1$ 与 β_1 有差异的原因。

$$\mathrm{E}(\hat{\beta}_1)=\beta_1+\mathrm{E}\left(\frac{\sum_{i=1}^{n}x_i\mu_i}{\mathrm{TSS}_X}\right)=\beta_1$$

注意:在该证明中,使用了零条件均值假定。

由于

$$Y_i=\beta_0+\beta_1X_i+\mu_i$$

则

$$\overline{Y}=\beta_0+\beta_1\overline{X}+\bar{\mu}$$

又

$$\hat{\beta}_0=\overline{Y}-\hat{\beta}_1\overline{X}=\beta_0+\beta_1\overline{X}+\bar{\mu}-\hat{\beta}_1\overline{X}$$

则

$$\mathrm{E}(\hat{\beta}_0)=\beta_0+\mathrm{E}[(\beta_1-\hat{\beta}_1)\overline{X}]=\beta_0$$

应该指出的是,任何一个估计值都是从一个特定样本得到的固定值,它通常都不等于总体参数,因此不能说一个估计值是无偏的。无偏性是估计量的抽样分布性质,虽然希望具体抽样估计量能接近总体参数真实值,但是实际上永远不可能知道真实情况究竟如何。

另外需要特别强调的是,如果前 3 个假定中有 1 个假定不成立,那么无偏性一般也不成立,即在实际计量经济模型应用中,必须慎重考虑每个假定的真实性。计量经济学理论体系在很大程度上是围绕假定真实性的论证及处理展开的。

3. 有效性

有效性,即在所有线性无偏估计量中 OLS 估计量 $\hat{\beta}_1$、$\hat{\beta}_0$ 具有最小方差。

证明:设 $\hat{\beta}_1^*$ 是由其他方法得到的 β_1 的线性无偏估计量,则

$$\hat{\beta}_1^*=\sum_{i=1}^{n}c_iY_i$$

其中,$c_i=k_i+d_i$,d_i 为不全为零的常数,于是

$$\mathrm{E}(\hat{\beta}_1^*)=\mathrm{E}(\sum_{i=1}^{n}c_iY_i)=\sum_{i=1}^{n}c_i\mathrm{E}(Y_i)=\sum_{i=1}^{n}c_i(\beta_0+\beta_1X_i)=\beta_0\sum_{i=1}^{n}c_i+\beta_1\sum_{i=1}^{n}c_iX_i$$

由于

$$\mathrm{E}(\hat{\beta}_1^*)=\beta_1$$

则

$$\beta_1=\beta_0\sum_{i=1}^{n}c_i+\beta_1\sum_{i=1}^{n}c_iX_i$$

$$\sum_{i=1}^{n}c_i=0,\sum_{i=1}^{n}c_iX_i=1$$

$\hat{\beta}_1^*$ 的方差

$$\begin{aligned}\mathrm{Var}(\hat{\beta}_1^*)&=\mathrm{Var}(\sum_{i=1}^{n}c_iY_i)\\&=\sum_{i=1}^{n}c_i^2\mathrm{Var}(Y_i)\\&=\sum_{i=1}^{n}c_i^2\mathrm{Var}(\mu_i)\\&=\sum_{i=1}^{n}c_i^2\sigma^2\\&=\sum_{i=1}^{n}(k_i+d_i)^2\sigma^2\\&=\sigma^2\sum_{i=1}^{n}k_i^2+\sigma^2\sum_{i=1}^{n}d_i^2+2\sigma^2\sum_{i=1}^{n}k_id_i\end{aligned}$$

注意:该证明过程中用到了同方差性假定。

由于

$$\begin{aligned}\sum_{i=1}^{n}k_id_i&=\sum_{i=1}^{n}k_i(c_i-k_i)\\&=\sum_{i=1}^{n}k_ic_i-\sum_{i=1}^{n}k_i^2\\&=\sum_{i=1}^{n}\frac{x_i}{\sum_{i=1}^{n}x_i^2}c_i-\sum_{i=1}^{n}k_i^2\\&=\frac{\sum_{i=1}^{n}X_ic_i-\overline{X}\sum_{i=1}^{n}c_i}{\sum_{i=1}^{n}x_i^2}-\sum_{i=1}^{n}k_i^2\\&=\frac{1}{\sum_{i=1}^{n}x_i^2}-\frac{1}{\sum_{i=1}^{n}x_i^2}\\&=0\end{aligned}$$

于是

$$\begin{aligned}\mathrm{Var}(\hat{\beta}_1^*)&=\sigma^2\sum_{i=1}^{n}k_i^2+\sigma^2\sum_{i=1}^{n}d_i^2\\&=\frac{\sigma^2}{\sum_{i=1}^{n}x_i^2}+\sigma^2\sum_{i=1}^{n}d_i^2\end{aligned}$$

$$=\mathrm{Var}(\hat{\beta}_1)+\sigma^2\sum_{i=1}^{n}d_i^2$$

故

$$\mathrm{Var}(\hat{\beta}_1^*)\geqslant \mathrm{Var}(\hat{\beta}_1)$$

类似地,可以证明$\hat{\beta}_0^*$是由其他方法得到的 β_0 的线性无偏估计量,则

$$\mathrm{Var}(\hat{\beta}_0^*)\geqslant \mathrm{Var}(\hat{\beta}_0)$$

以上是小样本性质,对于大样本性质

$$\mathrm{Plim}(\hat{\beta}_1)=\mathrm{Plim}(\beta_1+\sum_{i=1}^{n}k_i\mu_i)=\mathrm{Plim}(\beta_1)+\mathrm{Plim}(\sum_{i=1}^{n}\frac{x_i}{\sum_{i=1}^{n}x_i^2}\mu_i)$$

$$=\beta_1+\frac{\mathrm{Plim}(\frac{\sum_{i=1}^{n}x_i\mu_i}{n})}{\mathrm{Plim}(\frac{\sum_{i=1}^{n}x_i^2}{n})}$$

等式右边第二项分子是 X 与 μ 的样本协方差的概率极限,它等于总体协方差 $\mathrm{Cov}(X,\mu)$,按照基本假定,它等于零;而分母是 X 的样本方差的概率极限,它等于总体方差,为一有限常数 Q,因此

$$\mathrm{Plim}(\hat{\beta}_1)=\beta_1+\frac{0}{Q}=\beta_1$$

高斯—马尔科夫定理(Gauss-Markov Theorem)在基本假定 1—4 下,$\hat{\beta}_0$、$\hat{\beta}_1$ 是总体真值 β_0、β_1 的**最优线性无偏估计量。**

正是因为该定理,假定 1—4 也被称为(截面数据的)**高斯—马尔科夫假定。**

高斯—马尔科夫定理除了保证 OLS 估计量的科学性外,其重要性至少还包括两个方面:第一,当这 4 条假定成立时,OLS 估计量就是最好的线性估计量,不需要再去寻找其他估计量。如果当有人提出所谓创新,说能给出其他线性无偏估计量时,由该定理就可以知道它最多与 OLS 估计量一样好。第二,高斯—马尔科夫定理的证明过程体现了回归模型基本假定是如何被运用的,甚至可以理解为,为了得到这些结论而反向设计了基本假定。由于不断放宽基本假定是计量经济学理论体系展开的逻辑主线,所以要想从整体上真正理解计量经济学理论,就必须真正理解该定理的证明过程,因此,建议有志于学好经济学的读者,必须能够严格证明该定理。

五、一元线性回归模型的统计检验

回归分析是为了通过样本所估计的参数来代替总体的真实参数,或者说是用样本回归函数代替总体回归函数。尽管从统计性质上看,只要有足够多的随机抽样,参数估计值

的期望(均值)就等于其总体的参数真值,但在一次抽样中,估计值不一定就等于该真值。那么,在一次抽样中,参数的估计值与总体真实值的差异有多大,是否显著,这就需要进行统计检验。对于一元线性回归模型而言,主要包括拟合优度检验、变量的显著性检验及参数的置信区间估计。

(一)拟合优度检验

拟合优度(goodness of fit)检验,就是检验模型对样本观测值的拟合程度。检验的方法是构造一个可以表征拟合程度的指标,在这里称为统计量。统计量是样本的函数。人们从检验对象中计算出该统计量的数值,然后与某一标准进行比较,得出检验结论。

有人也许会问,采用普通最小二乘估计法,已经保证模型最好地拟合了样本观测值,为什么还要检验拟合程度?问题在于,对于一个特定样本做得最好的并不一定天然就是高质量的。普通最小二乘法所保证的最优拟合,是同一个问题内部的比较,拟合优度检验结果所表示的优劣是为了在不同问题之间作比较。正如如果考试成绩是知识掌握程度的体现(考试成绩最好地拟合了知识掌握程度),那么举行考试是为了比较不同学生的知识掌握水平。例如,图 2.1.5 和图 2.1.6 中的直线方程都是由散点表示的样本观测值的最小二乘估计结果,对于每个问题它们都满足残差的平方和最小,但是二者对样本观测值的拟合程度明显是不一样的。显然,后者相对于前者拟合程度较高。

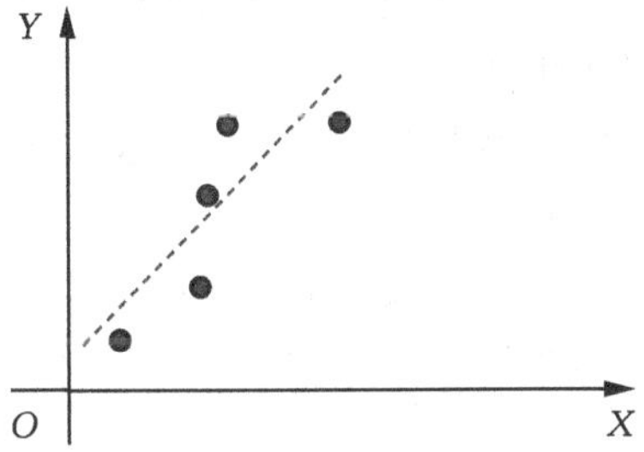

图 2.1.5 OLS 估计法样本回归直线(拟合程度较低)

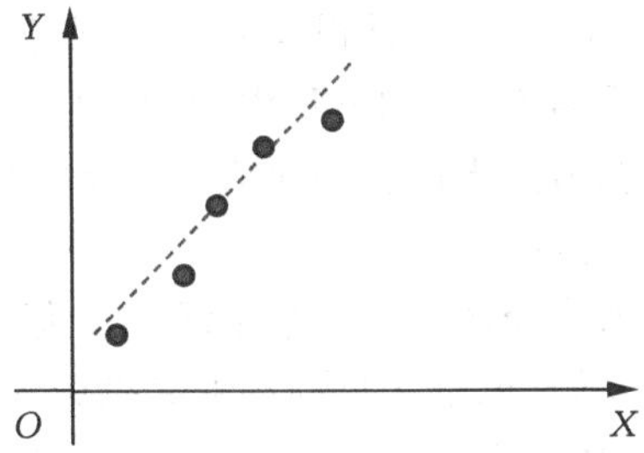

图 2.1.6 OLS 估计法样本回归直线(拟合程度较高)

定义**总平方和**(total sum of squares, TSS)、**模型平方和**(model sum of squares, MSS)或**被解释平方和**(explained sum of squares)和**残差平方和**(residual sum of squares,RSS)分别为

$$\mathrm{TSS} \equiv \sum_{i=1}^{n}(Y_i-\overline{Y})^2$$

$$\mathrm{MSS} \equiv \sum_{i=1}^{n}(\hat{Y}_i-\overline{Y})^2$$

$$\mathrm{RSS} \equiv \sum_{i=1}^{n}(Y_i-\hat{Y}_i)^2$$

TSS 度量了样本 Y_i 总的波动情况,即样本 Y_i 的分散程度;MSS 度量了 $\hat{Y}_i$ 的波动情况(由于 $\overline{\hat{Y}}=\overline{Y}$);RSS 度量了残差波动情况(由于 $\overline{\hat{\mu}}=0$)。

容易证明:

$$\mathrm{TSS}=\mathrm{MSS}+\mathrm{RSS}$$

即$\{Y_i\}$中的总变化是$\{\hat{Y}_i\}$和$\{\hat{\mu}_i\}$的变化之和。总平方和可分解为模型平方和与残差平方和两部分。模型平方和反映了总平方和中可由样本回归函数解释的部分,其值越大,相应地,残差平方和就越小,表明样本回归函数与样本观测值的拟合程度越高。因此,可用模型平方和占总平方和的比重来衡量样本回归函数对样本观测值的拟合程度,即用

$$R^2 \equiv \frac{\mathrm{MSS}}{\mathrm{TSS}}=1-\frac{\mathrm{RSS}}{\mathrm{TSS}}$$

检验模型的拟合优度,也称 R^2 为**可决系数或判定系数**(coefficient of determination)。该统计量越接近于 1,模型的拟合优度越高。

在实际经济解释时,R^2 说明在线性回归模型中,被解释变量总变差(variation)中由解释变量的变差解释的部分所占百分比。

在例 2.1.2 可支配收入与消费支出关系的例子中

$$R^2 \equiv \frac{\mathrm{MSS}}{\mathrm{TSS}}=\frac{1333508040}{1373231198}=1-\frac{\mathrm{RSS}}{\mathrm{TSS}}=1-\frac{39723157.64}{1373231198}=0.9711$$

说明在线性回归模型的消费支出总变差中由可支配收入的变差解释的部分占 97.11%,模型的拟合优度非常高,这意味着收入与支出的经济关系确实非常紧密。

在早期的计量经济研究中,特别重视模型与数据拟合,因为当时人们除了寄希望于用曲线拟合程度来说明统计上的重要性外,并没有其他规则,但在现代经济学经验研究中,由于各因素之间相互影响、关系复杂,回归方程中的 R^2 较小,也比较常见,通常不需要刻意用该指标来评价回归方程的好坏,人们更多地依赖估计量的无偏性、有效性等指标。

例 2.1.3 国际资本是否流动?①

关于资本的流动性,几乎所有流派的经济学家都一致认可一个普遍规律,即资本在国际市场上是可以自由流动的。马克思主义及资本主义批评者曾指出,金融资源形式的资本能轻松地从贫穷国家流向富裕国家。新古典学派经济学家也肯定了资本跨国流动的有效性,认为资本会流向最能发挥其价值的地方。但是,资本实际上真的具有人们普遍认为

① Martin Feldstein and Charles Horioka. "Domestic Savings and International Capital Flows", *Economic Journal*,90 (June,1980):314—329.

的流动性吗？

资本具有高度流动性的看法，可能源自流动性的金融资本作为投资者对各国利率的微小变化的反应而在世界金融市场上快速流动的观察，但是绝大多数资本都不具有这种流动性。大多数资本是以建筑和设备这种长期不能流动的形式存在的。投资者愿意将他们的资金像投入金融工具那样投入这些流动性较差的资产上吗？

尽管资本具有自由流动性的观点存在，但是仍有理由怀疑资本在国际市场上确实具有流动性。比如，投资者可能认为投资外国具有一定的风险，而且这种风险难以通过分散投资消除。认识到这种风险，就可能会阻碍资本的国际流动。另外，许多国家还制造一些制度障碍，以阻止资本的流动。

资本是否真的具有流动性对经济发展政策有重要影响。如果资本是不能自由流动的，政府鼓励储蓄的政策也可能会促进国内资本的形成，因为这些储蓄会以各种途径在国内使用；相反，如果资本在国际上能够自由流动，鼓励储蓄的政策就不能促进国内投资。资本的流动性对税收承担也有重要影响。税赋微观经济理论表明，税收主要由流动性不强的生产要素承担，而且承担的比例较大，但是如果资本可以在世界范围内自由流动，那么它就能够避税，导致税收负担更多地转嫁到劳动上。

马丁·费尔德斯坦和查尔斯·堀冈(Martin Feldstein and Charles Horioka，1980)指出，如果资本的确具有高度流动性，那么每个国家的储蓄和投资就不应该高度相关。储蓄过剩而投资机会不多的国家会将其资金投资到国外，储蓄少而投资机会多的国家又可以从其他地方获得资金。于是，他们采用经合组织(OECD)21个发达国家样本中的储蓄和投资数据进行了一项国际资本流动的研究：如果资本在各个国家之间真的具有很高的流动性，那么各个国家的投资率就不能用各国的储蓄率来解释，即

$$\left(\frac{I}{Y}\right)_i=\beta_0+\beta_1\left(\frac{S}{Y}\right)_i+\mu_i$$

其中，$(I/Y)_i$ 表示第 i 个国家在1960—1974年间的国内平均投资率，而 $(S/Y)_i$ 表示第 i 个国家的国内平均储蓄率，于是投资率中的大部分变异都应该用 μ 来解释，而不是用储蓄率变量的变动来解释，也就是说，这个回归中 R^2 应该很小。

在1960－1974年间，这21个OECD国家中的储蓄率变动范围很大，日本高达37.2%，英国低至18.4%。在这15年间，哪个国家储蓄较多、哪个储蓄较少都非常稳定；1960—1964年间的储蓄率与那些国家在1970－1974年间的储蓄率的相关系数高度相关，为0.86，同样在1960—1974年间，这21个国家的投资率也有相当大的变化，而且每个国家的投资额在这15年间也保持稳定。

但在这个回归中，得到的 R^2 是0.92，而且估计出的 β_1 为0.89。这表明国内储蓄的增加几乎1∶1地用于国内投资的增加。由此看来，资本远不具备人们长期以来认为的那种流动性。

简而言之，在资本完全流动时，一国的储蓄与国内投资几乎没有关系；反之，如果投资偏好和制度刚性阻碍了国家间的长期资本流动，那么国内储蓄的增长将会反映在国内投资的增加上。该回归分析模型结果证实了主要工业国的国内储蓄率差异几乎导致同等的国内投资率差异。

这个研究结论如此令人吃惊,以致人们一直称之为"费尔德斯坦—堀冈悖论"。该研究体现了构造一个一元线性模型所提供的洞见和启发以及一个高得惊人的R^2可能具有的强大影响。即使多年以后,人们仍然试图解释这个悖论。资本真的远不具备长期以来人们认为的那种流动性吗?或者说,有没有可以证明资本充分流动的经济模型能够解释费尔德斯坦—堀冈悖论呢?

Stata操作代码:

```
*导入数据
use "E:\Econometrics\data\Horioka.dta", clear
*描述统计
summarize Ipergdp Spergdp
*数据处理
drop in 19/19
drop in 16/17
drop in 13/13
drop in 7/7
*回归分析
reg Ipergdp Spergdp
```

该例是一个简单的计量经济学检验、发现和发展经济理论的典型例证。

(二)变量的显著性检验

从拟合优度检验中可以看出,拟合优度高,则解释变量对被解释变量的解释程度就高,线性影响就强,由此可以推测模型线性关系成立。但这只是一个模糊的推测,不能给出一个统计上的严格结论。变量的显著性检验,旨在对模型中被解释变量与解释变量之间的线性关系是否显著成立作出推断,或者说考察所选择的解释变量是否对被解释变量有显著的线性影响。变量的显著性检验所应用的方法是数理统计学中的假设检验。

1. 假设检验

假设检验是推断统计的重要组成部分,它的基本任务是根据样本所提供的信息,对未知总体分布的某些方面的假设作出合理的判断。

假设检验的程序是,先根据实际问题的要求提出一个论断,称为**统计假设**,记为H_0;然后根据样本的有关信息,构造检验统计量,对H_0的真伪进行判断,作出拒绝与否的决策。

假设检验的基本思想是概率性质的反证法。为了检验虚拟假设H_0是否正确,先假定这个假设是正确的,看由此能推出什么结果。如果导致一个不合理的结果,则表明"假设H_0为正确"是错误的,即虚拟假设H_0不正确,因此要拒绝虚拟假设。如果没有导致一个不合理现象的出现,则不能认为虚拟假设H_0不正确,因此不能拒绝虚拟假设。

概率性质的反证法的根据是**小概率事件原理**。该原理认为"小概率事件在一次试验中几乎是不可能发生的”。在虚拟假设 H_0 下构造一个事件，这个事件在“虚拟假设 H_0 是正确”的条件下是一个小概率事件。随机抽取一组容量为 n 的样本观测值进行该事件的实验，如果该事件发生了，则说明“虚拟假设 H_0 正确”是错误的，因为不应该出现的小概率事件出现了，所以应该拒绝虚拟假设 H_0；反之，如果该小概率事件没有出现，就没有理由拒绝虚拟假设 H_0，应该不拒绝虚拟假设 H_0。

为什么小概率事件的临界值定为 0.05 呢？事实上这是人类的一个常识，比如，在人群中做一个试验：把一枚硬币抛落在桌面，正面朝上，连续把一枚硬币抛落在桌面，2 次正面朝上……，连续把一枚硬币抛落在桌面，5 次正面朝上。在 200 多年前，英国就在一个会场进行了这个试验，发现可以连续 4 次做到的人寥寥无几，连续 5 次，几乎没人。实际上，抛硬币 1 次正面朝上的概率为 0.5；连续 2 次的概率为 0.25；连续 3 次的概率为 0.125；连续 4 次的概率为 0.0625；连续 5 次的概率为 0.03125。简单地，取后 2 个事件的平均概率的近似值作为小概率临界值，即为 0.05。

事件按照发生概率的大小分为 3 类：$p=1$ 为必然事件，肯定发生的事件，如太阳每天从东方升起；$p=0$ 为不可能事件，不会发生，如明天太阳从西边出来；科学研究绝大多数为 $0<p<1$ 事件为偶然事件，即可能发生又可能不发生，如明天会出太阳，因此需要制定一个临界值作为判断其在一次试验过程中到底会不会发生，所以就产生了小概率事件的临界值。当然，临界值取值更小如 0.01 时效果更好。

如果有人反驳说中彩票是小概率事件吧，但怎么会有人中呢？事情是这样，小概率事件的应用意义是在一次事件发生的过程中小概率事件是不会发生的，但如果很多次发生，小概率事件就可能发生。

2. 变量显著性检验：t 检验

进行变量显著性检验的方法主要有三种：F 检验、t 检验、z 检验，它们的区别在于构造的统计量不同。应用最为普遍的是 t 检验。

由于

$$\hat{\beta}_1=\beta_1+\frac{\sum_{i=1}^{n}x_i\mu_i}{\text{TSS}_X}$$

即 $\hat{\beta}_1$ 是样本误差的一个线性组合，而经典线性假定 5 表明误差项 μ_i 是服从正态分布的随机变量。独立正态随机变量的特征是随机变量的线性组合仍是正态分布，于是

$$\hat{\beta}_1\sim N(\beta_1,\frac{\sigma^2}{\text{TSS}_X})$$

如果真实的 σ^2 未知，则需要寻找它的无偏估计量。

威廉・休斯・默恩斯曾写过一首广为流传的诗歌：

昨天在楼梯上
我遇到了一个不在那里的儿郎。
今天他又不在。

哇,多希望他会彻底离开![1]

干扰就像楼梯上的那个人,平均看,他总是不在(均值为0),人们也希望他永远彻底消失,但是他却一直都在。当然,正是由于干扰的存在,才使得散点图上的点比较分散,由此导致现象(数据观测)背后的规律(拟合曲线)隐晦模糊,难以被人们发现。但是也正因为如此,才使得计量经济学成为一门科学、一门关于不确定性的科学,而不是一门确定性的科学。人们总是通过假想干扰来应对它们。干扰本应该是观测与真实曲线(客观经济规律)之间的差异,但是人们实际上是用观测与拟合曲线(人们认为的经济规律)之间的差异(残差)来模拟。

对于OLS而言,人们常用误差方差来刻画差异的平方。

(1)OLS估计量的方差

(i)误差方差

因为$\sigma^2=\mathrm{Var}(\mu|X)=\mathrm{E}(\mu^2|X)-[\mathrm{E}(\mu|X)]^2=\mathrm{E}(\mu^2|X)$,所以$\sigma^2$也是$\mu^2$的无条件期望。由于$\mathrm{E}(\mu)=0$,有$\sigma^2=\mathrm{E}(\mu^2)=\mathrm{Var}(\mu)$,也就是说,$\sigma^2$是$\mu$的无条件方差,所以通常被称为误差方差(error variance)。σ^2的算术平方根σ是误差的标准差。σ越大,表示影响Y的无法观测因素的分布越分散。

(ii)估计量的抽样方差

定理 2.1.1 在假定1—4条件下,对于样本值$\{X_1,\cdots,X_n\}$,有

$$\mathrm{Var}(\hat{\beta}_1)=\frac{\sigma^2}{\mathrm{TSS}_X}\ \text{和}\ \mathrm{Var}(\hat{\beta}_0)=\frac{\sigma^2\sum_{i=1}^{n}X_i^2}{n\cdot\mathrm{TSS}_X}$$

其中,$\mathrm{TSS}_X=\sum_{i=1}^{n}(X_i-\overline{X})^2$(total sum of squares)。

证明:由于

$$\hat{\beta}_1=\frac{\sum_{i=1}^{n}x_iy_i}{\mathrm{TSS}_X}=\frac{\sum_{i=1}^{n}x_i(Y_i-\overline{Y})}{\mathrm{TSS}_X}=\frac{\sum_{i=1}^{n}x_iY_i}{\mathrm{TSS}_X}=\frac{\sum_{i=1}^{n}x_i(\beta_0+\beta_1X_i+\mu_i)}{\mathrm{TSS}_X}$$

$$\hat{\beta}_1=\beta_1+\frac{1}{\mathrm{TSS}_X}\sum_{i=1}^{n}x_i\mu_i$$

其中,β_1是常数,x_i是非随机项。μ_i在i上是独立随机变量,这样,由和的方差就等于方差的和,有

$$\mathrm{Var}(\hat{\beta}_1)=\left(\frac{1}{\mathrm{TSS}_X}\right)^2\sum_{i=1}^{n}x_i^2\mathrm{Var}(\mu_i)$$

---

[1] Yesterday upon the stair
I met a man who wasn't there.
He wasn't there again today.
Gee, I wish he'd go away!
——William Hughes Mearns, "Antigonish", 1899, reprinted in Worlds in Small, John Colombo, ed. (Cacanadadada Press, 1992).

$$=\left(\frac{1}{\mathrm{TSS}_X}\right)^2\sum_{i=1}^{n}x_i^2\sigma^2$$

$$=\frac{\sigma^2}{\mathrm{TSS}_X}$$

类似地，可以证明

$$\mathrm{Var}(\hat{\beta}_0)=\frac{\sigma^2\sum_{i=1}^{n}X_i^2}{n\cdot\mathrm{TSS}_X}$$

这说明 $\mathrm{Var}(\hat{\beta}_1)$的大小主要取决于误差方差 σ^2 和$\{X_1,\cdots,X_n\}$的总变异 TSS_X。显然，误差方差越大，$\mathrm{Var}(\hat{\beta}_1)$就越大，即影响 Y 的不可观测因素变异越大，要准确估计 β_1 就越难。同时，解释变量变异程度越大，$\hat{\beta}_1$ 的方差会越小。从直觉上看，解释变量的样本分布越分散，越容易刻画 $E(Y|X)$和 X 之间的线性关系。如果 X_i 没什么变异，就很难研究 $E(Y|X)$是如何随 X 而变化的。当然，在样本容量增加时，X_i 的总变异也会增加，所以，较大的样本容量会导致 $\hat{\beta}_1$ 的方差变小。

定理 2.1.1 将影响估计量方差的因素解析表达出来，但是除非知道 σ^2，否则估计量方差大小还是未知的。这就需要用观测值估计 σ^2，从而达到估计$\mathrm{Var}(\hat{\beta}_1)$和 $\mathrm{Var}(\hat{\beta}_0)$的目的。特别需要注意的是，误差是由无法观测的因素导致的，而残差却可以从观测值中计算得到。

由

$$\hat{\mu}_i=Y_i-\hat{\beta}_0-\hat{\beta}_1X_i=\beta_0+\beta_1X_i+\mu_i-\hat{\beta}_0-\hat{\beta}_1X_i$$

有

$$\hat{\mu}_i=\mu_i-(\hat{\beta}_0-\beta_0)-(\hat{\beta}_1-\beta_1)X_i \tag{2.1.13}$$

即残差是误差的函数，两者期望之差相等。

因为 $\sigma^2=E(\mu^2)$，所以 σ^2 的无偏估计量应该是 $\frac{\sum_{i=1}^{n}\mu_i^2}{n}$，但是由于观测不到 μ_i，只能用 OLS 的残差 $\hat{\mu}_i$ 代替误差，于是有 $\frac{\sum_{i=1}^{n}\hat{\mu}_i^2}{n}$。由于 OLS 的残差满足两个一阶条件，只要知道了其中 $n-2$ 个，就能够得到另外 2 个，因此，OLS 残差有 $n-2$ 个**自由度**(degree of freedom)。这样，$\hat{\sigma}^2$ 的无偏估计

$$\hat{\sigma}^2=\frac{\sum_{i=1}^{n}\hat{\mu}_i^2}{n-2}=\frac{\mathrm{RSS}}{n-2}$$

其中，RSS 为**残差平方和**(residual sum of squares)。

(iii)误差与抽样方差的关系

定理 2.1.2 在假定 1—4 下,有

$$\mathrm{E}(\hat{\sigma}^2)=\sigma^2$$

证明:对所有的 i,给式(2.1.13)取均值,有

$$0=\bar{\mu}-(\hat{\beta}_0-\beta_0)-(\hat{\beta}_1-\beta_1)\overline{X}$$

两式相减,得

$$\hat{\mu}_i=(\mu_i-\bar{\mu})-(\hat{\beta}_1-\beta_1)(X_i-\overline{X})$$

等式两边平方,得

$$\hat{\mu}_i{}^2=(\mu_i-\bar{\mu})^2-2(\mu_i-\bar{\mu})(\hat{\beta}_1-\beta_1)(X_i-\overline{X})+(\beta_1-\hat{\beta}_1)^2(X_i-\overline{X})^2$$

$$\sum_{i=1}^{n}\hat{\mu}_i{}^2=\sum_{i=1}^{n}(\mu_i-\bar{\mu})^2-2(\hat{\beta}_1-\beta_1)\sum_{i=1}^{n}\mu_i(X_i-\overline{X})+(\hat{\beta}_1-\beta_1)^2\sum_{i=1}^{n}(X_i-\overline{X})^2$$

$$\mathrm{E}(\sum_{i=1}^{n}\hat{\mu}_i{}^2)=(n-1)\sigma^2-2\sigma^2+\sigma^2$$

这里

$$2(\hat{\beta}_1-\beta_1)\sum_{i=1}^{n}\mu_i(X_i-\overline{X})=2(\hat{\beta}_1-\beta_1)\frac{\sum_{i=1}^{n}\mu_i(X_i-\overline{X})}{\sum_{i=1}^{n}(X_i-\overline{X})^2}\cdot\sum_{i=1}^{n}(X_i-\overline{X})^2$$

$$=2(\hat{\beta}_1-\beta_1)^2\cdot\sum_{i=1}^{n}(X_i-\overline{X})^2$$

$$\mathrm{E}[(\hat{\beta}_1-\beta_1)^2\sum_{i=1}^{n}(X_i-\overline{X})^2]=\mathrm{Var}(\hat{\beta}_1)\sum_{i=1}^{n}(X_i-\overline{X})^2=\sigma^2$$

所以

$$\mathrm{E}(\sum_{i=1}^{n}\hat{\mu}_i{}^2)=(n-2)\sigma^2$$

$$\mathrm{E}\left(\frac{\sum_{i=1}^{n}\hat{\mu}_i{}^2}{n-2}\right)=\sigma^2$$

这样,σ 的估计量就是取 $\hat{\sigma}^2$ 的算术平方根

$$\hat{\sigma}=\sqrt{\hat{\sigma}^2}$$

被称为**回归标准误**(standard error of the regression,SER)。尽管 $\hat{\sigma}$ 不是 σ 的无偏估计量,但是一致估计量。

由于 $\hat{\sigma}$ 是影响 Y 的不可观测因素的标准差的估计值,可以用它来估计 $\hat{\beta}_1$、$\hat{\beta}_0$ 的标准差,因此

$$\mathrm{sd}(\hat{\beta}_1)=\sigma/\sqrt{\mathrm{TSS}_X}$$

所以,$\mathrm{sd}(\hat{\beta}_1)$的估计量为

$$\mathrm{se}(\hat{\beta}_1)=\hat{\sigma}/\sqrt{\mathrm{TSS}_X}$$

$se(\hat{\beta}_1)$被称为$\hat{\beta}_1$的**标准误**(standard error)。估计值的标准误可用于刻画估计量的精确程度。

下面在例2.1.2基础上计算样本回归模型的残差、误差项方差的估计值以及$\hat{\beta}_1$和$\hat{\beta}_0$的标准误。

计算残差：

$$\hat{\mu}_i = Y_i - \hat{\beta}_0 - \hat{\beta}_1 X_i$$

计算误差项方差的估计值：

$$\hat{\sigma}^2 = \frac{\sum \hat{\mu}_i^2}{n-1-1} = \frac{39723157.64}{31-1-1} = 1369764.057$$

计算$\hat{\beta}_1$和$\hat{\beta}_0$的标准误：

$$se(\hat{\beta}_1) = \frac{\hat{\sigma}}{\sqrt{TSS_X}} = 0.016876937$$

$$se(\hat{\beta}_0) = \sqrt{\frac{\hat{\sigma}^2 \sum_{i=1}^{n} X_i^2}{n \cdot TSS_X}} = 580.8870021$$

(2)t统计量

根据数理统计学中的定义，如果真实的σ^2未知，而用它的无偏估计量$\hat{\sigma}^2 = \frac{\sum_{i=1}^{n} \hat{\mu}_i^2}{n-2}$代替时，则可构造如下统计量

$$t = \frac{\hat{\beta}_1 - \beta_1}{\sqrt{\frac{\hat{\sigma}^2}{TSS_X}}} = \frac{\hat{\beta}_1 - \beta_1}{se(\hat{\beta}_1)}$$

该统计量服从自由度为$n-2$的t分布。因此，可用该统计量作为β_1显著性检验的t统计量。

如果解释变量X是显著的，那么参数β_1应该显著地不为0。于是，在变量显著性检验中设计的虚拟假设与备择假设分别为

$$H_0: \beta_1 = 0, H_1: \beta_1 \neq 0$$

给定一个显著性水平α，比如0.05或0.01，查t分布表(见附录二)，得到一个临界值$t_{\frac{\alpha}{2}}(n-2)$。因为$t$分布是双尾分布，所以按照$\alpha/2$查$t$分布表中的临界值。于是，当

$$|t| > t_{\frac{\alpha}{2}}(n-2)$$

为虚拟假设H_0下的一个小概率事件时，在参数估计完成后，可以很容易计算检验统计量t的数值。如果发生了$|t| > t_{\frac{\alpha}{2}}(n-2)$，则在$1-\alpha$的置信度下拒绝虚拟假设$H_0$，即变量$X$是显著的，通过变量显著性检验。如果未发生$|t| > t_{\frac{\alpha}{2}}(n-2)$，则在$1-\alpha$置信度下不拒绝虚拟假设$H_0$，即变量$X$是不显著的，未通过变量显著性检验。

类似地,对于一元线性回归方程中的 β_0,可构造如下 t 统计量进行显著性检验:

$$t=\frac{\hat{\beta}_0-\beta_0}{\sqrt{\dfrac{\hat{\sigma}^2\sum_{i=1}^{n}X_i^2}{n\cdot\mathrm{TSS}_X}}}=\frac{\hat{\beta}_0-\beta_0}{\mathrm{se}(\hat{\beta}_0)}$$

同样地,该统计量服从自由度为 $n-2$ 的 t 分布,检验的虚拟假设一般仍为 $\beta_0=0$。

在例 2.1.2 可支配收入与消费支出关系的例子中,t 统计量的计算结果分别为

$$t_1=\frac{\hat{\beta}_1-\beta_1}{\sqrt{\dfrac{\hat{\sigma}^2}{\mathrm{TSS}_X}}}=\frac{\hat{\beta}_1-\beta_1}{\mathrm{se}(\hat{\beta}_1)}=\frac{0.526585092-0}{0.016876937}=31.2015$$

$$t_0=\frac{\hat{\beta}_0-\beta_0}{\mathrm{se}(\hat{\beta}_0)}=\frac{4116.149882-0}{580.8870021}=7.0859$$

给定一个显著性水平 $\alpha=0.05$,查 t 分布表中自由度为 29(在此例中 $n-2=29$)、$\alpha=0.05$ 的临界值,得到 $t_{\frac{\alpha}{2}}(29)=2.045$。$|t_1|>t_{\frac{\alpha}{2}}(n-2)$,说明解释变量可支配收入在 5% 的显著性水平下显著,即通过了变量显著性检验。该检验拒绝可支配收入系数为零的假设,表明可支配收入确实是影响消费支出的变量。类似地,$|t_0|>t_{\frac{\alpha}{2}}(n-2)$,说明截距项在 5%的显著性水平下显著,即拒绝截距项为零的假设。

从统计意义角度讲,$t_{\frac{\alpha}{2}}(29)=2.045$ 表明,在 2.045 个标准差以外,只有大约 5%的发生概率。而统计量 t_1 是 31.2 个标准误,当然发生概率几乎就是 0。图 2.1.7 为 Prob$(|t(29)|>t_{\frac{\alpha}{2}}(29))$的图示。

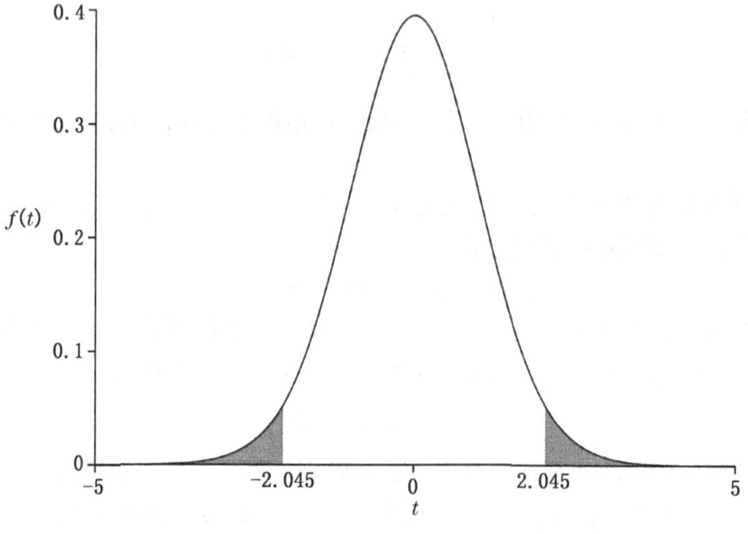

图 2.1.7　Prob$(|t(29)|>t_{\frac{\alpha}{2}}(29))$的图示

在目前使用的计量经济学软件包中，基本都有关于 t 统计量的计算结果，甚至还有可以更精确地判断变量显著性的相应伴随概率 p 值。

（三）参数的置信区间估计

假设检验可以通过一次抽样的结果检验总体参数可能的假设值的范围（通常假设总体参数值为零），但它并没有指出在一次抽样中样本参数值到底离总体参数的真值有多"远"。要判断样本参数的估计值在多大程度上可以"近似"地替代总体参数的真值，往往需要通过构造一个以样本参数的估计值为中心的"区间"来考察它以多大的可能性（概率）包含着真实的参数值。这种方法就是参数的置信区间估计。

要判断估计的参数值 $\hat{\beta}_j$ 离真实的参数值 β_j 有多"远"，可预先选择一个概率 $\alpha(0<\alpha<1)$，并求一个正数 δ，使得随机区间(random interval)$(\hat{\beta}_j-\delta,\hat{\beta}_j+\delta)$包含参数 β_j 真值的概率为 $1-\alpha$，即

$$P(\hat{\beta}_j-\delta\leqslant\beta_j\leqslant\hat{\beta}_j+\delta)=1-\alpha$$

如果存在这样一个区间，则称之为**置信区间**(confidence interval)；$1-\alpha$ 称为**置信系数(置信度)**(confidence coefficient)，α 称为**显著性水平**(level of significance)；置信区间的端点称为**临界值**(critical values)或**置信限**(confidence limit)。

在变量的显著性检验中已经知道

$$t=\frac{\hat{\beta}_j-\beta_j}{\mathrm{se}(\hat{\beta}_j)}\sim t(n-2),j=1,2$$

这就是说，如果给定置信度 $1-\alpha$，从 t 分布表中查得自由度为 $n-2$ 的临界值 $t_{\frac{\alpha}{2}}(n-2)$，那么 t 值处在区间$(-t_{\frac{\alpha}{2}},t_{\frac{\alpha}{2}})$的概率是 $1-\alpha$，即

$$P(-t_{\frac{\alpha}{2}}<t<t_{\frac{\alpha}{2}})=1-\alpha$$

代入 t 检验统计量，有

$$P\left[-t_{\frac{\alpha}{2}}<\frac{\hat{\beta}_j-\beta_j}{\mathrm{se}(\hat{\beta}_j)}<t_{\frac{\alpha}{2}}\right]=1-\alpha$$

$$P[\hat{\beta}_j-t_{\frac{\alpha}{2}}\cdot\mathrm{se}(\hat{\beta}_j)<\beta_j<\hat{\beta}_j+t_{\frac{\alpha}{2}}\cdot\mathrm{se}(\hat{\beta}_j)]=1-\alpha$$

于是得到 $1-\alpha$ 的置信度下 β_j 的置信区间为

$$(\hat{\beta}_j-t_{\frac{\alpha}{2}}\cdot\mathrm{se}(\hat{\beta}_j),\hat{\beta}_j+t_{\frac{\alpha}{2}}\cdot\mathrm{se}(\hat{\beta}_j))\tag{2.1.14}$$

式(2.1.14)的实际经济意义为，β_j 以 $1-\alpha$ 的置信水平处于以 $\hat{\beta}_j$ 为中心的区间$(\hat{\beta}_j-t_{\frac{\alpha}{2}}\cdot\mathrm{se}(\hat{\beta}_j),\hat{\beta}_j+t_{\frac{\alpha}{2}}\cdot\mathrm{se}(\hat{\beta}_j))$。

在例 2.1.2 可支配收入与消费支出关系的例子中，β_j 的置信区间为

$$(\hat{\beta}_1-t_{\frac{\alpha}{2}}\cdot\mathrm{se}(\hat{\beta}_1),\hat{\beta}_1+t_{\frac{\alpha}{2}}\cdot\mathrm{se}(\hat{\beta}_1))$$

可得到

$0.526585092-2.045\times0.016876937<\beta_1<0.526585092+2.045\times0.016876937$

$0.4921<\beta_1<0.5611$

同样地,可得

$2928.1026<\beta_0<5304.1972$

实际上,参数 β_1 的经济意义是边际消费倾向,当通过样本数据得到 $\hat{\beta}_1=0.5266$ 后,严格地讲,不能直接说"边际消费倾向为 0.5266",只能说"边际消费倾向以 0.95 的置信水平处于以 0.5266 为中心的区间里"。

如何理解置信度 95%呢?可以考虑一个固定总体,每抽取一个样本,按照这种计算方法就可以得到一个 95%置信区间,这些区间不完全相同,且可能包含总体参数真值,也可能不包含。这里特别需要注意的是,总体参数真值虽然未知,但是它是确定的,变化的是区间。这样,当重复抽样 100 次时,就有了 100 个区间。95%置信区间的含义就是,在这 100 个区间里几乎可以断定有 95 个包含总体参数真值。也就是说,如果随机从这 100 个区间中抽取 1 个,这个区间包含总体参数真值的概率是 95%。

由于置信区间在一定程度上给出了样本参数估计值与总体参数真值的"接近"程度,显然置信区间应该越小越好。如何才能缩小置信区间呢?从式(2.1.14)不难看出:(i)增大样本容量 n。在相同的显著性水平下,n 越大,t 分布表中的临界值越小;同时,增大样本容量,还可使样本参数估计量的标准差减小。(ii)提高模型的拟合优度,因为样本参数估计量的标准差与残差平方和成正比,模型拟合优度越高,残差平方应越小。

六、一元线性回归模型的预测问题

计量经济模型的一个重要应用是经济预测。对于一元线性回归模型,如果给定样本以外的解释变量的观测值 X_0,就可以得到被解释变量的预测值 $\hat{Y}_0$,把该值作为其条件均值 $E(Y|X=X_0)$ 或特定值 Y_0 的均值的一个近似估计。

但是严格地讲,计量经济模型给出的是被解释变量的预测值的估计值,而不是预测值。原因在于两方面:一是模型中的参数估计值是不确定的,二是模型忽略了影响被解释变量的随机项。所以,得到的仅是预测值的一个估计值。预测值仅以某一个置信度处于以该估计值为中心的一个区间里,预测更大程度上说是一个区间估计问题。

(一)预测值是总体条件均值或特定值均值的一个无偏估计

对于总体回归函数 $E(Y|X)=\beta_0+\beta_1X$,Y 在 $X=X_0$ 时的条件均值为

$$E(Y|X=X_0)=\beta_0+\beta_1X_0$$

通过样本回归函数 $\hat{Y}=\hat{\beta}_0+\hat{\beta}_1X$,求得 $X=X_0$ 时的拟合值为

$$\hat{Y}_0=\hat{\beta}_0+\hat{\beta}_1X_0$$

等式两边取期望,有

$$E(\hat{Y}_0)=E(\hat{\beta}_0+\hat{\beta}_1X_0)=E(\hat{\beta}_0)+E(\hat{\beta}_1)X_0=\beta_0+\beta_1X_0$$

于是

$$E(\hat{Y}_0)=E(Y|X=X_0)$$

因此，样本估计值 $\hat{Y}_0$ 是总体条件均值 $E(Y|X=X_0)$的无偏估计。

另外，对于总体回归模型 $Y=\beta_0+\beta_1X+\mu$，Y 在 $X=X_0$ 时的特定值为

$$Y_0=\beta_0+\beta_1X_0+\mu$$

等式两边取期望，有

$$E(Y_0)=E(\beta_0+\beta_1X_0+\mu)=\beta_0+\beta_1X_0$$

于是

$$E(\hat{Y}_0)=E(Y_0)$$

所以，在 $X=X_0$ 时，虽然样本估计值 $\hat{Y}_0$ 是特定值 Y_0 的有偏估计，但是其均值的无偏估计。

综上可得，可用 $\hat{Y}_0$ 作为 $E(Y|X=X_0)$和 $E(Y_0)$的预测值，这就是被解释变量的点预测。

值得注意的是，预测 $E(Y|X=X_0)$时，只有抽样误差一个误差来源，而预测 $Y|X=X_0$ 时，增加了一个误差来源，即对应于特定 X_0 的随机干扰项。

(二)总体条件均值和特定值的预测值的置信区间

1. 总体条件均值预测值的置信区间

由于

$$\hat{Y}_0=\hat{\beta}_0+\hat{\beta}_1X_0$$

且

$$\hat{\beta}_1\sim N\left(\beta_1,\frac{\sigma^2}{TSS_X}\right),\hat{\beta}_0\sim N\left(\beta_0,\frac{\sigma^2\sum_{i=1}^{n}X_i^2}{n\cdot TSS_X}\right)$$

则

$$E(\hat{Y}_0)=E(\hat{\beta}_0+\hat{\beta}_1X_0)=\beta_0+\beta_1X_0$$

$$Var(\hat{Y}_0)=Var(\hat{\beta}_0)+2X_0Cov(\hat{\beta}_0,\hat{\beta}_1)+X_0^2Var(\hat{\beta}_1)$$

可以证明

$$Cov(\hat{\beta}_0,\hat{\beta}_1)=\frac{-\sigma^2\overline{X}}{TSS_X}$$

因此

$$Var(\hat{Y}_0)=\sigma^2\left[\frac{1}{n}+\frac{(X_0-\overline{X})^2}{TSS_X}\right]$$

故

$$\hat{Y}_0 \sim N(\beta_0+\beta_1 X_0, \sigma^2(\frac{1}{n}+\frac{(X_0-\overline{X})^2}{\mathrm{TSS}_X}))$$

将未知的 σ^2 以它的无偏估计量 $\hat{\sigma}$ 代替,则可构造 t 统计量

$$t=\frac{\hat{Y}_0-(\beta_0+\beta_1 X_0)}{\mathrm{se}(\hat{Y}_0)} \sim t(n-2)$$

其中

$$\mathrm{se}(\hat{Y}_0)=\sqrt{\hat{\sigma}^2\left[\frac{1}{n}+\frac{(X_0-\overline{X})^2}{\mathrm{TSS}_X}\right]}$$

于是,在 $1-\alpha$ 的置信度下总体条件均值 $\mathrm{E}(Y|X=X_0)$ 的置信区间为

$$\hat{Y}_0-t_{\frac{\alpha}{2}} \cdot \mathrm{se}(\hat{Y}_0)<\mathrm{E}(Y|X=X_0)<\hat{Y}_0+t_{\frac{\alpha}{2}} \cdot \mathrm{se}(\hat{Y}_0)$$

2. 总体特定值预测值的置信区间

由 $Y_0=\beta_0+\beta_1 X_0+\mu$,可得

$$Y_0 \sim N(\beta_0+\beta_1 X_0, \sigma^2)$$

于是

$$\hat{Y}_0-Y_0 \sim N(0, \sigma^2(1+\frac{1}{n}+\frac{(X_0-\overline{X})^2}{TSS_X}))$$

将未知的 σ^2 代以它的无偏估计量 $\hat{\sigma}$,则可构造 t 统计量

$$t=\frac{\hat{Y}_0-Y_0}{\mathrm{se}(\hat{Y}_0-Y_0)} \sim t(n-2)$$

其中

$$\mathrm{se}(\hat{Y}_0-Y_0)=\sqrt{\hat{\sigma}^2\left[1+\frac{1}{n}+\frac{(X_0-\overline{X})^2}{\mathrm{TSS}_X}\right]}$$

从而在 $1-\alpha$ 的置信度下 Y_0 的置信区间为

$$\hat{Y}_0-t_{\frac{\alpha}{2}} \cdot \mathrm{se}(\hat{Y}_0-Y_0)<Y_0<\hat{Y}_0+t_{\frac{\alpha}{2}} \cdot \mathrm{se}(\hat{Y}_0-Y_0)$$

对于 Y 的总体均值 $\mathrm{E}(Y_0)$ 和特定值 Y_0 的预测区间(置信区间)大小,有

(i)样本容量 n 越大,预测精度越高;反之,预测精度越低。

(ii)样本容量一定时,置信带的宽度在 X 均值处最小,其附近进行预测(插值预测)精度越大;X 越远离其均值,置信带越宽,预测可信度下降。

七、案例研究

例 2.1.4 凯恩斯的绝对收入假说认为,在通常情况下,消费支出与实际收入之间保持稳定的函数关系,收入增减,消费也随着增减,但每一收入增量中,用于消费的比重越来越小,用于储蓄的比重越来越大,即存在边际消费倾向递减规律。采用表 2.1.2 中的数据研究中国居民 2020 年人均可支配收入与人均消费支出之间的关系,并对居民人均可支配

收入达到 30000 元时的居民人均消费支出均值和特定值进行区间预测。①

表 2.1.2　2020 年中国大陆分地区居民人均可支配收入和人均消费支出　单位:元

地区	人均可支配收入	人均消费支出	地区	人均可支配收入	人均消费支出
北京	69433.5	38903.3	湖北	27880.6	19245.9
天津	43854.1	28461.4	湖南	29379.9	20997.6
河北	27135.9	18037	广东	41028.6	28491.9
山西	25213.7	15732.7	广西	24562.3	16356.8
内蒙古	31497.3	19794.5	海南	27904.1	18971.6
辽宁	32738.3	20672.1	重庆	30823.9	21678.1
吉林	25751	17317.7	四川	26522.1	19783.4
黑龙江	24902	17056.4	贵州	21795.4	14873.8
上海	72232.4	42536.3	云南	23294.9	16792.4
江苏	43390.4	26225.1	西藏	21744.1	13224.8
浙江	52397.4	31294.7	陕西	26226	17417.6
安徽	28103.2	18877.3	甘肃	20335.1	16174.9
福建	37202.4	25125.8	青海	24037.4	18284.2
江西	28016.5	17955.3	宁夏	25734.9	17505.8
山东	32885.7	20940.1	新疆	23844.7	16512.1
河南	24810.1	16142.6			

数据来源:国家统计局．中国统计年鉴 2021[M]. 北京:中国统计出版社,2021.

(一)模型设定与估计

假设在绝对收入假说基础上设定一元线性回归模型

$$Cnsmp=\beta_0+\beta_1 Inc+\mu$$

其中,Inc 表示居民年人均可支配收入,$Cnsmp$ 表示年人均消费支出,影响消费的其他因素被放入随机干扰项中。

图 2.1.8 是采用 Stata 软件对表 2.1.2 中的数据进行相关分析的结果:

	Cnsmp	Inc
Cnsmp	1.0000	
Inc	0.9854	1.0000

图 2.1.8　相关分析

收入和消费的相关系数为 0.9854,这说明中国居民 2020 年的收入和消费是高度相关的。

图 2.1.9 是采用 Stata 软件对表 2.1.2 中的数据画带有拟合直线的散点图的结果:

① 对于截面数据模型,如果样本是独立随机抽取的,那么就从理论上保证了模型的随机干扰项相互独立,不存在相关问题。如果样本不是独立随机抽取的,比如,用我国 31 个省、市、自治区的截面数据作为样本,模型的随机干扰项就可能存在(空间)相关。

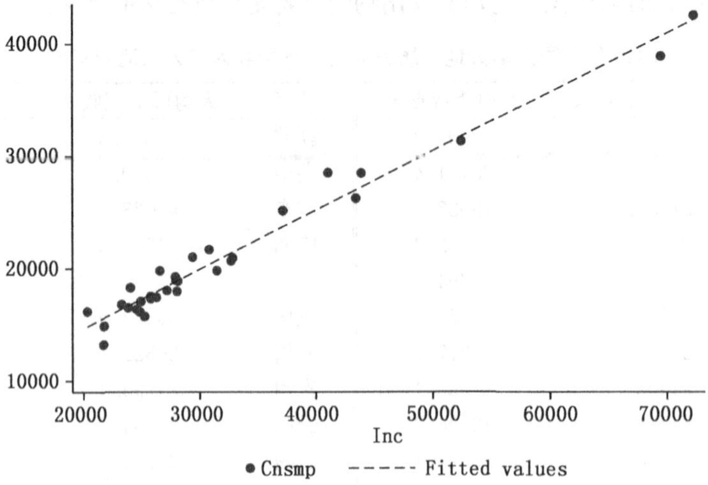

图 2.1.9 带有拟合直线的散点图

该散点图表明,实际上中国内地居民收入与消费呈明显的线性关系。

图 2.1.10 是采用 Stata 软件对表 2.1.2 的数据进行回归分析的结果。

Source	SS	df	MS			
				Number of obs	=	31
				F(1, 29)	=	973.53
Model	1.3335e+09	1	1.3335e+09	Prob > F	=	0.0000
Residual	39723157.6	29	1369764.06	R-squared	=	0.9711
				Adj R-squared	=	0.9701
Total	1.3732e+09	30	45774373.3	Root MSE	=	1170.4

Cnsmp	Coefficient	Std. err.	t	P>|t|	[95% conf.	interval]
Inc	.5265851	.0168769	31.20	0.000	.4920679	.5611023
_cons	4116.15	580.887	7.09	0.000	2928.103	5304.197

图 2.1.10 中国内地居民人均消费支出对人均可支配收入的回归

根据 Stata 软件给出的相关分析结果显示,收入与消费的相关系数为 0.9854,而带有拟合直线的散点图显示,两变量呈明显的线性关系。由此进行回归分析,2020 年中国居民可支配收入与消费的关系为

$$\widehat{Cnsmp} = 4116.15 + 0.5266 Inc$$
$$(580.887)\quad(0.0169)$$
$$R^2 = 0.9711, F = 973.53$$

其中,括号内的数是相应参数的标准误,R^2 是可决系数,F 是一个重要的检验统计量(将在多元回归分析中介绍)。

(二)模型检验

由于斜率项 $0<0.5266<1$,表明 2020 年中国居民人均可支配收入每增加 1 元,人均

消费支出平均增加 0.53 元。该结果符合经济理论中边际消费倾向在 0 到 1 之间的绝对收入假说，即经济意义检验通过。

一般而言，$\hat{\beta}_0$ 不是研究关注的要点，如果一定要解释，则可以解释为居民的人均基本消费支出，即自发性消费为 4116.15 元，其符号和大小也符合预期。

从回归分析结果看，模型拟合较好。可决系数 $R^2=0.9711$，表明居民人均消费支出变化 97.11%可由人均可支配收入的变化来解释。

从斜率项的 t 检验值看，大于 5% 显著性水平下自由度为 $n-2=29$ 的临界值 $t_{0.025}(29)=2.045$，由于 $t=31.20\geqslant t_{0.025}(29)$，变量显著项检验通过，即斜率项显著不为 0。

这样，模型的统计检验通过。

（三）模型预测

假设研究关注 2020 年人均收入在 30000 元的居民人均消费支出问题，直接将 $Inc=30000$ 代入估计方程，有

$$\widehat{Cnsmp}_0=4116.15+0.5266\times 30000\approx 19913.7(\text{元})$$

为求该类人群（人均可支配收入为 30000 元）的平均人均消费支出 95%置信度的预测区间，首先计算人均可支配收入的样本均值的标准误：

$$\text{se}(\hat{Y}_0)=\sqrt{\hat{\sigma}^2\left[\frac{1}{n}+\frac{(X_0-\bar{X})^2}{\text{TSS}_X}\right]}=\sqrt{\frac{39723157.64}{31-2}\times\left[\frac{1}{31}+\frac{(30000-32086.38387)^2}{4809041432}\right]}$$
$$=213.13$$

该类人群中的样本特定值的标准误为：

$$\text{se}(\hat{Y}_0)=\sqrt{\hat{\sigma}^2\left[1+\frac{1}{n}+\frac{(X_0-\bar{X})^2}{TSS_X}\right]}=\sqrt{\frac{39723157.64}{31-2}\times\left[1+\frac{1}{31}+\frac{(30000-32086.38387)^2}{4809041432}\right]}$$
$$=1189.62$$

于是，在 95%的置信度下，$\text{E}(Y|X_0=30000)$ 的预测区间为

$$\hat{Y}_0-t_{\frac{\alpha}{2}}\cdot\text{se}(\hat{Y}_0)<\text{E}(Y|X=X_0)<\hat{Y}_0+t_{\frac{\alpha}{2}}\cdot\text{se}(\hat{Y}_0)$$

即
$$(19913.7-2.045\times 213.13,\ 19913.7+2.045\times 213.13)$$

也就是(19477.8,20349.6)。

而在 95%的置信度下，$Y|X_0=30000$ 的预测区间为

$$(19913.7-2.045\times 1189.62,\ 19913.7+2.045\times 1189.62)$$

即(17480.7,22346.7)。

采用 Stata 软件直接运算的结果是：

$\hat{Y}_0=19913.7$；均值的预测区间为(19477.8,20349.6)（见图 2.1.11）。

特定值的预测区间为(17480.7,22346.7)（见图 2.1.12）。

```
. adjust Inc=30000, ci

--------------------------------------------------------------------
     Dependent variable: Cnsmp     Command: regress
 Covariate set to value: Inc = 30000
--------------------------------------------------------------------

----------------------------------------------
      All |         xb          lb          ub
----------+-----------------------------------
          |    19913.7    [19477.8     20349.6]
----------------------------------------------
     Key:  xb         =  Linear Prediction
           [lb , ub]  =  [95% Confidence Interval]
```

图 2.1.11 均值的预测区间

```
. adjust Inc=30000, stdf ci

--------------------------------------------------------------------
     Dependent variable: Cnsmp     Command: regress
 Covariate set to value: Inc = 30000
--------------------------------------------------------------------

----------------------------------------------------------
      All |         xb        stdf          lb          ub
----------+-----------------------------------------------
          |    19913.7   (1189.62)    [17480.7     22346.7]
----------------------------------------------------------
     Key:  xb         =  Linear Prediction
           stdf       =  Standard Error (forecast)
           [lb , ub]  =  [95% Prediction Interval]
```

图 2.1.12 特定值的预测区间

(四)运用 State 软件进行回归分析

运用 Stata 软件进行这个回归分析的整个计算过程代码如下(在给定的 IncCnsmp20. xlsx 数据集中,Y 为 Cnsmp,X 为 *Inc*)。这里将整个程序分为 3 个模块:

● 模块一:数据导入

```
* 导入 xlsx 格式数据
import excel "F:\Econometrics\data\IncCnsmp20. xlsx", sheet("Sheet1") firstrow
* 导入 dta 格式数据
use "F:\Econometrics\data\IncCnsmp20. dta", clear
* 查看数据
edit
```

● 模块二:数据分析

```
* 散点图
```

```
graph twoway scatter Y X
*线性拟合散点图
graph twoway scatter Y X || lfit Y X
*Y与X相关系数
correlate Y X
*Y对X回归
regress Y X
*回归估计结果列表
ereturn list
*显示0.025显著性水平下的t值
display invttail(e(df_r),.05/2)
```

● 模块三：预测

```
*查看数据
edit
*设置观测值个数为32个
set obs 32
*设置第32个观测值为30000
replace X=30000 in 32
*线性预测
predict Yhat
*预测均值标准误
predict sep, stdp
*预测特定值标准误
predict sef, stdf
*设定t临界值
scalar tc=invttail(e(df_r),.05/2)
*产生均值预测下限
generate lbp=Yhat-tc*sep
*产生均值预测上限
generate ubp=Yhat+tc*sep
*产生特定值预测下限
generate lbf=Yhat-tc*sef
*产生特定值预测上限
generate ubf=Yhat+tc*sef
*预测过程也可以直接采用Stata命令adjust:
adjust X=30000, ci
adjust X=30000, stdf ci
```

如果要具体验证计算过程，还可以这样做：

```
* 回归结束后计算当 X=30000 时 Y 的预测值
display _b[_cons]+ 30000 * _b[X]
* 样本扩充后,计算原样本 X 的描述统计值
summarize X in 1/31
* 更详细的 summarize 计算结果显示
return list
```

由于 display 命令可以给出实际计算结果,所以均值和特定值的上下限都可以采用该命令进行具体计算。

第二节 多元线性回归分析:模型设定与推断

在现实社会经济问题中,经济现象中的一个变量的变动往往受到多个变量的影响。比如消费支出,除了受可支配收入的影响外,还受到诸如所拥有的财富、物价水平、存贷款利率、就业状况甚至广告等多种因素的影响。如果用线性回归模型解释这种关系,那么解释变量就应该有多个,这种包含多个解释变量的线性回归模型被称为**多元线性回归模型**。多元线性回归模型在模型设定、基本假定、参数估计、统计检验等方面的原理与一元线性回归模型基本相同,只是表述更为复杂而已。

一、多元线性回归模型

引入多元回归分析,至少有四方面理由:其一是从回归分析的理论看,一元回归分析的主要缺陷是零条件均值假定通常是不现实的。在现实经济关系中,很难想象影响变量 Y 的其他因素都与变量 X 不相关。因此要研究解释变量 X 在其他条件不变情况下对被解释变量 Y 的影响,这一目标通常难以实现。

例如,用定罪概率和宣判监禁的平均时间长度来解释城市谋杀率的一个简单模型是

$$Murdrate=\beta_0+\beta_1 Probconv+\beta_2 Avgsen+\mu \tag{2.2.1}$$

其中,$Murdrate$ 表示城市谋杀率,$Probconv$ 表示定罪概率,$Avgsen$ 表示平均宣判时长。这样,谋杀率由定罪概率和宣判监禁的平均时长两个解释变量,以及那些无法观测的其他因素(包含在 μ 中)来决定。μ 至少包括年龄、性别分布、警力规模(或更一般地,投入与犯罪作斗争的资源)、人口和城市历史因素等。

研究的关注点是,在保持所有其他影响因素不变的情况下,定罪概率 $Probconv$ 对谋杀率 $Murdrate$ 的影响。与仅使用解释变量 $Probconv$ 的一元回归模型相比,式(2.2.1)将平均宣判时长 $Avgsen$ 从误差项中提取出来,并把它明确地放到方程中。由于定罪概率与宣判监禁的平均时长可能相关(比如,1983 年国家执行严打政策和 2018 年国家开展扫黑除恶专项斗争,两变量相关性较高),所以引入这个变量就可能很重要。在将宣判监禁的平均时长放到误差项中的一元回归模型里,必须假定宣判监禁的平均时长与定罪概率无关,而这一假定一般而言很难满足。简单地说,在一元回归分析中,$Avgsen$ 被包括在

误差项中，如果 $Avgsen$ 与 $Probconv$ 相关，就会导致对 β_1 的 OLS 估计有偏误(参见一元回归分析中的无偏性证明)。

其二，由于 $Avgsen$ 出现在方程中，所以其系数 β_2 度量了 $Avgsen$ 在其他条件不变情况下对谋杀率的影响，这对于研究犯罪率本身就有一定的现实意义。这至少是对犯罪率进行合理解释的现实需要。

其三，多元回归模型有助于更灵活地设定变量之间的函数关系。比如，如果城市谋杀率是定罪概率的二次函数，则

$$Murdrate=\beta_0+\beta_1 Probconv+\beta_2 Probconv^2+\mu \qquad (2.2.2)$$

其中，μ 包括影响城市谋杀率的其他因素。在这个模型中，城市谋杀率只取决于定罪概率这一个观测变量。但是，如果令 $X_1=Probconv$ 和 $X_2=Probconv^2$，则该模型还是一个两个解释变量的回归模型。

其四，多元回归分析模型有助于更好地解释变量的经济含义。式(2.2.1)与式(2.2.2)的一个重要差别在于，在式(2.2.1)中，β_1 是 $Probconv$ 在其他条件不变情况下对 $Murdrate$ 的影响，而式(2.2.2)中的参数 β_1 则不能这样解释。度量 $Probconv$ 在保持 $Probconv^2$ 不变的情况下对 $Murdrate$ 的影响是不可能的，因为后者只不过是前者的另外一种形式而已，两者必定会同时变化。实际上，相对 $Probconv$ 变化的 $Murdrate$ 的变化可近似表示为

$$\frac{\Delta Murdrate}{\Delta Probconv}\approx\beta_1+2\beta_2 Probconv$$

简而言之，引入多元回归模型至少有理论完备和现实需求这两方面的 4 条理由。由于**多元回归分析**(multiple regression analysis)可以控制其他同时影响被解释变量的因素，因此更适合其他条件不变情况下的分析。这不但有助于更精确度量解释变量的影响，而且在模型中允许增加更多的变量来解释被解释变量 Y，这样被解释变量的变化就能得到更充分的解释，这意味着多元回归可用于建立更精确的被解释变量预测模型。

一般地，在总体中一个含有 k 个解释变量的**多元线性回归模型**(multiple linear regression model)可以表示为

$$Y=\beta_0+\beta_1 X_1+\beta_2 X_2+\cdots+\beta_k X_k+\mu \qquad (2.2.3)$$

其中，β_0 为截距(intercept)，β_j 为与 X_j 相联系的**参数**(parameters)，μ 是**误差项**(error term)或**干扰项**(disturbance)，表示除 $X_1, X_2, \cdots, X_k$ 之外影响 Y 的因素。具体而言，在解释变量以外被忽略的因素不仅包括影响不显著的因素、未知的影响因素和无法获得数据的因素等，还包括变量观测值的观测误差、模型关系的设定误差以及其他随机因素等。由于包含了随机干扰项，式(2.2.3)也称为**随机形式的多元总体线性回归模型。**图 2.2.1 为解释变量 X_j、随机干扰项 μ 与被解释变量 Y 之间的关系。

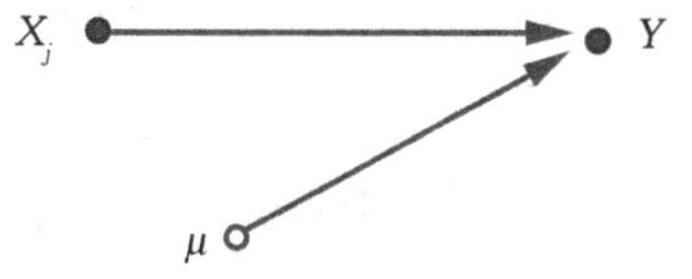

图 2.2.1　解释变量 X_j、随机干扰项 μ 与被解释变量 Y 之间的关系

在图2.2.1中,实心点表示可观测变量,空心点表示不可观测变量,用带箭头的实线表示变量之间的单向因果关系。变量 X_j、μ 和 Y 之间的关系是,X_j、μ 都与 Y 有单向因果关系,都是影响 Y 的变量,但是 X_j 与 μ 之间没有关系。

与一元线性回归模型一样,多元线性回归模型中的“线性”意味着式(2.2.3)是参数 β_j 的一个线性函数,虽然变量 Y、X 之间可能是非线性关系。

式(2.2.3)的矩阵表达式为

$$Y=X\beta+\mu$$

其中

$$Y=\begin{pmatrix}Y_1\\Y_2\\\vdots\\Y_n\end{pmatrix}_{n\times1},X=\begin{pmatrix}1 & X_{11} & \cdots & X_{1k}\\1 & X_{21} & \cdots & X_{2k}\\\vdots & \vdots & \vdots & \vdots\\1 & X_{n1} & \cdots & X_{nk}\end{pmatrix}_{n\times(k+1)},\beta=\begin{pmatrix}\beta_0\\\beta_1\\\vdots\\\beta_k\end{pmatrix}_{(k+1)\times1},\mu=\begin{pmatrix}\mu_1\\\mu_2\\\vdots\\\mu_n\end{pmatrix}_{n\times1}$$

类似于一元线性回归模型,多元线性回归模型的关键假定是

$$E(\mu|X_1,X_2,\cdots,X_k)=0 \tag{2.2.4}$$

该假定意味着,对于解释变量的任意组合,μ 的期望值都相同,且都是0。该假定可以简单地理解为,不可观测的误差项中的所有因素都与解释变量无关。

这样,**总体回归函数**为

$$E(Y|X_1,X_2,\cdots,X_k)=\beta_0+\beta_1X_1+\beta_2X_2+\cdots+\beta_kX_k \tag{2.2.5}$$

多元回归分析是以多个解释变量的固定值为条件的回归分析,方程(2.2.5)表示各变量 X_j 值给定时 Y 的平均响应。β_j 也被称为**偏回归系数**(partial regression coefficient),表示在其他解释变量保持不变的情况下,X_j 每变化1个单位,Y 的均值 $E(Y)$ 的变化,或者说 β_j 给出 X_j 的单位变化对 Y 均值的“直接”或“净”(不含其他变量)影响。由于建立了解释变量与被解释变量之间确定的函数关系,式(2.2.5)也被称为**确定形式的多元总体线性回归模型。**

该式意味着,经济研究的目的是探索现象背后的规律。规律总是平均而言的变量之间的关系,而非个别的、特定值之间的关系。

对于一个类似式(2.2.3)的多元总体线性回归模型,存在与之对应的随机形式的多元样本回归模型,$Y=\hat{\beta}_0+\hat{\beta}_1X_1+\hat{\beta}_2X_2+\cdots+\hat{\beta}_kX_k+\hat{\mu}$。如果有一个满足一定要求的随机样本,就可以估计确定形式的多元样本回归模型,即**样本回归函数**(sample regression function,SRF),以代表未知的总体回归函数。

一般地,对于样本回归函数

$$\hat{Y}=\hat{\beta}_0+\hat{\beta}_1X_1+\hat{\beta}_2X_2+\cdots+\hat{\beta}_kX_k \tag{2.2.6}$$

其中,$\hat{\beta}_0$ 称为 **OLS 截距估计值**(OLS intercept estimate),$\hat{\beta}_1,\hat{\beta}_2,\cdots,\hat{\beta}_k$ 称为与解释变量 $X_1,X_2,\cdots,X_k$ 对应的 **OLS 斜率估计值**(OLS slope estimate)。

对所估计的方程进行解释类似一元回归模型,截距项 $\hat{\beta}_0$ 是 Y 在 $X_j=0$ 时的预测值。估计值 $\hat{\beta}_j$ 是变量 X_j 对 Y 的**偏效应**(partial effect)或**其他条件不变**(ceteris paribus)情况

下 X_j 对 Y 均值的影响。从方程(2.2.6)容易得到

$$\Delta\hat{Y}=\hat{\beta}_j\Delta X_j$$

该式表明，$\hat{\beta}_j$ 可解释为在其他条件不变情况下变量 X_j 对 Y 均值的影响，即多元回归模型能使人们在非实验环境中去做自然科学家在受控实验中所能做的事情：保持其他因素不变。想想要在任何社会经济实验中保持其他条件不变几乎不可能实现，但多元回归模型却能度量其他条件不变情况下某一变量变动带来的影响，让人感叹模型神奇的力量。

式(2.2.6)的矩阵表达式为

$$\hat{Y}=X\hat{\beta}$$

二、多元线性回归模型的参数估计

(一)多元线性回归模型的基本假定

为了保证参数估计量具有良好的统计性质，对多元线性回归模型(2.2.3)可作出类似于一元线性回归模型那样的若干基本假定。

假定1　线性于参数

总体模型可表示为

$$Y=\beta_0+\beta_1X_1+\beta_2X_2+\cdots+\beta_nX_k+\mu$$

其中，Y 是被解释变量，X 是解释变量，μ 是随机误差项或随机干扰项，$\beta_0,\beta_1,\beta_2,\cdots,\beta_k$ 是未知参数。

该模型的一个重要特点是，Y 是参数 β_j 的线性函数。至于被解释变量 Y 与解释变量 X 的形式，可以是任意的，比如自然对数或者平方等。

假定2　随机抽样

设有一个样本容量为 n 的随机样本 $\{(X_{i1},X_{i2},\cdots,X_{ik},Y_i),i=1,2,\cdots,n\}$，服从假定1中的总体模型。该假定还意味着，各解释变量取值不是固定不变的，而是具有变异性的。

假定3　不完全共线性

在样本(因而在总体)中，解释变量之间不存在严格线性关系。

如果式(2.2.3)中的一个解释变量刚好是其他解释变量的一个线性组合，那么就说这个模型存在**完全共线性**(perfect collinearity)的问题，也就不能由 OLS 来估计。

需要特别注意的是，假定3允许解释变量之间存在相关关系，只是不能完全相关。如果不容许解释变量之间存在任何相关关系，那么多元回归分析对计量经济分析就没有多大用处，因为现实经济变量之间总存在或多或少的关系。另外，同一解释变量的线性函数由于完全共线而不能出现在模型中，但是它的不同非线性函数形式是可以出现在回归元中的。

假定4　零条件均值

给定解释变量的任意值，误差项的期望值都是零，即

$$E(\mu_i|X_1,X_2,\cdots,X_k)=0,i=1,2,\cdots,n$$

假定 4 限制了 μ 中的无法观测因素与解释变量之间的关系。虽然永远也无法确切知道,无法观测因素的平均值是否与解释变量无关,但这是一个关键假定。

假定 4 可能不成立的情况之一是,方程(2.2.3)中被解释变量与解释变量之间的函数关系被错误地设定,比如,遗漏某变量的二次形式或误将水平值代替对数形式等。另外,遗漏一个与解释变量 $X_j(j=1,2,\cdots,k)$ 中任何一个变量相关的重要因素,都会导致假定 4 不成立。使用多元回归分析,已经能包含许多可以成为解释变量中的因素,与一元回归分析相比,在多元回归分析中,出现漏掉一些变量的可能性要小很多。尽管如此,由于数据局限或被忽略,在任何一个经验研究中,总有一些因素不能被包括进来。如果这些因素应该加以控制,而且它们与一个或多个自变量相关,那么就会违背假定 4。

当假定 4 成立时,常说模型具有**外生解释变量**(exogenous explanatory variables)。如果出于某种原因,X_j 与 μ 相关,那么 X_j 就被称为**内生解释变量**(endogenous explanatory variable)。内生解释变量问题是计量经济模型设定中的一个需要讨论的重要问题。

除了考虑 $\hat{\beta}_j$ 的集中趋势外,还需要考虑它的分散状况,所以需要考虑 OLS 估计量的方差,这就需要增加同方差假定。

假定 5 同方差性

对于给定解释变量的任意值,误差都具有相同方差,即

$$\mathrm{Var}(\mu_i|X_1,X_2,\cdots,X_k)=\sigma^2, i=1,2,\cdots,n$$

假定 5 意味着,以解释变量为条件,无论解释变量出现怎样的组合,误差项 μ 的方差都是一样的。如果这个假定不成立,那么模型就会出现异方差问题。

在多元回归模型中,同方差有些让人难以理解,如在收入受教育水平、工作经历等因素影响的模型

$$Wage=\beta_0+\beta_1 Educ+\beta_2 Exper+\beta_3 Tenure+\mu$$

中,同方差假定要求不可观测的误差方差不依赖于受教育水平、工作经历和现有任期水平,即

$$\mathrm{Var}(\mu|Educ,Exper,Tenure)=\sigma^2$$

若该方差随着这 3 个解释变量中任意一个组合的变化而变化,就出现了异方差问题。

假定 1—5 被称为(截面数据)线性回归模型的**高斯—马尔科夫假定**(Gauss-Markov assumptions)。

假定 6 正态分布

总体误差 μ 独立于解释变量 $X_1,X_2,\cdots,X_k$,且服从均值为 0 和方差为 σ^2 的正态分布:$\mu_i\sim N(0,\sigma^2)$。

假定 6 是一个较强的假定。显然,由于在假定 6 下 μ 均值独立于 X_j,所以 $\mathrm{E}(\mu|X_1,X_2,\cdots,X_k)=\mathrm{E}(\mu)=0$ 和 $\mathrm{Var}(\mu|X_1,X_2,\cdots,X_k)=\sigma^2$,因此假定 6 实际上包含假定 4、假定 5。只是为了表述清楚,在一般表述基本假定时都会使用假定 1—6 的全部假定。在本书以后的截面数据章节中,若无特别说明,则“假定”都是指这 6 条多元线性回归模型的基本假定。

就截面数据分析而言,假定 1—6 这 6 条假定被称为多元回归**经典线性模型假定**

(classical linear model assumptions)。可以简单地将这 6 条假定区分为“3＋3”的结构形式，即前 3 条假定分别是关于模型设定、数据抽样和变量之间关系的要求，后 3 条假定是关于随机误差项的要求。一般把经典线性模型假定理解为包括所有高斯－马尔科夫假定，再加上误差正态分布假定，满足这 6 条假定的模型被称为**经典线性模型**(classical linear model，CLM)。

在 CLM 假定下 OLS 估计量 $\hat{\beta}_j$ 比高斯－马尔科夫假定下具有更强的性质。可以证明，OLS 估计量是**最小方差无偏估计**(minimum variance unbiased estimators)，即在所有的无偏估计中，OLS 具有最小方差，且不再局限于 Y_i 的线性估计量范围内。

CLM 总体假定的一个简洁表述是

$$Y|X \sim N(\beta_0+\beta_1 X_1+\beta_2 X_2+\cdots+\beta_k X_k, \sigma^2)$$

其中，记$(X_1, X_2, \cdots, X_k)$为 X。也就是说，以 X 为条件的 Y 服从正态分布，其均值线性于 $\beta_1, \beta_2, \cdots, \beta_k$，方差为常数。

认为误差服从正态分布的理由是，由于 μ 是影响 Y 且无法观测的许多因素之和，所以考虑中心极限定理，推断 μ 具有近似正态分布。当然，严格看，该假定不无瑕疵：μ 中众多因素可能各服从不同分布，虽然中心极限定理在这种情形下仍然成立，但这种近似正态分布可能不那么好，它取决于 μ 中因素的多少以及分布的具体情况。更严重的问题是，这需要假定所有影响 Y 的不可观测因素都独立且可加，而实际上，μ 可能是一个复杂函数。

一般来讲，在实际应用中假定 μ 具有正态性，是个经验问题，且运用一些数学变换，如取对数等，能得到更接近于正态分布的变量。对于明显不可能近似看成正态分布的被解释变量，若仅取少数几个数值的 Y，样本容量足够大，则误差的非正态性也算不上一个严重问题。

对于总体模型参数的估计，OLS 估计量是否具有优良的统计性质是影响其应用的关键所在。当然，估计量总是在若干假定基础上得到。一个值得注意的事实是，进行随机抽样时，统计性质与特定样本无关，只与统计量的性质有关，因此不要从一个单独的样本中得出的统计值考察其统计特性。

(二)普通最小二乘估计

1. 一阶条件

要估计式(2.2.6)中的 $k+1$ 个参数 $\hat{\beta}_0, \hat{\beta}_1, \hat{\beta}_2, \cdots, \hat{\beta}_k$，可以考虑最小化**残差**(residual)平方和

$$\sum_{i=1}^{n}\hat{\mu}_i^2=\sum_{i=1}^{n}(Y_i-\hat{\beta}_0-\hat{\beta}_1 X_{i1}-\hat{\beta}_2 X_{i2}-\cdots-\hat{\beta}_k X_{ik})^2$$

由 OLS 的**一阶条件**(first order conditions)，有

$$\sum_{i=1}^{n}(Y_i-\hat{\beta}_0-\hat{\beta}_1 X_{i1}-\hat{\beta}_2 X_{i2}-\cdots-\hat{\beta}_k X_{ik})=0$$

$$\sum_{i=1}^{n}X_{i1}(Y_i-\hat{\beta}_0-\hat{\beta}_1 X_{i1}-\hat{\beta}_2 X_{i2}-\cdots-\hat{\beta}_k X_{ik})=0$$

$$\sum_{i=1}^{n} X_{i2}(Y_i - \hat{\beta}_0 - \hat{\beta}_1 X_{i1} - \hat{\beta}_2 X_{i2} - \cdots - \hat{\beta}_k X_{ik}) = 0$$

$$\vdots$$

$$\sum_{i=1}^{n} X_{ik}(Y_i - \hat{\beta}_0 - \hat{\beta}_1 X_{i1} - \hat{\beta}_2 X_{i2} - \cdots - \hat{\beta}_k X_{ik}) = 0$$

这里,i 表示观测值序号。该方程组包括 $k+1$ 个线性方程,要求 $k+1$ 个未知参数,在满足一定条件下,能得到未知参数唯一解。

2. OLS 估计量的代数性质

(i)OLS 残差和为零。

$$\sum_{i=1}^{n} \hat{\mu}_i = 0$$

该性质就是 OLS 的一个一阶条件。

(ii)拟合值的均值等于样本观测值的均值,即 $\bar{\hat{Y}}=\bar{Y}$。

(iii)解释变量 X 与 OLS 残差的样本协方差为零。

$$\sum_{i=1}^{n} X_{ij}\hat{\mu}_i = 0$$

显然,该性质是 OLS 的另一个一阶条件。

(iv)点$(\bar{X}_1, \bar{X}_2, \cdots, \bar{X}_k, \bar{Y})$总在 OLS 回归线上。

3. 估计的矩阵表示

OLS 估计用矩阵表示。由一阶条件

$$X'X\hat{\beta}=X'Y$$

由 X 的列满秩性,得 $X'X$ 为满秩对称矩阵,有

$$\hat{\beta}=(X'X)^{-1}X'Y$$

(三)案例:多元线性回归模型

例 2.2.1 居民收入水平决定了消费支出水平,但不同收入来源水平的变动对消费水平的影响是有差异的。从中国统计资料发现,大陆城镇居民人均可支配收入来源主要包括工资性收入、经营净收入、财产净收入和转移净收入 4 项,其中,工资性收入占比较大。为了研究人均工资性收入与其他收入(经营净收入、财产净收入和转移净收入)的变动对城镇居民人均消费支出的影响,可以建立二元回归模型。

一方面,收集数据。《中国统计年鉴 2021》收集的是 2020 年中国大陆各种数据,其中,6—25 分地区城镇居民人均可支配收入来源将可支配收入分成 4 个部分:工资性收入(元)、经营净收入(元)、财产净收入(元)和转移净收入(元);6—26 分地区城镇居民人均消费支出(元)。

另一方面,处理数据。保持城镇居民人均消费支出、城镇居民人均工资性收入不变,形成被解释变量和解释变量,将经营净收入、财产净收入、转移净收入三项合并构成其他收入,如表 2.2.1 所示。

表 2.2.1　　2020 年中国大陆城镇居民人均消费支出、人均工资性收入和其他收入

地区	消费支出	工资收入	其他收入	地区	消费支出	工资收入	其他收入
北京	41726.3	44619	30982.5	湖北	22885.5	20071.4	16634.3
天津	30894.7	30052.7	17605.8	湖南	26796.4	22457.3	19240.2
河北	23167.4	23602.4	13683.3	广东	33511.3	35429.3	14827.7
山西	20331.9	20197.1	14595.6	广西	20906.5	20241.2	15618.1
内蒙古	23887.7	24888.4	16464.7	海南	23559.9	23626.1	13470.9
辽宁	24849.1	22801.1	17574.8	重庆	26464.4	23353.3	16652.9
吉林	21623.2	20990.9	12404.8	四川	25133.2	21950.7	16302.4
黑龙江	20397.3	17543.3	13571.4	贵州	20587	20472.1	15624.1
上海	44839.3	43802.5	32634.8	云南	24569.4	21594.7	15904.8
江苏	30882.2	31167.7	21934	西藏	24927.4	30717.4	10439
浙江	36196.9	35369.6	27329.7	陕西	22866.4	21850.4	16017.8
安徽	22682.7	23635.6	15806.5	甘肃	24614.6	22903.6	10918.2
福建	30486.5	29119.1	18041.2	青海	24315.2	23546.9	11958.9
江西	22134.3	24309.5	14246.3	宁夏	22379.1	24272.6	11447
山东	27291.1	27250	16476.3	新疆	22951.8	22408.3	12430.1
河南	20644.9	19620.3	15130				

数据来源：国家统计局．中国统计年鉴 2021[M]. 北京：中国统计出版社，2021.

为熟悉多元回归模型的参数估计，这里建立 Excel 数据表格，手动计算参数估计值。

设城镇居民人均消费支出为被解释变量 Y，人均工资性收入为解释变量 X_1，其他收入为 X_2，建立消费支出对工资性收入、其他收入的二元回归模型。记

$$Y=\begin{pmatrix}Y_1\\Y_2\\\vdots\\Y_{31}\end{pmatrix},X=\begin{pmatrix}1&X_{11}&X_{12}\\1&X_{21}&X_{22}\\\vdots&\vdots&\vdots\\1&X_{31,1}&X_{31,2}\end{pmatrix},\hat{\beta}=\begin{pmatrix}\hat{\beta}_0\\\hat{\beta}_1\\\hat{\beta}_2\end{pmatrix},\hat{\mu}=\begin{pmatrix}\hat{\mu}_1\\\hat{\mu}_2\\\vdots\\\hat{\mu}_{31}\end{pmatrix}$$

则

$$Y=X\hat{\beta}+\hat{\mu}$$

得

$$\hat{\beta}=(X'X)^{-1}X'Y$$

代入样本数据，得

$$X'X=\begin{pmatrix}1&1&\cdots&1\\X_{11}&X_{21}&\cdots&X_{31,1}\\X_{12}&X_{22}&\cdots&X_{31,2}\end{pmatrix}\begin{pmatrix}1&X_{11}&X_{12}\\1&X_{21}&X_{22}\\\vdots&\vdots&\vdots\\1&X_{31,1}&X_{31,2}\end{pmatrix}$$

$$=\begin{pmatrix} 31 & 793864.5 & 515968.1 \\ 793864.5 & 21647145466 & 14003544063 \\ 515968.1 & 14003544063 & 9405486250 \end{pmatrix}$$

$$X'Y=\begin{pmatrix} 808503.6 \\ 21847208387 \\ 14268771226 \end{pmatrix}$$

$$\hat{\beta}=(X'X)^{-1}X'Y=\begin{pmatrix} 3398.845 \\ 0.6465 \\ 0.3681 \end{pmatrix}$$

于是，样本回归方程为

$$\hat{Y}_i=3398.845+0.6465X_{i1}+0.3681X_{i2}$$

直接运用 Stata 软件进行多元回归估计，代码如下：

```
import excel "E:\data\IncCnsmpUrbn20.xlsx", sheet("Sheet1") cellrange
(B1:D32) firstrow
regress Cnsmp Salary Bonus
display invttail(e(df_r),.05/2)
```

第一行是引入 xlsx 格式数据，Sheet1 表示数据位于 Excel 的表 1，B1:D32 表示数据具体的单元格范围，firstrow 表示将 Excel 表格中的第一行作为变量名称。

第二行是回归命令。

第三行给出 t 检验临界值。

Stata 软件给出的回归结果如图 2.2.2 所示。

Source	SS	df	MS			
				Number of obs	=	31
				F(2, 28)	=	249.32
Model	1.0375e+09	2	518772464	Prob > F	=	0.0000
Residual	58260429.8	28	2080729.63	R-squared	=	0.9468
				Adj R-squared	=	0.9430
Total	1.0958e+09	30	36526845.3	Root MSE	=	1442.5

Cnsmp	Coefficient	Std. err.	t	P>|t|	[95% conf.	interval]
Salary	.6464503	.0613148	10.54	0.000	.5208526	.772048
Bonus	.3681341	.0778303	4.73	0.000	.2087061	.5275622
_cons	3398.845	1054.898	3.22	0.003	1237.985	5559.705

图 2.2.2　二元回归结果

(四)估计量的统计性质

当多元线性回归模型满足基本假定的情况下,其参数的普通最小二乘估计、最大似然估计和矩估计仍具有线性性、无偏性和有效性。

1. 线性性

由于

$$\hat{\beta}=(X'X)^{-1}X'Y=CY$$

其中

$$C=(X'X)^{-1}X'$$

仅与固定的 X 有关,所以参数估计量是被解释变量的线性组合。

2. 无偏性

证明:

$$\begin{aligned}E(\hat{\beta}|X)&=E[(X'X)^{-1}X'Y|X]\\&=E[(X'X)^{-1}X'(X\beta+\mu)|X]\\&=\beta+(X'X)^{-1}X'E(\mu|X)\\&=\beta\end{aligned}$$

定理 2.2.1 OLS 估计量的无偏性。

在假定 1—4 条件下,对于总体参数 β_j,有

$$E(\hat{\beta}_j)=\beta_j,j-1,2,\cdots,k$$

即 OLS 估计量是总体参数的无偏估计量。

3. 有效性

OLS 估计的有效性,就是对于其他任何一个 β_1(仅考虑 $j=1$ 也不失一般性)的线性无偏估计量 $\tilde{\beta}_1$,都有 $\mathrm{Var}(\tilde{\beta}_1)\geqslant\mathrm{Var}(\hat{\beta}_1)$,其中,$\hat{\beta}_1$ 是 OLS 估计量。

$$\tilde{\beta}_1=\sum_{i=1}^{n}w_{ij}Y_i$$

$$\tilde{\beta}_1=\beta_0\sum_{i=1}^{n}w_{i1}+\beta_1\sum_{i=1}^{n}w_{i1}X_{i1}+\beta_2\sum_{i=1}^{n}w_{i1}X_{i2}+\cdots+\beta_k\sum_{i=1}^{n}w_{i1}X_{ik}+\sum_{i=1}^{n}w_{i1}\mu_i$$

由于w_{i1} 是x_{ij} 的线性函数,对所有 $i=1,2,\cdots,n$,

$$\begin{aligned}E(\tilde{\beta}_1\mid X)&=\beta_0\sum_{i=1}^{n}w_{i1}+\beta_1\sum_{i=1}^{n}w_{i1}X_{i1}+\beta_2\sum_{i=1}^{n}w_{i1}X_{i2}+\cdots+\beta_k\sum_{i=1}^{n}w_{i1}X_{ik}+\sum_{i=1}^{n}w_{i1}(\mu_i|X)\\&=\beta_0\sum_{i=1}^{n}w_{i1}+\beta_1\sum_{i=1}^{n}w_{i1}X_{i1}+\beta_2\sum_{i=1}^{n}w_{i1}X_{i2}+\cdots+\beta_k\sum_{i=1}^{n}w_{i1}X_{ik}\end{aligned}$$

注意,这里使用了零条件均值假定,由此,有

$$\sum_{i=1}^{n}w_{i1}=0$$

$$\sum_{i=1}^{n}w_{i1}x_{i1}=1$$

$$\sum_{i=1}^{n} w_{i1} X_{ij} = 0, j = 2, \cdots, k$$

令$\hat{r}_{i1}$为X_{i1}对$X_{i2}, \cdots, X_{ik}$进行回归所得到的残差,由于$X_{i1} = \hat{X}_{i1} + \hat{r}_1$和$\sum_{i=1}^{n} w_{i1}\hat{X}_{i1} = 0$,得

$$\sum_{i=1}^{n} w_{i1}\hat{r}_{i1} = 1$$

在同方差假定下

$$\mathrm{Var}(\hat{\beta}_1 \mid X) - \mathrm{Var}(\tilde{\beta}_1 \mid X) = \sigma^2 \sum_{i=1}^{n} w_{i1}^2 - \sigma^2 / \sum_{i=1}^{n} \hat{r}_{i1}^2$$

而

$$\sum_{i=1}^{n} w_{i1}^2 - (\sum_{i=1}^{n} w_{i1}\hat{r}_{i1})^2 / \sum_{i=1}^{n} \hat{r}_{i1}^2 = \sum_{i=1}^{n} (w_{i1} - \hat{\gamma}_1 \hat{r}_{i1})^2 \geqslant 0$$

其中,$\hat{\gamma}_1 = (\sum_{i=1}^{n} w_{i1}\hat{r}_{i1}) / \sum_{i=1}^{n} \hat{r}_{i1}^2$。

定理 2.2.2 高斯一马尔科夫定理

在假定1—5条件下,OLS估计量$\hat{\beta}_j (j=1,2,\cdots,k)$是$\beta_j (j=1,2,\cdots,k)$的**最优线性无偏估计量。**

正因为这个定理,假定1—5才被称为(截面数据分析的)高斯一马尔科夫假定。高斯一马尔科夫定理的重要性在于,当高斯一马尔科夫假定成立时,不需要寻找其他形式的线性无偏估计量,因为理论上再没有一个会比OLS估计量更好。换言之,如果有人提出一个线性无偏估计量,那么这个估计量的方差至少和OLS估计量的方差一样大,而无需另做计算来说明这一点。

定理2.2.2明确了估计多元回归模型时使用OLS的合理性、科学性。当然,如果高斯一马尔科夫假定中的任何一个不成立,那么这个定理也就不再成立。

三、多元回归分析:检验

(一)拟合优度检验

1. 可决系数及调整

类似一元回归模型,可以用拟合优度来衡量样本回归函数对样本观测值的拟合程度。

$$R^2 = \frac{\mathrm{MSS}}{\mathrm{TSS}} = 1 - \frac{\mathrm{RSS}}{\mathrm{TSS}}$$

R^2被称为多元回归模型的**可决系数**(coefficient of determination)。经济含义是:Y_i的变异被OLS回归线解释的程度。该统计量越接近于1,模型拟合程度越高。

从R^2的定义容易发现,在模型中增加解释变量,残差平方和会减小(至少不变),而总平方和不变,这样导致R^2会增大。但是增加解释变量个数与实际拟合程度好坏无关。因此,在多元回归模型之间比较拟合优度,R^2不是一个合适的指标,需要加以调整。

一个自然的调整是,用平方和除以各自的自由度,以剔除变量个数对拟合优度的影

响,这样得到**调整的可决系数**(adjusted coefficient of determination)

$$\overline{R}^2=1-\frac{\text{RSS}/(n-k-1)}{\text{TSS}/(n-1)}$$

对于例 2.2.1,计算各平方和

$$\text{TSS}=\sum_{i=1}^{31}(Y_i-\hat{Y}_i)^2+\sum_{i=1}^{31}(\hat{Y}_i-\overline{Y})^2=\text{RSS}+\text{MSS}$$

计算可决系数

$$R^2=\frac{\text{MSS}}{\text{TSS}}=\frac{1037544928}{1095805358}=0.9468$$

计算调整的 R^2

$$\text{Adj}R^2=1-\frac{\frac{\text{RSS}}{n-k-1}}{\frac{\text{TSS}}{n-1}}=0.9430$$

2. 赤池信息准则和施瓦茨准则

为了比较所含解释变量个数不同的多元回归模型的拟合优度,常用的标准还有赤池信息准则(Akaike Information Criterion,AIC)①和施瓦茨准则(Schwarz Criterion,SC)②,其定义分别为

$$\text{AIC}=\ln\frac{\hat{\mu}'\hat{\mu}}{n}+\frac{2(k+1)}{n}+1+\ln(2\pi)$$

$$\text{SC}=\ln\frac{\hat{\mu}'\hat{\mu}}{n}+\frac{k+1}{n}\ln n+1+\ln(2\pi)$$

这两个准则均要求仅当增加的解释变量能够减小 AIC 值或 SC 值时,才能在原模型中增加该解释变量。这两个准则与调整的可决系数相似,如果增加的解释变量没有解释力,则不会显著减小残差平方和 $\hat{\mu}'\hat{\mu}$,反而可能由于待估参数增多,导致 AIC 值或 SC 值增大。

在例 2.2.1 中,2020 年城镇居民收入与消费模型用 Stata 软件计算得到的 AIC 和 BIC。

Stata 操作代码为:

```
estat ic
```

结果如图 2.2.3 所示。

---

① Akaike, H. A new look at the statistical model identification. IEEE transactions on Automatic Control, 1974, 19:716—723.

Sakamoto, Y., M. Ishiguro, and G. Kitagawa. *Akaike Information Criterion Statistics*. Dordrecht, The Netherlands: Reidel, 1986.

② Schwarz, G. Estimating the dimension of a model. *Annals of Statistics*, 1978, 6:461—464.

Raftery, A. Bayesian model selection in social research. In Vol. 25 of *Sociological Methodology*, ed. P. V. Marsden, 1995:111—163. Oxford: Blackwell.

Akaike's information criterion and Bayesian information criterion

Model	N	ll(null)	ll(model)	df	AIC	BIC
.	31	-313.389	-267.907	3	541.814	546.116

Note: BIC uses N = number of observations. See [R] BIC note.

图 2.2.3 信息准则结果

注意在两个非嵌套模型间进行选择时,无论 $\bar{R}^2$ 还是 AIC、SC,都有局限性:不能用于被解释变量不同函数形式之间进行比较,如 Y 与 $\ln Y$。因为无论在回归中被解释变量是什么形式,R^2 所度量的都是被解释变量总变异中能被解释的比例,而 Y 与 $\ln Y$ 的总变异是不同的,拟合的是完全不同的被解释变量。

(二)对总体回归模型中的参数假设检验

1. OLS 估计量的抽样分布

在假定 1—4 下,证明 OLS 估计量是无偏的。加上假定 5,即高斯—马尔科夫假定下,OLS 估计量是线性无偏的,且方差最小。

知道 OLS 估计量的期望和方差,对了解 OLS 估计量的精确性有帮助。但为了进行统计检验,还需要知道 $\hat{\beta}_i$ 的全部抽样分布。

显然,OLS 估计量的抽样分布取决于其误差的分布。一般地,假定总体中不可观测的误差服从正态分布,这个假定被称为**正态假定**(normality assumption),即多元回归模型的基本假定 6。

定理 2.2.3 OLS 斜率估计量的抽样方差

在假定 1—5 条件下,对于解释变量样本,有

$$\mathrm{Var}(\hat{\beta}_j)=\frac{\sigma^2}{\mathrm{TSS}_j(1-R_j^2)},j=1,2,\cdots,k$$

其中,$\mathrm{TSS}_j=\sum_{i=1}^{n}(X_{ij}-\bar{X}_j)^2$,即$X_j$ 的样本总变异,R_j^2 是将X_j 对所有其他解释变量(包括截距项)进行回归所得到的R^2。

定理 2.2.3 表明,$\hat{\beta}_j$ 的方差大小取决于三个因素:σ^2、TSS_j 和 R_j^2。

一方面,对于误差方差 σ^2,σ^2 越大,意味着 OLS 估计量的方差就越大。也就是说,方程中"噪音"越多(σ^2 越大),将使对任意解释变量 X_j 对 Y 的偏效应越不精确。

另一方面,对于 X_j 的总变异TSS_j,其值越大,$\mathrm{Var}(\hat{\beta}_j)$就越小。也就是说,在其他条件不变的情况下,就估计 β_j 而言,X_j 的样本方差越大越好。

解释变量之间的线性关系 R_j^2,表示解释变量 X_j 总变异中可由其他解释变量解释的部分,在其他条件不变的情况下,对估计 β_j 而言,解释变量 X_j 与其他解释变量越不相关越好。

实际上，随机误差项的方差 σ^2 是未知的，这就需要采用样本残差来估计，而误差方差 σ^2 的无偏估计量

$$\hat{\sigma}^2 = \frac{\sum_{i=1}^{n} \hat{\mu}_i^2}{n-k-1}$$

其中，$n-k-1$ 项是含 n 个观测和 k 个解释变量的 OLS 估计的自由度（degrees of freedom，df）。

定理 2.2.4　σ^2 的无偏估计

在高斯—马尔科夫假定 1—5 条件下，$E(\hat{\sigma}^2)=\sigma^2$。

$\hat{\sigma}^2$ 的正平方根 $\hat{\sigma}$ 被称为**回归标准误**（standard error of the regression，SER），它是误差项标准差的估计量。

对于例 2.2.1，计算误差方差的估计量

$$\hat{\sigma}^2 = \frac{\sum_{i=1}^{31} \hat{\mu}_i^2}{31-2-1} = 2080729.63$$

关于自由度，这里做一个详细解释。

自由度（degree of freedom，df）指的是计算某一统计量时取值不受限制的变量个数。一般而言，由于这一个含 k 个解释变量和 1 个截距项的回归模型中有 $k+1$ 个参数，所以

$$df = n-(k+1) = \text{观测次数}-\text{估计参数个数}$$

从技术角度看，考虑 OLS 估计量的一阶条件：$\sum_{i=1}^{n}\hat{\mu}_i=0$ 和 $\sum_{i=1}^{n}x_{ij}\hat{\mu}_i=0$，其中，$j=1,2,\cdots,k$。因此，为估计 OLS 估计量，对 OLS 残差施加了 $k+1$ 个限制，即给定残差中的 $n-(k+1)$ 个，其余 $k+1$ 个就是已知的，即残差中只有 $n-(k+1)$ 个自由度。

在统计学上，自由度是指当以样本的统计量来估计总体的参数时，样本中独立或能自由变化的数据的个数。一般来说，自由度等于独立变量个数减去其衍生量个数。例如，一个有 4 个数据（$n=4$）的样本，其平均值 m 等于 5，即受到 $m=5$ 的条件限制，在自由确定 4、3、5 三个数据后，第四个数据只能是 8，否则 $m\neq5$。因此，这里的自由度 $df=n-k=4-1=3$。推而广之，任何统计量的自由度 $df=n-k$（k 为限制条件的个数）。

在数学上，自由度是一个随机向量的维度数，也就是一个向量能被完整描述所需的最少单位向量数。例如，从书房电脑屏幕到客厅的位移能够用三维向量 $a\hat{i}+b\hat{j}+c\hat{k}$ 来描述，因此这个位移向量的自由度是 3。这意味着，自由度是一个式子中能够自由取值的变量个数，若存在两个变量 a、b，而 $a+b=3$，那么自由度为 1。因为实际上只有 a 才能真正自由变化，b 会由 a 的不同取值而有所限制。

同样地，统计模型的自由度等于可自由取值的自变量的个数。如在回归方程中，如果共有 k 个参数需要估计，则其中包括 $k-1$ 个自变量（与截距对应的自变量是常量）。因此该回归方程的自由度为 $k-1$。这样，对于如图 2.2.4 的一元回归模型结果，模型平方和 MSS 中只涉及 $\hat{Y}$，所以其自由度就是（$2-1=$）1。

估计总平方TSS和必须用样本平均数$\overline{Y}$来计算。在抽样完成后已确定,大小为n的样本中只要$n-1$个数确定,第n个数就只有一个能使样本符合$\overline{Y}$的数值。也就是说,样本中只有$n-1$个数可以自由变化,只要确定了这$n-1$个数,总平方和也就确定了。这里,平均数$\overline{Y}$就相当于一个限制条件。由于加了这个限制条件,总平方和的自由度为$n-1$。这样,对于图2.2.4的一元回归模型结果,模型平方和TSS的自由度就是(31−1−)30。

对于残差平方和RSS而言,由于在$Y-\hat{Y}$中,对于回归分析中的参数估计量的自由度,如果考虑一个仅有2个观测值的一元回归分析模型,则有

$$Y_1=\beta_0+\beta_1X_1$$
$$Y_2=\beta_0+\beta_1X_2$$

显然,当观测值满足某些条件时,参数估计值由该二元一次方程组唯一确定。反过来说,估计量没有可以自由确定的部分。如果再增加一个观测,有

$$Y_3=\beta_0+\beta_1X_3$$

这个观测可以自由给定。因此,该估计量的自由度是(3−1−1=)1。

也就是说,图2.2.4中残差平方和RSS的自由度应该是(31−1−1=)29。同样地,由于F、t统计量计算涉及残差平方和,所以它们的自由度都是29。

Source	SS	df	MS			
				Number of obs	=	31
				F(1, 29)	=	973.53
Model	1.3335e+09	1	1.3335e+09	Prob > F	=	0.0000
Residual	39723157.6	29	1369764.06	R-squared	=	0.9711
				Adj R-squared	=	0.9701
Total	1.3732e+09	30	45774373.3	Root MSE	=	1170.4

Cnsmp	Coefficient	Std. err.	t	P>|t|	[95% conf.	interval]
Inc	.5265851	.0168769	31.20	0.000	.4920679	.5611023
_cons	4116.15	580.887	7.09	0.000	2928.103	5304.197

图2.2.4 一元回归结果

常见的应用有以下几个方面:

(i)估计总体的平均数(μ)时,由于样本中的n个数都是相互独立的,任一个尚未抽出的数都不受已抽出任何数值的影响,所以自由度为n。

(ii)估计总体的方差(σ^2)时所使用的统计量是样本的标准差s,而s必须用样本平均数$\overline{X}$来计算。在抽样完成后已确定,所以大小为n的样本中只要$n-1$个数确定了,第n个数就只有一个能使样本符合$\overline{X}$的数值。也就是说,样本中只有$n-1$个数可以自由变化,只要确定了这$n-1$个数,方差也就确定了。这里,平均数$\overline{X}$就相当于一个限制条件,由于加了这个限制条件,样本标准差s的自由度为$n-1$。

(iii)在一个包含n个个体的总体中,平均数为m。知道了$n-1$个个体,剩下的一个个体不可以随意变化。为什么总体方差计算,是除以n而不是$n-1$呢?方差是实际值与期望值之差平方的期望值,所以已知总体均值或其他统计参数时方差应除以n,除以

$n-1$ 时是方差的一个无偏估计。

定理 2.2.5　正态抽样分布

在 CLM 假定下，OLS 估计量

$$\hat{\beta}_j \sim N[\beta_j, \text{Var}(\hat{\beta}_j)]$$

其中，$\text{Var}(\hat{\beta}_j)$由定理 2.2.3 给出。

因此，有

$$\frac{\hat{\beta}_j - \beta_j}{\text{sd}(\hat{\beta}_j)} \sim N(0,1)$$

2. 检验单个总体参数的假设：t 检验

对于总体回归模型

$$Y = \beta_0 + \beta_1 X_1 + \beta_2 X_2 + \cdots + \beta_k X_k + \mu$$

满足 CLM 假定，那么 OLS 估计量 $\hat{\beta}_j$ 是无偏的。现在，讨论如何检验有关某个特定 β_j 的假设。β_j 是总体的未知特征，虽然实际上永远不可能确切地知道，但是还可以对其值作出假设，然后通过统计推断来检验该假设。

(1)OLS 估计量误差方差的无偏估计量

定理 2.2.6　标准化估计量的 t 分布

在 CLM 假定条件下，$\frac{\hat{\beta}_j - \beta_j}{\text{se}(\hat{\beta}_j)} \sim t_{n-k-1}$，其中，$k+1$ 是总体模型中未知参数的个数(k 个斜率参数和 1 个截距参数)。

该定理与定理 2.2.5 的不同之处在于，定理 2.2.5 的结论是服从标准正态分布的，而这里是服从 t 分布。其中的原因是，$\text{sd}(\hat{\beta}_j)$中的常数 σ 被随机变量 $\hat{\sigma}$ 替代，由此得到一个自由度为 $n-k-1$ 的 t 分布。

该定理的重要性在于它能保证对 β_j 的假设检验。

在经验研究中，通常需要检验虚拟假设(null hypothesis)

$$H_0: \beta_j = 0 \tag{2.2.7}$$

其中，$j=1,2,\cdots,k$。

由于 β_j 度量了其他条件不变情况下 X_j 对 Y(的期望值)的偏效应。也就是说，该虚拟假设表示，一旦对 $X_1, X_2, \cdots, X_{j-1}, X_{j+1}, \cdots, X_k$ 都做出了解释，则 X_j 对 Y 的期望值就没有任何偏效应。

用来检验式(2.2.7)的统计量被称为 $\hat{\beta}_j$ 的 t **统计量**(t statistic)：

$$t_{\hat{\beta}_j} \equiv \frac{\hat{\beta}_j}{\text{se}(\hat{\beta}_j)} \tag{2.2.8}$$

由于要检验的是 $H_0: \beta_j = 0$，无论这个虚拟假设是否正确，β_j 的无偏点估计值 $\hat{\beta}_j$ 都不可能恰好等于 0。问题是，$\hat{\beta}_j$ 与 0 相差多大可以被接受？如果 $\hat{\beta}_j$ 的样本值与 0 相差很大，就为拒绝该虚拟假设提供了证据。当然，估计值 $\hat{\beta}_j$ 中也存在抽样误差，于是 $\hat{\beta}_j$ 应该由抽样误差来衡量。由于 $\hat{\beta}_j$ 的标准误是 $\hat{\beta}_j$ 标准差的一个估计值，所以 $t_{\hat{\beta}_j}$ 度量了被估计的标准差 $\hat{\beta}_j$ 与 0 的差异，这正好是统计学中标准 t 统计量检验总体均值是否为 0 时所做的检验。正确的检验还包括备择假设和检验的显著性水平。

需要注意的是，假设检验是关于总体参数的，所以不能将一个虚拟假设表述成"H_0：$\hat{\beta}_j=0$"，或者当一个特定样本参数估计值是 0.09 时，将虚拟假设表述为"0.09＝0"，这些都是不对的。实际上，要检验的是未知总体值 β_j 是否为 0。

对于例 2.2.1，计算 t 统计量，有

$$\mathrm{Var}(\hat{\beta})=\sigma^2(X'X)^{-1}$$

$$\mathrm{Var}(\hat{\beta}_j)=\sigma^2 c_{jj}$$

c_{jj} 表示矩阵 $(X'X)^{-1}$ 主对角线上的第 j 个元素。

于是，有

$$t_0=\frac{\hat{\beta}_0}{\sqrt{c_{11}}\,\hat{\sigma}^2}=\frac{3398.845}{1054.897745}=3.22$$

$$t_1=\frac{\hat{\beta}_1}{\sqrt{c_{22}}\,\hat{\sigma}^2}=\frac{0.6465}{0.061314798}=10.54$$

$$t_2=\frac{\hat{\beta}_2}{\sqrt{c_{33}}\,\hat{\sigma}^2}=\frac{0.3681}{0.077830259}=4.73$$

(2)对单侧假设的检验

为了确定拒绝 H_0 的一般法则，需要考虑**备择假设**(alternative hypothesis)。

首先，考虑一个**单侧备择假设**(one-side alternative)

$$H_1: \beta_j<(>)0 \tag{2.2.9}$$

实际上，假设检验是对研究命题定量化的判定。这一点应该特别注意区别于在日常生活、工作中，通常是采用语言文字，运用逻辑方式做判定的。比如，在上一节收入与消费关系的例子中，通常会采用语言文字，运用逻辑论证消费是收入的原因。

而在计量经济学中，是采用消费的 t 统计量大于 5%的显著性水平**临界值**(critical value)作为判断消费是收入的显著解释变量的证据。该证据定量化地说明了消费不是收入的原因是小概率事件，因此支持消费是收入的原因。

下面将采用更多的例子说明各种情形下的假设检验问题。

例 2.2.2 学习成绩与学校规模

研究学校规模与学生学习成绩的关系。有观点认为，在其他条件相同的情况下，小学校比大学校的学生学习成绩要好一些。这样，虚拟假设应该是学校规模对数学成绩没有影响，而备择假设是学校规模具有负效应。

下面采用一个包含了 1993 年密歇根州 408 所高中的数据文件。学生成绩由学生通

过密歇根教学评价委员会(MEAP)标准化十分制数学考试($Math10$)的百分比度量，学校规模由学生注册人数($Enroll$)度量。

于是，$H_0: \beta_{Enroll}=0, H_1: \beta_{Enroll}<0$。

控制变量还包括教师平均年薪($Totcomp$)和每千名学生教职工人数($Staff$)。前者大致代表教师质量，后者大致代表学生受到的关照程度。估计方程是

$$\widehat{Math10}=2.274+0.00046Totcomp+0.048Staff-0.0002Enroll$$
$$(6.113)\quad(0.00010)\qquad(0.040)\qquad(0.00022)$$
$$n=408, R^2=0.0541$$

$Enroll$ 的系数-0.0002与大学校对学生成绩不利的猜测是一致的：注册学生越多，学生通过十分制数学考试的比例就越低。但是

$$t_{Enroll}=\frac{-0.0002}{0.00022}\approx-0.91$$

显然，$t_{Enroll}>t_{0.05}(408-3-1)=-1.65$，不能在5%的显著性水平拒绝$H_0$。

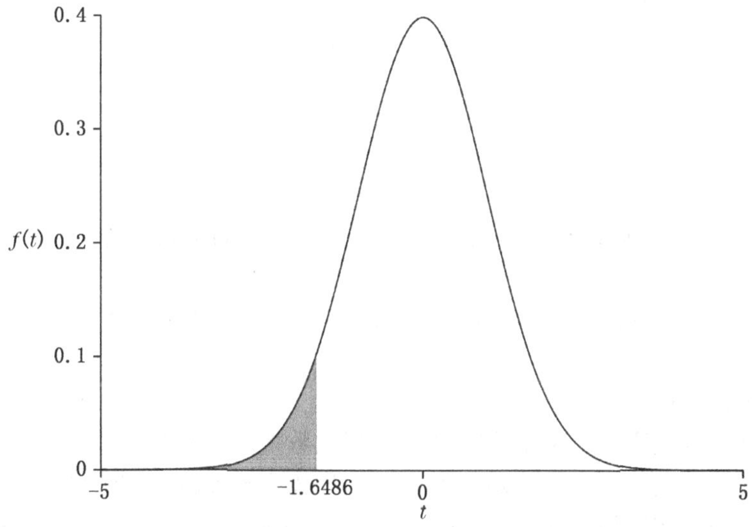

图 2.2.5　$t(408-3-1)$分布下5%分位对应的数值

另外，$t_{Totcomp}\approx4.6$，显然统计显著，即教师年薪是学生成绩的解释变量。而$t_{Staff}\approx1.2<t_{0.10}(404)=1.28$，所以不能拒绝$H_0: \beta_{Staff}=0$而支持$H_1: \beta_{Staff}>0$。

该模型的一个问题是，参数β_{Enroll}实际数值比较小。可能的原因是，被解释变量与解释变量数量级差异较大，而且用人数解释成绩分数，经济意义也不太合理。

考虑将解释变量取对数，取对数其实意味着考虑变量的百分数比例。

如果将模型中的解释变量都取对数后再进行估计

$$\widehat{Math10}=-207.66+21.16\ln(Totcomp)+3.98\ln(Staff)-1.29\ln(Enroll)$$
$$(48.70)\quad(4.06)\qquad(4.19)\qquad(0.69)$$
$$n=408, R^2=0.0654$$

由于 ln(*Enroll*)的 t 统计量为 $-1.87<-1.65$,所以在 5%的显著性水平下拒绝 $H_0:\beta_{Enroll}=0$ 而支持 $H_1:\beta_{Enroll}<0$。

在水平值—水平值模型中,注册人数不受统计显著影响,而在水平值—对数值模型中,则有影响。从模型的解释程度看,后者 R^2 更大,即更多地解释了 *Math*10 的变化,因此水平值—对数值模型更好地刻画了 *Math*10 与 *Enroll* 之间的关系。当然,其中的更深入原因还可以从未来将会讨论的异方差性、模型设定角度做进一步研究。

(3)对双侧假设的检验

在经验研究中,常常针对**双侧备择假设**(two-sided alternative)来检验虚拟假设,即

$$H_1:\beta_j\neq 0 \tag{2.2.10}$$

在这个备择假设中,若备择假设是双侧的,则考虑 t 统计量的绝对值

$$|t_{\hat{\beta}_j}|>cv$$

在显著性水平为 5%时统计上显著异于零。

上节收入与消费关系的例子中变量显著性检验采用的就是双侧假设检验。

(4)检验其他假设

$$H_0:\beta_j=a_j \tag{2.2.11}$$

t 统计量

$$t_{\hat{\beta}_j}\equiv\frac{\hat{\beta}_j-a_j}{\mathrm{se}(\hat{\beta}_j)} \tag{2.2.12}$$

例 2.2.3 大学校园内犯罪次数(*Crime*)与学校规模(*Enroll*)的模型为

$$\ln(Crime)=\beta_0+\beta_1\ln(Enroll)+\mu$$

该模型是一个弹性模型。β_1 是注册人数的弹性。研究目标是检验犯罪对注册人数的弹性是 1:$H_0:\beta_1=1$。

备择假设是:$H_1:\beta_1>1$。

该研究问题的经济含义为:虚拟假设是注册人数增加 1%,犯罪率也增加 1%;而备择假设是注册人数增加 1%,犯罪率增加大于 1%,即校园越大,犯罪率的非线性变化越大。

利用 FBI 统一犯罪报告(FBI's Uniform Crime Reports)中美国 1992 年 97 个学院和大学的数据,样本中校园犯罪的平均次数约为 394 次,而平均注册人数约为 16076 人。估计结果为

$$\ln(\widehat{Crime})=-6.63+1.27\ln(Enroll)$$
$$(1.03)\quad(0.11)$$
$$n=97, R^2=0.585$$

从方程可以看出,注册人数的弹性 1.27 在备择假设 $\beta_1>1$ 的方向上,但是是否有足够的证据断定 $\beta_1>1$ 呢?显然,不能直接利用回归软件给出的 t 值,而应该按照式(2.2.12)计算

$$t=\frac{1.27-1}{0.11}\approx 2.45$$

因为 $t_{.05}(97-1-1)\approx 1.66$,所以在显著性水平为 5%时拒绝虚拟假设 $\beta_1=1$ 而支持

备择假设 $\beta_1>1$。事实上，1%显著性水平的临界值为 2.37，所以即使在 1%的显著性水平上也会拒绝虚拟假设而支持备择假设。

特别注意：

(i)t 检验的 p 值

p 值是总体 t 统计量值超过样本 t 统计量值的概率，需要结合显著性水平 α 考虑。α 表示虚拟假设成立的前提下总体 t 统计量值超过样本 t 统计量值的概率。当 $p<\alpha$ 时，说明这种结果实际出现的概率比虚拟假设成立前提下该结果出现的可能性小，但却出现了，因此拒绝接受虚拟假设。给定 t 统计量的观测值，能拒绝虚拟假设的最小显著性水平是多少，这个水平被称为检验的 **p 值**(p-value)。

(ii)典型的假设检验用语

当 H_0 未被拒绝时，一般表述为"在 x%的水平上不能拒绝 H_0"，而不是说"在 x%的水平上接受了 H_0"。

(iii)经济或实际显著性与统计显著性

计量经济学强调统计显著性，但除了 t 统计量的大小外，也应该注意系数估计值 $\hat{\beta}_j$ 的大小。一个变量的统计显著性由 $t_{\hat{\beta}_j}$ 的大小决定，而一个变量的**经济显著性**(economic significance)或**实际显著性**(practical significance)则与 $\hat{\beta}_j$ 的大小(及符号)有关系。两者的本质是，一个是来自样本的估计数值本身，另一个是样本在总体中的代表性情况。

值得提醒的是，变量估计值 $\hat{\beta}_j$ 的大小与变量的度量单位、函数形式有关，因此在某种程度上说是可控制的。

3. 检验关于参数的一个线性组合假设

比如检验如下情形：

虚拟假设：

$$H_0: \beta_1=\beta_2$$

备择假设：

$$H_1: \beta_1<\beta_2$$

可以考虑检验

$$H_0: \beta_1-\beta_2=0$$

相对于

$$H_1: \beta_1-\beta_2<0$$

这就需要构造

$$t=\frac{\hat{\beta}_1-\hat{\beta}_2}{\text{se}(\hat{\beta}_1-\hat{\beta}_2)}$$

虽然采用样本数据容易得到 $\hat{\beta}_1$、$\hat{\beta}_2$，但是很难得到 $\text{se}(\hat{\beta}_1-\hat{\beta}_2)$。于是，对于模型

$$Y=\beta_0+\beta_1X_1+\beta_2X_2+\cdots+\beta_kX_k+\mu$$

构造

$$\theta=\beta_1-\beta_2$$

这样,模型转化为

$$\begin{aligned} Y &= \beta_0 + (\theta+\beta_2)X_1 + \beta_2 X_2 + \cdots + \beta_k X_k + \mu \\ &= \beta_0 + \theta X_1 + \beta_2(X_1+X_2) + \cdots + \beta_k X_k + \mu \end{aligned}$$

这意味着构造一个新变量 X_1+X_2 即可。

4. 对多个线性约束的检验:F 检验

例 2.2.4 美国职业棒球联盟中运动员薪水模型为

$$\ln(Salary) = \beta_0 + \beta_1 Years + \beta_2 Gamesyr + \beta_3 Bavg + \beta_4 Hrunsyr + \beta_5 Rbisyr + \mu \tag{2.2.13}$$

其中,*Salary* 表示1993年的总年薪,*Years* 表示加入联盟的年资,*Gamesyr* 表示平均每年参加比赛的次数,*Bavg* 表示职业击球率,*Hrunsyr* 表示平均每年本垒打次数,*Rbisyr* 表示每年的击球跑垒得分。

假设想检验的虚拟假设是,一旦控制了加入联盟的年资和每年的比赛次数,度量球员表现的统计指标(*Bavg*,*Hrunsyr* 和 *Rbisyr*)对薪水没有影响。从本质上讲,虚拟假设所表达的是,由棒球统计指标度量的生产力对薪水没有影响。

虚拟假设可以使用模型的参数表示为

$$H_0: \beta_3 = 0, \beta_4 = 0, \beta_5 = 0 \tag{2.2.14}$$

该虚拟假设由三个**排除性约束**(exclusion restrictions)构成:若假设正确,则在控制了 *Years* 和 *Gamesyr* 之后,*Bavg*、*Hrunsyr* 和 *Rbisyr* 对 ln(*Salary*)没有影响,就应该把它们从模型中排除。这是**多重约束**(multiple restriction)的一个例子。对多重约束进行的检验被称为**多重假设检验**(multiple hypotheses test)或**联合假设检验**(joint hypotheses test)。

假设(2.2.14)的备择假设应该是什么呢?如果认为是"即使限制了加入联盟的年资和每年参加比赛的次数,表现统计量仍有影响",那么合适的备择假设就是

$$H_1: \beta_3, \beta_4, \beta_5 \text{ 至少一个不为 } 0$$

估计该方程

$$\begin{aligned} \ln(\widehat{Salary}) = {} & 11.19 + 0.0689 Years + 0.0126 Gamesyr \\ & (0.29) \qquad (0.0121) \qquad (0.0026) \\ & + 0.00098 Bavg + 0.0144 Hrunsyr + 0.0108 Rbisyr \\ & (0.00110) \qquad (0.0161) \qquad (0.0072) \\ & n = 353, \mathrm{RSS} = 183.186, R^2 = 0.6278 \end{aligned} \tag{2.2.15}$$

在 *Years* 和 *Gamesyr* 都统计显著时,针对双侧备择假设,*Bavg*、*Hrunsyr* 和 *Rbisyr* 中没有一个变量在5%的显著性水平上具有一个统计显著的 t 统计量。(*Rbisyr* 的 t 统计量接近于显著,其双侧备择假设的 p 值是0.134。)于是,单从三个 t 统计量来看,不能拒绝 H_0。但是,这个结果却是错误的,为了给出证据,必须导出一个多重约束的检验。残差平方和为检验多重假设提供了一个很方便的途径。此外,R^2 也可用于检验排除性约束的特殊情形。

知道式(2.2.15)中的残差平方和,并不能告诉式中假设的真伪,但它能表明,当将

Bavg、*Hrunsyr* 和 *Rbisyr* 从模型中去掉时，RSS 会增大多少。记住，因为所选择的 OLS 估计值都是为了最小化残差平方和，所以当从模型中去掉变量时，RSS 总是增加的，这是数学上的一个事实。问题是，这种增加相对含有这些变量的模型的 RSS 来说，是否大到足以拒绝虚拟假设。

$$\ln(Salary)=\beta_0+\beta_1 Years+\beta_2 Gamesyr+\mu \tag{2.2.16}$$

在假设检验的背景下，方程(2.2.16)是检验式(2.2.13)的**受约束模型**(restricted model)；模型(2.2.13)则被称为**不受约束模型**(unrestricted model)。受约束模型的参数总比不受约束模型的参数要少一些，于是

$$\widehat{\ln(Salary)}=11.22+0.0713Years+0.0202Gamesyr$$
$$(0.11)\quad(0.0125)\quad(0.0013)$$
$$n=353,\mathrm{RSS}=198.311,R^2=0.5971 \tag{2.2.17}$$

正如所料，来自式(2.2.17)的 RSS 比来自式(2.2.13)的 RSS 要大些，而受约束模型的 R^2 比不受约束模型的 R^2 要小些。

一般地，不受约束模型

$$Y=\beta_0+\beta_1X_1+\beta_2X_2+\cdots+\beta_kX_k+\mu \tag{2.2.18}$$

受约束模型

$$Y=\beta_0+\beta_1X_1+\beta_2X_2+\cdots+\beta_{k-q}X_{k-q}+\mu \tag{2.2.19}$$

定义 ***F* 统计量**(F statistic)

$$F=\frac{(\mathrm{RSS}_r-\mathrm{RSS}_{ur})/q}{\mathrm{RSS}_{ur}/(n-k-1)}$$

式中，RSS_r 为受约束模型的残差平方和，RSS_{ur} 为不受约束模型的残差平方和。

(i)F 统计量的 R^2 型

从 RSS 计算 F 统计量，会受其度量单位的影响，计算相对复杂，由于$\mathrm{RSS}_r=\mathrm{TSS}(1-R_r^2)$，$\mathrm{RSS}_{ur}=\mathrm{TSS}(1-R_{ur}^2)$，所以

$$F=\frac{(R_{ur}^2-R_r^2)/q}{(1-R_{ur}^2)/(n-k-1)} \tag{2.2.20}$$

称式(2.2.20)为 ***R*² 型 *F* 统计量**(R-squared form of the F statistic)。由于所有的统计软件都会报告 R^2，所以式(2.2.20)在实际工作中应用比较广泛。

对于虚拟假设，在控制了 *Salary*、*Years* 后，*Bavg*、*Hrunsyr* 和 *Rbisyr* 对运动员的薪水没有影响，实际上，从 RSS 出发计算 F 统计量

$$F=\frac{(198.311-183.186)/3}{183.186/(353-5-1)}\approx 9.55>F(3,347,0.01)\approx 3.84$$

从 R^2 出发计算 F 统计量

$$F=\frac{(0.6278-0.5971)/3}{(1-0.6278)/(353-5-1)}\approx 9.54$$

两者当然完全一样。由于分子自由度 3、分母自由度 347、显著性水平 1%的 F 分布临界值是 3.84，因此，拒绝虚拟假设。

对于三个变量的 t 统计量都不显著，联合检验的结果看上去有些令人吃惊。事实是，

Hrunsyr 和 *Rbisyr* 两个变量高度相关,而这种多重共线性则导致难以发现每个变量的偏效应。后者反映在单个 t 统计量上,高度相关导致变量标准误偏大(参见定理 2.2.3)。F 统计量检验这三个变量是否联合显著,而 *Hrunsyr* 和 *Rbisyr* 之间的多重共线性对检验这个联合假设而言远没有那么重要。

这就是说,F 统计量通常对检验一组变量的排除有用处,特别是在其中变量高度相关的时候。

(ii)计算 F 检验的 p 值

p 值对于判断 F 检验结果非常有用。实际上,

$$p\text{-value}=\text{Prob}(\mathscr{F}>\text{F})$$

其中,F 是自由度为$(q,n-q-1)$的 F 随机变量,F 是检验统计量的实际值。可以解释为,给定虚拟假设正确,观察到的 F 值至少与所得到的 F 值一样大的概率。比如,对于 p-value=0.02,即在虚拟假设正确时,观察到 F 值至少与所得到的 F 值一样大的概率是2%,这样,可以在5%的显著性水平下拒绝虚拟假设,但在1%的显著性水平下不能拒绝。

得到 F 检验 p 值的 Stata 操作代码是:

```
. display Ftail(3,347,9.55)
4.475e-06
```

对于回归方程而言,整体显著性的 F 统计量即检验

$$H_0: \beta_1=\beta_2=\cdots=\beta_k=0 \tag{2.2.21}$$

则受约束模型为

$$Y=\beta_0+\mu \tag{2.2.22}$$

这时,所有的自变量都已经从方程中去掉了,那么受约束模型的$\text{RSS}_r=\text{TSS}_{ur}$。采用 F 统计量定义式,有

$$F=\frac{(\text{RSS}_r-\text{RSS}_{ur})/q}{\text{RSS}_{ur}/(n-k-1)}=\frac{(\text{TSS}-\text{RSS})/q}{\text{RSS}/(n-k-1)}$$

对于例 2.2.1,计算 F 统计量

$$F=\frac{(\text{TSS}-\text{RSS})/2}{\text{RSS}/(31-2-1)}=\frac{\text{MSS}/2}{\text{RSS}/(31-2-1)}=249.32$$

对于 F 统计量的 R^2 型而言,现在估计式(2.2.22)的 R^2 为零。因为没有解释变量,所以 Y 中的变异一点都没有得到解释。因此,检验式(2.2.21)的 F 统计量可写作

$$F=\frac{R^2/q}{(1-R^2)/(n-k-1)} \tag{2.2.23}$$

Stata 软件会默认报告式(2.2.21)中的 F 统计量。通常使用式(2.2.20)中的 F 统计量来检验一般的排除性约束,它取决于受约束和不受约束模型的 R^2。式(2.2.23)只有检验所有自变量的联合排除时才有效,通常称之为检验**回归的整体显著性**(overall significance of the regression)。

5. 检验一般的线性约束

有时候,一种理论所蕴含的约束比仅仅排除某些自变量更为复杂。这仍可以直接使

用 F 统计量进行检验。

例 2.2.5 考虑如下方程

$$\ln(Price)=\beta_0+\beta_1\ln(Assess)+\beta_2\ln(Lotsize)+\beta_3\ln(Sqrft)+\beta_4 Bdrms+\mu \tag{2.2.24}$$

式中，*Price* 为住房价格，*Assess* 为住房的评估价值（在房子售出以前），*Lotsize* 为以英尺为单位的占地面积，*Sqrft* 为平方英尺数，而 *Bdrms* 则为卧室数。现在，假设想检验住房的评估价值是不是一个理性的定价。如果是这样，那么 *Assess* 变化 1%，将伴随着 *Price* 变化 1%，即 $\beta_1=1$。此外，一旦控制了评估价值 *Assess*，*Lotsize*、*Sqrft* 和 *Bdrms* 应该无助于解释 ln(*Price*)。总而言之，这些假设可表述成

$$H_0: \beta_1=1, \beta_2=0, \cdots, \beta_4=0 \tag{2.2.25}$$

这里有 4 个约束要检验，其中有 3 个是排除性约束，但 $\beta_1=1$ 不是。如何使用 F 统计量来检验这个假设呢？与在排除性约束情形中一样，先估计不受约束模型，然后施加约束，得到受约束模型，然后计算 F 统计量。

式(2.2.24)的一般形式

$$Y=\beta_0+\beta_1 X_1+\beta_2 X_2+\beta_3 X_3+\beta_4 X_4+\mu \tag{2.2.26}$$

这样，受约束回归是

$$Y=\beta_0+X_1+\mu$$

即

$$Y-X_1=\beta_0+\mu \tag{2.2.27}$$

然后按照式(2.2.19)计算 F 统计量即可。必须强调的一点是，由于式(2.2.27)中的因变量不同于式(2.2.26)中的因变量，所以在这个例子中不能使用 F 统计量的 R^2 型。这意味着，两个回归的总平方和将不同，而式(2.2.20)也就不再等价于式(2.2.19)。定义的 F 统计量作为一个一般规律，如果在进行受约束回归时需要一个不同的因变量，就应该使用 F 统计量的 RSS 型。

使用一个数据集来说明这个检验，不受约束模型为

$$\widehat{\ln(Price)}=\underset{(0.570)}{0.264}+\underset{(0.151)}{1.043}\ln(Assess)+\underset{(0.0386)}{0.0074}\ln(Lotsize)$$

$$-\underset{(0.1384)}{0.1032}\ln(Sqrft)+\underset{(0.0221)}{0.0338}Bdrms$$

$$n=88, \text{RSS}=1.822, R^2=0.773$$

如果分别用 t 统计量检验式(2.2.25)中的每一个假设，那么一个也不能拒绝。但“评估是理性的”是一个联合假设，所以应该联合检验这些约束。结果受约束模型的 RSS 是 $\text{RSS}_r=1.880$，所以 F 统计量是

$$F=\frac{(1.880-1.822)/4}{1.822/(88-4-1)}\approx 0.661<F(4,83,.05)\approx 2.5$$

所以不能拒绝 H_0。实际上，没有证据拒绝评估值是理性的这个假设。

6. 检验不同组之间回归函数的差异

在含有 k 个解释变量的一般模型中，设有 2 个组别 $g=1$ 和 $g=2$，有

$$Y=\beta_{g0}+\beta_{g1}X_1+\cdots+\beta_{gk}X_k+\mu$$

如果要检验这两组之间是否有差异，包括截距和斜率，则约束这两组间的系数相同，即有 $k+1$ 个约束，回归得到残差平方和RSS_r。另外，对于无约束模型，自由度为 $n-2(k+1)$，无约束模型的残差平方和可以通过两个分离的回归得到，即对两组数据分别做回归，分别涉及 n_1 和 n_2 观测，分别得到残差平方和 RSS_1 和 RSS_2，这样有 F 统计量

$$F=\frac{RSS_r-(RSS_1+RSS_2)}{RSS_1+RSS_2}\cdot\frac{n-2(k+1)}{k+1}$$

其中，n 为总观测次数。在计量经济学中，通常将这个特定的 F 统计量称为**邹至庄统计量**(Chow statistic)。[①]

(三)多元线性回归模型参数的置信区间

参数的假设检验可以判别所考察的解释变量是否对被解释变量有显著的线性影响。但是，在一次抽样中，所估计的参数值与真实值的距离可以通过参数的**置信区间**(confidence interval)给出。

由于

$$t=\frac{\hat{\beta}_j-\beta_j}{se(\hat{\beta}_j)}\sim t(n-k-1)$$

因此，在 $1-\alpha$ 的置信度下总体参数的置信区间为

$$(\hat{\beta}_j-t_{\frac{\alpha}{2}}\cdot se(\hat{\beta}_j),\hat{\beta}_j+t_{\frac{\alpha}{2}}\cdot se(\hat{\beta}_j))$$

其中，$t_{\frac{\alpha}{2}}$为 t 分布中显著性水平为α、自由度为 $n-k-1$ 的临界值。

对于例 2.2.1，计算 95%的置信区间。由于 $t_{\alpha/2}\cdot se(\hat{\beta}_j)$，则

2.048×1054.897745=2160.431

2.048×0.061314798=0.126

2.048×0.077830259=0.159

由此，得到常数项和两个变量的置信区间：(1237.99，5559.71)、(0.52，0.77)和(0.21，0.53)。手动计算结果与图 2.2.2 的 Stata 软件结果完全一样。

---

① 邹至庄(Gregory C. Chow)出生于1929年，祖籍广东中山，1951－1955年先后在美国康奈尔大学、芝加哥大学获学士、硕士、博士学位，随后在麻省理工学院、康奈尔大学、哥伦比亚大学等多所名校任教，现任普林斯顿大学教授和美国经济学会美中学术交流委员会主席，是国际著名的中国经济问题专家、计量经济学大师。

20世纪60年代，他提出计量经济学的“邹氏检验”(The Chow's Test)，以及动态经济学谱分析方法和最优控制方法，蜚声国际。早在80年代初，邹先生就十分关注中国的经济改革问题，曾任中国原国家体制改革委员会资深顾问，受到包括江泽民、朱镕基等国家领导人的多次接见并提供经济政策咨询。

四、多元线性回归模型的预测

对于已经估计出参数的模型

$$\hat{Y}=X\hat{\beta}$$

如果给定解释变量的观测值 $X_0=(1,X_{01},X_{02},\cdots,X_{0k})$，代入上述模型得

$$\hat{Y}_0=X_0\hat{\beta}$$

即为被解释变量的预测值。

与一元线性回归模型一样，多元线性回归模型的预测也包括总体均值的置信区间和特定值的置信区间。

总体均值预测值 $E(Y_0)$ 的置信区间为

$$(\hat{Y}_0-t_{\frac{\alpha}{2}}\hat{\sigma}\sqrt{X_0(X'X)^{-1}X'_0},\hat{Y}_0+t_{\frac{\alpha}{2}}\hat{\sigma}\sqrt{X_0(X'X)^{-1}X'_0})$$

总体特定值预测值 Y_0 的置信区间为

$$(\hat{Y}_0-t_{\frac{\alpha}{2}}\hat{\sigma}\sqrt{1+X_0(X'X)^{-1}X'_0},\hat{Y}_0+t_{\frac{\alpha}{2}}\hat{\sigma}\sqrt{1+X_0(X'X)^{-1}X'_0})$$

对于例 2.2.1，在 2020 年的城镇居民收入与消费案例中，假设某城镇居民 2020 年的工资性收入为 30000 元，其他收入为 20000 元，则该居民消费支出预测值为

$$\hat{Y}_0=3398.845+0.6464503\times 30000+0.3681341\times 20000=30155.04$$

由

$$X_0=(1\quad 30000\quad 20000)$$

$$X_0(X'X)^{-1}X'_0=0.04841111$$

于是，$E(Y_0)$ 的 95%的置信区间为

$$30155.04\pm 2.048\times\sqrt{2080729.634}\times\sqrt{0.04841111}$$

即(29504.9，30805.2)。

Y_0 的 95%的置信区间为

$$30155.04\pm 2.048\times\sqrt{2080729.634}\times\sqrt{1+0.04841111}$$

即(27129.6，33180.5)。

采用 Stata 软件直接计算结果分别如图 2.2.6 和图 2.2.7 所示。

```
. adjust salary=30000 bonus=20000, ci

-------------------------------------------------------------
     Dependent variable: consmp     Command: regress
Covariates set to value: salary = 30000, bonus = 20000
-------------------------------------------------------------

----------------------------------------
      All |      xb         lb        ub
----------+-----------------------------
          |   30155   [29504.9   30805.2]
----------------------------------------
     Key:  xb         =  Linear Prediction
           [lb , ub]  =  [95% Confidence Interval]
```

图 2.2.6　$E(Y_0)$及其95%的置信区间

```
. adjust salary=30000 bonus=20000, stdf ci

-------------------------------------------------------------
     Dependent variable: consmp     Command: regress
Covariates set to value: salary = 30000, bonus = 20000
-------------------------------------------------------------

----------------------------------------------------
      All |      xb       stdf         lb        ub
----------+-----------------------------------------
          |   30155  (1476.98)   [27129.6   33180.5]
----------------------------------------------------
     Key:  xb         =  Linear Prediction
           stdf       =  Standard Error (forecast)
           [lb , ub]  =  [95% Prediction Interval]
```

图 2.2.7　Y_0 及其95%的置信区间

五、报告回归分析结果

关于经验研究中多元回归结果的报告问题,所估计的 OLS 系数估计值总应该先报告。对于分析中的关键变量,应该对所估计的系数作出解释(这通常要求知道这些变量的度量单位)。比如,这个估计值是不是具有弹性,还是有需要解释的其他理解?这应该对关键变量估计值的经济或实际重要性加以讨论。

标准误总是应该与所估计的系数一起。学术界也有报告 t 统计量而不是标准误(通常只是 t 统计量的绝对值)的做法。尽管这并没有什么过错,但报告标准误还是要好一些。一方面,标准误会让人认真考虑被检验的虚拟假设,虚拟假设并非总是总体参数为零;另一方面,有了标准误,计算置信区间就更容易。

回归的 R^2 也应该包括。R^2 除了提供拟合优度的一种度量外,还使计算排除性约束的 F 统计量相对简单。报告残差平方和及回归标准误,有时也是一个好主意,但并非至关重要。估计任何一个方程的观测次数，也应该出现在估计出来的方程中。

如果只估计少数几个模型，结果就可以用方程形式表示。但在许多论文中，几个方程由许多不同的自变量集来估计。同一个方程可能要对不同的人群估计，或者方程所解释的是不同的因变量。对于这些情形，最好将结果归纳在一个或多个表格中。表中应该清楚标明因变量，而自变量则应该列在第一列。标准误（或 t 统计量）可放在估计值下面的括号中。

例 2.2.6　教师的薪水与福利之间的替换关系

设 *Totcomp* 表示一名教师的年平均总报酬，包括 *Salary*（薪水）和 *Benefits*（各种福利）两部分。这样，教师的总报酬应该是生产力及其他特征的一个函数

$$\ln(Totcomp)=f(Salary, Otherfactors)$$

由于

$$Totcomp=Salary\left(1+\frac{Benefits}{Salary}\right)$$

取对数，得

$$\ln(Totcomp)=\ln(Salary)+\ln\left(1+\frac{b}{s}\right)$$

即

$$\ln(Salary)+\ln\left(1+\frac{b}{s}\right)=f(Salary, Otherfactors)$$

如果 $\frac{Benefits}{Salary}$ 较小，那么可以得到如下计量经济模型：

$$\ln(Salary)=\beta_0+\beta_1\left(\frac{Benefits}{Salary}\right)+Otherfactors$$

这样，检验工资—福利之间的替代关系，即相对于

$$H_1: \beta_1\neq-1$$

检验 $H_0: \beta_1=-1$。直观地看，$\beta_1=-1$ 的经济意义，就是 $\frac{Benefits}{Salary}$ 增加 1%，*Salary* 降低 1%。

假设想要检验 *Salary* 与 *Benefits* 之间的替换关系，选取变量还可以包括 *Enroll*（学校规模）、*Staff*（每千名学生的教工数）以及 *DropRate*（辍学率）和 *GradRate*（毕业率）等指标。采用相关数据得到的估计结果（系数估计值下的括号内是标准误）见表 2.2.2：

表 2.2.2　**薪水与福利之间的替换关系的估计**

因变量	ln(*Salary*)		
自变量	(1)	(2)	(3)
$\frac{Benefits}{Salary}$	−0.8254 (0.1999)	−0.6048 (0.1654)	−0.5893 (0.1649)
ln(*Enroll*)		0.0874 (0.0073)	0.0881 (0.0073)

续表

因变量		$\ln(Salary)$	
$\ln(Staff)$		−0.2220 (0.0501)	−0.2183 (0.0500)
$DropRate$			0.0003 (0.0016)
$GradRate$			0.0010 (0.0007)
截距	10.5232 (0.0416)	10.8438 (0.2516)	10.7385 (0.2583)
观测次数	408	408	408
R^2	0.0403	0.3527	0.3610

从表2.2.2中的3个模型可以得出3个结果：

(1)不控制任何其他因素，$\frac{Benefits}{Salary}$的OLS系数为−0.8254。检验虚拟假设

$$H_0: \beta_1 = -1$$

的t统计量

$$t = \frac{-0.8254-(-1)}{0.999} \approx 0.8735$$

采用Stata计算t检验临界值为

```
. dis invttail(e(df_r),.05/2)
1.9658242
```

由于0.8735<1.96，所以一元回归结果不能拒绝H_0，即收入与福利之间存在替代关系。

(2)在引入学校规模和教师规模后，$\frac{Benefits}{Salary}$的OLS系数为−0.6048，t统计量为

$$t = \frac{-0.6048-(-1)}{0.1654} \approx 2.39$$

由于这时e(df_r)$=N-k-1=408-3-1=404$，临界值也可这样直接计算

```
. dis invttail(404,.05/2)
1.9658533
```

因此，H_0相对双侧备择假设在5%的显著性水平上被拒绝。同时，学校规模和教师规模都是统计显著的。

(3)加入更多因素如$DropRate$、$GradRate$之后，$\frac{Benefits}{Salary}$的OLS系数的t统计量为

2.49，仍然拒绝 H_0，但是 *DropRate*、*GradRate* 两变量单个看并不显著。但是由于同时排除这两个变量的 R^2 型 F 统计量

$$F=\frac{0.3610-0.3527}{1-0.3610}\times\frac{402}{2}\approx 2.61$$

而

```
. dis invFtail(2,402,.1)
2.3158244
```

这说明，*Droprate*、*Gradrate* 在 10%的显著性水平上是联合显著的。之所以出现单个变量统计不显著，而两个变量联合统计显著的情况，是因为这两个变量之间存在较强的相关关系（相关系数为－0.7185，如图 2.2.8 所示）。因此，该结果更加有力地支持拒绝 H_0 的结果。

	BenSal	lnStaff	lnEnroll	DropRate	GradRate
BenSal	1.0000				
lnStaff	0.0310	1.0000			
lnEnroll	-0.0978	-0.2279	1.0000		
DropRate	0.0196	0.0470	0.0176	1.0000	
GradRate	-0.0389	-0.0215	-0.0337	-0.7185	1.0000

图 2.2.8　变量之间的相关系数

综上所述，该问题的结论是，教师的薪资与福利之间不存在替代关系。

简要评论：

该例的虚拟假设是 $\beta_1=-1$，如果想当然地认为虚拟假设都是检验统计量与 0 或者 1 的关系，就完全没有考虑到具体问题的具体要求了。更重要的，在直接进行一元线性回归时不能拒绝虚拟假设，而在 2 个多元回归模型中都拒绝了虚拟假设。其中的一个原因是教师薪水－福利的关系实际上比较复杂，若简单地采用一元回归模型来解释，将会导致错误的结论。实际上，教师薪水不仅与工资、福利之间的替代关系有关，还与学校规模、师生比、教学绩效等多个因素有关，不能简单地采用单因素模型解释。另外，一个初学者常见的错误是简单地根据 $\bar{R}^2$ 或 R^2 本身的数值大小来考虑模型是否应该引入更多的解释变量，事实上，这里是根据变量显著性检验如 t 统计量、F 统计量来推断的。

这个例子再次雄辩地说明，简单、粗糙地探究一个问题与深入、细致地研究这个问题背后的规律，即使采用相同的数据，不同的模型，得出的结论可能完全相反。这就是本书前言中所谓"社会经济的现实数据是物，人为构建的模型是虚，神行于虚方能不滞于物"。这也提醒研究者，要确保定量分析结论的科学性，唯有理论、模型和数据，包括检验都严谨可靠才能达到目的，否则即使表面看起来经过数据、模型检验的理论也可能只是用虚假的数据和模型伪饰了错误的理论。

Stata 操作代码如下：

```
*模块一: 数据导入
use "F:\Econometrics\data\Meap93.DTA", clear
*模块二: 数据变换
gen lnSalary=log(Salary)
gen BenSal=Benefits/Salary
gen lnStaff=log(Staff)
gen lnEnroll=log(Enroll)
*模块三: 数据回归分析
*模型 1 及检验
reg lnSalary BenSal
*显示方差-协方差矩阵
matrix list e(V)
sca se=sqrt(e(V)[1,1])
dis (_b[BenSal]-(-1))/se
dis invttail(e(df_r),.05/2)
*模型 2 及检验
reg lnSalary BenSal lnEnroll lnStaff
sca se=sqrt(e(V)[1,1])
dis (_b[BenSal]-(-1))/se
dis invttail(e(df_r),.05/2)
sca RSSr=e(rss)
*模型 3 及检验
reg lnSalary BenSal lnEnroll lnStaff DropRate GradRate
sca se=sqrt(e(V)[1,1])
dis (_b[BenSal]-(-1))/se
dis invttail(e(df_r),.05/2)
sca RSSu=e(rss)
*排除性约束检验
dis ((RSSr-RSSu)/2)/(RSSu/e(df_r))
dis invFtail(2,e(df_r),.10)
corr BenSal lnStaff lnEnroll DropRate GradRate
```

注意:由于被解释变量相同,这里采用 R^2 型排除性 F 统计量的结果当然与 RSS 型是一样的。

第三节　放宽假定 4 和 6：多元回归分析 OLS 的渐近性

前面讨论了总体模型

$$Y=\beta_0+\beta_1X_1+\beta_2X_2+\cdots+\beta_kX_k+\mu \tag{2.3.1}$$

中 OLS 估计量的所谓**有限样本、小样本**或**精确性质**。比如，OLS 在前 4 条高斯—马尔科夫假定下的无偏性就是一个有限样本性质，因为它对任何样本容量 $n(n\geqslant k+1)$ 都成立。类似地，OLS 在全部 5 条高斯—马尔科夫假定下是最优线性无偏估计量的结论，也是有限样本性质。

增加了经典线性模型，表明误差项 μ 服从正态分布并独立于解释变量假定 6，能够(以样本中的解释变量为条件)推导出 OLS 估计量精确的抽样分布。特别是，定理 2.2.5 表明，OLS 估计量具有正态的抽样性质，这就直接产生了 t 和 F 统计量的 t 和 F 分布。如果误差不服从正态分布，那么对任意的样本容量，t 和 F 统计量就不再分别服从 t 和 F 分布。

但是，大多数经济金融数据的一个具有典型特征的经验事实是非正态分布，具有厚尾特点，其主要标志是大多数经济金融数据的峰度均大于 3，这样建立在随机样本正态分布假定基础上的有限样本经典抽样理论就不再适用。计量经济学因此提出了不少检验线性回归模型残差是否服从正态分布的检验方法，以便判断经典线性回归模型理论是否适用，其中一个著名的残差正态性检验是 Jarque & Bera(1980)检验。

现代计量经济学的一个主要发展就是放弃随机扰动项的正态分布假定，运用渐近理论与方法(特别是大数定律与中心极限定理)，推导出大样本(即 $n\to\infty$)条件下 OLS 估计量及其他估计量仍然是未知参数的一致估计，并且推导出这些估计量的渐近正态分布。从大样本分析中可以看到，即使随机扰动项不服从正态分布，在独立同分布的随机样本条件下，只要随机扰动项存在条件同方差，则当样本容量很大时，常规 t 检验与 F 检验还是适用的，而 OLS 估计量也是最优线性无偏估计量。换言之，在存在条件同方差的条件下，经典 OLS 理论在样本容量足够大时，照样是适用的。当随机扰动项是鞅差分过程且满足条件同方差时，这个结论对平稳时间序列的随机样本也是适用的。

也就是说，除了有限样本性质外，了解估计量和检验统计量的**渐近性质**(asymptotic properties)或**大样本性质**(large sample properties)也同样重要。这些性质不是针对特定的样本容量，而是针对样本容量无限增加的情况。幸运的是，在某些假定下，OLS 具有令人满意的大样本性质。一个实践中相当重要的发现是，即使没有正态分布假定，t 和 F 统计量也近似服从 t 和 F 分布，至少在大样本容量的情况下如此。

一、一致性

(一)OLS 的一致性

估计量的无偏性固然重要，但并非总能实现。比如，在多元回归模型中，回归标准误

$\hat{\sigma}$ 就不是误差 μ 的标准差 σ 的一个无偏估计量(参见定理 2.1.2)。尽管截面数据的 OLS 估计量在假定 1—4 下是无偏的,但在时间序列回归中将失去无偏性,而且未来还会遇到其他几个有偏误估计量。

既然并非所有有用的估计量都是无偏的,那么对一个估计量就应该有一个最基本的要求。著名计量经济学家、2003 年诺贝尔经济学奖获得者格兰杰(Clive W. J. Granger)曾说过:"如果你在 n 趋于无穷时还不能得到正确的结果,那你就不应该干这件事。"也就是说,如果你给出的一特定总体参数的估计量不是一致的,那么你就是在浪费时间。

所谓**一致性**(consistency),简单地说,对某个 j,令 $\hat{\beta}_j$ 表示 β_j 的 OLS 估计量。对每个 n,$\hat{\beta}_j$ 都有一个概率分布(代表其在不同随机样本容量下的可能值)。由于 $\hat{\beta}_j$ 在假定 1—4 下是无偏的,所以这个分布的均值就是 β_j。如果估计量是一致的,那么随着样本容量的增加,$\hat{\beta}_j$ 的分布就越来越紧密地分布在 β_j 的周围。当 n 趋于无穷时,$\hat{\beta}_j$ 的分布就紧缩成一个点 β_j。这意味着,如果能搜集到所需要的样本数据,就能让估计量任意接近 β_j。图 2.3.1 显示这种收敛性。

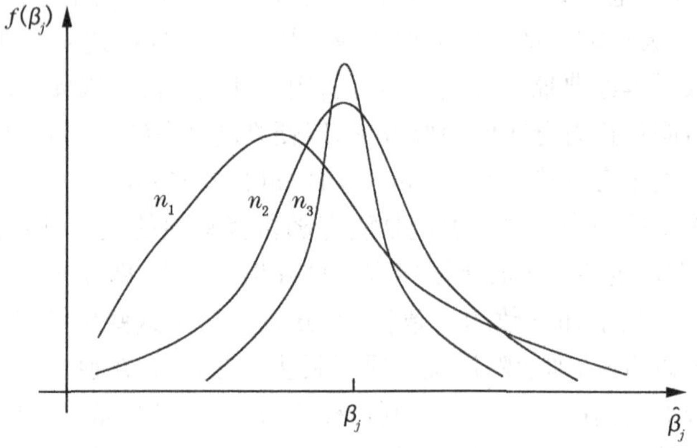

图 2.3.1 $\hat{\beta}_j$ 在 $n_1 < n_2 < n_3$ 情况下的抽样分布

对于任何一个具体的应用而言,都自然而然地有一个固定的样本容量,这就是为什么难以理解诸如一致性等渐近性质的原因。一致性涉及一个样本容量变大(而同时在每个样本容量下都得到大量随机样本)时的假想实验。如果得到越来越多的数据还不能更接近所关心的估计值,那么所使用的估计程序就不够好。

碰巧,这套假定同样也能保证 OLS 的无偏性和一致性。

定理 2.3.1 OLS 的一致性

在假定 1—4 下,对所有的 $j=0,1,2,\cdots,k$,OLS 估计量 $\hat{\beta}_j$ 都是 β_j 的一致估计。

以一元线性回归为例,

$$\hat{\beta}_1=\frac{\sum_{i=1}^{n}(X_{i1}-\overline{X})Y_i}{\sum_{i=1}^{n}(X_{i1}-\overline{X})^2}=\beta_1+\frac{\frac{1}{n}\sum_{i=1}^{n}(X_{i1}-\overline{X})\mu_i}{\frac{1}{n}\sum_{i=1}^{n}(X_{i1}-\overline{X})^2}$$

对其中的均值应用大数定律，则分子和分母分别依概率收敛于总体 $\mathrm{Cov}(X_1,\mu)$、$\mathrm{Var}(X_1)$。

当 $\mathrm{Var}(X_1)\neq 0$ 时

$$\mathrm{Plim}\hat{\beta}_1=\beta_1+\frac{\mathrm{Cov}(X_1,\mu)}{\mathrm{Var}(X_1)}=\beta_1$$

这里，由于 $\mathrm{E}(\mu|X_1)=0$，所以 X_1 与 μ 不相关，即 $\mathrm{Cov}(X_1,\mu)=0$。

当然，还需要假定

$$\mathrm{Var}(X_1)<\infty,\mathrm{Var}(\mu)<\infty$$

即它们的概率分布不至于过于分散。

显然，这个证明过程中只假定零相关即可保证 OLS 在简单回归中的一致性。这个性质在一般情形下也成立。

假定 4′ 零均值和零相关

对所有 $j=1,2,3,\cdots,n$，都有 $\mathrm{E}(\mu)=0$ 和 $\mathrm{Cov}(X_j,\mu)=0$。

假定 4′是比假定 4 更弱的假定，假定 4 包含假定 4′。假定 4 要求 $\mathrm{E}(\mu|X_1,X_2,\cdots,X_n)=0$，意味着解释变量的任何函数都与 μ 无关(uncorrelate)，更准确地说，是均值独立。而假定 4′只要求每个解释变量 X_j 都与 μ 线性无关，且 μ 在总体中的均值为 0。

实际上，一元线性回归、多元线性回归都只要求假定 4′即可导出普通最小二乘估计量，当考虑违背假定 4 的情形时，通常会指向某些 j，有 $\mathrm{Cov}(X_j,\mu)\neq 0$。

之所以采用假定 4，有两个原因：一是如果 $\mathrm{E}(\mu|X_1,X_2,\cdots,X_n)$ 与任何一个 X_j 有关，在假定 4′下 OLS 是有偏但一致的。在考虑有限样本性质时，当然需要假定 4。

另外一个更重要的原因是，假定 4 暗含着总体回归模型(PRF)是正确设定的，即

$$\mathrm{E}(Y|X_1,X_2,\cdots,X_n)=\beta_0+\beta_1X_1+\beta_2X_2+\cdots+\beta_nX_n$$

由此，可以得到解释变量对 Y 的期望的偏效应。假定 4′则不能保证这一点。在假定 4′下，如果 X_j 的某些非线性函数形式与 μ 相关，由于 $Y=f(X_j,\mu)$，这意味着总体模型设定时忽略的非线性模型可能有助于更好地解释 Y 的可能性。

当然，如果一个线性模型能够很好地近似总体回归函数，则更弱的零相关假定在解释普通最小二乘估计时就足够了。

(二)OLS 的不一致性

就像零条件均值不成立能导致 OLS 估计量的偏误一样，μ 与 $X_1,X_2,\cdots,X_n$ 中的任何一个相关，通常也能导致所有的 OLS 估计量都失去其一致性。简而言之，如果误差与任何一个自变量相关，那么 OLS 就是有偏而又不一致的估计。该结论的严重性在于，因为它意味着，随着样本容量的增大，偏误将继续存在。

对于一元回归，由于

$$\text{Plim}\hat{\beta}_1=\beta_1+\frac{\text{Cov}(X_1,\mu)}{\text{Var}(X_1)}$$

则渐近偏误(asymptotic bias)为

$$\text{Plim}\hat{\beta}_1-\beta_1=\frac{\text{Cov}(X_1,\mu)}{\text{Var}(X_1)} \tag{2.3.2}$$

所以，若 X_1 与 μ 正相关，则 $\hat{\beta}_1$ 的不一致性就为正；而若 X_1 与 μ 负相关，则 $\hat{\beta}_1$ 的不一致性就为负。如果 X_1 与 μ 之间的协方差相对 X_1 的方差很小，那么这种不一致就可以被忽略。不幸的是，由于 μ 是观测不到的，所以甚至还不能估计出这个协方差有多大。

假设真实模型

$$Y=\beta_0+\beta_1X_1+\beta_2X_2+\upsilon$$

满足前四个高斯－马尔科夫假定。那么，υ 的均值就是零，而且与 X_1 和 X_2 都不相关。如果 $\hat{\beta}_0$、$\hat{\beta}_1$ 和 $\hat{\beta}_2$ 表示 Y 对 X_1 和 X_2 回归所得到的 OLS 估计量，那么定理 2.3.1 则意味着这些估计量都是一致的。如果在回归中漏掉 X_2，而将 Y 对 X_1 进行一元回归，那么 $\mu=\beta_2X_2+\upsilon$。令 $\tilde{\beta}_1$ 表示一元回归的斜率估计量，于是

$$\text{Plim}\tilde{\beta}_1=\beta_1+\beta_2\frac{\text{Cov}(X_1,X_2)}{\text{Var}(X_1)}$$

如果 X_1 和 X_2(在总体中)不相关，那么 $\text{Cov}(X_1,X_2)=0$，从而 $\tilde{\beta}_1$ 是 β_1 的一致估计量(尽管不一定是无偏的)；如果 X_2 对 Y 具有正的偏效应，以至 $\beta_2>0$，且 X_1 和 X_2 正相关，那么，$\tilde{\beta}_1$ 的不一致性便是正偏的；如此等等。当然，如果 X_1 和 X_2 之间的协方差相对 X_1 的方差而言很小，那么这种不一致性也会很小。

例如，假设考试分数(*Score*)由逃课次数(*Skipped*)和上一学期的 GPA(*Pri*GPA)以及影响考试成绩的其他无法观测因素(如学生能力)解释

$$Score=\beta_0+\beta_1Skipped+\beta_2Pri\text{GPA}+\mu$$

如果 $\tilde{\beta}_1$ 是考试分数对逃课次数的一元回归，那么渐近偏误小于零，即一元回归会高估逃课次数的影响。因为 $\beta_2>0$，$\text{Cov}(Skipped,Pri\text{GPA})<0$，从而 $\text{Plim}\tilde{\beta}_1<\beta_1$。

二、渐近正态分布与大样本推断

虽然估计量的一致性是一个重要性质，但仅有一致性还不足以进行统计推断，仅知道估计量随着样本容量的扩大而越来越接近总体值，还不足以对参数假设进行检验，为了进行检验，还需 OLS 估计量进行抽样分布。在经典线性模型假定 1－6 下，定理 2.2.5 表明，抽样分布是正态的。这个结论正是推导在应用计量经济学中常用的 t 和 F 分布的基础。

OLS 估计量的正态性，取决于总体中误差 μ 分布的正态性。如果误差 $\mu_1,\mu_2,\cdots,\mu_n$ 是从某个非正态分布中随机抽取的，那么 $\hat{\beta}_j$ 也不会呈正态分布，这就意味着，t 统计量不再具有 t 分布，而 F 统计量也不再具有 F 分布。由于推断取决于能否从 t 或 F 分布中得

到临界值或 p 值，所以这是一个潜在的严重问题。

假定 6 表述的是，对于给定的 $X_1, X_2, \cdots, X_k$，Y 的分布是正态的。因为在一个特定的应用中，可以观测到 Y 而观测不到 μ，所以考虑 Y 的分布是不是正态的，就容易得多。一个正态分布随机变量的特点是，对称地分布在其均值两边，它可以取任何一个正值或负值（但取每个值的概率都是 0），而且分布中超过 95%的面积处在两倍标准差之内。事实上，被解释变量 Y 不可能具有正态分布的例子很多。例如，在一个解释拘捕的线性模型

$$Narr86=\beta_0+\beta_1 Pcnv+\beta_2 Avgsen+\beta_3 Ptime86+\beta_4 Qemp86+\mu$$

中，$Narr86$ 表示青年人在一特定年份被拘捕的次数，$Pcnv$ 表示 1986 年前被捕而定罪的比例，$Avgsen$ 表示此前定罪被宣判的平均时长，$Ptime86$ 表示 1986 年在监狱度过的月数，而 $Qemp86$ 表示此人在 1986 年被雇用的季度数。

在总体中，多数人在这一年没有被拘捕过，而且绝大多数人最多只被拘捕过一次。（在数据集 Crime l. dta 中由 2725 个人构成的样本中，只有不到 8%的人在 1986 年被拘捕过一次以上。）由于对样本中 92%的人来说，变量 $Narr86$ 都只取两个值，因此它在总体中不可能接近正态分布，如图 2.3.2 所示。

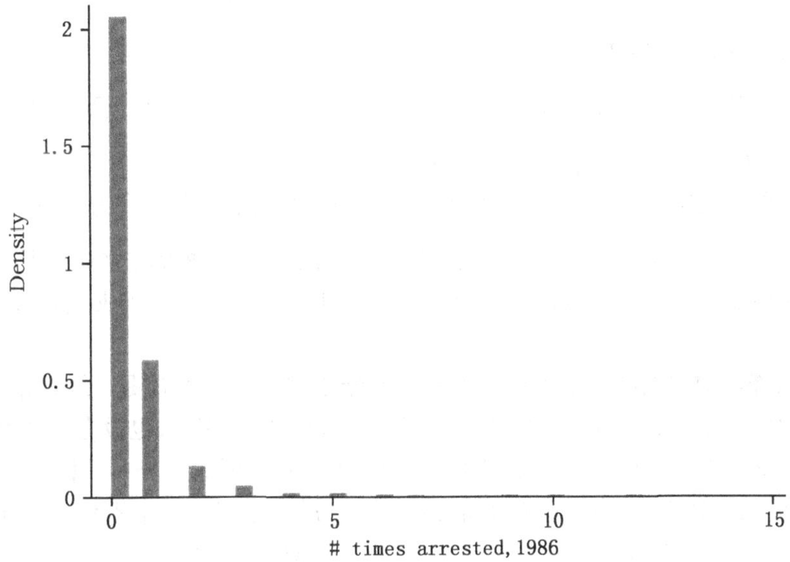

图 2.3.2　拘捕频数分布图

正态分布对 OLS 的无偏性不起任何作用，也不影响 OLS 在高斯一马尔科夫假定下成为最优线性无偏估计的结论。但基于 t 或 F 统计量的准确推断还要求假定 6。实际上，尽管 Y 不是来自一个正态分布，但可以利用中心极限定理断定：OLS 估计量满足**渐近正态性**(asymptotic normality)。也就是说，至少在大样本容量情况下，OLS 估计量是近似正态分布的。

定理 2.3.2　OLS 的渐近正态性

在高斯一马尔科夫假定 1—5 下，

(1) $\sqrt{n}(\hat{\beta}_j-\beta_j)\underset{\sim}{a}N(0,\sigma^2/a_j^2)$,其中,$a_j^2=\text{Plim}(\frac{1}{n}\sum_{i=1}^{n}\hat{r}_{ij}^2)$,$r_{ij}$ 是X_j 对其余自变量进行回归所得的残差,称$\hat{\beta}_j$为渐近正态分布的;

(2)$\hat{\sigma}^2$ 是 $\sigma^2=\text{Var}(\mu)$的一个一致估计量;

(3)对每个 j,都有$(\hat{\beta}_j-\beta_j)/\text{sd}(\hat{\beta}_j)\underset{\sim}{a}N(0,1)$且$(\hat{\beta}_j-\beta_j)/\text{se}(\hat{\beta}_j)\underset{\sim}{a}N(0,1)$,其中,$\text{se}(\hat{\beta}_j)$就是常规的 OLS 标准误。

定理 2.3.2 的重要之处在于,它去掉了经典线性模型的正态性假定 6。于是,对误差分布唯一的限制是,它具有有限方差。

可能有人会认为,样本容量增加会导致 μ 的分布变化,比如,越来越接近正态分布。但是,实际上总体分布是恒定的且与样本量大小无关,如变量 $Narr86$,在总体中是较小的非负整数,这在总体中是确定的,无论抽样样本容量是 100 还是 1000 对于总体分布都不会有影响。

定理 2.3.2 表明,无论 μ 的总体分布如何,标准化之后的 OLS 估计量都是近似于正态分布的。无论用 $\hat{\beta}_j-\beta_j$ 除以 $\text{sd}(\hat{\beta}_j)$(无法度量,因为其结果取决于 σ),还是除以$\text{se}(\hat{\beta}_j)$(可以由观测值计算得到,因为其结果取决于 $\hat{\sigma}$),标准化 $\hat{\beta}_j$ 都服从渐近标准正态分布。用 $\hat{\sigma}$ 替代σ 影响标准化$\hat{\beta}_j$ 的精确分布,比如,在经典线性假定下,$(\hat{\beta}_j-\beta_j)/\text{sd}(\hat{\beta}_j)$服从精确的 $N(0,1)$,而$(\hat{\beta}_j-\beta_j)/\text{se}(\hat{\beta}_j)$服从精确的 t_{n-k-1}。

同时,当采取大样本分析时,应当使用标准正态分布而非 t 分布作为参考。但是从实证角度看$(\hat{\beta}_j-\beta_j)/\text{se}(\hat{\beta}_j)\underset{\sim}{a}t_{n-k-1}$,这是由于 t 分布在自由度增大时趋向服从 $N(0,1)$。这也表明,在高斯—马尔科夫假定下进行 t 检验和构造置信区间,与经典线性模型假定下完全一样。

如果样本容量不是很大,那么当 μ 不是正态分布时,t 分布可能是 t 统计量分布的不好的近似。而且,在近似程度足够好之前,对于样本容量应该多大,也没有一般性的规定。有人认为 $n=30$ 就令人满意了,但这不可能足以对 μ 所有可能的分布。根据 μ 的分布,在应用中心极限定理之前,多一些观测是必要的。另外,近似的质量不仅取决于 n,还取决于自由度 $n-k-1$,模型中的自变量越多,使用 t 近似通常就需要越大的样本容量。

定理 2.3.2 必须要求同方差性假定(与零条件均值假定一起),这一点很重要。如果 $\text{Var}(Y|X)$不是常数,那么无论样本容量有多大,常规的 t 统计量和置信区间都是无效的。

定理 2.3.2 的结论之一是,$\hat{\sigma}^2$ 是 σ^2 的一个一致估计量。在高斯—马尔科夫假定下,$\hat{\sigma}^2$ 是 σ^2 的无偏估计量。一致性意味着 $\hat{\sigma}$ 是σ 的一个一致估计量。

OLS 估计量的渐近正态还意味着,在大样本容量情况下,F 统计量具有近似的 F 分布。因此,对排除性约束和其他多元假设的检验,与前面的做法并无二致。

三、其他大样本检验:拉格朗日乘数统计量

一旦进入渐近分析的阶段,就可以找到可用于假设检验的其他检验统计量。虽然在多数情况下,没有理由去使用 t 和 F 之外的统计量:因为这些统计量无需正态性假定而具有大样本下的正确性,不过有时候用其他方法检验多元排除约束也很有用。下面介绍在现代计量经济学中已被广泛接受的**拉格朗日乘数统计量**(Lagrange multiplier statistic,LM)。

"拉格朗日乘数统计量"一词源于约束条件下的最优化问题。这里推导的 LM 统计量的形式依赖于高斯—马尔科夫假定,也是那些在大样本条件下使得 F 统计量有效的假定,不需要正态性假定。

考虑通常包含 k 个自变量的多元回归模型

$$Y=\beta_0+\beta_1X_1+\beta_2X_2+\cdots+\beta_kX_k+\mu$$

要检验的是,这些变量中的后 q 个是否在总体中参数都为零,即虚拟假设是

$$H_0:\beta_{k-q+1}=0,\cdots,\beta_k=0$$

备择假设是这些参数中至少有一个不是零。

LM 统计量仅要求估计约束模型。于是,假设进行了如下回归

$$Y=\tilde{\beta}_0+\tilde{\beta}_1X_1+\tilde{\beta}_2X_2+\cdots+\tilde{\beta}_{k-q}X_{k-q}+\tilde{\mu}$$

如果被排除的变量 X_{k-q+1} 到 X_k 在总体中的系数都为零,那么 $\tilde{\mu}$ 应该与样本中这些变量中的每一个都不相关,至少近似无关。于是,将这些残差对那些在 H_0 下被排除的变量进行一个回归,因为模型中遗漏的变量通常都与其中出现的变量相关,所以**辅助回归**(auxiliary regression)通常应该包含所有解释变量,即 $\tilde{\mu}$ 对所有变量进行回归。

辅助回归的目的是计算出一个检验统计量,所以无需考虑回归系数的意义。如果虚拟假设是正确的,那么由于 $\tilde{\mu}$ 近似地与所有自变量都不相关,所以在存在抽样误差的情况下辅助回归的 R^2 也应该"接近"于零。与通常的假设检验一样,问题是如何决定在一个选定的显著性水平下统计量大到什么程度才足以拒绝虚拟假设。结果是,样本容量乘以辅助回归 R^2,渐近服从一个自由度为 q 的 χ^2 随机变量的分布。这就给出了检验一组 q 个自变量联合显著性的简单程序,用以计算 q 个排除性约束的拉格朗日乘数统计量。

(i)将 Y 对施加限制后的解释变量集进行回归,并保存残差 $\tilde{\mu}$;

(ii)将 $\tilde{\mu}$ 对所有自变量进行回归,并得到 R^2,记为 R_u^2,并计算 $\mathrm{LM}=nR_u^2$。

将 LM 与 $\chi^2(q)$分布中适当的临界值 cv 相比较,如果 LM>cv,就拒绝虚拟假设。最好能得到 p 值,即 $\chi^2(q)$随机变量超过检验统计量值的概率。如果小于理想的显著性水平,那么就拒绝 H_0;否则,就不能拒绝 H_0。

根据其形式,LM 统计量有时也被称为 $n-R^2$ 统计量(n-Rsquared statistic)。与 F 统计量不同,无约束模型中的自由度在进行 LM 检验时没有什么作用。所有起作用的因素只是被检验约束的个数 q、辅助回归 R^2 的大小和样本容量 n。无约束模型中的 df 没有什么作用,这是因为 LM 统计量的渐近性质,但必须确定将 R_u^2 乘以样本容量,以得到 LM,如果 n 很大,R_u^2 看上去较低的值仍可能导致联合显著性。

例 2.3.1 犯罪的经济模型

对于犯罪经济模型

$$Narr86=\beta_0+\beta_1 Pcnv+\beta_2 Avgsen+\beta_3 Tottime+\beta_4 Ptime86+\beta_5 Qemp86+\mu$$

其中,$Narr86$ 是一个人被拘捕的次数,$Pcnv$ 表示 1986 年前被捕而定罪的次数,$Avgsen$ 表示此前定罪被宣判的平均时间长度,$Tottime$ 表示在 1986 年前此人年满 18 周岁后被送进监狱的总时间,$Ptime86$ 表示 1986 年在监狱度过的月数,而 $Qemp86$ 表示此人在 1986 年合法就业的季度数。

用 LM 统计量检验:在控制了其他因素后,$Avgsen$ 和 $Tottime$ 对 $Narr86$ 没有影响。

用 Stata 软件分析的过程如下:

```
*模块一: 数据导入
use "F:\Econometrics\data\Crime86.dta", clear
*模块二: 数据分析
reg Narr86 Pcnv Avgsen Tottime Ptime86 Qemp86
reg Narr86 Pcnv Ptime86 Qemp86
predict uhat, residual
reg uhat Pcnv Avgsen Tottime Ptime86 Qemp86
display e(N)*e(r2)
display invchi2tail(2,.10)
display invchi2tail(2,.15)
scalar nr2=e(N)*e(r2)
display chi2tail(2,nr2)
```

首先,直接对所有变量回归,如图 2.3.3 所示。从 t 统计量发现,$Avgsen$ 和 $Tottime$ 不显著。

Source	SS	df	MS			
				Number of obs	=	2,725
				F(5, 2719)	=	24.29
Model	85.9532425	5	17.1906485	Prob > F	=	0.0000
Residual	1924.39391	2,719	.707757967	R-squared	=	0.0428
				Adj R-squared	=	0.0410
Total	2010.34716	2,724	.738012906	Root MSE	=	.84128

Narr86	Coefficient	Std. err.	t	P>|t|	[95% conf.	interval]
Pcnv	-.1512246	.040855	-3.70	0.000	-.2313346	-.0711145
Avgsen	-.0070487	.0124122	-0.57	0.570	-.031387	.0172897
Tottime	.0120953	.0095768	1.26	0.207	-.0066833	.030874
Ptime86	-.0392585	.0089166	-4.40	0.000	-.0567425	-.0217745
Qemp86	-.1030909	.0103972	-9.92	0.000	-.1234782	-.0827037
_cons	.7060607	.0331524	21.30	0.000	.6410542	.7710671

图 2.3.3 直接回归结果

排除两个不显著变量,受约束回归结果如图 2.3.4 所示。

Source	SS	df	MS			
				Number of obs	=	2,725
				F(3, 2721)	=	39.10
Model	83.0741941	3	27.691398	Prob > F	=	0.0000
Residual	1927.27296	2,721	.708295833	R-squared	=	0.0413
				Adj R-squared	=	0.0403
Total	2010.34716	2,724	.738012906	Root MSE	=	.8416

Narr86	Coefficient	Std. err.	t	P>|t|	[95% conf.	interval]
Pcnv	-.1499274	.0408653	-3.67	0.000	-.2300576	-.0697973
Ptime86	-.0344199	.008591	-4.01	0.000	-.0512655	-.0175744
Qemp86	-.104113	.0103877	-10.02	0.000	-.1244816	-.0837445
_cons	.7117715	.0330066	21.56	0.000	.647051	.776492

图 2.3.4 受约束回归结果

计算受约束回归的残差,然后残差对所有变量回归,如图 2.3.5 所示。

Source	SS	df	MS			
				Number of obs	=	2,725
				F(5, 2719)	=	0.81
Model	2.87904835	5	.575809669	Prob > F	=	0.5398
Residual	1924.39392	2,719	.707757969	R-squared	=	0.0015
				Adj R-squared	=	-0.0003
Total	1927.27297	2,724	.707515773	Root MSE	=	.84128

uhat	Coefficient	Std. err.	t	P>|t|	[95% conf.	interval]
Pcnv	-.0012971	.040855	-0.03	0.975	-.0814072	.0788129
Avgsen	-.0070487	.0124122	-0.57	0.570	-.031387	.0172897
Tottime	.0120953	.0095768	1.26	0.207	-.0066833	.030874
Ptime86	-.0048386	.0089166	-0.54	0.587	-.0223226	.0126454
Qemp86	.0010221	.0103972	0.10	0.922	-.0193652	.0214093
_cons	-.0057108	.0331524	-0.17	0.863	-.0707173	.0592956

图 2.3.5 辅助回归结果

计算 LM 统计量:

LM=4.07

而 $\chi^2(2,0.1)=4.61$,于是,在 10%的显著性水平下不能拒绝虚拟假设。

而 $\chi^2(2,0.15)=3.79$,所以,在 15%的显著性水平下拒绝虚拟假设。当然,p 值 $P[\chi^2(2)>4.07]\approx 0.131$ 也证实了这一点。

也就是说,平均刑期 *Avgsen* 和入狱总时长 *Tottime* 对 *Narr*86 没有影响。

另外,对 LM 统计量必须确定在两次回归中使用了同样的观测。如果在虚拟假设下被排除的某些自变量存在数据缺失问题,那么受约束回归得到的残差应该得自对删减后数据集的回归。

四、渐近有效性

在高斯—马尔科夫假定下,OLS估计量是最优线性无偏的。在高斯—马尔科夫假定下,OLS在一类估计量中也是**渐近有效**(asymptotically efficient)的。

一般情形,在 k 元回归中,可以得到一类一致估计量

$$\sum_{i=1}^{n} g_j(X_i)(Y_i-\tilde{\beta}_0-\tilde{\beta}_1X_{i1}-\cdots-\tilde{\beta}_{ik}X_{ik})=0, j=0,1,\cdots,k \tag{2.3.3}$$

其中,$g_j(X_i)$表示第 i 次观测值的所有自变量的任意函数。

定理2.3.3 OLS的渐近有效性

在高斯—马尔科夫假定下,令 $\tilde{\beta}_j$ 表示从求解形如式(2.3.3)的方程所得到的估计量,而 $\hat{\beta}_j$ 表示OLS估计量。那么,对 $j=0,1,\cdots,k$,OLS估计量具有最小的渐近方差:

$$\text{Avar}\sqrt{n}(\hat{\beta}_j-\beta_j)\leqslant\text{Avar}\sqrt{n}(\tilde{\beta}_j-\beta_j)$$

本节在技术上比较复杂,但含义却简单清晰:在大样本条件下,放宽第4条高斯—马尔科夫假定,OLS估计量是一致的,无需误差服从正态分布假定(第6条基本假定),所有检验和置信区间构造都是渐近有效的,LM检验有时候也很有用。

第四节 放宽假定3:多重共线性

在讨论了回归模型干扰项违背正态分布假定的有限样本和渐近性质后,本节将讨论模型的解释变量违背基本假定的问题。

实际上,要建立一个好的计量经济模型,不但需要好的参数估计,而且需要好的推断检验。前者是根据随机样本得到一个特定的随机估计,后者是确认样本与总体的关系。违背基本假定要么影响参数估计,要么影响推断检验,这些都必然会影响计量经济模型的实际应用价值。在对计量经济模型进行检验时,绪论已经指出至少包括4个方面,即所谓的4级检验:一是经济意义检验,二是统计检验,三是计量经济检验,四是预测检验。其中的计量经济检验就是指检验模型是否违背基本假定。截面数据多元回归计量经济模型的基本假定包括关于模型、抽样、变量关系、变量与误差项关系、误差项及其分布6个方面。多重共线性就是讨论模型违背变量关系假定及其修正处理的。

一、多重共线性的定义

对于多元回归模型

$$Y_i=\beta_0+\beta_1X_{i1}+\beta_2X_{i2}+\cdots+\beta_kX_{ik}+\mu_i$$

其基本假定之三是解释变量 $X_1,X_2,\cdots,X_k$ 之间不存在严格线性关系。如果某两个或多个解释变量之间出现了相关性,则称为存在**多重共线性**(Multicollinearity)。

如果存在

$$c_1X_{i1}+c_2X_{i2}+\cdots+c_kX_{ik}=0$$

其中，c_j 不全为 0，即某一个解释变量可以用其他解释变量的线性组合表示，则称为解释变量间存在**完全共线性**(perfect multicollinearity)。如果存在

$$c_1X_{i1}+c_2X_{i2}+\cdots+c_kX_{ik}+\upsilon_i=0$$

其中，c_j 不全为 0，υ_i 为随机误差项，则称为**近似共线性**(approximate multicollinearity)或**交互相关**(intercorrelated)。

在矩阵表示的线性回归模型

$$Y=X\beta+\mu$$

中，完全共线性指秩 $\mathrm{Rank}(X)<k+1$，即矩阵

$$X=\begin{pmatrix} 1 & X_{11} & \cdots & X_{1k} \\ 1 & X_{21} & \cdots & X_{2k} \\ \vdots & \vdots & \vdots & \vdots \\ 1 & X_{n1} & \cdots & X_{nk} \end{pmatrix}_{n\times(k+1)}$$

中，至少有一列向量可由其他列向量(不包括第一列)线性表出。例如，$X_2=\lambda X_1$，这时 X_1 与 X_2 的相关系数为 1，解释变量 X_2 对被解释变量的作用完全可由 X_1 代替。在实际经济现象研究中，完全共线性的情况并不多见，一般出现的是在一定程度上的共线性，即近似共线性。

二、实际经济管理问题中的多重共线性

一般地，实际经济问题中产生多重共线性的原因主要有两个方面：

(一)与经济变量相关的共同趋势

样本数据中出现多重共线性的主要原因在于许多经济变量存在相关的共同趋势。如在宏观上，经济繁荣时期，各宏观基本经济变量(收入、消费、投资、价格)都趋于增长；经济衰退时期，则又同时趋于下降。这些变量的样本数据往往呈现某些近似的比例关系。

在微观上，以某一行业的企业为样本建立企业生产函数模型，以产出量为被解释变量，选择资本、劳动、技术等投入要素为解释变量，这些投入要素的数量往往与产出量成正比，产出量高的企业，投入的各种要素都比较多，这就使得投入要素之间出现线性相关性。如果以这些变量的线性关系作为模型的数学形式，那么多重共线性是难以避免的。

具体到个人，比如在考试成绩受出勤率影响的例子中，除了出勤，能力也能解释考试成绩，而出勤率与能力之间可能存在共同的趋势，也就是说，能力强的同学可能出勤率也高。

(二)样本资料的限制

由于完全符合理论模型所要求的样本数据较难收集，在现有数据条件下，特定样本可能存在某种程度的多重共线性。

三、多重共线性的影响

计量经济模型一旦出现多重共线性,如果仍采用普通最小二乘法估计模型参数,则会产生下列不良影响:

(一)完全共线性下参数估计量不存在

多元线性模型

$$Y = X\beta + \mu$$

的普通最小二乘参数估计量为

$$\hat{\beta} = (X'X)^{-1}X'Y$$

如果出现完全共线性,那么$(X'X)^{-1}$不存在,这样就无法得到参数的估计量。

例如,对一个二元回归模型

$$Y_i = \beta_0 + \beta_1 X_{i1} + \beta_2 X_{i2} + \mu_i$$

如果两个解释变量完全相关,如$X_2 = \lambda X_1$,则该二元回归模型退化为一元回归模型:

$$Y_i = \beta_0 + (\beta_1 + \lambda\beta_2)X_{i1} + \mu_i$$

这时,只能确定综合参数$\beta_1 + \lambda\beta_2$的估计值:

$$\widehat{\beta_1 + \lambda\beta_2} = \frac{\sum_{i=1}^{n} x_{i1} y_i}{\sum_{i=1}^{n} x_{i1}^2}$$

却无法确定β_1、β_2各自的估计值。

(二)近似共线性下普通最小二乘参数估计量的方差变大

在近似共线性下,虽然可以得到普通最小二乘参数估计量,但是有参数估计量方差的表达式

$$\mathrm{Var}(\hat{\beta}) = \sigma^2 (X'X)^{-1}$$

由于此时$|X'X| \approx 0$,引起$(X'X)^{-1}$主对角线元素较大,使得参数估计量的方差增大,从而不能对总体参数做出准确推断。

仍以二元线性模型为例,$\hat{\beta}_1$的方差为

$$\mathrm{Var}(\hat{\beta}_1) = \frac{\sigma^2 \sum x_{i2}^2}{\sum x_{i1}^2 \sum x_{i2}^2 - (\sum x_{i1} x_{i2})^2}$$

$$= \frac{\dfrac{\sigma^2}{\sum x_{i1}^2}}{1 - \dfrac{(\sum x_{i1} x_{i2})^2}{\sum x_{i1}^2 \sum x_{i2}^2}}$$

$$=\frac{\sigma^2}{\sum x_{i1}^2}\cdot\frac{1}{1-r^2}$$

其中，$\frac{(\sum x_{i1}x_{i2})^2}{\sum x_{i1}^2\sum x_{i2}^2}$ 恰为X_1 与X_2 的线性相关系数 r 的平方，由于$r^2\leqslant 1$，故$\frac{1}{1-r^2}\geqslant 1$。

当完全不共线时，$r^2=0$，$\mathrm{Var}(\hat{\beta}_1)=\frac{\sigma^2}{\sum x_{i1}^2}$。

当近似共线时，$0<r^2<1$，$\mathrm{Var}(\hat{\beta}_1)=\frac{\sigma^2}{\sum x_{i1}^2}\cdot\frac{1}{1-r^2}>\frac{\sigma^2}{\sum x_{i1}^2}$，即多重共线性使参数估计量的方差增大，**方差膨胀因子**(variance inflation factor，VIF)为

$$\mathrm{VIF}(\hat{\beta}_1)=\frac{1}{1-r^2}$$

其增大趋势见表 2.4.1：

表 2.4.1　方差膨胀因子表

相关系数平方	0	0.5	0.8	0.9	0.95	0.96	0.97	0.98	0.99	0.999
方差膨胀因子	1	2	5	10	20	25	33	50	100	1000

当存在完全共线性时，$r^2=1$，$\mathrm{Var}(\hat{\beta}_1)=\infty$。

一般认为，当 VIF>10 时(此时，$r^2=0.9$，相关系数 r 接近 0.95)，模型存在比较严重的多重共线性。

(三)参数估计量经济含义不合理

如果模型中两个解释变量具有线性相关性，例如，X_1 和 X_2，那么它们中的一个变量就可以由另一个变量表示。这时，X_1 和 X_2 前的参数并不能反映各自与被解释变量之间的结构关系，而是反映它们对被解释变量的共同影响，所以各自的参数也就失去了应有的经济含义，经常表现为似乎反常的结果，如估计结果理论上本来应该是正的，而实际数据结果却是负的。

一般经验是，如果在多元回归模型估计时，参数估计值的经济意义明显不合理，则应该怀疑是否存在多重共线性。

(四)变量的显著性检验失去意义

存在多重共线性时，参数估计值的方差与标准差变大，从而使通过样本计算的 t 值小于临界值，误导作出参数为 0 的推断，可能将重要的解释变量排除在模型之外。

(五)模型的预测功能失效

变大的方差容易使预测的“区间”变大，使预测失去意义。

值得注意的是，除非变量出现完全共线性，多重共线性并不意味着任何基本假定的违背，因此，即使出现较高程度的多重共线性，普通最小二乘估计量仍具有线性性、无偏性、

有效性、渐近无偏、渐近有效和一致性等良好特性。但是问题在于,即使普通最小二乘法仍是最好的估计方法,但它却不是"完美的",尤其是在统计推断上无法给出真正有用的信息。如果模型的主要目的在于预测,一般不太需要考虑多重共线性问题,因为这时解释变量越多,拟合优度越大,预测就会越准确。但是如果模型的主要目的是经济结构分析,则需要检验和排除多重共线性。

四、多重共线性的检验

由于多重共线性表现为解释变量之间具有相关关系,所以用于多重共线性的检验方法,主要是统计方法,例如,判定系数检验法、逐步回归检验法等。多重共线性检验的任务:一是检验多重共线性是否存在;二是判断存在多重共线性的范围。

(一)检验多重共线性是否存在

1. 对只含两个解释变量的模型,采用简单相关系数法

求出 X_1 与 X_2 的简单相关系数 r,若 $|r|$ 接近 1,则说明两变量存在较强的多重共线性。

2. 对含有多个解释变量的模型,采用综合统计检验法

若在 OLS 下,模型的 R^2 与 F 值较大,但各参数估计值的 t 检验值较小,则说明各解释变量对 Y 的联合线性作用显著,但各解释变量间存在共线性而使得它们对 Y 的独立作用不能分辨,故 t 检验不显著。

(二)判断存在多重共线性的范围

如果存在多重共线性,则需进一步确定究竟是由哪些变量引起的。

1. 判定系数检验法

此法是作模型中每一个解释变量对其余解释变量的回归,并计算相应的判定系数。如果在某一种形式中判定系数较大,则说明在该形式中作为被解释变量的 X_j 可以用其他解释变量的线性组合代替,即 X_j 与其他解释变量之间存在共线性。

可进一步对上述出现较大判定系数的回归方程作 F 检验:

$$F=\frac{R_j^2/(k-1)}{(1-R_j^2)/(n-k)}\sim F(k-1,n-k)$$

式中,R_j^2 为第 j 个解释变量对其他解释变量的回归方程的判定系数。若存在较强的共线性,则 R_j^2 较大且接近于 1,这时 $(1-R_j^2)$ 较小,从而 F_j 的值较大,因此,可以给定显著性水平 α,通过计算 F 值与相应的临界值进行比较检验。此时,虚拟假设为 X_j 与其他解释变量间不存在显著的线性关系。

与之等价的另一个检验是,在模型中排除某一个解释变量 X_j,估计模型,如果拟合优度与包含 X_j 时十分接近,则说明 X_j 与其他解释变量之间存在共线性。

2. 逐步回归检验法

此法以 Y 为被解释变量,逐个引入解释变量,构成回归模型,进行模型估计。此法根

据拟合优度的变化决定新引入的变量是否可以用其他变量的线性组合代替，而不作为独立的解释变量。如果拟合优度变化显著，则说明新引入的变量是一个独立解释变量；如果拟合优度变化很不显著，则说明新引入的变量不是一个独立解释变量，它可以用其他变量的线性组合代替，也就是说，它与其他变量之间存在共线性关系。

五、修正多重共线性的方法

如果模型被检验证明存在多重共线性，则需要发展新的方法估计模型，最常用的方法有两类。

第一类方法：排除引起共线性的变量。找出引起多重共线性的解释变量，将它从模型中排除出去，是最为有效的修正多重共线性问题的方法。

第二类方法：减小参数估计量的方差。多重共线性的主要后果是参数估计量具有较大的方差，所以采取适当的方法减小参数估计量的方差，虽然没有消除模型中的多重共线性，但确能消除多重共线性造成的影响。例如，增加样本容量，可使参数估计量的方差减小。

20 世纪 70 年代发展的**岭回归法**（Ridge Regression），以引入偏误为代价减小参数估计量的方差，受到人们的重视。

最后需要指出的是，多重共线性是一种样本现象。同一个模型在一个样本下可能表现出多重共线性，而在另一个样本下可能就不存在多重共线性，因此增加样本容量就有可能消除多重共线性。

另外，多重共线性的主要问题在于使参数估计量的方差变大，随机扰动项的方差、变量的变异程度与方差膨胀因子一起决定着参数估计量的方差。如果存在多重共线性，但随机扰动项的方差很小或变量的变异程度很大，都可能得到较小的参数估计量的方差。这时，即使有较严重的多重共线性，也不会带来不良后果。因此，只要回归方程估计的参数标准差较小，t 统计值较大，就没有必要去过分关心是否存在多重共线性的问题。

需要特别指出的是，最小二乘法并没有假定解释变量之间彼此完全独立。但是，当一个解释变量与另一个或几个解释变量高度相关甚至完全相关时，才出现问题。没有共线性（no collinearity）准确地说应该是没有严重的共线性（no serious collinearity）或没有完全共线性（no perfect collinearity）。简单地说，多重共线性可以理解为同语反复，一件事，不管多么重要，连说两次，控制了其中一次的效果，另一次的效果就不显著。比如，在回归模型中解释变量既包含学历又包含上学年数，就是在时间这同一个维度上的反复使用，在回归分析中就表现为多重共线性。

六、案例：中国粮食生产函数

例 2.4.1　根据理论和经验分析，影响粮食生产（Y）的主要因素有：粮食作物播种面积（X_1）、有效灌溉面积（X_2）、化肥施用量（X_3）、大中型拖拉机数量（X_4）、小型拖拉机数量（X_5）、农作物受灾面积（X_6）和就业人员（X_7）。表 2.4.2 列出了中国粮食生产的相关数据,建立中国粮食生产函数模型。

表 2.4.2　　2020年中国粮食生产与相关投入资料

地区	粮食产量 Y(万吨)	粮食作物播种面积 X_1(千公顷)	有效灌溉面积 X_2(千公顷)	化肥施用折纯量 X_3(万吨)	大中型拖拉机数量 X_4(万台)	小型拖拉机数量 X_5(万台)	农作物受灾面积 X_6(千公顷)	农业劳动力 X_7(万人)
北京	30.53	48.9	109.35	6.06	0.413	0.2007	1.6	28
天津	228.18	350.2	299.12	15.29	1.3392	0.3378	17.2	36
河北	3795.89	6388.8	4470.03	285.71	30.6385	112.4406	371.4	815
山西	1424.27	3130.02	1517.38	107.41	11.317	27.8752	1029.9	424
内蒙古	3664.1	6833.17	3199.12	207.69	39.1184	83.404	2367.8	443
辽宁	2338.83	3527.16	1632.54	137.57	19.1889	39.4466	1321.5	631
吉林	3803.17	5681.78	1905.44	225.29	38.4677	87.9185	1219.4	472
黑龙江	7540.78	14438.38	6171.61	224.22	63.7291	97.8901	3178.5	538
上海	91.44	114.26	165.05	6.89	0.7431	0.2214	5.2	27
江苏	3729.06	5405.64	4224.73	280.75	17.1592	58.7542	135.6	675
浙江	605.7	993.4	1415.7	69.61	1.5867	5.0451	114.1	208
安徽	4019.22	7289.52	4608.83	289.9	26.2506	200.4882	1237.9	815
福建	502.32	834.43	1110.42	100.81	0.5837	8.1347	65.3	323
江西	2163.88	3772.38	2038.49	108.81	5.1334	32.4394	943.2	455
山东	5446.81	8281.54	5293.56	380.88	50.4125	197.5826	382.2	1373
河南	6825.8	10738.79	5463.07	647.98	39.7203	301.5965	670.4	1223
湖北	2727.43	4645.27	3086.04	267.32	18.1723	112.5819	1632.2	897
湖南	3015.12	4754.75	3192.9	223.73	10.7671	21.9231	817.1	836
广东	1267.56	2204.69	1776.46	219.8	2.6338	31.0346	84.1	767
广西	1370.02	2806.09	1731.03	247.85	5.4894	53.0986	279.3	866
海南	145.47	270.73	292.21	42.61	2.2885	5.7799	40.4	171
重庆	1081.42	2003.06	698.32	89.83	0.2353	0.4747	158.5	378
四川	3527.43	6312.61	2992.24	210.82	7.6077	14.818	632.5	1542
贵州	1057.63	2754.13	1165.49	78.78	1.9241	11.7768	233.4	634
云南	1895.86	4167.4	1978.07	196.65	7.3261	28.965	1225	1226
西藏	102.87	182.31	282.82	4.4	6.9733	21.0964	9.2	69
陕西	1274.83	3001.05	1336.81	201.91	11.0495	21.0456	532.3	632
甘肃	1202.21	2638.29	1338.6	80.36	11.4682	72.6865	395.6	597

续表

地区	粮食产量 Y(万吨)	粮食作物播种面积 X_1（千公顷）	有效灌溉面积 X_2（千公顷）	化肥施用折纯量 X_3（万吨）	大中型拖拉机数量 X_4（万台）	小型拖拉机数量 X_5（万台）	农作物受灾面积 X_6（千公顷）	农业劳动力 X_7（万人）
青海	107.42	290.03	219.25	5.45	1.2482	25.3533	43.1	71
宁夏	380.49	679.18	552.53	38.06	4.5586	16.8301	175.4	83
新疆	1583.4	2230.19	4893.35	248.23	39.7303	36.3594	638.3	460

数据来源：国家统计局．中国统计年鉴 2021[M]．北京：中国统计出版社，2021.

设中国粮食生产模型为

$$\ln(Y_i)=\beta_0+\beta_1\ln(X_{i1})+\beta_2\ln(X_{i2})+\beta_3\ln(X_{i3})+\beta_4\ln(X_{i4})+\beta_5\ln(X_{i5})+\beta_6\ln(X_{i6})+\beta_7\ln(X_{i7})+\mu_i$$

1. 用 OLS 法估计中国粮食生产函数

$$\ln(\hat{Y})=\underset{(0.3312)}{-0.7013}+\underset{(0.0782)}{0.9241}\ln(X_1)+\underset{(0.0867)}{0.1630}\ln(X_2)+\underset{(0.0632)}{0.1141}\ln(X_3)$$

$$+\underset{(0.0365)}{0.0729}\ln(X_4)-\underset{(0.0288)}{0.0630}\ln(X_5)-\underset{(0.0335)}{0.0549}\ln(X_6)-\underset{(0.0677)}{0.1097}\ln(X_7)$$

$$R^2=0.9939,\bar{R}^2=0.9920,F=531.10$$

结果如图 2.4.1 所示。

Source	SS	df	MS			
				Number of obs	=	31
				F(7, 23)	=	531.10
Model	60.4307735	7	8.63296764	Prob > F	=	0.0000
Residual	.373864138	23	.016254963	R-squared	=	0.9939
				Adj R-squared	=	0.9920
Total	60.8046376	30	2.02682125	Root MSE	=	.12749

lnGrain	Coefficient	Std. err.	t	P>|t|	[95% conf.	interval]
lnCropArea	.9241276	.07818	11.82	0.000	.7623999	1.085855
lnIrrigatedArea	.162592	.086712	1.88	0.074	-.0167854	.3419694
lnFertilizer	.1140755	.0631783	1.81	0.084	-.0166188	.2447698
lnLMTractor	.0729176	.0365096	2.00	0.058	-.0026081	.1484434
lnSTractor	-.062951	.0288091	-2.19	0.039	-.1225471	-.0033549
lnDisasterArea	-.0548834	.0334784	-1.64	0.115	-.1241386	.0143718
lnLabour	-.1096696	.0676788	-1.62	0.119	-.2496738	.0303347
_cons	-.7012632	.3311861	-2.12	0.045	-1.386374	-.0161525

图 2.4.1　直接对所有 7 个变量回归

由于 $R^2=0.9939$ 较大且接近于 1，而且 $F=531.10>F_{0.05}(7,23)=2.44$（见图 2.4.2），所以认为粮食生产与上述解释变量间整体线性关系显著。但由于 X_2、X_3、X_4、X_6 和 X_7 前参数估计值的 t 值较小，未能通过 t 检验[$t_{.025}(31-7-1)=2.069$，见

图2.4.3],而且 X_5 和 X_7 的参数前面符号的经济意义也不合理,另外多数变量的VIF值也超过了10(见图2.4.4),故认为解释变量之间存在多重共线性。

```
. display invFtail(e(df_m),e(df_r),0.05)
2.4422261
```

图 2.4.2 直接对所有7个变量回归 F 统计量临界值

```
. display invttail(e(df_r),0.025)
2.0686576
```

图 2.4.3 直接对所有7个变量回归 t 统计量临界值

Variable	VIF	1/VIF
lnCropArea	22.93	0.043619
lnIrrigate~a	17.47	0.057243
lnFertilizer	13.41	0.074585
lnLabour	11.28	0.088647
lnDisaster~a	7.15	0.139865
lnLMTractor	5.82	0.171802
lnSTractor	5.76	0.173735
Mean VIF	11.97	

图 2.4.4 直接对所有7个变量回归方差膨胀因子

2. 检验简单相关系数

计算 X_1、X_2、X_3、X_4、X_5、X_6、X_7 的相关系数矩阵如表2.4.3所示,7个变量的相关系数见图2.4.5:

表 2.4.3 变量之间的相关系数

	X_1	X_2	X_3	X_4	X_5	X_6	X_7
X_1	1						
X_2	0.9472	1					
X_3	0.9223	0.9323	1				
X_4	0.7475	0.7860	0.6635	1			
X_5	0.7740	0.7886	0.6967	0.8529	1		
X_6	0.9167	0.8444	0.8228	0.7372	0.7498	1	
X_7	0.9112	0.8827	0.9234	0.6122	0.7413	0.8136	1

	lnCrop~a	lnIrri~a	lnFert~r	lnLMTr~r	lnSTra~r	lnDisa~a	lnLabour
lnCropArea	1.0000						
lnIrrigate~a	0.9472	1.0000					
lnFertilizer	0.9223	0.9323	1.0000				
lnLMTractor	0.7475	0.7860	0.6635	1.0000			
lnSTractor	0.7740	0.7886	0.6967	0.8529	1.0000		
lnDisaster~a	0.9167	0.8444	0.8228	0.7372	0.7498	1.0000	
lnLabour	0.9112	0.8827	0.9234	0.6122	0.7413	0.8136	1.0000

图 2.4.5　7 个变量之间的相关系数

结果发现 $\ln(X_1)$与 $\ln(X_2)$、$\ln(X_3)$、$\ln(X_6)$、$\ln(X_7)$之间存在高度相关性，同时，$\ln(X_2)$与 $\ln(X_3)$之间、$\ln(X_3)$与 $\ln(X_7)$之间也存在高度相关性。

3. 找出最简单的回归形式

分别作 $\ln Y$ 对所有变量的回归，发现关于 X_1 的回归具有最大的可决系数（见图 2.4.6）：

Source	SS	df	MS			
				Number of obs	=	31
				F(1, 29)	=	1844.79
Model	59.8635861	1	59.8635861	Prob > F	=	0.0000
Residual	.941051569	29	.032450054	R-squared	=	0.9845
				Adj R-squared	=	0.9840
Total	60.8046376	30	2.02682125	Root MSE	=	.18014

lnGrain	Coefficient	Std. err.	t	P>|t|	[95% conf.	interval]
lnCropArea	.9908847	.0230701	42.95	0.000	.9437011	1.038068
_cons	-.506898	.1785297	-2.84	0.008	-.8720323	-.1417637

图 2.4.6　初始回归模型

可见，中国粮食生产受播种面积的影响最大，与经验相符，因此选该一元回归模型作为初始的回归模型。

4. 逐步回归

以变量 X_1 的模型为基础，将其他解释变量分别导入上述初始回归模型，寻找最佳回归方程，如表 2.4.4 所示。

表 2.4.4　两变量模型

	(1)	(2)	(3)	(4)	(5)	(6)	(7)
$\ln(X_1)$	0.991 (0.023)	0.799 (0.062)	0.884 (0.057)	0.956 (0.034)	1.017 (0.037)	1.073 (0.056)	1.048 (0.056)
$\ln(X_2)$		0.258 (0.079)					
$\ln(X_3)$			0.122 (0.060)				

续表

	(1)	(2)	(3)	(4)	(5)	(6)	(7)
$\ln(X_4)$				0.044 (0.032)			
$\ln(X_5)$					−0.025 (0.027)		
$\ln(X_6)$						−0.069 (0.043)	
$\ln(X_7)$							−0.077 (0.069)
C	−0.507 (0.179)	−0.915 (0.199)	−0.256 (0.209)	−0.322 (0.221)	−0.631 (0.224)	−0.757 (0.234)	−0.484 (0.179)
$\bar{R}^2$	0.9840	0.9880	0.9856	0.9845	0.9839	0.9848	0.9841

逐步回归过程:

第一步,在初始模型中引入 X_2,模型拟合优度提高,且参数符号合理,变量也通过了 t 检验;

第二步,去掉 X_2,引入 X_3,拟合优度减小,虽然参数符号合理,变量 X_3 也通过了 t 检验;

第三步,去掉 X_3,引入 X_4,拟合优度仍未提高,X_4 的参数未能通过 t 检验;

第四步,去掉 X_4,引入 X_5,拟合优度未提高,X_5 的参数符号不合理且未通过 t 检验;

第五步,去掉 X_5,引入 X_6,拟合优度未提高,X_6 的参数符号合理但未能通过 t 检验;

第六步,去掉 X_6,引入 X_7,拟合优度未提高,X_7 的参数符号也不合理且未能通过 t 检验。

在第六步基础上,尝试以 X_1、X_2 组成的模型为基础,引入 X_3、X_4、X_5、X_6 和 X_7 或者它们的任意组合,均达不到以 X_1、X_2 为解释变量的回归效果,如表 2.4.5 所示。

表 2.4.5　　三变量模型

	(8)	(9)	(10)	(11)	(12)
$\ln(X_1)$	0.781 (0.067)	0.798 (0.063)	0.816 (0.059)	0.869 (0.084)	0.863 (0.069)
$\ln(X_2)$	0.224 (0.091)	0.245 (0.087)	0.304 (0.078)	0.239 (0.080)	0.279 (0.077)
$\ln(X_3)$	0.049 (0.063)				
$\ln(X_4)$		0.012 (0.030)			
$\ln(X_5)$			−0.049 (0.023)		

续表

	(8)	(9)	(10)	(11)	(12)
$\ln(X_6)$				−0.047 (0.039)	
$\ln(X_7)$					−0.108 (0.058)
C	−0.760 (0.281)	−0.843 (0.270)	−1.234 (0.238)	−1.057 (0.229)	−0.916 (0.191)
$\overline{R}^2$	0.9878	0.9876	0.9894	0.9882	0.9889

因此，最终的中国粮食生产函数应以$Y=f(X_1,X_2)$为最优，拟合结果如下：

$$Y=-0.9150+0.7988X_1+0.2576X_2$$

$$(0.1994)\quad(0.0624)\quad(0.0793)$$

$$R^2=0.9888,\overline{R}^2=0.9880,F=1231.30$$

Stata操作代码如下：

```
*模块一：数据导入
import excel "F:\Econometrics\data\Grain20.xlsx", sheet("Sheet1")
cellrange(A1:I32) firstrow
*模块二：数据处理
gen lnGrain=ln(Grain)
gen lnCropArea=ln(CropArea )
gen lnIrrigatedArea =ln(IrrigatedArea)
gen lnFertilizer=ln(Fertilizer )
gen lnLMTractor=ln(LMTractor )
gen lnSTractor=ln( STractor )
gen lnDisasterArea =ln(DisasterArea )
gen lnLabour=ln(Labour)
*模块三：数据分析
 1. 数据分析之直接回归
reg lnGrain lnCropArea lnIrrigatedArea lnFertilizer lnLMTractor
lnSTractor lnDisasterArea lnLabour
display invFtail(e(df_m),e(df_r),0.05)
display invttail(e(df_r),0.025)
estat vif
corr lnCropArea lnIrrigatedArea lnFertilizer lnLMTractor lnSTractor
lnDisasterArea lnLabour
```

```
2. 数据分析之一元回归
reg lnGrain lnCropArea
reg lnGrain lnIrrigatedArea
reg lnGrain lnFertilizer
reg lnGrain lnLMTractor
reg lnGrain lnSTractor
reg lnGrain lnDisasterArea
reg lnGrain lnLabour
3. 数据分析之逐步回归
reg lnGrain lnCropArea lnIrrigatedArea
reg lnGrain lnCropArea lnFertilizer
reg lnGrain lnCropArea lnLMTractor
reg lnGrain lnCropArea lnSTractor
reg lnGrain lnCropArea lnLabour
reg lnGrain lnCropArea lnIrrigatedArea lnFertilizer
reg lnGrain lnCropArea lnIrrigatedArea lnLMTractor
reg lnGrain lnCropArea lnIrrigatedArea lnSTractor
reg lnGrain lnCropArea lnIrrigatedArea lnDisasterArea
reg lnGrain lnCropArea lnIrrigatedArea lnLabour
```

直接采用逐步回归的Stata软件有两种变量引入方式,代码分别如下:

```
stepwise,pe(0.01):regress lnGrain lnCropArea lnIrrigatedArea lnFertilizer
lnLMTractor lnStractor lnDisasterArea lnLabour  /*逐步增添变量*/
*或
stepwise,pr(0.01):regress lnGrain lnCropArea lnIrrigatedArea lnFertilizer
lnLMTractor lnStractor lnDisasterArea lnLabour  /*逐步减少变量*/
```

第五节　放宽假定5:异方差性

截面数据经典计量经济模型关于随机干扰项的基本假定包括零条件均值、同方差和正态分布3条,第三节将零条件均值假定放宽为零均值、零相关,将正态分布放宽到渐近正态分布,本节将讨论随机干扰项违背同方差假定的异方差问题。

一、异方差性的定义

回归分析中的同方差假定表明,以解释变量为条件的误差 μ 的方差是常数。该假定意味着，解释变量的各种形式组合条件下的误差方差都保持不变。如果不可观测因素的方差随总体的不同部分（由不同的解释变量值决定）、不同形式（由解释变量不同函数组合形式决定）而变化，那么同方差假定就不再成立。

以截面数据为样本的居民家庭储蓄模型

$$Y_i=\beta_0+\beta_1 X_{i1}+\mu_i$$

其中，Y_i 为第 i 个居民家庭的储蓄额，X_{i1} 为第 i 个居民家庭的可支配收入。在该模型中，随机误差 μ_i 的方差为常数的假定一般不成立。实际上，对于高收入家庭来说，有的家庭挥金如土，有的家庭克勤克俭。于是，同样是高收入家庭，储蓄的差异却较大；而低收入家庭的储蓄变化余地小，同样是低收入，即使节衣缩食的家庭比花钱铺张浪费的家庭也多储蓄不了多少钱，简而言之，储蓄差异较小。因此，μ_i 的方差往往随 X_{i1} 的增大而增大。

以截面数据为样本的模型，如生产、消费、投资等都可能出现违背同方差假定的问题。甚至可以极端地说，这个世界本来就不是同方差的。

考虑多元线性回归模型

$$Y_i=\beta_0+\beta_1 X_{i1}+\beta_2 X_{i2}+\cdots+\beta_k X_{ik}+\mu_i$$

其中，$\beta_0,\beta_1,\beta_2,\cdots,\beta_k$ 是未知参数，$i=1,2,\cdots,n$ 表示不同样本的观测值，μ_i 是随机误差或随机干扰项。同方差假定是 $\mathrm{Var}(\mu_i|X)=\sigma^2$，而当 $\mathrm{Var}(\mu_i|X)=\sigma_i^2$，即对于不同的样本点，随机误差项的方差不再是常数，而互不相同，则认为出现了**异方差性**（Heteroskedasticity）。如图 2.5.1 所示，随着 X_{i1} 逐渐变大，倒 U 形分布曲线越来越扁平。

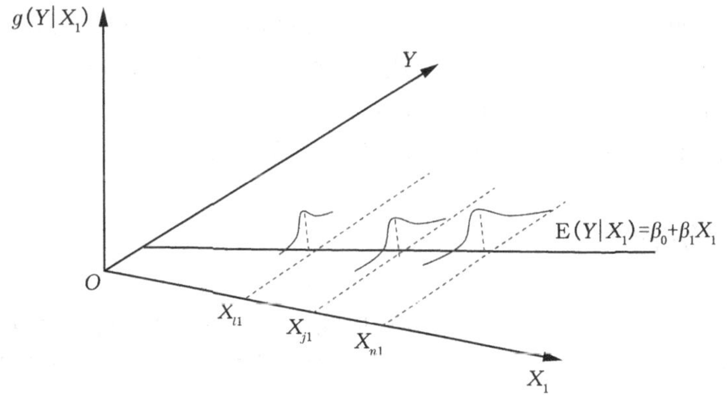

图 2.5.1　零条件均值、异方差假定下的一元回归方程[Var($Y|X_1$)随X_1 增加而增加]

二、异方差性对 OLS 所造成的影响

在前 4 条高斯—马尔科夫假定下，OLS 估计量 $\hat{\beta}_0,\hat{\beta}_1,\hat{\beta}_2,\cdots,\hat{\beta}_k$ 是无偏的和一致的。实际上，在证明 OLS 的无偏性和一致性的过程中，同方差假定并没有起到什么作用。所以，异方差性并不会导致 OLS 估计量 β_j 出现偏误或产生不一致性，但诸如遗漏一个重要变量之类的情况出现则具有这种影响。

拟合优度 R^2 和 $\overline{R}^2$ 也不受异方差的影响。由于

$$R^2=1-\frac{\sigma_\mu^2}{\sigma_Y^2}$$

其中,σ_μ^2 表示总体误差方差,σ_Y^2 则是 Y 的总体方差。这两个方差都是无条件方差,所以总体 R^2 不受 $\mathrm{Var}(\mu|X)$中是否出现异方差的影响。而且,无论 $\mathrm{Var}(\mu|X)$是否为常数,RSS/n 都一致地估计了 σ_μ^2,TSS/n 也一致地估计了 σ_Y^2。当使用自由度调整时,依然如此。因此,无论同方差假定是否成立,R^2 和 $\overline{R}^2$ 都一致地估计了总体 R^2。但是,异方差对 OLS 造成的影响有三个方面:

其一,OLS 是最优线性无偏估计的高斯一马尔科夫定理,关键假定之一是同方差性。如果 $\mathrm{Var}(\mu|X)$不是常数,OLS 估计量就不再是最优线性无偏估计量。此外,在定理 2.3.3 中描述的一类估计量中,OLS 也不再是渐近有效的,即在出现异方差性的情况下,OLS 参数估计量非有效。

其二,由于估计量的方差 $\mathrm{Var}(\hat{\beta}_j)$在没有同方差假定的情况下是有偏的,而 OLS 标准误直接以这些方差为基础,所以它们都不能用来构造置信区间和 t 统计量。在出现异方差性时,通常 OLS 的 t 统计量就不具有 t 分布,使用大样本容量也不能解决这个问题。类似地,F 统计量也不再是 F 分布,而 LM 统计量也不服从一个渐近 χ^2 分布。因此,在出现异方差性的情况下,在高斯一马尔科夫假定下用来检验假设的统计量都不再成立。

其三,OLS 预测值的置信区间也包含参数方差的估计量,所以当模型出现异方差性时将导致 OLS 预测区间偏大或偏小,预测失效。

对总体进行抽样的目的就是用样本参数代替总体参数。虽然异方差性不影响参数估计量的无偏性和一致性,但是异方差性造成的参数估计量非有效、检验统计量不成立,意味着对于一次抽样而言,将无法推断样本与总体的关系。这对 OLS 估计的影响非常严重,可以认为它动摇了 OLS 作为参数估计方法存在的根本。

三、对异方差性的检验

由于异方差性对 OLS 造成了严重影响,因此人们不得不考虑检验以及修正异方差问题。历史上出现过许多种检验异方差性的方法,其中有些方法尽管能检验异方差性,但并不能直接检验误差方差与自变量无关的假定。这里仅考虑现代检验方法,它们能检验出使常规的 OLS 统计无效的异方差类型,同时还具备将所有检验都放在统一框架中的优势。

(一)图示检验法

对于线性模型

$$Y=\beta_0+\beta_1X_1+\beta_2X_2+\cdots+\beta_kX_k+\mu \tag{2.5.1}$$

假设满足截面数据多元回归模型基本假定 1—4,特别假定 $E(\mu|X_1,X_2,\cdots,X_k)=0$,从而 OLS 是无偏且一致的。

对于虚拟假设

$$H_0: \mathrm{Var}(\mu|X)=\sigma^2$$

由于假设 μ 的条件期望为零，所以 $\mathrm{Var}(\mu|X)=\mathrm{E}(\mu^2|X)$，同方差假定即

$$H_0: \mathrm{E}(\mu^2|X)=\mathrm{E}(\mu^2)=\sigma^2$$

这说明为了检验是否违背同方差假定，需要检验在期望上 μ^2 是否与一个或多个解释变量相关即可。一个简单的方法是假定

$$\mu^2=\delta_0+\delta_1X_1+\delta_2X_2+\cdots+\delta_kX_k+\upsilon \tag{2.5.2}$$

其中，υ 是给定 X_i 条件下均值为零的一个误差项，被解释变量是式(2.5.1)中误差项的平方。同方差假定就是

$$H_0: \delta_1=\delta_2=\cdots=\delta_k=0$$

虽然永远不知道总体模型中的误差，但是可以得到它的估计值：OLS 残差 $\hat{\mu}_i$ 是第 i 个观测误差 μ_i 的一个估计值。因此

$$\hat{\mu}^2=\delta_0+\delta_1X_1+\delta_2X_2+\cdots+\delta_kX_k+error \tag{2.5.3}$$

由此，用 $\hat{\mu}^2-X$ 的散点图可以对异方差进行判断。观察 $\hat{\mu}^2$ 是否存在随某解释变量 X_j 明显扩大、缩小或复杂的趋势，如图 2.5.2 所示。

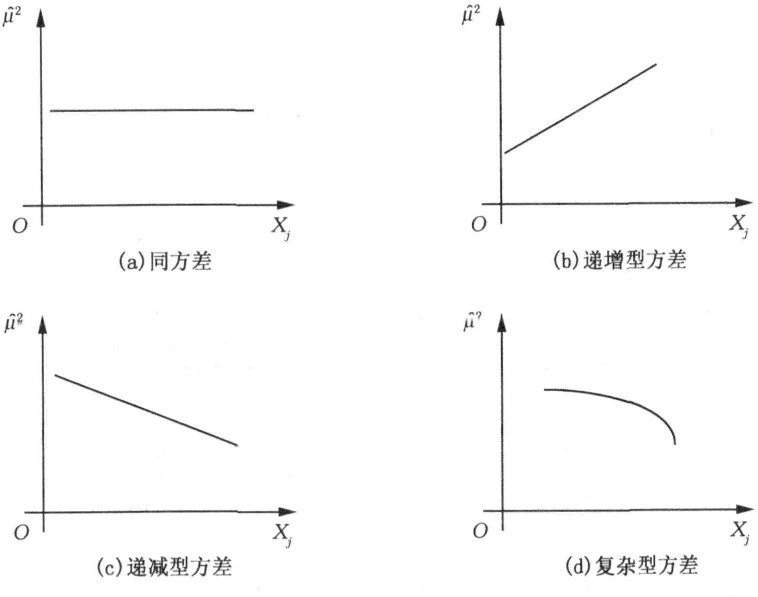

图 2.5.2　残差平方与解释变量关系散点图

(二)异方差的 BP 检验

采用检验式(2.5.2)的自变量的整体显著性的 F 或 LM 统计量可以更规范地进行异方差检验。如果能观测到样本中的误差项平方(μ^2)，直接通过 μ^2 对所有自变量进行 OLS 回归，就能得到这个统计量。

实际上，由于无法观测总体误差，但对它的估计值，即对式(2.5.3)，如果对 X_1，X_2，

…,X_k 的联合显著性计算 F 或 LM 统计量,这两个统计量都取决于式(2.5.4)的 $R^2_{\hat{\mu}^2}$,于是

$$F=\frac{R^2_{\hat{\mu}}/k}{(1-R^2_{\hat{\mu}})/(n-k-1)} \tag{2.5.4}$$

其中,k 为式(2.5.4)中解释变量的个数。

$$\mathrm{LM}=n\cdot R^2_{\hat{\mu}^2}$$

这种 LM 形式的检验通常被称为**布罗施—帕甘异方差检验**(Breusch-Pagan test for heteroskedasticity,BP test)。

于是,异方差 BP 检验的基本步骤为:

(i)OLS 估计式(2.5.1),得到残差 $\hat{\mu}^2$;

(ii)按照式(2.5.3)做回归,得到 $R^2_{\hat{\mu}^2}$;

(iii)计算 F 统计量或 LM 统计量并计算 p 值,根据选定的显著性水平进行统计推断。

例 2.5.1 研究房价的决定因素,采用实际数据估计方程为

$$\widehat{Price}=-21.7703+0.0021Lotsize+0.1228Sqrft+13.8525Bdrms$$
$$(29.4750)\quad(0.0006)\qquad(0.0132)\qquad(9.0101)$$
$$n=88, R^2=0.6724, \bar{R}^2=0.6607$$

在该回归结果中,除了房间数变量不显著,其他基本符合经济直觉。Stata 结果如图 2.5.3 所示。

Source	SS	df	MS			
Model	617130.701	3	205710.234	Number of obs	=	88
Residual	300723.805	84	3580.0453	F(3, 84)	=	57.46
				Prob > F	=	0.0000
				R-squared	=	0.6724
				Adj R-squared	=	0.6607
Total	917854.506	87	10550.0518	Root MSE	=	59.833

Price	Coefficient	Std. err.	t	P>|t|	[95% conf.	interval]
Lotsize	.0020677	.0006421	3.22	0.002	.0007908	.0033446
Sqrft	.1227782	.0132374	9.28	0.000	.0964541	.1491022
Bdrms	13.85252	9.010145	1.54	0.128	-4.065141	31.77018
_cons	-21.77031	29.47504	-0.74	0.462	-80.38466	36.84405

图 2.5.3 直接回归结果

从方程中完全看不出异方差迹象,但是用 $\hat{\mu}_i$ 的平方对所有自变量回归,得到 $R^2_{\hat{\mu}^2}=0.1601$。计算相应的 F 统计量为 $5.34>F(3,84,.05)=2.71$,计算其伴随概率 p 值为 0.0020。当然,$\hat{\mu}^2$ 对所有解释变量的回归图 2.5.4 中也呈现了 F 值及其伴随概率。这个结果是拒绝同方差虚拟假设的有力证据,意味着直接回归结果中的标准误是不可靠的。

Source	SS	df	MS			
				Number of obs	=	88
				F(3, 84)	=	5.34
Model	701213780	3	233737927	Prob > F	=	0.0020
Residual	3.6775e+09	84	43780003.5	R-squared	=	0.1601
				Adj R-squared	=	0.1301
Total	4.3787e+09	87	50330276.7	Root MSE	=	6616.6

uhatsq	Coefficient	Std. err.	t	P>|t|	[95% conf.	interval]
Lotsize	.2015209	.0710091	2.84	0.006	.0603116	.3427302
Sqrft	1.691037	1.46385	1.16	0.251	-1.219989	4.602063
Bdrms	1041.76	996.381	1.05	0.299	-939.6526	3023.173
_cons	-5522.795	3259.478	-1.69	0.094	-12004.62	959.0348

图 2.5.4　$\hat{\mu}^2$ 对所有解释变量的回归结果

计算 LM 统计量为 $14.09>\chi^2(3,0.05)=7.81$，$p$ 值为 0.0028。无论是 F 值及其伴随概率，还是 LM 统计量及其伴随概率，这些结果本质上是一样的，都拒绝了同方差假设。

以上部分的 Stata 操作代码是：

```
reg Price Lotsize Sqrft Bdrms
predict uhat, resid
gen uhatsq=uhat*uhat
reg uhatsq Lotsize Sqrft Bdrms
display (e(r2)/ e(df_m))/((1-e(r2))/(e(N)-e(df_m)-1))
display invFtail(e(df_m), e(N)-e(df_m)-1,.05)
display Ftail(e(df_m), e(N)-e(df_m)-1, (e(r2)/e(df_m))/((1-e(r2))/
(e(N)-e(df_m)-1)))
display e(N)*e(r2)
display invchi2tail(e(df_m),.05)
display chi2tail(e(df_m),e(N)*e(r2))
```

使用变量对数形式的一个优点是，能够消除异方差性，其中的原因是取对数，使得变量缩小，由此估计模型得到的残差为相对误差，而相对误差通常比绝对误差小，从而降低异方差程度。如果对 *Price*、*Lotsize* 和 *Bdrms* 取对数，有（Stata 结果如图 2.5.5 所示）

$$\widehat{\ln Price}=-1.2970+0.1680\ln Lotsize+0.7002\ln Sqrft+0.0370Bdrms$$
$$(0.6513)\quad(0.0383)\qquad\quad(0.0929)\qquad\quad(0.0275)$$
$$n=88, R^2=0.6430, \overline{R}^2=0.6302$$

Source	SS	df	MS			
				Number of obs	=	88
				F(3, 84)	=	50.42
Model	5.15504028	3	1.71834676	Prob > F	=	0.0000
Residual	2.86256324	84	.034078134	R-squared	=	0.6430
				Adj R-squared	=	0.6302
Total	8.01760352	87	.092156362	Root MSE	=	.1846

lnPrice	Coefficient	Std. err.	t	P>|t|	[95% conf.	interval]
lnLotsize	.1679667	.0382812	4.39	0.000	.0918404	.244093
lnSqrft	.7002324	.0928652	7.54	0.000	.5155597	.8849051
Bdrms	.0369584	.0275313	1.34	0.183	-.0177906	.0917074
_cons	-1.297042	.6512836	-1.99	0.050	-2.592191	-.001893

图 2.5.5 对变量取对数之后的回归结果

将该回归的残差平方对所有变量作回归(如图 2.5.6 所示),得 $R^2_{\hat{\mu}^2}=0.048$,计算 F 值为 1.41,p 值为 0.2451;LM=4.22,p 值为 0.2383,因此,不能拒绝对数函数形式模型中同方差性的虚拟假设。

Source	SS	df	MS			
				Number of obs	=	88
				F(3, 84)	=	1.41
Model	.022620168	3	.007540056	Prob > F	=	0.2451
Residual	.448717194	84	.005341871	R-squared	=	0.0480
				Adj R-squared	=	0.0140
Total	.471337362	87	.005417671	Root MSE	=	.07309

uhat2sq	Coefficient	Std. err.	t	P>|t|	[95% conf.	interval]
lnLotsize	-.0070156	.0151563	-0.46	0.645	-.0371556	.0231244
lnSqrft	-.0627368	.0367673	-1.71	0.092	-.1358526	.0103791
Bdrms	.0168407	.0109002	1.54	0.126	-.0048356	.038517
_cons	.509994	.257857	1.98	0.051	-.0027829	1.022771

图 2.5.6 对变量取对数之后残差平方对所有变量的回归结果

以上部分的 Stata 操作代码是:

```
gen lnPrice=log(Price)
gen lnLotsize=log(Lotsize)
gen lnSqrft=log(Sqrft)
reg lnPrice lnLotsize lnSqrft Bdrms
predict uhat2, resid
gen uhat2sq=uhat2*uhat2
reg uhat2sq lnLotsize lnSqrft Bdrms
display (e(r2)/ e(df_m))/((1-e(r2))/(e(N)-e(df_m)-1))
display Ftail(e(df_m), e(N)-e(df_m)-1, (e(r2)/e(df_m))/((1-e(r2))/
(e(N)-e(df_m)-1)))
display e(N)*e(r2)
scalar LM= e(N)*e(r2)
display chi2tail(e(df_m), LM)
```

(三)异方差的怀特检验

如果所有的高斯—马尔科夫假定都成立的话,则常规的 OLS 标准误和检验统计量都是渐近有效的。此时,同方差假定 $\mathrm{Var}(\mu_i|X)=\sigma^2$ 可由如下较弱的假定取代,即误差平方 μ^2 与所有自变量 X_j、所有自变量的平方 X_j^2 和所有自变量的交叉乘积 X_jX_l 都不相关。这一结果启发怀特(White,1980)提出了对异方差性的一种检验方法,即在方程(2.5.3)中增加所有自变量的平方和交叉乘积项。显然,这个检验的目的是使用常规的 OLS 标准误差和检验统计量无效的异方差形式。

对于含有 3 个解释变量的模型,怀特检验形式为

$$\hat{\mu}^2=\delta_0+\delta_1X_1+\delta_2X_2+\delta_3X_3+\delta_4X_1^2+\delta_5X_2^2+\delta_6X_3^2+\delta_7X_1X_2+\delta_8X_1X_3+\delta_9X_2X_3+error \quad (2.5.5)$$

怀特异方差检验(White test for heteroskedasticity),就是检验方程(2.5.5)中除截距外所有 δ_j 都为 0 的 LM 统计量,因此在这个情形下要检验 9 个约束。当然对于这个假设,F 检验依然是可以使用的。这两个检验都具有渐近有效性。

在原方程只有 3 个自变量的情况下,方程(2.5.5)就有 9 个自变量。原方程若有 6 个自变量,怀特回归一般会涉及 27($=C_6^1+C_6^1+C_6^2=6+6+15$)个回归元(除非某些是多余的)。回归元过多是怀特检验的一个缺陷:对于那些自变量个数适中的模型,它要使用掉很多自由度。这就促使人们希望找到一个比怀特检验更容易实施且自由度更节省的检验。一个可能方法是在异方差检验中使用 OLS 拟合值。对于每次观测 i,拟合值都被定义为

$$\hat{Y}_i=\hat{\beta}_0+\hat{\beta}_1X_{i1}+\hat{\beta}_2X_{i2}+\cdots+\hat{\beta}_kX_{ik}$$

它们只是自变量的线性函数。如果将拟合值平方,那么就得到自变量所有平方项和所有交叉乘积项的一个特殊函数。这就表明,通过估计方程

$$\hat{\mu}^2=\delta_0+\delta_1\hat{Y}+\delta_2\hat{Y}^2+error \quad (2.5.6)$$

其中,$\hat{Y}$ 表示拟合值,式(2.5.6)就能检验更一般形式的异方差性。

对于式(2.5.6)中的虚拟假设 $H_0:\delta_1=\delta_2=0$,可以使用 F 或 LM 统计量,这样就导致无论原模型中有多少个自变量,要检验同方差性的虚拟假设,都只有两个约束。这样减少自由度通常是个好办法,而且检验也易于实施。

由于在给定 X_j 时,$\hat{Y}$ 是对 Y 的期望值的一个估计,所以在认为方差随着期望值 $\mathrm{E}(Y|X)$ 而变化时,利用式(2.5.6)来检验异方差性就很有用,因为可以把式(2.5.6)看成对式(2.5.5)中的参数施加了限制,所以式(2.5.6)中的检验就可以看成怀特检验的一种特殊情形。

怀特异方差特例检验(special case of the White test for heteroskedasticity)的基本步骤如下:

(i)OLS 估计式(2.5.1),得到残差 $\hat{\mu}^2$ 和拟合值 $\hat{Y}$;

(ii)按照式(2.5.6)作回归,得到 $R^2_{\hat{\mu}^2}$;

(iii)计算 F 或 LM 统计量并计算 p 值,根据选定的显著性水平进行统计推断。

对于例 2.5.1 中将变量取对数的情形,采用怀特异方差检验特例方法计算拟合优度为 $R^2_{\hat{\mu}^2}=0.0392$,LM≈3.447,p 值为 0.1784。该结果同样也说明不能拒绝同方差虚拟假设。

对例 2.5.1 的最后评价是,对于截面数据而言,直接回归可能掩盖了其中的异方差问题,只有通过异方差检验才能断定模型是否存在异方差性。

需要特别提示的一个重要问题是,把运用一个异方差检验而拒绝虚拟假设解释为存在异方差性的证据需要保持基本假定 1—4。如果违背了假定 4,具体而言,就是 $E(Y|X)$ 的函数形式被错误地设定,那么,即使 $\mathrm{Var}(Y|X)$ 是常数,异方差检验也可能会拒绝 H_0。比如,如果在一个回归模型中漏掉了一个或多个二次项,或者在应该使用对数模型时却使用了水平模型,那么对异方差性的检验都可能是显著的。这一点已经使一些研究者将异方差检验看成一般的模型误设检验。既然函数形式误设的问题比异方差性更重要,那么最好先对函数形式进行明确的检验,然后,只有对函数形式感到满意了,才可以检验异方差性。

以上部分的 Stata 操作代码是:

```
reg lnPrice lnLotsize lnSqrft Bdrms
predict uhat3, resid
predict Yhat, xb
gen uhat3sq=uhat3*uhat3
gen Yhatsq=Yhat*Yhat
reg uhat3sq Yhat Yhatsq
display e(N)*e(r2)
display chi2tail(e(df_m), e(N)*e(r2))
```

四、加权最小二乘估计

通过检验,发现存在异方差,如果能明确知道异方差的具体形式,就可以采用加权最小二乘法,将比 OLS 更有效,且能得到具有 t 和 F 分布的 t 和 F 统计量。

(一)异方差函数已知

令 $X=(X_1,X_2,\cdots,X_k)$,设

$$\mathrm{Var}(\mu|X)=\sigma^2 g(X) \tag{2.5.7}$$

其中,$g(X)>0$ 是解释变量的函数,并且为已知。

对于从总体中的一个随机抽样 $\sigma_i^2=\mathrm{Var}(\mu_i|X_i)=\sigma^2 g(X_i)$,其中,$X_i$ 表示第 i 次观测值的所有解释变量。如何利用式(2.5.7)中的信息估计 β_j 呢?对于包含异方差误差的方程

$$Y_i=\beta_0+\beta_1X_{i1}+\beta_2X_{i2}+\cdots+\beta_kX_{ik}+\mu_i \tag{2.5.8}$$

要将它转换为一个具有同方差误差的方程，由于 $\mathrm{Var}(\mu_i|X_i)=\mathrm{E}(\mu_i^2|X_i)=\sigma^2g(X_i)$，所以

$$\mathrm{E}\left(\left(\frac{\mu_i}{\sqrt{g(X_i)}}\right)^2\right)=\mathrm{E}\left(\frac{\mu_i^2}{g(X_i)}\right)=\frac{\sigma^2g(X_i)}{g(X_i)}=\sigma^2$$

即对于式(2.5.8)，只需两边同除以 $\sqrt{g(X_i)}$，即

$$Y_i/\sqrt{g(X_i)}=\beta_0/\sqrt{g(X_i)}+\beta_1[X_{i1}/\sqrt{g(X_i)}]+\beta_2[X_{i2}/\sqrt{g(X_i)}]+\cdots+\beta_k[X_{ik}/\sqrt{g(X_i)}]+\mu_i/\sqrt{g(X_i)}$$

从而

$$Y'_i=\beta_0X'_{i0}+\beta_1X'_{i1}+\beta_2X'_{i2}+\cdots+\beta_kX'_{ik}+\mu'_i \tag{2.5.9}$$

其中，$X'_{i0}=1/\sqrt{g(X_i)}$，$X'_{ij}=X_{ij}/\sqrt{g(X_i)}(j=1,2,\cdots,k)$。

虽然方程(2.5.9)看起来有些怪异，但是之所以做这样的变换，是为了找到比 OLS 的效率性质更高的 β_j 的估计量。至于如何解释模型及其参数，回到原方程总是没有问题的。

方程(2.5.9)对其参数而言是线性的，而且随机抽样的假定也没有改变。此外，以 X'_i 为条件，μ'_i 具有零均值和常方差。这就意味着，如果原方程满足了前 4 条高斯—马尔科夫假定，那么变换后的方程(2.5.9)就满足全部 5 条高斯—马尔科夫假定。同时，如果 μ_i 具有正态分布，那么 μ'_i 也具有方差为 σ^2 的正态分布。因此，如果原模型满足除同方差假定之外所有的经典线性模型假定，那么变换后的方程就会满足全部 6 条经典线性模型假定。

用 OLS 估计式(2.5.9)中的参数，两者的估计量将会有所区别，这就是**广义最小二乘估计量**[generalized least squares (GLS) estimators]的例子。

由于式(2.5.9)满足所有的基本假定，所以从变换后的回归模型中能够得到标准误、t 统计量和 F 统计量。式(2.5.9)的残差平方和除以自由度就是 σ^2 的一个无偏估计量。而且，因为这些 GLS 估计量都是 β_j 的最优线性无偏估计量，所以必然比从原方程得到的 OLS 估计量更有效。实质上，在将变量作变换之后，就只需要进行标准的 OLS 分析。但必须记住，需要将估计值返回到原方程中去解释。

这种修正异方差性的 GLS 估计量又被称为**加权最小二乘估计量**[weighted least squares (WLS) estimators]。这个名称来自如下事实：最小化了残差平方的加权和，其中每个残差平方的权数都为 $1/g(X_i)$。其思想是，对误差方差越大的观测赋予越小的权数，这样 OLS 就对每个观测赋予了相同的权数，因为在总体的每部分误差方差都相同时，就达到了基本假定的要求。从数学上看，WLS 估计量便是使式(2.5.10)尽可能小的 b_j 值：

$$\sum_{i=1}^{n}(Y_i-b_0-b_1X_{i1}-\cdots-b_kX_{ik})^2/g_i \tag{2.5.10}$$

为进行加权最小二乘而对变量进行变换可能很烦琐，而且难免会出差错。幸运的是，大多数现代回归软件包能做加权最小二乘估计。通常，在给出原模型中自变量和因变量的同时，只需确定加权函数即可，这样做不仅不太容易出错，而且可以在原模型中解释加

权最小二乘估计值。实际上，我们可以用通常的方式写出所估计的方程。虽然估计值和标准误与 OLS 所得到的不同，但解释那些估计值、标准误和检验统计量的方式都是一样的。

（二）异方差函数未知

在多数情况下，异方差的确切形式是未知的，换句话说，很难找到前面提到的函数 $g(X_i)$。不过，在多数情况下，可以模型化函数 g，并利用数据来估计这个模型中的未知参数，从而得到每个 g_i 的估计值，记为 $\hat{g}_i$。在 GLS 变换中用 $\hat{g}_i$ 取代 g_i，就得到一个估计量，被称为**可行的 GLS 估计量**[feasible GLS (FGLS) estimator]。可行的 GLS 有时又被称为**估计的 GLS** 或 EGLS。

模型化异方差性的方法有多种，但是有一种特殊的、灵活的方法。假设

$$\mathrm{Var}(\mu|X)=\sigma^2\exp(\delta_0+\delta_1X_1+\delta_2X_2+\cdots+\delta_kX_k) \tag{2.5.11}$$

之所以会使用指数函数，主要是为了进行 WLS，保证估计的方差必须为正。

如果参数 μ 已知，就只需像上一小节那样直接应用 WLS。可惜这种情况是不现实的。最好是先用数据估计这些参数，然后再使用这些参数的估计值来构造权数。如何估计 δ_j 呢？实质上，只需要把这个方程变换成一个可用 OLS 估计的线性形式。

在假设(2.5.11)下，有

$$\mu^2=\sigma^2\exp(\delta_0+\delta_1X_1+\delta_2X_2+\cdots+\delta_kX_k)\upsilon$$

其中，υ 以 $X=X_1,X_2,\cdots,X_k$ 为条件时的均值等于 1。

假设 υ 确实与 X 无关，那么

$$\ln(\mu^2)=\alpha_0+\delta_1X_1+\delta_2X_2+\cdots+\delta_kX_k+\mathrm{e} \tag{2.5.12}$$

其中，e 的均值等于零并且与 X 无关。此方程中的截距与 δ_0 也不同，但这无关紧要。因变量是误差平方的对数。由于式(2.5.12)满足高斯一马尔科夫假定，所以可利用 OLS 得到 δ_j 的无偏估计量。

以 OLS 残差来取代不可观测的 μ，所以用 $\ln(\mu^2)$ 对 X 作回归，得到 $\hat{h}_i$，然后

$$\hat{g}_i=\exp(\hat{h}_i)$$

在方程(2.5.10)中，以权数 $1/\hat{g}_i$ 取代 $1/g_i$，并使用 WLS，就得到一个修正异方差性的可行的 GLS 程序：

(i)将 Y 对 $X_1,X_2,\cdots,X_k$ 作回归，并得到残差 $\hat{\mu}$；

(ii)将 OLS 残差平方，再取自然对数，得到 $\ln(\hat{\mu}^2)$；

(iii)作 $\ln(\hat{\mu}^2)$对 X 的回归，并得到拟合值 $\hat{h}_i$；

(iv)求出拟合值的指数 $\hat{g}_i$；

(v)以 $1/\hat{g}_i$ 为权重，用 WLS 估计方程

$$Y=\beta_0+\beta_1X_1+\beta_2X_2+\cdots+\beta_kX_k+\mu$$

简单地说，这套程序就是用估计出来的 $\hat{g}_i$ 代替了式(2.5.10)中的 g_i。如果能在 WLS 程序中使用 g_i 而不是 $\hat{g}_i$，那么估计量将是无偏的。事实上，假设已经正确地模型

化了异方差性，那么它们仍将是最优线性无偏估计量。不得不用同样的数据去估计 g_i 就意味着 FGLS 估计量不再是无偏估计量（因此也不可能是最优线性无偏估计量）。不过，FGLS 估计量仍是一致的，而且比 OLS 更渐近有效，其证明类似于证明 OLS 在定理 2.3.3 中的一类估计量里是有效的。无论如何，对于大样本情形，当有迹象表明异方差性使 OLS 估计值的标准误变大时，FGLS 将是 OLS 的一个很好的替代方法。

例 2.5.2　美国的香烟消费

为研究香烟消费的需求函数，收集美国各州影响香烟的消费因素，考虑被解释变量 *Cigs*，表示每天抽烟的数量（单位：根），*Income* 表示年收入（单位：元），*Cigpric* 表示每包香烟的价格（单位：元），*Educ* 表示受教育程度（单位：年），*Age* 表示年龄，*Restaurn* 是法律虚拟变量，所居住州禁止在餐馆吸烟为 1，否则为 0。

采用收集到的相关数据，直接进行 OLS 回归，有如图 2.5.7 的结果：

Source	SS	df	MS			
				Number of obs	=	807
				F(6, 800)	=	7.42
Model	8003.02506	6	1333.83751	Prob > F	=	0.0000
Residual	143750.658	800	179.688322	R-squared	=	0.0527
				Adj R-squared	=	0.0456
Total	151753.683	806	188.280003	Root MSE	=	13.405

Cigs	Coefficient	Std. err.	t	P>|t|	[95% conf.	interval]
lnIncome	.8802682	.7277832	1.21	0.227	-.548322	2.308858
lnCigPric	-.7508586	5.773343	-0.13	0.897	-12.08355	10.58183
Educ	-.5014982	.1670772	-3.00	0.003	-.8294597	-.1735368
Age	.7706936	.1601223	4.81	0.000	.456384	1.085003
Agesq	-.0090228	.001743	-5.18	0.000	-.0124443	-.0056013
Restaurn	-2.825085	1.111794	-2.54	0.011	-5.007462	-.6427078
_cons	-3.639841	24.07866	-0.15	0.880	-50.90466	43.62497

图 2.5.7　直接回归结果

$$\widehat{Cigs}=-3.6398+0.8803\ln Income-0.7509\ln CigPric-0.5015Educ$$
$$(24.0787)\quad(0.7278)\qquad\qquad(5.7733)\qquad\qquad(0.1671)$$
$$+0.7707Age-0.0090Agesq-2.8251Restaurn$$
$$(0.1601)\qquad(0.0017)\qquad\qquad(1.1118)$$
$$n=807, R^2=0.0527$$

从直接回归分析看，至少有如下 4 个结果：

(i)收入、香烟价格对香烟的实际消费影响都不大，比如，年收入提高 10%，每天抽烟增加 0.088 根，也就是说，抽烟增加不到 1/10 根。香烟价格的影响与之类似，价格提高 10%，每天抽烟减少 0.075 根。从 t 统计量看，两者都不是统计显著的。

(ii)在个人特征方面，多受教育 1 年，每天抽烟减少 0.5 根，而且统计显著。

(iii)每天抽烟量与年龄呈二次函数关系，在 $Age=0.7707/(2\times0.009)=42.78$ 岁之前，抽烟量随年龄的增长而增加，随后下降，统计显著。

(iv)在法律对抽烟的影响方面,禁止在餐馆抽烟使每天抽烟量下降近 3 根,统计显著。

直接回归的 Stata 操作代码如下:

```
gen lnIncome=log(Income)
gen lnCigPric=log(CigPric)
gen Agesq=Age*Age
reg Cigs lnIncome lnCigPric Educ Age Agesq Restaurn
```

这 4 个结果中的后 3 个都容易理解,它们都符合人们的直觉,但是第 1 个结果却让人觉得匪夷所思。经济学研究是为了检验、发现和发展经济理论,揭示经济现象背后的规律。美国香烟消费这一经济现象及数据是否足以让人们宣布香烟消费不符合需求定理呢? 人们对香烟的消费真的与收入、香烟价格无关吗?

分析其中可能的原因,是不是直接对数据进行 OLS 回归未必满足 CLM 基本假定。对于截面数据而言,该模型是否存在异方差性呢? 采用 BP 检验进行异方差检验,显示

$$R^2_{\hat{\mu}^2}=0.0400$$

$$\text{LM}\approx 32.25842, p\text{-}value=0.00001456$$

这是该模型中存在异方差的极其强烈的证据,因此拒绝同方差假定。

BP 异方差检验的 Stata 操作代码如下:

```
predict uhat, residual
gen uhatsq=uhat*uhat
reg uhatsq lnIncome lnCigPric Educ Age Agesq Restaurn
display e(N)*e(r2)
display chi2tail(e(df_m), e(N)*e(r2))
```

采用可行的 GLS 回归程序重新估计该方程,WLS 回归结果如图 2.5.8 所示。

Source	SS	df	MS			
				Number of obs	=	807
				F(6, 800)	=	17.06
Model	10302.6461	6	1717.10768	Prob > F	=	0.0000
Residual	80542.1581	800	100.677698	R-squared	=	0.1134
				Adj R-squared	=	0.1068
Total	90844.8042	806	112.710675	Root MSE	=	10.034

Cigs	Coefficient	Std. err.	t	P>|t|	[95% conf.	interval]
lnIncome	1.29524	.4370118	2.96	0.003	.4374148	2.153065
lnCigPric	-2.940312	4.460144	-0.66	0.510	-11.69528	5.814656
Educ	-.4634463	.1201587	-3.86	0.000	-.6993098	-.2275828
Age	.4819479	.0968082	4.98	0.000	.2919197	.671976
Agesq	-.0056272	.0009395	-5.99	0.000	-.0074713	-.0037831
Restaurn	-3.461064	.795505	-4.35	0.000	-5.022588	-1.899541
_cons	5.635461	17.80314	0.32	0.752	-29.31092	40.58184

图 2.5.8 修正异方差后的回归结果

$$\widehat{Cigs} = 5.6355 + 1.2952\ln Income - 2.9403\ln CigsPric - 0.4634Educ$$
$$(17.8031)\quad (0.4370)\qquad (4.4601)\qquad (0.1202)$$
$$+0.4819Age - 0.0056Agesq - 3.4611Restaurn$$
$$(0.0968)\quad (0.0009)\qquad (0.7955)$$
$$n=807, R^2=0.1134$$

WLS 回归的 Stata 操作代码如下：

```
gen lnuhatsq=ln(uhatsq)
reg lnuhatsq lnIncome lnCigPric Educ Age Agesq Restaurn
predict hCigs, xb
gen gCigs=exp(hCigs)
reg Cigs lnIncome lnCigPric Educ Age Agesq Restaurn [ aw=1/gCigs]
```

修正之后的结果显示，收入效应数量上增大了，而且是统计显著的；价格效应也增大了，但是仍然统计不显著。价格效应不显著的原因可能是美国香烟价格波动随不同的州而变化，相对收入、教育、年龄的波动性都比较小。其他变量也有些变化，但基本结论不变。

该例从简单地直接回归到采用 WLS 回归的过程表明，如果不加分析地直接使用截面数据进行回归分析，可能得出香烟消费不符合经济规律的结论。但是事实是，直接回归分析犯了违背同方差假定的错误。经过修正，结果是香烟消费仍然可以用需求定理来解释。这正是本书前言所谓"以虚驭实才能尽得其实""神行于虚方能不滞于物"的含义。

令 $\hat{\mu}_i$ 为 WLS 残差，$\widehat{Cigs}_i$ 为拟合值，判断是否已经消除异方差的一种方法是在一个异方差检验中使用 $\frac{\hat{\mu}_i^2}{\hat{g}_i}=\left(\frac{\hat{\mu}_i}{\sqrt{\hat{g}_i}}\right)^2$，比如，对变换后的方程按照怀特检验的思想，就是将 $\frac{\hat{\mu}_i^2}{\hat{g}_i}$ 对 $\frac{\widehat{Cigs}_i}{\sqrt{\hat{g}_i}}$ 和 $\frac{\widehat{Cigs}_i^2}{\hat{g}_i}$ 进行回归即可。

结果显示 $F=11.15$，由于 invFtail(2,804,.01)=4.63，所以仍然强烈拒绝变换后的误差是同方差的假设。这意味着该方法不足以消除模型的异方差性。但是，异方差检验显示该结果比没有修正的还是要好一些。

对修正后的模型再次进行 White 异方差特例检验的 Stata 操作代码如下：

```
predict wuhat, residual
predict Cigshat, xb
gen wuhatsq=wuhat*wuhat/gCigs
gen wCigshat=Cigshat/(gCigs)^0.5
gen wCigshatsq=(Cigshat^2)/gCigs
reg wuhatsq wCigshat wCigshatsq
display invFtail(e(df_m),e(N)-e(df_m)-1,.01)
```

值得提醒的是，在使用WLS估计后，必须小心计算检验多重假设的F统计量。不论是使用F统计量的残差平方形式还是R^2形式，都是如此。其中的要点是，在估计无约束模型和约束模型时要采用相同的权数，应该首先用OLS估计无约束模型，一旦得到了权数，就可以将它们用来估计约束模型。F统计量也就可以像通常那样计算。幸运的是，许多回归软件在进行了WLS估计之后都有一个简单的命令来检验联合约束，不需要专门做约束模型回归。

这个例子暗示着一个在应用加权最小二乘时可能会出现的问题：OLS和WLS估计值可能相去甚远。在香烟消费函数中，由于所有的系数都保持相同的符号，而且只有那些用OLS估计时在统计上不显著的变量变化才较大，所以这不是什么大问题。由于抽样误差的存在，所以OLS和WLS估计值总有所不同。问题是它们的差异是否足以改变重要的结论。

如果OLS和WLS得到符号不同而又都统计显著的估计值（比如，OLS价格弹性为正且显著，而WLS价格弹性为负且显著），或者估计值数量上的差异确实很大，那么就应该表示怀疑。具体而言，这意味着其他高斯—马尔科夫假定之一是错误的，特别是对误差的零条件均值假定。误差与任何一个自变量之间的相关都会导致OLS和WLS的偏误和不一致，而且偏误的大小通常都不同。豪斯曼检验（Hausman，1978）可用来规范地比较OLS和WLS估计值，以检验其差距是否超过了抽样误差的范围。

（三）异方差函数误设

如果异方差函数$g(X_i)$被错误设定，在零条件均值假定下，不会导致WLS估计量的偏误或不一致。究其原因，简单地说，如果$E(\mu|X)=0$，那么对于任意函数$g(X)>0$，由于X的任意函数都与μ无关，于是加权误差$\mu/\sqrt{g(X)}$与加权回归元$X_i/\sqrt{g(X)}$也不相关。

但是，异方差函数误设，即使在大样本中，WLS的标准误和检验统计量都不再可靠。一般而言，与完全不考虑异方差的OLS相比，使用一个错误异方差形式的WLS还是更好一些。

五、OLS估计后的异方差—稳健推断

由于假设检验在计量经济分析中的重要性，而常规的OLS推断在出现异方差时一般都是错误的，这就要求对这些统计量进行调整，使之在出现**未知形式的异方差性**（heteroskedasticity of unknown form）时仍然可用。也就是说，无论总体中出现的异方差性类型如何，误差方差是否为常数、是何种情况，都能够找到统计量来进行正常推断。

在出现异方差时，方差$\mathrm{Var}(\hat{\beta}_j)$应该如何估计？

假设对于一元回归模型

$$Y_i=\beta_0+\beta_1 X_i+\mu_i$$

假设 4 条高斯—马尔科夫假定成立。如果误差具有异方差性，即

$$\mathrm{Var}(\mu_i \mid X_i)=\sigma_i^2$$

OLS 估计量

$$\hat{\beta}_1=\beta_1+\frac{\sum_{i=1}^{n}(X_i-\overline{X})\mu_i}{\sum_{i=1}^{n}(X_i-\overline{X})^2}$$

由此有

$$\mathrm{Var}(\hat{\beta}_1)=\frac{\sum_{i=1}^{n}(X_i-\overline{X})^2\sigma_i^2}{\mathrm{TSS}_X^2} \tag{2.5.13}$$

由于 $\hat{\beta}_1$ 的标准误是对 $\mathrm{Var}(\hat{\beta}_1)$ 的估计，所以需要一种估计式(2.5.13)的方法。怀特(White，1980)给出了一种方法：令 $\hat{\mu}_i$ 表示原来 Y 对 X 做回归所得到的残差，对于任何形式的异方差(含同方差)，$\mathrm{Var}(\hat{\beta}_1)$ 的一个有效估计量是

$$\frac{\sum_{i=1}^{n}(X_i-\overline{X})\hat{\mu}_i^2}{\mathrm{TSS}_X^2} \tag{2.5.14}$$

对于多元回归模型，在假定 1—4 条件下

$$\widehat{\mathrm{Var}(\hat{\beta}_j)}=\frac{\sum_{j=1}^{n}\hat{r}_{ij}^2\hat{\mu}_i^2}{\mathrm{RSS}_j^2} \tag{2.5.15}$$

其中，$\hat{r}_{ij}$ 表示将 X_j 对所有其他解释变量做回归所得到的第 i 个残差，而 RSS_j 则是该回归的残差平方和。式(2.5.15)的平方根被称为 $\hat{\beta}_i$ 的**异方差—稳健标准误**(heteroskedasticity-robust standard error)，简称稳健标准误。

一旦得到了异方差—稳健标准误，由于 $t=\frac{\text{估计值}-\text{假设值}}{\text{标准误}}$，就容易构造**异方差—稳健 t 统计量**(heteroskedasticity-robust t statistic)。

异方差—稳健标准误通常在大样本容量情况下，在截面数据分析中报告。当然，同时报告两个标准误的做法也很常见。

对任意一个未知形式的异方差性都保持稳健的 F 和 LM 统计量也有可能得到。为了得到多重排除性约束的异方差—稳健检验，可以考虑计算**异方差—稳健 LM 统计量**(heteroskedasticity-robust LM statistic)。考虑模型

$$Y=\beta_0+\beta_1 X_1+\beta_2 X_2+\beta_3 X_3+\beta_4 X_4+\beta_5 X_5+\mu \tag{2.5.16}$$

假设想检验

$$H_0: \beta_4=0, \beta_5=0$$

为了得到常规的LM统计量,首先估计受约束模型,得到残差 $\tilde{\mu}$,然后将 $\tilde{\mu}$ 对所有解释变量进行回归,从而 $\mathrm{LM}=n \cdot R_{\tilde{\mu}}^2$,其中,$R_{\tilde{\mu}}^2$ 是从这个回归得到的 R^2。

在异方差情形下,需要将 X_4 对 X_1、X_2 和 X_3 回归,得到残差 $\tilde{r}_1$,X_5 对 X_1、X_2 和 X_3 回归,得到残差 $\tilde{r}_2$,最后做不包括截距项的回归

$$1 \text{ 对} \tilde{r}_1\tilde{\mu}、\tilde{r}_2\tilde{\mu} \text{ 回归}$$

稳健LM统计量就是 n-RSS,其中,RSS是上面回归的残差平方和。在 H_0 假设下,LM渐近服从 χ_q^2 分布。

在例2.3.1中,在控制了其他因素后,发现 $Avgsen$ 和 $Tottime$ 对 $Narr86$ 没有影响。现在仍然采用数据集Crime86.dta,通过增加非线性项,调整犯罪经济模型,研究刑期对当年被捕次数的影响,结果如下:

$$\widehat{Narr86}=\underset{\substack{(0.036)\\[0.040]}}{0.567}-\underset{\substack{(0.040)\\[0.034]}}{0.136}Pcnv+\underset{\substack{(0.0097)\\[0.0101]}}{0.0178}Avgsen-\underset{\substack{(0.00030)\\[0.00021]}}{0.00052}Avgsen^2-\underset{\substack{(0.0087)\\[0.0062]}}{0.0394}\beta_3 Ptime86$$

$$-\underset{\substack{(0.0144)\\[0.0142]}}{0.050}Qemp86-\underset{\substack{(0.00034)\\[0.00023]}}{0.00148}Inc86+\underset{\substack{(0.045)\\[0.058]}}{0.325}Black+\underset{\substack{(0.040)\\[0.040]}}{0.193}Hispan$$

$$n=2725, R^2=0.0728$$

对比该回归中常规的标准误与稳健标准误,容易发现两者之间存在明显的差别。比如,对于变量 $Avgsen^2$,通常 t 统计量为-1.74,而稳健 t 统计量为-2.49,该变量在使用稳健标准误时更加显著。这样,变量平均刑期 $Avgsen$ 对于被解释变量被捕次数 $Narr86$ 的关系而言,在低于 $0.0178/(2\times0.00052)\approx17.2$ 个月时,两者正相关;在超过17个月以后,变量 $Avgsen$ 具有威慑作用。

为研究平均刑期对被捕次数的统计显著性,需要检验联合假设:$H_0: \beta_{Avgsen}=0$,$\beta_{Avgsen^2}=0$,采用常规的LM统计量,得到LM=3.463,p 值为0.177,于是,在15%的显著性水平上都不能拒绝 H_0。异方差一稳健的LM=3.997,p 值为0.136,仍然不能拒绝 H_0。这意味着平均刑期 $Avgsen$ 对于被捕次数 $Narr86$ 并没有很大的影响。

Stata操作代码如下:

```
*模块一：数据导入
use "F:\Econometrics\data\Crime86.dta"clear
*模块二：数据变换
gen Avgsensq=Avgsen*Avgsen
*模块三：数据分析之估计
reg Narr86 Pcnv Avgsen Avgsensq Ptime86 Qemp86 Inc86 Black Hispan, robust
display _b[Avgsen]/(2*_b[Avgsensq])
*数据分析之异方差-稳健检验
reg Narr86 Pcnv Ptime86 Qemp86 Inc86 Black Hispan
predict ubar1, resid
quiet reg Avgsen Pcnv Ptime86 Qemp86 Inc86 Black Hispan
predict r1, resid
quiet reg Avgsensq Pcnv Ptime86 Qemp86 Inc86 Black Hispan
predict r2, resid
quiet gen ur1=ubar1*r1
quiet gen ur2=ubar1*r2
gen iota=1
reg iota ur1 ur2, noconstant
scalar hetlm=e(N)-e(rss)
scalar pval=chi2tail(2, hetlm)
display _n "Robust LM statistic: " %6.3f hetlm _n "Under H0, distrib Chi2(2),
p-value: " %5.3f pval
*数据分析之常规检验
reg Narr86 Pcnv Avgsen Avgsensq Ptime86 Qemp86 Inc86 Black Hispan
reg Narr86 Pcnv Ptime86 Qemp86 Inc86 Black Hispan
predict ubar2, residual
reg ubar2 Pcnv Avgsen Avgsensq Ptime86 Qemp86 Inc86 Black Hispan
scalar lml= e(N)*e(r2)
scalar pval=chi2tail(2, lml)
display _n " LM statistic: " %6.3f lml _n "Under H0, distrib Chi2(2),
p-value: " %5.3f pval
```

六、异方差问题的蒙特卡罗模拟

蒙特卡罗(Monte Carlo)模拟是指从已知总体中或者从设定的数据生成过程(data generation process,DGP)中反复生成随机样本,并计算参数估计量和统计量,进而研究其分布特征的方法。

运用蒙特卡罗模拟实验可以帮助人们直观获得对相关知识的体验和理解,而不需要相对复杂的数学推理过程。这里以存在违背经典线性假定的异方差情形为例,运用 Stata 软件进行编程,说明蒙特卡罗模拟实验的应用。

(一)生成数据,并直接回归

生成正态分布数据,并进行数据变换,展示其描述统计和回归结果。

```
clear
quiet set obs 300
set seed 321
gen X=3*rnormal(0,1)
gen V=3*rnormal(0,1)
gen WSR=exp(-0.3+0.2*X)
gen U=WSR*V
gen Y=3+5*X+U
sum Y X V WSR U
reg Y X
```

图 2.5.9 中的描述统计结果与数据生成是一致的,图 2.5.10 中的回归分析也直观显示了变量 Y 和 X 之间的回归关系。

Variable	Obs	Mean	Std. dev.	Min	Max
Y	300	3.990412	16.1956	-46.43361	60.06142
X	300	.1841551	3.104982	-9.831367	8.29274
V	300	-.1188765	2.866044	-8.961938	9.13373
WSR	300	.9273916	.5989577	.1036979	3.89054
U	300	.0696363	3.267355	-11.36392	15.59772

图 2.5.9 描述统计

Source	SS	df	MS			
				Number of obs	=	300
				F(1, 298)	=	7104.59
Model	75269.7504	1	75269.7504	Prob > F	=	0.0000
Residual	3157.16705	298	10.5945203	R-squared	=	0.9597
				Adj R-squared	=	0.9596
Total	78426.9174	299	262.297383	Root MSE	=	3.2549

Y	Coefficient	Std. err.	t	P>|t|	[95% conf.	interval]
X	5.109937	.0606242	84.29	0.000	4.990631	5.229242
_cons	3.049391	.1882544	16.20	0.000	2.678914	3.419867

图 2.5.10 直接回归分析结果

（二）异方差检验

对模型

$$Y=\beta_0+\beta_1 X+U$$

进行异方差图示检验、BP 检验。图 2.5.11 表明，可能存在递增性方差。

```
predict Uhat, resid
predict Yhat, xb
gen UhatSq=Uhat*Uhat
gen YhatSq=Yhat*Yhat
twoway scatter UhatSq X || lfit UhatSq X
```

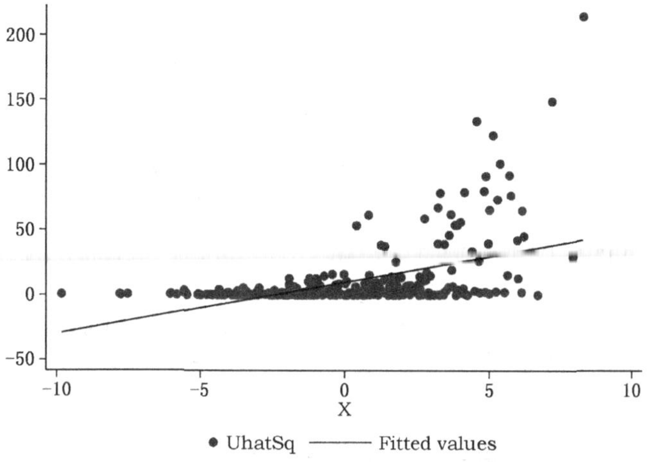

图 2.5.11　带拟合直线的残差平方与解释变量 X 的关系

图 2.5.12 显示的 BP 检验及图 2.5.13 显示的 LM 统计量的概率接近零，是拒绝随机干扰项同方差假定的强烈证据。

```
reg UhatSq X
```

Source	SS	df	MS			
				Number of obs	=	300
				F(1, 298)	=	94.97
Model	44667.7203	1	44667.7203	Prob > F	=	0.0000
Residual	140166.013	298	470.355747	R-squared	=	0.2417
				Adj R-squared	=	0.2391
Total	184833.733	299	618.17302	Root MSE	=	21.688

UhatSq	Coefficient	Std. err.	t	P>|t|	[95% conf.	interval]
X	3.936427	.4039415	9.75	0.000	3.141487	4.731366
_cons	9.798977	1.254347	7.81	0.000	7.330477	12.26748

图 2.5.12　BP 检验

```
display chi2tail(e(df_m), e(N)*e(r2))
scalar nr2bp=e(N)*e(r2)
display chi2tail(e(df_m), nr2bp)

. display chi2tail(e(df_m), e(N)*e(r2))
1.671e-17
```

图 2.5.13 BP 检验中的 LM 统计量概率

图 2.5.14 的怀特异方差检验特例和图 2.5.15 的怀特检验特例中的 LM 统计量的伴随概率为 0,同样证明应该拒绝同方差假定。

```
reg UhatSq Yhat YhatSq
```

Source	SS	df	MS			
				Number of obs	=	300
				F(2, 297)	=	91.00
Model	70230.1473	2	35115.0737	Prob > F	=	0.0000
Residual	114603.586	297	385.870659	R-squared	=	0.3800
				Adj R-squared	=	0.3758
Total	184833.733	299	618.17302	Root MSE	=	19.644

UhatSq	Coefficient	Std. err.	t	P>|t|	[95% conf.	interval]
Yhat	.5873408	.0750471	7.83	0.000	.4396494	.7350322
YhatSq	.0272373	.0033464	8.14	0.000	.0206515	.033823
_cons	.9126391	1.418792	0.64	0.521	-1.87952	3.704798

图 2.5.14 怀特异方差检验特例

```
display chi2tail(e(df_m), e(N)*e(r2))
* 或
scalar nr2wh=e(N)*e(r2)
display chi2tail(e(df_m), nr2wh)

. display chi2tail(e(df_m), e(N)*e(r2))
1.768e-25
```

图 2.5.15 怀特检验特例中的 LM 统计量的伴随概率

(三)修正

第 1 种修正:直接计算异方差稳健标准误。

图 2.5.16 显示的结果与图 2.5.10 在回归系数上是一样的,区别在于前者显示的是稳健标准误。容易发现,稳健标准误可能比常规的标准误大,也可能小。

```
reg Y X, robust
```

Linear regression

Number of obs	=	300
F(1, 298)	=	3395.39
Prob > F	=	0.0000
R-squared	=	0.9597
Root MSE	=	3.2549

Y	Coefficient	Robust std. err.	t	P>|t|	[95% conf.	interval]
X	5.109937	.0876942	58.27	0.000	4.937358	5.282515
_cons	3.049391	.1752446	17.40	0.000	2.704517	3.394265

图 2.5.16 异方差稳健标准误

第 2 种修正:直接消除在数据生成过程中设定的异方差。

```
gen One_star=1/WSR
gen Y_star=Y/WSR
gen X_star=X/WSR
reg Y_star X_star One_star, noconstant
```

Source	SS	df	MS
Model	575463.765	2	287731.883
Residual	2432.57259	298	8.16299526
Total	577896.338	300	1926.32113

Number of obs	=	300
F(2, 298)	=	35248.32
Prob > F	=	0.0000
R-squared	=	0.9958
Adj R-squared	=	0.9958
Root MSE	=	2.8571

Y_star	Coefficient	Std. err.	t	P>|t|	[95% conf.	interval]
X_star	5.022546	.0267704	187.62	0.000	4.969863	5.075229
One_star	2.945148	.132675	22.20	0.000	2.684049	3.206247

图 2.5.17 直接消除设定异方差后的回归

```
predict WUhat, resid
predict WYhat, xb
gen WUhatSq=WUhat*WUhat
gen WYhatSq=WYhat*WYhat
twoway scatter WUhatSq X || lfit WUhatSq X
```

图 2.5.18 中 BP 检验结果显示，异方差已然被消除。

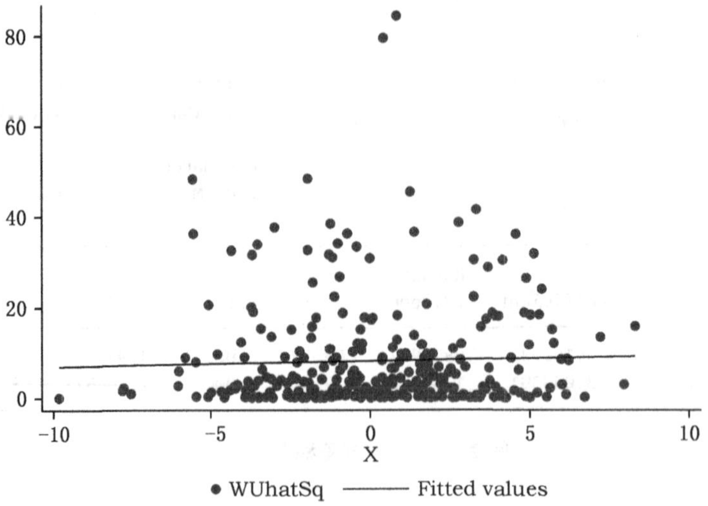

图 2.5.18　带拟合直线的残差平方与解释变量 X 的关系

图 2.5.19 中 BP 检验 LM 统计量的伴随概率结果显示，不能拒绝同方差虚拟假设，即异方差已然被消除。

```
reg WUhatSq X_star
display chi2tail(e(df_m), e(N)*e(r2))
*或
scalar nr2wbp=e(N)*e(r2)
display chi2tail(e(df_m), nr2wbp)
. display chi2tail(e(df_m), e(N)*e(r2))
.5074922
```

图 2.5.19　BP 检验 LM 统计量的伴随概率

图 2.5.20 中 White 检验 LM 统计量的伴随概率结果显示，接受同方差虚拟假设，即异方差已然被消除。

```
reg WUhatSq WYhat WYhatSq
display chi2tail(e(df_m), e(N)*e(r2))
scalar wnr2wh=e(N)*e(r2)
display chi2tail(e(df_m), wnr2wh)
. display chi2tail(e(df_m), e(N)*e(r2))
.68841307
```

图 2.5.20　White 检验 LM 统计量的伴随概率

图 2.5.21—图 2.5.27 显示了 WLS 估计及异方差检验过程。图 2.5.21 是 WLS 估计结果。图 2.5.22 是直接消除异方差的估计结果。2.5.23 是误差平方与解释变量关系散点图,可以看出不存在异方差。图 2.5.24—图 2.5.27 显示了 BP 检验 LM 统计量结果,一致表明不拒绝同方差假设。这意味着采用 WLS 估计方法成功地消除了模型的异方差。

第 3 种修正:先估计误差平方,再采用 WLS 修正。

```
gen lnUhatSq=ln(UhatSq)
reg lnUhatSq X
predict h, xb
gen g=exp(h)
reg Y X [aw=1/g]
```

Source	SS	df	MS			
				Number of obs	=	300
				F(1, 298)	=	31459.68
Model	77204.1569	1	77204.1569	Prob > F	=	0.0000
Residual	731.311946	298	2.45406693	R-squared	=	0.9906
				Adj R-squared	=	0.9906
Total	77935.4688	299	260.653742	Root MSE	=	1.5665

Y	Coefficient	Std. err.	t	P>|t|	[95% conf.	interval]
X	5.02427	.0283267	177.37	0.000	4.968524	5.080015
_cons	2.95143	.1344562	21.95	0.000	2.686826	3.216034

图 2.5.21 WLS 估计

```
gen W=(1/g)^0.5
gen WY=W*Y
gen WX=W*X
reg WY W WX, nocons
```

Source	SS	df	MS			
				Number of obs	=	300
				F(2, 298)	=	28928.89
Model	203378.839	2	101689.419	Prob > F	=	0.0000
Residual	1047.51486	298	3.51515054	R-squared	=	0.9949
				Adj R-squared	=	0.9948
Total	204426.353	300	681.421178	Root MSE	=	1.8749

WY	Coefficient	Std. err.	t	P>|t|	[95% conf.	interval]
W	2.951431	.1344562	21.95	0.000	2.686827	3.216035
WX	5.02427	.0283267	177.37	0.000	4.968524	5.080015

图 2.5.22 消除估计误差后的 OLS 估计

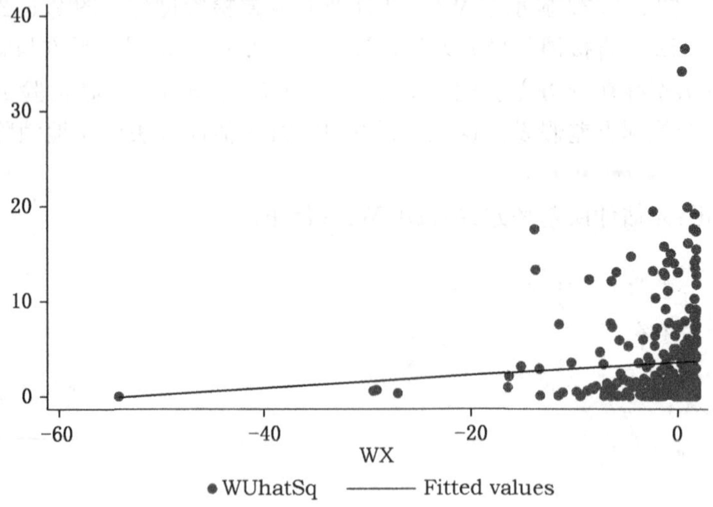

图 2.5.23 消除估计误差后的 OLS 估计的残差平方与 WX 关系

Source	SS	df	MS			
				Number of obs	=	300
				F(2, 297)	=	1.05
Model	54.7829755	2	27.3914877	Prob > F	=	0.3501
Residual	7724.72524	297	26.0091759	R-squared	=	0.0070
				Adj R-squared	=	0.0004
Total	7779.50822	299	26.0184221	Root MSE	=	5.0999

WUhatSq	Coefficient	Std. err.	t	P>|t|	[95% conf.	interval]
W	-1.169379	1.607109	-0.73	0.467	-4.332143	1.993384
WX	-.0652897	.1910479	-0.34	0.733	-.4412689	.3106894
_cons	4.56198	1.352122	3.37	0.001	1.901026	7.222934

图 2.5.24 BP 检验

```
. dis e(N)*e(r2)
2.1125876
```

图 2.5.25 BP 检验 LM 统计量

```
. dis invchi2tail(e(df_m),.05)
5.9914645
```

图 2.5.26 卡方临界值

```
. display chi2tail(e(df_m), e(N)*e(r2))
.34774223
```

图 2.5.27 BP 检验 LM 统计量的伴随概率

注意:第三种校正应该是一个从数据生成开始的完整过程。

```
*模块一：数据生成和变换
clear
quiet set obs 300
set seed 321
gen X=3*rnormal(0,1)
gen V=3*rnormal(0,1)
gen WSR=exp(-0.3+0.2*X)
gen U=WSR*V
*模块二：数据分析之 WLS
gen Y=3+5*X+U
reg Y X
predict Uhat, resid
gen UhatSq=Uhat*Uhat
gen lnUhatSq=ln(UhatSq)
reg lnUhatSq X
predict h, xb
gen g=exp(h)
reg Y X [aw=1/g]
*数据分析之直接消除误差的 OLS
gen W=(1/g)^0.5
gen WY =W*Y
gen WX=W*X
reg WY W WX, nocons
predict WUhat, residuals
gen WUhatSq=WUhat*WUhat
twoway scatter WUhatSq WX || lfit WUhatSq WX
reg WUhatSq W WX
dis e(N)*e(r2)
dis invchi2tail(e(df_m),.05)
display chi2tail(e(df_m), e(N)*e(r2))
```

小知识: Stata 软件 do 文件中的注释

Stata 软件 do 文件中除了命令语句外,还可以包含对所执行的各项命令的注释。文件包含命令注释,能让用户在日后更好地理解当时所执行命令或结果的含义。

Stata 软件默认输入的每一行命令均为单独的命令语句。如果试图给命令和结果添加注释,就需要在注释语句前后添加某些符号,从而提示所输入的不是命令语句,一般来说，主要可以通过以下三种方式添加注释：

(i)在输入的单行注释前添加星号(*)，Stata就会自动忽略此行。

(ii)对于单行命令语句，可以在其后使用双斜线(//)，在双斜线后添加命令注释。

(iii)如果所输入的命令有多行，可以将注释放在斜线、星号(/*)和星号、斜线(*/)两个符号之间。

此外，在do文件内每输入一行命令，点击回车后，就表示这是一条独立的命令。如果试图将一条命令分行，提高命令的可读性，则可以使用三条斜线(///)作为分割符，然后另起一行继续未完成的命令输入。

第六节　放宽变量类型：虚拟变量模型

在经验研究中，被解释变量和解释变量除了**定量变量**(quantitative variable)，即取值可以连续变化的量，如收入、消费、价格等，还有些影响经济的宏观层面因素比如突发事件、战争、自然灾害等；在微观层面，企业所处的区域(东、中、西部)、企业的性质(国有、民营)对企业生产绩效也有较大影响；对于销售行为而言，季节对某些产品(如冷饮)的销售有较大影响；种族、职业、性别甚至相貌都可能对个人收入造成影响；等等。如果模型能够反映这些定性因素的影响，就能提高模型的解释力，这就需要将此类定性信息“量化”为所谓的**定性变量**(qualitative variable)。对这种定性信息的处理可以通过虚拟而“量化”为离散的**二值变量**(binary variable)或**0－1变量**(zero-one variable)信息形式的人工变量，通常称为**虚拟变量**(dummy variable)。

在经典线性模型假定中，并没有对变量类型做特殊要求，也就是说，虚拟变量本身是满足经典线性模型假定要求的。之所以这里提出放宽变量类型要求，只是为了强调虚拟变量与连续型变量对于模型而言在引入方式、功能作用、经济意义和导致的问题等方面都有所不同。

对于虚拟解释变量问题，可以采用加法方式考虑定性因素对截距的影响，也可以采用乘法方式考虑定性因素对斜率项产生的影响，当然，还可以采用加法与乘法相结合的方式考虑定性因素对截距和斜率项同时产生影响。

一、虚拟变量的定义和模型

(一)虚拟变量的定义

虚拟变量虽然来自对定性变量的主观量化，但是实际上符合回归分析中的经典线性假定中的变量要求，可以直接建立虚拟变量计量经济模型。

一般地，在虚拟变量定义中，对于肯定类型或比较类型取值为1，对于否定类型或基础类型取值为0。如考虑将性别量化为虚拟变量，可以定义

$$Female=\begin{cases}1, Female\\0, Male\end{cases}$$

这里,变量名称就是取值为1的事件,属于肯定类型;其他事件取值为0,属于否定类型。

当然,也可以定义

$$Male=\begin{cases}1, Male\\0, Female\end{cases}$$

这两种定义方法对计量经济模型的估计而言本质上不会有差异。

虽然也可以定义 $Gender=1$ 时对应于男性,$Gender=0$ 时对应于女性,但是经济意义不如前面两种定义明确。

对于多于两个类型的变量,也容易定义。比如,为分析相貌对收入的影响,假设将相貌分为3个等级:低于平均、平均和高于平均,可以设定2个虚拟变量如下:

$$Belavge=\begin{cases}1, BelowAverage\\0, Other\end{cases}$$

$$Abvavge=\begin{cases}1, AboveAverage\\0, Other\end{cases}$$

这里,基础类型是平均相貌,比较类型是低于平均或高于平均。

设有3个样本,相貌正好是低于平均、平均和高于平均,则数据显示如表2.6.1所示。

表 2.6.1　　**虚拟变量定义举例**

id	*Belavge*	*Abvavge*
1	1	0
2	0	0
3	0	1

(二)虚拟变量模型

含有虚拟变量的计量经济模型称为**虚拟变量模型**。例如,用性别、受教育程度等变量解释收入的模型如下:

$$Y_i=\beta_0+\delta_0 Female_i+\beta_1 Educ_i+\mu_i \tag{2.6.1}$$

其中,Y_i 为收入,$Educ_i$ 为受教育程度,$Female_i$ 为虚拟变量:$Female_i=1$ 代表女性,$Female_i=0$ 代表男性。在式(2.6.1)中,虚拟变量 $Female_i$ 是作为解释变量出现的。当然,模型中的被解释变量也可以是虚拟变量。

二、虚拟变量的引入方式

虚拟变量作为解释变量引入计量经济模型有两种基本方式:加法方式(截距虚拟变量)和乘法方式(斜率虚拟变量)。

(一)虚拟变量作为解释变量引入模型:加法方式

如果考虑收入受到性别、教育的影响,一个简单的虚拟变量模型是

$$Y_i = \beta_0 + \delta_0 Female_i + \beta_1 Educ_i + \mu_i$$

在该模型中,女性员工的平均收入是

$$E(Y_i \mid Female_i = 1, Educ_i) = (\beta_0 + \delta_0) + \beta_1 Educ_i$$

男性员工的平均收入是

$$E(Y_i \mid Female_i = 0, Educ_i) = \beta_0 + \beta_1 Educ_i$$

如果设 $\beta_1 > 0$,$\delta_0 > 0$,结果如图 2.6.1 所示。两者有相同的斜率,但截距不一样。这意味着,男女员工平均收入对教育的变化率是一样的,但两者的平均收入水平由于性别的原因相差 δ_0。

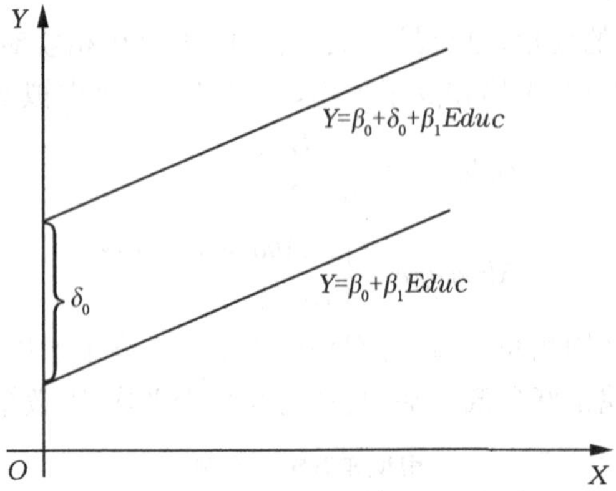

图 2.6.1 加法方式下虚拟变量模型中的截距差异

以加法方式将虚拟变量作为解释变量引入计量经济模型,实际上是在模型中引入了截距虚拟变量。

在相同教育程度下,男女差异

$$\begin{aligned}\delta_0 &= E(Y \mid Female_i = 1, Educ) - E(Y \mid Female_i = 0, Educ) \\ &= (\beta_0 + \delta_0) + \beta_1 Educ_i - (\beta_0 + \beta_1 Educ_i)\end{aligned}$$

其中,男性的截距是 β_0,女性的截距是 $\beta_0 + \delta_0$。

当然,若想确认收入是否存在性别差异,则需要对 δ_0 进行统计显著性检验。

例 2.6.1 小时工资的性别差异

采用美国的真实数据,如果做一个简单的一元线性回归

$$\widehat{Wage} = 7.1 - 2.51 Female$$
$$(0.21)\ (0.30)$$
$$n = 526, R^2 = 0.116$$

结果表明,男性平均工资为每小时 7.1 美元,而女性则是(7.1−2.51=)4.59 美元。

进一步,如果追问男女收入差异真的有 2.51 美元/小时这么大吗?性别这个名义变量真的是差别的原因吗?显然该模型违背了基本假定 4(零条件均值),即一个可能的原因是男女两性在教育、工作经验、任期等其他方面也存在差异。考虑更为细致的模型

$$\widehat{Wage}=-1.57-1.81Female+0.572Educ+0.025Exper+0.141Tenure$$
$$(0.72)\quad(0.26)\qquad(0.049)\qquad(0.012)\qquad(0.021)$$
$$n=526,R^2=0.364$$

该多元回归方程结果表明，在相同的 $Educ$、$Exper$ 和 $Tenure$ 情况下，女性收入比男性收入少 1.81 美元。可以设想，虚拟变量毕竟是名义变量，它表现出的差异本质上是其他具有实质意义变量导致的，如果能够将男女性别差异完全用其他变量表示出来，那么虚拟变量上的统计差异就不会存在了。该例意味着，采用虚拟变量可以得到一种在两个组之间进行均值比较检验的简单方法。一般而言，对一个常数与一个虚拟变量进行回归，是比较两组均值的直接方法。

在简单项目评价中，把对象分为两组：**对照组**(control group)不参加这个项目，而**实验组**(experimental group)或**处理组**(treatment group)则参加。在虚拟变量模型

$$Y=\beta_0+\delta_0 D+\beta_1 X+\mu$$
$$\delta_0=E(Y|D=1,X)-E(Y|D=0,X)$$

取男性为**基础组**(base group)或**基准组**(benchmark group)。对于基准组，截距为 β_0，而女性的截距是 $\beta_0+\delta_0$。当然，如果取女性为基准组，本质上结果也没有什么区别。

(二)虚拟变量作为解释变量引入模型：乘法方式

以加法方式引入虚拟变量，实际上意味着不同组别之间存在不同截距。在有些情况下，虚拟变量也可以用乘法方式引入，使不同组别之间有不同斜率。比如，考虑性别与教育的交互性

$$Y_i=\beta_0+\delta_0 Female_i+\beta_1 Educ_i+\delta_1 Female_i\cdot Educ_i+\mu_i$$

则对于女性而言

$$E(Y_i|Female_i=1,Educ_i)=(\beta_0+\delta_0)+(\beta_1+\delta_1)Educ_i$$

对于男性

$$E(Y_i|Female_i=0,Educ_i)=\beta_0+\beta_1 Educ_i$$

设 $\beta_0>0,\beta_1>0,\delta_0>0,\delta_1>0$，结果如图 2.6.2 所示。如果 $\beta_0>0,\beta_1>0,\delta_0>0,\delta_1<0$，则结果不一样。

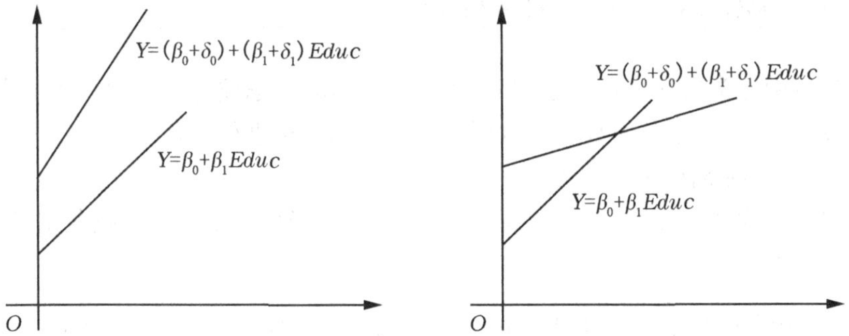

(i) $\beta_0>0,\ \beta_1>0,\ \delta_0>0,\ \delta_1>0$　　(ii) $\beta_0>0,\ \beta_1>0,\ \delta_0>0,\ \delta_1<0$

图 2.6.2　截距和斜率项都受虚拟变量影响的模型

三、虚拟变量的设置原则

设置虚拟变量有什么基本原则？为什么不在模型(2.6.1)中同时包含另一个对男性取值为1、对女性取值为0的虚拟变量 $Male$ 呢？

这是因为在式(2.6.1)中，对于男性，截距为 β_0，女性的截距是 $\beta_0+\delta_0$，这样已经完全区分了这两类人群；相反，如果定义两个虚拟变量 $Female$ 和 $Male$，则有

$$Female+Male=1$$

即

$$\begin{pmatrix}1\\0\end{pmatrix}+\begin{pmatrix}0\\1\end{pmatrix}=\begin{pmatrix}1\\1\end{pmatrix}$$

这意味着，这两个变量的关系是完全共线的，即对区分为两个类别的同一定性变量同时使用两个虚拟变量会导致**虚拟变量陷阱**(dummy variable trap)。

比如，用性别、经验等变量解释收入的计量经济模型为

$$Y=\beta_0+\delta_0 Female+\delta_1 Male+\beta_1 Exper+\cdots+\mu$$

如果取3个观测值，即1个女性、2个男性，则系数矩阵为

$$\begin{pmatrix}1 & 1 & 0 & Exper_1 & \cdots\\ 1 & 0 & 1 & Exper_2 & \cdots\\ 1 & 0 & 1 & Exper_3 & \cdots\end{pmatrix}$$

显然，该系数矩阵的第1列可以表示为第2列和第3列的线性组合，形成所谓的虚拟变量陷阱。一般地，虚拟变量的个数设置原则是，每一定性变量所需的虚拟变量个数比定性变量的类别数少1，回归模型定性变量有 k 组或 k 类不同类别，就需要在模型中包含 $k-1$ 个虚拟变量。对于加法方式，某一虚拟变量系数，表示该组与基础组之间在截距上估计的差异，即当 $D_j=1, D_s=0, j\neq s$ 时，虚拟变量 D_j 对被解释的影响为

$$\delta_j+\beta_0$$

对于乘法方式，则表示斜率项的差异 $\delta_j\beta_j$。

四、使用虚拟变量表示序数信息

经济分析中经常出现表示顺序、等级的因素，比如，考虑偏好等级对购买的影响、信用等级对绩效的影响等，这类序数信息也可以使用虚拟变量进行量化。

例 2.6.2 相貌对收入的影响

将相貌区分为3个等级，分析相貌对收入的影响，采用一个美国数据集估计如下：

对于男性而言

$$\widehat{\ln Wage}=\hat{\beta}_0-\underset{(0.046)}{0.164}Belavge+\underset{(0.033)}{0.016}Abvavge+Otherfactors$$

$$n=700, \overline{R}^2=0.403$$

回归模型中其他因素包括教育程度、工作经历、现职任期、婚姻状况和种族等。对于男性而言，相貌低于平均水平的，比平均水平的($\hat{\beta}_0$)人少挣16.4%，而且在统计上显著异于零；相貌高于平均水平的，比平均水平的人多挣1.6%，但是在统计上并不显著。

对女性而言

$$\widehat{\ln Wage}=\hat{\beta}_0-0.124Belavge+0.035Abvavge+Otherfactors$$
$$(0.066)\qquad\qquad(0.049)$$
$$n=409,\bar{R}^2=0.33$$

相貌低于平均水平的，比平均水平的($\hat{\beta}_0$)人少挣12.4%，而且在统计上显著异于零；相貌高于平均水平的，比平均水平的人多挣3.5%，但是在统计上并不显著。所以，从这个数据样本看，相貌对收入的影响为，长得漂亮并没有奖励，丑陋却有惩罚。

值得一提的是，对于有多个等级的问题，需要对各等级单独赋值。比如，有人做了一个调研，考虑5个等级，即非常赞同、赞同、一般、否定、完全否定，能否在模型中将这5个等级定义为5、4、3、2、1呢？虽然经常会发现很多初级研究这么做，但是这样处理是不恰当的。对于多个等级的序列变量，应该按照相貌这个例子的方式来处理，比如5个等级处理为4个二值(0、1)虚拟变量。

当然，在OLS估计过程中，要求随机样本，而在此虚拟变量设定中，一个群体的等级取决于其他群体，这种数据不能说是从所有群体中独立随机抽取的，这就违背了基本假定中的随机抽样假定。好在如果随机误差项与解释变量不相关，则不会导致任何严重后果。

五、虚拟变量作为被解释变量引入模型

(一)线性概率模型

如果被解释变量是虚拟变量

$$Y=\beta_0+\beta_1X_1+\beta_2X_2+\cdots+\beta_kX_k+\mu$$

由于

$$E(Y|X)=\beta_0+\beta_1X_1+\beta_2X_2+\cdots+\beta_kX_k$$

显然

$$P(Y=1|X)=E(Y|X)$$

即$Y=1$的概率等于Y的期望。这样

$$P(Y=1|X)=\beta_0+\beta_1X_1+\beta_2X_2+\cdots+\beta_kX_k$$

它说明$P(Y=1|X)$是X_j的一个线性函数。这种带有二值因变量的多元线性回归模型被称为**线性概率模型**(linear probability model，LPM)。在保持其他因素不变的情况下，β_j度量了X_j的变化导致的概率变化

$$\Delta P(Y=1|X)=\beta_j\Delta X_j$$

例2.6.3　拘捕率的一个线性概率模型

由于样本数据中只有7.2%的个体被拘捕次数超过1次，于是考虑采用线性概率

模型

$$Arr86=\beta_0+\beta_1 Pcnv+\beta_2 Avgsen+\beta_3 Tottime+\beta_4 Ptime86+\beta_5 Qtime86+\mu$$

这里,被解释变量 $Arr86$ 为虚拟变量。假设一个人在 1986 年被拘捕过,取值为 1,否则取值为 0。在这个样本数据集中,约 27.7%的个体在 1986 年被拘捕至少一次。$Pcnv$ 表示以前被捕后定罪的比例,$Avgsen$ 表示以前定罪后关进监狱的平均时间长度,$Tottime$ 表示从 18 岁到 1986 年坐牢的总月数,$Ptime86$ 表示 1986 年坐牢的总月数,$Qtime86$ 表示 1986 年此人合法就业的季度数。

$$\widehat{Arr86}=\underset{(0.0172)}{0.4406}-\underset{(0.0212)}{0.1624}Pcnv+\underset{(0.0065)}{0.0061}Avgsen-\underset{(0.0050)}{0.0023}Tottime$$

$$-\underset{(0.0046)}{0.0220}Ptime86-\underset{(0.0054)}{0.0428}\beta_5 Qtime86$$

$$n=2725, R^2=0.0474$$

结果表明,一个从未定过罪、18 岁以后没坐过牢、1986 年没进过监狱、整个 1986 年从未就业的人,预计被捕的概率为 0.4406。考虑到总体是 1960 年、1961 年在加利福尼亚出生并在 1986 年以前至少被拘捕过一次的青年人,该结果并不奇怪。

定罪率确实影响拘捕概率,但是威慑力有限。考虑到 $Pcnv$ 是处于[0,1]之间的一个比例值,即使从 0(不可能定罪)到 1(必然定罪),也只能使拘捕率减少 0.1624,如果定罪率提高 0.5,拘捕率则减小 0.0812。无论从个别还是联合看,$Avgsen$ 和 $Tottime$ 都不显著(F 统计量的 p 值为 0.347)。如果更长期的判刑能阻止犯罪的话,则 $Avgsen$ 的符号违背直觉。

监禁的影响 $Ptime86$ 的系数表明,监禁 6 个月,被捕概率减小 0.132。值得一提的是,如果一个人 1986 年一直在坐牢,则被拘捕概率为 0.1766(0.4406−0.0220×12),而不是 0。但是,如果根据被拘捕的无条件概率 27.7%计算,则几乎下降到 0.013(0.013=0.277−0.0220×12)。所以其中存在被拘捕的条件概率被该线性模型解释程度的问题。

最后,合法就业会降低拘捕概率。一个一年四季都在上班的人拘捕概率下降 0.1712。

Stata 操作代码:

```
summarize Narr86 if Narr86>=2
gen Arr86=0
replace Arr86=1 if Narr86>0
summarize Arr86
reg Arr86 Pcnv Avgsen Tottime Ptime86 Qemp86
test Avgsen Tottime
```

(二)引入虚拟解释变量的线性概率模型

虚拟变量可以作为被解释变量,同时也可以作为解释变量。对于拘捕率的线性概率

模型，如果考虑不同种族的拘捕率不同，则可以引入两个种族虚拟变量，有

$$\widehat{Arr86}=0.3804-0.1521Pcnv+0.0046Avgsen-0.0026Tottime-0.0237Ptime86$$
$$(0.0187)\quad(0.0211)\quad(0.0064)\quad(0.0049)\quad(0.0046)$$
$$-0.0385\beta_5 Qtime86+0.1700Black+0.0962Hispan$$
$$(0.0054)\quad(0.0237)\quad(0.0207)$$
$$n=2725, R^2=0.0682$$

其中，*Black* 系数表明，在所有其他因素不变的情况下，黑人比白人（基准组）被捕概率高 0.17，这个差别统计显著。拉美裔比白人被捕概率高 0.096，这个差别也是统计显著的。

（三）线性概率模型中的异方差问题

由于 Y 的二值特性，线性概率模型违背了高斯－马尔科夫同方差假定。同方差假定认为，以解释变量为条件的误差 μ 的方差是常数，只要不可观测因素的方差随总体的不同部分而变化，同方差性就不成立，而

$$\mathrm{Var}(Y|X)=P(X)[1-P(X)]$$

其中，$P(X)=\beta_0+\beta_1X_1+\beta_2X_2+\cdots+\beta_kX_k$。这意味着，除非概率与任何一个自变量都不相关，否则，线性概率模型就一定存在着异方差。一般而言，OLS 估计量在 LPM 中都不是有效的。由于

$$\mathrm{Var}(Y|X)=P(X)[1-P(X)]$$
$$P(X)=\beta_0+\beta_1X_1+\cdots+\beta_kX_k$$

概率受总体参数 β_j 影响。将 OLS 拟合值代入，对于每个观测概率都不一样，所以 LPM 不会出现有偏估计，但是却为非有效估计。

六、案例：虚拟变量模型

例 2.6.4 表 2.6.2 给出了 2020 年中国城镇居民和农村居民人均工资性收入及其他收入、人均消费支出的相关数据。由这组数据判断 2020 年中国城镇居民与农村居民不同来源的收入对消费支出的影响是否有差异。

（一）数据收集

在国家统计局网站找到《中国统计年鉴 2021》（网页链接：http://www.stats.gov.cn/tjsj/ndsj/），在第六篇项人民生活中的表 6－25 分地区城镇居民人均可支配收入来源（2020 年）中找到可支配收入，包括工资性收入、经营净收入、财产净收入、转移净收入数据。在表 6－26 分地区城镇居民人均消费支出中找到 2020 年的消费支出数据。在 6－31 分地区农村居民人均可支配收入来源（2020 年）中找到工资性收入、经营净收入、财产净收入、转移净收入数据，在表 6－32 分地区农村居民人均消费支出中找到相关数据。

（二）数据处理

将数据摘录到 Excel 中，并将经营净收入、财产净收入、转移净收入合计为其他收入，

得到的数据见表 2.6.2。

表 2.6.2　2020 年分地区城镇、农村居民人均可支配收入与人均消费支出　单位:元

	工资收入	城镇居民其他收入	消费支出	工资收入	农村居民其他收入	消费支出
北京	44619.0	30982.5	41726.3	21173.8	8951.9	20912.7
天津	30052.7	17605.8	30894.7	14384.5	11306.1	16844.1
河北	23602.4	13683.3	23167.4	8598.4	7868.6	12644.2
山西	20197.1	14595.6	20331.9	6347.2	7530.8	10290.1
内蒙古	24888.4	16464.7	23887.7	3352.9	13214	13593.7
辽宁	22801.1	17574.8	24849.1	6511.3	10939	12311.2
吉林	20990.9	12404.8	21623.2	4018.8	12048.2	11863.6
黑龙江	17543.3	13571.4	20397.3	3152.2	13016.2	12360.0
上海	43802.5	32634.8	44839.3	21067.2	13844.1	22095.5
江苏	31167.7	21934	30882.2	11789.0	12409.5	17021.7
浙江	35369.6	27329.7	36196.9	19509.7	12420.8	21555.4
安徽	23635.6	15806.5	22682.7	5838.6	10781.6	15023.5
福建	29119.1	18041.2	30486.5	9411.0	11469.3	16338.9
江西	24309.5	14246.3	22134.3	7301.2	9679.6	13579.4
山东	27250.0	16476.3	27291.1	7590.9	11162.3	12660.4
河南	19620.3	15130	20644.9	6153.4	9954.5	12201.1
湖北	20071.4	16634.3	22885.5	5271.6	11034.3	14472.5
湖南	22457.3	19240.2	26796.4	6569.6	10015	14974.0
广东	35429.3	14827.7	33511.3	10613.5	9529.9	17132.3
广西	20241.2	15618.1	20906.5	4638.2	10176.7	12431.1
海南	23626.1	13470.9	23559.9	6752.8	9526	13169.3
重庆	23353.3	16652.9	26464.4	5740.5	10620.9	14139.5
四川	21950.7	16302.4	25133.2	4977.8	10951.3	14952.6
贵州	20472.1	15624.1	20587.0	4822.4	6819.9	10817.6
云南	21594.7	15904.8	24569.4	3975.0	8866.9	11069.5
西藏	30717.4	10439	24927.4	4778.3	9820.1	8917.1
陕西	21850.4	16017.8	22866.4	5387.8	7928.7	11375.7
甘肃	22903.6	10918.2	24614.6	2985.9	7358.4	9922.9
青海	23546.9	11958.9	24315.2	4005.7	8336.8	12134.2
宁夏	24272.6	11447	22379.1	5150.0	8739.4	11724.3
新疆	22408.3	12430.1	22951.8	4024.0	10032.1	10778.2

数据来源:国家统计局. 中国统计年鉴 2021[M]. 北京:中国统计出版社,2021.

(三)模型设置

以 Y 为人均生活消费支出，X_1 为人均工资性收入，X_2 为人均其他来源收入。

城镇居民人均消费函数为

$$Y_i=\beta_0+\beta_1 X_{i1}+\beta_2 X_{i2}+\mu_{i1}$$

农村居民人均消费函数为

$$Y_i=\alpha_0+\alpha_1 X_{i1}+\alpha_2 X_{i2}+\mu_{i2}$$

为讨论城乡不同收入来源对消费影响的差异，就需要检验两个模型的系数是否有差异。

$$Y_i=\beta_0+\delta_0 D_i+\beta_1 X_{i1}+\delta_1 D_i X_{i1}+\beta_2 X_{i2}+\delta_2 D_i X_{i2}+\mu_i$$

其中

$$D_i=\begin{cases}1, Urban\\0, Rural\end{cases}$$

城镇居民

$$\mathrm{E}(Y_i|D=1)=\beta_0+\delta_0+(\beta_1+\delta_1)X_{i1}+(\beta_2+\delta_2)X_{i2}$$

农村居民

$$\mathrm{E}(Y_i|D=0)=\beta_0+\beta_1 X_{i1}+\beta_2 X_{i2}$$

在显著性检验中，如果 $\delta_0=0,\delta_1=0,\delta_2=0$ 不能被拒绝，则存在差异。

虚拟假设：$\delta_0=\delta_1=\delta_2=0$

备择假设：存在 $\delta_j\neq 0, j=0,1,2$

由表 2.6.2 中的数据得到的回归结果如图 2.6.3 所示。

$$\hat{Y}_i=4672.37-1273.53D_i+0.53X_{i1}+0.12D_iX_{i1}+0.50X_{i2}-0.13D_iX_{i2}$$

$$(1419.17)(1728.66)\quad(0.05)\quad(0.08)\qquad(0.14)\quad(0.16)$$

$$n=62, R^2=0.9727, \bar{R}^2=0.9703, F=399.62$$

Source	SS	df	MS			
				Number of obs	=	62
				F(5, 56)	=	399.62
Model	3.6397e+09	5	727935283	Prob > F	=	0.0000
Residual	102008257	56	1821576.01	R-squared	=	0.9727
				Adj R-squared	=	0.9703
Total	3.7417e+09	61	61339093	Root MSE	=	1349.7

Cnsmptn	Coefficient	Std. err.	t	P>|t|	[95% conf.	interval]
Dm	-1273.525	1728.657	-0.74	0.464	-4736.44	2189.391
Salary	.531445	.0516116	10.30	0.000	.4280546	.6348354
Othr	.5029149	.1439416	3.49	0.001	.2145651	.7912646
DmSalary	.1150053	.0771687	1.49	0.142	-.0395823	.2695929
DmOthr	-.1347807	.1613142	-0.84	0.407	-.457932	.1883705
_cons	4672.37	1419.17	3.29	0.002	1829.43	7515.309

图 2.6.3　回归结果

由于 $t_{0.025}(56)=2.003$，$t_{0.05}(56)=1.673$，$t_{0.075}(56)=1.460$，可见在5%、10%甚至15%的显著性水平下 δ_0 都无异于零。在15%的显著性水平下，工资性收入对消费支出的影响异于零，但是其他收入对消费支出的影响仍然无法拒绝 $\delta_2=0$ 的假设。这就说明，2020年中国城镇和农村居民自发消费没有差异；但是，当工资性收入都增加100元时，城镇居民要比农村居民多消费12元；而其他收入都增加时，城镇居民与农村居民增加消费，支出没有显著差异。

该结果说明，2020年除了工资性收入影响，自发消费和由其他收入对于农村居民和城镇居民消费的影响是接近的。如果要增加消费，则根本上还是应该提高工资性收入。

Stata操作代码：

```
import excel "F:\data22\IncCnsmptnUrbnRrl20.xlsx", sheet("Sheet1") cellrange(A1:F63) firstrow
gen DmSalary=Dm*Salary
gen DmOthr= Dm*Othr
reg Cnsmptn Dm Salary Othr DmSalary DmOthr
dis invttail(e(df_r),0.05/2)
dis invttail(e(df_r),0.10/2)
dis invttail(e(df_r),0.15/2)
```

第七节　放宽假定1:模型设定问题

对于采用回归分析方法的实证研究而言，会遇到一些具体问题，需要在理论上予以澄清，比如，变量度量单位的变化对回归模型的影响。实际上，该变化将导致估计量坐标系尺度的放大、缩小或平移，并且由此可以得到非常有实用价值的标准化系数模型。更为普遍的是，变量在取水平值、对数等不同形式的情况下回归模型中参数估计量的经济含义、理由，在这里将做一个一般性说明。回归模型中变量之间关系复杂一些的情况是，变量相互之间存在交互效应，这就需要在模型中设定交互项，该问题也将得到一般化处理。对回归分析基本假定中的随机抽样的样本容量，这里将做一个简单讨论。最后，本节还将对模型误设这一重要问题进行一般性探讨。

粗略地看，本节所谓模型设定问题更像是对多元回归基本假定1模型设定和2随机抽样的说明。

一、数据度量单位变化对OLS估计量的影响

(一)度量单位对OLS估计量的影响

1. 仅被解释变量度量单位变化的影响

对于模型

$$Y_i=\hat{\beta}_0+\hat{\beta}_1X_{i1}+\hat{\beta}_2X_{i2}+\cdots+\hat{\beta}_kX_{ik}+\hat{\mu}_i \tag{2.7.1}$$

被解释变量变动 c 个单位，比如，原来是以元为单位，现在以千元为单位，则 $c=1000$

$$Y_i/c=\hat{\beta}_0/c+(\hat{\beta}_1/c)X_{i1}+(\hat{\beta}_2/c)X_{i2}+\cdots+(\hat{\beta}_k/c)X_{ik}+\hat{\mu}_i/c$$

也就是

$$Y_i^*=\hat{\beta}_0^*+\hat{\beta}_1^*X_{i1}+\hat{\beta}_2^*X_{i2}+\cdots+\hat{\beta}_k^*X_{ik}+\hat{\mu}_i^*$$

其中

$$Y_i^*=\frac{Y_i}{c},\hat{\beta}_0^*=\frac{\hat{\beta}_0}{c},\cdots,\hat{\beta}_k^*=\frac{\hat{\beta}_k}{c},\hat{\mu}_i^*=\frac{\hat{\mu}_i}{c}$$

即截距项、斜率项都为式(2.7.1)估计结果的 $1/c$。

由于残差平方和为 $\text{RSS}=\sum_{i=1}^{n}(Y_i-\hat{Y}_i)^2$，所以残差平方和为式(2.7.1)的 $1/c^2$。

由于标准误为 $\text{se}(\hat{\beta}_j)=\hat{\sigma}/[\text{TSS}_j(1-R_j^2)]^{1/2}$，分子变动 $1/c$，而分母与被解释变量度量单位变动无关，所以 $\text{se}(\hat{\beta}_j)$ 为式(2.7.1)估计结果的 $1/c$。这样，置信区间 $\hat{\beta}_j\pm t\cdot\text{se}(\hat{\beta}_j)$ 将变为式(2.7.1)估计结果的 $1/c$。

由于 t 统计量为 $t_{\hat{\beta}_j}=\hat{\beta}_j/\text{se}(\hat{\beta}_j)$，所以 t 统计量相对于式(2.7.1)估计结果不会变化。

对于拟合优度

$$R^2=1-\frac{\text{RSS}}{\text{TSS}}$$

分式中分子、分母都是式(2.7.1)相应结果的 $1/c^2$，所以拟合优度估计结果不会变化。

F 统计量

$$F=\frac{R^2/q}{(1-R^2)/(n-k-1)}$$

相对于式(2.7.1)估计结果不会变化。

这就是说，虽然参数估计值(系数)大小发生了变化，但并不改变被解释变量与解释变量之间的经济关系，扩大或缩小变量仅仅改变系数的单位。

2. 解释变量度量单位变化

解释变量变动 c 个单位，比如，原来是以元为单位，现在以千元为单位，则 $c=1000$

$$Y_i=\hat{\beta}_0+\hat{\beta}_1X_{i1}+\cdots+(\hat{\beta}_jc)(X_{ij}/c)+\cdots+\hat{\beta}_kX_{ik}+\hat{\mu}_i$$

即对应斜率项为式(2.7.1)估计结果的 c 倍。

标准误 $\text{se}(\hat{\beta}_j)=\hat{\sigma}/[\text{TSS}_j(1-R_j^2)]^{1/2}$，则为式(2.7.1)估计结果的 c 倍。

类似地，可以讨论其他统计量。

特别地，解释变量变动为 $X_{ij}-c$ 呢？简单地

$$Y_i=\hat{\beta}_0+\hat{\beta}_jc+\hat{\beta}_1X_{i1}+\cdots+\hat{\beta}_j(X_{ij}-c)+\cdots+\hat{\beta}_kX_{ik}+\hat{\mu}_i$$

显然,只改变截距,其他都无变化。

由此可以得到的基本结论是:当对模型中的变量重新度量时,系数、标准误、置信区间、t 统计量、可决系数 R^2 和 F 统计量的改变,都不影响变量之间的经济关系、经济含义和统计显著性,即如何度量数据对回归方程而言没有实质性影响。也就是说,为了使实证结果更加简洁,可以改变变量的尺度,使得回归系数更便于解释,而且这种改变不会影响系数的经济意义和统计显著性。

(二)标准化系数

很多时候,研究需要考虑变量之间的可比性。比如,一般在收入模型中会包括考试分数,而考试分数常常是与其他因素难以比较的。在多数情形中,其目的是让个人成绩与总体相比较,即从统计角度考虑,考试分数提高1倍标准差,会有什么影响。将数据标准化,就是将一个变量减去其均值,再除以其标准差,该结果也称为 **Z 分数**。将所有变量标准化将有特别的经济意义。

对于模型

$$Y_i=\hat{\beta}_0+\hat{\beta}_1X_{i1}+\hat{\beta}_2X_{i2}+\cdots+\hat{\beta}_kX_{ik}+\hat{\mu}_i \tag{2.7.2}$$

$$Y_i-\overline{Y}=\hat{\beta}_1(X_{i1}-\overline{X}_1)+\hat{\beta}_2(X_{i2}-\overline{X}_2)+\cdots+\hat{\beta}_k(X_{ik}-\overline{X}_k)+\hat{\mu}_i$$

$$(Y_i-\overline{Y})/\hat{\sigma}_Y=(\hat{\sigma}_1/\hat{\sigma}_Y)\hat{\beta}_1(X_{i1}-\overline{X}_1)/\hat{\sigma}_1+\cdots+(\hat{\sigma}_k/\hat{\sigma}_Y)\hat{\beta}_k(X_{ik}-\overline{X}_k)/\hat{\sigma}_k+\hat{\mu}_i/\hat{\sigma}_Y$$

$$Z_{iY}=(\hat{\sigma}_1/\hat{\sigma}_Y)\hat{\beta}_1Z_{i1}+\cdots+(\hat{\sigma}_k/\hat{\sigma}_Y)\hat{\beta}_kZ_{ik}+\hat{\mu}_i/\hat{\sigma}_Y$$

其中,Z_{iY} 表示 Y_i 的标准分数,Z_{ik} 表示变量 X_{ik} 的标准分数。系数

$$\hat{b}_j=(\hat{\sigma}_j/\hat{\sigma}_Y)\hat{\beta}_j$$

即**标准化系数**(standardized coefficients)或 **$\boldsymbol{\beta}$ 系数**(beta coefficients)。β 系数的经济意义是,如果 X_j 提高1倍的标准差,$\hat{Y}$ 就会变动 $\hat{b}_j$ 倍标准差。

在一个标准化后的回归方程中,估计的结果以标准差为单位,这就将原度量单位的影响完全排除在外,这样所有的解释变量就具有同等地位,从而可以通过比较不同系数的大小,判断变量的相对重要性。当然,标准化后的变量统计显著性仍然不受影响。

对于一元回归而言,

$$Y_i=\hat{\beta}_0+\hat{\beta}_1X_{i1}+\hat{\mu}_i$$

$$\hat{\beta}_1=\frac{\operatorname{cov}(x,y)}{\sigma_x^2}$$

$$Z_{iY}=(\frac{\hat{\sigma}_1}{\hat{\sigma}_Y})\hat{\beta}_1Z_{i1}+\frac{\hat{\mu}_i}{\hat{\sigma}_Y}$$

$$(\frac{\hat{\sigma}_1}{\hat{\sigma}_Y})\hat{\beta}_1=(\frac{\hat{\sigma}_1}{\hat{\sigma}_Y})\cdot\frac{\operatorname{cov}(x,y)}{\sigma_x^2}=\frac{\operatorname{cov}(x,y)}{\hat{\sigma}_1\hat{\sigma}_Y}=r$$

其标准化的系数就是 Y 与 X 的样本相关系数。

例 2.7.1 比较污染还是犯罪,哪个因素对住房价格影响更大的模型

污染和犯罪是影响住房价格但无法进行规范比较的两个因素。采用计量经济模型可以给出相当合理的解释。

首先,如果考虑水平值一水平值模型

$$Price=\beta_0+\beta_1 Nox+\beta_2 Crime+\beta_3 Rooms+\beta_4 Dist+\beta_5 Stratio+\mu$$

虽然该模型可以度量污染、犯罪对住房价格以美元度量的结果,但是由于两个变量度量单位不一样,考虑到度量单位对系数数值的影响,所以该模型无法比较污染和犯罪对住房价格的相对影响大小。

对于一个波士顿地区 506 个社区组成的样本,估计社区平均住房价格(*Price*)与社区特征之间的关系。*Nox* 表示空气中氧化亚氮的含量,*Dist* 表示该社区距离 5 个商业中心的加权距离,*Rooms* 表示社区平均每套住房的房间数,*Stratio* 表示社区学校的平均生师比。

如果将每个变量转换成 Z 分数,得到 β 系数结果

$$\widehat{ZPrice}=-0.340ZNox-0.143ZCrime+0.514ZRooms-0.235ZDist-0.270ZStratio$$

该方程表明,*Nox* 提高 1 倍标准差,会使住房价格下降 0.34 倍标准差;*Crime* 提高 1 倍标准差,会使住房价格下降 0.143 倍标准差。因此,总体中同样的相对变化,污染比犯罪对住房价格产生更大影响。

当然,这里真正对房价有重大影响的是房间数量。图 2.7.1 是污染与犯罪对房价影响的回归结果。

Source	SS	df	MS			
				Number of obs	=	506
				F(5, 500)	=	174.47
Model	2.7223e+10	5	5.4445e+09	Prob > F	=	0.0000
Residual	1.5603e+10	500	31205611.6	R-squared	=	0.6357
				Adj R-squared	=	0.6320
Total	4.2826e+10	505	84803032	Root MSE	=	5586.2

Price	Coef.	Std. Err.	t	P>|t|	Beta
Nox	-2706.433	354.0869	-7.64	0.000	-.340446
Crime	-153.601	32.92883	-4.66	0.000	-.1432828
Rooms	6735.498	393.6037	17.11	0.000	.5138878
Dist	-1026.806	188.1079	-5.46	0.000	-.2348385
Stratio	-1149.204	127.4287	-9.02	0.000	-.2702799
_cons	20871.13	5054.599	4.13	0.000	.

图 2.7.1 污染与犯罪对房价影响的回归结果

Stata 操作代码:

```
reg Price Nox Crime Rooms Dist Stratio, beta
```

二、函数形式

在实证研究中,许多变量之间的关系是非线性的(non-linearity)。这里的非线性是指解释变量非线性而不是系数非线性。比如,构建生产与收益的方程时,由于边际收益递减,直接将二者关系设定为线性显然与实际不符。一个简单的对非线性关系的建模方法是对变量取自然对数,这样不仅可以保持线性方程简明,具有易于分析的优点,还往往具有特定的经济含义。有时,取对数的目的是将分布偏度较大的变量转换为接近正态分布的变量。

(一)水平值—水平值

对于最基本的水平值—水平值模型,参数 β_j 的解释是

$$\Delta Y=\beta_j \Delta X$$

即解释变量变动1个单位对被解释变量的偏效应。

(二)水平值—对数

在线性回归分析中,经常会遇到需要进行变量变换的情况,而对数变换则是实际数据处理中十分常见的一种变换。变换可以使变量之间的关系满足线性假定,以使原本变量之间的非线性关系转化为线性关系。

例如,对于下面这样一个数据样本(见表2.7.1),研究 X 与 Y 之间的关系。ln$X$ 表示对 X 作对数变换。

表2.7.1　　一个数据样本

id	*Y*	*X*	ln*X*	*Yhat*
1	1	355	5.872118	0.550341
2	2	211	5.351858	2.904479
3	3	197	5.283204	3.215136
4	4	166	5.111988	3.989876
5	5	142	4.955827	4.69649
6	6	106	4.663439	6.019525
7	7	104	4.644391	6.105717
8	8	60	4.094345	8.594637
9	9	56	4.025352	8.906826
10	10	38	3.637586	10.66144
11	11	36	3.583519	10.90609
12	12	32	3.465736	11.43905

续表

id	Y	X	$\ln X$	$Yhat$
13	13	21	3.044523	13.34501
14	14	19	2.944439	13.79788
15	15	15	2.70805	14.86752

先看一下 X 与 Y 的关系，如图 2.7.2 所示：

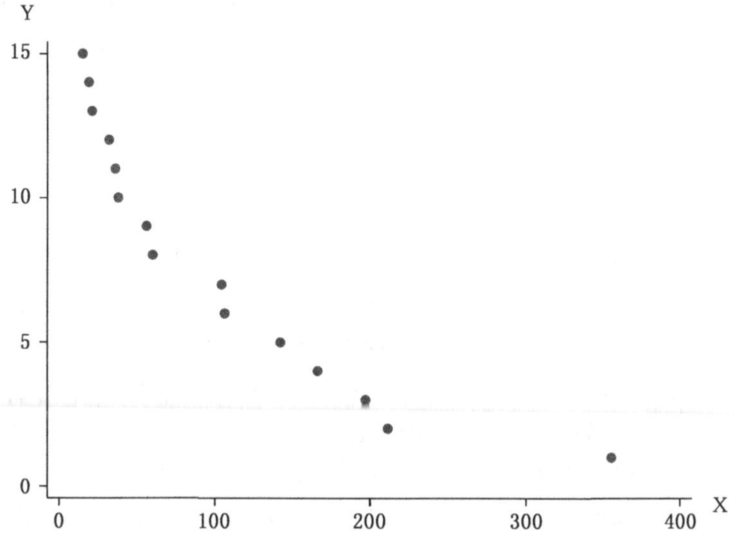

图 2.7.2　散点图

再看 Y 与 $\ln X$ 的关系，如图 2.7.3 所示：

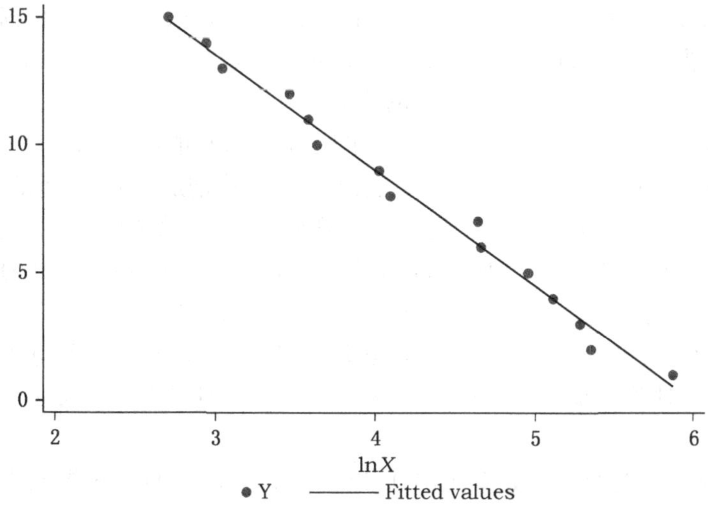

图 2.7.3　变量变换后的散点图

从图中容易发现 X 与 Y 的关系并不是线性关系,对 X 进行对数变换后,$\ln X$ 与 Y 的关系呈线性关系,因此拟合 $Y=a+b\ln X$ 这一模型,结果见图 2.7.4:

```
      Source |       SS           df       MS      Number of obs   =        15
-------------+----------------------------------   F(1, 13)        =   1103.70
       Model |   276.7404          1   276.7404    Prob > F        =    0.0000
    Residual |  3.25959983        13  .250738448   R-squared       =    0.9884
-------------+----------------------------------   Adj R-squared   =    0.9875
       Total |        280         14          20   Root MSE        =    .50074

------------------------------------------------------------------------------
           y | Coefficient  Std. err.      t    P>|t|     [95% conf. interval]
-------------+----------------------------------------------------------------
         lnx |  -4.524928   .1362027   -33.22   0.000    -4.819176    -4.23068
       _cons |   27.12125   .5899026    45.98   0.000     25.84684    28.39566
------------------------------------------------------------------------------
```

图 2.7.4 数据变换后的回归结果

结果显示,该直线的截距为 27.121,斜率为−4.525。

问题的难点在于对斜率的解释。

(i)首先,把 $\ln X$ 看成线性回归中的一个变量,其解释是,该变量每增加 1 个单位,因变量 Y 的变化幅度。也就是说,$\ln X$ 每增加 1 个单位,Y 平均降低 4.525。

结合例子里的数据说得更具体一点。在数据的最后一行中,$\ln X$ 为 2.708,预测的 Y 值为 14.868。当 $\ln X$ 增加 1 个单位,也就是 $\ln X+1$,变成了 3.708,这时预测 Y 应该是多少呢?很简单,在原有预测值的基础上降低 4.525,也就是(14.868−4.525=)10.343。

(ii)但是很多时候研究并不关心 $\ln X$ 的变化,而更想看 X 的变化如何引起 Y 的变化,这就不好解释了。不好解释的原因在于,对于线性模型而言,系数值只是针对它对应的变量,不管这个变量是 X,还是 $\ln X$ 或 sqrt(X),对它来说都一样。要了解 X 本身,就必须从 $\ln X$ 转到 X。

$\ln X+1$,相当于 $\ln X+\ln e$,也就是 $\ln(X\cdot e)$,而 e=2.71828,也就是说,当 X 增加到 271.828%的时候(即 $X\cdot 2.71828$),相当于 $\ln X+1$。还是以最后一行数据为例,最后一行数据的 X 值为 15,增加到 271.828%后,变为 15×271.828%=40.774,此时 $\ln X$ 即 ln(40.774)为 3.708,恰好等于 $\ln X+1$,也就是 2.708+1。

所以,对于 X 而言,很难说 X 增加 1 个单位的问题,只能说 X 增加百分比的问题(这就得理解 X 的加法在对数中就是乘法)。然而,即便是说增加百分比,通常可能也不习惯说 X 增加了 171%后的变化,相对于通常而言增加 1%、10%等的变化,总是挺别扭。

以增加 1%为例,如果 X 增加 1%,此时 Y 的变化幅度是 ln(101/100)×回归系数。比如,该例最后一行数据,X 为 15,增加 1%变为 15×1.01=15.15,此时 Y 的变化为:ln(101/100)×(−4.525)=−0.045,也就是说,当 X 值增加 1%,Y 平均降低 0.045。可以验证,$X=15$ 时预测值为 14.868,而 $X=15.15$ 时预测值为 14.823,二者差值为 0.045。

小结:如果对 X 进行了对数变换,则可以直接解释 $\ln X$,此时解释与常规方式相同,可以说 $\ln X$ 每增加 1 个单位,Y 的变化幅度为回归系数值。如果想解释 X,可以说:X 每增加1%、10%等 Y 的变化情况，此时 Y 的变化幅度分别为 ln(101/100)×回归系数、ln(110/100)×回归系数，等。

一般地，对水平值—对数模型

$$Y=\beta_0+\beta_1\ln(X)$$

由于

$$Y'-Y=\beta_1(\ln X'-\ln X)$$

$$\Delta Y=\beta_1\ln\left(\frac{X'}{X}\right)=\beta_1\ln\left(1+\frac{\Delta X}{X}\right)$$

当 m 很小时，$\ln(1+m)\approx m$，即

$$\Delta Y\approx\beta_1\cdot\frac{\Delta X}{X}$$

参数估计量 β_j 可以解释为

$$\Delta Y=(\beta_j/100)\%\Delta X$$

即解释变量变动1%对被解释变量的偏效应。简单地近似解释是，当 X 增加1%时，Y 增加 0.01β。

(三)对数—水平值

对于对数—水平值模型

$$\ln(Y)=\beta_0+\beta_1X$$

由于

$$\ln(Y)=\beta_0+\beta_1X$$

$$\ln(Y')=\beta_0+\beta_1(X+1)$$

也就是

$$\ln(Y')-\ln(Y)=\beta_1$$

$$\ln(Y'/Y)=\beta_1$$

$$\ln\left(1+\frac{Y'-Y}{Y}\right)=\beta_1$$

$$\ln\left(1+\frac{\Delta Y}{Y}\right)=\beta_1$$

$$\beta_1\approx\frac{\Delta Y}{Y}$$

这就是说，参数估计量 β_j 可以解释为

$$\%\Delta Y=(100\beta_j)\Delta X$$

即 Y 对 X 的**半弹性**(semi-elasticity)。如

$$\widehat{\ln Wage}=0.584+0.083Educ$$

$Educ$ 的系数可以解释为，多接受1年教育，$\widehat{Wage}$ 会提高8.3%。

而对于模型

$$\widehat{\ln Y}=9.23-0.718\ln X_1+0.306X_2$$

粗略地解释是，当污染 X_1 提高 1%时，住房价格 Y 会下降 0.718%；当房间 X_2 增加 1 时，价格 Y 会提高近 30.6%。当然，对于这种波动较大的参数，结果会不太准确。

一般地

$$\widehat{\ln Y}=\hat{\beta}_0+\hat{\beta}_1\ln X_1+\hat{\beta}_2 X_2$$

固定 X_1，有

$$\Delta\widehat{\ln Y}=\hat{\beta}_2\Delta X_2$$

$$\widehat{\ln Y}-\widehat{\ln Y'}=\hat{\beta}_2\Delta X_2$$

$$\widehat{\ln Y/Y'}=\hat{\beta}_2\Delta X_2$$

$$\widehat{Y/Y'}=\exp(\hat{\beta}_2\Delta X_2)$$

$$\widehat{Y/Y'}-1=\exp(\hat{\beta}_2\Delta X_2)-1$$

这样，Y 的精确百分比变化为

$$\%\Delta\hat{Y}=100[\exp(\hat{\beta}_2\Delta X_2)-1]$$

当

$$\Delta X_2=1$$

有

$$\%\Delta\hat{Y}=100[\exp(\hat{\beta}_2)-1]$$

对于上例，有

$$\%\Delta\hat{Y}=100[\exp(0.306)-1]=35.8\%$$

这与直接结果 30.6%区别较大。

当

$$\Delta X_2=-1$$

有

$$\%\Delta\hat{Y}=100[\exp(-\hat{\beta}_2)-1]$$

对于上例，有

$$\%\Delta\hat{Y}=100[\exp(-0.306)-1]=26.36\%$$

这与直接结果 30.6%区别也较大。

(四)对数一对数

在增长率、利率、失业率和出生率等经济分析中，常出现百分比的变化。百分比变化通常以弹性形式出现在经济理论中。由于变量的对数或百分比变化之间存在密切联系，因此人们需要找到度量弹性的简便方法。以著名的柯布一道格拉斯函数为例

$$Q=AK^{\alpha}L^{\beta}$$

两边取对数，有

$$\ln Q=\ln A+\alpha\ln K+\beta\ln L$$

两边对 K 取偏导，有

$$\frac{1}{Q}\cdot\frac{\partial Q}{\partial K}=\alpha\frac{1}{K}$$

$$\alpha=\frac{\frac{\partial Q}{Q}}{\frac{\partial K}{K}}$$

该结果就是产出对资本投入的**弹性**(elasticity)。

对双对数模型的估计参数 β_j 的解释是

$$\%\Delta Y=\beta_j\%\Delta X$$

即 Y 对 X 的弹性。如

$$\widehat{\ln Salary}=0.584+0.257\ln Sale$$

$\ln Sale$ 的系数就是销售额对收入的弹性估计值。它表明，公司销售增加 1%，$\widehat{Wage}$ 会提高 0.257%。

另外，使用自然对数比较常见，一是斜率项不会随其度量单位变化。二是因变量的对数往往比水平值更接近 CLM 假定，因为严格正的变量分布常常具有异方差或偏态性，取对数后，即使不能消除这两方面问题，也能使之有所缓和。三是因变量的对数分布更狭窄，能缓冲极端值的影响，所以对较大的正数通常会取自然对数。

对数函数在其定义域内是单调函数，取对数后不会改变数据的相对关系，但是可以缩小数据的绝对大小，方便计算；可以将乘法运算转换为加法运算；在某些情况下，在数据整个值域中，不同区间数据的影响不同，对数值小的部分的差异敏感程度比数值大的部分的敏感程度更高。取对数后不改变数据的性质和相关关系，但缩小了数据尺度，使数据更加平稳，减弱了共线性、异方差等问题。

(五)交互项问题

一个解释变量对被解释变量的偏效应、半弹性或弹性，有时取决于另一个解释变量的值。比如在模型

$$Y=\beta_0+\beta_1X_1+\beta_2X_2+\beta_3X_1X_2+\mu \tag{2.7.3}$$

中，X_1 对 Y 的偏效应

$$\Delta Y/\Delta X_1=\beta_1+\beta_3X_2$$

显然，X_2 的大小对增加一个单位 X_1 导致 Y 的变化也有影响，即 X_1、X_2 之间存在**交互效应**(interaction effect)。

这样，在考虑 X_1 对 Y 的影响时，必须考虑 X_2 的各种含义的值(比如，样本均值、上下四分位数值等)，代入这些特定含义的 X_2 值，就能估计出特定情形下 X_1 对 Y 的偏效应。在没有特殊要求的情况下，通常会选择考虑 X_2 的均值更具有一般意义。至于交互效应是否显著，当然可以通过相应检验得出。

具体而言，为解释存在交互项时变量系数的意义和显著性，需要重新参数化模型

$$Y=\alpha_0+\delta_1X_1+\delta_2X_2+\delta_3X_1(X_2-\overline{X}_2)+\mu \tag{2.7.4}$$

这里,$\overline{X}_2$ 为 X_2 的总体均值。由于

$$Y=\alpha_0+(\delta_1-\delta_3\overline{X}_2)X_1+\delta_2X_2+\delta_3X_1X_2+\mu$$

比较式(2.7.3)与式(2.7.4),有

$$\delta_1=\beta_1+\beta_3\overline{X}_2$$
$$\delta_2=\beta_2$$
$$\delta_3=\beta_3$$

也就是说,如果构造交互项之前,先减去其均值,则原变量系数就有特定的含义,而且也得到了在均值处偏效应的标准误,类似地,也可以构造解释变量为其他有意义值时的模型。

例 2.7.2 出勤率对期末考试成绩的影响

为研究学生出勤对考试成绩的影响,设采用出勤率百分数(*Atndrte*)、读大学之前的GPA(*PriGPA*)和ACT分数(*ACT*)来解释标准化的期末成绩(*Stndfnl*)的一个基本模型为

$$Stndfnl=\beta_0+\beta_1Atndrte+\beta_2PriGPA+\beta_3ACT+\beta_4PriGPA^2+\beta_5ACT^2+\beta_6PriGPA\cdot Atndrte+\mu$$

该模型不但考虑了变量平方项,还包括 *PriGPA* 和出勤率 *Atndrte* 的交互项。引入平方项当然是为了说明解释变量对成绩的影响是非线性的。引入交互项的思想是,对于那些过去成绩不同的同学,出勤率可能具有不同的影响。比如,过去成绩不好的学生,出勤的收益小;过去成绩好的学生,出勤的收益大。

研究关注的问题出勤率对期末考试分数的影响为

$$\Delta Stndfnl/\Delta Atndrte=\beta_1+\beta_6PriGPA$$

出勤率对考试成绩的影响,包括两个子问题:(i)如何估计出勤率考试成绩的影响?(ii)出勤率对成绩的影响是否统计显著?采用一个数据集得到的估计如图 2.7.5 所示。

Source	SS	df	MS
Model	152.001032	6	25.3335053
Residual	512.762536	673	.761905701
Total	664.763568	679	.979033237

Number of obs	=	680
F(6, 673)	=	33.25
Prob > F	=	0.0000
R-squared	=	0.2287
Adj R-squared	=	0.2218
Root MSE	=	.87287

Stndfnl	Coef.	Std. Err.	t	P>|t|	[95% Conf.	Interval]
Atndrte	-.0067129	.0102321	-0.66	0.512	-.0268035	.0133777
PriGPA	-1.62854	.4810025	-3.39	0.001	-2.572986	-.6840939
ACT	-.1280394	.098492	-1.30	0.194	-.321428	.0653492
PriGPAsq	.2959046	.1010495	2.93	0.004	.0974945	.4943148
ACTsq	.0045334	.0021764	2.08	0.038	.00026	.0088068
PriGPAAtndrte	.0055859	.0043174	1.29	0.196	-.0028913	.0140631
_cons	2.050293	1.360319	1.51	0.132	-.6206863	4.721272

图 2.7.5 出勤率对期末考试分数的影响

该估计结果是

$$\widehat{Stndfnl}=\underset{(1.36)}{2.05}-\underset{(0.0102)}{0.0067}Atndrte-\underset{(0.48)}{1.63}PriGPA-\underset{(0.098)}{0.128}ACT+\underset{(0.101)}{0.296}PriGPA^2$$
$$+\underset{(0.0022)}{0.0045}ACT^2+\underset{(0.0043)}{0.0056}PriGPA\cdot Atndrte$$
$$n=680, R^2=0.229, \bar{R}^2=0.222$$

从该回归结果简单地看，出勤率系数为−0.0067，出勤对于考试成绩有负面影响。另外，从 t 值看，*Atndrte* 和 *PriGPA* · *Atndrte* 对考试成绩的影响统计上并不显著。

实际上，单从 *Atndrte* 的系数看，出勤对考试成绩确实有负影响，但是该系数其实只度量了 *PriGPA*=0 时的出勤影响。单从 *Atndrte* 和 *PriGPA* · *Atndrte* 的显著性水平看，两者的 t 检验都不显著，但从联合假设的 F 检验，出勤率对期末考试分数影响的受约束回归见图 2.7.6。

Source	SS	df	MS			
				Number of obs	=	680
				F(4, 675)	=	47.25
Model	145.419658	4	36.3549145	Prob > F	=	0.0000
Residual	519.34391	675	.769398385	R-squared	=	0.2188
				Adj R-squared	=	0.2141
Total	664.763568	679	.979033237	Root MSE	=	.87715

Stndfnl	Coef.	Std. Err.	t	P>|t|	[95% Conf.	Interval]
PriGPA	-1.304251	.4660289	-2.80	0.005	-2.219292	-.3892106
ACT	-.1198872	.0986659	-1.22	0.225	-.3136161	.0738417
PriGPAsq	.3435636	.0887884	3.87	0.000	.1692289	.5178982
ACTsq	.004122	.0021789	1.89	0.059	-.0001562	.0084002
_cons	1.562616	1.231079	1.27	0.205	-.8545884	3.97982

图 2.7.6 出勤率对期末考试分数影响的受约束回归

根据

$$F=\frac{(R_{ur}^2-R_r^2)/q}{(1-R_{ur}^2)/(n-k-1)}=\frac{(0.2287-0.2188)/2}{(1-0.2287)/673}\approx 4.319$$

由于

```
F(  2,    673) =     4.32
     Prob > F =     0.0137
```

或

```
display Ftail(2, 673, 4.319)
.01368
```

即 p 值为 0.014,所以拒绝 $H_0: \beta_1=0, \beta_6=0$。

对于读大学前平均成绩的同学而言,*Atndrte* 对成绩的影响是

$\Delta Stndfnl/\Delta Atndrte = \beta_1 + \beta_6 \overline{PriGPA} = -0.0067 + 0.0056 \times 2.59 \approx 0.0078$

这意味着,出勤率提高 10 个百分点,使 $\widehat{Stndfnl}$ 比期末考试平均分数高出 0.078 倍标准差。读大学前平均成绩的 Stata 计算,如图 2.7.7 所示。

```
. sum priGPA
```

Variable	Obs	Mean	Std. Dev.	Min	Max
priGPA	680	2.586775	.5447141	.857	3.93

图 2.7.7 读大学前平均成绩的 Stata 计算

如果按照重新参数化该模型如式(2.7.4)的方法,用 $Atndrte \cdot (PriGPA - \overline{PriGPA})$ 取代交互影响,*Atndrte* 的新系数就给出了在 $\overline{PriGPA}$ 时的估计效应,同时给出了标准误。做这个新回归,给出 $\hat{\beta}_1 + \overline{PriGPA} \cdot \hat{\beta}_6 = 0.0078$ 的标准误为 0.0026,则 $t = 0.0078/0.0026 \approx 2.94$。因此,在 *PriGPA* 均值水平上,出勤率对期末考试分数具有统计上显著的影响。结果与前述方法结果完全一样,如图 2.7.8 所示。

Source	SS	df	MS			
				Number of obs	=	680
				F(6, 673)	=	33.25
Model	152.001032	6	25.3335053	Prob > F	=	0.0000
Residual	512.762536	673	.7619057	R-squared	=	0.2287
				Adj R-squared	=	0.2218
Total	664.763568	679	.979033237	Root MSE	=	.87287

Stndfnl	Coef.	Std. Err.	t	P>|t|	[95% Conf.	Interval]
Atndrte	.0077366	.0026329	2.94	0.003	.0025669	.0129062
PriGPA	-1.62854	.4810025	-3.39	0.001	-2.572986	-.6840939
ACT	-.1280394	.098492	-1.30	0.194	-.321428	.0653492
PriGPAsq	.2959046	.1010495	2.93	0.004	.0974945	.4943148
ACTsq	.0045334	.0021764	2.08	0.038	.00026	.0088068
PriGPAAtndrte1	.0055859	.0043174	1.29	0.196	-.0028913	.0140631
_cons	2.050293	1.360319	1.51	0.132	-.6206861	4.721272

图 2.7.8 出勤率对期末考试分数的影响

Stata 操作代码:

```
*数据导入
use "F:\data\Attend.dta", clear
*数据变换
generate PriGPAsq=PriGPA*PriGPA
generate ACTsq=ACT*ACT
generate PriGPAAtndrte=PriGPA*Atndrte
*数据分析不受约束回归与受约束回归的比较
reg Stndfnl Atndrte PriGPA ACT PriGPAsq ACTsq PriGPAAtndrte
scalar r2u=e(r2)
scalar edfmu=e(df_m)
reg Stndfnl PriGPA ACT PriGPAsq ACTsq
scalar r2r=e(r2)
scalar edfmr=e(df_m)
display ((r2u-r2r)/(edfmu-edfmr))/((1-r2u)/(e(N)-edfmu-1))
display Ftail((edfmu-edfmr), (e(N)-edfmu-1),
((r2u-r2r)/(edfmu-edfmr))/((1-r2u)/(e(N)-edfmu-1)))
*或
reg Stndfnl Atndrte PriGPA ACT PriGPAsq ACTsq PriGPAAtndrte
test Atndrte=PriGPAAtndrte=0
*变量去均值之后的回归
sum PriGPA
gen PriGPAAtndrte1=(PriGPA-r(mean))*Atndrte
reg Stndfnl Atndrte PriGPA ACT PriGPAsq ACTsq PriGPAAtndrte1
```

三、随机抽样的样本容量

模型的参数估计是采用样本观测值计算的。收集和处理反映总体的样本数据常常是一项艰辛的工作。随机抽样的基本要求一是能够保证样本的代表性，另一个就是样本容量的大小适当。

从建模角度看，样本容量越大越好，但是从工作量的角度却需要考虑最小样本容量。

(一)最小样本容量

所谓最小样本容量，就是从最小二乘原理和最大似然原理出发计算参数估计量，不管其质量如何，所要求的样本容量的下限。

由于参数估计量为

$$\hat{\beta}=(X'X)^{-1}X'Y$$

于是，要计算 $\hat{\beta}$，必须保证 $(X'X)^{-1}$ 存在。只有当

$$\text{Rank}(X) \geqslant k+1$$

时，矩阵 $X'X$ 才可能是 $k+1$ 阶满秩矩阵。而 X 为 $n\times(k+1)$ 阶矩阵，其秩最大为 $k+1$，这样必须

$$n \geqslant k+1$$

即样本容量必须不小于模型中解释变量的个数（包括常数项）。

另外，考虑到参数检验，Z 检验在 $n\geqslant 30$ 时有效，而 t 检验在 $n\geqslant k+8$ 时才有效。因此一般经验是，当 $n\geqslant 30$ 或至少 $n\geqslant k+8$ 时，才能满足模型估计的基本要求。

(二)大样本

虽然在统计学中通过样本均值近似估计总体均值，一般以 $n\geqslant 30$ 作为大样本的经验判断，但是在计量经济学中，情况更复杂。究其原因：一是计量经济模型中随机干扰项的分布差异可能更大，$n=30$ 不足以支持随机干扰项所有可能的分布；二是大样本下的近似程度不仅取决于样本容量 n，而且取决于自由度 $n-k-1$。有人提出 $n\geqslant 100$ 为大样本，但是遗憾的是目前还没有一个被广泛认可的经验数字。

无论如何，样本容量越大，越能保证模型估计的精确性以及得到更符合实际的统计推断。

四、模型设定偏误问题

实际上，对于建立经典计量经济模型进行实证研究，一般关注的是对模型参数的估计、对解释变量和随机干扰项是否符合经典假定的检验。而在线性回归模型的经典假定中，第一条就是模型设定正确。试想，如果设定了不正确的模型，即使其他假定都满足，估计结果也会与真实结果存在差异，这就是所谓的**模型设定偏误**问题。

(一)模型设定偏误的类型

模型设定偏误主要有两种类型：一是解释变量选取偏误，包括遗漏相关变量或者多选无关变量；二是模型函数形式设定偏误。

1. 遗漏相关变量(omitting relevant variable)

如果真实的模型是

$$Y=\beta_0+\beta_1X_1+\beta_2X_2+\mu \tag{2.7.5}$$

但是，进行模型设定时，采用了

$$Y=\alpha_0+\alpha_1X_1+\upsilon \tag{2.7.6}$$

也就是说，进行模型设定时遗漏了（一个）相关解释变量，这就是模型设定的**遗漏相关变量**偏误。

2. 多选无关变量(including irrelevant variable)

如果真实的模型仍然是式(2.7.5)，但是进行模型设定时，采用了

$$Y=\alpha_0+\alpha_1X_1+\alpha_2X_2+\alpha_3X_3+\upsilon \tag{2.7.7}$$

也就是说，进行模型设定时多选了(一个)无关解释变量，这就是模型设定的**多选无关变量**偏误。

3. 误设函数形式(wrong function form)

如果真实的模型非线性函数形式

$$Y=AX_1^{\beta_1}X_2^{\beta_2}\mu^e \tag{2.7.8}$$

但是，在进行模型设定时，却采用了线性函数形式

$$Y=\alpha_0+\alpha_1X_1+\alpha_2X_2+\upsilon \tag{2.7.9}$$

也就是说，进行模型设定时选取了错误的函数形式，这就是模型设定的**误设函数形式**偏误。

(二)模型设定偏误的后果

当出现模型设定偏误时，估计模型的结果也会与真实情况有差异。这种差异的性质和程度与模型设定偏误的类型是密切相关的。

1. 遗漏相关变量偏误

采用遗漏相关变量的模型进行估计而带来的偏误称为**遗漏相关变量偏误**(omitting relevant variable bias)。如果真实的模型为式(2.7.5)，而实际操作时却是对式(2.7.6)进行回归，则变量 X_1 的参数估计为

$$\hat{\alpha}_1=\frac{\sum x_{i1}y_i}{\sum x_{i1}^2} \tag{2.7.10}$$

由于真实模型式(2.7.5)的去均值形式为

$$y_i=\beta_1x_{i1}+\beta_2x_{i2}+\mu_i-\bar{\mu}$$

则将此去均值形式代入式(2.7.10)，得

$$\begin{aligned}\hat{\alpha}_1&=\frac{\sum x_{i1}(\beta_1x_{i1}+\beta_2x_{i2}+\mu_i-\bar{\mu})}{\sum x_{i1}^2}\\&=\beta_1+\beta_2\frac{\sum x_{i1}x_{i2}}{\sum x_{i1}^2}+\frac{\sum x_{i1}(\mu_i-\bar{\mu})}{\sum x_{i1}^2}\\&=\beta_1+\beta_2\frac{\sum x_{i1}x_{i2}}{\sum x_{i1}^2}+\frac{\sum x_{i1}\mu_i}{\sum x_{i1}^2}\end{aligned} \tag{2.7.11}$$

(i)如果遗漏的变量 X_2 与 X_1 相关，则式(2.7.11)中的第二项在小样本下求条件期望与大样本下求概率极限都不会为零，第三项的条件期望与概率极限都等于零[式(2.7.5)满足零条件均值假定]，从而使得普通最小二乘估计量在小样本下是有偏的，在大样本下也是非一致的。

事实上，在真实模型为式(2.7.5)的情况下对式(2.7.6)进行回归，则式(2.7.6)的随机扰动项 υ 中就包括 X_2，且 $\upsilon=\beta_2X_2+\mu$，从而 X_1 与 υ 是相关的。因此，如果 $\beta_2>0$，且 X_2 与 X_1 正相关，则 X_1 与 υ 正相关，导致 X_1 的参数被高估，而常数项被低估。当然，这本质上是遗漏变量导致的该解释变量内生性问题。

(ii)如果 X_2 与 X_1 在给定的样本下不相关,则由式(2.7.11)易知 α_1 的估计满足无偏性与一致性,但这时 α_0 的估计却是有偏的且非一致的(请证明)。

(iii)随机扰动项的方差估计 $\hat{\sigma}^2$ 也是有偏的。

在同样的样本下,由式(2.7.6)得到的样本残差与由式(2.7.5)得到的样本残差也不相同,因此,由这两组样本残差估计的随机扰动项的方差也会不同。如果式(2.7.5)是正确的估计,则式(2.7.6)的估计是有偏误的。

(iv)$\hat{\alpha}_1$ 的方差是真估计量 $\hat{\beta}_1$ 的方差的有偏估计。

由式(2.7.5)与式(2.7.6)估计的 X_1 的参数的方差分别为

$$\mathrm{Var}(\hat{\alpha}_1)=\frac{\sigma^2}{\sum x_{i1}^2} \tag{2.7.12}$$

$$\mathrm{Var}(\hat{\beta}_1)=\frac{\sigma^2\sum x_{i2}^2}{\sum x_{i1}^2\sum x_{i2}^2-\left(\sum x_{i1}x_{i2}\right)^2}=\frac{\sigma^2\sum x_{i2}^2}{\sum x_{i1}^2(1-r_{x_1x_2}^2)} \tag{2.7.13}$$

其中,$r_{x_1x_2}^2$ 为 X_1 与 X_2 的相关系数的平方。如果 X_1 与 X_2 相关,显然有 $\mathrm{Var}(\hat{\alpha}_1)\neq\mathrm{Var}(\hat{\beta}_1)$,即使 X_1 与 X_2 不相关,由于由式(2.7.5)与式(2.7.6)估计的随机扰动项的方差不同,因此估计的 X_1 的参数的方差也会不同。

2. 多选无关变量偏误

采用多选无关解释变量的模型进行估计带来的偏误,称为**多选无关变量偏误**(including irrelevant variable bias)。

设真实的模型为式(2.7.6),而实际操作中却对式(2.7.5)进行估计。对于式(2.7.5),如果 $\beta_2=0$,则与式(2.7.6)相同,因此,可将式(2.7.5)视为以 $\beta_2=0$ 为约束的真实模型式(2.7.6)的特殊形式。由于所有的经典假定都满足,因此对式(2.7.6)进行普通最小二乘估计,可得到无偏且一致的估计量。由于 $\beta_2=0$,因此,$\mathrm{E}(\hat{\beta}_2)=0$。

尽管在多选无关变量的情况下,OLS 估计量是无偏的,但却不具有有效性。事实上,对 X_1 前的参数的方差而言,真实模型式(2.7.6)与错误模型式(2.7.5)估计的方差分别由式(2.7.12)与式(2.7.13)给出。显然,只有当 X_1 与 X_2 完全线性无关时,两模型参数估计的方差才可能相同,否则,包含无关变量的模型参数的方差大于真实模型参数估计的方差,即 $\mathrm{Var}(\hat{\beta}_1)>\mathrm{Var}(\hat{\alpha}_1)$。

可见,在多选无关解释变量的情形下,普通最小二乘估计量仍是无偏的、一致的,随机扰动项的方差 σ^2 也能被正确估计,但 OLS 估计量却往往是无效的。也就是说,多选无关变量的偏误主要表现为,"错误"模型的 OLS 估计量的方差一般会大于真实模型相应参数估计量的方差。

3. 错误函数形式的偏误

当设定模型时选取了错误函数形式并进行估计由此带来的偏误称为**错误函数形式偏误**(wrong functional form bias)。容易判断,这种偏误是全方位的。例如,如果真实的回归函数为式(2.7.8)给出的幂函数的形式,而在模型估计时设定的模型却为式(2.7.9)所示的线性形式。显然，模型(2.7.8)中的参数 β_1 为弹性，而按式(2.7.9)估计出的 $\hat{\beta}_1$ 却是对一个单位 X_1 变化带来的 Y 相应变化量。两者具有完全不同的经济含义，估计结果一般也是不相同的。

(三)模型设定偏误的检验

一旦模型设定出现偏误，普通最小二乘估计就可能带来不良后果，因此，有必要对模型的设定偏误进行检验。

1. 多选无关变量检验

多选无关变量问题的检验比较简单，可用统计检验中的 t 检验和 F 检验完成。检验的基本思想是，如果模型中多选了无关变量，则其系数的真值应为零，因此，只需对无关变量系数的显著性进行检验即可。例如，对所选定的一个 k 元回归模型

$$Y=\beta_0+\beta_1X_1+\beta_2X_2+\cdots+\beta_kX_k+\mu$$

如果怀疑其中第 j 个变量是与被解释变量 Y 无关的变量，只需用常规的 t 检验去检验 β_j 的显著性即可。而要检验多个变量是否同时应包括在模型中，只需采用联合排除性约束的 F 检验即可。

2. 遗漏相关变量或函数形式设定偏误检验

在三种模型设定偏误中，遗漏相关变量和设定错误的函数形式的后果比多选无关变量的情形要严重得多。不仅估计量有偏且不一致，而且随机扰动项的方差也往往被高估，从而使常规的推断检验无效，甚至参数的经济意义也可能错误。而在多选无关变量的情形下，后果仅是估计效率的损失，所以需要着重考虑遗漏相关变量和设定错误的函数形式这两种模型设定偏误的检验。

(1)残差图示法

对所设定的模型进行普通最小二乘回归，得到估计的残差序列 $\hat{\mu}_i$，作出 $\hat{\mu}_i$ 与某解释变量 X 的散点图，从图形考察估计的残差序列 $\hat{\mu}_i$ 是否以 X_j 为条件有规律地变动，来判断模型设定时是否遗漏了重要的解释变量或函数形式设定有偏误。

图 2.7.9 给出了残差序列随 X_j 持续上升(下降)与呈现循环变化的两类图形。前者预示着模型设定时可能遗漏了与 X_j 正(负)相关的变量，后者则表明模型设定时可能遗漏了一个随着 X_j 的变动而呈现循环变化的量。

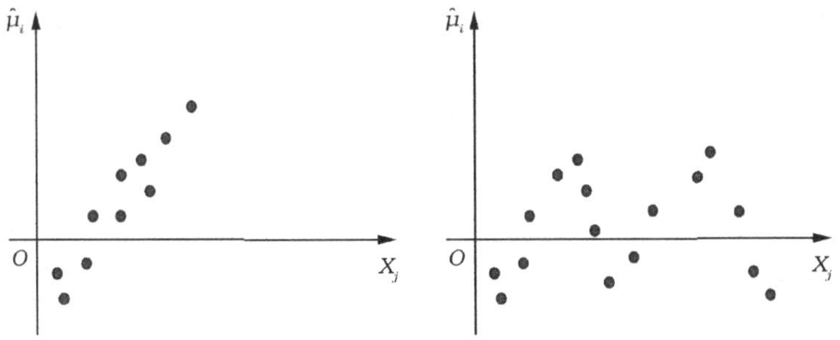

(i)趋势变化　　(ii)循环变化

图 2.7.9 残差序列变化图

当模型的函数形式设定出现偏误时，残差序列也往往表现出某种有规律的变化特征。图 2.7.10 给出了一元回归模型中真实模型呈幂函数形式，但却设定了线性函数进行回归的情形，在这种情形下，容易知道残差序列呈现先正、后负、再正的交替变化特征。

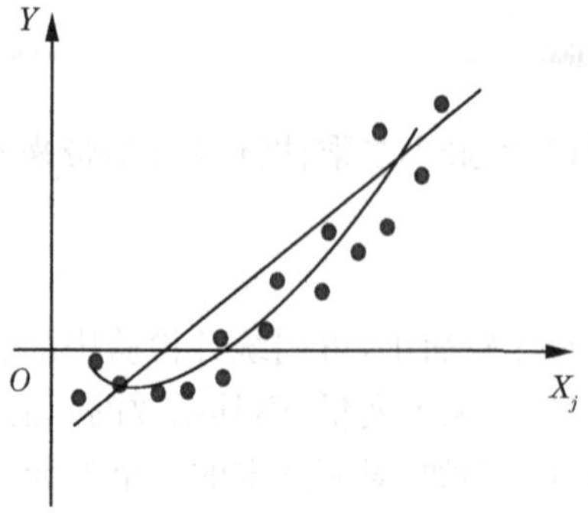

图 2.7.10 模型函数形式设定偏误时残差序列呈现正负交替变化图

(2)联合排除性约束的 F 检验

联合排除性约束的 F 检验可以检验函数形式误设。通常在模型中添加任何一个显著变量的平方项并进行联合显著性检验，如果增加的平方项是显著的，则意味着模型中需要增加非线性关系。

例 2.7.3 犯罪的经济模型

第(1)列不含二次项，第(2)列增加了三个显著变量的二次项。

表 2.7.2 **因变量:*Narr*86**

自变量	(1)	(2)
Pcnv	−0.133 (0.04)	0.553 (0.154)
$Pcnv^2$		−0.730 (0.156)
Avgsen	−0.011 (0.012)	−0.017 (0.012)
Tottime	0.012 (0.009)	0.012 (0.009)
*Ptime*86	−0.041 (0.009)	0.287 (0.044)
$Ptime86^2$		−0.0296 (0.0039)
*Qemp*86	−0.051 (0.014)	−0.014 (0.017)
*Inc*86	−0.0015 (0.0003)	−0.0034 (0.0008)

续表

自变量	(1)	(2)
$Inc86^2$		0.000007 (0.000003)
Black	0.327 (0.045)	0.292 (0.045)
Hispan	0.194 (0.04)	0.164 (0.039)
截距	0.569 (0.036)	0.505 (0.037)
N	2725	2725
R^2	0.0723	0.1035

这些平方项都是显著的，而且联合在一起也非常显著(df=3 和 2713 时，$F=31.40$，p 值几乎为 0)，所以原模型忽略了某些潜在的非线性关系。

Stata 软件结果：

```
F( 3, 2713) = 31.40
Prob > F = 0.0000
```

Stata 操作代码：

```
use "F:\data\Crime86.dta", clear
gen Ptime86sq=Ptime86*Ptime86
gen Pcnvsq=Pcnv*Pcnv
gen Inc86sq=Inc86*Inc86
reg Narr86 Pcnv Avgsen Tottime Ptime86 Qemp86 Inc86 Black Hispan
reg Narr86 Pcnv Avgsen Tottime Ptime86 Qemp86 Inc86 Black Hispan Ptime86sq
Pcnvsq Inc86sq
test Ptime86sq= Pcnvsq= Inc86sq=0
```

3. 设定偏误的一般性检验:RESET 检验

(1)遗漏变量

假设真实的模型应该是式(2.7.5)，实际操作时却采用了式(2.7.6)，如果明确知道遗漏了相关变量 X_2，则只需在估计式(2.7.5)时检验变量 X_2 的参数是否显著为零即可。如果是显著的，则能判定式(2.7.6)的模型设定有误。但是问题是一般并不能确知哪个变量被遗漏了。这样，如果能有一个变量来替代 X_2，则也可以进行类似检验。在拉姆齐(Ramsey，1969)的 RESET(regression specification error test，RESET)检验中，考虑采用式(2.7.6)中被解释变量 Y 的估计值 $\hat{Y}$ 的若干次幂来替代该变量，即先估计

$$\hat{Y}=\hat{\alpha}_0+\hat{\alpha}_1 X_1$$

再通过残差项预估计的 $\hat{Y}$ 的图形判断引入 $\hat{Y}$ 的若干次幂来替代该变量,进行 OLS 估计,如果图形呈曲线变化,则回归模型可以设定为

$$Y=\beta_0+\beta_1 X_1+\delta_1 \hat{Y}^2+\delta_2 \hat{Y}^3+error$$

再采用排除性约束 F 检验即可。当然,对于模型仅增加一个变量时,采用 t 检验进行判断即可。

如果检验结果表明一个或若干个替代变量能够被引入模型中,则说明模型设定存在遗漏相关变量偏误。

(2)函数形式误设

对函数形式误设的一般性 RESET 检验的基本思想是,如果模型

$$Y=\beta_0+\beta_1 X_1+\beta_2 X_2+\cdots+\beta_k X_k+\mu$$

满足零条件均值假定,那么在模型中添加自变量的非线性关系应该是不显著的。而 RESET 则在模型中添加 OLS 的拟合值的多项式,以检验函数形式误设的一般形式。

一般经验是添加平方项和三次项即可

$$Y=\beta_0+\beta_1 X_1+\beta_2 X_2+\cdots+\beta_k X_k+\delta_1 \hat{Y}^2+\delta_2 \hat{Y}^3+error$$

显然,$\hat{Y}^2$、$\hat{Y}^3$ 都是 X_j 的非线性函数。

有人提出,如果用 $Y-\hat{Y}$ 替代这里的 $\hat{Y}$ 是否可行呢?显然,该想法是以 Y 本身没有误设为前提的,如果存在误设,则这里的处理已经足够了。

检验 $H_0: \delta_1=\delta_2=0$ 的 F 统计量,统计显著,则表明存在某种函数形式的误设问题。在大样本情况下,该统计量的分布在虚拟假设和高斯—马尔科夫假定下渐近服从 $F_{2,n-k-3}$。

例 2.7.4 对于住房价格模型

如果采用水平值—水平值模型,RESET 统计量为 4.67,p 值为 0.012,这是该模型存在函数形式误设的有力证据。而采用对数—对数模型,RESET 统计量为 2.57,p 值为 0.083,于是,在 5%的显著性水平上不能拒绝该模型。

采用水平值—水平值模型的 Stata 软件操作运行过程如下:

```
use "F:\data\Hprice.dta", clear
reg Price Lotsize Sqrft Bdrms
predict Yhat, xb
gen Yhatsq=Yhat*Yhat
gen Yhatcb=Yhat*Yhat*Yhat
reg Price Lotsize Sqrft Bdrms Yhatsq Yhatcb
test Yhatsq=Yhatcb=0
```

Stata 软件显示的结果为:

```
F( 2, 82) = 4.67
Prob > F = 0.0120
```

采用对数一对数模型的 Stata 软件运行过程如下：

```
use "F:\data\Hprice.dta", clear
gen lnPrice=ln(Price)
gen lnLotsize=ln(Lotsize)
gen lnSqrft=ln(Sqrft)
reg lnPrice lnLotsize lnSqrft Bdrms
predict lnYhat, xb
gen lnYhatsq=lnYhat*lnYhat
gen lnYhatcb=lnYhat*lnYhat*lnYhat
reg lnPrice lnLotsize lnSqrft Bdrms lnYhatsq lnYhatcb
test lnYhatsq=lnYhatcb=0
```

Stata 软件显示的结果为：

```
F( 2, 82) = 2.57
Prob > F = 0.0831
```

习题二

1. 作为中国政法大学的学生，你和你的同学正在准备一场与中国人民大学进行的辩论赛：中国人民大学还是中国政法大学？这样的辩论通常是如何展开的？如果采用定量分析的模型方法呢？

2. 解释随机形式、确定形式的总体回归模型，随机形式、确定形式的样本回归模型之间的逻辑关系。

3. 解释相关关系、因果关系与回归分析的区别和联系。

4. 解释条件分布和条件均值的概念。

5. 下列计量经济方程哪些是正确的？哪些是错误的？为什么？

(1)$Y_i=\beta_0+\beta_1X_i, i=1,2,\cdots,n$

(2)$Y_i=\beta_0+\beta_1X_i+\mu_i, i=1,2,\cdots,n$

(3)$Y_i=\hat{\beta}_0+\hat{\beta}_1X_i+\mu_i, i=1,2,\cdots,n$

(4)$Y_i=\hat{\beta}_0+\hat{\beta}_1X_i+\hat{\mu}_i, i=1,2,\cdots,n$

(5)$\hat{Y}_i=\hat{\beta}_0+\hat{\beta}_1X_i+\mu_i, i=1,2,\cdots,n$

(6)$Y_i=\hat{\beta}_0+\hat{\beta}_1 X_i, i=1,2,\cdots,n$

(7)$\hat{Y}_i=\hat{\beta}_0+\hat{\beta}_1 X_i, i=1,2,\cdots,n$

(8)$\hat{Y}_i=\hat{\beta}_0+\hat{\beta}_1 X_i+\hat{\mu}_i, i=1,2,\cdots,n$

6. 随机误差项包含哪些因素？与残差有什么区别？计量经济模型为什么必须包含随机误差项？

7. 研究威廉·休斯·默恩斯(William Hughes Mearns)的诗歌 Antigonish，写读后感。

8. 一元线性回归模型的经典线性模型假定(classical linear model assumptions)中各假定的作用是什么？

9. 设生育率对受教育年数的一元回归模型为

$$Kids=\beta_0+\beta_1 Educ+\mu$$

其中，$Kids$ 表示一名妇女生过的孩子数量，$Educ$ 表示该妇女受教育的年数，μ 表示无法观测到的误差。

(1)μ 中包含哪些因素？它可能与受教育程度相关吗？

(2)该回归能够揭示教育对生育率在其他条件不变情况下的影响吗？

10. 简述矩估计、普通最小二乘估计和最大似然估计的区别。

11. 什么是正规方程组？如何推导正规方程组及求解？

12. 估计大学生每周花在学习上的时间($Study$)对学分(GPA)的影响。

(1)如何设计一个控制实验？

(2)假设随机从总体中抽出 GPA 和 $Study$ 两个变量，总体模型为

$$GPA=\beta_0+\beta_1 Study+\mu$$

μ 中包含哪些因素，是否与 $Study$ 相关？该模型能否解释学习时间在其他条件不变条件下这两个变量之间的关系？

(3)如果该因果关系成立，则 β_1 的符号是正还是负？

(4)如何解释 β_0？

13. 设被解释变量(婴儿出生体重，$Bwght$)与解释变量(母亲在怀孕期间平均每天抽烟数量，$Cigs$)的一元回归关系为

$$\widehat{Bwght}=119.77-0.514Cigs$$

(1)当 $Cigs=0$ 时，预计婴儿的出生体重是多少？当 $Cigs=20$ 时(每天一包)呢？影响差别如何？

(2)该回归能够揭示婴儿出生体重与母亲抽烟习惯之间的因果关系吗？为什么？

(3)预测婴儿出生体重 $Bwght=121$ 盎司，$Cigs$ 应该是多少？

(4)实际上，样本中在怀孕期间不抽烟的妇女比例约为 0.85，是否有助于解释(3)的结论？

14. 采用基尔和麦克莱恩(Kiel and McClain, 1995) 关于 1988 年马萨诸塞州安德沃市的房屋出售数据，得出一个房屋价格($Price$)与一个新建垃圾处理站的距离($Dist$)之间

的关系：

$$\widehat{\ln(Price)}=9.40+0.312\ln(Dist)$$
$$n=135, R^2=0.162$$

(1)解释 $\ln(Dist)$ 系数的经济意义。

(2)考虑一个城市新建垃圾处理站的决策，该一元回归给出了房屋价格($Price$)对新建垃圾处理站的距离($Dist$)在其他条件不变下弹性的无偏估计吗？

(3)还有哪些因素会影响房价？这些因素与新建垃圾处理站的距离($Dist$)有关吗？

15. 为什么说参数估计量具有随机性，需要进行统计检验？

16. 证明高斯—马尔科夫定理(Gauss-Markov Theorem)，并指出其中基本假定与估计量统计性质之间的关系。

17. 对于一元回归模型，证明：

(1)$\hat{\beta}_1$ 与 $\bar{\mu}$ 无关；

(2)$\text{Var}(\hat{\beta}_0)=\dfrac{\sigma^2}{n}+\dfrac{\sigma^2\overline{X}^2}{\text{TSS}_X}$；

(3)$\text{Var}(\hat{\beta}_0)=\dfrac{\sigma^2\sum_{i=1}^{n}X_i^2}{n\cdot\text{TSS}_X}$。

18. (　　)表示由解释变量所解释的部分，表示 X 对 Y 的线性影响。

A. 模型平方和　　B. 残差平方和

C. 总平方和　　D. 剩余平方和

19. 参数的估计量具备有效性是指(　　)。

A. $\text{Var}(\hat{\beta})=0$　　B. $\text{Var}(\hat{\beta})$最小

C. $\hat{\beta}-\beta=0$　　D. $\hat{\beta}-\beta$ 最小

20. 在对模型 $Y_i=\beta_0+\beta_1X_i+\mu_i$ 中的变量 X_i 进行显著性检验时，检验统计量 t 为(　　)。

A. $t=\dfrac{\beta_1}{\sqrt{\text{Var}(\hat{\beta}_1)}}$　　B. $t=\dfrac{\hat{\beta}_1}{\sqrt{\text{Var}(\hat{\beta}_1)}}$

C. $t=\dfrac{\beta_1}{\text{Var}(\beta_1)}$　　D. $t=\dfrac{\hat{\beta}_1}{\text{Var}(\beta_1)}$

21. 用 OLS 估计样本容量为 29 的模型 $Y_i=\beta_0+\beta_1X_i+\mu_i$，在 0.05 的显著性水平下检验 $H_0: \beta_1=3$。当 $H_1: \beta_1\neq 3$ 时，拒绝虚拟假设的条件是 t 统计量的绝对值大于(　　)。

A. $t_{0.05}(29)$　　B. $t_{0.025}(29)$

C. $t_{0.05}(27)$　　D. $t_{0.025}(27)$

22. 写出 R^2、F 和 t 三个统计量的计算方法，应该如何通过查表进行显著性判断？

23. 参数估计量置信区间应该如何表示？怎样才能缩小该区间？

24. 预测值置信区间应该如何表示?如何才能缩小该区间?

25. 为考察名义汇率与相对价格之间的关系,采用实际观测值,得到如下回归结果。其中,Y 表示德国马克与美元的汇率(GM/\$),X 表示美国消费者价格指数与德国消费者价格指数之比,即 X 代表了这两个国家的相对价格:

$$\hat{Y}=6.682-4.318X$$
$$se=(1.22)\quad(1.33)$$
$$R^2=0.528$$

(1)解释这个回归结果的经济含义。如何解释 R^2?

(2)X 系数的负值有经济意义吗?其背后的经济理论是什么?

(3)若将 X 定义为德国 CPI 与美国 CPI 之比,则 X 的符号会改变吗?为什么?

26. 根据某一时期美国黄金价格、消费者价格指数和纽约股票交易所指数数据,

(1)估计 $Gold_t=\beta_0+\beta_1CPI_t+\mu_t$,有

$$\widehat{Gold}_t=186.183+1.842CPI_t$$
$$(125.403)\quad(1.215)$$
$$R^2=0.150$$

检验是否 $\beta_1=1$,即黄金价格与 CPI 之间有1比1的关系(即黄金是一种完美的保值工具)?

(2)估计 $NYSE_t=\beta_0+\beta_2CPI_t+\mu_t$,有

$$\widehat{NYSE}_t=120.060+2.129CPI_t$$
$$(23.767)\quad(0.230)$$
$$R^2=0.868$$

检验是否 $\beta_2=1$,即纽约股票交易所指数与 CPI 之间有1比1的关系?投资于股票市场是防范通货膨胀的完美手段吗?

(3)在黄金与股票之间应该选择哪种投资?

27. 1986年以来经济学家发布了巨无霸(Big Mac)指数,作为一种粗略而时髦的指标,用以评价国际货币是否符合购买力平价(Purchasing Power Parity,PPP)学说。PPP意为一单位货币能在所有国家买到同样一包商品(the same bundle of goods)。PPP的支持者声称,从长远看,各国货币都朝他们的PPP移动。经济学家把麦当劳餐厅的Big Mac当作代表性商品包并给出以下信息。考虑如下回归模型

$$Y_i=\beta_0+\beta_1X_i+\mu_i$$

其中,Y_i 表示实际汇率,X_i 表示美元的隐含PPP。实证结果为

$$\hat{Y}_t=24.634+0.541X_t$$
$$(19.507)\ (0.009)$$
$$R^2=0.992$$

(1)若PPP成立,则你会先验地预期 β_0 和 β_1 取什么值?

(2)回归的结果是否支持你的预期?你用什么形式的检验去检验假设?

(3)经济学家是否应该继续出版 Big Mac 指数？为什么？

28. 对已知回归模型 $Wage=\beta_0+\beta_1 Educ+\mu$，式中，$Wage$ 是某类公司一名新员工的起薪(元)，$Educ$ 是受教育水平(年)，随机误差项 μ 的分布未知，其他所有假定都满足。

(1)解释参数的经济意义；

(2)估计量是否为最优线性无偏估计量？

(3)对参数的假设检验能进行吗？

29. 对于例 2.1.2，请采用 Excel 电子表格软件计算参数估值及其标准误、t 值、R^2，计算当人均可支配收入为 30000 元时的人均消费支出，并计算其均值、特定值的预测区间。

30. 在一个五元回归模型中，残差平方和 $\sum \hat{\mu}_i^2=1000$，样本容量为 46，则随机误差项的方差估计量为(　　)。

A. 25　　B. 50

C. 33.33　　D. 5

31. 多元线性回归模型参数向量 $\hat{\beta}$ 的方差—协方差矩阵 Var-Cov($\hat{\beta}$)为(　　)。

A. $\sigma^2(X'X)^{-1}$　　B. $\sigma^2(XX')^{-1}$

C. $(X'X)^{-1}\sigma^2$　　D. $(XX')^{-1}\sigma^2$

32. 用一组含有 83 个观测值的样本估计模型 $Y_i=\beta_0+\beta_1 X_{i1}+\beta_2 X_{i2}+\mu_i$，在 0.05 的显著性水平下对 β_1 的显著性进行 t 检验，则 β_1 显著地不等于 0 的条件是其统计量 t 大于等于(　　)。

A. $t_{0.025}(80)$　　B. $t_{0.025}(78)$

C. $t_{0.025}(77)$　　D. $t_{0.05}(1,78)$

33. 在流动性偏好模型 $M=\beta_0+\beta_1 Y+\beta_2 r+\mu$ 中，M 表示货币需求量，Y 表示收入，r 表示利率水平，一般应有(　　)。

A. $\hat{\beta}_1$ 为正值，$\hat{\beta}_2$ 为正值　　B. $\hat{\beta}_1$ 为正值，$\hat{\beta}_2$ 为负值

C. $\hat{\beta}_1$ 为负值，$\hat{\beta}_2$ 为正值　　D. $\hat{\beta}_1$ 为负值，$\hat{\beta}_2$ 为负值

34. 解释多元线性回归模型应用 OLS 的基本假定。

35. 用矩阵形式表示 OLS 方法及参数估计量以及无偏性、有效性证明。

36. 为什么要计算调整后的可决系数？

37. 如何理解计量经济模型的预测值？

38. 简述受约束回归的检验原理。

39. 采用比德尔和哈默格(Biddle and Hamermesh，1990)中的一个简化数据，得到睡眠时间($Sleep$)与工作时间($Totwrk$)之间的权衡：

$$\widehat{Sleep}=3638.25-0.15Totwrk-11.13Educ+2.20Age$$

$$n=706, R^2=0.113$$

其中，$Sleep$ 和 $Totwrk$ 的单位都是分钟/周，$Educ$ 和 Age 的单位都是年。

(1)工作时间的系数是否符合经济意义检验？

(2)如果某人一周多工作了5小时,则预计睡眠时间会怎样变化?

(3)讨论 *Educ* 系数的符号和大小。一名大学毕业生与一名高中毕业生相比,睡眠时间相差多少?

(4)这三个变量解释了多大程度上睡眠时间的变动?还有哪些因素可能影响睡眠时间?它们与 *Totwork* 可能相关吗?

40. 采用有关数据,得到一个企业CEO的薪水与年销售额、股本回报率(*Roe*,以百分数表示)和企业股票的回报率(*Ros*,以百分数表示)之间的关系

$$\ln(\widehat{Salary}) = 4.32 + 0.280\ln(Sales) + 0.0174Roe + 0.00024Ros$$
$$(0.32) \quad (0.035) \quad (0.0041) \quad (0.00054)$$
$$n = 209, R^2 = 0.283$$

(1)请表示虚拟假设:在控制了年销售额和股本回报率之后,企业股票的回报率对CEO的薪水没有影响;备择假设:股票市场回报率提高CEO的薪水。

(2)如果 *Ros* 提高100%,则预计薪水会提高多少?*Ros* 提高是否会对薪水造成较大的实际影响?

(3)在10%的显著性水平下,检验 *Ros* 对薪水没有影响的虚拟假设,备择假设是否具有正效应?

(4)在一个用企业业绩表示的CEO的薪水模型中应该包括 *Ros* 吗?为什么?

41. 采用有关数据,得到一个大学城租金是否受学生人数影响的模型

$$\ln(\widehat{Rent}) = 0.043 + 0.066\ln(Pop) + 0.507\ln(Avginc) + 0.0056Pctstu$$
$$(0.844) \quad (0.039) \quad (0.081) \quad (0.0017)$$
$$n = 64, R^2 = 0.458$$

其中,*Rent* 表示一个大学城里单位租借面积的平均月租金,*Pop* 表示城市总人口数,*Avginc* 表示城市平均收入,*Pctstu* 表示学生人数占总人口的百分比。

(1)请表示虚拟假设:在控制了其他因素之后,学生人数相对于总人口对于月租金没有影响;备择假设:学生人数相对于总人口对于月租金有影响。

(2)总人口增加1%将导致租金提高6.6%的说法正确吗?

(3)在1%的显著性水平下检验虚拟假设。

42. 简述渐近性质、一致性(无偏性)、渐近正态性(正态)、渐近有效性、LM统计量,指出零条件均值与零均值、零相关之间的关系。

43. 在线性回归模型中,如果解释变量 X_1 和 X_2 的样本观测值的相关系数为1,则表明模型存在(　　)。

A. 多重共线性　　　　B. 异方差

C. 自相关　　　　D. 内生性

44. 当模型存在完全多重共线性时,下列判断不正确的是(　　)。

A. 参数无法估计　　　　B. 参数估计值的方差无限大

C. 可以计算模型的拟合优度　　　　D. 参数的置信区间无法判断

45. 如果线性回归模型存在不完全多重共线性,则OLS估计量将(　)。

A. 无偏 B. 有偏

C. 不发生变化 D. 无法判断

46. 为考虑性别(男、女)对人均支出的影响,引入两个虚拟变量,形成含有截距项的线性回归模型,则模型会产生(　　)。

A. 多重共线性 B. 异方差

C. 自相关 D. 内生性

47. 当以 X_1 和 X_2 为解释变量时,下列两个解释变量关系中会导致模型存在完全多重共线性的是(　　)。

A. $X_1 \cdot \ln X_2=0$ B. $X_1 \cdot e^{X_2}=0$

C. $X_1-4X_2=0$ D. $X_1-4X_2+\mu=0$(μ 为随机误差项)

48. 在不完全多重共线性情况下,t 检验值会(　　)。

A. 变小 B. 变大

C. 不变 D. 无法判断

49. 叙述多重共线性的概念、后果和补救措施。

50. 用方差膨胀因子检验多重共线性的检验过程。

51. 在一项调查大学生一周平均成绩(Y)与每周学习(X_1)、睡觉(X_2)、娱乐(X_3)和其他各种活动(X_4)所用时间的关系的研究中,建立如下回归模型

$$Y=\beta_0+\beta_1X_1+\beta_2X_2+\beta_3X_3+\beta_4X_4+\mu$$

如果这些活动所用时间的总和为一周的总小时数168,问:保持其他变量不变,而改变其中一个变量的说法是否有意义?该模型是否有违背基本假设的情况?如何修改此模型以使其更加合理?

52. 在模型 $Y_i=\beta_0+\beta_1X_{i1}+\beta_2X_{i2}+\mu_i$ 中,以下哪种情形表示存在异方差性?(　　)

A. $\mathrm{Var}(\mu_i)=\sigma^2$ B. $\mathrm{Var}(\mu_i)=\sigma_i^2$

C. $\mathrm{Var}(X_i)\neq\sigma^2$ D. $\mathrm{Cov}(X_i,Y_i)\neq\sigma^2$

53. 如果回归模型中的随机误差项仅存在异方差性,那么参数的 OLS 估计量(　　)。

A. 有偏但有效 B. 无偏且非有效

C. 无偏且有效 D. 有偏且非有效

54. 如果回归模型中的随机误差项仅存在异方差性,那么参数的 OLS 估计量仍具有无偏性的原因是(　　)。

A. 零条件均值假定成立 B. 正态性假定成立

C. 无多重共线性假定成立 D. 无自相关性假定成立

55. 用模型变换法修正异方差的变换结果是 $\frac{Y_i}{\sqrt{X_i}}=\frac{\beta_0}{\sqrt{X_i}}+\beta_1\frac{X_i}{\sqrt{X_i}}+\frac{\mu_i}{\sqrt{X_i}}$,那么 $\mathrm{Var}(\mu_i)$ 是哪种形式?(　　)

A. $\sigma^2X_i^2$ B. σ^2X_i

C. $\sigma^2\sqrt{X_i}$　　D. σ^2/X_i

56. 对模型进行对数变换通常可降低异方差性的影响,原因在于(　　)。

A. 对数变换后的残差表示绝对误差,有更小的差异性

B. 对数变换后的残差表示相对误差,有更小的差异性

C. 能使经济意义更合理

D. 多数经济变量的关系可以表示为对数模型

57. 如果回归模型中的随机误差项存在异方差性,那么对数变换后的异方差性通常会(　　)。

A. 降低　　B. 提高

C. 不变　　D. 不确定

58. 如果回归模型存在异方差性,那么 t 检验的可靠性会(　　)。

A. 降低　　B. 提高

C. 不变　　D. 不确定

59. 在所有的计量经济学问题中,异方差性似乎是最难理解的,用自己的语言来解释异方差性,并用图示法说明。

60. 叙述异方差性的概念、后果和修正方法。

61. 写出 WLS、GLS 参数估计量的矩阵表示以及推导过程。

62. WLS 中如何得到权矩阵的估计量?

63. 简述用 White 检验进行异方差的检验过程。

64. 已知消费模型

$$Y_i=\beta_0+\beta_1X_{i1}+\beta_2X_{i2}+\mu_i$$

其中,Y_i 为消费支出,X_{i1} 为个人可支配收入,X_{i2} 为消费者的流动资产,且

$$E(\mu_i)=0$$

$$Var(\mu_i)=\sigma^2X_{i2}^2$$

其中,σ^2 为常数。进行适当变换,消除异方差,并证明。

65. 对于模型 $Y_i=\beta_0+\beta_1X_{i1}+\beta_2X_{i2}+\mu_i$,如果考虑季节因素的影响,那么需要引入虚拟变量的个数为(　　)。

A. 1　　B. 2

C. 3　　D. 4

66. 对于模型 $Y_i=\beta_0+\beta_1X_{i1}+\beta_2X_{i2}+\mu_i$,如果同时考虑季节因素和城乡差异的影响,那么需要引入虚拟变量的个数为(　　)。

A. 1　　B. 2

C. 3　　D. 4

67. 当 k 元回归模型中不包含截距项时,如果考虑将含有 m 个互斥类型的定性因素引入模型,那么应该引入虚拟变量的个数为(　　)。

A. m　　B. $m-1$

C. $m+1$　　D. $m-k$

68. 当 k 元回归模型中包含截距项时,如果考虑将含有 m 个互斥类型的定性因素引

入模型，那么应该引入虚拟变量的个数为(　　)。

A. m　　B. $m-1$

C. $m+1$　　D. $m-k$

69. 随着网络购物的兴起，人们的消费模式发生了巨大变化。以2003年淘宝网站的建立为转折点，设虚拟变量 $D_i=\begin{cases}1, 2003\text{ 年以后}\\0, 2003\text{ 年以前}\end{cases}$，数据散点图显示消费函数发生了结构性变化：基本消费部分下降，而边际消费倾向增大，那么居民线性消费函数的理论模型可设定为(　　)。

A. $Y_i=\beta_0+\beta_1X_i+\beta_2D_iX_i+\mu_i$　　B. $Y_i=\beta_0+\beta_1X_i+\beta_2D_i+\mu_i$

C. $Y_i=\beta_0+\beta_1X_i+\mu_i$　　D. $Y_i=\beta_0+\beta_1X_i+\beta_2D_i+\beta_3D_iX_i+\mu_i$

70. 为什么在回归模型中引入虚拟变量？有哪几种基本引入方式？

71. 在一项对北京某大学学生月消费支出的研究中，认为学生的消费支出除受其家庭的每月收入水平影响外，还受在学校里是否得到奖学金，来自农村还是城市，是经济发达地区还是欠发达地区，以及性别等因素的影响。试设定适当的模型，并导出如下情形下学生消费支出的平均水平(假设奖学金、性别引入应考虑加法方式，其他因素考虑乘法方式)：

(1)来自欠发达农村地区的女生未得到奖学金；

(2)来自发达地区的城市男生得到奖学金。

72. 假定已经得到关系式 $Y=\beta_0+\beta_1X$ 的最小二乘估计，其中，Y 为公司员工的起始薪金(单位：元)，X 为所受教育水平(单位：年)，那么

(1)将被解释变量的度量单位由元改为百元，这样对原回归的斜率和截距有什么影响？如果把解释变量的度量单位改为月呢？

(2)假设把变量 X 的每个观测值都增加2，则对原回归的斜率和截距有什么影响？如果把 Y 的每个观测值都增加2，则结果又会怎样？

73. 将解释变量 X 标准化为 Z 后，将 $\ln Y$ 对 Z 和控制变量做回归，如果 $\ln Y=0.05Z$，那么 X 与 Y 的关系应该如何解释？将 $\ln Y$ 对 X 回归，再将 X 的系数除以 X 的标准差，该数应该如何解释？

74. 什么是样本容量、最小样本容量？

75. 当多元线性回归模型的回归系数符号与预期不一致时，应该检查什么？

76. 在国家统计局网站收集最新年度各地居民人均可支配收入、居民人均消费支出数据。

(1)用Excel表格处理数据，手动计算收入与消费之间关系的OLS参数估计值、模型拟合优度、样本方差、标准误、t 统计量以及95%的置信区间，并计算消费的预测值以及95%置信度的总体均值和特定值的预测区间。

(2)用Stata软件完成回归分析过程，并进行统计检验和预测。

77. 居民收入水平决定了消费支出水平，但不同收入来源水平的变动对消费水平的影响是有差异的。从中国统计资料发现，大陆城镇居民人均可支配收入来源主要包括工资性收入、经营净收入、财产净收入和转移净收入4项，其中，工资性收入占比较大。为了

研究人均工资性收入与其他收入(经营净收入、财产净收入和转移净收入)的变动对城镇居民人均消费支出的影响,建立二元回归模型。

(1)从国家统计局网站收集最新年度分地区城镇居民人均可支配收入:工资性收入,其他收入(经营净收入、财产净收入和转移净收入)数据、分地区城镇居民人均消费支出数据;

(2)建立Excel表格数据,手动计算参数估计值、样本方差、拟合优度、F统计量、标准误、t统计量和95%的置信区间。

(3)用Stata软件完成回归分析过程,并进行统计检验。

78. 从《中国统计年鉴》中收集最新年度中国农村居民、城镇居民人均可支配收入(工资性收入、其他收入)和居民人均消费支出的相关数据,建立包含虚拟变量的二元回归模型,研究不同来源的收入对居民人均消费支出的影响是否有差异。

79. 在最新的经济管理期刊论文中,选择一篇包含数据、经济意义检验、统计学检验和计量经济检验的学术论文,模仿测算其数据结果,并指出论文的优、缺点。

长期的观点对于正在发生的事情是一个有误导性的指南。长期来看，我们都死了。经济学家为他们自己设定的任务太过简单而且无用，就好比在暴风雨季节，他们唯一能告诉我们的是，当风暴过去后大海会恢复平静。①

——[英]约翰·梅纳德·凯恩斯

第三章 时间序列数据回归分析

第二章详细探讨了截面数据在经典线性假定下的 OLS 估计及其基本性质。对于理想假定下的截面数据样本，OLS 不但能够给出模型的估计值，而且通过高斯－马尔科夫定理保证了 OLS 估计量的最优线性无偏性。对于放宽了零条件均值假定，不满足正态分布基本假定的模型，大样本条件下的一致性和渐近推断，同样确保截面数据的 OLS 估计量的科学性。另外，对于违背基本假定的多重共线性、异方差问题，以及涉及基本假定其他方面的虚拟变量、模型设定等问题，也都给出了较为圆满的解决方案。这些对模型基本假定由严格理想状态到逐步放宽的结论，为对现实经济截面数据进行科学建模提供了坚实的理论支撑。

现实经济社会中的另一种常见数据类型是时间序列数据。凯恩斯的名著《就业、利息和货币通论》，通过对国内生产总值、消费、投资、失业率、通货膨胀率和利率等时间序列数据的实证研究，改造了宏观经济理论。宏观经济变量通常是随着时间的推移而持续增长的。在一个时期影响经济运行的短期宏观经济冲击，会分散到随后的各时期，其中的趋势控制着经济的运行。时间序列数据基本特点与截面数据有较大区别，截面数据的一些优良结论是否能适用于时间序列数据需要进一步理论论证。本章将主要介绍采用时间序列数据估计线性回归模型时的 OLS 估计量的性质，包括时间序列数据的性质特点、高斯－马尔科夫假定和经典线性假定下的 OLS 估计量性质，还讨论了时间序列数据的趋势、季节以及序列相关等问题，特别地，对于时间序列数据变量的平稳性、协整关系，以及动态最小二乘法、误差修正模型和格兰杰(Granger)因果分析等现代计量经济学的内容也进行了较为详细的介绍。这些现代计量经济学理论强化了经典计量经济学的理论基础，对于理

---

① But this long run is a misleading guide to current affairs. In the long run we are all dead. Economists set themselves too easy, too useless a task if in tempestuous seasons they can only tell us that when the storm is past the ocean is flat again. 见 John Maynard Keynes. *A Tract on Monetary Reform* (London: Macmillan, 1923).

解经典计量经济学理论也大有裨益。

从截面数据经典线性模型基本假定角度看,时间序列数据建模主要违背了假定 2,即随机抽样假定。另外,由于多数时间序列中存在着与时间的相关性,这就要求必须对所有时期的误差与解释变量的关系,以及误差本身与时间的关系作出明确假定,然后通过不断放宽严格假定以满足现实数据的要求,从而形成时间序列数据回归分析的理论体系。

第一节 时间序列数据的基本回归分析

一、时间序列数据的随机性和基本模型

(一)时间序列数据的随机性

时间序列数据(time series data)是指按照时间发生先后顺序排列而成的同一指标数据。它不同于截面数据的一个显著特点是,由于它是按时间顺序排列的对某一个体的观测,这就不可避免地存在过去的事情可能会影响现在甚至未来。而截面数据却是同一时点上获得的不同个体的观测数据,不仅不存在时间先后影响问题,甚至可以假定截面数据观测值之间具有独立性(当然,这一点并不严格,可能存在所谓的空间相关)。

截面数据与时间序列数据的另一个区别是,截面数据可以被视为随机抽样,从总体中随机抽取不同的样本,得到不同的取值。这样,通过不同随机样本计算出的 OLS 估计值通常也有所不同,即 OLS 统计量也是随机的。那么,如何认识时间序列数据的随机性呢?其实,时间序列数据也一样,下一年中国的 GDP 增长率是多少同样不大可能预知,既然结果无法事先预知,当然也可以被视为随机变量。

一般地,一个标有时间下标的随机变量序列被称为一个**随机过程**(stochastic process)或**时间序列过程**(time series process)。当收集到一个时间序列数据集时,就得到该随机过程的一个**可能结果**(possible outcome)或**实现**(realization)。当然,只能得到一个实现,因为时间是不可能倒流的,但是如果特定历史条件有所不同,也可能得到这个随机过程的另一种不同实现,这正是将时间序列数据看成随机变量结果的原因。这样,对于中国 GDP 增长率,人们得到的数据只是随机过程中的一个实现,相当于随机抽样中的一个样本。

一个时间序列过程的所有可能实现集,就相当于截面数据分析中的**总体**(population)。时间序列数据集的**样本容量**(sample size)就是观测变量包含的时期数。

(二)时间序列回归基本模型

1. 静态模型

如果有两个时间序列数据变量 Y 和 X,一个**静态模型**(static model)就是

$$Y_t=\beta_0+\beta_1 X_t+\mu_t, t=1,2,\cdots,T \tag{3.1.1}$$

注意式(3.1.1)中采用了表示时间的下标 t,以区别于截面数据模型中表示截面观测样本的下标 i。这里"静态模型"就是指 Y 和 X 之间是同一时期的关系。通常,若认为 X 在时间 t 的一个单位变化对 Y 有直接影响,即 $\Delta Y_t=\beta_1\Delta X_t$,就设定了一个静态模型。

例如,令 $Mrdrte_t$ 表示某特定城市在第 t 年平均每万人中发生的谋杀次数,$Convrte_t$ 表示谋杀的定罪率,$Unem_t$ 表示本地失业率,$Yngmle_t$ 表示当地人口中年龄在 18—25 岁之间男性人口的比例。这样,一个解释谋杀案发生率的静态多元回归模型为

$$Mrdrte_t=\beta_0+\beta_1 Convrte_t+\beta_2 Unem_t+\beta_3 Yngmle_t+\mu_t$$

采用该模型,可以进行一定时期内的犯罪率分析,比如,在其他条件不变的情况下,提高定罪率对犯罪活动的影响。

2. 有限分布滞后模型

当然,"前事不忘,后事之师"。对于时间序列数据模型而言,与截面数据的真正区别是时滞影响。因为在截面数据中总是假定观测之间是相互独立的,而对于时间序列数据,就无法直接假定变量在不同时期之间相互独立,这就需要考虑变量的延迟滞后影响。

在**有限分布滞后模型**(finite distributed lag model,FDL)中,允许一个或多个变量对 Y 的影响有一定时滞,如

$$Y_t=\alpha_0+\delta_0 X_t+\delta_1 X_{t-1}+\delta_2 X_{t-2}+\mu_t \tag{3.1.2}$$

就是一个二阶 FDL。

对于式(3.1.2),假设

$$\cdots,X_{t-2}=c,X_{t-1}=c,X_t=c+1,X_{t+1}=c,X_{t+2}=c,\cdots$$

设每个时期误差项均为 0,则

$$Y_{t-1}=\alpha_0+\delta_0 c+\delta_1 c+\delta_2 c$$
$$Y_t=\alpha_0+\delta_0(c+1)+\delta_1 c+\delta_2 c$$
$$Y_{t+1}=\alpha_0+\delta_0 c+\delta_1(c+1)+\delta_2 c$$
$$Y_{t+2}=\alpha_0+\delta_0 c+\delta_1 c+\delta_2(c+1)$$
$$Y_{t+3}=\alpha_0+\delta_0 c+\delta_1 c+\delta_2 c$$

从前两个方程可以得到 $Y_t-Y_{t-1}=\delta_0$,它表明 δ_0 是 X 在 t 时期提高一个单位所引起的 Y 的即期变化,通常称 δ_0 为**冲击倾向**(impact propensity)或**冲击乘数**(impact multiplier)。

类似地,$\delta_1=Y_{t+1}-Y_{t-1}$ 是这个暂时变化发生后下一时期 Y 的变化,$\delta_2=Y_{t+2}-Y_{t-1}$,是这个变化发生了两个时期后 Y 的变化。在 $t+3$ 时期,Y 回到了初始水平:$Y_{t+3}=Y_{t-1}$,这是因为假定式(3.1.2)中变量 X 只有两期滞后。如果把冲击倾向 δ_j 作为滞后期数 j 的函数作图,横坐标代表滞后期数,纵坐标代表系数,便得到一个**滞后分布**(lag distribution),它概括了 X 的一个暂时变化对 Y 的动态影响。图 3.1.1 给出了两阶 FDL 模型的一个可能的滞后分布。

图 3.1.1 中的滞后分布意味着最大的影响发生在第一期滞后。这个滞后分布有一种很有用的解释。如果把 Y 的初始值标准化为 $Y_{t-1}=0$,这个滞后分布就描绘出 X 暂时提高一个单位所导致的 Y 的随后所有取值。

如果对 X 的永久性提高所导致的 Y 的变化感兴趣。在 t 期之前,X 等于常数 c。从第 t 期起,X 永久性地提高为 $c+1$,即当 $s<t$ 时,$X_s=c$;当 $s\geqslant t$ 时,$X_s=c+1$。再把误

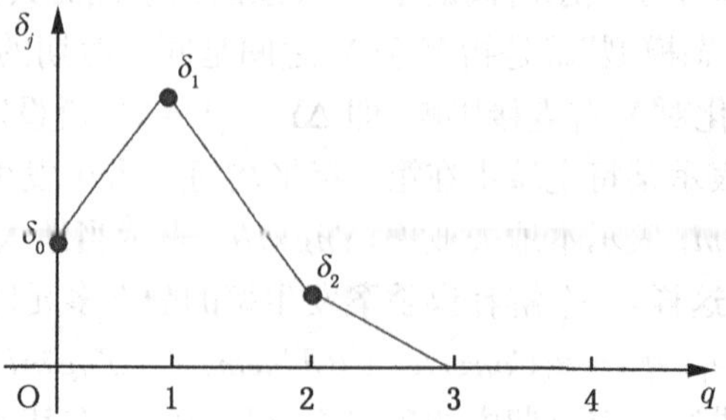

图 3.1.1 滞后分布

差都设为 0,便得到

$$Y_{t-1}=\alpha_0+\delta_0 c+\delta_1 c+\delta_2 c$$
$$Y_t=\alpha_0+\delta_0(c+1)+\delta_1 c+\delta_2 c$$
$$Y_{t+1}=\alpha_0+\delta_0(c+1)+\delta_1(c+1)+\delta_2 c$$
$$Y_{t+2}=\alpha_0+\delta_0(c+1)+\delta_1(c+1)+\delta_2(c+1)$$

随着 X 从第 t 期开始永久性提高,一期后 Y 提高了 $\delta_0+\delta_1$,两期后 Y 提高了 $\delta_0+\delta_1+\delta_2$,再往后,$Y$ 没有进一步变化,这表明 X 的当期的和滞后系数之和为 $\delta_0+\delta_1+\delta_2$,等于 X 的永久性提高导致的 Y 的长期变化,它被称为**长期倾向**(long-run propensity, LRP)**或长期乘数**(long-run multiplier)。LRP 是在分布滞后模型中人们经常关注的问题。

一个 q 阶有限分布滞后模型

$$Y_t=\alpha_0+\delta_0 X_t+\delta_1 X_{t-1}+\cdots+\delta_q X_{t-q}+\mu_t \tag{3.1.3}$$

只要假设滞后项系数都为 0,静态模型就成为该模型的一个特例。有时,估计一个分布滞后模型的主要目的是检验 X 是否对 Y 有滞后影响。冲击倾向总是 X_t 的同期系数 δ_0。一般而言,滞后分布可由通过把(估计的)δ_j 又被描绘成 j 的函数而求得。对于任意值 q,定义**累计效应**为 $\delta_0+\delta_1+\cdots+\delta_q$。长期倾向便是累计效应,即所有变量 X_{t-j} 的系数之和

$$\text{LRP}=\delta_0+\delta_1+\cdots+\delta_q$$

因为 X 的不同时期滞后之间经常明显相关,即方程(3.1.3)中一般会存在多重共线性,所以很难得到单个 δ_j 的估计值。有意思的是,即便无法准确估计 δ_j,也经常能很好地估计出 LRP。

在一个年度数据方程中,假设

$$Int_t=1.6+0.48Inf_t-0.15Inf_{t-1}+0.32Inf_{t-2}+\mu_t \tag{3.1.4}$$

其中,Int 是利率,Inf 是通货膨胀率,那么通货膨胀的冲击倾向是 0.48,长期冲击倾向是(0.48−0.15+0.32=)0.65。

二、经典线性假定下 OLS 估计量的有限样本性质

为研究时间序列数据的有限样本性质,首先给出类似截面数据的基本假定。

(一)时间序列数据 CLM 基本假定

假定 1 线性于参数

随机过程$\{X_{t1},X_{t2},\cdots,X_{tk},Y_t,t=1,2,\cdots,T\}$服从线性模型

$$Y_t=\beta_0+\beta_1X_{t1}+\beta_2X_{t2}+\cdots+\beta_kX_{tk}+\mu_t \tag{3.1.5}$$

其中,$\beta_0,\beta_1,\beta_2,\cdots,\beta_k$ 是未知参数,$\{\mu_t,t=1,2,\cdots,T\}$是随机误差或干扰项,T 是观测次数(时期数)。

假定 2 无完全共线性

在样本中,没有任何解释变量是恒定不变的,或者是其他解释变量的一个完全线性组合。

假定 3 零条件均值

$$\mathrm{E}(\mu_t|X)=0,t=1,2,\cdots,T \tag{3.1.6}$$

t 时期的干扰项与每个时期的任何解释变量都无关。

当 $\mathrm{E}(\mu_t|X_t)=0$,称 X_{tj} **同期外生**(contemporaneously exogenous)。这意味着,μ_t 与同时期解释变量无关:对于$\forall j$,$\mathrm{Corr}(X_{tj},\mu_t)=0$。

式(3.1.6)不仅意味着同期外生,而且即使 $s\neq t$,μ_t 也与 X_{sj} 无关,这意味着解释变量是**严格外生**的(strictly exogenous)。

在截面情形中,并没有明确指出某个 i 的干扰项与样本中其他解释变量有何联系。没有必要这样做的原因是,由于抽样是随机的,μ_i 自动独立于第i 个以外其他观测中的解释变量。但是,在时间序列情形中,把抽样简单视为随机是不太恰当的,因此,必须明确假定 μ_t 的期望值与任何时期的解释变量都不相关。

特别重要的一点是要看到假定 3 并没有限制不同时期自变量或 μ_t 的相关性,它只是说,μ_t 的平均值与任何时期的解释变量都无关。

能导致 t 时期的无法观测因素与任何时期任一解释变量相关的情况,都会致使假定 3 不成立。导致无效的两个主要情形是遗漏变量和对某些解释变量的测量误差。当然,由于其他原因,严格外生性假定也可能不成立。

在如下简单的静态回归模型中

$$Y_t=\beta_0+\beta_1X_t+\mu_t$$

假定 3 不但要求 μ_t 与 X_t 不相关,而且要求 μ_t 与 X 的过去值和将来值都不相关。这有两重含义:

第一,X 对 Y 没有滞后影响,如果 X 对 Y 确有滞后影响,那就应该估计一个分布滞后模型。更微妙一点,严格外生性排除了误差项的即期变化,可能导致 X 未来变化的可能性,这就有效地排除了 Y 对 X 未来值的反馈作用。

例如,考虑一个用人均警察数量来解释城市犯罪率的简单静态模型

$$Mrdrte_t=\beta_0+\beta_1Polpc_t+\mu_t$$

假定 μ_t 与 $Polpc_t$ 甚至过去 $Polpc_t$ 的值无关也许是合理的。为了讨论方便,假定事实就是如此。但是,假设这个城市根据过去犯罪率的高低来调整警力规模,就意味着 $Polpc_{t+1}$ 可能会与 μ_t 相关(因为较高的 μ_t 导致较高的 $Mrdrte_t$)。若果真如此,则假定 3

一般不成立。

第二，在分布滞后模型中，也存在这样的顾虑。通常，不担心 μ_t 会与过去的 X 相关，因为在模型中控制了过去的 X。μ 对将来的 X 的反馈，却是一个不容易解决的问题。

严格外生的解释变量无法对 Y 在过去发生的变化作出反应。农业生产函数中诸如降雨量之类的因素满足这样的要求：未来年份的降雨量不受现在或过去产量的影响。但是，类似于劳动投入量这种变量可能就不是严格外生的，因为它是由农民选择的，而农民可能根据上一年的产量来调整劳动投入。政策变量，如货币供给的增长、福利开支、高速公路的限速等经常受结果变量过去情况的影响。在社会科学中，很多解释变量都明显违背严格外生性假定。

即使假定3不太现实，但为了确保 OLS 估计量的无偏性，还是不得不以它为出发点。对静态和有限分布滞后模型的大多数分析，都通过做解释变量非随机（或在重复样本中保持不变）这个更强的假定来确保假定3成立。对时间序列观测而言，非随机假定显然是错误的。就 X_{tj} 的随机性质来看，假定3具有更加现实的优势，同时它把 OLS 的无偏性所需要的 μ_t 和解释变量如何相关的必要假定分离出来。

假定4 同方差性

$$\mathrm{Var}(\mu_t|X)=\sigma^2, t=1,2,\cdots,T$$

该假定意味着 $\mathrm{Var}(\mu_t|X)$ 不依赖于 X，而且在所有时期都保持不变。当假定4不成立时，与截面情形一样，称误差是异方差的。

比如，考虑基于通货膨胀率（Inf_t）和联邦赤字占国内生产总值的百分比（Def_t）来确定3月期国库券利率（$I3_t$）的模型

$$I3_t=\beta_0+\beta_1 Inf_t+\beta_2 Def_t+\mu_t$$

在其他条件不变的情况下，假定4要求影响利率的无法观测因素在不同时期具有恒定的方差。实际上，因为宏观政策的变化会影响利率波动，所以这个假定可能不成立。

假定5 无序列相关

$$\mathrm{Corr}(\mu_t,\mu_s|X)=0, \forall t\neq s$$

这个假定最简单的理解方法是忽略以 X 为条件。这样，假定5简化成

$$\mathrm{Corr}(\mu_t,\mu_s)=0, \forall t\neq s \tag{3.1.7}$$

式(3.1.7)也是视 X 为非随机时表述无序列相关假定的方式。在考察假定5是否成立时，主要考虑方程(3.1.7)，因为它较容易理解。

当方程(3.1.7)不成立时，称方程(3.1.5)中的误差存在**序列相关**（serial correlation）或**自相关**（autocorrelation）的问题，因为方程中不同时期的误差彼此相关。比如，考虑相邻时期误差的情形：当 $\mu_{t-1}>0$ 时，一般来说，下一个时期的误差 μ_t 也是正的，于是 $\mathrm{Corr}(\mu_t,\mu_s)>0$，这样，误差项便有序列相关的问题。对于3月期国库券利率（$I3_t$）的模型而言，如果当前利率意外得高，那么给定通货膨胀率和赤字水平，下一时期的利率可能就高于平均水平。

值得注意的是，假定5没有提及不同时期解释变量之间的相关。比如，对于3月期国库券利率（$I3_t$）的模型而言，不同时期的通货膨胀率 Inf_t 几乎必然相关，但是这不影响假定5成立。

另外一个很自然的问题是，对于截面数据而言，为什么不假定不同截面观测的误差是无关的呢？答案在于随机抽样的假定：当抽样是随机时，对于任意两次观测 i 和 j，误差项 μ_i 与 μ_j 都是相互独立的。可以证明，在随机抽样条件下，以样本中所有解释变量为条件，不同观测的误差是独立的。因此，就当前的目的而言，序列相关只是时间序列回归中的一个潜在问题。

以上 5 条构成时间序列分析的高斯－马尔科夫假定。与截面数据一样，这一系列假定是理想条件下的，在现实经济数据建模时是不容易达成的。

假定 6 正态性

误差 μ_t 独立于解释变量 X，且服从均值为 0 和方差为 σ^2 的正态分布

$$\mu_t \sim N(0,\sigma^2)$$

当然，假定 6 包含假定 3、假定 4 和假定 5，而且它更强，因为它还假定了随机干扰项的独立性和正态性。

与截面数据一样，误差项的正态分布假定也是为了保证统计推断的有效性。

对于时间序列数据模型的这 6 条假定而言，基本结构也可以理解为 2＋4 的形式，即前 2 条分别是关于模型设定和变量关系的要求，后 4 条是关于随机干扰项的要求。

(二)OLS 估计量的性质

定理 3.1.1 (OLS 无偏性)

在时间序列数据模型假定 1－3 条件下，OLS 估计量是无偏的，即

$$\mathrm{E}(\hat{\beta}_j)=\beta_j,j=0,1,\cdots,k$$

与截面数据模型的无偏性相比，时间序列数据模型放弃了随机抽样假定(其本质是样本之间具有独立性，且分布保持一致)，取而代之的是给定所有时期的解释变量，对每个时期 t，μ_t 的均值都为 0。如果这个假定不成立，那么就不能证明 OLS 估计量是无偏的。

定理 3.1.2 (OLS 的样本方差)

在时间序列数据模型假定 1－5 下，以 X 为条件，$\hat{\beta}_j$ 的条件方差

$$\mathrm{Var}(\hat{\beta}_j|X)=\sigma^2/\mathrm{TSS}_j(1-R_j^2),j=1,2,\cdots,k$$

其中，TSS_j 是 X_{tj} 的总平方和，R_j^2 为由 X_j 对所有其他自变量回归得到的 R^2。

定理 3.1.3 (σ^2 的无偏估计)

在时间序列数据模型假定 1－5 条件下，估计量

$$\hat{\sigma}^2=\mathrm{RSS}/df$$

是 σ^2 的一个无偏估计量，其中，$df=T-k-1$。

定理 3.1.4 (时间序列数据模型的**高斯－马尔科夫定理**)

对于时间序列数据模型，在假定 1－5 下，以 X 为条件，OLS 估计量是最优线性无偏估计量。

时间序列数据的高斯－马尔科夫定理意味着，截面数据模型 OLS 估计量的优良性质被推广到时间序列数据，虽然条件仍然是特别严格的。

(三)经典线性模型假定下的推断

为了能够使用通常的 OLS 标准误、t 统计量和 F 统计量,经典线性模型假定增加了假定 6。

定理 3.1.5 (正态抽样分布)

在假定 1—6 下,以 X 为条件,OLS 估计量服从正态分布,且在虚拟假设下,t 统计量服从 t 分布,F 统计量服从 F 分布,按照通常方法构造的置信区间也是有效的。

这意味着,当假定 1—6 成立时,截面数据模型的回归分析估计与推断的全部结论都可以直接应用到时间序列数据模型回归分析中。这样,t 统计量可以用来检验单个解释变量的统计显著性,而 F 统计量可用来检验变量的联合显著性。

在为了确定某个特定事件是否会影响到某项结果的所谓**事件研究**(event study)中时,虚拟变量是关键解释变量。回归分析中还经常使用到**指数**(index number)。由于指数的大小通常不能提供特别信息,所以一般以对数形式出现,以便使回归系数可以以百分比变化解释。

例 3.1.1 反倾销调查与化学品进口问题

克虏伯和波拉德(Krupp and Pollard, 1996)研究了美国化学工业对多种化学产品的反倾销调查。[①] 这里只考虑工业用化学产品氯化钡,它在很多化学过程和石油生产中被用作清洁剂。20 世纪 80 年代,美国的氯化钡生产商认为,中国以不合理的低价向美国出口氯化钡,这是一种倾销行为。1983 年 10 月,他们向美国国际贸易委员会(the U. S. International Trade Commission, USITC)提出反倾销申请。USITC 在 1984 年 10 月制定了有利于美国氯化钡生产商的条例。

在这一事件中,有 3 个特别值得关注的问题:在反倾销调查前的一段时间从中国的进口量异常高吗?反倾销调查后进口有明显的变化吗?有利于美国产业的决策执行后,从中国的进口究竟减少了多少?

首先定义虚拟变量,$Befile6$ 表示在开始调查前的 6 个月为 1,否则为 0;类似地,$Affile6$ 表示开始调查后的 6 个月;$Afdec6$ 表示调查结束并确认构成倾销行为后的 6 个月。

被解释变量 $Chnimp$ 表示从中国进口的氯化钡的数量;解释变量为化工产品指标 $Chempi$,代表对氯化钡的总需求;Gas 表示石油产量,也是代表需求的变量;汇率指标 $Rtwex$ 度量了美元兑换另外几种货币的关系。

采用 1978 年 2 月至 1988 年 12 月的月度数据,得到如图 3.1.2 的回归结果,用方程表示为

$$\ln(\widehat{Chnimp}) = -17.8 + 3.12\ln(Chempi) + 0.196\ln(Gas) + 0.983\ln(Rtwex)$$
$$\quad (21.05) \quad (0.48) \qquad (0.907) \qquad (0.400)$$
$$+0.06Befile6 - 0.032Affile6 - 0.565Afdec6$$
$$(0.261) \qquad (0.264) \qquad (0.286)$$

---

① Krupp, C. M., and P. S. Pollard. "Market Responses to Antidumping Laws: Some Evidence from the U. S. Chemical Industry", *Canadian Journal of Economics*, 1996, 29: 199—227.

$$T=131, R^2=0.305, \overline{R}^2=0.271, F=9.06$$

Source	SS	df	MS			
				Number of obs	=	131
				F(6, 124)	=	9.06
Model	19.4051607	6	3.23419346	Prob > F	=	0.0000
Residual	44.2470875	124	.356831351	R-squared	=	0.3049
				Adj R-squared	=	0.2712
Total	63.6522483	130	.489632679	Root MSE	=	.59735

lnChnimp	Coefficient	Std. err.	t	P>|t|	[95% conf.	interval]
lnChempi	3.117193	.4792021	6.50	0.000	2.168718	4.065668
lnGas	.1963504	.9066172	0.22	0.829	-1.598099	1.9908
lnRtwex	.9830183	.4001537	2.46	0.015	.1910022	1.775034
Befile6	.0595739	.2609699	0.23	0.820	-.4569585	.5761064
Affile6	-.0324064	.2642973	-0.12	0.903	-.5555249	.490712
Afdec6	-.565245	.2858352	-1.98	0.050	-1.130993	.0005028
_cons	-17.803	21.04537	-0.85	0.399	-59.45769	23.85169

图 3.1.2　回归结果

结果显示，*Befile*6 在统计上不显著，所以没有证据表明在反倾销调查前 6 个月从中国的进口异常高。虽然 *Affile*6 的估计为负，但系数非常小，表明从中国的进口下降了 3.2%，而且统计上不显著。*Afdec* 的系数表明，做出有利于美国厂商决策后的 6 个月，从中国进口氯化钡的数量大幅度下降了：$100\times[\exp(-0.566)-1]=-43.2\%$，且这个系数是统计显著的。

控制变量系数的符号与预期一致：化工产量的增长增加了对清洁剂的数量需求，石油产量没有显著影响从中国的进口，美元升值增加了从中国进口的需求。这与一般经济理论是一致的。

Stata 操作代码：

```
use "F:\data\Barium.dta", clear
gen lnChnimp=ln(Chnimp)
gen lnChempi=ln(Chempi)
gen lnGas=ln(Gas)
gen lnRtwex=ln(Rtwex)
reg lnChnimp lnChempi lnGas lnRtwex Befile6 Affile6 Afdec6
```

例 3.1.2　选举结果与经济形势

费尔(Fair,1996)研究了用经济形式解释总统选举结果问题。[①] 他利用 1916—1992 年(每 4 年一次)的数据得到 20 个观测，解释了两党选举中民主党候选人获得选票的比

① Fair, R. C.. "Econometrics and Presidential Elections", *Journal of Economic Perspectives*, 1996, 10: 89—102.

例,其中,被解释变量是两党选举中民主党候选人获得选票的比例,I_t 类似一个虚拟变量,民主党在白宫执政时取值为1,共和党执政时取值为−1。这可以约束两党执政,影响相同,但符号相反。在理论上这是一个自然的约束,因为两党份额之和为1,它还节约了2个自由度,这在观测次数有限的情况下尤其重要。g_3 表示某种经济增长率。$p15_t$ 是本届政府的前15个季度的平均通货膨胀率。n_t 表示政府执政前15个季度中,人均真实产出增长率超过2.9%(年增长率)的季度数。$DPER_t$ 指民主党在任总统参加竞选时为1,共和党在任总统参加竞选时为−1,其他情况为0。DUR_t 表示执政党在位时间。估计结果如表3.1.1所示:

表3.1.1　　1992年更新的估计结果

样　本	1916—1992年	1916—1988年	1916—1960年
cnst	.468 (90.69)	.466 (124.14)	.463 (88.10)
I	−.034 (−1.26)	−.015 (−0.76)	−.028 (−1.31)
$I \cdot d$	.047 (2.09)	.016 (0.88)	.031 (1.49)
$g3 \cdot I$	.0065 (8.04)	.0070 (11.61)	.0076 (8.95)
$p15 \cdot I \cdot (1-d)$	−.0083 (−3.40)	−.0093 (−5.21)	−.0066 (−1.98)
$n \cdot I \cdot (1-d)$	.0099 (4.47)	.0064 (3.41)	.0068 (3.11)
DPER	.0517 (4.58)	.061 (7.10)	.0625 (5.80)
DUR	−.024 (−2.23)	−.017 (−2.14)	−.016 (−1.98)
se	.01902	.01376	.01335
R^2	.9603	.9805	.9899
N	20	19	12
$\hat{V}_{1992}$	.5012	.4667	.4633

注:括号中是 t 统计量。

表3.1.1列出了1916—1992年、1916—1988年和1916—1960年三个样本期的普通最小二乘估计结果。增长率、通货膨胀率和好消息的系数估计都是显著的,并且是符合预期的。根据第一个样本期(到1992年)的系数,可以看到,在选举前的三个季度中,经济增长率每增加1个百分点,投票份额就增加0.65%。在15个季度期间,通货膨胀率每增加1个百分点,投票份额就会减少0.83个百分点。增长率超过2.9%的每个季度的选票份额都会增加0.99个百分点。*DPER* 和 *DUR* 的系数估计值分别为正和负,也符合预期。该方程的估计标准误差不到两个百分点,为0.0190。

利用这个方程,预测1992年(样本内)实际上是克林顿以50.12%的两党选票获胜。实际情况也确实如此。

Stata操作代码:

```
Use "F:\data\Fair1996.dta", clear
reg V I Id g3I p15I1d nI1d DPER DUR if YEAR<=1992
reg V I Id g3I p15I1d nI1d DPER DUR if YEAR<=1988
reg V I Id g3I p15I1d nI1d DPER DUR if YEAR<=1960
```

三、趋势和季节性

(一)含有趋势的时间序列

变量中长期稳定的变化就是趋势(trends)。很多经济时间序列都有随着时间而上升的共同趋势。如图 3.1.3 所示,1980—2020 年中国的 GDP、消费、税收和 CPI 都具有明显的趋势性。为了能用时间序列数据做出因果性推断,必须承认一些时间序列包含时间趋势。忽略两个序列按相同或相反趋势延伸的事实会导致错误结论:认为一个变量的变化由另一个变量的变化所致。在很多情况下,两个时间序列过程表现出相关性,仅仅是因为某些无法观测因素的作用,二者具有共同的时间趋势而已。正的趋势更常见,但也有一些序列,至少在特定时期内有明显的下降趋势。

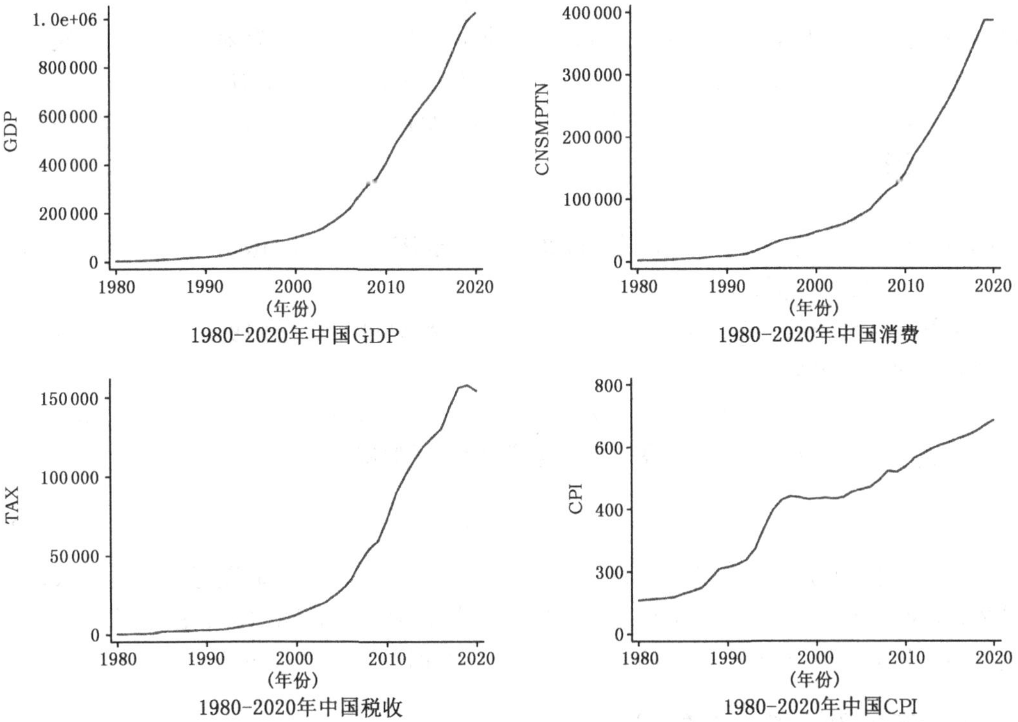

图 3.1.3　中国 1980—2020 年的各宏观经济变量

1. 线性时间趋势

描述有趋势行为的一个常见办法把序列 Y_t 写成

$$Y_t=\beta_0+\beta_1 t+e_t, t=1,2,\cdots,T \tag{3.1.8}$$

其中，e_t 是独立同分布(i. i. d.)的序列，且 $E(e_t)=0, Var(e_t)=\sigma_e^2$。

它的平均值是时间的线性函数

$$E(Y_t)=\beta_0+\beta_1 t \tag{3.1.9}$$

若 $\beta_1>0$，则一般来说，Y_t 随着时间的推移而递增，所以有向上的趋势；反之，则有向下的趋势。Y_t 的值因为存在随机性并不刚好落在式(3.1.9)表示的直线上，但它的期望值落在这条直线上。与均值不同，Y_t 的方差不随时间而变化：$Var(Y_t)=Var(e_t)=\sigma_e^2$。

如果考虑

$$E(Y_t)-E(Y_{t-1})=\beta_0+\beta_1 t-[\beta_0+\beta_1(t-1)]=\beta_1$$

也就是说，当时间指标从一个时期到下一个时期只改变了1个单位时，变量 Y 的均值以不变的速度随时间延续而变化，称这个数据中存在一个**确定趋势**(deterministic trend)。由于 $E(Y_t)$ 是时间的一个线性函数，所以称之为一个**线性时间趋势**(linear time trend)。

2. 指数时间趋势

当一个序列在每个时期都具有相同的平均增长率时，**指数趋势**(exponential trend)就是一个更好的近似。在实践中，时间序列中的指数趋势可以通过建立有线性趋势的自然对数模型得到

$$\ln(Y_t)=\beta_0+\beta_1 t+e_t, t=1,2,\cdots,T \tag{3.1.10}$$

将两边取指数，Y_t 便表现出指数趋势：$Y_t=\exp(\beta_0+\beta_1 t+e_t)$。如果要在线性回归模型中使用指数趋势时间序列，式(3.1.10)就是表示这种序列的最方便的办法。

怎样解释式(3.1.10)中的 β_1 呢？对于很小的变化，$\Delta\ln(Y_t)=\ln(Y_t)-\ln(Y_{t-1})$ 近似等于 Y_t 变化的比例

$$\Delta\ln(Y_t)\approx(Y_t-Y_{t-1})/Y_{t-1} \tag{3.1.11}$$

式(3.1.11)右边表示 Y 从 $t-1$ 时期到 t 时期的**增长率**(growth rate)。

3. 非线性时间趋势

尽管线性和指数趋势最为常见，但实际遇到的趋势可能比它们更加复杂，比如，可能会遇到二次时间趋势

$$Y_t=\beta_0+\beta_1 t+\beta_2 t^2+e_t, t=1,2,\cdots,T \tag{3.1.12}$$

若 β_1 和 β_2 为正，则这个趋势的斜率递增，因为近似斜率

$$\frac{\Delta Y_t}{\Delta t}\approx\beta_1+2\beta_2 t \tag{3.1.13}$$

若 $\beta_1>0$，但 $\beta_2<0$，趋势便呈现驼峰状。这对某些趋势序列来说可能不是什么好的描述，因为它要求上升的趋势最终变成下降的趋势。然而，对于式(3.1.8)和式(3.1.10)更复杂的趋势来说，在某个特定的时段里，它可能是时间序列建模灵活、有效的方法。

(二)在回归分析中使用趋势变量

在回归分析中引入有趋势的被解释变量或解释变量并不困难。首先，趋势变量并不

一定违背经典线性模型的基本假定 1－6，OLS 估计量仍然是一致的，具有渐近正态分布特征，因此，当数据生成过程中出现了确定性时间趋势时，可以使用标准的检验程序，对参数进行渐近有效推断。

图 3.1.4 中，CPI 图的 Stata 代码：

```
line cpi year, lpattern(solid)|| lfit cpi year, lpattern(dash)
```

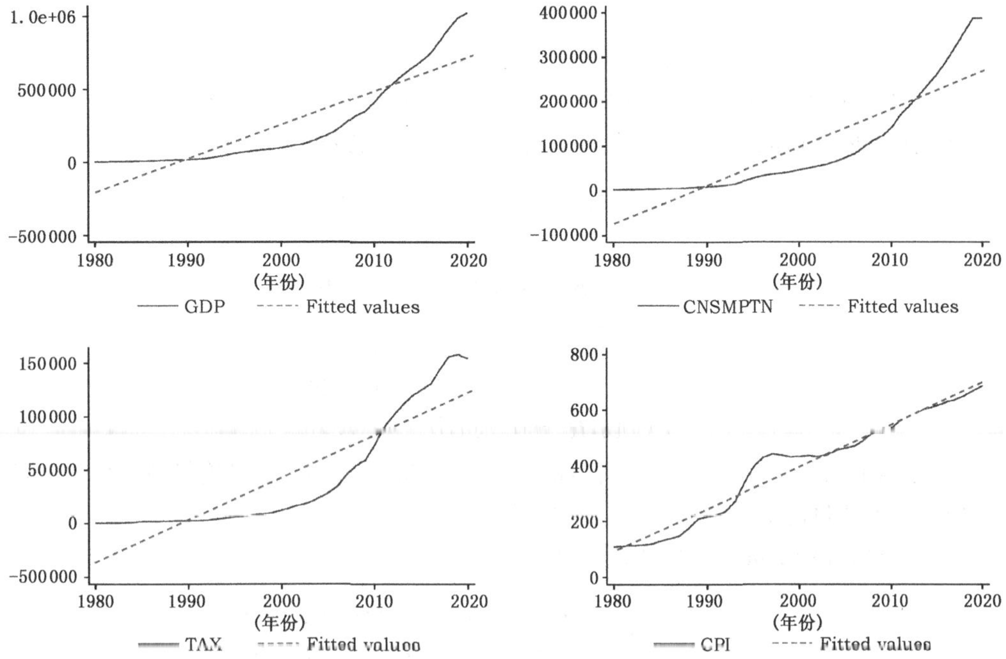

图 3.1.4　中国 1980—2020 年各宏观经济变量的时间趋势拟合

如果宏观经济变量的趋势是确定的，那么它们不会给计量经济模型带来特殊影响，但是，用确定趋势预测这些变量，拟合得并不好。这提示人们，确定性趋势并不能完全解释这些宏观经济变量的变动。

考虑到某些无法观测的趋势因素既影响 Y_t，又可能与解释变量相关，这就要求必须谨慎从事。如果忽略这种可能性，则便可能得到 Y_t 与一个或多个解释变量之间的虚假关系。仅仅因为每个变量都随着时间的推移而增长，便得到两个或多个趋势变量之间关系的现象，便是**虚假回归问题**（spurious regression problem）的一种情形。幸运的是，只要增加一个时间趋势变量就可以解决这个问题。

考虑一个 Y_t 受两个可观测因素 X_{t1} 和 X_{t2} 影响的模型。除了这两个变量以外，还有一些无法观测的因素，也随着时间的推移而系统地增长或缩减。满足以上特征的模型为

$$Y_t=\beta_0+\beta_1 X_{t1}+\beta_2 X_{t2}+\beta_3 t+\mu_t \tag{3.1.14}$$

它可以理解成 $X_{t3}=t$ 时的多元线性回归。考虑到这个方程中的趋势，就可以明确认

识到 Y_t 可能会基于本质上与 X_{t1} 和 X_{t2} 无关的原因而不断增加($\beta_3>0$)或下降($\beta_3<0$)。如果式(3.1.14)满足假定1、假定2和假定3,那么省略掉 t 而只作 Y_t 与 X_{t1} 和 X_{t2} 的回归,一般会得到 β_1、β_2 的偏误估计值:因为实际上已经从回归方程中省略了一个重要的变量 t。这种情况在 X_{t1} 和 X_{t2} 本身有趋势时尤为严重,因为它们可能与 t 高度相关。

例 3.1.3 住房投资与价格

Invpc 表示真实的人均住房投资,*Price* 表示住房价格指数

$$\begin{gathered}\ln(\widehat{Invpc})=-0.550+1.24\ln(Price)\\ (0.043)\quad(0.382)\\ T=42,R^2=0.208,\bar{R}^2=0.189\end{gathered}\tag{3.1.15}$$

人均投资对价格的弹性非常大,统计上也是显著的,并非统计上异于1。

但是,需要谨慎的是,*Invpc* 和 *Price* 都随着时间推移有上升趋势

$$\begin{gathered}\ln(\widehat{Invpc})=-0.841+0.0081t\\ (0.045)\ (0.0018)\\ T=42,R^2=0.335,\bar{R}^2=0.319\end{gathered}$$

$$\begin{gathered}\ln(\widehat{Price})=-0.189+0.0044t\\ (0.011)\ (0.000426)\\ T=42,R^2=0.729,\bar{R}^2=0.722\end{gathered}$$

从这两个回归看,由于模型本身可能包含严重的序列相关,所以趋势项的系数未必可靠,但是两个变量的上升趋势应该毫无疑问。

为了消除解释变量的趋势性,改进模型为

$$\begin{gathered}\ln(\widehat{Invpc})=-0.913-0.38\ln(Price)+0.0098t\\ (0.136)\quad(0.679)\qquad(0.0035)\\ T=42,R^2=0.341,\bar{R}^2=0.307\end{gathered}$$

现在结论就大不相同了:估计的价格弹性是负的,而且在统计上也非显著异于0。时间趋势项是统计显著的,其系数意味着平均每年 *Invpc* 有将近1%的增长。

从这个分析无法得出真实人均住房投资受价格影响的结论,因为存在被包含在时间趋势中的因素,它们能够影响 *Invpc*,却没有被包含在模型中。由于价格也有随时间而上升的趋势,式(3.1.15)的结果反映的是 *Invpc* 和 *Price* 之间的虚假回归关系。

当然,在模型中增加趋势项时也不能太过轻率。本质上,引入趋势项,只是为更好地刻画因变量变异中未被模型中自变量解释的部分,所以趋势项越简单越好。虽然有时包含 t 的足够高阶多项式,可以更好地追踪任何一个序列,但这对找出哪个解释变量影响 Y_t 并没有多大帮助。

(三)对含时间趋势回归的去趋势解释

在回归模型中引进时间趋势,本质上相当于在回归分析中对原始数据进行**去趋势**(detrending)变换。在模型(3.1.14)中,将 Y_t 对 X_{t1}、X_{t2} 和 t 进行回归,得到拟合方程

$$\hat{Y}_t=\hat{\beta}_0+\hat{\beta}_1X_{t1}+\hat{\beta}_2X_{t2}+\hat{\beta}_3t \tag{3.1.16}$$

可以引用对 OLS 的偏效应解释来证明 $\hat{\beta}_1$ 和 $\hat{\beta}_2$，实际上可通过以下步骤得到：

(i)将 Y_t、X_{t1} 和 X_{t2} 分别对常数项和时间趋势 t 回归，并记残差为 $\dot{Y}_t$、$\dot{X}_{t1}$ 和 $\dot{X}_{t2}$，$t=1,2,\cdots,T$。例如

$$\dot{Y}_t=Y_t-\hat{\alpha}_0+\hat{\alpha}_1t$$

因此，可以把 $\dot{Y}_t$ 当成去掉线性趋势后的 Y_t。在将 Y_t 去趋势的过程中，用 OLS 估计模型

$$Y_t=\hat{\alpha}_0+\hat{\alpha}_1t+e_t$$

这个回归的残差 $\hat{e}_t=\dot{Y}_t$ 去掉了 Y_t 中的趋势。

(ii)做 $\dot{Y}_t$ 对 $\dot{X}_{t1}$ 和 $\dot{X}_{t2}$ 的回归，截距不是必要的，但是保留截距也没什么影响，估计出来的截距将是零。这个回归刚好得到式(3.1.16)中的 $\hat{\beta}_1$ 和 $\hat{\beta}_2$。

这意味着估计值 $\hat{\beta}_1$ 和 $\hat{\beta}_2$ 可认为来自一个没有时间趋势的回归，但在这个回归中，首先除去了因变量和所有自变量的趋势。无论有多少个自变量，也无论趋势是二次的还是更高次的，上述结论都同样成立。

如果从式(3.1.16)中去掉 t，就没有去趋势的过程，Y_t 就可能与一个或多个 X_{tj} 相关。造成相关的原因，无非是因为它们都包含一个趋势。在例 3.1.3 中遇到过这种情况。如果趋势项是统计显著的，而且在回归中加入时间趋势会使结果有重大改变，那么没有考虑趋势的最初结果就是值得怀疑的。

对 $\hat{\beta}_1$ 和 $\hat{\beta}_2$ 的解释表明：如果某个自变量含有趋势，那么即使 Y_t 不含趋势，在回归中包含趋势项也是一个好主意。假如 Y_t 没有明显的趋势，但 X_{t1} 可能随着时间的推移而上升，那么去掉回归中的趋势变量，即使 X_{t1} 沿着其趋势的变动对 Y_t 有影响，看起来也好像 X_{t1} 对 Y_t 没有影响，在回归中包含 t，便能刻画这种影响。

(四)因变量含有趋势时可决系数R^2 的计算

时间序列回归中的可决系数 R^2 通常很大，特别是与通常截面数据的 R^2 相比而言。这是否意味着人们对时间序列数据中影响 Y 的因素控制得更好呢？事实上未必如此。一方面，时间序列数据经常是以总量形式出现(比如美国的平均小时工资率)，而总量数据通常比个人、家庭或企业数据容易解释，后者通常是截面数据的性质；另一方面，当因变量含有趋势时，时间序列回归中的正常或调整的 R^2 可能会人为地变大。R^2 是用来度量误差方差相对 Y 的方差有多大的

$$\overline{R}^2=1-\hat{\sigma}_\mu^2/\hat{\sigma}_Y^2$$

$\hat{\sigma}_\mu^2$ 是误差方差的无偏估计，$\hat{\sigma}_Y^2=\text{TSS}/(T-1)$。当 Y_t 含有趋势时，只要回归中包含时间趋势，估计误差方差就不成问题。但当 $\text{E}(Y_t)$ 含有趋势时，$\text{TSS}/(T-1)$ 就不再是 $\text{Var}(Y_t)$ 的无偏或一致估计。事实上，$\text{TSS}/(T-1)$ 显然高估了 $\text{Var}(Y_t)$，因为它没有解释

Y_t 的趋势。

在因变量满足线性、二次或其他任何多项式趋势时,很容易计算出一种"拟合优度"(goodness-of-fit)指标,这种指标事先过滤掉时间趋势对 Y_t 的影响。一种简单的方法是,在一个因变量已经被去趋势的回归中计算常规的 R^2。比如,如果模型是式(3.1.14),首先就要做 Y_t 对 t 的回归,得到残差 $\dot{Y}_t$,然后将 $\dot{Y}_t$ 对 X_{t1}、X_{t2} 和 t 回归,这个回归的 R^2 是

$$1-\frac{\text{RSS}}{\sum_{i=1}^{T}\dot{Y}_t^2} \tag{3.1.17}$$

式中,RSS 等于式(3.1.16)中的残差平方和。由于 $\sum_{i=1}^{T}\dot{Y}_t^2 \leqslant \sum_{i=1}^{T}(Y_t-\bar{Y})^2$(而且通常是严格小于),从式(3.1.17)得出的R^2 不大于,而且通常要小于从式(3.1.16)得出的R^2(两个回归中的残差平方和相等)。如果Y_t 有很强的线性时间趋势,式(3.1.17)会比常规的R^2 小很多。

式(3.1.17)中的R^2 能够更好地反映出X_{t1} 和X_{t2} 在多大程度上解释Y_t,因为它过滤掉时间趋势的影响。毕竟,虽然人们总是可以用某种趋势来解释含有趋势的变量,但这并不意味着发现了引起Y_t 变动的某种因素。

还可以利用式(3.1.17)计算出调整的R^2,把 RSS 除以 $T-4$,因为它是式(3.1.16)的自由度;把$\sum_{i=1}^{T}\dot{Y}_t^2$ 除以$T-2$,因为在对Y_t 去趋势时,估计了两个趋势参数。一般地,RSS 除以通常回归(包括时间趋势)中的 df,而$\sum_{i=1}^{T}\dot{Y}_t^2$ 则除以 $T-p$,其中,p 是在对Y_t 去趋势时估计的趋势参数个数。

另外,在通过计算 R^2 形式的 F 统计量来检验多重假设时,只能采用通常未经去趋势的 R^2。因为使用 R^2 型的 F 统计量本质上是通过残差平方和来判断假设的差异是否足够大,与差异是否来自趋势无关。

(五)季节性

如果一个时间序列数据是在每季度或每月甚至每周或每天观测而得到的,则它就有可能表现出**季节性**(seasonality)。比如,每月新建设项目开工数量受到天气状况的强烈影响。尽管天气状况多少有些随机,但一般来说,1 月份的天气总是比 6 月份的天气更加恶劣,所以 6 月份的新开工建设项目数量一般比 1 月份多。一种模型化这一现象的方法是让序列 Y_t 的期望值在每个月份有所不同。再举一个例子,由于春节的缘故,第四季度的零售额通常都比前三个季度更高。同样,通过平均零售额随季度而变化也能刻画这种现象。这可能是由于考虑了趋势均值之后作出的选择。例如,最近一年第一季度的零售额要比 30 年前第四季度的零售额更高,这是因为零售额一直稳步上升。不管怎样,如果对比特定年份中的平均销售额,季节性的节日因素可能会导致第四季度的零售额更大。

尽管很多季度或月份的数据序列都表现出季节性变化,但也并非一律如此。比如,每

月利息率或通货膨胀率就没有明显的季节性变化。而且,有季节性变化的序列通常在公布之前就已经进行了**季节调整**(seasonally adjusted)。原则上,经季节调整之后的序列,已经去掉了其中的季节性因素。季节调整如此普遍,以至于在很多情况下根本无法获得未经调整的数据。美国的季度 GDP 是个典型的例子。在每年的《总统经济报告》中,很多宏观经济变量都是按月报告的,而那些表现出季节性变化的变量都经过了季节调整。宏观经济时间序列的主要来源(包括 Citibase)也都对很多序列进行了季节调整。

当然,有时也确实需要面对一些未经季节调整的数据。一般来讲,模型包括一组**季节虚拟变量**(seasonal dummy variables)来解释因变量或自变量或二者中的季节性即可。假设有月度数据,而且认为每一年的季节性大致相同,最后几个月的零售额平均来看要高于前几个月。或者,既然不同年份的天气变化大致相似,新建设项目开工数量平均来看在夏季月份要多于冬季月份。一个能够描述这种现象的通用模型可以设定为

$$Y_t=\beta_0+\delta_1 Feb_t+\delta_2 Mar_t+\cdots+\delta_{11} Dec_t+\beta_1 X_{t1}+\cdots+\beta_k X_{tk}+\mu_t$$

式中,$Feb_t,Mar_t,\cdots,Dec_t$ 为标志着时期 t 是否对应于相应月份的虚拟变量。在这个模型中,1 月是基准月,β_0 是代表 1 月份的截距。显然,由于季节变量遵循某种确定模式,比如说,月份不会随解释变量或被解释变量的变化而变化,因此季节变量是严格外生的。这样,一旦控制了 X_{tj},若 Y_t 中没有季节性,则从 δ_1 到 δ_{11} 都为 0。这一点很容易运用一个 F 检验来验证。

如果是季度数据,则必须使用 4 个季度中 3 个季度的虚拟变量,余下 1 个作为基准季度,有时可以允许季节虚拟变量与某些 X_{tj} 有交互作用,从而使 X_{tj} 对 Y_t 的影响在不同年份有所不同。

就像在回归中包含一个时间趋势并理解为首先对数据去趋势一样,回归中加进季节虚拟变量,可以被解释为将数据**去季节性**(deseasonalizing)。

对于每周和每天数据,也可以作类似的季节性讨论。

例 3.1.4　反倾销调查中的季节性问题

对反倾销调查问题,由于使用了未经季节调整的月度数据,因此有必要添加季节虚拟变量,以确定重要结论是否有变化。平均看来,在调查之前的几个月可能比其他月份的进口量更高或更低。添加 11 个月的虚拟变量,并检验它们的联合显著性,得到 p 值为 0.59,所以季节虚拟变量不是联合显著的。而且,从统计显著性看,原来的估计值都没有大的变化。克虏伯和波拉德(Krupp and Pollard,1996)还使用了春、夏和秋 3 个季节变量,发现结果基本不变。

第二节　时间序列数据 OLS 的渐近性质

上节在理想的假定条件下讨论了 OLS 用于时间序列数据的有限样本性质。在时间序列的整套经典线性模型基本假定 1—6 下,OLS 恰好具有在截面数据条件下推导出来的所有理想性质,而且统计推断也可以与在截面数据中的分析一样进行。

对于截面数据分析,OLS 大样本性质也非常重要。例如,如果误差项不是来自正态

分布,就必须依靠中心极限定理来为常规的OLS检验统计量和置信区间提供理论依据。

在时间序列情况下,大样本分析显得尤其重要。本节将解释在静态和分布滞后模型中严格外生性假定会如何被违背。显然,含滞后因变量的模型必定违背假定。

不幸的是,时间序列问题的大样本分析较之截面问题的大样本分析遇到的困难要多得多。当容许不同时期的观测彼此相关时,问题就更加复杂。尽管如此,那些重要的极限定理对某些(尽管不是全部)时间序列过程依然成立。关键在于,不同时期变量之间的相关是否足够快地趋于零。在回归分析中,对那些明显具有高度时间相关的时间序列应特别注意。

一、时间序列数据的平稳、弱相依性

(一)平稳

对应于截面数据的独立同分布(independent and identically distributed, i. i. d.)假定,时间序列数据有平稳、弱相依假定。

平稳过程(stationary process)是时间序列分析中的基本概念。所谓平稳时间序列过程,就是概率分布跨时期稳定的时间序列过程,具体来说,如果从这个序列中任取一个随机变量集,把这个序列向前平移 k 个时期,则联合概率分布仍然保持不变。

一般地,对于随机过程$\{X_t\}(t=1,2,\cdots)$,如果对于每一个时间指标集 $1\leqslant t_1\leqslant t_2\leqslant\cdots\leqslant t_m$ 和任意整数 $k\geqslant1$ $(X_{t_1}, X_{t_2}, \cdots, X_{t_m})$的联合分布都与$(X_{t_{1+k}}, X_{t_{2+k}}, \cdots, X_{t_{m+k}})$的联合分布相同,那么这个随机过程就是平稳的。一个平稳的随机过程意味着,该过程的过去对未来有着强烈的不可忽视的影响。

不平稳的随机过程称为**非平稳过程**(nonstationary process)。判断一个序列是否平稳并不容易,很多时候,一个较弱形式的平稳性就够用了。

假定某个时间序列是由某一**随机过程**(stochastic process)生成的,即假定时间序列$\{X_t\}(t=1,2,\cdots,T)$的每一个数值都是从一个概率分布中随机得到,如果 X_t 满足下列条件:

(i)均值 $E(X_t)=\mu$ 是与时间 t 无关的常数;

(ii)方差 $Var(X_t)=\sigma^2$ 是与时间 t 无关的常数;

(iii)协方差 $Cov(X_t, X_{t+k})=\sigma^2$ 是只与时期间隔 k 有关,与时间 t 无关的常数。

那么,称该随机时间序列是**协方差平稳**(covariance stationary)的,而该随机过程是一个**协方差平稳随机过程**(covariance stationary stochastic process)。

显然,平稳性比协方差平稳的要求更强,所以有时称平稳为**严格平稳**(strict stationary)。严格平稳能简化对某些假定的表述,后文使用"平稳",意味着严格平稳。

例如,假设$\{Y_t: t=1,2,\cdots\}$是由 $Y_t=\delta_0+\delta_1 t+e_t$ 生成的,其中,$\delta_1\neq0$,$\{e_t: t=1,2,\cdots\}$是均值为0、方差为 $\hat{\sigma}_e^2$ 的i. i. d. 序列。$\{Y_t\}$就不是协方差平稳序列的,因为 $E(X_t)=\delta_0+\delta_1 t$,与时间 t 有关。而$\{Y_t-E(Y_t)\}$是协方差平稳的,因为 $Y_t-E(Y_t)=e_t$ 是i. i. d. 序列。

在时间序列数据计量经济分析中为什么需要平稳性？从技术层面看，平稳性是使用大数定律和中心极限定理的基本要求。从直观上讲，在时间序列数据的多元回归模型中，斜率参数 β_j 是不随时间变化的，这意味着回归分析所关注的变量间的关系在各时期保持稳定。试想，如果允许不同时期变量间关系发生变化，那么就无法确知一个变量是如何影响另一个变量的。另外，时间序列数据模型基本假定 4 和假定 5，误差方差不随时间变化，且两个相邻时期的误差之间的相关系数为 0，当然也就不会随着时间而变化。

（二）弱相依

平稳性刻画了一个过程在时间变化过程中联合分布的变化情况。另外一个问题是变量间的关系又如何呢。随着随机变量 X_t 和 X_{t+k} 之间时间距离 k 变大，弱相依描述了两者之间的相关性。

弱相依（weakly dependent）[①]指一个平稳随机过程$\{X_t\}(t=1,2,\cdots)$若随着 k 的无限增大，X_t 和 X_{t+k} 近乎独立。

对于协方差平稳序列，随着 $k\to\infty$，X_t 和 X_{t+k} 之间的相关系数足够快地趋近于 0，这个序列就是弱相依的。简单地说，随着变量在时间上距离变大，它们之间的相关系数会变得越来越小。随着 $k\to\infty$，$\mathrm{Corr}(X_t, X_{t+k})\to 0$ 的协方差平稳序列被称为**渐近无关**（asymptotically uncorrelated）的。

弱相依为什么对回归分析非常重要呢？本质上，它取代了能使大数定律和中心极限定理成立的随机抽样假定。对于时间序列数据，中心极限定理要求平稳性和弱相依性。不是弱相依的时间序列，一般不满足中心极限定理，这就是将它用于多元回归分析具有欺骗性的原因。

弱相依时间序列最简单的例子是独立同分布序列，一个独立序列当然是弱相依序列。

一个常用的弱相依序列是**一阶移动平均过程**[moving average process of order one, MA(1)]

$$X_t=e_t+\alpha_1 e_{t-1}$$

其中，$\{e_t\}(t=0,1,\cdots)$是均值为 0、方差为 σ_e^2 的独立同分布序列。显然，X_t 是 e_t 和 e_{t-1} 的一个加权平均。

由于$\{e_t\}$同分布，所以$\{X_t\}$是平稳的。

又

$$X_{t+1}=e_{t+1}+\alpha_1 e_t$$

所以

$$\mathrm{Cov}(X_t, X_{t+1})=\alpha_1\mathrm{Var}(e_t)=\alpha_1\sigma_e^2$$

又

$$\mathrm{Var}(X_t)=(1+\alpha_1^2)\sigma_e^2$$

则

---

① 有人将“weakly dependent”译为“弱相关”，为与另一个术语“相关（correlation）”区别，这里将该术语定名为“弱相依”。

$$\mathrm{Corr}(X_t, X_{t+1}) = \alpha_1/(1+\alpha_1^2)$$

即使 X_t 与 e_{t-1} 完全相关,当 $\alpha_1=1$ 时,$\mathrm{Corr}(X_t, X_{t+1})=0.5$。若 $\alpha_1=0.5$,则 $\mathrm{Corr}(X_t, X_{t+1})=0.4$。显然,距离在2期或以上的变量

$$X_{t+2}=e_{t+2}+\alpha_1 e_{t+1}$$

与 X_t 是相互独立的,因为 $\{e_t\}$ 在所有时期 t 都是独立的。

因此,MA(1)是平稳弱相依的序列。

另一个常见的例子是**一阶自回归过程**[autoregressive process of order one,AR(1)]:

$$Y_t=\rho_1 Y_{t-1}+e_t, t=1,2,\cdots$$

序列的初始点是 Y_0,$E(Y_0)=0$,且 $\{e_t\}(t=1,2,\cdots)$ 是均值为0、方差为 σ_e^2 的独立同分布序列,e_t 独立于 Y_0。

AR(1)弱相依的关键假定是稳定性条件 $|\rho_1|<1$,这时 $\{Y_t\}$ 被称为**稳定的AR(1)过程**[stable AR(1) process]。

实际上,由于AR(1)是严格平稳的,当然也是协方差平稳的。这样

$$E(Y_t)=E(Y_{t-1})$$

由于

$$\rho_1 \neq 1$$

所以

$$E(Y_t)=0$$

又 Y_{t-1} 与 e_t 无关,所以

$$\mathrm{Var}(Y_t)=\rho_1^2 \mathrm{Var}(Y_{t-1})+\mathrm{Var}(e_t)$$

在协方差平稳条件下,有

$$\sigma_Y^2=\rho_1^2\sigma_Y^2+\sigma_e^2$$

又

$$\rho_1^2<1$$

所以

$$\sigma_Y^2=\sigma_e^2/(1-\rho_1^2)$$

考虑 Y_t 和 Y_{t+k} 之间的协方差

$$\begin{aligned} Y_{t+k} &= \rho_1 Y_{t+k-1}+e_{t+k} \\ &= \rho_1(\rho_1 Y_{t+k-2}+e_{t+k-1})+e_{t+k} \\ &= \rho_1^2 Y_{t+k-2}+\rho_1 e_{t+k-1}+e_{t+k} \\ &= \cdots \\ &= \rho_1^k Y_t+\rho_1^{k-1}e_{t+1}+\cdots+\rho_1 e_{t+k-1}+e_{t+k} \end{aligned}$$

由于

$$E(Y_t)=0$$

所以

$$\mathrm{Cov}(Y_t, Y_{t+k})=E(Y_t, Y_{t+k})=\rho_1^k E(Y_t^2)=\rho_1^k\sigma_Y^2$$

于是

$$\mathrm{Corr}(Y_t, Y_{t+k})=\mathrm{Cov}(Y_t, Y_{t+k})/\sigma_Y^2=\rho_1^k \tag{3.2.1}$$

式(3.2.1)表明，尽管对于任意 $k\geqslant 1$，Y_t 和 Y_{t+k} 都相关，但是相关系数随距离变大而非线性地变小。

这个分析颇具启发性地阐明了一个稳定的 AR(1)过程是弱相依，AR(1)过程在时间序列数据的多元回归分析中特别重要。

一个值得提醒的要点是，趋势序列虽然肯定是非平稳的，但也可能是弱相依的，如一元线性回归时间趋势模型，就是弱相依的。如果一个序列是弱相依的，而且围绕着其时间趋势是平稳的，便称之为**趋势－平稳过程**(trend-stationary process)。

二、OLS 的渐近性质

在某些时间序列问题中，经典线性模型假定无法得到满足时，就需要考虑 OLS 渐近(大样本)性质。

假定 1' 线性和弱相依性

$\{(X_t,Y_t),t=1,2,\cdots,T\}$ 是平稳和弱相依的，服从线性模型

$$Y_t=\beta_0+\beta_1X_{t1}+\beta_2X_{t2}+\cdots+\beta_kX_{tk}+\mu_t \tag{3.2.2}$$

其中，$\beta_0,\beta_1,\beta_2,\cdots,\beta_k$ 是未知参数，$\{\mu_t,t=1,2,\cdots,T\}$ 是随机误差或干扰项。

假定 2' 无完全共线性

在样本中，没有任何解释变量是恒定不变的，或者是其他解释变量的一个完全线性组合。

假定 3' 零条件均值

解释变量 $X_t=(X_{t1},X_{t2},\cdots,X_{tk})$ 是**同期外生**的

$$\mathrm{E}(\mu_t|X_t)=0,t=1,2,\cdots,T$$

该假定比原来的假定 3 弱很多。因为它没有对 μ_t 与其他时期解释变量之间的关系做任何限制。类似截面数据，零均值和零相关

$$\mathrm{E}(\mu_t)=0,\mathrm{Cov}(X_{tj},\mu_t)=0,j=1,2,\cdots,k$$

将是最直接渐近分析的基础。

定理 3.2.1 (OLS 的一致性)

在假定 1'—3'条件下，OLS 估计量是一致的：

$$\mathrm{Plim}\hat{\beta}_j=\beta_j,j=1,2,\cdots,k$$

假定 4' 同方差

误差**同期同方差**(contemporaneously homoskedastic)，即对所有的 t，都有 $\mathrm{Var}(\mu_t|X_t)=\sigma^2$。

假定 5' 无序列相关

对所有的 $t\neq s$，有 $\mathrm{E}(\mu_t\mu_s|X_t,X_s)=0$。

在假定 4'中，只以 t 时期的解释变量为条件；在假定 5'中，只以 μ_t 和 μ_s 对应时期的解释变量为条件。根据定义，这个假定有点难以解释，但是它是研究各种时间序列回归中 OLS 的大样本性质的恰当条件。在考虑假定 5'时，经常忽略它是以 X_t 和 X_s 为条件的，

而只考虑是否对所有 $t\neq s$,都有 μ_t 与 μ_s 无关。

定理 3.2.2 (OLS 的渐近正态性)

在假定1'—5'条件下,OLS 估计量是渐近正态分布的,且通常的 OLS 标准误、t 统计量、F 统计量和 LM 统计量是渐近有效的。

即使经典线性模型假定不成立,OLS 依然是一致的,通常的推断程序也是有效的。当然,前提是假定1'—5'都成立。

第三节 回归分析中的高度持续性时间序列

只要使用的时间序列是弱相依的,常见的 OLS 推断程序在比经典线性假定更弱的情况下依然成立。但是,很多时间序列不是弱相依的,而是**高度持续**(highly persistent)或**强相依**(strongly dependent)的。

一、高度持续性时间序列

(一)随机游走

对于

$$Y_t=Y_{t-1}+e_t, t=1,2,\cdots \tag{3.3.1}$$

其中,$\{e_t\}(t=1,2,\cdots)$是均值为0、方差为 σ_e^2 的独立同分布序列。e_t 独立于 Y_0。式(3.3.1)被称为**随机游走**(random walk)。在这个过程中,t 时期的 Y 等于上一期的 Y_{t-1} 加上一个独立于 Y_{t-1} 的零均值随机变量。

对于式(3.3.1),反复迭代有

$$Y_t=e_t+e_{t-1}+Y_{t-2}=\cdots=e_t+e_{t-1}+\cdots+e_1+Y_0$$

于是,得到 Y_t 的期望

$$\mathrm{E}(Y_t)=\mathrm{E}(e_t)+\mathrm{E}(e_{t-1})+\cdots+\mathrm{E}(e_1)+\mathrm{E}(Y_0)=\mathrm{E}(Y_0)$$

因此,随机游走的期望值不取决于 t。通常假设 $Y_0=0$,这样对所有 t,都有 $\mathrm{E}(Y_t)=0$。

考虑随机游走的方差,假设 Y_0 是非随机的,于是有 $\mathrm{Var}(Y_0)=0$,由$\{e_t\}$是 i. i. d. 序列,有

$$\mathrm{Var}(Y_t)=\mathrm{Var}(e_t)+\mathrm{Var}(e_{t-1})+\cdots+\mathrm{Var}(e_1)=\sigma_e^2 t$$

即随机游走的方差是时间的线性函数,随着时间而递增,从而这一过程是不平稳的。

更为重要的是,随机游走表现出高度持续性的行为,因为现在的 Y 值对于决定未来的 Y 值都有非常重要的作用。对于从现在开始 k 期以后的 Y 值

$$Y_{t+k}=e_{t+k}+e_{t+k-1}+\cdots+e_{t+1}+Y_t$$

假设现在是 t 时期,由于 $\mathrm{E}(e_{t+j}|Y_t)=0, j\geqslant 1$

$$\mathrm{E}(Y_{t+k}|Y_t)=Y_t, \forall k\geqslant 1$$

这意味着,无论展望多远,Y_{t+k} 的最好的预测值总是今天的 Y_t 值。

与稳定的 AR(1)相比，

$$E(Y_{t+k}|Y_t)=\rho_1^k Y_t,\forall k\geqslant 1$$

在稳定条件$|\rho_1|<1$下，$E(Y_{t+k}|Y_t)$随k趋于∞而趋近于 0：Y_t 的值变得越来越不重要，而且$E(Y_{t+k}|Y_t)$也越来越接近于无条件期望值$E(Y_t)=0$。

随机游走是**单位根过程**(unit root process)的一个特例。因为这种情形就是在 AR(1)模型中取$\rho_1=1$。

从政策角度看，一个经济时间序列是否具有高度持续性很重要。如果渐近无关，则是弱相依关系，它意味着一项政策没有持续影响；如果 GDP 是强相依的，则下一年的 GDP 与多年前的 GDP 高度相关，造成 GDP 离散变化的政策可能具有持久影响。

趋势行为与高度持续行为不一样。但高度持续性的序列通常也包含明显的趋势，如**带漂移的随机游走**(random walk with drift)

$$Y_t=\alpha_0+Y_{t-1}+e_t,t=1,2,\cdots \tag{3.3.2}$$

其中，α_0 是**漂移项**(drift term)。由式(3.3.2)，反复迭代有

$$Y_t=\alpha_0+Y_{t-1}+e_t=\alpha_0+e_t+\alpha_0+Y_{t-2}+e_{t-1}=\cdots=\alpha_0 t+e_t+e_{t-1}+\cdots+e_1+Y_0$$

因此，若$Y_0=0$，则$E(Y_t)=\alpha_0 t$，根据α_0 的符号，$E(Y_t)$随时间递增或下降。

(二)高度持续性时间序列的差分变换

可以用单位根过程表示的一类高度持续性时间序列，在不满足 CLM 假定的情况下，一旦用于回归方程，就可能导致极具误导性的结果。幸运的是，只要做一些简单变换，就可以使单位根过程变为弱相依的。

弱相依过程也被称为**零阶单整**(integrated of order zero)或 I(0)。实际上，这意味着在回归分析中使用之前无须对这种序列进行任何处理：这种序列的均值已经满足标准的极限定理。单位根过程，例如，随机游走(带或不带漂移)被称做**一阶单整**(integrated of order one)或 I(1)，这意味着这个过程的**一阶差分**(first difference)便是弱相依的(而且通常是平稳的)。I(1)时间序列通常也被称为**差分平稳**(difference-stationary process)。

对于一个如在式(3.3.2)中那样生成随机游走过程来说，有

$$\Delta Y_t=Y_t-Y_{t-1}=e_t,t=2,3,\cdots \tag{3.3.3}$$

因此，一阶差分后的序列$\{\Delta Y_t,t=2,3,\cdots\}$实际上是一个 i. i. d. 序列。更一般地讲，如果$\{\Delta Y_t\}$是由式(3.3.2)生成的，其中$\{e_t\}$是弱相依过程，则$\{\Delta Y_t\}$就是弱相依的，因此，当怀疑某些过程是一阶单整时，经常进行一阶差分，从而使它们可以用于回归分析。

很多严格正的时间序列Y_t 是这样的：$\ln(Y_t)$是一阶单整的。在这种情况下，可以在回归分析中使用对数的差分，$\Delta\ln(Y_t)\approx(Y_t-Y_{t-1})/Y_{t-1}$，所以可以直接使用$Y_t$ 的比例或百分比变化。

在回归分析中使用时间序列之前先对它们进行差分，还有另一个好处，它除掉了所有的线性时间趋势。这一点很容易通过把线性趋势变量写成如下形式

$$Y_t=\gamma_0+\gamma_1 t+\nu_t$$

其中，ν_t 的均值为 0。于是

$$\Delta Y_t=\gamma_1+\Delta\nu_t$$

所以

$$E(\Delta Y_t)=\gamma_1+E(\Delta\nu_t)=\gamma_1$$

换言之,$E(\Delta Y_t)$是常数。当$\ln(Y_t)$符合线性时间趋势时,也有同样的结论,因此,可以不在回归中引进时间趋势,只要对那些表现出明显趋势的变量进行差分就可以了。

(三)判断时间序列是不是I(1)

判断某个特定时间序列的实现是I(1)的结果还是I(0)的结果可能相当困难。虽然统计检验可以用来解决这一问题,但通常更加复杂。

也有一些非规范的方法,可以提供实用的判断原则,以确定一个时间序列是否可以用弱相依来大致描述。一个非常简单的工具是受AR(1)模型启发。当$|\rho_1|<1$时,则这个过程是I(0)的;当$|\rho_1|=1$时,则这个过程是I(1)的。当AR(1)过程稳定的时候,$\rho_1=\mathrm{Corr}(Y_t,Y_{t-1})$,因此,可以通过$Y_t$和$Y_{t-1}$的样本相关系数来估计$\rho_1$。这个样本相关系数被称为$\{Y_t\}$的**一阶自相关**(first order autocorrelation),记为$\hat{\rho}_1$。通过应用大数定律,可以证明当$|\rho_1|<1$时,$\hat{\rho}_1$是ρ_1的一致估计(但不是无偏估计量)。

可以借助$\hat{\rho}_1$的值来判断一个过程是I(1)还是I(0)。不幸的是,因为$\hat{\rho}_1$是一个估计值,所以永远也无法确知是否有$\rho_1<1$。比较理想的情况是,可以计算ρ_1的一个置信区间,看它是否包含$\rho_1=1$这个值,但这么做最终相当困难:当ρ_1接近于1和ρ_1远小于1时,估计量$\hat{\rho}_1$的抽样分布极为不同。实际上,当ρ_1接近于1时,$\hat{\rho}_1$可能有严重的向下偏误。

未来将说明如何相对于$H_1:\rho_1<1$检验$H_0:\rho_1=1$。目前,只能把$\hat{\rho}_1$当做判断一个序列是否需要差分的大致准则。对于是否该进行差分的判断,并没有一个硬性规定。一般认为,如果$\hat{\rho}_1>0.9$,则需要进行差分;当然,也有人认为只要$\hat{\rho}_1>0.8$就应该差分。

当序列有明显的向上或向下趋势时,在经过去趋势后得到的一阶自相关更有意义。如果数据未经去趋势,自回归的相关性倾向于被高估,那么这会为在趋势过程中发现单位根带来偏误。

二、动态完备模型和无序列相关

对于AR(1)模型

$$Y_t=\rho_1 Y_{t-1}+e_t$$

假定

$$E(e_t|Y_{t-1},Y_{t-2},\cdots)=0$$

误差$\{e_t\}$在满足假定5'的意义上一定是**序列无关**的(serially uncorrelated):假定不存在序列相关,则实际上等同于假定$E(e_t|Y_{t-1},Y_{t-2},\cdots)$中只包含$Y$的一期滞后。

可以对其他回归模型给出类似的命题吗?答案是肯定的。考虑简单的静态回归模型

$$Y_t=\beta_0+\beta_1 X_t+\mu_t \tag{3.3.4}$$

式中,Y_t和X_t为同期变量。若要OLS是一致的,则只需$E(\mu_t|X_t)=0$。通常$\{\mu_t\}$是序

列相关的。不过，如果假定

$$E(\mu_t|X_t, Y_{t-1}, X_{t-1}, \cdots)=0 \tag{3.3.5}$$

则假定 5'成立。尤其$\{\mu_t\}$是序列无关的。自然地，这也意味着 X_t 是同期外生的，即

$$E(\mu_t|X_t)=0 \tag{3.3.6}$$

式(3.3.6)的含义无碍乎就是将式(3.3.4)和式(3.3.5)等价地写为

$$E(\mu_t|X_t, Y_{t-1}, X_{t-1}, \cdots)=E(Y_t|X_t)=\beta_0+\beta_1X_t$$

其中第一个等式的含义是，一旦控制了 X_t，Y 或 X 的滞后无助于解释当前的 Y。这是一个很强的要求，且当滞后因变量具有预测功能时是不合理的，而这又是非常普遍的情况；如果它不成立，那么预计误差会序列相关。

一般地，

$$Y_t=\beta_0+\beta_1X_{t1}+\beta_2X_{t2}+\cdots+\beta_kX_{tk}+\mu_t \tag{3.3.7}$$

其中，解释变量 $X_t=(X_{t1}, X_{t2}, \cdots, X_{tk})$ 可能包含也可能不包含 Y 或 X 的滞后。式(3.3.5)成立，用 Y_t 表示

$$E(Y_t|X_t, Y_{t-1}, X_{t-1}, \cdots)=E(Y_t|X_t)$$

换言之，无论 X_t 包含什么，它都包括足够多的滞后，以至于 Y 和解释变量 X 的其他滞后对解释 Y 都没有任何意义。当这个条件成立时，就得到了一个**动态完备模型**(dynamically complete model)。

一旦把 Y 的滞后值当成解释变量，通常认为这个模型是动态完备的。可以证明，动态完备模型一定满足假定 5'。

因为设定一个动态完备模型意味着不存在序列相关，那么是否所有的模型都应该是动态完备的呢？对于预测的目的而言，答案是肯定的。有些人认为所有的模型都应该是动态完备的，而一个模型中误差的序列相关是错误设定的信号。但这种观点过于极端。

动态完备的概念不应该与模型包含适当滞后的更弱的假定相混淆。在模型(3.3.7)中，如果

$$E(\mu_t|X_t, X_{t-1}, \cdots)=E(\mu_t)=0, t=1, 2, \cdots, T$$

那么解释变量就被称为**序列外生**(sequentially exogenous)的。严格外生性意味着序列外生性，而序列外生性又意味着同期外生性。由于$(X_t, X_{t-1}, \cdots)$是$(X_t, Y_{t-1}, X_{t-1}, \cdots)$的一个子集，所以动态完备性就意味着序列外生性。如果 X_t 包含 Y_{t-1}，那么序列外生性与动态完备性就是相同的条件。当 X_t 不包含 Y_{t-1} 时，在刻画 Y_t 与所有其他解释变量及 Y 的过去值之间的关系的意义上，序列外生性容许动态但不完备的可能性。

三、时间序列模型的同方差假定

时间序列回归中的同方差假定，特别是假定 4'，看起来与截面数据回归中的同方差假定非常类似，但由于 X_t 可能既包括 Y 的滞后，又包括滞后解释变量，所以简要地讨论一下同方差假定在不同时间序列回归中的含义。

在静态模型中

$$Y_t=\beta_0+\beta_1X_t+\mu_t$$

假定 4'要求

$$\mathrm{Var}(\mu_t \mid X_t) = \sigma^2$$

因此,即使 $E(\mu_t \mid X_t)$是 X_t 的线性函数,$\mathrm{Var}(\mu_t \mid X_t)$也一定是常数。

而在 AR(1)中,同方差假定是

$$\mathrm{Var}(\mu_t \mid Y_{t-1}) = \mathrm{Var}(Y_t \mid Y_{t-1}) = \sigma^2$$

即使 $E(Y_t \mid Y_{t-1})$是取决于 Y_{t-1},$\mathrm{Var}(Y_t \mid Y_{t-1})$也不会。这样,$Y_t$ 的分散程度不可能取决于 Y_{t-1}。

一般情况下,无论模型中出现什么样的解释变量,都必须假定在解释变量给定 Y_t 时的方差是个常数。如果模型中包含滞后的 Y 或滞后解释变量,则需要明确地排除异方差的动态形式。

第四节 时间序列数据回归分析中的序列相关和异方差性

本节将讨论多元回归模型中误差项的序列相关这一重要问题。如果一个模型的动态形式在适当的意义上被完整地设定了,那么它的误差就不会序列相关,所以检验序列相关可以用来检验动态误设。另外,即使模型没有被错误地设定,静态模型和有限分布滞后模型也经常具有序列相关的误差,因此,有必要了解这些实用模型中存在序列相关的后果及相应的修正方法。

一、含时间序列相关误差时 OLS 的性质

多元线性回归模型的基本假定之一是模型的随机干扰项相互独立或不相关。如果模型的随机干扰项违背了相互独立的基本假定,则称为存在**序列相关性**(serial correlation)。

以截面数据为样本时,如果模型随机项之间存在相关性,则称为**空间自相关**(spatial autocorrelation)。以时间序列数据为样本,如果模型随机项之间存在相关性,则称为**序列自相关**(serial autocorrelation)。无论是空间还是时间上的相关,习惯上统称为**序列(自)相关性**(serial correlation or autocorrelation)。

对于时间序列数据模型而言,序列相关一般是由没有包含在解释变量中的经济变量固有的惯性造成的。时间序列数据一般都具有惯性,即不同时间的数据前后关联。比如,以消费的绝对收入假说为基础,时间序列数据模型为

$$Cnsmptn_t = \beta_0 + \beta_1 Inc_t + \mu_t, t = 1, 2, \cdots, T$$

一般来说,消费除受收入影响外,还受其他因素如消费习惯等的影响。这些因素被包含在随机干扰项中。如果这些构成随机干扰项的主体,则可能出现序列相关性。也就是说,对于不同的时间,由于消费习惯等因素的惯性,其对消费的影响也具有内在联系。于是,在不同样本点之间,随机干扰项出现了相关,从而产生序列相关性。

另外,模型**设定偏误**(specification error)也可能导致序列相关问题,主要表现在模型中遗漏了重要的解释变量或模型函数形式设定有偏误,由此导致随机干扰项中存在一个

系统性影响因素，从而呈现出序列相关性。

一般而言，时间序列数据作为样本时，都存在序列相关性；截面数据作为样本时，一般不考虑序列相关性。

(一)无偏性和一致性

在时间序列回归的前 3 个高斯—马尔科夫假定下，证明了 OLS 估计量的无偏性，特别是对误差是否序列相关未做任何假定。因此，只要解释变量是严格外生的，无论误差中的序列相关程度如何，$\hat{\beta}_j$ 都是无偏的。这一点类似于误差中的异方差，不会造成 $\hat{\beta}_j$ 的偏误。

把严格外生性假定放宽到 $E(\mu_t|X_t)=0$，可以证明当数据是弱相依时，$\hat{\beta}_j$ 仍然是一致的(但不一定无偏)。这一结论不以对误差中序列相关的假定为转移。

(二)有效性和推断

因为高斯—马尔科夫定理要求误差的同方差性和序列无关性，所以在出现序列相关时，OLS 便不再是最优线性无偏估计量。更为重要的是，通常的 OLS 标准误和检验统计量也不再有效，甚至连渐近有效都谈不上。

在前 4 个高斯—马尔科夫假定和误差项的 AR(1)序列相关模型下，通过计算 OLS 估计量的方差，便可看出这一点。更准确地说，假设

$$\mu_t=\rho\mu_{t-1}+e_t, t=1,2,\cdots \tag{3.4.1}$$

$$|\rho|<1 \tag{3.4.2}$$

其中，e_t 是均值为 0、方差为 σ_e^2 的无关随机变量。

考虑一元回归模型中 OLS 斜率估计量的方差

$$Y_t=\beta_0+\beta_1X_t+\mu_t$$

为简化结果，假定 X_t 的样本均值是 0，于是

$$\hat{\beta}_1=\beta_1+\text{TSS}_X^{-1}\sum_{t=1}^{T}X_t\mu_t$$

这样，$\hat{\beta}_1$ 的方差

$$\begin{aligned}\text{Var}(\hat{\beta}_1)&=\text{TSS}_X^{-2}\text{Var}(\sum_{t=1}^{T}X_t\mu_t)\\&=\text{TSS}_X^{-2}\left[\sum_{t=1}^{T}X_t^2\text{Var}(\mu_t)+2\sum_{t=1}^{T-1}\sum_{j=1}^{T-t}X_tX_{t+j}E(\mu_t\mu_{t+j})\right]\\&=\frac{\sigma^2}{\text{TSS}_X}+2(\frac{\sigma^2}{\text{TSS}_X^2})\sum_{t=1}^{T-1}\sum_{j=1}^{T-t}\rho^jX_tX_{t+j}\end{aligned} \tag{3.4.3}$$

其中，$\sigma^2=\text{Var}(\mu_t)$，$E(\mu_t\mu_{t+j})=\text{Cov}(\mu_t,\mu_{t+j})=\rho^j\sigma^2$。方程中的$\frac{\sigma^2}{\text{TSS}_X}$是当 $\rho=0$ 时 $\hat{\beta}_1$ 的方差，它就是高斯—马尔科夫条件下的 OLS 方差。如果忽略序列相关，并按照通常方式估计这个方差，那么当 $\rho\neq0$ 时，方差的估计量通常是有偏的，因为它忽略了式(3.4.3)中

的第二项。

由于$\rho>0$更加常见,此时对所有j,都有$\rho^j>0$。另外,回归模型中不同时期的自变量通常是正相关的,所以对多数时期t和$t+j$而言,$X_tX_{t+j}>0$。因此,$\sum_{t=1}^{T-1}\sum_{j=1}^{T-t}\rho^j X_t X_{t+j}>0$。这样,常规的OLS方差公式$\frac{\sigma^2}{\mathrm{TSS}_X}$低估了OLS估计量的真实方差。若$\rho$较大、$X_t$具有高度序列正相关,则常规的OLS方差估计量的偏误可能很大。若$\rho<0$,则对所有j,ρ^j正负符号随j的奇偶性而变化,因此无法确定$\sum_{t=1}^{T-1}\sum_{j=1}^{T-t}\rho^j X_t X_{t+j}$的符号。这时,常规的OLS方差公式就可能高估$\hat{\beta}_1$的真实方差。

无论哪种情况,在出现序列相关的时候,常规的方差估计量都是$\mathrm{Var}(\hat{\beta}_1)$的有偏估计。因为$\hat{\beta}_1$的标准误是$\hat{\beta}_1$的标准差的估计值,所以在出现序列相关的时候,使用通常的OLS标准误就不再有效,检验单个假设的t统计量也不再有效,因为较小的标准误意味着较大的t统计量,所以当$\rho>0$时,通常的t统计量常常过大,用于检验多重假设的通常的F和LM统计量也不再有效。

(三)拟合优度

在截面数据背景中,总体

$$R^2=1-\sigma_\mu^2/\sigma_Y^2$$

在平稳弱相依数据的时间序列回归中,这个定义依然有效:误差和因变量的方差都不随时间而变化。根据大数定律,R^2和调整R^2都是总体R^2的一致估计。证明过程本质上与截面数据情形中异方差性的情况出现时相同。由于不存在总体R^2的一个无偏估计量,所以谈R^2中因序列相关所致的偏误就没有意义。实际上只能说拟合优度指标仍是总体参数的一致估计量。若$\{Y_t\}$是一个I(1)过程,则因为$\mathrm{Var}(Y_t)$随着t而递增,所以无法通过这个证明,此时的拟合优度便没有什么意义。Y_t均值中的趋势或季节性在计算R^2时也能并且应该予以解释。其他违背平稳性的情形,不会导致通常对R^2和调整R^2更加困难的解释。

(四)出现滞后因变量的序列相关

计量经济学的初学者经常受到警告:回归中出现滞后因变量时,误差有序列相关的危险。几乎所有计量经济学教材都包含某种形式的如下说法,"在出现滞后因变量和序列相关的误差时,OLS是不一致的。"不幸的是,作为一般论断,这个命题通常是错误的。

为了便于说明,假设给定Y_{t-1}时Y_t的期望值是线性的

$$\mathrm{E}(Y_t|Y_{t-1})=\beta_0+\beta_1 Y_{t-1} \tag{3.4.4}$$

这里假定Y_t具有平稳性,即$|\beta_1|<1$,加上误差项

$$Y_t=\beta_0+\beta_1 Y_{t-1}+\mu_t \tag{3.4.5}$$

假设

$$E(\mu_t|Y_{t-1})=0 \tag{3.4.6}$$

这样，该模型满足 OLS 的一致性所要求的关键假定 3'，即零条件均值假定，因此 OLS 估计量 $\hat{\beta}_0$ 和 $\hat{\beta}_1$ 是一致的。误差 $\{\mu_t\}$ 可能序列相关。条件(3.4.6)保证了 μ_t 与 Y_{t-1} 不相关，但 μ_t 与 Y_{t-2} 却可能相关。因为 $\mu_{t-1}=Y_{t-1}-\beta_0-\beta_1 Y_{t-2}$，所以 μ_t 与 μ_{t-1} 之间的协方差是 $-\beta_1\mathrm{Cov}(\mu_t, Y_{t-2})$，它并不一定是 0。这样，虽然误差表现出序列相关性，模型也包含一个滞后因变量，但 OLS 还是一致地估计了 β_0 和 β_1，因为它们是条件期望式(3.4.4)中的参数。误差中的序列相关性将导致 OLS 统计量不能可靠地用于检验，但它不影响一致性。

那么，如果误差是序列相关的，且回归元中包含一个滞后因变量，那么在什么情况下 OLS 才是不一致的呢？如果完全按照式(3.4.5)那样把模型写成误差形式，然后又假定 $\{\mu_t\}$ 服从如式(3.4.1)和式(3.4.2)的一个稳定的 AR(1)过程，即

$$E(e_t|\mu_{t-1}, \mu_{t-2}, \cdots)=E(e_t|Y_{t-1}, Y_{t-2}, \cdots)=0 \tag{3.4.7}$$

OLS 便是不一致的。因为根据假定，e_t 与 Y_{t-1} 不相关，所以 $\mathrm{Cov}(Y_{t-1}, \mu_t)=\rho\mathrm{Cov}(Y_{t-1}, \mu_{t-1})$，除非 $\rho=0$，否则它就不等于 0。这就导致在 Y_t 对 Y_{t-1} 的回归中 β_0 和 β_1 的 OLS 估计量是不一致的。

现在知道，当误差 μ_t 也服从 AR(1)模型时，对式(3.4.5)的 OLS 估计便得到不一致的估计量。不过，这个表述固然正确，仍难免误导人。一个问题是，当误差服从 AR(1)模型时，估计式(3.4.5)中的参数有什么意义呢？很难想象出有意义的情形。至少式(3.4.4)中的参数告诉 Y_t 在给定 Y_{t-1} 时的期望值。当把式(3.4.5)和式(3.4.1)结合起来，便发现 Y_t 实际上服从一个二阶自回归模型或 AR(2)模型，把它写成

$$\mu_{t-1}=Y_{t-1}-\beta_0-\beta_1 Y_{t-2}$$

代入 $\mu_t=\rho\mu_{t-1}+e_t$，有

$$\begin{aligned} Y_t &= \beta_0+\beta_1 Y_{t-1}+\rho(Y_{t-1}-\beta_0-\beta_1 Y_{t-2})+e_t \\ &= \beta_0(1-\rho)+(\beta_1+\rho)Y_{t-1}-\rho\beta_1 Y_{t-2}+e_t \\ &= \alpha_0+\alpha_1 Y_{t-1}+\alpha_2 Y_{t-2}+e_t \end{aligned}$$

其中，$\alpha_0=\beta_0(1-\rho)$，$\alpha_1=\beta_1+\rho$，$\alpha_2=-\rho\beta_1$。给定式(3.4.7)，有

$$E(Y_t|Y_{t-1}, Y_{t-2}, \cdots)=E(Y_t|Y_{t-1}, Y_{t-2})=\alpha_0+\alpha_1 Y_{t-1}+\alpha_2 Y_{t-2}$$

这个方程意味着，给定 Y 的所有过去值，Y_t 的期望值取决于 Y 的两期滞后。

这里的实质问题是，需要为一个模型中既有滞后因变量又有序列相关的误差找到一个合适的理由。通常，动态模型误差中的序列相关，无非标志着没有完备地设定动态回归函数。在上例中，应该在方程中添加 Y_{t-2}。

于是，可以为序列相关性对 OLS 估计量造成的后果做一个简单小结：

(i)参数估计量非有效；

(ii)变量的显著性检验失去意义；

(iii)模型的预测失效。

这实际上与由截面数据异方差问题导致的 OLS 估计量的后果一样。

二、序列相关的检验

(一)图示法

1. 随机误差项随时间变化的关系图

残差 $\hat{\mu}_t$ 作为随机干扰项 μ_t 的估计,如果 μ_t 存在序列相关,则可以通过残差项 $\hat{\mu}_t$ 反映出来。这样,画 $\hat{\mu}_t$ 随时间或 $\hat{\mu}_{t-1}$ 变动的图形,就能判别是否存在序列相关性,如图 3.4.1 和图 3.4.2 所示。

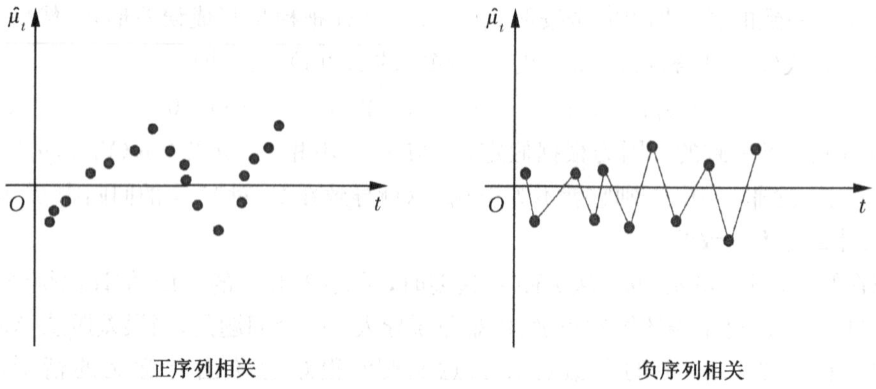

图 3.4.1 残差序列趋势图

如果残差随时间呈周期性变动,表现为连续若干期为正,或者连续若干期为负,那么表明残差序列可能存在正序列相关。如果残差序列呈现锯齿状跳跃,逐期改变正负号,那么可以判断残差序列存在负序列相关。

2. 随机误差项与随机误差项的滞后项之间的关系

在图 3.4.2 中,如果大部分点落在第一、三象限,那么残差可能存在正序列自相关;如果大部分点落在第二、四象限,那么残差可能存在负序列相关。

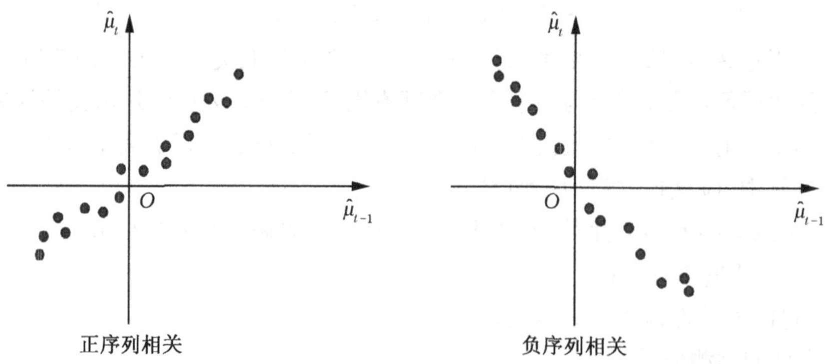

图 3.4.2 残差序列相关图

Stata 操作代码：

```
*设置时间序列数据
tsset Year
*画图
graph twoway connect X Y Year, msymbol
line X Year
line Y Year
*回归之后取残差
reg Y X
predict uhat, residuals
*残差与其滞后项图
scatter uhat L.uhat, xtitle(residuals 滞后一期) yline(0,lp(dash) lc(blue))
xline(0, lp(dash) lc(blue))
*自相关系数、偏自相关系数、计算残差偏自相关系数图
ac uhat
pac uhat
corrgram uhat
```

(二)解释变量严格外生时对 AR(1)序列相关的 t 检验

在多元线性回归模型回归元严格外生的情形中，就要求误差 μ_t 与所有时期的回归元都不相关，因此，在其他条件不变的情况下，它排除了含滞后因变量的模型。

尽管在多元回归模型中误差项出现序列相关可以有很多种形式，但最常见也是最容易解决的模型是由方程(3.4.1)和方程(3.4.2)给出的 AR(1)模型。当误差序列相关时，OLS 保持无偏性和一致性。在一个含 AR(1)误差的一元回归模型中，推导 OLS 斜率估计量的方差，会发现有效性和推断都不再可靠。

这意味着序列相关对 OLS 的影响非常重要，那么应该如何检验 AR(1)序列相关的存在呢？

虚拟假设是不存在序列相关，于是，就像检验异方差性一样，假定最理想的情况，并要求数据提供足够强有力的证据，表明无序列相关这一理想假定不成立。

首先在解释变量严格外生的假定下推导一个大样本检验方法：给定自变量的整个历史信息，μ_t 的期望值为 0。除此之外，还必须假定

$$E(e_t|\mu_{t-1},\mu_{t-2},\cdots)=0 \tag{3.4.8}$$

$$\text{Var}(e_t|\mu_{t-1})=\text{Var}(e_t)=\sigma_e^2 \tag{3.4.9}$$

这些都是 AR(1)模型的标准假定(当 e_t 是 i. i. d. 序列时成立)，使得大样本结论可以应用于动态回归。

如同检验异方差性那样，虚拟假设就是相应的高斯一马尔科夫假定正确。在 AR(1)

模型中,误差序列无关的这个虚拟假设是

$$H_0: \rho=0 \tag{3.4.10}$$

怎样来检验这个假设呢?如果 μ_t 被观测到,那么在式(3.4.8)和式(3.4.9)的条件下,可以把定理3.2.2的渐近正态结论直接应用于动态回归模型

$$\mu_t=\rho\mu_{t-1}+e_t, t=2,3,\cdots$$

在虚拟假设 $\rho=0$ 下,$\{\mu_t\}$ 显然是弱相依的。换言之,对所有 $t=2,3,\cdots$,可以通过将 μ_t 对 μ_{t-1} 作不含截距的回归来估计 ρ,而且还可以使用 $\hat{\rho}$ 的通常 t 统计量。但是,由于无法观测到 μ_t,就像检验异方差性一样,可以用相应的 OLS 残差 $\hat{\mu}_t$ 来代替 μ_t。因为 μ_t 取决于估计量 $\hat{\beta}_j$,所以在回归中用 $\hat{\mu}_t$ 代替 μ_t,对 t 统计量的分布并非没有影响。幸运的是,由于严格外生性假定结果 t 统计量的大样本分布不受 OLS 残差取代误差的影响。

回归元严格外生时,AR(1)序列相关的检验为:

(i)做 Y_t 对 $X_{t1}, X_{t2}, \cdots, X_{tk}$ 的 OLS 回归,得到 OLS 残差 $\hat{\mu}_t$,$\forall t=1,2,\cdots,T$。

(ii)做 $\hat{\mu}_t$ 对 $\hat{\mu}_{t-1}$ 的回归,$\forall t=2,3,\cdots,T$,得到 $\hat{\mu}_{t-1}$ 的系数 $\hat{\rho}$ 及其 t 统计量 $t_{\hat{\rho}}$(这个回归可以包含也可以不包含截距;$\hat{\rho}$ 的 t 统计量会略受影响,但在这两种情况下都是渐近有效的)。

(iii)按照通常的方法,相对

$$H_1: \rho\neq 0$$

用 $t_{\hat{\rho}}$ 去检验虚拟假设(实际上,因为 $\rho>0$ 往往更容易出现,所以备择假设也可采用 $H_1: \rho>0$)。一般地,只要 H_0 在5%的水平上被拒绝,就认为序列相关是一个需要处理的问题。

在判断是否有必要考虑序列相关的问题时,应该注意实际显著性和统计显著性的区别。如果样本容量较大,即使 $\hat{\rho}$ 实际上很小,还是有可能发现序列相关,当 $\hat{\rho}$ 接近于0时,通常的 OLS 推断程序基本上也都不至于太离谱。当然,由于时间序列数据集通常较小,所以这种情况在时间序列应用中较为少见。

尽管这种检验方法是从 AR(1)模型推导出来的,但它也可以用于检验其他类型的序列相关。记住,$\hat{\rho}$ 是 $\hat{\mu}_t$ 和 $\hat{\mu}_{t-1}$ 的相关系数的一致估计量。任何形式的序列相关只要导致相邻误差项彼此相关,使用这种检验方法都可以检验出来。另外,它无法检验出相邻误差无关即 $\mathrm{Corr}(\mu_t, \mu_{t-1})=0$ 的序列相关,例如,$\hat{\mu}_t$ 和 $\hat{\mu}_{t-2}$ 可能相关。

这里使用常用 t 统计量时,必须假定其中的误差满足适当的同方差假定。实际上,很容易做到让这种检验对 e_t 的异方差性保持稳健:只要用通常的异方差—稳健的 t 统计量就行。

(三)经典线性假定下的德宾—沃森(D. W.)检验

AR(1)序列相关的另一种检验方法是德宾—沃森检验。**德宾—沃森(D. W.)统计量**[Durbin-Watson (DW) statistic]也是以 OLS 残差为基础的:

$$D.W.=\frac{\sum_{t=2}^{T}(\hat{\mu}_t-\hat{\mu}_{t-1})^2}{\sum_{t=1}^{T}\hat{\mu}_t^2}$$

对于 AR(1),有

$$\hat{\rho}=\frac{\sum_{t=2}^{T}\mu_{t-1}\mu_t}{\sum_{t=1}^{T}\hat{\mu}_{t-1}^2}$$

即

$$1-\hat{\rho}=1-\frac{\sum_{t=2}^{T}\mu_{t-1}\mu_t}{\sum_{t=1}^{T}\hat{\mu}_{t-1}^2}=\frac{\sum_{t=1}^{T}\hat{\mu}_{t-1}^2-\sum_{t=2}^{T}\mu_{t-1}\mu_t}{\sum_{t=1}^{T}\hat{\mu}_{t-1}^2}\approx\frac{\sum_{t=2}^{T}(\hat{\mu}_t-\hat{\mu}_{t-1})^2}{2\sum_{t=1}^{T}\hat{\mu}_t^2}$$

这样

$$D.W.\approx 2(1-\hat{\rho}) \tag{3.4.11}$$

上述关系并非精确关系的原因是,$\hat{\rho}$ 的分母是$\sum_{t=1}^{T}\hat{\mu}_{t-1}^2$,而 D. W. 统计量的分母是所有 OLS 残差的平方和,而且分子也略有差异。但是,即使样本容量不是很大,式(3.4.11)中的近似通常也很接近。因此,基于 D. W. 的检验和基于 $\hat{\rho}$ 的 t 检验在概念上是一样的。

德宾和沃森(Durbin and Watson,1950)推导出 D. W.(以 X 为条件)的分布,其中需要全套经典线性模型假定,包括误差项的正态性。① 不幸的是,这个分布取决于自变量的值。同时,它还取决于样本容量、回归元个数和回归是否包含截距等。

需要特别强调的是,使用该检验的条件包括 4 点:

(i)解释变量严格外生;

(ii)随机干扰项是一阶自回归形式;

(iii)回归模型中不含被解释变量作为解释变量;

(iv)回归模型带有截距项。

通常情况下,计算 D. W. 检验的备择假设是:

$$H_1: \rho>0 \tag{3.4.12}$$

根据式(3.4.11)中的近似关系,如果存在完全一阶正相关,则 $\hat{\rho}\approx 1$,D. W. ≈ 0;如果存在完全一阶负相关,则 $\hat{\rho}\approx -1$,D. W. ≈ 4;如果存在完全不相关,则 $\hat{\rho}\approx 0$,D. W. ≈ 2。

另外,$\hat{\rho}\approx 0$ 意味着 D. W. ≈ 2,而 $\hat{\rho}>0$ 意味着 D. W. <2。因此,为了拒绝虚拟假设式(3.4.10)而支持式(3.4.12),希望找到一个显著小于 2 的 D. W. 值。不幸的是,由于求 D. W. 虚拟分布困难,因此必须将 D. W. 与两组临界值进行比较。这些临界值通常被标志为 d_U(上界)和 d_L(下界)。若 D. W. $<d_L$,则拒绝 H_0 而支持 H_1;若 D. W. $>d_U$,则

① Durbin, J., and G. S. Watson. Testing for serial correlation in least squares regression. *I. Biometrika*, 1950, 37:409—428.

不能拒绝 H_0;若 $d_L \leqslant$ D. W. $\leqslant d_U$,则无明确结论。

对于负自相关,有类似的结论,如图 3.4.3 所示。

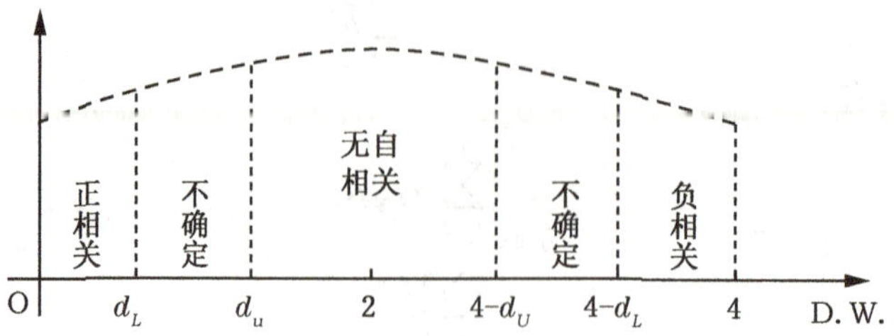

图 3.4.3 D. W. 检验

举个例子,如果选择显著性水平为 $\alpha=0.05$,$T=45$,$k+1=5$,$d_L=1.336$,$d_U=1.720$[见附录二(五)]。如果 D. W. <1.336,则在 5%的水平上拒绝没有序列相关的虚拟假设;如果 D. W. >1.72,则不能拒绝 H_0;如果 $1.336 \leqslant$ D. W. $\leqslant 1.72$,则无法从检验中得到结论。

D. W. 临界值只有在满足所有 CLM 假定的情况下才有效,而且存在一个很宽的不确定区域。另外,它只能检验一阶自相关,且对存在滞后被解释变量的模型也无法检验。考虑到这些,D. W. 检验的实际缺陷就较大了。

相比而言,AR(1)中得到的 t 统计量计算简便,而且即使误差不是正态分布的,它也是渐近有效的。即便存在取决于 X_{tj} 的异方差,t 统计量也是有效的,并且很容易使之对任何形式的异方差都稳健。

(四)解释变量非严格外生时 AR(1)序列相关的检验

当解释变量不是严格外生的时候,会有一个或更多 X_{tj} 与 μ_{t-1} 相关,即使在大样本情况下,回归式 AR(1)中的 t 统计量和德宾—沃森统计量都不再有效。非严格外生回归元的一个重要情形是模型中包含滞后因变量的情况:Y_{t-1} 和 μ_{t-1} 明显相关。当模型中包含一个滞后因变量,且其他回归元都非随机(或者,更一般地,严格外生)时,德宾(Durbin,1970)提出了一种替代 D. W. 统计量的办法。该统计量计算起来比较简单,而且不论有多少个非严格外生的解释变量,它都是有效的。如果解释变量恰好是严格外生的,那么这个检验方法同样奏效。

一般回归元的序列相关检验:

(i)做 Y_t 对 $X_{t1}, X_{t2}, \cdots, X_{tk}$ 的 OLS 回归,得到 OLS 残差 $\hat{\mu}_t$,$\forall t=1,2,\cdots,T$

(ii)做 $\hat{\mu}_t$ 对 $X_{t1}, X_{t2}, \cdots X_{tk}, \hat{\mu}_{t-1}$ 的回归

$$\forall t=2,\cdots,T \tag{3.4.13}$$

得到 $\hat{\mu}_{t-1}$ 的系数 $\hat{\rho}$ 及其 t 统计量 $t_{\hat{\rho}}$。

(iii)相对 $H_1: \rho \neq 0$(或单侧备择假设),用 $t_{\hat{\rho}}$ 去检验 $H_0: \rho=0$。

在方程(3.4.13)中,将 OLS 残差对所有自变量进行回归,其中包括截距和滞后残差。X_{tj} 中可以出现任何个数的滞后因变量,同时还允许存在其他非严格外生的解释变量。

将 $X_{t1}, X_{t2}, \cdots, X_{tk}$ 明确包含在回归方程中，允许每个 X_{tj} 与 μ_{t-1} 相关，这就使得 $t_{\hat{\rho}}$ 在大样本情况下有渐近 t 分布。AR(1)中的 t 统计量忽略了 X_{tj} 与 μ_{t-1} 之间可能的相关，所以在回归元不是严格外生的情况下它不是有效的。

很容易使式(3.4.13)中的 t 统计量对未知形式的异方差性保持稳健，特别是在 $\text{Var}(\mu_t | X_t, \mu_{t-1})$ 不是常数时，只要使用 $\hat{\mu}_{t-1}$ 的异方差一稳健的 t 统计量就行了。

(五)高阶序列相关的检验

式(3.4.13)中的检验方法很容易扩展到更高阶序列相关的情况。举个例子，假设想在 AR(2)模型中

$$\mu_t = \rho_1 \mu_{t-1} + \rho_2 \mu_{t-2} + e_t$$

检验

$$H_0: \rho_1 = 0, \rho_2 = 0 \tag{3.4.14}$$

这种序列相关模型可以检验 2 阶序列相关。与以前一样，用 OLS 方法求出残差。

作 $\hat{\mu}_t$ 对 $X_{t1}, X_{t2}, \cdots, X_{tk}, \hat{\mu}_{t-1}$ 和 $\hat{\mu}_{t-2}$ 的回归，$\forall t = 3, \cdots, T$，以得到 $\hat{\mu}_{t-1}$ 和 $\hat{\mu}_{t-2}$ 联合显著性的 F 检验。如果这两个滞后在足够小的水平上(比如 5%)是联合显著的，则拒绝式(3.4.14)，认为误差是序列相关的。

更一般地，可以在如下 q 阶自回归模型中检验序列相关

$$\mu_t = \rho_1 \mu_{t-1} + \rho_2 \mu_{t-2} + \cdots + \rho_q \mu_{t-q} + e_t$$

检验

$$H_0: \rho_1 = 0, \rho_2 = 0, \cdots, \rho_q = 0 \tag{3.4.15}$$

操作过程与 2 阶完全一样。

如果假定 X_{tj} 是严格外生的，以至于 X_{tj} 与 $\mu_{t-1}, \mu_{t-2}, \cdots, \mu_{t-q}$ 无关，那么 X_{tj} 便可以从回归式中省略掉。在回归中包含 X_{tj}，可以使得无论有没有严格外生性假定，检验都是有效的。这个检验需要同方差假定

$$\text{Var}(e_t | X_t, \mu_{t-1}, \mu_{t-2}, \cdots, \mu_{t-q}) = \sigma_e^2 \tag{3.4.16}$$

否则，可以计算异方差一稳健的 F 统计量。

另一种计算 F 检验的方法是使用拉格朗日乘数(Lagrange multiplier, LM)形式的统计量。检验式(3.4.15)的 LM 统计量是

$$\text{LM} = (T - q) R_{\hat{\mu}}^2$$

式中，$R_{\hat{\mu}}^2$ 为回归式中的通常可决系数。在虚拟假设下，$\text{LM} \underset{\sim}{a} \chi_q^2$ 通常被称作AR(q)序列相关的**布罗施—戈弗雷检验**(Breusch-Godfrey test)。LM 统计量还要求式(3.4.16)成立，当然也可以经过变换使它对异方差保持稳健。

三、序列相关的修正

若经检验序列相关存在，就必须对此采取一定的措施。如果目标是估计一个动态完备的模型，则需要重新设定模型。在实际应用中，研究目标通常不是要估计一个完整的动

态模型,而是要解决由于通常的OLS检验统计量不再有效,找一个统计推断方法的问题。这里,从AR(1)序列相关的重要情形开始分析。解决这个问题的常规办法是假定回归元是固定的,而实际上需要的只是假定回归元是严格外生的,因此,至少在解释变量包含滞后因变量时,不应该使用这些修正方法。

(一)在AR(1)模型中求最优线性无偏估计量

假定时间序列的高斯—马尔科夫假定1—4都成立,但放宽假定5。具体而言,假定误差服从AR(1)模型

$$\mu_t=\rho\mu_{t-1}+e_t,\ \forall t=1,2,\cdots,T$$

为简洁起见,考虑只有一个解释变量的情况

$$Y_t=\beta_0+\beta_1X_t+\mu_t,\ \forall t=1,2,\cdots,T$$

由于这个方程的问题在于 μ_t 中存在序列相关,所以就有必要对方程进行变换,以消除序列相关。当 $t\geqslant2$ 时,有

$$Y_{t-1}=\beta_0+\beta_1X_{t-1}+\mu_{t-1}$$

则

$$Y_t-\rho Y_{t-1}=\beta_0(1-\rho)+\beta_1(X_t-\rho X_{t-1})+e_t,t\geqslant2$$

记 $\widetilde{Y}_t=Y_t-\rho Y_{t-1}$,$\widetilde{X}_t=X_t-\rho X_{t-1}$,则

$$\widetilde{Y}_t=\beta_0(1-\rho)+\beta_1\widetilde{X}_t+e_t,t\geqslant2 \tag{3.4.17}$$

把第一个方程两边都乘以 ρ,然后再从第二个方程把它减去,被称为**准差分数据**(quasi-differenced data)。(若 $\rho=1$,则它们是差分数据,这里假定 $|\rho|<1$。)

式(3.4.17)中的误差项是序列无关的,实际上,这个方程满足所有的高斯—马尔科夫假定。这意味着,如果一旦知道了 ρ,就可以通过将 $\widetilde{Y}_t$ 对 $\widetilde{X}_t$ 回归而估计出 β_0 和 β_1,当然要把估计的截距除以 $1-\rho$。

式(3.4.17)的OLS统计量还不完全是最优线性无偏估计量,因为它们没有利用第一个时期的数据。当 $t=1$ 时,方程为

$$Y_1=\beta_0+\beta_1X_1+\mu_1 \tag{3.4.18}$$

既然每个 e_t 都与 μ_1 无关,所以可以把式(3.4.18)加到式(3.4.17)中仍然保持误差的序列无关。又

$$\mathrm{Var}(\mu_1)=\frac{\sigma_e^2}{1-\rho^2}>\sigma_e^2=\mathrm{Var}(e_t)$$

由于假定序列平稳,$|\rho|<1$,这样把方程(3.4.18)两边都乘以 $(1-\rho^2)^{1/2}$

$$(1-\rho^2)^{1/2}Y_1=\beta_0(1-\rho^2)^{1/2}+\beta_1(1-\rho^2)^{1/2}X_1+(1-\rho^2)^{1/2}\mu_1$$

$$\widetilde{Y}_1=\beta_0(1-\rho^2)^{1/2}+\beta_1\widetilde{X}_t+\widetilde{\mu}_1 \tag{3.4.19}$$

其中,$\widetilde{Y}_1=(1-\rho^2)^{1/2}Y_1$,$\widetilde{X}_t=(1-\rho^2)^{1/2}X_1$,$\widetilde{\mu}_1=(1-\rho^2)^{1/2}\mu_1$,其误差为 $\mathrm{Var}(\widetilde{\mu}_1)=(1-\rho^2)\mathrm{Var}(\mu_1)=\sigma_e^2$。

于是可以把式(3.4.19)和式(3.4.17)一并用于OLS回归。这就在假定1—4成立和误差服从AR(1)模型的条件下得到了 β_0 和 β_1 的最优线性无偏估计量。这就是广义最小

二乘法(GLS)估计量。

在回归中增加更多回归元,情况大致相同。当 $t\geqslant 2$ 时,利用方程

$$\widetilde{Y}_t=\beta_0(1-\rho)+\beta_1\widetilde{X}_{t1}+\cdots+\beta_k\widetilde{X}_{tk}+e_t \tag{3.4.20}$$

其中,$\widetilde{X}_{tj}=X_{tj}-\rho X_{t-1,j}$。当 $t=1$ 时,$\widetilde{Y}_1=(1-\rho^2)^{1/2}Y_1$,$\widetilde{X}_{1j}=(1-\rho^2)^{1/2}X_{1j}$,截距为 $\beta_0(1-\rho^2)^{1/2}$。对于给定的 ρ,对数据进行变换并施行 OLS,都相当简单。除非 $\rho=0$,否则 GLS 估计量,也就是对变换后数据施行 OLS 得到的估计量,一般与原来的 OLS 统计量不同。GLS 统计量最终是最优线性无偏估计量,而且,因为变换后方程中的误差是序列无关和同方差的,所以从变换后的方程中得出的 t 统计量和 F 统计量都是有效的(至少渐近地看是如此,而若误差 e_t 正态分布,则完全有效)。

(二)有 AR(1)误差的 FGLS 估计

GLS 估计量存在的问题是实践中很少知道 ρ。但是,只要将 OLS 残差对其滞后值回归,就可以得到 ρ 的一致估计量,然后用这个估计值 $\hat{\rho}$ 取代 ρ,以获得准差分变量。最后,对下面的方程应用 OLS

$$\widetilde{Y}_t=\beta_0\widetilde{X}_{t0}+\beta_1\widetilde{X}_{t1}+\cdots+\beta_k\widetilde{X}_{tk}+error_t \tag{3.4.21}$$

其中,$\widetilde{X}_{10}=(1-\hat{\rho}^2)^{1/2}$,当 $t\geqslant 2$ 时,$\widetilde{X}_{t0}=1-\hat{\rho}$,这便得到 β_j 的**可行广义最小二乘法**(feasible GLS,FGLS)估计量。式(3.4.21)中的误差项既包含 e_t,也包含与 $\hat{\rho}$ 的估计误差有关的内容。幸运的是,$\hat{\rho}$ 的估计误差并不影响 FGLS 估计量的渐近分布。

AR(1)模型的 FGLS 估计过程是:

(i)做 Y_t 对 $X_{t1},X_{t2},\cdots,X_{tk}$ 的 OLS 回归,得到 OLS 残差 $\hat{\mu}_t,t=1,2,\cdots,T$;

(ii)做 $\hat{\mu}_t$ 对 $\hat{\mu}_{t-1}$ 的回归,$\forall t=2,\cdots,T$,得到 $\hat{\mu}_{t-1}$ 的系数 $\hat{\rho}$;

(iii)用 OLS 估计方程(3.4.21)中的 β_j,标准误、t 统计量和 F 统计量都渐近有效。

用 $\hat{\rho}$ 代替 ρ 的代价是,FGLS 估计量失去了易于处理的有限样本性质。特别是当数据弱相依时,它尽管仍然一致,但不再无偏。而且,即使式(3.4.20)中的 e_t 是正态分布,但是因为存在着 $\hat{\rho}$ 的估计误差,所以 t 和 F 统计量也只是渐近服从 t 和 F 分布。除非样本容量较小,在多数情况下,它还是可行的。

既然 FGLS 估计量并非无偏,当然不能说它是最优线性无偏估计量。不过,当序列相关的 AR(1)模型成立且解释变量严格外生时,它还是比 OLS 估计量更加渐近有效。该命题仍然需要假定时间序列是弱相依的。

AR(1)模型的 FGLS 估计有很多种名称,根据估计 ρ 和处理第一次观测的方法不同而不同。科克伦－奥克特(Cochrane-Orcutt,CO)估计省略了第一次观测,而普莱斯－温斯顿(Prais-Winsten,PW)估计则按照上述方法使用了第一次观测。大致来说,用不用第一次观测并没有多大差别,但因为很多时间序列样本量很小,所以在实际应用中这种差别仍值得注意。

实践中,科克伦－奥克特方法和普莱斯－温斯顿方法都可以使用迭代模式。也就是说,一旦求出 $\hat{\rho}$ 的 FGLS 估计量,就可以计算出一组新的残差,利用新的残差又可以求出

ρ 的新估计值,再利用新的估计值 $\hat{\rho}$ 对数据进行变换,然后可以用 OLS 来估计式(3.4.21)。可以把这个过程重复多次,直至 ρ 的估计值与上一次的估计值差别很小。很多回归软件能够自动实施迭代程序,所以操作起来相当容易,但是,很难说多进行一次迭代计算就更好一些,在有些情况下,可能会好些。但从理论上讲,这种迭代估计量与只进行一次迭代的估计量具有相同的大样本性质。

例 3.4.1 事件研究中的序列相关修正:反倾销调查和化学品进口问题

(i)为比较各种估计方法结果的差异,首先对数据进行直接回归估计。

采用 Barium.dta 中的数据进行多元线性回归分析,其中被解释变量是美国从中国进口的氯化钡数量的对数形式,解释变量包括化工产量指标的对数、石油产量的对数、汇率指标的对数以及想要研究的 3 个虚拟变量。

回归结果如图 3.4.4 所示:

Source	SS	df	MS			
				Number of obs	=	131
				F(6, 124)	=	9.06
Model	19.4051607	6	3.23419346	Prob > F	=	0.0000
Residual	44.2470875	124	.356831351	R-squared	=	0.3049
				Adj R-squared	=	0.2712
Total	63.6522483	130	.489632679	Root MSE	=	.59735

lnChnimp	Coefficient	Std. err.	t	P>|t|	[95% conf.	interval]
lnChempi	3.117193	.4792021	6.50	0.000	2.168718	4.065668
lnGas	.1963504	.9066172	0.22	0.829	-1.598099	1.9908
lnRtwex	.9830183	.4001537	2.46	0.015	.1910022	1.775034
Befile6	.0595739	.2609699	0.23	0.820	-.4569585	.5761064
Affile6	-.0324064	.2642973	-0.12	0.903	-.5555249	.490712
Afdec6	-.565245	.2858352	-1.98	0.050	-1.130993	.0005028
_cons	-17.803	21.04537	-0.85	0.399	-59.45769	23.85169

图 3.4.4 直接回归结果

$$
\begin{aligned}
\ln(\widehat{Chnimp}) = & -17.803 + 3.117\ln(Chempi) + 0.196\ln(Gas) + 0.983\ln(Rtwex) \\
& \quad (21.045) \qquad\quad (0.479) \qquad\qquad\quad (0.907) \qquad\qquad (0.400) \\
& + 0.060Befile6 - 0.032Affile6 - 0.565Afdec \\
& \quad (0.261) \qquad\quad (0.264) \qquad\quad (0.286) \\
& T=131, R^2=0.305, \overline{R}^2=0.271, F=9.06
\end{aligned}
$$

结果显示,$Befile6$ 在统计上不显著,所以没有证据表明在反倾销调查前 6 个月从中国的进口量异常高。虽然 $Affile6$ 的估计为负,但系数非常小,表明开始调查后的 6 个月从中国的进口量下降了 3.2%,但是统计上不显著。$Afdec$ 的系数表明,在做出有利于美国厂商决策后的 6 个月,从中国进口氯化钡的数量大幅度下降:$100\times[\exp(-0.566)-1]=-43.2\%$,且这个系数是统计显著的。

控制变量系数的符号与预期一致,化工产量的增长增加了对清洁剂的数量需求,石油产量没有显著影响从中国的进口,美元升值增加了从中国的进口需求。

(ii)由于采用时间序列数据,因此需要考虑进行序列相关检验。

下面计算模型随机干扰项的估计值,即残差 *uhat*。从残差项 *uhat* 及其滞后项的关系图 3.4.5 看,该模型随机干扰项呈现正序列相关性。

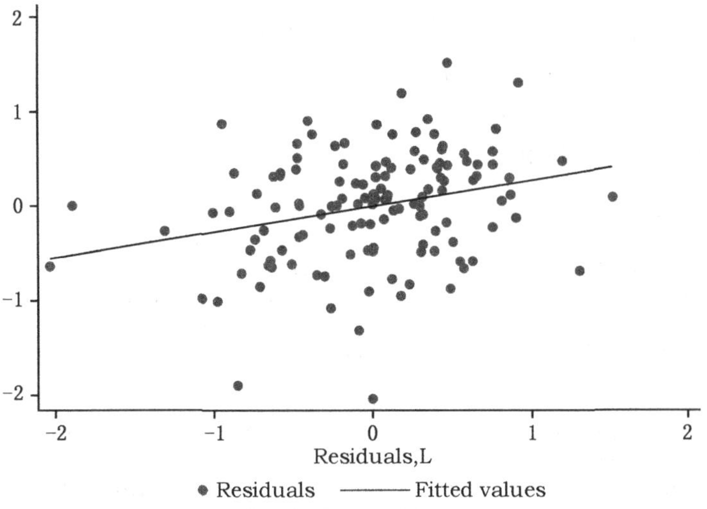

图 3.4.5　残差项 *uhat* 及其滞后项的关系图

为进一步检验序列相关性,首先检验残差与所有解释变量的相关性,如图 3.4.6 所示。

	uhat	lnChempi	lnGas	lnRtwex	Befile6	Affile6	Afdec6
uhat	1.0000						
lnChempi	0.0000	1.0000					
	1.0000						
lnGas	-0.0000	0.1964*	1.0000				
	1.0000	0.0246					
lnRtwex	0.0000	0.0327	-0.4471*	1.0000			
	1.0000	0.7109	0.0000				
Befile6	0.0000	-0.0696	-0.0499	0.1995*	1.0000		
	1.0000	0.4296	0.5711	0.0224			
Affile6	0.0000	0.0053	-0.1458	0.2465*	-0.0480	1.0000	
	1.0000	0.9517	0.0965	0.0045	0.5861		
Afdec6	0.0000	0.0574	-0.2398*	0.4284*	-0.0480	-0.0480	1.0000
	1.0000	0.5151	0.0058	0.0000	0.5861	0.5861	

图 3.4.6　残差与所有解释变量的相关性

结果显示,解释变量是严格外生的。

这样可以对模型进行 D. W. 检验。结果表明,在5%的显著性水平下,$T=131$,$k+1=7$,查表 $d_L=1.651$,$d_U=1.817$,由于 D. W. $=1.458<d_L$,判断模型随机项存在正的自相关。

当然,也可以规范检验残差的一阶或二阶序列相关性。

$$\mu_t=\rho\mu_{t-1}+e_t, t=2,3,\cdots$$

$$\mu_t=\rho_1\mu_{t-1}+\rho_2\mu_{t-2}+e_t, t=3,4,\cdots$$

结果分别如图 3.4.7 和图 3.4.8 所示。

Source	SS	df	MS		
				Number of obs =	130
				F(1, 128) =	10.12
Model	3.24311578	1	3.24311578	Prob > F =	0.0018
Residual	41.0035755	128	.320340434	R-squared =	0.0733
				Adj R-squared =	0.0661
Total	44.2466913	129	.342997607	Root MSE =	.56599

uhat	Coefficient	Std. err.	t	P>|t|	[95% conf.	interval]
uhat1	.270753	.0850938	3.18	0.002	.1023804	.4391257
_cons	.0003263	.0496403	0.01	0.995	-.0978956	.0985481

图 3.4.7 残差的一阶序列相关检验

进一步,假设模型中包含二阶自回归项,有

Source	SS	df	MS		
				Number of obs =	129
				F(2, 126) =	6.74
Model	4.19543853	2	2.09771927	Prob > F =	0.0017
Residual	39.2359102	126	.311396113	R-squared =	0.0966
				Adj R-squared =	0.0823
Total	43.4313487	128	.339307412	Root MSE =	.55803

uhat	Coefficient	Std. err.	t	P>|t|	[95% conf.	interval]
uhat1	.2288165	.0871649	2.63	0.010	.0563197	.4013134
uhat2	.1532423	.0871996	1.76	0.081	-.0193231	.3258076
_cons	.0071134	.0491318	0.14	0.885	-.0901169	.1043438

图 3.4.8 残差的二阶序列相关检验

结果显示残差只存在一阶序列相关。另外,还可以进行序列相关性的拉格朗日乘数检验。含一阶滞后残差项的辅助回归如图 3.4.9 所示。

$$uhat_t=0.000326+0.27075uhat_{t-1}$$

$$(0.04964) \quad (0.08509)$$

$$R^2=0.0733$$

Source	SS	df	MS			
				Number of obs	=	130
				F(1, 128)	=	10.12
Model	3.24311578	1	3.24311578	Prob > F	=	0.0018
Residual	41.0035755	128	.320340434	R-squared	=	0.0733
				Adj R-squared	=	0.0661
Total	44.2466913	129	.342997607	Root MSE	=	.56599

uhat	Coefficient	Std. err.	t	P>|t|	[95% conf.	interval]
uhat						
L1.	.270753	.0850938	3.18	0.002	.1023804	.4391257
_cons	.0003263	.0496403	0.01	0.995	-.0978956	.0985481

图 3.4.9 一阶滞后残差项的辅助回归

从变量显著性看，$uhat_{t-1}$ 高度显著。计算得到，$LM=130\times0.0733\approx9.53$，该值大于5%显著性水平下、自由度为 1 的 χ^2 分布的临界值 $\chi^2(1,0.05)=3.84$，由此判断原模型存在一阶序列相关。

含二阶滞后残差项的辅助回归，结果如图 3.4.10 所示。

$$uhat_t=0.0071+0.2288uhat_{t-1}-0.1532uhat_{t-2}$$
$$(0.0491)\quad(0.0872)\quad(0.0872)$$
$$R^2=0.0966$$

Source	SS	df	MS			
				Number of obs	=	129
				F(2, 126)	=	6.74
Model	4.19543853	2	2.09771927	Prob > F	=	0.0017
Residual	39.2359102	126	.311396113	R-squared	=	0.0966
				Adj R-squared	=	0.0823
Total	43.4313487	128	.339307412	Root MSE	=	.55803

uhat	Coefficient	Std. err.	t	P>|t|	[95% conf.	interval]
uhat						
L1.	.2288165	.0871649	2.63	0.010	.0563197	.4013134
L2.	.1532423	.0871996	1.76	0.081	-.0193231	.3258076
_cons	.0071134	.0491318	0.14	0.885	-.0901169	.1043438

图 3.4.10 二阶滞后残差项辅助回归

计算 $LM=129\times0.0966\approx12.46$，该值大于 5%显著性水平下、自由度为 2 的 χ^2 分布的临界值 $\chi^2(2,0.05)=5.99$，说明模型仍存在序列相关，但 $uhat_{t-2}$ 的参数未通过 5%的显著性检验，表明不存在二阶序列相关。

考虑一阶滞后残差项的辅助回归情况，可以判断模型只存在一阶序列相关。

(iii)对序列相关问题的修正

第一,采用 GLS 手动修正,即

$$\widetilde{Y}_t=\beta_0(1-\hat{\rho})+\beta_1\widetilde{X}_t+e_t,t\geqslant 2$$

其中,$\widetilde{Y}_t=Y_t-\hat{\rho}Y_{t-1},\widetilde{X}_t=X_t-\rho X_{t-1}$。

对因变量、自变量均进行滞后处理,代入 $\hat{\rho}$,得到准差分数据,重新回归,结果如图 3.4.11 所示。

Source	SS	df	MS			
				Number of obs	=	130
				F(6, 123)	=	5.16
Model	10.2717584	6	1.71195974	Prob > F	=	0.0001
Residual	40.778801	123	.331534967	R-squared	=	0.2012
				Adj R-squared	=	0.1622
Total	51.0505594	129	.395740771	Root MSE	=	.57579

dlnChnimp	Coefficient	Std. err.	t	P>|t|	[95% conf.	interval]
dlnChempi	2.964913	.6269664	4.73	0.000	1.723871	4.205955
dlnGas	.9785189	.9849434	0.99	0.322	-.9711162	2.928154
dlnRtwex	1.123439	.5012992	2.24	0.027	.1311476	2.11573
dBefile6	-.0080919	.3147949	-0.03	0.980	-.6312091	.6150254
dAffile6	-.0328646	.3173467	-0.10	0.918	-.661033	.5953038
dAfdec6	-.575676	.3379259	-1.70	0.091	-1.24458	.0932275
_cons	-25.96049	16.81825	-1.54	0.125	-59.25118	7.330207

图 3.4.11 GLS 手动修正序列相关性

此时,回归结果中的常数项除以$(1-\hat{\rho})$,得到真实截距,即

```
. dis _b[_cons]/(1-rho)
-35.599034
```

这个结果对应于式(3.4.17)。

第二,直接进行 CO、PW 方法估计。

省略第一次观测的 CO 估计结果如图 3.4.12 所示。

```
Iteration 0:   rho = 0.0000
Iteration 1:   rho = 0.2708
Iteration 2:   rho = 0.2912
Iteration 3:   rho = 0.2931
Iteration 4:   rho = 0.2933
Iteration 5:   rho = 0.2934
Iteration 6:   rho = 0.2934
Iteration 7:   rho = 0.2934

Cochrane-Orcutt AR(1) regression with iterated estimates

      Source |       SS           df       MS      Number of obs   =       130
-------------+----------------------------------   F(6, 123)       =      4.88
       Model |  9.70876662         6  1.61812777   Prob > F        =    0.0002
    Residual |  40.7582654       123  .331368012   R-squared       =    0.1924
-------------+----------------------------------   Adj R-squared   =    0.1530
       Total |   50.467032       129  .391217303   Root MSE        =    .57565

------------------------------------------------------------------------------
    lnChnimp | Coefficient  Std. err.      t    P>|t|     [95% conf. interval]
-------------+----------------------------------------------------------------
    lnChempi |   2.947432   .6455587     4.57   0.000     1.669589    4.225276
       lnGas |   1.054871   .9909029     1.06   0.289    -.9065611    3.016302
     lnRtwex |   1.136922   .5135108     2.21   0.029     .1204585    2.153385
     Befile6 |  -.0163733    .320722    -0.05   0.959    -.6512228    .6184762
     Affile6 |  -.0330822   .3231517    -0.10   0.919    -.6727412    .6065768
      Afdec6 |  -.5771585   .3434538    -1.68   0.095    -1.257004    .1026872
       _cons |  -37.32253    23.2214    -1.61   0.111    -83.28786    8.642805
-------------+----------------------------------------------------------------
         rho |   .2933619
------------------------------------------------------------------------------
Durbin-Watson statistic (original)    = 1.458414
Durbin-Watson statistic (transformed) = 2.063302
```

图 3.4.12 CO 估计

包含第一次观测的 PW 估计结果如图 3.4.13 所示。

```
Iteration 0:   rho = 0.0000
Iteration 1:   rho = 0.2708
Iteration 2:   rho = 0.2910
Iteration 3:   rho = 0.2930
Iteration 4:   rho = 0.2932
Iteration 5:   rho = 0.2932
Iteration 6:   rho = 0.2932
Iteration 7:   rho = 0.2932

Prais-Winsten AR(1) regression with iterated estimates

      Source |       SS           df       MS      Number of obs   =       131
-------------+----------------------------------   F(6, 124)       =      5.24
       Model |  10.3252323         6  1.72087205   Prob > F        =    0.0001
    Residual |  40.7593886       124  .328704747   R-squared       =    0.2021
-------------+----------------------------------   Adj R-squared   =    0.1635
       Total |  51.0846209       130  .392958622   Root MSE        =    .57333

------------------------------------------------------------------------------
    lnChnimp | Coefficient  Std. err.      t    P>|t|     [95% conf. interval]
-------------+----------------------------------------------------------------
    lnChempi |   2.940949   .6328402     4.65   0.000     1.688381    4.193517
       lnGas |    1.04638   .9773356     1.07   0.286    -.8880406    2.980801
     lnRtwex |   1.132791   .5066578     2.24   0.027     .1299738    2.135609
     Befile6 |  -.0164787   .3193802    -0.05   0.959    -.6486216    .6156641
     Affile6 |  -.0331563   .3218101    -0.10   0.918    -.6701086     .603796
      Afdec6 |  -.5768122   .3419865    -1.69   0.094    -1.253699    .1000748
       _cons |   -37.0777    22.7783    -1.63   0.106    -82.16235    8.006941
-------------+----------------------------------------------------------------
         rho |    .293217
------------------------------------------------------------------------------
Durbin-Watson statistic (original)    = 1.458414
Durbin-Watson statistic (transformed) = 2.087181
```

图 3.4.13　PW 估计

如果在5%的显著性水平下，$T=131$ 时，查表 $d_L=1.613$，$d_U=1.812$，则 $d_U<\text{D. W.}=2.087<4-d_U$，表明广义差分变换后模型已不存在序列相关。

PW 估计与 CO 估计的结果近似，与手动 GLS 的结果也基本相近，都能看出在修正了序列相关问题后，$Afdec6$ 的系数不是那么统计显著，因此简单地直接进行 OLS 估计下的回归系数不能作为美国反倾销决策能够减少从中国进口氯化钡的证据。四种回归结果见表 3.4.1。

表 3.4.1　四种回归结果列表比较

系数	OLS	手动 GLS	CO	PW
ln$Chempi$	3.117 (0.479)	2.965 (0.627)	2.947 (0.646)	2.941 (0.633)
lnGas	0.196 (0.907)	0.979 (0.985)	1.055 (0.991)	1.046 (0.977)
ln$Rtwex$	0.983 (0.400)	1.123 (0.501)	1.137 (0.514)	1.133 (0.507)

续表

系数	OLS	手动 GLS	CO	PW
$Befile6$	0.060 (0.261)	−0.008 (0.315)	−0.016 (0.321)	−0.016 (0.319)
$Affile6$	−0.032 (0.264)	−0.033 (0.317)	−0.033 (0.323)	−0.033 (0.322)
$Afdec6$	−0.565 (0.286)	−0.576 (0.338)	−0.577 (0.343)	−0.577 (0.342)
截距	−17.803 (21.045)	−35.599 (16.818)	−37.323 (23.221)	−37.078 (22.778)
$\hat{\rho}$	—	0.2708	0.2934	0.2932
R^2	0.3049	0.2012	0.1924	0.2021

普莱斯—温斯顿估计中统计显著的系数[ln($Chempi$)、ln($Rtwex$)和 $Afdec6$)]与OLS估计值没有太大区别。统计上不显著的系数,有的有明显变化。

第二、三和四列的标准误都比第一列对应的标准误大。因为OLS没有考虑序列相关,而手动GLS、CO和PW都考虑了。显然,OLS低估了实际的样本方差。实际上,国际贸易委员会的决策对中国进口的影响,没有OLS估计的那么显著($t_{Afdec}=-1.68$)。

虽然手动GLS、CO和PW估计的 R^2 都小于OLS估计,但是这两类 R^2 的估计不可简单比较,其含义完全不一样。OLS是基于没有变换的变量所做的回归,而修正序列相关的数据调整之后的结果。

Stata软件操作代码:

```
*数据导入
use "F:\Econometrics\data\Barium.dta", clear
*数据变换
gen lnChnimp=ln(Chnimp)
gen lnChempi=ln(Chempi)
gen lnGas=ln(Gas)
gen lnRtwex=ln(Rtwex)
*数据分析之回归分析和变量外生性检验
reg lnChnimp lnChempi lnGas lnRtwex Befile6 Affile6 Afdec6
predict uhat, residuals
pwcorr uhat lnChempi lnGas lnRtwex Befile6 Affile6 Afdec6, sig star( .05)
*数据分析之序列相关性检验
tsset t
graph twoway scatter uhat L.uhat|| lfit uhat L.uhat
estat dwatson
```

```
regress uhat L.uhat
dis e(N)*e(r2)
dis invchi2tail(1, 0.05)
regress uhat L.uhat L2.uhat
dis e(N)*e(r2)
dis invchi2tail(2, 0.05)
*数据分析之手动 GLS 修正
gen uhat1=L.uhat
gen uhat2=L.uhat1
reg uhat uhat1
reg uhat uhat1 uhat2
gen rho=_b[uhat1]
gen lnChnimp1=L.lnChnimp
gen lnChempi1=L.lnChempi
gen lnGas1=L.lnGas
gen lnRtwex1=L.lnRtwex
gen Befile61=L.Befile6
gen Affile61=L.Affile6
gen Afdec61=L.Afdec6
gen dlnChnimp=lnChnimp-rho*lnChnimp1
gen dlnChempi=lnChempi-rho*lnChempi1
gen dlnGas=lnGas-rho*lnGas1
gen dlnRtwex=lnRtwex-rho*lnRtwex1
gen dBefile6=Befile6-rho*Befile61
gen dAffile6=Affile6-rho*Affile61
gen dAfdec6=Afdec6-rho*Afdec61
reg dlnChnimp dlnChempi dlnGas dlnRtwex dBefile6 dAffile6 dAfdec6
dis _b[_cons]/(1-rho)
*数据分析之 CO 估计
prais lnChnimp lnChempi lnGas lnRtwex Befile6 Affile6 Afdec6, corc
*数据分析之 PW 估计
prais lnChnimp lnChempi lnGas lnRtwex Befile6 Affile6 Afdec6
*可选择代码:
*DW 检验要求解释变量严格外生，而下面的命令不要求
estat durbinalt
*GB 检验
estat bgodfrey                    //默认滞后 1 阶
estat bgodfrey,lags(3)            //滞后 3 阶
```

```
*序列相关修正
qui reg Y X
est store ols1
display n^0.25                    //计算最大滞后阶数
newey Y X, lag(3)
est store newey3
estat durbinalt, force            //不要求变量严格外生，force用于newey。
*输出结果
Esttab ols1 newey3 using li1.rtf, mtitle(ols1 newey3) scalar(r2 ll aic bic)
*检验序列相关的修正
reg Y X L.Y
est store ols2
estat bgodfrey, lags(3)
prais Y X L.Y
newey Y X L.Y, lag(3)
est store newey2
estat durbinalt, force
newey Y X L.Y L.X, lag(3)
estat durbinalt, force
```

(三)更高阶序列相关的修正

对更高阶序列相关进行修正也是可能的。哈维(Harvey,1990)对此进行了一般性的探讨。这里,以AR(2)序列相关为例阐释其方法:

$$\mu_t=\rho_1\mu_{t-1}+\rho_2\mu_{t-2}+e_t$$

其中,$\{e_t\}$满足AR(1)模型所作的假定。这里的稳定性条件更复杂一些,它们包括:

$$\rho_2>-1,\rho_2-\rho_1<1,\rho_1+\rho_2<1$$

例如,若$\rho_1=0.8$和$\rho_2=-0.3$,则模型就是稳定的;若$\rho_1=0.7$和$\rho_2=0.4$,则模型不稳定。

假设稳定性条件成立,就可以采用消除序列相关的变换。在一元回归模型中,当$t>2$时,很容易实现这种变换:

$$Y_t-\rho_1Y_{t-1}-\rho_2Y_{t-2}=\beta_0(1-\rho_1-\rho_2)+\beta_1(X_t-\rho_1X_{t-1}-\rho_2X_{t-2})+e_t$$

$$\widetilde{Y}_t=\beta_0(1-\rho_1-\rho_2)+\beta_1\widetilde{X}_{t1}+e_t,t=3,4,\cdots,T$$

如果知道ρ_1和ρ_2的值,在对变量进行变换之后,就可以采用OLS估计这个方程。因为一般很少能够知道ρ_1和ρ_2,所以只能估计它们,可以利用OLS的残差,做$\hat{\mu}_t$对$\hat{\mu}_{t-1}$,$\hat{\mu}_{t-2}$的回归,$\forall t=3,\cdots,T$,得到系数$\hat{\rho}_{t-1}$,$\hat{\rho}_{t-2}$。

与回归元是严格外生时检验AR(2)序列相关所采用的回归相同,然后,再用$\hat{\rho}_{t-1}$和

$\hat{\rho}_{t-2}$ 取代 ρ_1 和 ρ_2 对变量进行变换,这样就得到了 FGLS 估计量。

如果有多个解释变量,那么对每个变量都进行如下变换

$$\widetilde{X}_{tj}=X_{tj}-\hat{\rho}_1 X_{t-1,j}-\hat{\rho}_2 X_{t-2,j},t>2$$

简单地说,它们消除了前两次观测之间的序列相关,并且使它们的误差方差都等于 σ_e^2。

当然,适合于时间序列分析的计量经济软件都能够较容易地估计 AR(q)的误差模型,很少需要手动计算这些变换后的变量。

四、差分与序列相关

曾经把差分作为使单整过程变为弱相依的一种变换。在处理高度持续性的数据时,还可以从另一个角度看到差分的优越之处。假设从如下一元回归模型开始

$$Y_t=\beta_0+\beta_1 X_t+\mu_t,t=1,2,\cdots,T$$

其中的 μ_t 服从 AR(1)过程。当变量 Y_t 和 X_t 是一阶单整即 I(1)的时候,通常的 OLS 推断程序可能具有误导性。在误差$\{\mu_t\}$服从随机游走这种极端情形中,这个方程没有任何意义,因为 μ_t 的方差随着时间 t 上升。而对方程进行差分更符合逻辑

$$\Delta Y_t=\beta_1\Delta X_t+\Delta\mu_t,t=1,2,\cdots,T$$

若 μ_t 服从随机游走,则 $e_t=\Delta\mu_t$ 便具有零均值和常方差,而且是序列无关的。这样,若假定 e_t 和ΔX_t 无关,就可以用 OLS 估计。

即使 μ_t 不服从随机游走,只要 ρ 是正的,而且比较大,一阶差分往往也是个好主意:它可以消除大部分的序列相关。对于多个解释变量,结论也基本不变。

作出是否进行差分的决策是比较困难的。但这一讨论指出,差分具有消除序列相关的优点。

五、在 OLS 后进行序列相关稳健推断

近些年来,越来越通行的做法是,先用 OLS 估计模型,然后再针对任意的序列相关(及异方差)形式来修正标准误。即使明知此时的 OLS 非有效,但仍采用这种方法的原因有两个方面:第一,解释变量可能不是严格外生的。此时,FGLS 连一致都谈不上,更不用说有效了。第二,在 FGLS 的多数应用中,往往假设误差服从 AR(1)模型。此时,为 OLS 估计值计算对于更一般形式的序列相关保持稳健的标准误更好。

为了理解这种思想,考虑式(3.4.3),它是一个一元回归模型误差服从 AR(1)过程时 OLS 斜率估计量的方差。通过代入 ρ 和 σ^2 的标准估计量,就能估计这个方差。虽然它假定了 AR(1)模型和同方差性,但是这些假定都可能放宽。

戴维森和麦金农(Davidson and MacKinnon,1993)一般性地探讨了同时对异方差性和序列相关保持稳健的标准误。这里,介绍一种简单方法,用于计算任何 OLS 系数的稳健标准误。

考虑如下一般多元线性回归模型

$$Y_t=\beta_0+\beta_1 X_{t1}+\cdots+\beta_k X_{tk}+\mu_t,t=1,2,\cdots,T \tag{3.4.22}$$

为得到 $\hat{\beta}_1$ 的一个序列相关一稳健标准误，把 X_{t1} 写成其余自变量和误差项的线性函数

$$X_{t1}=\delta_0+\delta_2 X_{t2}+\cdots+\delta_k X_{tk}+r_t$$

其中，误差 r_t 均值为 0，且与 $X_{t2},\cdots,X_{tk}$ 都不相关。

可以证明，OLS 估计量 $\hat{\beta}_1$ 的渐近方差为

$$\text{Avar}(\hat{\beta}_1)=\left[\sum_{t=1}^{T}E(r_t^2)\right]^{-2}\text{Var}\left(\sum_{t=1}^{T}r_t\mu_t\right)$$

在无序列相关的假定 5’下，$\{\alpha_t=r_t\mu_t\}$ 是序列无关的，于是同方差条件下通常的 OLS 标准误和异方差一稳健标准误都是有效的。但是如果假定 5’不成立，$\text{Avar}(\hat{\beta}_1)$ 的表达式就必须考虑 $t\neq s$ 时 α_t 和 α_s 之间的相关性。在实际操作中，一旦两项之间的时间距离超过几个时期，通常就可以假设它们的相关性基本为 0。因为在弱相依条件下，相关性必然趋近于 0，所以这个方法是合理的。

遵循尼威和韦斯特（Newey and West，1987）的一般性框架，伍德里奇（Wooldridge，1989）证明了 $\text{Avar}(\hat{\beta}_1)$ 可估计如下：

令"$\text{se}(\hat{\beta}_1)$"表示通常但不正确的 OLS 标准误，$\hat{\sigma}$ 表示用 OLS 估计式（3.4.22）的通常的回归标准误，$\hat{r}_t$ 表示如下辅助回归

$$X_{t1} \text{ 对 } X_{t2},\cdots,X_{tk} \text{ 回归} \tag{3.4.23}$$

的残差（照常包含一个常数项）。对于某个选定的整数 $g>0$，定义

$$\hat{\upsilon}=\sum_{t=1}^{T}\hat{\alpha}_t^2+2\sum_{h=1}^{g}\left(1-\frac{h}{g+1}\right)\left(\sum_{t=h+1}^{T}\hat{\alpha}_t\hat{\alpha}_{t-h}\right) \tag{3.4.24}$$

其中，$\hat{\alpha}_t=\hat{r}_t\hat{\mu}_t$，$t=1,2,\cdots,T$。

这一过程看起来似乎有点复杂，但实际上操作却很容易。式（3.4.24）中的整数 g 控制了在计算标准误时允许有多大程度的序列相关。一旦有了 $\hat{\upsilon}$，$\hat{\beta}_1$ 的**序列相关一稳健标准误**（serial correlation-robust standard error），就是

$$\text{se}(\hat{\beta}_1)=[\text{"se}(\hat{\beta}_1)\text{"}/\hat{\sigma}]^2\sqrt{\hat{\upsilon}} \tag{3.4.25}$$

也就是说，它就是取 $\hat{\beta}_1$ 的通常 OLS 标准误除以 $\hat{\sigma}$，然后把所得的结果平方，再乘以 $\hat{\upsilon}$ 的平方根。所得到的这个标准误就可以用来构建 $\hat{\beta}_1$ 的置信区间和 t 统计量。

当 $g=1$ 时，

$$\hat{\upsilon}=\sum_{t=1}^{T}\hat{\alpha}_t^2+\sum_{t=2}^{T}\hat{\alpha}_t\hat{\alpha}_{t-1}$$

当 $g=2$ 时，

$$\hat{\upsilon}=\sum_{t=1}^{T}\hat{\alpha}_t^2+(4/3)\sum_{t=2}^{T}\hat{\alpha}_t\hat{\alpha}_{t-1}+(2/3)\sum_{t=3}^{T}\hat{\alpha}_t\hat{\alpha}_{t-1}$$

可见，g 越大，修正序列相关所需要包含的项就越多。式（3.4.24）中的因子 $1-\dfrac{h}{g+1}$

的意义在于,保证 $\hat{\upsilon}$ 实际上非负。

式(3.4.25)中的标准误对任意形式的异方差性也是稳健的(在时间序列文献中,序列相关一稳健标准误有时也被称为异方差和自相关一致或 HAC 标准误)。实际上,如果去掉式(3.4.24)中的第二项,那么式(3.4.25)就变成了通常的异方差一稳健标准误了(没有自由度的调整)。

式(3.4.25)中标准误所依据的理论技术性较强。由于并不知道序列相关的具体形式,因此应该如何选择 g 的值呢?从理论上看,只要 g 随着样本容量而增加,式(3.4.25)对任意形式的序列相关都有效。而且样本容量越大,对式(3.4.24)中序列相关的 g 的选择就越灵活。对于年度数据,选一个较小的 g,比如 $g=1$ 或 $g=2$,便可能解释大多数的序列相关。对于季度或月度数据,假定有足够多的数据,g 就应该更大(比如,对季度数据,就选 $g=4$ 或 8;对月度数据,就选 $g=12$ 或 24)。尼威和韦斯特(Newey and West,1987)建议取 $4(T/100)^{2/9}$ 的整数部分作为 g 值,也有建议取 $T^{1/4}$ 的整数部分。比如,对于 $T=50$,就有 $g=3$。若取 $T^{1/4}$ 的整数部分,则 $g=2$。

计算 $\hat{\beta}_1$ 的序列相关一稳健标准误的小结:因为可以把任意一个自变量放到第一个位置上,所以下面的步骤适用于计算任何一个斜率系数的标准误。$\hat{\beta}_1$ 的序列相关一稳健标准误计算步骤如下:

(i)用 OLS 估计式(3.4.22),得到"$\text{se}(\hat{\beta}_1)$",$\hat{\sigma}$ 和残差$\{\hat{\mu}_t:t=1,2,\cdots,T\}$。

(ii)通过辅助回归式(3.4.23)计算$\{\hat{r}_t:t=1,2,\cdots,T\}$,$\hat{\alpha}_t=\hat{r}_t\hat{\mu}_t$,$t=1,2,\cdots,T$。

(iii)通过选择 g 的值,按照式(3.4.24)计算 $\hat{\upsilon}$。

(iv)按照式(3.4.25)计算 $\text{se}(\hat{\beta}_1)$。

从经验来看,在存在序列相关的时候,序列相关一稳健标准误一般要比通常的 OLS 标准误更大,这是因为在多数情况下误差是正序列相关的。也有可能当$\{\mu_t\}$存在明显的序列相关时,某些系数的通常 OLS 标准误和序列相关一稳健(SC一稳健)标准误比较接近,毕竟是 $\hat{\alpha}_t=\hat{r}_t\hat{\mu}_t$ 的样本自相关决定着 $\hat{\beta}_1$ 的稳健标准误。

实践中,SC一稳健标准误的使用少于仅对异方差性保持稳健的标准误,可能有三个原因:第一,大型截面数据(此时异方差一稳健标准误具有良好的性质)比大型时间序列数据更为普遍。当明显存在序列相关而样本容量又较小(这里说的"小",可以大到像 100 这样的数值)时,SC一稳健标准误可能更糟糕。第二,因为在方程(3.4.24)中必须选择整数 g,所以 SC一稳健标准误的计算不是自动完成的。虽然有些计量经济学软件能够自动选择 g 值,但必须服从这个选择,不能随意变更。SC一稳健标准误不能例行计算的另一个重要原因是,在出现严重的序列相关时,OLS 可能会极其无效,尤其在小样本情形中。在做完 OLS 并针对序列相关修正了标准误之后,系数往往不显著,或者至少不如使用通常的 OLS 标准误那么显著。

如果坚信解释变量是严格外生的,但对误差服从 AR(1)过程持有疑虑,那么采用诸如普莱斯一温斯顿或科克伦一奥克特等标准的 FGLS 估计量,仍可能得到比 OLS 更有效的估计量。若明显存在序列相关,PW 和 CO 所用的准差分变换很可能会比直接使用

OLS 更好。但如果误差不服从 AR(1)过程，PW 或 CO 估计所报告的标准误便不正确。不过，可以在估计了 ρ 之后，手动完成数据的准差分变换，然后对变换后数据做混合 OLS 回归，再在变换方程中使用 SC—稳健标准误。在准差分之后计算一个 SC—稳健标准误，便保证统计推断中的任何序列相关都得到了解释。实际上，在利用准差分[或其他某种变换，比如用于 AR(2)序列相关的变换]消除了大部分序列相关之后，SC—稳健标准误可能更加奏效。这种方法类似于在出现异方差性时使用加权最小二乘法，但随后却计算对方差函数形式误设保持稳健的标准误。

如果对某些解释变量的严格外生性表示怀疑，以至于像普莱斯—温斯顿和科克伦—奥克特这类方法连一致性可能都谈不上，那么在 OLS 估计之后的 SC—稳健标准误最为有用。在有滞后因变量的模型中，使用 SC—稳健标准误也是正确的，当然，要有容许这些模型中存在序列相关的足够理由。

六、时间序列回归中的异方差性

在时间序列模型中也可能出现异方差，它虽不会造成 $\hat{\beta}_j$ 的偏误或不一致，但确实能导致通常的标准误、t 统计量和 F 统计量变得无效，这与截面数据条件下的情况相同。相比较而言，在时间序列回归应用中，序列相关误差的问题往往更显紧迫，所以异方差问题受到的关注不多。尽管如此，在时间序列回归中，对异方差进行检验和修正方面的问题，仍然值得探讨。

既然常规的 OLS 统计量在假定 1'—5'下渐近有效，那么同方差假定 4'不成立时会出现什么情况？假定 3'排除了某些种类的测量误差和遗漏变量等错误设定的可能性，而假定 5'排除了误差有序列相关的可能性。需要强调的是，序列相关的误差所引起的问题不是检验和修正异方差所能处理的。

(一)异方差—稳健统计量

在研究截面数据回归中的异方差时，异方差不影响 OLS 估计量的无偏性和一致性，在时间序列回归中，也有完全相同的结论。

调整通常的 OLS 标准误、t 统计量和 F 统计量，以适应未知形式的异方差。在假定 1'、2'、3'和 5'下，对时间序列回归进行同样的调整也能奏效。因此，如果同方差假定是唯一不成立的假定，那么大多数计量经济学软件很容易提供有效的推断。

(二)异方差的检验

当希望检验时间序列回归中的异方差性，尤其是当样本容量相对较小，以致对异方差—稳健统计量表示怀疑的时候，截面数据部分介绍的检验方法可以直接在这里应用，但需注意两点：第一，误差 μ_t 不应该序列相关。任何序列相关通常都会导致异方差检验无效。因此，最好先检验序列相关，如果怀疑有异方差，则再使用异方差—稳健检验，于是，在对序列相关稍加修正后，便可以检验异方差了。

第二,考虑布罗施一帕甘异方差检验。如果在 μ_t 中发现了异方差性(但 μ_t 是序列无关的),那么就可以使用异方差一稳健检验统计量。另一个办法是使用加权最小二乘法(weighted least squares)。时间序列情形中的加权最小二乘法与截面数据情形中的加权最小二乘法操作起来完全相同。

例 3.4.2 异方差性与有效市场假说

估计一元回归模型

$$Return_t=\beta_0+\beta_1 Return_{t-1}+\mu_t$$

有效市场假说认为,$\beta_1=0$。利用纽约交易所的数据

$$\widehat{Return}_t=0.180+0.059Return_{t-1}$$
$$(0.081)\quad(0.038)$$
$$T=689, R^2=0.0035, \bar{R}^2=0.0020$$

当 $T=689$ 时,$t_{\beta_1}=1.55$,即使在10%的显著性水平上相对双侧备择假设也不能拒绝 $H_0:\beta_1=0$。该结果表明,纽约证券交易所的股票收益从某一周到下一周稍微有些正相关,但这种正相关并不足以否定有效市场假说。

有效市场假说指出,给定过去的观测信息,期望收益是定值,但对条件方差呢?实际上

$$\hat{\mu}_t^2=4.66-1.104Return_{t-1}+Residual_t$$
$$(0.43)\quad(0.201)$$
$$T=689, R^2=0.042$$

这里,$t_{\beta_1}=-5.5$,这是存在异方差的强力证据。由于 $Return_{t-1}$ 的系数为负,这意味着当以前的收益高时股票收益率的波动就会减小;反之亦然。

许多金融研究的一个共同结论是,股票收益的期望值不依赖于它的过去值,但是收益的方差却依赖于过去的收益。

(三)自回归条件异方差

近年来,人们对动态形式的异方差性越来越感兴趣。当然,若 X_t 包含一个滞后因变量,则异方差性就是动态的。但是,异方差的动态形式也会出现在没有动态的回归方程模型中。

为了说明这一点,考虑一个简单的静态回归模型

$$Y_t=\beta_0+\beta_1 X_t+\mu_t$$

假设高斯一马尔科夫假定成立。这意味着 OLS 估计量是最优线性无偏估计量。同方差假定是说 $\mathrm{Var}(\mu_t|X)$ 是恒定的。恩格尔(Engle,1982)建议,给定过去的误差,考察一下 μ_t 的条件方差(隐含以 X 为条件)。恩格尔提出了所谓的**自回归条件异方差**(autoregressive conditional heteroskedasticity,ARCH)模型。一阶 ARCH 模型是:

$$\mathrm{E}(\mu_t^2|\mu_{t-1},\mu_{t-2},\cdots)=\mathrm{E}(\mu_t^2|\mu_{t-1})=\alpha_0+\alpha_1\mu_{t-1}^2 \tag{3.4.26}$$

其中,隐含了它是以 X 为条件的。只有在 $\mathrm{E}(\mu_t|\mu_{t-1},\mu_{t-2},\cdots)=0$ 即误差序列无关时,这个方程才代表了 μ_t 在给定 μ_t 过去值条件下的条件方差。既然条件方差必定是正的,

所以这个模型只有在 $\alpha_0>0$ 且 $\alpha_1\geqslant0$ 时才有意义;若 $\alpha_1=0$,则方差方程中就没有动态。

式(3.4.26)的随机形式是

$$\mu_t^2=\alpha_0+\alpha_1\mu_{t-1}^2+\upsilon_t \tag{3.4.27}$$

其中,根据定义,υ_t 的期望值(给定 $\mu_{t-1},\mu_{t-2},\cdots$)为 0(但由于约束条件 $\upsilon_t\geqslant-\alpha_0-\alpha_1\mu_{t-1}^2$,所以 υ_t 与过去的 μ_t 不独立)。方程(3.4.27)看起来很像 μ_t 的一个自回归模型(因此得名 ARCH)。与通常的 AR(1)模型一样,这个方程的稳定性条件是 $\alpha_1<1$。如果 $\alpha_1>0$,即使 μ_t 本身不是序列相关的,则误差的平方也包含正的序列相关。

式(3.4.27)对 OLS 有何含义呢?因为一开始就假设高斯－马尔科夫假定成立,所以 OLS 当然是最优线性无偏估计量。而且,即使 μ_t 不是正态分布的,通常的 OLS 检验统计量在假定 1'－5'下也渐近有效,而含有 ARCH 误差的静态模型和分布滞后模型都满足这 5 条假定。

如果 OLS 在 ARCH 下仍然有理想性质,那么为什么还要关心静态和分布滞后模型中 ARCH 形式的异方差呢?这样考虑有两个原因:第一,有可能得到 β_j 的一致(但非无偏)估计量,它比 OLS 估计量更渐近有效。基于式(3.4.27)的加权最小二乘程序即可做到。在误差 μ_t 具有条件正态分布的情况下,使用极大似然法也行。第二,人们对条件方差的动态越来越感兴趣。恩格尔最初将它应用于英国通货膨胀的方差,他发现上一期的误差越大(更大的 μ_{t-1}^2),本期的误差方差也越大。方差经常被用来度量波动,而波动在资产定价理论中又是关键要素,所以 ARCH 模型在经济金融研究中越来越重要。

ARCH 模型也适用于条件均值存在动态的情况。例如,假设有因变量 Y_t,一个同期外生变量 X_t,及

$$E(Y_t|X_t,Y_{t-1},X_{t-1},Y_{t-2},\cdots)=\beta_0+\beta_1X_t+\beta_2Y_{t-1}+\beta_3X_{t-1}$$

也就是说,在动态回归中只出现了 Y 和 X 的最多一期滞后。一般思路是假定 $\mathrm{Var}(Y_t|X_t,Y_{t-1},X_{t-1},Y_{t-2},\cdots)$ 为常数即可。但这个方差也可以服从一个 ARCH 模型

$$\mathrm{Var}(Y_t|X_t,Y_{t-1},X_{t-1},Y_{t-2},\cdots)=\mathrm{Var}(\mu_t|X_t,Y_{t-1},X_{t-1},Y_{t-2},\cdots)=\alpha_0+\alpha_1\mu_{t-1}^2$$

其中,$\mu_t=Y_t-E(Y_t|X_t,Y_{t-1},X_{t-1},Y_{t-2},\cdots)$。ARCH 的出现并不会影响 OLS 的一致性,通常的异方差—稳健标准误和检验统计量都是有效的。它们对任何形式的异方差性都是有效的,而 ARCH 不过是一种特殊形式的异方差性而已。

例 3.4.3　股票收益的 ARCH

股票收益存在异方差,这种异方差最好用 ARCH 来刻画

$$\hat{\mu}_t^2=2.95+0.337\hat{\mu}_{t-1}^2+Residual_t$$
$$(0.44)\quad(0.036)$$
$$T=689,R^2=0.114$$

$\hat{\mu}_{t-1}^2$ 的 t 统计量大于 9,表明有很强的 ARCH。$t-1$ 时期较大的误差意味着今天股票具有更大的方差。

注意,虽然 OLS 残差的平方自相关,但 OLS 残差本身却不是,这与有效市场假说一致。

$$\mu_t=\beta_0+0.0014\mu_{t-1}+Residual_t$$
$$(0.081)(0.038)$$
$$T=688,R^2=0.000$$

μ_{t-1} 的 t 统计量为 0.037。

(四)回归模型中的异方差和序列相关

在回归模型中，无法排除同时出现异方差性和序列相关的可能性。如果没有把握，则可以使用 OLS 方法并计算一个充分稳健的标准误。

通常把时间序列相关的问题看成最重要的问题，因为它往往比异方差对标准误和估计量的效率有更大的影响。要得到对任意形式异方差性都保持稳健的序列相关检验相当容易。如果检验出序列相关，就可以采用科克伦—奥克特变换，然后在变换后的方程中使用异方差—稳健标准误和检验统计量，或者甚至可以使用布罗施—帕甘或怀特检验来检验方程中的异方差。换言之，可以模型化异方差和序列相关，再通过一个加权最小二乘法 AR(1)组合程序来修正异方差性和序列相关。具体来说，考虑模型

$$Y_t=\beta_0+\beta_1 X_{t1}+\cdots+\beta_k X_{tk}+\mu_t$$
$$\mu_t=\sqrt{g_t}\upsilon_t$$
$$\upsilon_t=\rho\upsilon_{t-1}+e_t,|\rho|<1 \tag{3.4.28}$$

其中，解释变量 X 在所有时期 t 都独立于 e_t，而 g_t 是 X_{tj} 的一个函数。过程$\{e_t\}$的均值为 0，方差为 σ_e^2，而且是序列不相关的。因此，$\{\upsilon_t\}$符合稳定的 AR(1)过程的所有条件。略去以解释变量为条件，得到

$$\text{Var}(\mu_t)=\sigma_\upsilon^2 g_t$$

其中，$\sigma_\upsilon^2=\sigma_e^2/(1-\rho^2)$。但 $\upsilon_t=\mu_t/\sqrt{g_t}$ 是同方差，且服从一个稳定的 AR(1)模型。因此，变换后的方程

$$Y_t/\sqrt{g_t}=\beta_0(1/\sqrt{g_t})+\beta_1(X_{t1}/\sqrt{g_t})+\cdots+\beta_k(X_{tk}/\sqrt{g_t})+\upsilon_t$$

具有 AR(1)误差。现在，如果知道 g_t，就可以用标准的 CO 或 PW 方法来估计。

在大多数情况下，必须首先估计 g_t。下面的方法则将加权最小二乘法和 AR(1)序列相关修正结合在一起。

具有异方差性和 AR(1)序列相关的 FGLS 步骤如下：

(i)用 OLS 估计式(3.4.28)并保留残差 $\hat{\mu}_t$。

(ii)将 ln $(\hat{\mu}_t)$对 $X_{t1},\cdots,X_{tk}$(或对 $\hat{Y}_t$、$\hat{Y}_t^2$)回归，得到拟合值，记为 $\hat{h}_t$。

(iii)求出 g_t 的估计值：$\hat{g}_t=\exp(\hat{h}_t)$。

(iv)用标准的科克伦—奥克特或普莱斯—温斯顿方法估计如下变换后的方程

$$\hat{g}_t^{-1/2}Y_t=\hat{g}_t^{-1/2}\beta_0+\hat{g}_t^{-1/2}\beta_1 X_{t1}+\cdots+\hat{g}_t^{-1/2}\beta_k X_{tk}+error_t$$

这些 FGLS 估计量都是渐近有效的。更为重要的是，通过 CO 或 PW 方法得到的所有标准误和检验统计量也都是渐近有效的。

第五节　时间序列计量经济模型应用简单案例

为熟悉时间序列计量经济模型的简单应用，本节复现一篇河北粮食生产函数估计的计量经济学论文。① 之所以称之为简单案例，是因为该案例只反映了时间序列数据经典计量经济模型部分内容，没有包含平稳、协整等现代计量经济学内容。

影响粮食产量的因素很多，依据河北省粮食产量的现状，初步确定影响粮食产量的 5 大因素：粮食播种面积、受灾面积、有效灌溉面积、化肥施用量和农业劳动力。为分析这些因素对粮食产量的影响，采用河北省 2001—2016 年粮食生产的实际数据，运用经典计量经济学模型的回归分析方法，进行参数估计、经济意义检验、统计检验、计量经济检验并修正，结果表明，影响河北省粮食产量的两大因素是粮食作物播种面积和化肥施用量。

一、变量和数据

变量含义、单位和样本数说明如表 3.5.1 所示：

表 3.5.1　变量说明

变量名	经济含义	单位	样本数
粮食总产量	被解释变量，总趋势增长	万吨	16
粮食播种面积	播种面积增加，产量增加，两者是正相关关系	千亩	16
受灾面积	受灾面积增加，粮食产量减少，两者是负相关关系	亩	16
有效灌溉面积	有效灌溉面积越多，粮食产量增加，两者是正相关关系	千亩	16
化肥施用量	现代农业发展，能量投入多，产量增多	万吨	16
农业劳动力	劳动力是粮食产量的基础和前提	万人	16

2001—2016 年实际粮食生产数据如表 3.5.2 所示：

表 3.5.2　河北省粮食产量与相关投入统计表

年份	粮食总产量（万吨）	粮食作物播种面积（千亩）	受灾面积（亩）	有效灌溉面积（千亩）	化肥施用量（万吨）	农业劳动力（万人）
2001	2491.8	6628.9	2924925	4485.39	273.38	1676.34
2002	2435.8	6484.4	3696377	4415.17	278.8	1662.59
2003	2387.8	5944	2622015	4403.99	283.31	1672.26
2004	2480.1	6003.4	1543220	4459.77	289.88	1612.85

① 杨雨芳，赵慧峰．基于计量经济模型河北省粮食产量影响因素分析[J]．农村经济与科技，2019，30(1)：22—25.

续表

年份	粮食总产量（万吨）	粮食作物播种面积（千亩）	受灾面积（亩）	有效灌溉面积（千亩）	化肥施用量（万吨）	农业劳动力（万人）
2005	2598.6	6240.2	1721821	4547.75	303.39	1564.72
2006	2780.6	6271.7	1774124	4569.77	304.89	1524.89
2007	2841.6	6168.2	1847462	4579.02	311.87	1481.52
2008	2905.8	6158.1	1397714	4560.51	312.4	1481.37
2009	2910.2	6216.5	1944331	4509.6	316.17	1479.22
2010	2975.9	6282.2	1668172	4520.87	322.86	1464.21
2011	3172.6	6286.1	811365	4596.61	326.28	1439.63
2012	3246.6	6302.4	1107557	4165.03	329.33	1426.27
2013	3365	6315.9	752708	4349.03	331.04	1404.49
2014	3360.2	6332	1164465	4404.22	335.61	1398.88
2015	3363.8	6392.5	1794902	4447.98	335.49	1387.83
2016	3460.2	6327.4	1447833	4457.64	331.79	1380.33

数据来源:《2017河北农村统计年鉴》(在这里没有从事粮食生产的农业劳动力人数,故用从事第一产业的劳动力替代)。

二、模型设定

考虑研究各变量对粮食产量的弹性,也为降低模型的异方差性,将各变量取对数,建立总体回归模型

$$\ln(Y)=\beta_0+\beta_1\ln(X_1)+\beta_2\ln(X_2)+\beta_3\ln(X_3)+\beta_4\ln(X_4)+\beta_5\ln(X_5)+\mu$$

其中,$\beta_j\,(j=0,1,\cdots,5)$为待估参数,$Y$为粮食总产量,$X_1$为粮食作物播种面积,$X_2$为受灾面积,$X_3$为有效灌溉面积,$X_4$为化肥施用量,$X_5$为农业劳动力,$\mu$为随机干扰项。所有数据都进行了对数处理。

三、估计与检验

(一)回归结果

由图3.5.1可以得到回归模型

$$\ln(\hat{Y})=26.182+0.580\ln(X_1)-0.026\ln(X_2)-0.487\ln(X_3)-0.501\ln(X_4)-2.179\ln(X_5)$$

$$(8.073)\quad(0.212)\quad(0.018)\quad(0.196)\quad(0.509)\quad(0.504)$$

$$R^2=0.9868,\bar{R}^2=0.9802,F=149.86,\text{D.W.}=2.095$$

Source	SS	df	MS			
				Number of obs	=	16
				F(5, 10)	=	149.86
Model	.245140295	5	.049028059	Prob > F	=	0.0000
Residual	.003271563	10	.000327156	R-squared	=	0.9868
				Adj R-squared	=	0.9802
Total	.248411858	15	.016560791	Root MSE	=	.01809

lnY	Coefficient	Std. err.	t	P>|t|	[95% conf.	interval]
lnX1	.5800416	.2120631	2.74	0.021	.1075355	1.052548
lnX2	-.0264048	.01799	-1.47	0.173	-.0664891	.0136794
lnX3	-.486956	.1956671	-2.49	0.032	-.9229295	-.0509824
lnX4	-.5013574	.5089152	-0.99	0.348	-1.635291	.6325763
lnX5	-2.178649	.5037271	-4.33	0.002	-3.301023	-1.056275
_cons	26.18228	8.073074	3.24	0.009	8.194348	44.17021

图 3.5.1　回归分析结果

(二)经济意义和统计检验

可决系数 R^2 衡量样本回归线对样本观测值的拟合优度。由图 3.5.1 可知，$R^2=0.9868$，$\overline{R}^2=0.9802$，接近于 1，说明模型对样本观测值的拟合优度较高。

F 检验：判断模型中被解释变量与解释变量之间线性关系在整体上是否成立。由图 3.5.1 可知，$F=149.86\gg F_{0.05}(5,10)=3.33$，$F$ 检验统计量远大于 5%显著性水平下的临界值，表明回归方程整体线性关系显著成立。

t 检验：由图 3.5.1 可知，通过对每个变量 t 值的绝对值与 5%显著性水平下的 $t_{0.025}(10)=2.23$ 比较发现，X_2、X_4 的 t 值比临界值小，这两个变量的 t 检验不通过，即 β_2 和 β_4 可能为 0。

从经济含义看，粮食作物播种面积、受灾面积、有效灌溉面积、化肥施用量、有效劳动力都是影响粮食产量的因素。但是，回归方程中变量的系数 β_3、β_4 和 β_5 符号为负号，与实际的经济含义不相符。

(三)计量经济检验和修正

1. 多重共线性检验和修正

R^2、F 统计量较大，t 值较小，而且变量经济意义不合理，说明模型变量间可能存在多重共线性。变量之间的相关系数如图 3.5.2 所示：

	lnY	lnX1	lnX2	lnX3	lnX4	lnX5
lnY	1.0000					
lnX1	0.2277	1.0000				
lnX2	-0.7386	0.1450	1.0000			
lnX3	-0.2313	-0.1005	0.1487	1.0000		
lnX4	0.9564	0.0290	-0.7706	-0.1497	1.0000	
lnX5	-0.9793	-0.1046	0.7462	0.1328	-0.9875	1.0000

图 3.5.2　变量之间的相关系数

$\ln(X_5)$与$\ln Y$的相关程度很高，相关系数达到-0.9793；$\ln(X_4)$与$\ln Y$的相关程度较高，相关系数达到0.9564；$\ln(X_2)$与$\ln Y$的相关程度高，相关系数达到-0.7386；$\ln(X_4)$与$\ln(X_5)$的相关程度很高，相关系数达到-0.9875，即化肥施用量与农业劳动力这两个因素的相关性强。

采用逐步回归法修正如下：

第一步，运用OLS法逐一求$\ln Y$对各解释变量的简单回归模型，考虑经济意义与统计意义两方面，选出拟合效果最好的一元线性回归方程，发现粮食产量$\ln Y$与化肥施用量$\ln(X_4)$的线性关系最强，拟合效果最好，结果见图3.5.3。

Source	SS	df	MS			
Model	.227203413	1	.227203413	Number of obs	=	16
Residual	.021208444	14	.001514889	F(1, 14)	=	149.98
				Prob > F	=	0.0000
				R-squared	=	0.9146
				Adj R-squared	=	0.9085
Total	.248411858	15	.016560791	Root MSE	=	.03892

lnY	Coefficient	Std. err.	t	P>|t|	[95% conf.	interval]
lnX4	1.799919	.1469724	12.25	0.000	1.484694	2.115143
_cons	-2.358218	.8436393	-2.80	0.014	-4.167644	-.5487914

图3.5.3 $\ln Y$与$\ln(X_4)$的回归分析结果

$$\widehat{\ln(Y)} = -2.358 + 1.80\ln(X_4)$$
$$(0.844) \quad (0.147)$$
$$R^2 = 0.9146, \bar{R}^2 = 0.9085, F = 149.98, \text{D.W.} = 0.831$$

由此可见，河北省粮食产量受化肥施用量的影响最大。按照联合国粮农组织的分析，世界农作物单产提高的1/3以上，近1/2是由于增施化肥的结果。化肥对粮食生产的贡献率在40%左右，而中国测算的平均贡献率约为32%。全国化肥实验网资料显示，每1kg标准肥平均增产小麦2.18kg。与经验相符合，选取$\ln Y$与$\ln(X_4)$回归关系为初始模型。

第二步，以$\ln Y$与$\ln(X_4)$回归关系模型为基础，将其他解释变量逐一代入，经比较模型中新增变量对模型的贡献及对其他解释变量的影响，逐一排除对被解释变量影响不显著的变量。

分别加入$\ln(X_3)$、$\ln(X_5)$时其系数为负，与实际的该因素的经济含义不符。再加入$\ln(X_1)$、$\ln(X_2)$进行统计检验，发现当把$\ln(X_1)$因素加入之后，R^2由0.915提高到0.955，则拟合优度再次提高，t检验中Prob为0.05，F统计量检验通过。而$\ln(X_2)$加入后R^2值基本没有变化，t检验中Prob反而增加为0.975，由此，可以考虑加入影响因素$\ln(X_1)$，如图3.5.4所示。

Source	SS	df	MS			
				Number of obs	=	16
				F(2, 13)	=	136.78
Model	.237142856	2	.118571428	Prob > F	=	0.0000
Residual	.011269002	13	.000866846	R-squared	=	0.9546
				Adj R-squared	=	0.9477
Total	.248411858	15	.016560791	Root MSE	=	.02944

lnY	Coefficient	Std. err.	t	P>|t|	[95% conf.	interval]
lnX1	.9827308	.2902182	3.39	0.005	.3557525	1.609709
lnX4	1.788989	.1112243	16.08	0.000	1.548703	2.029274
_cons	-10.88804	2.59859	-4.19	0.001	-16.50195	-5.274123

图 3.5.4 ln$Y$ 与 ln(X_1)、ln(X_4)的回归分析结果

第三步，在第二步基础上引入 ln(X_2)、ln(X_3)、ln(X_5)，得出 ln(X_3)、ln(X_5)前的系数为负，与实际的该因素的经济含义不符。其次对 ln(X_2)进行统计检验，发现引入 ln(X_2)后，R^2 为 0.9579，修正后拟合优度稍稍提高，但发现 ln(X_2)未通过 t 检验，如图 3.5.5 所示。

Source	SS	df	MS			
				Number of obs	=	16
				F(3, 12)	=	91.01
Model	.237953113	3	.079317704	Prob > F	=	0.0000
Residual	.010458745	12	.000871562	R-squared	=	0.9579
				Adj R-squared	=	0.9474
Total	.248411858	15	.016560791	Root MSE	=	.02952

lnY	Coefficient	Std. err.	t	P>|t|	[95% conf.	interval]
lnX1	1.059135	.3016026	3.51	0.004	.4019997	1.716271
lnX2	-.0282154	.0292634	-0.96	0.354	-.0919748	.035544
lnX4	1.653448	.1794422	9.21	0.000	1.262477	2.044419
_cons	-10.37466	2.659493	-3.90	0.002	-16.1692	-4.580119

图 3.5.5 ln$Y$ 与 ln(X_1)、ln(X_2)、ln(X_4)的回归分析结果

由于加入 X_2、X_3、X_5都未通过检验，因此只能回到保留变量 X_1、X_4 的情形，即可得最有效生产函数为 $Y=f(X_1,X_4)$，拟合结果为

$$\ln(\hat{Y})=-10.888+0.983\ln(X_1)+1.789\ln(X_4)$$
$$(2.599)\qquad(0.290)\qquad(0.111)$$
$$R^2=0.9546,\bar{R}^2=0.9477,F=136.79,\mathrm{D.W.}=1.761$$

经济解释：在 2001—2016 年化肥施用量对粮食产量影响最大，弹性为 1.789，表明化肥施用量每增加 1%，河北省粮食产量增加 1.789%；其次，粮食作物播种面积对粮食的影响较大，弹性为 0.983，表明播种面积每增加 1%，河北省粮食产量增加 0.983%。

2. 异方差检验和修正

直接使用 Stata 软件异方差 BP 检验,结果如下:

```
Breusch-Pagan/Cook-Weisberg test for heteroskedasticity
Assumption: i.i.d. error terms
Variables: All independent variables

H0: Constant variance

    chi2(2) =   0.05
Prob > chi2 = 0.9758
```

采用残差平方与解释变量回归的 F 检验,结果如图 3.5.6 所示:

Source	SS	df	MS			
				Number of obs	=	16
				F(2, 13)	=	0.02
Model	5.5921e-08	2	2.7960e-08	Prob > F	=	0.9803
Residual	.000018211	13	1.4009e-06	R-squared	=	0.0031
				Adj R-squared	=	-0.1503
Total	.000018267	15	1.2178e-06	Root MSE	=	.00118

uhat2	Coefficient	Std. err.	t	P>|t|	[95% conf.	interval]
lnX1	.0008335	.0116668	0.07	0.944	-.0243711	.0260381
lnX4	.0008247	.0044712	0.18	0.857	-.0088348	.0104842
_cons	-.0113164	.1044637	-0.11	0.915	-.2369965	.2143636

图 3.5.6 残差平方与 $\ln(X_1)$、$\ln(X_4)$的回归分析结果

该结果也可以进行 LM 检验,由图 3.5.6 得出,LM$=16\times0.0031\approx0.04898$,当然其实质就是 BP 检验。BP、LM 检验结果显示,伴随概率值 $0.9758\gg0.05$。F 检验概率值 $0.9803\gg0.05$,且变量 $\ln(X_1)$和 $\ln(X_4)$系数都显著。两者都表明,模型不存在异方差。

3. 序列相关检验和修正

根据所查数据进行分析,得到 D. W. 的值为 1.761,依据 D. W. 检验标准,在 $T=16$,$k+1=3$ 时,在 5%的显著性水平下,$d_L=0.982$,$d_U=1.539$。由于 $d_U<$D. W. $<4-d_U$,初步发现,此模型不存在一阶自相关。对模型进一步进行二阶序列相关检验,采用滞后两阶 BG 检验,如图 3.5.7 所示:

Breusch-Godfrey LM test for autocorrelation

lags(*p*)	chi2	df	Prob > chi2
2	0.301	2	0.8604

H0: no serial correlation

图 3.5.7 自相关检验

该检验本质上就是在原回归基础上生成残差项,将残差项滞后两阶,用 0 补齐,如图 3.5.8 和图 3.5.9 所示。

uhat	uhat2	uhat_1	uhat_2
.0237874	.0005658	.	.
-.0124053	.0001539	.0237874	.
.0244984	.0006002	-.0124053	.0237874
.0116406	.0001355	.0244984	-.0124053
-.0611968	.003745	.0116406	.0244984
-.0072747	.0000529	-.0611968	.0116406
-.0097151	.0000944	-.0072747	-.0611968
.0111986	.0001254	-.0097151	-.0072747
-.0180234	.0003248	.0111986	-.0097151
-.0434895	.0018913	-.0180234	.0111986
.0010539	1.11e-06	-.0434895	-.0180234
.0049216	.0000242	.0010539	-.0434895
.0293726	.0008627	.0049216	.0010539
.0009156	8.38e-07	.0293726	.0049216
-.0067185	.0000451	.0009156	.0293726
.0514346	.0026455	-.0067185	.0009156

图 3.5.8　生成残差

uhat	uhat2	uhat_1	uhat_2
.0237874	.0005658	0	0
-.0124053	.0001539	.0237874	0
.0244984	.0006002	-.0124053	.0237874
.0116406	.0001355	.0244984	-.0124053
-.0611968	.003745	.0116406	.0244984
-.0072747	.0000529	-.0611968	.0116406
-.0097151	.0000944	-.0072747	-.0611968
.0111986	.0001254	-.0097151	-.0072747
-.0180234	.0003248	.0111986	-.0097151
-.0434895	.0018913	-.0180234	.0111986
.0010539	1.11e-06	-.0434895	-.0180234
.0049216	.0000242	.0010539	-.0434895
.0293726	.0008627	.0049216	.0010539
.0009156	8.38e-07	.0293726	.0049216
-.0067185	.0000451	.0009156	.0293726
.0514346	.0026455	-.0067185	.0009156

图 3.5.9　用 0 补齐残差

再用残差项对变量和两阶滞后残差项回归，结果如图 3.5.10 所示：

```
      Source |       SS           df       MS      Number of obs   =        16
-------------+----------------------------------   F(4, 11)        =      0.05
       Model |  .000211769         4  .000052942   Prob > F        =    0.9940
    Residual |  .011057233        11  .001005203   R-squared       =    0.0188
-------------+----------------------------------   Adj R-squared   =   -0.3380
       Total |  .011269002        15  .000751267   Root MSE        =     .0317

------------------------------------------------------------------------------
        uhat | Coefficient  Std. err.      t    P>|t|     [95% conf. interval]
-------------+----------------------------------------------------------------
        lnX1 |   .0143621   .3145833     0.05   0.964     -.678031    .7067553
        lnX4 |  -.0076551   .1213673    -0.06   0.951    -.2747828    .2594726
      uhat_1 |  -.0350813   .3478792    -0.10   0.921    -.8007583    .7305958
      uhat_2 |  -.1568783   .3484468    -0.45   0.661    -.9238046    .6100481
       _cons |  -.0821892   2.805679    -0.03   0.977    -6.257448    6.093069
------------------------------------------------------------------------------
```

图 3.5.10　残差项对变量和两阶滞后残差项回归

LM 值为 0.30068，伴随概率为 0.8604，该结果与直接采用 BG 检验完全相同。另外，也可以对滞后残差项进行受约束 F 检验。

```
. dis ((erss-e(rss))/2)/(e(rss)/11)
.10534162
. display Ftail(2, 11, ((erss-e(rss))/2)/(e(rss)/11))
.90091397
```

该 F 检验显示，滞后残差项整体系数为 0，也就是不存在二阶序列相关。

四、结论

在 2001—2016 年间，河北省粮食产量主要受粮食作物播种面积和化肥施用量两因素影响，其中，化肥施用量对粮食产量影响较大，弹性为 1.789，表明化肥施用量每增加 1%，河北省粮食产量增加 1.789%；其次，粮食作物播种面积对粮食也有显著影响，弹性为 0.983，表明播种面积每增加 1%，河北省粮食产量增加 0.983%。

复现该文旨在介绍典型计量经济学模型方法在经济学实证研究中的具体应用过程。整个数据收集、模型设定、参数估计和检验修正过程虽然简单，但是对于河北省粮食的主要影响因素及相对权重大小的论证还是比较严谨的，特别是经典计量经济学的核心知识点在这里都得到了充分应用，所以值得初学者模仿练习。

Stata 软件操作代码：

```
*数据准备
rename 年份
rename 粮食总产量万吨 Y
rename 粮食作物播种面积千亩 X1
rename 受灾面积亩 X2
rename 有效灌溉面积千亩 X3
rename 化肥施用量万吨 X4
rename 农业劳动力万人 X5
*数据变换
tsset Year
gen lnY=ln(Y)
gen lnX1=ln(X1)
gen lnX2=ln(X2)
gen lnX3=ln(X3)
gen lnX4=ln(X4)
gen lnX5=ln(X5)
*数据分析之回归分析
reg lnY lnX1 lnX2 lnX3 lnX4 lnX5
estat dwatson
display invFtail(e(df_m),e(df_r),.05)
display invttail(e(df_r),.025)
correlate lnY lnX1 lnX2 lnX3 lnX4 lnX5
*数据分析之逐步回归
reg lnY lnX4
estat dwatson
reg lnY lnX1 lnX4
reg lnY lnX1 lnX2 lnX4
reg lnY lnX1 lnX4
*数据分析之计量经济检验
estat dwatson
estat hettest, rhs iid
predict uhat, residual
gen uhat2=uhat*uhat
reg uhat2 lnX1 lnX4
display e(F)
display invFtail(e(df_m),e(df_r),.05)
display Ftail(e(df_m),e(df_r),e(F))
```

```
display (e(r2)/e(df_m))/((1-e(r2))/(e(N)-e(df_m)-1))
display
Ftail(e(df_m),e(N)-e(df_m)-1,(e(r2)/e(df_m))/((1-e(r2))/(e(N)-e(df_m)
-1)))
display e(N)*e(r2)
display invchi2tail(e(df_m),.05)
display chi2tail(e(df_m),e(N)*e(r2))
reg lnY lnX1 lnX4
estat dwatson
estat bgodfrey,l(2)
gen uhat_1=L1.uhat
gen uhat_2=L2.uhat
replace uhat_1=0 in 1
replace uhat_2=0 in 1
replace uhat_2=0 in 2
reg uhat lnX1 lnX4 uhat_1 uhat_2
display e(N)*e(r2)
display chi2tail(2, e(N)*e(r2))
reg uhat lnX1 lnX4
gen erss=e(rss)
reg uhat lnX1 lnX4 uhat_1 uhat_2
dis ((erss-e(rss))/2)/(e(rss)/11)
display Ftail(2,11,((erss-e(rss))/2)/(e(rss)/11))
```

第六节　时间序列数据的平稳性

前面讨论的时间序列数据模型主要是放宽基本假定序列相关问题，更多的是自相关系数的绝对值小于1的情况。当讨论自相关系数等于1或持续增长、收缩变量之间的关系时，标准的估计量和统计量可能存在严重的误导，这就是时间序列数据的平稳性问题。平稳性隐含着数据的随机抽样假定，由此可以保证估计量的良好性质。若直接对不平稳数据进行回归分析，则可能出现虚假回归。考虑时间序列数据的持续性，需要讨论分布滞后模型，在此基础上讨论各种情形下的单位根检验，以检验时间序列数据的平稳性。

一、分布滞后模型与随机趋势

考虑到时间序列数据的持续性特点，需要引入分布滞后模型。

(一)分布滞后模型

无限分布滞后(infinite distributed lag,IDL)模型

$$Y_t=\alpha_0+\beta_0X_t+\beta_1X_{t-1}+\beta_2X_{t-2}+\cdots+\mu_t$$

理论上,X 的滞后可以追溯到无限过去。当然模型只是对现实的近似,一般采用有理分布滞后模型。

有理分布滞后(rational distributed lag,RDL)模型

$$Y_t=\alpha_0+\gamma_0X_t+\rho Y_{t-1}+\gamma_1X_{t-1}+\mu_t$$

(二)随机趋势

随机趋势(stochastic trends)类似于确定性趋势,只是趋势变量在每个时期的变动不再是一个常数,而是一个随机量。随机趋势变量可以定义为

$$Y_t=Y_{t-1}+\alpha+\varepsilon_t$$

其中,α 是一个常数,而 ε_t 是一个满足 $E(\varepsilon_t)=0$ 的随机变量。

对于确定性趋势而言,时间趋势对于 Y 的影响是每期都增加 β_1,即从 β_1t 增加到 $\beta_1(t+1)$。而随机时间趋势变量的影响是,每期都平均增加 α,实际增量是 $\alpha+\varepsilon_t$,它是一个随机变量,而不是一个常数。由于

$$Y_t=Y_{t-1}+\alpha+\varepsilon_t=Y_{t-2}+\alpha+\varepsilon_{t-1}+\alpha+\varepsilon_t=Y_0+\alpha t+\sum_{j=1}^{t}\varepsilon_j$$

就像 β_1t 一样,Y_t 包含了过去 Y 的所有增加量($\alpha+\varepsilon_1,\alpha+\varepsilon_2,\cdots,\alpha+\varepsilon_{t-1}$),加上一个新增加量($\alpha+\varepsilon_t$)。对于确定趋势而言,每一期增加量都相同;对于一个随机趋势而言,每一期增加量都是随机变量。当 $\alpha\neq0$ 时,这个随机趋势就包含一个确定性趋势成分 αt。

随机趋势变量具有特征

$$E(Y_t)=Y_0+\alpha t$$

$$\mathrm{Var}(Y_t)=t\sigma_\varepsilon^2+2\sum_{j=1}^{t}\sum_{k>j}\mathrm{Cov}(\varepsilon_j,\varepsilon_k)$$

只要对于任意 $j\neq k$,都存在 $\mathrm{Cov}(\varepsilon_j,\varepsilon_k)$ 有下界 σ_ε^2,那么上述方差就无限增大。由于随机趋势变量方差随时间增加而增加,所以随机趋势变量不是协方差平稳的。

常见的随机趋势变量包括白噪声、随机游走等。

1. 白噪声(white noise)

随机时间序列{ X_t }

$$X_t=\mu_t$$

$$\mu_t\sim N(0,\sigma^2)$$

由于白噪声是零均值、同方差,且协方差为零,因此是平稳序列。

2. 随机游走(random walk)[①]

序列由如下随机过程生成

$$X_t = X_{t-1} + \mu_t$$

这里,μ_t 是一个白噪声。随机游走是非平稳序列。

证明:设 X_t 的初值为 X_0,则

$$X_1 = X_0 + \mu_1$$
$$X_2 = X_1 + \mu_2 = X_0 + \mu_1 + \mu_2$$
$$\vdots$$
$$X_t = X_0 + \mu_1 + \mu_2 + \cdots + \mu_t$$

由于初值 X_0 是常数,μ_t 是一个白噪声,因此 $\mathrm{Var}(X_t) = t\sigma^2$,即随机游走序列的方差与时间 t 有关而非常数,故它是非平稳序列。

对 X_t 进行**一阶差分**(first difference)

$$\Delta X_t = X_t - X_{t-1} = \mu_t$$

由于 μ_t 是一个白噪声,则序列 $\{\Delta X_t\}$ 是平稳的。当然,随机游走是一阶自回归 AR(1)过程的特例

$$X_t = \rho X_{t-1} + \mu_t$$

(三)独立随机、自回归和随机游走序列模拟

虽然从理论上讨论变量的期望、方差就可以大致把握变量的特点,但是为了更直观感性地认识随机趋势变量,下面采用 Stata 软件随机模拟独立随机、一阶自回归和随机游走变量,并分别画出 3 幅图形。图 3.6.1 画出了 $Y_t = e_t$ 的 100 次观测的 3 幅实现图。这些观测就是白噪声,3 幅图彼此相似。容易看出,观测频繁穿越纵坐标为 0 的水平线,意味着这些观测的均值为 0,且波动幅度较小。

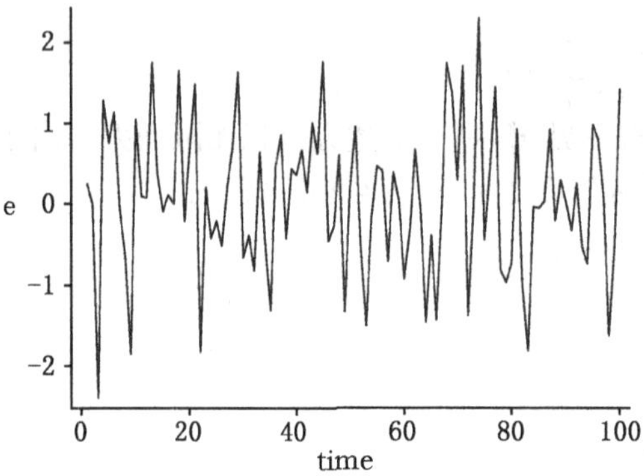

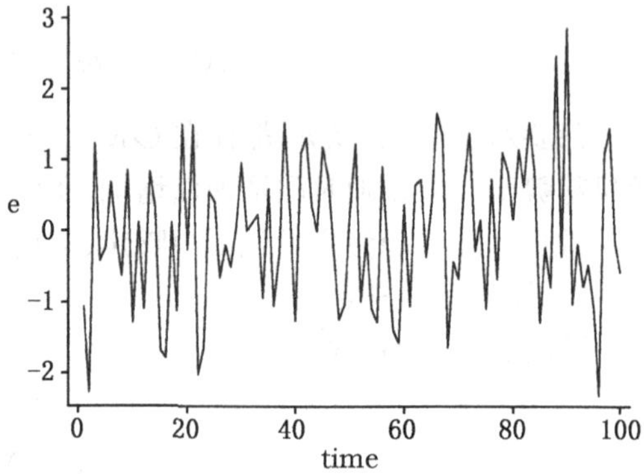

① 普林斯顿大学的马尔基尔(Burton G. Malkiel)教授写过一本投资经典《华尔街漫步》(*A Random Walk Down Wall Street*,1973)。在 2018 年第 11 版前言中有一段关于随机游走的话,"最新版严格地检验了以前各版一直持有的有关股市'随机游走'的基本观点:股市对股票的定价非常有效,连被蒙住眼睛的猴子朝报纸股票行情版投掷飞镖,完全随机地选出的投资组合,也能获得与专家管理的投资组合一样的业绩。经过 40 年,这一观点一直颠扑不破。"

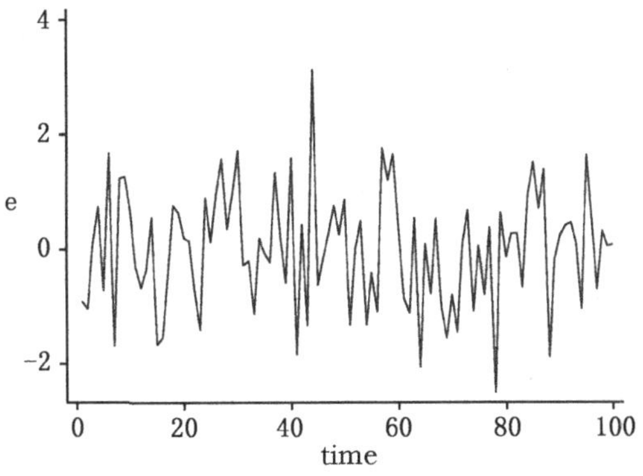

图 3.6.1　100 次独立观测的 3 幅图形

图 3.6.2 给出了 $Y_t=e_t, e_t=0.9e_{t-1}+\nu_t$ 的 100 次观测的 3 幅实现图。这些观测不像图 3.6.1 那样频繁地穿越纵坐标为 0 的水平线，表现出序列相关性，波动幅度较大。

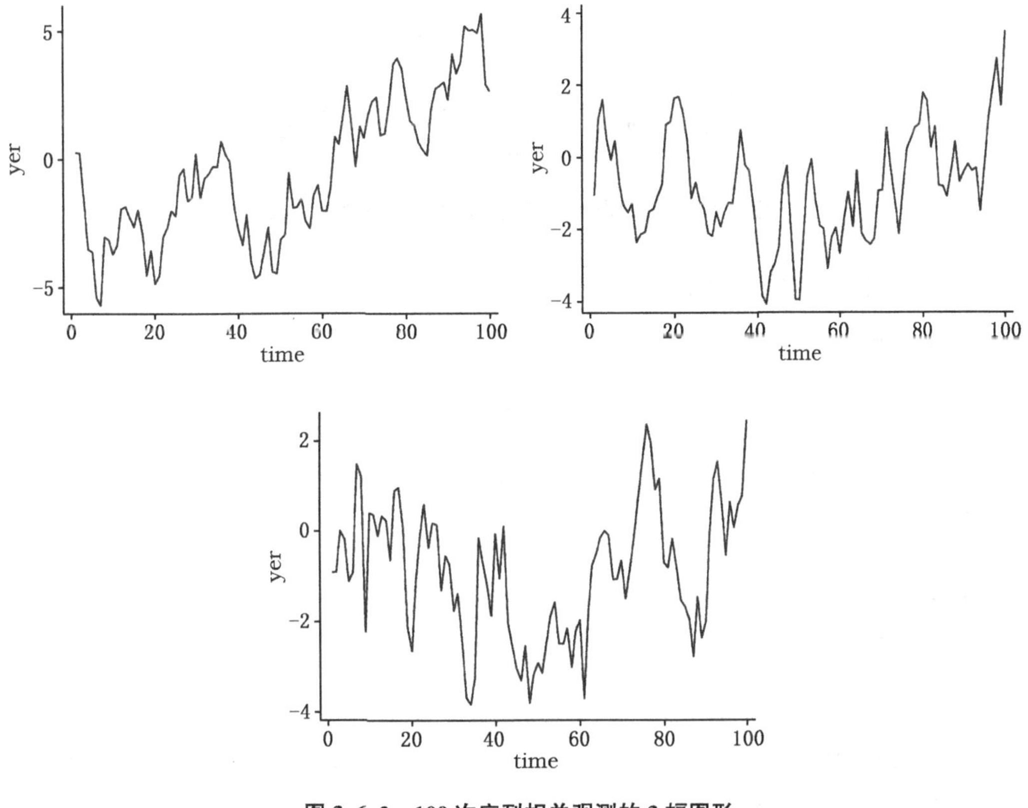

图 3.6.2　100 次序列相关观测的 3 幅图形

图 3.6.3 是随机游走变量 100 次观测的 3 幅图形。由于随机游走的持续性，3 幅图形彼此差异很大。

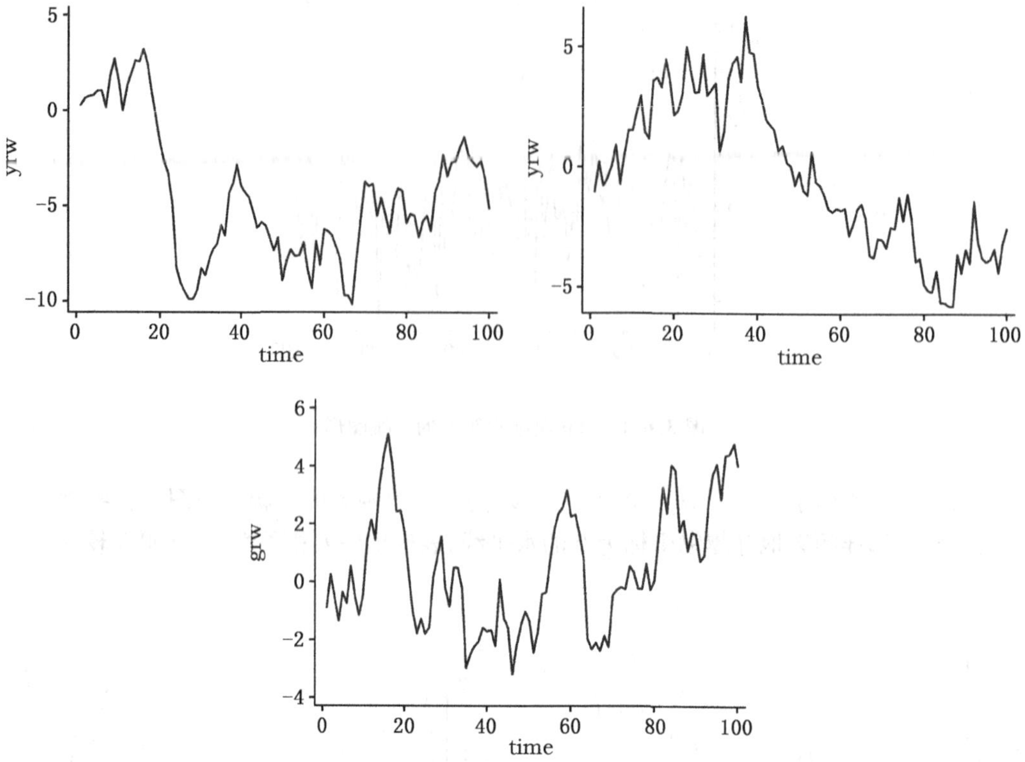

图 3.6.3 随机游走变量的100次观测的3幅图形

Stata软件随机模拟代码:

```
*白噪声数据设定
clear all
set obs 100
set seed 101/103/105
gen time=_n
tsset time
*白噪声模拟
generate e = rnormal()
line e time
*自回归数据设定
set seed 107/109/111
generate v = rnormal()
*随机游走数据设定
set seed 113/115/117
generate w = rnormal()
```

```
*自回归模拟
/*Auto Regression*/
gen yar=e in 1
replace yar=0.9*L.yar+v in 2/100
line yar time
*随机游走模拟
/*Random walk*/
gen yrw=e in 1
replace yrw=L.yrw+w in 2/100
line yrw time
```

总的看，随机游走序列与独立随机、一阶自回归序列在穿越水平轴频次、波动幅度和趋势性方面差异很大。特别地，随机游走就是一阶自回归序列

$$Y_t=\rho Y_{t-1}+e_t$$

在 $\rho=1$ 时的一阶自回归过程。当然，由于发散情形意味着过去的冲击对解释变量的影响越来越大，与经济现象没有太大关系，所以一阶自回归序列通常考虑的是 $|\rho|<1$ 的情形。

随机游走过程的典型特征是，随着时间推移，解释变量波动范围大，一旦离开期望值，就可能永远偏离这个期望值。通过倾斜随机游走图像，会发现这些数据具有一个非零的漂移项。而独立随机序列和一阶自回归序列的特征是，数据很少持续保持在其期望值的一边，相隔很长时间的不同时期的实现值几乎没有关系。倾斜这些图形，会发现这些数据具有一个确定性趋势。

这里要强调的是，随机游走图像反映了具有随机趋势数据相对平滑的共同特点，独立随机和一阶自回归序列的图像反映了不具有随机趋势的序列的共同特点。

二、回归模型中的随机趋势

(一)随机趋势的持续性特点

当回归模型中出现一个确定性趋势时，由于 OLS 估计量仍然是无偏和正态分布的，所以它既不会改变常用估计量性质，也不会影响检验程序的有效性。

当一个回归模型中出现随机趋势时，比如

$$Y_t=\beta_0+\beta_1 X_t+e_t$$

其中，X_t 包含一个随机趋势。

由于

$$\hat{\beta}_1=\beta_1+\sum x_t e_t/\sum x_t^2$$

如果

$$\text{Plim}(\hat{\beta}_1)=\beta_1$$

那么

$$\text{Plim}(\sum x_t e_t / \sum x_t^2)=0$$

$\hat{\beta}_1$ 就是一致的。

由于随机趋势变量的无界性,所以大数定律和中心极限定理可能不再适用。

对于确定性趋势变量,考虑一个包含确定性趋势的变量 Y

$$Y_t-Y_{t-1}=\beta_0+\beta_1 t+e_t-\beta_0-\beta_1(t-1)-e_{t-1}=\beta_1+e_t-e_{t-1}$$

这里,Y_{t-1} 对趋势 $\beta_0+\beta_1 t$ 的偏离 e_{t-1} 在引入新的偏离 e_t 时被消除了。也就是说,每一期的 Y 在新的冲击前回到它的趋势线上。这在图像上表现为观测围绕趋势线来回波动的倾向。对于一阶自回归系数 $|\rho|<1$ 的序列相关干扰,虽然也表现出回复均值的特征,但是在趋势线之上或之下的连续观测有一定的持续性。

而包含一个随机趋势的 Y

$$Y_t=Z_t+e_t$$

其中,$Z_t=Z_{t-1}+\alpha+\nu_t$。

$$Y_t-Y_{t-1}=Z_t+e_t-Z_{t-1}-e_{t-1}=\alpha+\nu_t+e_t-e_{t-1}$$

随着 e_t 的引入,e_{t-1} 被消除了,但是引入 ν_t,ν_{t-1} 并没有去除。也就是说,从一个时期到另一个时期,没有回到它的趋势或均值上。随机趋势变量没有出现均值复归,这就解释了图 3.1.3 中用带有确定性趋势的宏观经济变量建模是不恰当的。

随机趋势变量不会向其均值复归。一旦出现在其均值的一侧,就有持续停留在那一侧的趋势。而不含随机趋势的变量随机地围绕其均值来回波动,当然在干扰项序列相关时会有一些持续。这就使得在大样本时随机趋势变量与无趋势变量不相关。在多元回归中,一个解释变量具有随机趋势,而干扰项满足高斯—马尔科夫假定,那么这个解释变量与干扰项是渐近无关的。

(二)解释变量具有随机趋势,而干扰项不具有随机趋势

如果一个解释变量具有随机趋势,而干扰项不具有随机趋势,那么 OLS 能够给出一致估计。

一个样本中 X 和 ε 的相关系数

$$\frac{\text{Cov}(X,\varepsilon)}{\sqrt{\text{Var}(X)}\sqrt{\text{Var}(\varepsilon)}}=\frac{\frac{1}{T}\sum z_t x_t}{\sqrt{\frac{1}{T}\sum z_t^2}\sqrt{\frac{1}{T}\sum \varepsilon_t^2}}$$

当 X 包含一个随机趋势,而 ε 不含随机趋势时,两者是渐近无关的,所以该相关系数依概率收敛于 0。

$$\text{Plim}\left[\frac{\text{Cov}(X,\varepsilon)}{\sqrt{\text{Var}(X)}\sqrt{\text{Var}(\varepsilon)}}\right]=\text{Plim}\left(\frac{\frac{1}{T}\sum x_t\varepsilon_t}{\sqrt{\frac{1}{T}\sum x_t^2}\sqrt{\frac{1}{T}\sum \varepsilon_t^2}}\right)=0$$

类似地，将其分母中的$\frac{1}{T}\sum\varepsilon_t^2$换成$\frac{1}{T}\sum x_t^2$得到

$$\hat{\beta}_1-\beta_1=\text{Plim}\left(\frac{\frac{1}{T}\sum x_t\varepsilon_t}{\sqrt{\frac{1}{T}\sum x_t^2}\sqrt{\frac{1}{T}\sum x_t^2}}\right)=\text{Plim}\left(\frac{\sum x_t\varepsilon_t}{\sum x_t^2}\right)=0$$

用$\frac{1}{T}\sum x_t^2$替换$\frac{1}{T}\sum\varepsilon_t^2$后的式子收敛速度更快。因为前者无限增大，而后者收敛到一个非零常数σ^2。于是，$\hat{\beta}_1$是β_1的一个一致估计。

虽然大数定律在无界方差中成立，但是中心极限定理却不成立。于是，$\hat{\beta}_1$不再是渐近正态分布。

(三)随机趋势对回归的影响

对于模型

$$Y_t=\beta_0+\beta_1X_t+e_t$$

其中，干扰项与解释变量同期无关。

对于该模型中的随机趋势，如果干扰项含有一个随机趋势，而X不含随机趋势，那么Y一定含有一个随机趋势；反过来，如果Y含有一个随机趋势，X不能解释这种随机趋势，那么干扰项一定包含一个随机趋势。当然，如果Y含有一个随机趋势，X能解释这种随机趋势，那么干扰项就不包含随机趋势。

考虑解释变量和干扰项是否包含随机趋势的情形：

(i)当X和e都不包含随机趋势时，$\hat{\beta}_1$是β_1的一致估计，且基于t分布的t检验和基于F分布的F检验都是渐近有效的(需要特别指出的是，只要干扰项不含趋势项，对于均值为0且不含随机趋势的解释变量，在模型中引入含有随机趋势的解释变量不会改变其系数的OLS估计量的优良性质)。

(ii)当X含有一个随机趋势而e不含随机趋势时，$\hat{\beta}_1$是β_1的一致估计，但是$\hat{\beta}_1$的渐近分布通常不是正态分布，所以常用的t检验和F检验一般都不成立。

(iii)当X不含随机趋势而e含有一个随机趋势时，在

$$\frac{\frac{1}{T}\sum x_t\varepsilon_t}{\frac{1}{T}\sum x_t^2}$$

的分子中e具有无界方差，而分母收敛于一个非零常数。这时，大数定律和中心极限定理都不成立。$\hat{\beta}_1$不再收敛于β_1，常用的检验也不成立。

(iv)当X和e都含随机趋势时，在

$$\frac{\frac{1}{T}\sum x_t\varepsilon_t}{\frac{1}{T}\sum x_t^2}$$

的分子和分母中都有无界方差。这时,大数定律和中心极限定理都不成立。$\hat{\beta}_1$ 不再收敛于 β_1,常用的检验也不成立。这种情形就是通常所说的虚假回归,即一个随机趋势变量对于另一个不相关的随机趋势变量的回归,由于通常的 t 检验会大概率拒绝 $\beta_1=0$ 这个正确的虚拟假设。

简单地说,被解释变量或解释变量含有随机趋势,都会导致 OLS 估计缺陷。

例 3.6.1 货币幻觉

"货币幻觉"一词是美国经济学家欧文·费雪(Irving Fisher)于 1928 年提出来的,是货币政策的通货膨胀效应。它是指人们只是对货币的名义价值做出反应,而忽视其实际购买力变化的一种心理错觉。经济理论认为,理性的家庭不会遭遇货币幻觉的影响,也就是说,价格水平及其变化不会影响家庭实际消费决策等实际经济结果,只有真实收入和相对价格才决定实际消费的选择。

为检验货币幻觉假设,可以将实际人均消费的对数对通货膨胀率进行回归,如果通货膨胀率影响了实际消费,那么货币幻觉就存在。

图 3.6.4 给出了 1948—1998 年间美国实际人均消费和通货膨胀率随时间变化的情况。可以看出,实际消费随着时间不断增长,而通货膨胀率却没有明显的增长趋势。

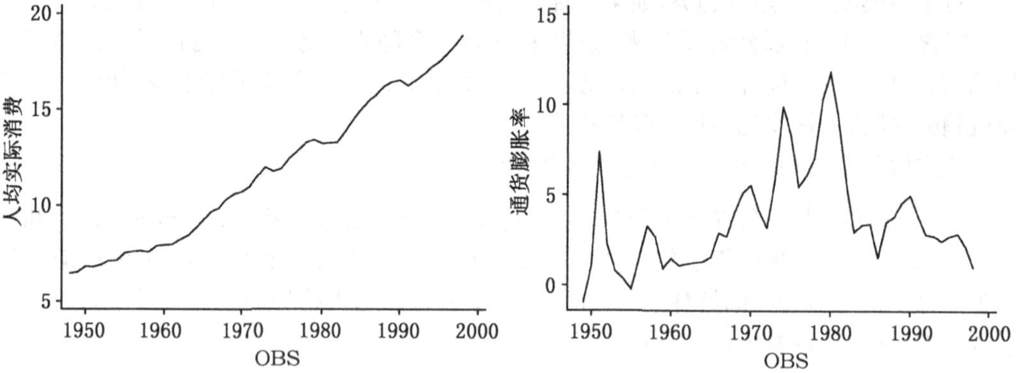

资料来源:美国商务部。

图 3.6.4 1948—1998 年间实际人均消费和通货膨胀率

没有随机趋势的通货膨胀不可能解释消费的增加趋势,可以考虑在实际人均消费与通货膨胀率之间的回归模型中引入一个时间趋势变量,以刻画消费的行为特征。采用双对数模型形式,就可以将回归系数解释为通货膨胀率变化 1%导致消费变动 β_1%。回归结果如图 3.6.5 所示,同时报告了 D. W. 统计量,如图 3.6.6 所示。

Source	SS	df	MS			
				Number of obs	=	50
				F(2, 47)	=	2676.79
Model	5.28221059	2	2.6411053	Prob > F	=	0.0000
Residual	.046373376	47	.000986668	R-squared	=	0.9913
				Adj R-squared	=	0.9909
Total	5.32858397	49	.108746612	Root MSE	=	.03141

lnCnsmptn	Coefficient	Std. err.	t	P>|t|	[95% conf.	interval]
lnInflatio	.000065	.0000166	3.92	0.000	.0000316	.0000983
Trend	.02214	.0003206	69.06	0.000	.0214951	.022785
_cons	1.834504	.0097797	187.58	0.000	1.81483	1.854178

图 3.6.5 回归结果

```
Durbin-Watson d-statistic(  3,    50) =  .5765573
```

图 3.6.6 D. W. 统计量结果

进行序列相关的 D. W. 检验。在 5%的显著性水平下，$T=51$，$k+1=3$，查表得 $d_L=1.462$，$d_U=1.628$。由于 D. W. $<d_L$，所以模型存在序列相关，采用尼威—韦斯特序列相关标准误结果如图 3.6.7 所示。根据标准 t 分布临界值，通货膨胀系数的 t 统计量 3.07 使得拒绝实际人均消费的对数不受通货膨胀影响的虚拟假设。也就是说，消费者似乎受到货币幻觉的影响。

Regression with Newey-West standard errors	Number of obs	=	50
Maximum lag = 3	F(2, 47)	=	1355.18
	Prob > F	=	0.0000

lnCnsmptn	Coefficient	Newey-West std. err.	t	P>|t|	[95% conf.	interval]
lnInflatio	.000065	.0000212	3.07	0.004	.0000224	.0001076
Trend	.02214	.000444	49.86	0.000	.0212468	.0230333
_cons	1.834504	.0141617	129.54	0.000	1.806014	1.862993

图 3.6.7 报告尼威—韦斯特序列相关标准误的回归结果

如果消费和通货膨胀都包含随机趋势，那么

$$\ln(Cnsmptn)=\beta_0+\beta_1 t+\beta_2\ln(Infl)+e_t$$

如果没有货币幻觉，则 $\beta_2=0$，且

$$\ln(Cnsmptn)=\beta_0+\beta_1 t+e_t$$

如果 $\ln(Cnsmptn)$包含一个随机趋势，那么 e_t 就包含随机趋势。大数定律和中心极限定理就都不适用了。

将实际人均消费的对数对通货膨胀率进行回归是一个典型的虚假回归：2 个无关的随

机趋势变量相互回归,其中标准的 t 检验大概率拒绝变量之间没有关系的正确虚拟假设。

为对一个变量是否包含随机趋势进行检验,需要进行单位根检验。

该例的 Stata 操作代码:

```
use "E:\econometrics\Illusion.dta", clear
tsset Obs
line Cnsmptn Obs
line Inflatio Obs
gen lnInflatio=Inflatio*100
gen lnCnsmptn=ln(Cnsmptn)
reg lnCnsmptn lnInflatio Trend
estat dwatson
newey lnCnsmptn lnInflatio Trend, lag(3)
```

三、单位根检验

时间序列分析的一个隐含假设是,这些数据是**平稳**(stationary)的。时间序列的平稳性可以替代随机抽样假定。

涉及时间序列数据的另一个问题是**虚假回归**(spurious regression),即如果有两列时间序列数据表现出一致的变化趋势(非平稳的),即使它们没有任何有意义的关系,但进行回归也可表现出较高的可决系数。在现实经济生活中,情况往往是实际的时间序列数据是非平稳的,而且主要的经济变量如消费、收入、价格往往表现为一致的上升或下降,这样,仍然通过前面的因果关系模型进行分析,一般不会得到有意义的结果。

由于随机游走序列是非平稳的,反过来将 $\rho=1$ 看作该模型具有单位根,则模型是非平稳的。这样,在很多情况下,需要规范地检验单位根。检验单位根的一种简单方法可以从 AR(1)模型开始

$$Y_t=\alpha+\rho Y_{t-1}+e_t, t=1,2,\cdots \tag{3.6.1}$$

其中,Y_0 是观测的初始值。令$\{e_t\}$表示一个在给定 Y 的过去值时均值为 0 的过程

$$E(e_t|Y_{t-1},Y_{t-2},\cdots,Y_0)=0 \tag{3.6.2}$$

在条件(3.6.2)下,$\{e_t\}$被称为$\{Y_{t-1},Y_{t-2},\cdots\}$的**鞅差分序列**(martingale difference sequence)。

如果$\{Y_t\}$服从式(3.6.1),当且仅当 $\rho=1$ 时,它有单位根。这时,根据截距项的不同,$\{Y_t\}$服从带截距或不带截距的随机游走。

于是,虚拟假设是$\{Y_t\}$有一个单位根

$$H_0: \rho=1 \tag{3.6.3}$$

备择假设是

$$H_1: \rho<1 \tag{3.6.4}$$

在实践中，这意味着 $0<\rho<1$，因为检验其为单位根序列，$\rho<0$ 的可能性很小，而 $\rho>1$ 则意味着 $\{Y_t\}$ 发散。

当 $|\rho|<1$ 时，$\{Y_t\}$ 是一个稳定的 $AR(1)$ 过程，即它是弱相依或渐近无关的。因此，检验式(3.6.1)的单位根，实际上就是相对于 $\{Y_t\}$ 是 I(0)而检验 $\{Y_t\}$ 是 I(1)。

进行单位根检验的一个简单方程是将式(3.6.1)两边同时减去 Y_{t-1}，并令 $\theta=\rho-1$

$$\Delta Y_t=\alpha+\theta Y_{t-1}+e_t, t=1,2,\cdots \tag{3.6.5}$$

在条件(3.6.2)下，这是一个动态完备模型。

此时，虚拟假设为

$$H_0: \theta=0 \tag{3.6.6}$$

备择假设是

$$H_1: \theta<0 \tag{3.6.7}$$

由于式(3.6.6)成立时，Y_{t-1} 是 I(1)，所以 t 统计量的渐近标准正态分布不适用。t 统计量在 H_0 下的渐近分布被称为 **DF 分布**(Dickey-Fuller distribution)，由此得到的检验被称为单位根的 **DF 检验**(Dickey-Fuller test)。t 统计量在不同显著水平上的大样本临界值(critical value)见表 3.6.1。

表 3.6.1　单位根 t 检验的渐近临界值：无时间趋势

T/显著性水平	0.01	0.05	0.10
25	−3.75	−3.00	−2.63
50	−3.58	−2.93	−2.60
100	−3.51	−2.89	−2.58
500	−3.44	−2.87	−2.57
∞	−3.43	−2.86	−2.57

显然，表 3.6.1 的结果与标准正态分布区别较大，比如，在 5%的显著性水平上，标准正态分布临界值为−1.65，而这里是−2.86。如果 $t_{\hat{\theta}}<cv$，其中，cv 是表 3.6.1 中的临界值，就拒绝原假设。

例 3.6.2　检验 3 个月期国库券利率的单位根

$$\widehat{\Delta r3_t}=0.625-0.091r3_{t-1}$$
$$(0.261)\quad(0.037)$$
$$n=123, R^2=0.048$$

$r3_{t-1}$ 的系数表明，ρ 的估计值为 $\hat{\rho}=1+\hat{\theta}=0.909$。虽然它小于 1，但是无法判断是否统计上小于 1。$r3_{t-1}$ 的 t 统计量为$(-0.091)/0.037=-2.46$。根据表 3.6.1，10%的临界值为−2.57，所以在 10%的水平上无法对 $H_1: \rho<1$ 拒绝 $H_0: \rho=1$。这意味着 $\{r3_t\}$ 有相当程度的持续性，不能被简单用于回归分析模型中。

对于例 3.6.1 中的通货膨胀率，对其滞后项进行回归，结果如图 3.6.8 所示。

对于虚拟假设 $\rho=1$ 的 t 统计量

Source	SS	df	MS			
				Number of obs	=	49
				F(1, 47)	=	64.06
Model	.021187982	1	.021187982	Prob > F	=	0.0000
Residual	.015545908	47	.000330764	R-squared	=	0.5768
				Adj R-squared	=	0.5678
Total	.03673389	48	.000765289	Root MSE	=	.01819

Inflation	Coefficient	Std. err.	t	P>|t|	[95% conf.	interval]
Inflation						
L1.	.7447079	.0930465	8.00	0.000	.5575223	.9318934
_cons	.0098778	.0043219	2.29	0.027	.0011833	.0185723

图 3.6.8 通货膨胀率对其滞后项回归

$$t=\frac{\hat{\rho}-1}{0.0930465}=\frac{0.7447079-1}{0.0930465}\approx -2.744$$

由于该统计量大于 DF 检验 5%的临界值−2.86,所以不能拒绝通货膨胀率含有一个单位根的虚拟假设。

直接做 DF 检验,就不必计算这个 t 统计量,它直接出现在输出结果中。图 3.6.9 是将通货膨胀率的变动对滞后通货膨胀率进行回归的结果,$t=-2.74$ 直接出现在图中。图 3.6.10 是 DF 检验结果。当然,两者完全一样。

Source	SS	df	MS			
				Number of obs	=	49
				F(1, 47)	=	7.53
Model	.002489962	1	.002489962	Prob > F	=	0.0086
Residual	.015545909	47	.000330764	R-squared	=	0.1381
				Adj R-squared	=	0.1197
Total	.01803587	48	.000375747	Root MSE	=	.01819

D.Inflation	Coefficient	Std. err.	t	P>|t|	[95% conf.	interval]
Inflation						
L1.	-.2552921	.0930465	-2.74	0.009	-.4424777	-.0681066
_cons	.0098778	.0043219	2.29	0.027	.0011833	.0185723

图 3.6.9 通货膨胀率中随机趋势的回归

```
Dickey-Fuller test for unit root            Number of obs  = 49
Variable: Inflation                         Number of lags =  0

H0: Random walk without drift, d = 0
```

	Test statistic	Dickey-Fuller critical value 1%	5%	10%
Z(t)	-2.744	-3.587	-2.933	-2.601

MacKinnon approximate *p*-value for Z(t) = 0.0668.

Regression table

D.Inflation	Coefficient	Std. err.	t	P>|t|	[95% conf. interval]	
Inflation L1.	-.2552921	.0930465	-2.74	0.009	-.4424777	-.0681066
_cons	.0098778	.0043219	2.29	0.027	.0011833	.0185723

图 3.6.10　DF 检验

既然不能拒绝通货膨胀率含有一个单位根，也就无法拒绝货币幻觉回归模型是虚假回归。

Stata 操作代码为：

```
gen Inflation= Inflatio/100
reg Inflation L.Inflation
reg D.Inflation L.Inflation
dfuller Inflation, reg
```

对于更复杂的情况，如

$$\Delta Y_t=\alpha+\theta Y_{t-1}+\gamma_1\Delta Y_{t-1}+e_t,t=1,2,\cdots \tag{3.6.8}$$

其中，$|\gamma_1|<1$。这就确保在 $H_0:\theta=0$ 下$\{\Delta Y_t\}$服从一个稳定的 AR(1)过程。在备择假设 $H_1:\theta<0$ 下，$\{Y_t\}$服从一个稳定的 AR(2)过程。

这里实际上假定了时间序列是由具有白噪声随机误差项的一阶自回归过程 AR(1)生成的。但在实际检验中，时间序列可能是由更高阶的自回归过程生成的，或者随机误差项并非白噪声，这样用 OLS 法进行估计均会表现出随机误差项出现**自相关**(autocorrelation)，导致 DF 检验无效。另外，如果时间序列包含有明显的随时间变化的某种趋势(如上升或下降)，则也容易导致上述检验中的自相关随机误差项问题。

更一般地，如果有 p 期滞后，情况基本一样，则仍然是对 Y_{t-1} 的系数 $\hat{\theta}$ 进行 t 检验。另外，如果时间序列包含明显的随时间变化的某种趋势，则必须除去这些趋势，否则时间趋势成分会进入随机干扰项。为了保证随机干扰项的白噪声特性，需要扩充 DF 检验，形

成 **ADF 检验**(augmented Dickey-Fuller test):

模型 1:

$$\Delta Y_t = \theta Y_{t-1} + \sum_{i=1}^{m} \gamma_i \Delta Y_{t-i} + e_t, t = 1,2,\cdots \tag{3.6.9}$$

模型 2:

$$\Delta Y_t = \alpha + \theta Y_{t-1} + \sum_{i=1}^{m} \gamma_i \Delta Y_{t-i} + e_t, t = 1,2,\cdots \tag{3.6.10}$$

模型 3:

$$\Delta Y_t = \alpha + \delta t + \theta Y_{t-1} + \sum_{i=1}^{m} \gamma_i \Delta Y_{t-i} + e_t, t = 1,2,\cdots \tag{3.6.11}$$

模型 3 中 t 是时间变量,代表时间序列随时间变化的某种趋势(如果有的话)。3 个模型的虚拟假设都是 $H_0: \theta=0$,即存在一个单位根。模型 1 与另两个模型的差别在于是否包含常数项和趋势项。

实际检验是从模型 3 开始,然后是模型 2、模型 1。何时检验拒绝零假设,即原序列不存在单位根,为平稳序列,何时检验停止;否则,就要继续检验,直到检验完模型 1 为止。检验原理与 DF 检验相同,只是对模型 1、2、3 进行检验时有各自相应的临界值表。表 3.6.2 给出了 3 个模型所使用的 ADF 分布临界值表。

表 3.6.2　　不同模型使用的 ADF 分布临界值表

模型	统计量	样本容量	0.01	0.025	0.05	0.10
1	τ_θ	25	−2.66	−2.26	−1.95	−1.60
		50	−2.62	−2.25	−1.95	−1.61
		100	−2.60	−2.24	−1.95	−1.61
		250	−2.58	−2.23	−1.95	−1.61
		500	−2.58	−2.23	−1.95	−1.61
		>500	−2.58	−2.23	−1.95	−1.61
2	τ_θ	25	−3.75	−3.33	−3.00	−2.62
		50	−3.58	−3.22	−2.93	−2.60
		100	−3.51	−3.17	−2.89	−2.58
		250	−3.46	−3.14	−2.88	−2.57
		500	−3.44	−3.13	−2.87	−2.57
		>500	−3.43	−3.12	−2.86	−2.57
	τ_α	25	3.41	2.97	2.61	2.20
		50	3.28	2.89	2.56	2.18
		100	3.22	2.86	2.54	2.17
		250	3.19	2.84	2.53	2.16
		500	3.18	2.83	2.52	2.16
		>500	3.18	2.83	2.52	2.16

续表

模型	统计量	样本容量	0.01	0.025	0.05	0.10
3	τ_θ	25	−4.38	−3.95	−3.60	−3.24
		50	−4.15	−3.80	−3.50	−3.18
		100	−4.04	−3.73	−3.45	−3.15
		250	3.99	3.60	−3.43	−3.13
		500	−3.98	−3.68	−3.42	−3.13
		>500	−3.96	−3.66	−3.41	−3.12
	τ_α	25	4.05	3.59	3.20	2.77
		50	3.87	3.47	3.14	2.75
		100	3.78	3.42	3.11	2.73
		250	3.74	3.39	3.09	2.73
		500	3.72	3.38	3.08	2.72
		>500	3.71	3.38	3.08	2.72
	τ_δ	25	3.74	3.25	2.85	2.39
		50	3.60	3.18	2.81	2.38
		100	3.53	3.14	2.79	2.38
		250	3.49	3.12	2.79	2.38
		500	3.48	3.11	2.78	2.38
		>500	3.46	3.11	2.78	2.38

一个简单的检验是同时估计出上述3个模型的适当形式，然后通过ADF临界值表检验零假设 $H_0: \theta=0$。只要其中一个模型的检验结果拒绝了零假设，就可以认为时间序列是平稳的。当3个模型的检验结果都不能拒绝零假设时，则认为时间序列是非平稳的。这里所谓模型适当的形式就是在每个模型中选取适当的滞后差分项，以使模型的残差项是一个白噪声(主要保证不存在自相关)。

例 3.6.3　美国真实GDP对数的单位根检验

$$\Delta g\widehat{\mathrm{GDP}}_t = 1.65 + 0.059t - 0.210\ln(\mathrm{GDP}_{t-1}) + 0.264\Delta g\mathrm{GDP}_{t-1}$$
$$(0.67)(0.0027)\quad(0.087)\qquad\qquad(0.165)$$
$$T=35, R^2=0.268$$

这里，$\hat{\rho}=1-0.21=0.79$。虽然它明显小于1，但是由于 $(-0.210)/0.087=-2.41$，比10%的临界值−3.24大许多，因此不能拒绝GDP的对数存在单位根。

如果忽略时间趋势，$\hat{\theta}=-0.023$ 且 $t_{\hat{\theta}}=-1.92$，则拒绝的证据更不充分。

四、单整、趋势平稳与差分平稳随机过程

(一)单整

如果一个时间序列经过一次差分变成平稳的,就称原序列是**一阶单整**(integrated of 1)序列,记为I(1)。一般地,如果一个时间序列经过 d 次差分后变成平稳序列,则称原序列是 ***d* 阶单整**(integrated of d)序列,记为I(d)。显然,I(0)代表一个平稳时间序列。

在现实经济生活中,只有少数经济指标的时间序列表现为平稳的,如利率等,而大多数指标的时间序列是非平稳的,如一些价格指数常常是二阶单整的,以不变价格表示的消费额、收入等常表现为一阶单整。大多数非平稳的时间序列一般可通过一次或多次差分的形式变为平稳的。但也有一些时间序列,无论经过多少次差分,都不能变为平稳的,这种序列被称为非单整(non-integrated)的。

(二)趋势平稳与差分平稳随机过程

一些非平稳的经济时间序列往往表现出共同的变化趋势,而这些序列间本身不一定有直接的关联关系,这时对这些数据进行回归,尽管有较高的拟合优度,但其结果是没有任何实际意义的,这种现象称之为**虚假回归**(spurious regression)。如用中国的劳动力时间序列数据与美国GDP时间序列作回归,会得到较高的拟合优度,但不能认为两者有直接的关联关系,而只不过它们有共同的趋势罢了,这种回归结果就是虚假的。

为了避免这种虚假回归的产生,通常的做法是引入作为趋势变量的时间,这样包含有时间趋势变量的回归,可以消除这种趋势性的影响。然而这种做法,只有当趋势性变量是确定性的(deterministic)而非随机性的(stochastic)时,才会是有效的。换言之,一个包含某种确定性趋势的非平稳时间序列,可以通过引入表示这一确定性趋势的变量,而将确定性趋势分离出来。

考虑如下的含有一阶自回归的随机过程

$$Y_t=\alpha+\delta t+\rho Y_{t-1}+e_t \tag{3.6.12}$$

其中,e_t 是一个白噪声,t 为一时间趋势。

如果 $\rho=0,\delta\neq0$,则式(3.6.12)成为一个带时间趋势的随机变化过程

$$Y_t=\alpha+\delta t+e_t \tag{3.6.13}$$

根据 δ 的正负,Y_t 表现出明显的上升或下降趋势,这种趋势称为**确定性趋势**(deterministic trend)。因为时间改变1个单位,Y_t 的均值以确定不变的速度随着时间的延续而变化。

如果 $\rho=1,\delta=0$,则式(3.6.12)成为一个带位移的随机游走过程

$$Y_t=\alpha+Y_{t-1}+e_t \tag{3.6.14}$$

根据 α 的正负,Y_t 表现出明显的上升或下降趋势,这种趋势称为**随机性趋势**

(stochastic trend)。随机趋势类似于确定性趋势，只是趋势变量在每个时期的变化量不再是一个常数，而是一个变化的随机量。

对于确定性趋势而言，时间趋势对 Y_t 的影响是每期变动 δ，即从 δt 到 $\delta(t+1)$。而随机趋势对 Y_t 的影响是每期都平均变化 α，但实际变化 $\Delta Y_t=\alpha+e_t$ 是随机的，而不是一个常数。

当然，如果对 Y_t 迭代

$$Y_t=\alpha+Y_{t-1}+e_t=\alpha+(\alpha+Y_{t-2}+e_{t-1})+e_t=\cdots=Y_0+\alpha t+\sum_{t=1}^{t}e_t$$

正如 δt，Y_t 包含了过去 Y 的所有增量($\alpha+e_1,\cdots,\alpha+e_{t-1}$)，加上一个新增量 $\alpha+e_t$。对于一个确定性趋势而言，每一期的增量完全相同，而对于随机趋势，每期增量都是随机变量。如果 $\alpha\neq0$，那么这个随机趋势就包含了一个确定趋势成分 αt。

随机趋势

$$E(Y_t)=Y_0+\alpha t$$

$$\mathrm{Var}(Y_t)=\mathrm{Var}(\sum_{t=1}^{t}e_t)=\sum_{t=1}^{t}\mathrm{Var}(e_t)+2\sum_{j=1}^{t}\sum_{k>j}\mathrm{Cov}(e_j,e_k)$$

这个方差会随样本容量的扩大而无限增大，所以随机趋势变量是不平稳的。

如果 $\rho=1,\delta\neq0$，则 Y_t 包含有确定性与随机性两种趋势，即

$$Y_t=\alpha+\delta t+Y_{t-1}+e_t$$

判断一个非平稳的时间序列，它的趋势是随机性的还是确定性的，可通过 ADF 检验中所用的第三个模型进行。该模型已引入了表示确定性趋势的时间变量 t，即分离出确定性趋势的影响。因此，如果检验结果表明所给时间序列有单位根，且时间变量前的参数显著为 0，则该序列显示出随机性趋势；如果没有单位根，且时间变量前的参数显著地异于 0，则该序列显示出确定性趋势。

随机性趋势可通过差分的方法消除，如式(3.6.13)可通过差分变换为

$$\Delta Y_t=\alpha+e_t$$

该时间序列称为**差分平稳过程**(difference stationary process)；而确定性趋势无法通过差分的方法消除，只能通过除去趋势项消除。如式(3.6.14)可通过除去 δt 变换为

$$Y_t-\delta t=\alpha+e_t$$

其中，e_t 是平稳的，因此 Y_t 称为**趋势平稳过程**(trend stationary process)。

趋势平稳过程代表了一个时间序列长期稳定的变化过程，因而用于进行长期预测时则更为可靠。

五、虚假回归

在截面数据中，两个变量通过分别与第三个变量的相关关系而产生联系，称为**虚假回归问题**(spurious regression problem)。这时，如果控制了第三个变量 Z，X 对 Y 的偏效

应即等于0。

在有趋势的时间序列之间也可能发现虚假回归。去除趋势后弱相依,则只要在回归模型中加入一个时间趋势项,就能很好地解决该问题。

在一阶单整过程中,即使两个序列的均值没有趋势,但这两个I(1)序列回归时,也可能得到一个显著t统计量。例如,$\{X_t\}$和$\{Y_t\}$是由如下方程产生的随机游走

$$X_t = X_{t-1} + a_t, t = 1, 2, \cdots \tag{3.6.15}$$

$$Y_t = Y_{t-1} + e_t, t = 1, 2, \cdots \tag{3.6.16}$$

设初始值$X_0 = Y_0 = 0$,$\{a_t\}$和$\{e_t\}$是相互独立的白噪声,这意味着$\{X_t\}$和$\{Y_t\}$也是独立的。如果做回归

$$\hat{Y}_t = \hat{\beta}_0 + \hat{\beta}_1 X_t$$

并求出$\hat{\beta}_1$通常的t统计量和R^2。由于X_t与Y_t相互独立,因此应该有$\text{Plim}\,\hat{\beta}_1 = 0$。通过模拟,格兰杰和纽博尔德(Granger and Newbold,1974)证明了:即使X_t和Y_t相互独立,但在Y_t对X_t的多次回归中有很大比例会出现一个统计显著的t统计量,这种现象被称为**虚假回归**:Y和X之间根本没有关系,但使用t统计量的OLS回归往往显示它们之间存在某种关系。

格兰杰和纽博尔德认为,在分析单整数据时,应该采用一阶差分以避免变量之间的虚假回归,即如果变量关系

$$Y_t = \beta_0 + \beta_1 X_t + e_t$$

Y、X和e的无界方差使得即使β_1不是刻画典型虚假回归情形的,随着时间的推移,Y和X也将倾向于出现巨大差别,为了估计这种情形中的β_1,必须采用格兰杰—纽博尔德分析差分数据的方法,简单采用这些数据水平值使用OLS是不一致的。

如果在虚假回归设定中引入非趋势的解释变量,那么估计它们的系数就是第三种情形,这种非趋势变量的系数的OLS估计值和对它们的标准检验是不一致的。但是,当采用格兰杰—纽博尔德的分析方法差分形式的模型时,就一致地估计了这些变量的系数,标准检验也是适用的。

Y和X都包含随机趋势,e不包含随机趋势时,Y和X将倾向于剧烈变动,但Y和$\beta_1 X$不会出现太大差别,由$Y_t - \beta_1 X_t = \beta_0 + e_t$,该式右边不包含使得二者之差剧烈波动的随机趋势。这就是第二种情形,OLS能一致估计参数,但标准检验程序不再适用。要使Y包含一个随机趋势而e不包含随机趋势,就要求$\beta_1 X_t$中的随机趋势能够解释Y中的随机趋势,也就是要求Y和X是协整的。

从单整角度考虑例3.6.1。通货膨胀率变动和消费变动的ADF检验结果如图3.6.11和图3.6.12所示:

```
Augmented Dickey-Fuller test for unit root

Variable: D.Inflation                          Number of obs  = 47
                                               Number of lags =  1

H0: Random walk without drift, d = 0

                                       Dickey-Fuller
                   Test      ─────── critical value ───────
              statistic           1%           5%          10%
─────────────────────────────────────────────────────────────────
 Z(t)            -7.530       -3.600       -2.938       -2.604
─────────────────────────────────────────────────────────────────
MacKinnon approximate p-value for Z(t) = 0.0000.
```

图 3.6.11 通货膨胀率变动的 ADF 检验

```
Augmented Dickey-Fuller test for unit root

Variable: D.lnCnsmptn                          Number of obs  = 48
                                               Number of lags =  1

H0: Random walk without drift, d = 0

                                       Dickey-Fuller
                   Test      ─────── critical value ───────
              statistic           1%           5%          10%
─────────────────────────────────────────────────────────────────
 Z(t)            -4.613       -3.594       -2.936       -2.602
─────────────────────────────────────────────────────────────────
MacKinnon approximate p-value for Z(t) = 0.0001.
```

图 3.6.12 消费变动的 ADF 检验

Stata 操作代码为：

```
dfuller D.Inflation, lags(1)
dfuller D.lnCnsmptn, lags(1)
```

结果显示拒绝变量存在随机趋势的假设。

由于消费变动和通货膨胀率变动都不包含随机趋势，所以可以通过分析其一阶差分建立货币幻觉模型：

```
Durbin-Watson d-statistic(  2,    49) =  1.537752
```

消费变动对通货膨胀率变动回归的 OLS 估计见图 3.6.13。

进行序列相关的 D. W. 检验。在 5%的显著性水平下，$T=49$，$k+1=2$，查表得 $d_L=1.503$，$d_U=1.585$。由于 $d_L<$D. W. $<d_U$，所以模型可能存在序列相关，采用尼威—韦斯特序列相关标准误，结果如图 3.6.14 所示，进行广义 OLS 估计。

Source	SS	df	MS			
Model	.000367386	1	.000367386	Number of obs	=	49
Residual	.01538588	47	.000327359	F(1, 47)	=	1.12
				Prob > F	=	0.2948
Total	.015753266	48	.000328193	R-squared	=	0.0233
				Adj R-squared	=	0.0025
				Root MSE	=	.01809

D.lnCnsmptn	Coefficient	Std. err.	t	P>|t|	[95% conf.	interval]
lnInflatio D1.	-.0000143	.0000135	-1.06	0.295	-.0000414	.0000128
_cons	.0217781	.0025853	8.42	0.000	.0165771	.026979

图 3.6.13 消费变动对通货膨胀率变动回归的 OLS 估计

Stata 软件操作代码：

```
reg D.lnCnsmptn D.Inflatio
estat dwatson
```

```
Iteration 0:   rho = 0.0000
Iteration 1:   rho = 0.2083
Iteration 2:   rho = 0.2249
Iteration 3:   rho = 0.2256
Iteration 4:   rho = 0.2256
Iteration 5:   rho = 0.2256
Iteration 6:   rho = 0.2256
```

Cochrane-Orcutt AR(1) regression with iterated estimates

Source	SS	df	MS			
Model	.00085429	1	.00085429	Number of obs	=	48
Residual	.013923349	46	.000302681	F(1, 46)	=	2.82
				Prob > F	=	0.0997
Total	.014777639	47	.000314418	R-squared	=	0.0578
				Adj R-squared	=	0.0373
				Root MSE	=	.0174

D.lnCnsmptn	Coefficient	Std. err.	t	P>|t|	[95% conf.	interval]
lnInflatio D1.	-.000022	.0000131	-1.68	0.100	-.0000483	4.35e-06
_cons	.0210932	.003243	6.50	0.000	.0145654	.027621
rho	.2256416					

```
Durbin-Watson statistic (original)    = 1.537752
Durbin-Watson statistic (transformed) = 1.882401
```

图 3.6.14 消费变动对通货膨胀率变动回归的 FGLS 估计

Stata 操作代码为：

```
prais D.lnCnsmptn D.lnInflatio, corc
```

通货膨胀率变动的估计系数的 t 统计量为－1.68，与前面基于虚假回归的参数估计值错误地使用 t 统计量的结论不同，这里无法拒绝不存在货币幻觉的虚拟假设。该数据支持了人们对消费者不存在货币幻觉的猜想。

六、案例

例 3.6.4　对 1980－2020 年中国名义居民消费总量（CNSMPTN）数据，消除价格因素后，得到以 1978 年价格计算的实际居民消费总量（Y_t）的时间序列数据，检验该序列的水平值序列、该序列的对数序列以及该序列的增长率序列的平稳性。

简单地画出消费与时间的关系图，或者收入与时间的关系图（见图 3.6.15），都能发现它们是随着时间增长的变量，当然不可能是平稳的。下面进行具体检验。

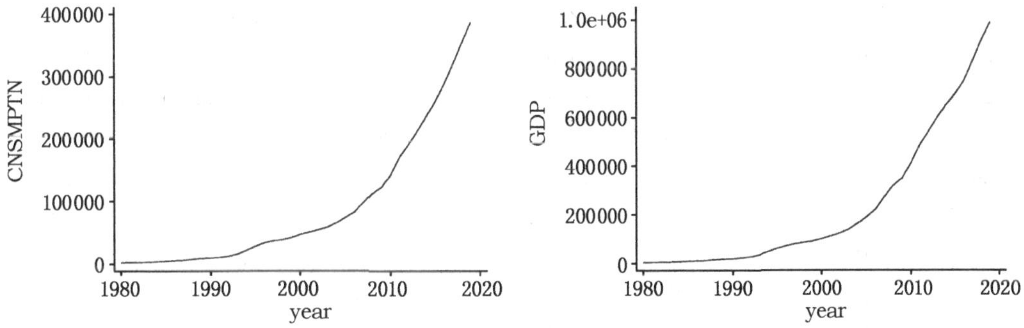

图 3.6.15　消费、收入与时间的关系

（一）对 Y_t 水平值序列进行平稳性检验

对该序列进行单位根检验，即检验该序列是否平稳。表 3.6.3 为居民 1980－2020 年间的消费、收入数据。

表 3.6.3　居民的消费、收入数据

年份	GDP	CNSMPTN	TAX	CPI	X	Y
1980	4541	2337	571.70	109.5	3624.93	2134.25
1981	4922	2628	629.89	112.2	3825.41	2342.25
1982	5386	2867	700.02	114.4	4096.14	2506.12
1983	6034	3221	775.59	116.7	4505.92	2760.07
1984	7290	3690	947.35	119.9	5289.95	3077.56

续表

年份	GDP	CNSMPTN	TAX	CPI	X	Y
1985	9108	4627	2040.79	131.1	5390.70	3529.37
1986	10390	5294	2090.73	139.6	5945.04	3792.26
1987	12198	6048	2140.36	149.8	6714.05	4037.38
1988	15210	7532	2390.47	177.9	7206.03	4233.84
1989	17250	8778	2727.40	209.9	6918.82	4181.99
1990	18969	9435	2821.86	216.4	7461.71	4359.98
1991	21997	10544	2990.17	223.8	8492.77	4711.35
1992	27140	12312	3296.91	238.1	10013.90	5170.94
1993	35576	15695	4255.30	273.1	11468.58	5746.98
1994	48410	21443	5126.88	339	12767.88	6325.37
1995	61050	28066	6038.04	396.9	13860.41	7071.30
1996	71541	33644	6909.82	429.9	15034.00	7826.01
1997	79416	36586	8234.04	441.9	16108.16	8279.25
1998	84791	38768	9262.80	438.4	17228.15	8843.07
1999	90095	41846	10682.58	432.2	18374.00	9682.09
2000	99799	46863	12581.51	434	20096.20	10797.93
2001	110388	50465	15301.38	437	21758.95	11548.05
2002	121327	54667	17636.45	433.5	23919.39	12610.61
2003	137147	58690	20017.31	438.7	26699.27	13378.16
2004	161356	65725	24165.68	455.8	30098.80	14419.70
2005	187658	74154	28778.54	464	34241.26	15981.47
2006	219598	82842	34804.35	471	39234.32	17588.54
2007	270499	98231	45621.97	493.6	45558.56	19900.93
2008	318068	112655	54223.79	522.7	50477.18	21552.52
2009	347650	123122	59521.59	519	55516.07	23722.93
2010	408505	141465	73210.79	536.1	62543.22	26387.80
2011	484109	170391	89738.39	565	69800.11	30157.70
2012	539040	190585	100614.28	579.7	75629.76	32876.49
2013	596344	212477	110530.70	594.8	81676.75	35722.43
2014	646548	236238	119175.31	606.7	86924.79	38938.19
2015	692094	260202	124922.20	615.2	92193.08	42295.51
2016	745981	288668	130360.73	627.5	98106.82	46002.87
2017	828983	320690	144369.87	637.5	107390.29	50304.31
2018	915774	354124	156402.86	650.9	116664.79	54405.28
2019	990708	387188	158000.46	669.8	124321.82	57806.51
2020	1025917	387176	154312.29	686.5	126963.54	56398.54

数据来源:国家统计局. 中国统计年鉴2021[M]. 北京:中国统计出版社,2021[20世纪80年代(除1980年、1985年)以及1991—1994年的CPI指数来自国家统计局网站].

首先对 ADF 检验的模型 3 尝试选取一阶滞后模型：

$$\Delta Y_t=\alpha+\delta t+\theta Y_{t-1}+\gamma_1\Delta Y_{t-1}+\varepsilon_t$$

计算模型随机干扰项的估计值，即残差，画出残差与时间的关系图(见图 3.6.16)：

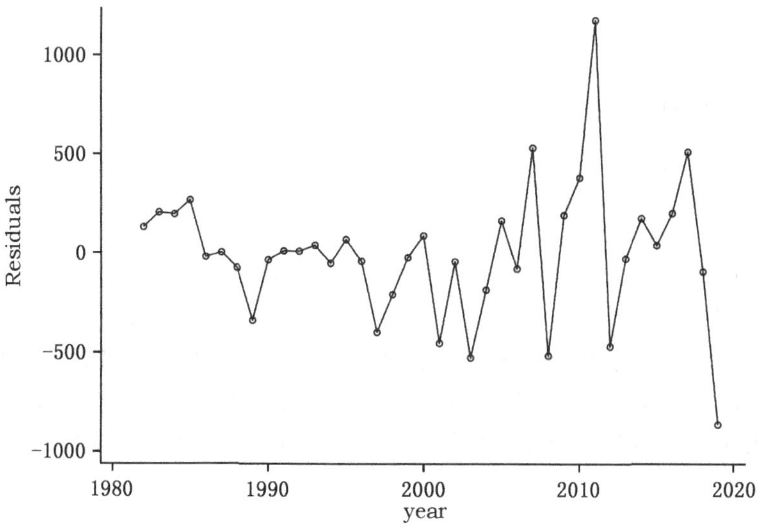

图 3.6.16　残差与时间的关系

从图 3.6.16 很难看出模型随机干扰项具有序列相关性。

下面通过拉格朗日乘数检验对随机干扰项的自相关性进行检验(见图 3.6.17)：

Source	SS	df	MS			
				Number of obs	=	37
				F(4, 32)	=	0.01
Model	7561.36249	4	1890.34062	Prob > F	=	0.9996
Residual	4454973.36	32	139217.917	R-squared	=	0.0017
				Adj R-squared	=	-0.1231
Total	4462534.72	36	123959.298	Root MSE	=	373.12

e1	Coefficient	Std. err.	t	P>|t|	[95% conf.	interval]
year	5.050326	22.41292	0.23	0.823	-40.60329	50.70394
Y						
L1.	.0054025	.0371579	0.15	0.885	-.0702855	.0810906
LD.	-.1068448	.5853691	-0.18	0.856	-1.299203	1.085513
e1						
L1.	.1021957	.5570862	0.18	0.856	-1.032552	1.236943
_cons	-10051.06	44574.86	-0.23	0.823	-100847.1	80744.97

图 3.6.17　随机干扰项的自相关性检验

F 值为 0.01，p 值为 0.9996，说明模型整体线性关系不显著。

LM 统计量为

```
. sca LM1=(e(N)-1)*e(r2)
.06099875
```

p 值为

```
. display chi2tail(1, LM1)
.80492428
. display invchi2tail(1, 0.05)
3.8414588
```

LM 值小于临界值，p 值也大于显著性水平 0.05，因此接受虚拟假设，即辅助回归模型中 L. e1 前的系数为 0。

残差关系图、残差项辅助回归的 F 检验和 LM 检验都证明一阶滞后模型的残差项不存在自相关性，是一个白噪声，于是，可以确定 ADF 检验模型 3 滞后阶数为 1，即需在检验模型中引入 1 阶滞后项后消除序列相关。接下来可确定 ADF 检验模型，进行单位根检验：

$$\hat{\Delta Y_t} = -180.925 + 28.451t - 0.031Y_{t-1} + 0.406\Delta Y_{t-1}$$
$$(154.036) \quad (13.385) \quad (0.018) \quad (0.207)$$

从 Y_{t-1} 的参数值看，其 t_θ 统计量值大于在 5% 的显著性水平下的临界值，即 1.678 > -3.548，因此不能拒绝存在单位根的虚拟假设。需要提醒的是，ADF 检验中滞后项的 t_θ 检验为单边检验，Stata 软件一般会自动给出临界值（见图 3.6.18）。

```
Augmented Dickey-Fuller test for unit root

Variable: Y                                  Number of obs  = 38
                                             Number of lags =  1

H0: Random walk with or without drift
```

	Test statistic	Dickey-Fuller critical value 1%	5%	10%
Z(t)	1.678	-4.260	-3.548	-3.209

MacKinnon approximate *p*-value for Z(t) = 1.0000.

Regression table

D.Y	Coefficient	Std. err.	t	P>|t|	[95% conf.	interval]
Y						
L1.	.0307134	.018308	1.68	0.103	-.006493	.0679197
LD.	.4060295	.2072048	1.96	0.058	-.0150614	.8271204
_trend	28.45134	13.38497	2.13	0.041	1.249804	55.65288
_cons	-180.9254	154.0356	-1.17	0.248	-493.9633	132.1126

图 3.6.18 ADF 检验

同时,时间趋势项的 t_δ 统计量值小于在 5%的显著性水平下的临界值,即 2.13<2.81,不能拒绝不存在时间趋势项的零假设。值得注意的是,ADF 检验中时间趋势项的检验为通常的变量显著性检验,但临界值需要查 ADF 分布表。

考虑检验模型 2:

$$\Delta\hat{Y}_t = 88.289 + 0.042Y_{t-1} + 0.503\Delta Y_{t-1}$$
$$(91.972) \quad (0.018) \quad (0.212)$$

从 Y_{t-1} 的参数值看,其统计量值大于在 5%的显著性水平下的临界值,即 2.276>−2.964,不能拒绝存在单位根的虚拟假设。同时,截距项的统计量值小于在 5%的显著性水平下的临界值,即 0.96<2.56,不能拒绝不存在截距项的虚拟假设(见图 3.6.19)。

```
Augmented Dickey-Fuller test for unit root

Variable: Y                                Number of obs  = 38
                                           Number of lags =  1

H0: Random walk without drift, d = 0

                                       Dickey-Fuller
                   Test        ──────── critical value ────────
                 statistic           1%           5%          10%
───────────────────────────────────────────────────────────────────
 Z(t)              2.276         -3.662       -2.964       -2.614
───────────────────────────────────────────────────────────────────
MacKinnon approximate p-value for Z(t) = 0.9989.

Regression table
──────────────────────────────────────────────────────────────────────────────
         D.Y │ Coefficient  Std. err.      t    P>|t|     [95% conf. interval]
─────────────┼────────────────────────────────────────────────────────────────
           Y │
         L1. │   .0418802   .0183985     2.28   0.029     .0045294    .0792311
         LD. │   .5025021   .2120913     2.37   0.023      .071934    .9330702
             │
       _cons │   88.28868   91.97187     0.96   0.344    -98.42415    275.0015
──────────────────────────────────────────────────────────────────────────────
```

图 3.6.19 ADF 检验

这样,需要估计模型 1。

$$\Delta\hat{Y}_t = 0.045Y_{t-1} + 0.504\Delta Y_{t-1}$$
$$(0.018) \quad (0.212)$$

从 Y_{t-1} 的参数值看,其统计量值大于在 5%的显著性水平下的临界值,即 2.464>−1.950,于是不能拒绝存在单位根的虚拟假设(见图 3.6.20)。

```
Augmented Dickey-Fuller test for unit root

Variable: Y                                   Number of obs  = 38
                                              Number of lags =  1

H0: Random walk without drift, a = 0, d = 0

                                       Dickey-Fuller
                   Test          ──────── critical value ────────
              statistic            1%           5%          10%
─────────────────────────────────────────────────────────────────
 Z(t)             2.464        -2.639       -1.950       -1.605
─────────────────────────────────────────────────────────────────

Regression table
──────────────────────────────────────────────────────────────────────────────
        D.Y │ Coefficient  Std. err.      t    P>|t|     [95% conf. interval]
────────────┼─────────────────────────────────────────────────────────────────
          Y │
        L1. │   .0447051   .0181418    2.46   0.019     .0079118    .0814984
        LD. │   .5043809   .2118509    2.38   0.023     .0747273    .9340344
──────────────────────────────────────────────────────────────────────────────
```

图 3.6.20 ADF 检验

3 个模型中参数值的 t_θ 统计量值均大于在 5%的显著水平下的临界值,不能拒绝存在单位根的虚拟假设,因此中国实际居民消费总量序列是非平稳的。

下面检验该序列是否单整? 是几阶单整?

对 Y_t 的一阶差分序列进行单位根检验,首先对 ADF 检验的模型 3 尝试选取一阶滞后模型

$$\Delta^2 Y_t = \alpha + \delta t + \theta \Delta Y_{t-1} + \gamma_1 \Delta^2 Y_{t-1} + \varepsilon_t$$

计算模型随机干扰项的估计值,即残差。残差与时间的关系见图 3.6.21:

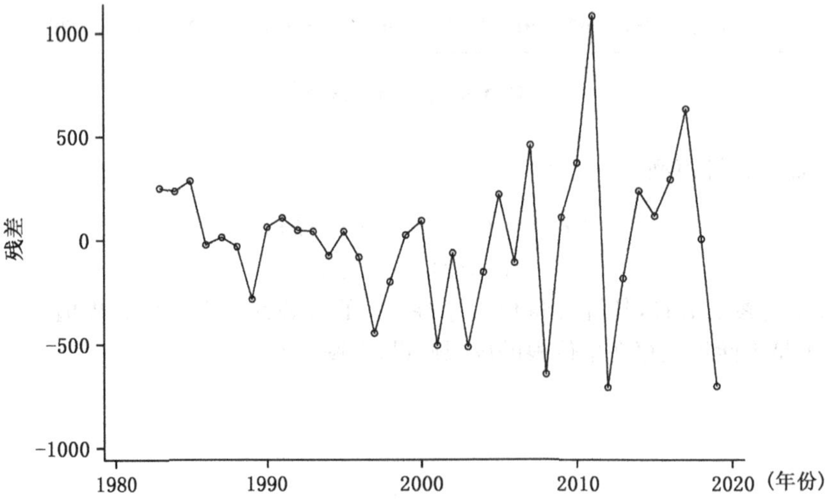

图 3.6.21 残差与时间的关系图

从图 3.6.21 很难看出模型随机干扰项具有序列相关性。

下面通过拉格朗日乘数检验对随机干扰项的自相关性进行检验(见图 3.6.22)。

Source	SS	df	MS			
				Number of obs	=	36
				F(4, 31)	=	0.15
Model	90218.7032	4	22554.6758	Prob > F	=	0.9601
Residual	4561435.79	31	147143.09	R-squared	=	0.0194
				Adj R-squared	=	-0.1071
Total	4651654.49	35	132904.414	Root MSE	=	383.59

e2	Coefficient	Std. err.	t	P>|t|	[95% conf.	interval]
year	-31.33134	50.49365	-0.62	0.539	-134.3138	71.65114
Y						
LD.	.2778184	.4327515	0.64	0.526	-.6047841	1.160421
LD2.	.6449419	.8783124	0.73	0.468	-1.146388	2.436272
e2						
L1.	-.9710617	1.321379	-0.73	0.468	-3.666032	1.723909
_cons	62250.61	100381.1	0.62	0.540	-142478	266979.3

图 3.6.22 随机干扰项的自相关性检验

图 3.6.22 中 F 和 LM 都证明一阶滞后模型的残差项不存在自相关性，是一个白噪声，滞后阶数确定为 1。

LM 值伴随的 p 值大于显著性水平 0.05，因此不拒绝虚拟假设，即辅助回归模型中 L.e1 前的系数为 0。

残差关系图、残差项辅助回归的 F 检验和 LM 检验都证明一阶滞后模型的残差项不存在自相关性，是一个白噪声，于是，可以确定 ADF 检验模型 3 滞后阶数为 1，即需在检验模型中引入 1 阶滞后项，消除序列相关。对于模型 3，有

$$\widehat{\Delta^2 Y_t}=-191.802+34.239t-0.277\Delta Y_{t-1}-0.151\Delta^2 Y_{t-1}$$
$$(163.512)\quad(14.642)\quad(0.126)\qquad(0.180)$$

从ΔY_{t-1} 的参数值看，其 t_θ 统计量值大于在 5%的显著性水平下的临界值，即$-2.19>-3.552$，于是不能拒绝存在单位根的虚拟假设。同时，时间趋势项的 t_δ 统计量值小于在 5%的显著性水平下的临界值，即 $2.34<2.81$，不能拒绝不存在时间趋势项的零假设(见图 3.6.23)。

```
. display (e(N)-1)*e(r2)
.67882398
. display chi2tail(1, (e(N)-1)*e(r2))
.40999198
```

```
Augmented Dickey-Fuller test for unit root

Variable: D.Y                                  Number of obs  = 37
                                               Number of lags =  1

H0: Random walk with or without drift

                                       Dickey-Fuller
                   Test         ─────── critical value ───────
                 statistic          1%          5%          10%
──────────────────────────────────────────────────────────────
 Z(t)              -2.190       -4.270      -3.552       -3.211
──────────────────────────────────────────────────────────────
MacKinnon approximate p-value for Z(t) = 0.4956.

Regression table
──────────────────────────────────────────────────────────────────────────────
        D2.Y │ Coefficient  Std. err.      t    P>|t|     [95% conf. interval]
─────────────┼────────────────────────────────────────────────────────────────
           Y │
         LD. │  -.2768848   .1264449    -2.19   0.036    -.5341389   -.0196307
        LD2. │  -.1509388   .1798025    -0.84   0.407    -.5167498    .2148722
             │
      _trend │   34.23932   14.64219     2.34   0.026     4.449571    64.02907
       _cons │  -191.8021    163.511    -1.17   0.249    -524.4677    140.8635
──────────────────────────────────────────────────────────────────────────────
```

图 3.6.23 ADF 检验

于是,考虑检验模型 2

$$\widehat{\Delta^2 Y_t}=123.478-0.007\Delta Y_{t-1}-0.253\Delta^2 Y_{t-1}$$
$$(98.398)\quad (0.0546)\quad (0.185)$$

从 ΔY_{t-1} 的参数值看,其 t_θ 统计量值大于在 5%的显著性水平下的临界值,即 $-0.122>-2.966$,不能拒绝存在单位根的虚拟假设。同时,截距项的统计量值小于在 5%的显著性水平下的临界值,即 $1.25<2.56$,不能拒绝不存在截距项的虚拟假设(见图 3.6.24)。

```
Augmented Dickey-Fuller test for unit root

Variable: D.Y                                  Number of obs  = 37
                                               Number of lags =  1

H0: Random walk without drift, d = 0

                                       Dickey-Fuller
                   Test         ─────── critical value ───────
                 statistic          1%          5%          10%
──────────────────────────────────────────────────────────────
 Z(t)              -0.122       -3.668      -2.966       -2.616
──────────────────────────────────────────────────────────────
MacKinnon approximate p-value for Z(t) = 0.9473.

Regression table
──────────────────────────────────────────────────────────────────────────────
        D2.Y │ Coefficient  Std. err.      t    P>|t|     [95% conf. interval]
─────────────┼────────────────────────────────────────────────────────────────
           Y │
         LD. │  -.0066309    .054564    -0.12   0.904    -.1175183    .1042565
        LD2. │  -.2532958   .1854984    -1.37   0.181     -.630274    .1236823
             │
       _cons │   123.4772   98.39806     1.25   0.218    -76.4917    323.4462
──────────────────────────────────────────────────────────────────────────────
```

图 3.6.24 ADF 检验

这样,需要估计模型 1

$$\widehat{\Delta^2 Y_t}=0.042\Delta Y_{t-1}-0.266\Delta^2 Y_{t-1}$$
$$(0.038)\qquad(0.187)$$

从 ΔY_{t-1} 的参数值看,其 t_θ 统计量值大于在 5%的显著性水平下的临界值,即 1.105>−1.950,于是不能拒绝存在单位根的虚拟假设(见图 3.6.25)。

```
Augmented Dickey-Fuller test for unit root

Variable: D.Y                              Number of obs  = 37
                                           Number of lags =  1

H0: Random walk without drift, a = 0, d = 0

                                       Dickey-Fuller
                   Test       ──────── critical value ─────────
              statistic           1%           5%          10%
───────────────────────────────────────────────────────────────
 Z(t)             1.105       -2.641       -1.950       -1.605
───────────────────────────────────────────────────────────────

Regression table
──────────────────────────────────────────────────────────────────────────────
        D2.Y │ Coefficient  Std. err.      t    P>|t|     [95% conf. interval]
─────────────┼────────────────────────────────────────────────────────────────
           Y │
         LD. │   .0424248   .0383775    1.11   0.277    -.0354856    .1203352
        LD2. │  -.2655731   .1867549   -1.42   0.164    -.6447057    .1135595
──────────────────────────────────────────────────────────────────────────────
```

图 3.6.25　ADF 检验

3 个模型中 ΔY_{t-1} 的参数值的统计量值均大于在 5%的显著水平下的临界值,因此不能拒绝存在单位根的虚拟假设,所以中国实际居民消费总量的一阶差分序列是非平稳的。

对 Y_t 的二阶差分序列,仍然对残差序列采用图示和拉格朗日乘数检验确定滞后阶数。残差与时间的关系见图 3.6.26。ADF 检验见图 3.6.27。

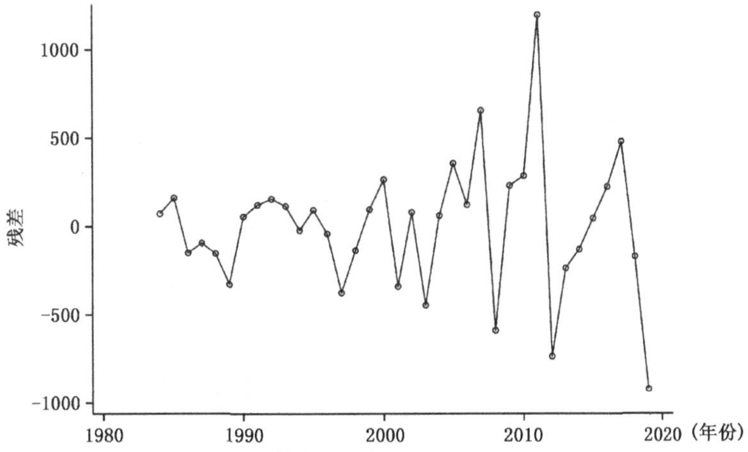

图 3.6.26　残差与时间的关系

```
      Source |       SS           df       MS      Number of obs   =        35
-------------+----------------------------------   F(4, 30)        =      1.34
       Model |  772870.957         4  193217.739   Prob > F        =    0.2772
    Residual |  4317747.88        30  143924.929   R-squared       =    0.1518
-------------+----------------------------------   Adj R-squared   =    0.0387
       Total |  5090618.84        34  149724.084   Root MSE        =    379.37

------------------------------------------------------------------------------
          e3 | Coefficient  Std. err.      t    P>|t|     [95% conf. interval]
-------------+----------------------------------------------------------------
        year |   -7.46617   7.630429    -0.98   0.336    -23.04958    8.117244
             |
           Y |
        LD2. |   1.984954    .911037     2.18   0.037     .1243685     3.84554
        LD3. |  -.4422237   .2670656    -1.66   0.108    -.9876444    .1031971
             |
          e3 |
         L1. |  -1.641458   .7085625    -2.32   0.028    -3.088535   -.1943798
             |
       _cons |   14766.66   15230.53     0.97   0.340    -16338.23    45871.55
------------------------------------------------------------------------------
```

图 3.6.27 ADF 检验

```
. display (e(N)-1)*e(r2)
5.1619682
. display chi2tail(1,(e(N)-1)*e(r2))
.02308672
. display invchi2tail(1, 0.05)
3.8414588
```

LM 检验拒绝 e3 的一阶序列相关系数为 0。

当模型引入二阶滞后项时,有

```
. display (e(N)-1)*e(r2)
.74229521
. display chi2tail(1, (e(N)-1)*e(r2))
.38892663
```

残差与时间的关系见图 3.6.28。ADF 检验见图 3.6.29。

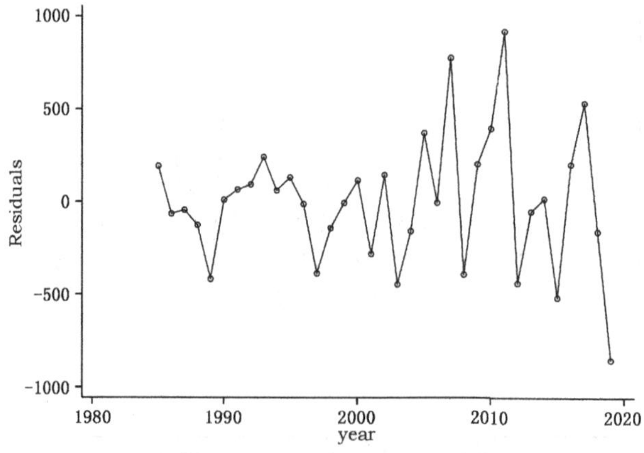

图 3.6.28 残差与时间的关系

Source	SS	df	MS			
				Number of obs	=	34
				F(5, 28)	=	0.13
Model	96262.7392	5	19252.5478	Prob > F	=	0.9846
Residual	4183261.59	28	149402.199	R-squared	=	0.0225
				Adj R-squared	=	-0.1521
Total	4279524.33	33	129682.555	Root MSE	=	386.53

e4	Coefficient	Std. err.	t	P>|t|	[95% conf.	interval]
year	-1.340219	8.403131	-0.16	0.874	-18.55325	15.87281
Y						
LD2.	.4998036	.7999679	0.62	0.537	-1.138856	2.138464
LD3.	-.1935105	.4292388	-0.45	0.656	-1.072766	.6857454
L2D3.	-.0834864	.2244753	-0.37	0.713	-.5433031	.3763303
e4						
L1.	-.3774103	.4798678	-0.79	0.438	-1.360375	.6055544
_cons	2631.701	16780.81	0.16	0.877	-31742.24	37005.64

图 3.6.29　ADF 检验

不拒绝模型取二阶滞后的残差项为白噪声，也就是说，对于 ADF 检验（见图 3.6.30）模型 3，应该使用二阶滞后，于是有

Augmented Dickey-Fuller test for unit root

Variable: D2.Y　　　　Number of obs = 35
　　　　　　　　　　　Number of lags = 2

H0: Random walk with or without drift

	Test statistic	Dickey-Fuller critical value 1%	5%	10%
Z(t)	-5.433	-4.288	-3.560	-3.216

MacKinnon approximate *p*-value for Z(t) = 0.0000.

Regression table

D3.Y	Coefficient	Std. err.	t	P>|t|	[95% conf.	interval]
Y						
LD2.	-2.397086	.4412144	-5.43	0.000	-3.298166	-1.496006
LD3.	.9102939	.3328173	2.74	0.010	.2305904	1.589998
L2D3.	.4446425	.1919373	2.32	0.028	.0526541	.8366309
_trend	14.48452	7.2806	1.99	0.056	-.3844493	29.35349
_cons	-48.57416	144.0724	-0.34	0.738	-342.8092	245.6609

图 3.6.30　ADF 检验

$$\widehat{\Delta^3 Y_t} = -48.574 + 14.485t - 2.397\Delta^2 Y_{t-1} + 0.910\Delta^3 Y_{t-1} + 0.445\Delta^3 Y_{t-2}$$
$$(144.072) \quad (7.281) \quad (0.441) \quad (0.333) \quad (0.192)$$

从$\Delta^2 Y_{t-1}$的参数值看,其t_θ统计量值小于在5%的显著性水平下的临界值,即$-5.433<-3.560$,甚至还小于1%的显著性水平下的临界值-4.288,因此拒绝存在单位根的虚拟假设。

于是可以得到结论:中国实际居民消费总量的二阶差分序列$\Delta^2 Y_t$是平稳的,也就是说,中国实际居民消费总量序列是一个二阶单整序列,即$Y_t \sim I(2)$。

Stata 操作代码:

```
*数据导入
import excel "F:\Econometrics\data\CnsmptnGDP20-.xlsx", sheet("Sheet1")
firstrow
*数据分析
tsset year
line Y year
line X year
reg d.Y year l.Y d.l.Y
predict e1, residuals
twoway scatter e1 year, msymbol(oh) c(l)
reg e1 year l.Y d.l.Y l.e1
sca LM1=(e(N)-1)*e(r2)
display LM1
display chi2tail(1, LM1)
display invchi2tail(1, 0.05)
dfuller Y, regress trend lags(1)
dfuller Y, regress lags(1)
dfuller Y, noconstant regress lags(1)
reg D2.Y year d.l.Y d2.l.Y
predict e2, resid
twoway scatter e2 year, msymbol(oh) c(l)
reg e2 year d.l.Y d2.l.Y l.e2
display (e(N)-1)*e(r2)
display chi2tail(1, (e(N)-1)*e(r2))
dfuller d.Y, reg tr l(1)
dfuller d.Y, reg l(1)
dfuller d.Y, nocons reg l(1)
reg d3.Y year d2.l.Y d3.L.Y
predict e3, resid
```

```
twoway scatter e3 year, msymbol(oh) c(l)
reg e3 year d2.l.Y d3.l.Y l.e3
display (e(N)-1)*e(r2)
display chi2tail(1,(e(N)-1)*e(r2))
display invchi2tail(1, 0.05)
reg d3.Y year d2.l.Y d3.l.Y d3.l2.Y
predict e4, resid
twoway scatter e4 year, msymbol(oh) c(l)
reg e4 year d2.l.Y d3.l.Y d3.l2.Y l.e4
display (e(N)-1)*e(r2)
display chi2tail(1, (e(N)-1)*e(r2))
dfuller d2.Y, reg tr l(2)
```

(二)对 Y_t 对数的序列进行检验

采用同样的过程检验中国实际居民消费总量对数形式的平稳性,发现 Y_t 对数形式的一阶差分序列是平稳的。也就是说,中国实际居民消费总量对数形式序列是一个一阶单整序列,即 $\ln Y_t \sim I(1)$。

以上 ADF 检验得到结论,居民消费总量序列是二阶单整序列,取对数后构成一阶单整序列。在实际的宏观经济分析中,许多宏观经济时间序列都是二阶单整序列,将它们取对数,分析对数序列之间的关系,就是为了利用一阶单整序列的良好统计性质。

(三)对 Y_t 增长率序列进行平稳性检验

采用同样的检验过程可以得到结论,中国实际居民消费总量增长率序列是平稳的。

对于中国居民消费总量的水平值、对数和增长率进行平稳性检验,可以发现,该宏观变量的水平值是二阶单整的,其对数是一阶单整的,增长率序列是平稳的。实际上,这个规律具有一般性。进一步,如果变量序列平稳,则可以考察变量之间的格兰杰因果关系;如果非平稳,则可以做协整检验。协整检验需要确认每个序列的单整阶数。

第七节 协整与误差修正模型

本质上,经典回归模型(classical regression model)是建立在平稳数据变量基础上的,对于非平稳变量,不能简单使用经典回归模型,否则容易出现虚假回归等诸多问题。由于许多经济变量是非稳定的,这就给经典的回归分析方法带来了很大限制。例如,中国居民人均消费支出与人均 GDP 关系的时间序列数据例子中,由于它们是非平稳的,如果简单地直接建立回归模型,其结果是值得怀疑的。然而,从经济理论上说,人均 GDP 决定着居民人均消费水平，而且它们之间有着长期的稳定关系，即它们之间是**协整**(cointegration)的。实际上，具有协整关系的经济变量间具有长期的均衡关系，因此可以使用经典回归方法建立回归模型。

具体来说，由于存在虚假回归问题，因此在回归分析中使用 I(1)变量的水平值应该谨慎。一般处理方法是，回归分析前先对其进行差分，以得到平稳序列。但是，总是对 I(1)变量取差分，限制了经济分析的范围。恩格尔和格兰杰(Engle and Granger，1987)提出了协整(cointegration)的概念，使得 I(1)变量之间的回归有实际意义。协整的概念有助于理解两个变量之间长期的关系，也便于处理动态模型。

一、协整

(一)共同趋势与协整

在分析无关的随机趋势变量之间关系时会出现虚假回归，那么一个变量包含随机趋势的内涵究竟是什么？比如，真实人均 GDP 由许多因素决定，如果这些因素中的一个含有随机趋势，那么真实的人均 GDP 就含有随机趋势。类似图 3.1.3，人均收入与消费都含有随机趋势，而且两者可能有某种**共同趋势**(common trend)。试想，如果 GDP 的几个决定因素如投资和消费等含有随机趋势，那么真实人均 GDP 可能包含几个随机趋势。如果技术以一种随机趋势的方式提高并影响着投资，文化是另一个随机趋势并影响着消费，那么真实人均 GDP 就包含着技术和文化两个不同的随机趋势：一个与真实人均投资有共同趋势，一个与真实人均消费有共同趋势。当然，另一种可能是 GDP 的几个决定因素本身也具有共同的随机趋势，或者真实人均 GDP、人均收入和消费具有一个共同趋势。

什么是协整呢？当喝醉的你遛狗时，假设你与你的狗的每一个位置为带漂移项的随机游走过程，则均为单位根过程。由于你与你的狗之间有关系(主人与宠物的长期均衡关系)，你与你的狗的位置之间不会离得太远。① 在经济系统中，某些经济变量间确实存在着长期均衡关系，这种均衡关系意味着经济系统不存在破坏均衡的内在机制，如果变量在某时期受到干扰后偏离其长期均衡点，则均衡机制将会在下一期进行调整以使其重新回到均衡状态。

许多经济变量是非稳定的，即它们是一阶或高阶的单整时间序列。对于非稳定的时间序列，它们的线性组合也可能成为平稳的。如假设模型 $Y_t=\alpha_0+\alpha_1 X_t+e_t$ 中的变量 X 与 Y 都是 I(1)序列，该式所表述的这两个变量间的长期均衡关系成立的话，则意味着由非均衡误差 $e_t=Y_t-\alpha_0-\alpha_1 X_t$ 给出的线性组合是 I(0)序列，这时称变量 X 与 Y 是协整的。

一般地，假设$\{X_t, t=0,1,2,\cdots\}$和$\{Y_t, t=0,1,2,\cdots\}$是两个 I(1)过程，那么对于任意 β，$Y_t+\beta X_t$ 都是一个 I(1)过程。但是，若存在 $\beta\neq 0$，使得 $Y_t+\beta X_t$ 是一个 I(0)过程，

① Murray, Michael P. "A Drunk and her Dog: An Illustration of Cointegration and Error Correction". *The American Statistician*, 1994, 48 (1): 37－39.

就说 Y 和 X 是**协整**(cointegrated)的。

例如，$r3_t$ 是 3 个月期国库券的年利率，$r6_t$ 是 6 个月期国库券的年利率。定义差价 $\mathrm{spr}_t=r6_t-r3_t$。采用 $\Delta\mathrm{spr}_t=\alpha+\theta\ \mathrm{spr}_{t-1}+e_t$，得到 spr_t 的 DF 统计量是 -7.71 ($\hat{\theta}=-0.67$)，因此强烈拒绝 spr_t 有单位根的假设，而支持其为 I(0)过程，即尽管 $r6_t$ 和 $r3_t$ 都是 I(1)过程，但它们的差却是 I(0)过程，也就是说，$r6_t$ 和 $r3_t$ 是协整的。

从经济意义上讲，如果 $r6_t$ 和 $r3_t$ 不是协整的，那么二者之间的利差就可能变得很大，没有汇合的趋势。但根据套利理论，这是不可能的。假设差价 spr_t 在几个时期都持续增大，使得 6 月期国库券成为一种更理想的投资品，那么投资者就会从 3 月期国库券转向 6 月期国库券，从而使得 6 月期国库券的价格上升、3 月期国库券的价格下降，因为利率与价格反方向变动，$r6_t$ 就会下降，$r3_t$ 就会上升，一直到差价消失。所以，$r6_t$ 与 $r3_t$ 之间较大的差距不可能持续下去:差价有回归均值的倾向。(这个差价实际上有很小的正均值，因为长期投资者相对于短期投资者需要略高一些的回报。)

差价 spr_t 不会长期偏离其均值的现象，表明 $r6_t$ 和 $r3_t$ 有一种长期关系。令差价的期望 $\mu=\mathrm{E}(\mathrm{spr}_t)$，则

$$r6_t=r3_t+\mu+e_t$$

其中，$\{e_t\}$ 是一个均值为 0 的 I(0)过程。当 $e_t=0$ 时，$r6_t=r3_t+\mu$ 这种均衡或长期关系就会出现。在任何时期，都可能发生对均衡的偏离，但这种偏离是暂时的，存在把 $r6_t$ 和 $r3_t$ 往均衡关系上拉的经济力量。

这样，如果有一个 β 的假设值，那么检验两个序列是否协整就很简单：令 $S_t=Y_t-\beta X_t$，然后采用通常的 DF 或 ADF 检验 $\{S_t\}$ 即可。如果拒绝 $\{S_t\}$ 存在单位根的假设，那么就是协整的。当 β 未知时，对协整的检验就需要先估计 β。如果两个序列是协整的，从回归

$$\hat{Y}_t=\hat{\alpha}+\hat{\beta}X_t \tag{3.7.1}$$

得到 OLS 估计量 $\hat{\beta}$ 是 β 的一致估计量。其中的问题是，原先假设这两个序列不是协整的，即在 H_0 条件下，该回归为虚假回归。但是，即使 β 是估计得到的，也可以给出临界值列表。在估计 β 时，对式(3.7.1)中的残差 $\hat{\mu}_t=Y_t-\hat{\alpha}-\hat{\beta}X_t$ 运用 DF 或 ADF 检验，临界值如表 3.7.1 所示。这种检验称为恩格尔—格兰杰检验法。

表 3.7.1　　协整检验的渐近临界值:无时间趋势

显著性水平	1%	2.5%	5%	10%
临界值	−3.90	−3.59	−3.34	−3.04

一般地，做 $\Delta\hat{\mu}_t$ 对 $\hat{\mu}_{t-1}$ 的回归，然后将 $\hat{\mu}_{t-1}$ 系数的 t 统计量与表 3.7.1 临界值进行比较。如果 t 统计量小于临界值，则拒绝原假设，即 $Y_t-\beta X_t$ 对于 β 是 I(0)，也就是说，Y_t 与 X_t 协整。当然，为消除序列相关，也可以在模型中添加 $\Delta\hat{\mu}_t$ 的滞后项，从而扩充恩格尔—格兰杰检验。如果假设 X_t 和 Y_t 包含截距项，则 $\mathrm{E}(X_t)$ 和 $\mathrm{E}(Y_t)$ 就是时间的线性函数。考虑趋势部分，做回归

$$\hat{Y}_t=\hat{\alpha}+\hat{\eta}t+\hat{\beta}X_t$$

并对残差 $\hat{\mu}_t$ 做通常的 DF 或 ADF 检验。临界值如表 3.7.2 所示。

表 3.7.2 协整检验的渐近临界值:线性时间趋势

显著性水平	1%	2.5%	5%	10%
临界值	−3.96	−3.66	−3.41	−3.12

一般地,如果序列 $X_{t1},X_{t2},\cdots,X_{tk}$ 都是 d 阶单整的,存在向量 $\alpha=(\alpha_1,\alpha_2,\cdots,\alpha_k)$,使得 $Z_t=\alpha X'_t\sim \mathrm{I}(d-b)$,其中,$b>0$,是减少的阶数,$X_t=(X_{t1},X_{t2},\cdots,X_{tk})'$,则序列 $X_{t1},X_{t2},\cdots,X_{tk}$ 是(d,b)阶协整,记为 $X_t\sim \mathrm{CI}(d,b)$,α 为协整向量(cointegrated vector)。

如果两个变量是单整变量,只有当它们单整阶数相同时,才可能协整;否则,不可能协整。

3 个以上的变量,如果具有不同的单整阶数,则有可能经过线性组合构成低阶单整变量。例如,假设

$$U_t\sim \mathrm{I}(1),V_t\sim \mathrm{I}(2),W_t\sim \mathrm{I}(2)$$

且

$$P_t=aV_t+bW_t\sim \mathrm{I}(1)$$
$$Q_t=cU_t+eP_t\sim \mathrm{I}(0)$$

那么,有

$$V_t,W_t\sim \mathrm{CI}(2,1)$$
$$U_t,P_t\sim \mathrm{CI}(1,1)$$

容易看出,多变量之间的协整关系组合是比较灵活的,其中的(d,d)阶协整是一类非常重要、具有基础作用的协整关系。它的经济意义是,虽然两个变量可能具有各自不同的长期波动规律,但是如果它们是(d,d)阶协整的,则它们之间一定存在着一个长期稳定的比例关系,这对于建立计量经济模型具有重要的理论和实践意义。

比如,中国居民消费总量 Y 和总可支配收入 X,各自都是二阶单整序列,取对数之后都是一阶单整序列,两变量还是(1,1)阶协整的,说明它们的对数序列之间存在长期均衡的比例关系。从计量经济模型的意义上说,建立居民消费模型

$$\ln Y_t=\beta_0+\beta_1\ln X_t+\mu_t$$

该模型设定从理论上说是正确的,其中的随机干扰项一定是一个白噪声,模型的参数从实践上讲有合理的经济解释。这也就是尽管这两个时间序列是非平稳的,但是却可以用经典回归分析方法建立双对数因果关系回归模型的本质原因。这也说明检验变量之间的协整关系对于建立计量经济模型是非常重要的。从变量之间是否具有协整关系选择经济模型的变量,数据基础是牢固的,其估计量也将具有优良的统计性质。

(二)检验程序

1. 恩格尔—格兰杰两阶段程序(Engle-Granger two-step procedure)

在时间序列分析中,最令人关注的协整关系是(1,1)阶协整。为了检验两个一阶单整

变量是否协整，恩格尔（Engle）和格兰杰（Granger）于 1987 年提出两步检验法，也称 EG 检验。①

第一步，用普通最小二乘估计并计算非均衡误差，得到

$$\hat{Y}_t = \hat{\alpha}_0 + \hat{\alpha}_1 X_t$$

$$e_t = Y_t - \hat{Y}_t$$

称为**协整回归**（cointegrating regress）。

第二步，检验 e_t 的单整性。如果 e_t 为稳定序列 I(0)，则认为变量 Y_t、X_t 为(1,1)阶协整，否则变量 Y_t、X_t 不存在协整关系。

检验 e_t 的单整性方法是 DF 或 ADF 检验。由于协整回归已经包含截距项，所以检验模型中无需再包含截距项；如果协整回归中包含趋势项，则检验模型中也无需包含时间趋势项。采用模型 1

$$\Delta\mu_t = \theta\mu_{t-1} + \sum_{i=1}^{m}\gamma_i \Delta\mu_{t-i} + e_t, t = 1,2,\cdots$$

如果进行检验，则拒绝虚拟假设，意味着残差项是平稳序列，从而证明 X 与 Y 是协整的。

例 3.7.1　检验经消费价格调整后的 1980－2019 年中国居民消费总量与可支配收入对数序列之间的协整关系。

首先确定 $\ln X$ 的平稳性，如图 3.7.1 所示：

```
Augmented Dickey-Fuller test for unit root

Variable: D.lnx                              Number of obs  = 37
                                             Number of lags =  1

H0: Random walk with or without drift
```

	Test statistic	Dickey-Fuller critical value 1%	5%	10%
Z(t)	-4.050	-4.270	-3.552	-3.211

MacKinnon approximate *p*-value for Z(t) = 0.0075.

Regression table

D2.lnx	Coefficient	Std. err.	t	P>|t|	[95% conf. interval]	
lnx						
LD.	-.8110922	.2002827	-4.05	0.000	-1.21857	-.4036139
LD2.	.1770959	.1703648	1.04	0.306	-.1695139	.5237056
_trend	-.0001223	.0005813	-0.21	0.835	-.0013049	.0010603
_cons	.0770975	.0220173	3.50	0.001	.032303	.121892

图 3.7.1　lnX 的平稳性

① Engle, R. F., and Granger, C. W. J. Co-integration and error correction: Representation, estimation and testing. *Econometrica*, 1987, 55: 251－276.

经检验,$\ln X$ 序列为一阶单整序列,与 $\ln Y$ 为同阶单整,因此符合做协整检验的前提条件。采用两变量的 Engle-Granger 检验法,进行协整回归,见图 3.7.2。

Source	SS	df	MS			
Model	38.5927219	1	38.5927219	Number of obs	=	40
Residual	.121292968	38	.00319192	F(1, 38)	=	12090.75
				Prob > F	=	0.0000
Total	38.7140149	39	.992667049	R-squared	=	0.9969
				Adj R-squared	=	0.9968
				Root MSE	=	.0565

lnY	Coefficient	Std. err.	t	P>|t|	[95% conf.	interval]
lnX	.8954601	.0081437	109.96	0.000	.8789741	.911946
_cons	.3689677	.0815133	4.53	0.000	.2039525	.5339828

图 3.7.2 协整回归

$$\widehat{\ln Y}_t = 0.369 + 0.895 \ln X_t$$
$$(0.082) \quad (0.008)$$
$$T = 40, R^2 = 0.997$$

对该式计算的残差序列 e_t 进行 ADF 检验,见图 3.7.3:

Augmented Dickey-Fuller test for unit root

Variable: et　　Number of obs = 35
　　Number of lags = 4

H0: Random walk without drift, a = 0, d = 0

	Test statistic	Dickey-Fuller critical value 1%	5%	10%
Z(t)	-3.809	-2.644	-1.950	-1.604

Regression table

D.et	Coefficient	Std. err.	t	P>|t|	[95% conf.	interval]
et						
L1.	-.4398189	.1154564	-3.81	0.001	-.6756123	-.2040255
LD.	.3750605	.153176	2.45	0.020	.0622335	.6878876
L2D.	.2457055	.1569538	1.57	0.128	-.074837	.5662479
L3D.	.255653	.1569947	1.63	0.114	-.064973	.576279
L4D.	.5148126	.1543848	3.33	0.002	.1995168	.8301085

图 3.7.3 ADF 检验

$$\widehat{\Delta e_t} = -0.4398 e_{t-1} + 0.3751 \Delta e_{t-1} + 0.2457 \Delta e_{t-2} + 0.2557 \Delta e_{t-3} + 0.5148 \Delta e_{t-4}$$
$$(0.1155) \quad (0.1532) \quad (0.1570) \quad (0.1570) \quad (0.1544)$$

计算5%的显著性水平下协整的ADF检验临界值为[见附录二统计分布表2　协整检验临界值表]

$$-3.3377-\frac{5.967}{40}-\frac{8.98}{40^2}=-3.4925$$

e_{t-1} 前参数的 t 值为 $-3.809<-3.4925$，因此拒绝存在单位根的假设，表明残差序列是平稳序列。

据此判断，中国居民消费总量的对数序列 $\ln Y$ 和总可支配收入的对数序列 $\ln X$ 是(1,1)阶协整的，说明两个变量的对数序列间存在长期稳定的“均衡”关系。也就是说，虽然收入和消费的对数序列都是不平稳的，但是两者却构成长期均衡关系。试想，如果这两个序列不协整，那么长期消费就可能比收入高或低，于是消费者就会非理性消费或者积累储蓄，这在实际生活中显然是不可持续的。

Stata 操作代码为：

```
gen lnY=ln(Y)
gen lnX=ln(X)
reg lnY lnX
predict et, resid
dfuller et, noconstant regress lags(4)
```

在例3.7.1中，对干扰项中的单位根进行ADF检验，从实际人均消费对通货膨胀率和时间趋势的回归中得到残差，然后将残差的变动对其滞后和滞后的变化进行回归，如图3.7.4所示。干扰项中存在随机趋势的ADF检验见图3.7.5。

Source	SS	df	MS			
Model	.005518594	2	.002759297	Number of obs	=	48
Residual	.021088032	45	.000468623	F(2, 45)	=	5.89
				Prob > F	=	0.0054
				R-squared	=	0.2074
				Adj R-squared	=	0.1722
Total	.026606625	47	.000566098	Root MSE	=	.02165

D.e	Coefficient	Std. err.	t	P>|t|	[95% conf.	interval]
e						
L1.	-.3730805	.1095146	-3.41	0.001	-.5936543	-.1525067
LD.	.2418006	.1439106	1.68	0.100	-.0480503	.5316515
_cons	-.0007634	.0031275	-0.24	0.808	-.0070625	.0055357

图3.7.4　干扰项中存在随机趋势的ADF回归

```
Augmented Dickey-Fuller test for unit root

Variable: e                                    Number of obs  = 48
                                               Number of lags =  1

H0: Random walk without drift, d = 0
```

	Test statistic	Dickey-Fuller critical value 1%	5%	10%
Z(t)	-3.407	-3.594	-2.936	-2.602

MacKinnon approximate p-value for Z(t) = 0.0107.

Regression table

D.e	Coefficient	Std. err.	t	P>|t|	[95% conf.	interval]
e						
L1.	-.3730805	.1095146	-3.41	0.001	-.5936543	-.1525067
LD.	.2418006	.1439106	1.68	0.100	-.0480503	.5316515
_cons	-.0007634	.0031275	-0.24	0.808	-.0070625	.0055357

图 3.7.5 干扰项中存在随机趋势的 ADF 检验

由于滞后残差的 t 统计量 -3.41 大于显著性水平为 10% 的临界值 -3.64(协整 ADF 检验临界值为 $-3.4959+\frac{-7.203}{51}+\frac{-4.01}{51^2}=-3.64$),不能拒绝干扰项中存在随机趋势的虚拟假设。

Stata 操作代码为:

```
gen lnCnsmptn=ln(Cnsmptn)
reg lnCnsmptn Inflation Trend
predict e, resid
reg D.e L.e D.L.e
dfuller e, reg lags(1)
```

干扰项中的随机趋势来自实际人均消费中的随机趋势。对实际人均消费的 ADF 检验如图 3.7.6 所示:

```
Augmented Dickey-Fuller test for unit root

Variable: lnCnsmptn                          Number of obs  = 49
                                             Number of lags =  1

H0: Random walk with or without drift
```

	Test statistic	Dickey-Fuller critical value 1%	5%	10%
Z(t)	-2.046	-4.159	-3.504	-3.182

MacKinnon approximate *p*-value for Z(t) = 0.5759.

Regression table

D.lnCnsmptn	Coefficient	Std. err.	t	P>|t|	[95% conf.	interval]
lnCnsmptn						
L1.	-.1537229	.0751181	-2.05	0.047	-.3050185	-.0024274
LD.	.2363325	.1466869	1.61	0.114	-.0591101	.5317752
_trend	.0034041	.0017088	1.99	0.052	-.0000376	.0068457
_cons	.2990037	.1362686	2.19	0.033	.0245445	.5734628

图 3.7.6　ADF 检验

Stata 操作代码为：

```
dfuller lnCnsmptn, reg trend lags(1)
```

由于滞后消费的 t 统计量－2.046 大于显著性水平的临界值，因此不能拒绝实际人均消费中存在随机趋势的虚拟假设。ADF 分布表明，如果消费包含一个随机趋势，那么 t 统计量将在 57.59%的样本中得到这种极端值。相比之下，标准 t 分布只会在不到 4.7%的样本中得到像－2.046 这样的极端值。

由于不能拒绝货币幻觉中通货膨胀率或干扰项中的随机趋势，所以就不能拒绝货币幻觉回归是虚假回归的结论。

2. 多变量的协整检验

多个随机趋势变量也可能协整。比如，在醉妇和狗的故事中，如果这个醉妇的丈夫也喝醉了，丈夫随时留意妻子和她的狗，那么第二个协整关系将包含这 3 个变量。如果丈夫只留意妻子而没有留意狗，那么第二个协整关系将是他的位置与妻子的位置之间的关系。

对于多变量的协整检验过程，基本与双变量情形相同，即需检验变量是否具有同阶单整性以及是否存在稳定的线性组合。后者需通过设置一个变量为被解释变量，其他变量为解释变量，进行 OLS 估计并检验残差序列是否平稳。如果不平稳，则需更换被解释变量，进行同样的 OLS 估计及相应的残差项检验。如果所有的变量都被作为被解释变量检验后仍不能得到平稳的残差项序列，则认为这些变量间不存在(d,d)阶协整。

同样地,检验残差项是否平稳的 DF 与 ADF 检验临界值要比通常的 DF 与 ADF 检验临界值小,而且该临界值还受到所检验的变量个数的影响。表 3.7.3 给出了麦金农(MacKinnon,1991)通过模拟试验得到的不同变量协整检验的临界值。

表 3.7.3　多变量协整检验的 ADF 临界值

	3			4			6		
样本容量	显著性水平			显著性水平			显著性水平		
	0.01	0.05	0.1	0.01	0.05	0.1	0.01	0.05	0.1
25	−4.92	−4.1	−3.71	−5.43	−4.56	−4.15	−6.36	−5.41	−4.96
50	−4.59	−3.92	−3.58	−5.02	−4.32	−3.98	−5.78	−5.05	−4.69
100	−4.44	−3.83	−3.51	−4.83	−4.21	−3.89	−5.51	−4.88	−4.56
∞	−4.30	−3.74	−3.45	−4.65	−4.1	−3.81	−5.24	−4.7	−4.42

另外,约翰森(Johansen)在 1988 年以及与聚斯利斯(Juselius)一起在 1990 年提出了一种基于向量自回归模型的多重协整检验方法,通常称为 Johansen 检验,或 JJ 检验,是现阶段较为流行的检验方法。

3. 高阶单整变量的 Engle-Granger 检验

Engle-Granger 检验是针对两个及多个单整变量之间的协整关系检验提出的。对于实际经济研究中两个或多个高阶单整变量之间的协整关系也可以不严格采用 Engle-Granger 检验。

(三)估计协整关系

格兰杰和恩格尔认为,可以通过 DF 检验判断回归的干扰项中是否包含一个随机趋势,就可以对协整进行检验。这与在货币幻觉例子中为判断消费对通货膨胀的回归是否虚假回归的程序相同。

对于协整变量,由于干扰项不再包含随机趋势,因此不必担心虚假回归。当解释变量包含随机趋势而干扰项不包含随机趋势时,OLS 是一致的,但是常用的检验统计量不可靠。

一般地,如果 Y、X_1 和 X_2 是协整变量,那么估计

$$Y_t=\beta_0+\beta_1X_{t1}+\beta_2X_{t2}+e_t$$

中的斜率就是第 2 种情形。解释变量具有随机趋势,干扰项却没有。OLS 是一致的,但常用的检验统计量不再可靠。

如果在这个模型中增加一个均值为 0 的 I(0)变量 Z,即

$$Y_t=\beta_0+\beta_1X_{t1}+\beta_2X_{t2}+\beta_3Z_t+e_t$$

那么估计变量 Z 的斜率系数就是第 1 种情形:OLS 是一致的,t 统计量也是渐近正态分布的。

问题是,如果对变量 X 的系数进行推断呢?哈佛大学的詹姆斯·斯托克(James Stock)和普林斯顿大学的马克·沃森(Mark Watson)提出,在协整回归中增加无趋势变量,就得到不属于第 2 种情形的一个设定。该设定将变形 β_1 和 β_2 的系数为无趋势变量

的系数的形式。① 如果干扰项序列无关,那么在协整回归中增加随机游走解释变量的变化量即可。于是,β_1 和 β_2 的 OLS 估计量渐近地支持基于 t 分布和 F 分布的常用 t 检验和 F 检验。这种估计 β_1 和 β_2 的方法被称为**动态普通最小二乘法**(dynamic OLS, DOLS)。

当然,如果干扰项序列相关,则需要引入变量 X_1 和 X_2 的滞后值和领先值。如

$$Y_t=\beta_0+\beta_1X_{t1}+\beta_2X_{t2}+\beta_3Z_t+e_t+\gamma_1\Delta X_{t+2,1}+\gamma_2\Delta X_{t+1,1}+\gamma_3\Delta X_{t,1}+\gamma_4\Delta X_{t-1,1}$$
$$+\gamma_5\Delta X_{t-2,1}+\tau_1\Delta X_{t+2,2}+\tau_2\Delta X_{t+1,2}+\tau_3\Delta X_{t,2}+\tau_4\Delta X_{t-1,2}+\tau_5\Delta X_{t-2,2}$$

其中

$$\Delta X_{t+k,j}=X_{t+k,j}-X_{t+k-1,j}$$

那么,β_1 和 β_2 的 OLS 估计量就是一致的和有效的。如果干扰项中还存在序列相关,则采用尼威一韦斯特序列相关一致的估计标准误。对于增加变量变化的多阶领先和滞后值,在实践中通常增加两阶,但是增加领先值阶数必须与滞后阶数相等。

例 3.7.2 动态普通最小二乘法:利率与赤字

在 20 世纪 80—90 年代,居高不下的预算赤字限制了美国的经济政策空间。人们认为赤字通过提高长期利率打击了私人投资。但是,赤字真的提高了利率吗?

用 10 年期国债利率表示长期利率,用 1 年期国库券利率表示短期利率,用通货膨胀率、人均实际赤字和人均实际收入变化建立模型。由 ADF 检验,拒绝了这些变量的变化量包含随机趋势的虚拟假设,因此,这些变量是 I(1)变量。

图 3.7.7 报告了长期利率对短期利率、通货膨胀率、赤字、收入变化的 OLS 估计结果以及 D. W. 检验结果。在 5%的显著性水平下,$T=46$,$k+1=5$,查表得 $d_L=1.336$,$d_U=1.720$。由于 $d_L<$D. W. $<d_U$,所以模型可能存在序列相关。进行广义 OLS 估计,采用尼威一韦斯特序列相关标准误结果如图 3.7.8 所示。

Source	SS	df	MS			
				Number of obs	=	46
				F(4, 41)	=	654.41
Model	352.852639	4	88.2131596	Prob > F	=	0.0000
Residual	5.52671398	41	.134797902	R-squared	=	0.9846
				Adj R-squared	=	0.9831
Total	358.379353	45	7.96398561	Root MSE	=	.36715

Fygt10	Coefficient	Std. err.	t	P>|t|	[95% conf.	interval]
Fygt1	.8267087	.0327476	25.24	0.000	.7605737	.8928438
Infl	-.0556459	.033685	-1.65	0.106	-.1236741	.0123823
Usdef	.0066875	.0004833	13.84	0.000	.0057114	.0076636
dy	8.75447	146.2644	0.06	0.953	-286.6325	304.1414
_cons	1.264513	.1337188	9.46	0.000	.9944622	1.534563

图 3.7.7 长期利率模型对短期利率、通货膨胀率、赤字、收入变化的 OLS 估计

① James H. Stock and Mark W. Watson. "A Simple Estimator of Cointegrating Vectors in Higher-Order Integrated Systems", *Econometrica*, 1993, 61(4): 783—820.

```
Regression with Newey-West standard errors          Number of obs  =      46
Maximum lag = 3                                      F(  4,       41) =  778.65
                                                     Prob > F       =  0.0000
```

Fygt10	Coefficient	Newey-West std. err.	t	P>|t|	[95% conf.	interval]
Fygt1	.8267087	.0351649	23.51	0.000	.7556918	.8977257
Infl	-.0556459	.0329133	-1.69	0.098	-.1221156	.0108238
Usdef	.0066875	.0003892	17.18	0.000	.0059014	.0074735
dy	8.75447	135.1886	0.06	0.949	-264.2644	281.7734
_cons	1.264513	.1195662	10.58	0.000	1.023044	1.505982

图 3.7.8 长期利率模型的 OLS 估计(调整标准误)

```
Durbin-Watson d-statistic(  5,     46) =  1.707091
```

Stata 操作代码为:

```
tsset Obs
reg Fygt10 Fygt1 Infl Usdef dy
estat dwatson
newey Fygt10 Fygt1 Infl Usdef dy, lag(3)
```

如果模型中变量是协整的,那么普通最小二乘系数估计值是一致的,但是其中的 t 统计量不服从 t 分布。这意味着赤字变量 $Usdef$ 的 t 统计量支持赤字影响长期利率存在疑问。

图 3.7.9 报告了上面回归的干扰项是否存在随机趋势的 DF 检验。之所以进行 DF 检验而不是 ADF 检验,是因为原回归已经进行了序列相关处理,D. W. 统计量表明干扰项不存在序列相关。

```
Dickey-Fuller test for unit root                 Number of obs  = 45
Variable: e                                      Number of lags =  0

H0: Random walk without drift, d = 0
```

	Test statistic	Dickey-Fuller critical value 1%	5%	10%
Z(t)	-5.729	-3.614	-2.944	-2.606

MacKinnon approximate *p*-value for Z(t) = 0.0000.

Regression table

D.e	Coefficient	Std. err.	t	P>|t|	[95% conf.	interval]
e						
L1.	-.8597571	.1500672	-5.73	0.000	-1.162396	-.5571178
_cons	.0055986	.0525815	0.11	0.916	-.1004422	.1116393

图 3.7.9 对干扰项是否存在随机趋势的 ADF 检验

Stata 操作代码为：

```
predict e, resid
dfuller e, reg
```

在 5%的显著性水平下，在原回归包含 3 个具有随机趋势的解释变量时，DF 检验的渐近临界值为 $-4.34(-4.1-\frac{10.745}{46}-\frac{21.57}{46^2})$，而 DF 检验统计量为 -5.729，于是，拒绝干扰项中存在随机趋势的虚拟假设。于是，利率、通货膨胀率、人均赤字和收入变化是协整的。

由于模型中的随机趋势变量协整，所以其斜率的 OLS 估计值是一致的，但是与其相应的 t 统计量和 F 统计量不服从 t 分布和 F 分布。增加随机趋势变量的同期变化及两个领先和滞后值，得到如图 3.7.10 的结果。

```
Regression with Newey-West standard errors          Number of obs     =        41
Maximum lag = 3                                     F( 18,        22) =   2022.72
                                                    Prob > F          =    0.0000
```

Fygt10	Coefficient	Newey-West std. err.	t	P>|t|	[95% conf.	interval]
Fygt1	.8132921	.0357749	22.73	0.000	.7390994	.8874847
Infl	.0924667	.038396	2.41	0.025	.0128381	.1720952
Usdef	.0031753	.0005682	5.59	0.000	.0019969	.0043538
dy	107.5778	182.8579	0.59	0.562	-271.6462	486.8018
Fygt1						
D1.	-.1528986	.0490031	-3.12	0.005	-.2545249	-.0512724
Infl						
D1.	-.1933037	.0480391	-4.02	0.001	-.2929306	-.0936767
Fygt1						
FD.	.0118084	.0472888	0.25	0.805	-.0862626	.1098793
LD.	-.1779817	.0638	-2.79	0.011	-.3102948	-.0456685
F2D.	.0018974	.0397651	0.05	0.962	-.0805702	.0843651
L2D.	-.2386092	.0566762	-4.21	0.000	-.3561485	-.1210699
Infl						
FD.	-.1507209	.0490821	-3.07	0.006	-.2525111	-.0489308
LD.	-.0572026	.0367125	-1.56	0.133	-.1333397	.0189345
F2D.	-.0087199	.0469605	-0.19	0.854	-.1061099	.0886702
L2D.	-.0596866	.0393561	-1.52	0.144	-.1413063	.021933
Usdef						
FD.	.0000773	.0012067	0.06	0.950	-.0024254	.0025799
LD.	-.001182	.00143	-0.83	0.417	-.0041477	.0017837
F2D.	.0000939	.0008369	0.11	0.912	-.0016418	.0018296
L2D.	-.0010345	.0006666	-1.55	0.135	-.0024169	.0003478
_cons	1.202463	.1196478	10.05	0.000	.9543286	1.450597

图 3.7.10 长期利率模型的 DOLS 估计

Stata 操作代码为：

```
newey Fygt10 Fygt1 Infl Usdef dy D.Fygt1 D.Infl D.F.Fygt1 D.L.Fygt1
D.F2.Fygt1 D.L2.Fygt1 D.F.Infl D.L.Infl D.F2.Infl D.L2.Infl D.F.Usdef
D.L.Usdef D.F2.Usdef D.L2.Usdef, lag(3)
```

在 DOLS 回归中，*Usdef* 的 t 统计量是渐近正态的。这里 t 统计量为 5.59，所以拒绝赤字不影响长期利率。这就意味着 20 世纪 80－90 年代的高额赤字推高了长期融资成本。

例 3.7.3 动态普通最小二乘法：理性预期、持久收入和消费函数

约翰·梅纳德·凯恩斯(John Maynard Keynes)在《就业、利息和货币通论》(*The General Theory of Employment, Interest, and Money*)中介绍了消费支出与收入之间关系的消费函数，并认为该函数是宏观经济学的核心。凯恩斯将消费相对于收入的变化率称为边际消费倾向。

凯恩斯消费函数可简单表述为

$$C=\beta_0+\beta_1 Y$$

其中，C 表示消费，Y 表示收入，β_1 表示消费相对收入的变化，即凯恩斯边际消费倾向。[①]

米尔顿·弗里德曼(Milton Friedman)并不认同该函数，他认为，如果恰当地度量收入和消费，那么在收入为零时，消费也应该为零，更确切地说，消费应该与收入成正比。弗里德曼把这种恰当度量的收入称为"持久收入"，相应的消费称为"持久消费"。这样，弗里德曼的消费函数是

$$CP=\beta_1 YP$$

弗里德曼将持久收入与一个消费者的财富紧密联系在一起。消费者在选择消费时考虑的是他们长期的财务状况。显然，一个刚毕业、不打算读研的大学生，与一个相同收入的医学院毕业生相比，可能消费得更少，因为医学院毕业生可能预期未来的收入比现在高得多，于是可以将部分未来收入用于今天稍高的消费。更一般地，持久消费是"一个人在不减少个人预期财富情况下可以支付的最大消费"。1976 年，弗里德曼因"在消费分析与货币历史和理论领域的杰出贡献以及阐述稳定政策的复杂性"[②]而获得诺贝尔经济学奖。

如果能理性地形成预期，那么就可以有效地使用当前可用的所有信息。理性预期与弗里德曼的理论直接相关，因为弗里德曼的持久收入概念是基于消费者对其一生拥有财富的预期。在弗里德曼看来，持久收入就是对预期一生所拥有财富按照当前利率折现的结果。霍尔认为，如果弗里德曼的看法正确，那么消费就是持久收入的一个固定比例，而且理性地形成对持久收入的预期，简单地说，昨天基于昨天有效形成预期的消费，就包含昨天所有有关信息。具体地，已知昨天的消费水平，昨天的收入不能为今天的消费水平提

---

① Trygve Haavelmo. "Methods of Measuring the Marginal Propensity to Consume", *Journal of the American Statistical Association*, 42 (March, 1947): 105－122.

② For his achievements in the fields of consumption analysis, monetary history and theory and for his demonstration of the complexity of stabilization policy.

供额外有用的信息，即在模型

$$\ln(Cnsmptn_t)=\beta_0+\beta_1\ln(Cnsmptn_{t-1})+\beta_2\ln(Dispinc_{t-1})+\varepsilon_t$$

中，$\beta_2=0$。

霍尔将这一想法推广到消费者在 $t-1$ 期已经知道的过去所有其他变量。如果弗里德曼正确，且预期是理性形成的，那么没有一个变量的滞后值能够提供与今天的预期消费有关且又没有包括在滞后消费中的信息。霍尔用 1948—1977 年的数据检验了弗里德曼的理论。[①]

下面采用 1948—1998 年更新的数据，得到与霍尔类似的结果，如图 3.7.11 所示。用人均实际消费的自然对数和人均实际可支配收入的自然对数进行分析，霍尔将滞后收入的较小的 t 统计量解释为支持弗里德曼持久收入假说的证据，没有意识到该统计量不服从 t 分布。

Source	SS	df	MS			
				Number of obs	=	50
				F(2, 47)	=	7896.91
Model	5.31277396	2	2.65638698	Prob > F	=	0.0000
Residual	.015810006	47	.000336383	R-squared	=	0.9970
				Adj R-squared	=	0.9969
Total	5.32858397	49	.108746612	Root MSE	=	.01834

lnCnsmptn	Coefficient	Std. err.	t	P>|t|	[95% conf.	interval]
lnCnsmptn						
L1.	.9696797	.1426117	6.80	0.000	.6827819	1.256577
lnDispinc						
L1.	.0269533	.1438889	0.19	0.852	-.2625137	.3164204
_cons	.0269318	.0261008	1.03	0.307	-.0255763	.0794399

图 3.7.11　消费对滞后消费和滞后收入的 OLS 回归结果

实际上，回归模型中随机趋势变量的出现导致常用的 t 统计量不再有效。图 3.7.12 给出了霍尔回归模型的动态普通最小二乘估计值，根据动态普通最小二乘法，在模型中增加了消费对数的变化量和收入对数的变化量。滞后收入的 t 统计量 1.04 在动态普通最小二乘回归中是可靠的，所以该数据仍然支持弗里德曼的持久收入假说。

---

① Robert E. Hall. Stochastic Implications of the Life Cycle-Permanent Income Hypothesis: Theory and Evidence, *The Journal of Political Economy*, 1978, 86(6): 971—987.

Source	SS	df	MS		
Model	5.00811356	4	1.25202839	Number of obs =	49
Residual	.013159369	44	.000299077	F(4, 44) =	4186.31
				Prob > F =	0.0000
Total	5.02127293	48	.104609853	R-squared =	0.9974
				Adj R-squared =	0.9971
				Root MSE =	.01729

lnCnsmptn	Coefficient	Std. err.	t	P>|t|	[95% conf.	interval]
lnCnsmptn						
L1.	.8391102	.1467586	5.72	0.000	.5433378	1.134883
lnDispinc						
L1.	.15348	.1478677	1.04	0.305	-.1445277	.4514877
dlnC						
L1.	.7441989	.2626783	2.83	0.007	.2148057	1.273592
dlnY						
L1.	-.6622401	.2502098	-2.65	0.011	-1.166505	-.1579754
_cons	.0224214	.0263443	0.85	0.399	-.030672	.0755149

图 3.7.12　消费对滞后消费和收入的 DOLS 回归

霍尔的洞见为持久收入假说的检验建立了一个更坚实的基础，这个基础支持了对弗里德曼的观点至关重要的预期财富的概念。霍尔的有关理性预期对于家庭行为的微观经济理论具有重要意义的认识影响了许多后续研究。

Stata 操作代码为：

```
use "F:\Econometrics\data\Hall.dta", clear
gen lnCnsmptn=ln(Cnsmptn)
gen lnDispinc=ln(Dispinc)
tsset Obs
reg lnCnsmptn L.lnCnsmptn L.lnDispinc
reg lnCnsmptn L.lnCnsmptn L.lnDispinc L.D.lnCnsmptn L.D.lnDispinc
```

二、误差修正模型

协整不是要求变量之间不包含任何趋势，而只要求这些变量的某个线性组合不包含任何随机趋势。在模型化 Y 或 X 的变化时，这种协整关系就是误差修正项。协整的关键在于协整变量都包含多种共同趋势。如果非平稳性来自一个共同的随机趋势，那么就能找到这些变量的一个线性组合来消除这一趋势，从而得到一个新的不含趋势的变量。对于协整变量 Y 或 X 的变化量，一个一般的误差修正模型设定是

$$\Delta Y_t=\alpha_0+\gamma_Y(Y_{t-1}-\beta_1 X_{t-1})+\varepsilon_t$$
$$\Delta X_t=\varphi_0+\gamma_X(Y_{t-1}-\beta_1 X_{t-1})+\nu_t$$

协整关系就是

$$Y_t=\beta_1 X_t+\mu_t$$

正如ADF检验需要增加被解释变量的滞后变化来解释序列相关一样，误差修正方程通常也需要类似的扩充来解释序列相关。也就是说，在误差修正模型中增加这些变量的滞后变化，有时能够更好地模型化协整变量的短期变化

$$\Delta Y_t=\alpha_0+\alpha_1\Delta Y_{t-1}+\alpha_2\Delta X_{t-1}+\gamma_Y(Y_{t-1}-\beta_1 X_{t-1})+\varepsilon_t$$

(一)误差修正模型的推导过程

为了避免虚假回归问题，对于非平稳时间序列数据，通常可以通过差分将其化为平稳序列，然后进行回归分析。例如，人均消费水平Y与人均可支配收入X都是I(1)序列，建立两者之间的回归模型

$$Y_t=\alpha_0+\alpha_1 X_t+\mu_t \tag{3.7.2}$$

时，如果Y与X具有共同的向上或向下的变化趋势，为了避免虚假回归，则通常需要通过差分消除变量的共同变化趋势，使之成为平稳序列，即建立差分回归模型

$$\Delta Y_t=\alpha_1\Delta X_t+\nu_t \tag{3.7.3}$$

其中，$\nu_t=\mu_t-\mu_{t-1}$。

然而，这种处理存在三个问题：

(i)如果Y与X间存在着长期稳定的均衡关系，如式(3.7.2)，且误差项μ_t不存在序列相关，则差分式(3.7.3)中的ν_t是一个一阶移动平均时间序列，因而是序列相关的；

(ii)如果采用式(3.7.3)的差分形式进行估计，那么关于变量水平值的重要信息就被忽略了，这时模型只表达了Y与X之间的短期关系，而没有揭示它们之间的长期关系。因为，从长期均衡的角度看，Y在第t期的变化不仅取决于X本身的变化，还取决于Y与X在$t-1$期末的状态，尤其是Y与X在$t-1$期的不平衡程度。

(iii)使用差分变量也常常不能得到令人满意的回归方程。例如，使用式(3.7.3)回归时，很少出现截距项显著为0的情况，即更可能得到如下形式的模型

$$\Delta Y_t=\hat{\alpha}_0+\hat{\alpha}_1\Delta X_t+\nu_t,\hat{\alpha}_0\neq 0 \tag{3.7.4}$$

在X保持不变时，Y也会处于长期上升($\hat{\alpha}_0>0$)或下降($\hat{\alpha}_0<0$)的过程中，意味着Y与X之间不存在**静态均衡**(static equilibrium)，这与大多数具有静态均衡的经济理论假说不相符。比如，对于收入和消费而言，如果收入保持稳定，就不能期望消费支出永远不停地上升或下降。

由此可见，简单差分不一定能解决非平稳时间序列问题，而且还可能导致新问题。于是，误差修正模型应时而生。

误差修正模型(Error Correction Model，ECM)是一种具有特定形式的计量经济模型，它的主要形式是由戴维森(Davidson)、亨德里(Hendry)、斯巴(Srba)和耶(Yeo)于1978年提出的，常被称为DHSY模型。

假设两变量Y与X的长期均衡关系如式(3.7.2)所示(这意味着两变量协整)，由于

现实经济中 Y 与 X 很少恰好处在均衡点上,因此实际观测到的只是 Y 与 X 之间的短期的或非均衡的关系,假设具有如下 ARDL(1,1)形式

$$Y_t=\beta_0+\beta_1 X_t+\beta_2 X_{t-1}+\delta_1 Y_{t-1}+\mu_t \tag{3.7.5}$$

该模型意味着第 t 期的 Y 值不仅与第 t 期 X 的变化有关,而且与 $t-1$ 期 Y 与 X 的状态值有关。

式(3.7.5)的等价形式

$$Y_t-Y_{t-1}=\beta_0+\beta_1 X_t-\beta_1 X_{t-1}+\beta_1 X_{t-1}+\beta_2 X_{t-1}+\delta_1 Y_{t-1}-Y_{t-1}+\mu_t$$

得到

$$\begin{aligned}\Delta Y_t&=\beta_0+\beta_1\Delta X_t+(\beta_1+\beta_2)X_{t-1}-(1-\delta_1)Y_{t-1}+\mu_t\\&=\beta_1\Delta X_t-(1-\delta_1)\left(Y_{t-1}-\frac{\beta_0}{1-\delta_1}-\frac{\beta_1+\beta_2}{1-\delta_1}X_{t-1}\right)+\mu_t\\&=\beta_1\Delta X_t-\lambda(Y_{t-1}-\alpha_0-\alpha_1 X_{t-1})+\mu_t\end{aligned} \tag{3.7.6}$$

其中,$\lambda=1-\delta_1$,$\alpha_0=\frac{\beta_0}{1-\delta_1}$,$\alpha_1=\frac{\beta_1+\beta_2}{1-\delta_1}$。

可以认为式(3.7.6)中的参数 α_0、α_1 与式(3.7.2)中的相应参数是相同的,那么式(3.7.6)中括号内的项就是 $t-1$ 期的**非均衡误差项**。这样,式(3.7.6)就弥补了简单差分式(3.7.3)的不足,因为该式含有用 Y 与 X 水平值表示的前期非均衡程度。因此,Y 的值已对前期的非均衡程度做出了修正。

式(3.7.6)表明,Y 的变化取决于 X 的变化以及前一时期的非均衡程度,因此被称为**一阶误差修正模型**(first-order error correction model)。显然,误差修正模型可用于研究变量之间的短期动态关系。

模型(3.7.6)可以简记为

$$\Delta Y_t=\beta_1\Delta X_t-\lambda\Delta ecm_{t-1}+\mu_t \tag{3.7.7}$$

其中,ecm 表示误差修正项。由式(3.7.7)可知,一般情况下,$\delta_1<1$,所以有 $0<\lambda<1$,由此可以得到 ecm 的修正作用:

在 $t-1$ 时期,Y_{t-1} 大于其长期均衡解 $\alpha_0+\alpha_1 X_{t-1}$,如果 ecm_{t-1} 为正,则 $-\lambda\Delta ecm$ 为负,使得 ΔY_t 减少;在 $t-1$ 时期,Y_{t-1} 小于其长期均衡解 $\alpha_0+\alpha_1 X_{t-1}$,如果 ecm 为负,则 $-\lambda\Delta ecm$ 为正,使得 ΔY_t 增大。

简单地说,在上一时期,如果 Y 超过了均衡水平,ecm 就会将它往回拉;相反,如果 Y 不足,ecm 就会使其增多,这就体现了长期非均衡误差对 Y_t 的控制。

在实际经济分析中,误差修正模型中变量常以对数的形式出现。其主要原因在于变量对数的差分近似地等于该变量的变化率,而经济变量的变化率常常是稳定序列。于是长期均衡模型(3.7.2)中的 α_1 可视为 Y 关于 X 的**长期弹性**(long-run elasticity),而短期非均衡模型(3.7.6)中的 β_1 可视为 Y 关于 X 的**短期弹性**(short-run elasticity)。

更复杂的误差修正模型,比如二阶滞后模型完全可以按照一阶误差修正模型类似地建立。

(二)误差修正模型的建立

1. Granger 表述定理

误差修正模型有许多明显的优点，比如，一阶差分项的使用消除了变量可能存在的趋势因素，从而避免了虚假回归问题；同时，一阶差分项的使用也消除了模型可能存在的多重共线性问题。另外，误差修正项的引入保证了变量水平值的信息没有被忽略；由于误差修正项本身的平稳性，使得该模型可以用 OLS 回归方法进行估计，尤其是模型中的差分项可以使用通常的 t 检验和 F 检验来进行选取；等等。

因此，一个重要的问题就是，是否变量间的关系都可以通过误差修正模型来表述？对此，恩格尔和格兰杰在 1987 年提出了著名的 **Granger 表述定理**（Granger representation theorem）：

如果变量 Y 与 X 是协整的，则它们之间的短期非均衡关系总能由一个误差修正模型表述

$$\Delta Y_t = lagged(\Delta X, \Delta Y) - \lambda \Delta ecm_{t-1} + \mu_t, 0<\lambda<1 \tag{3.7.8}$$

式中，ecm 是非均衡误差项或者长期均衡偏差项，λ 是短期调整参数。

对于形如式(3.7.5)的 ARDL(1,1)，如果

$$Y_t \sim \mathrm{I}(1), X_t \sim \mathrm{I}(1)$$

那么，式(3.7.6)左边 $\Delta Y_t \sim \mathrm{I}(0)$，右边 $\Delta X_t \sim \mathrm{I}(0)$，因此，只有 Y 与 X 协整，才能保证右边也是 I(0)过程。

因此，要建立误差修正模型，首先需要对变量进行协整分析，以确保变量之间的协整关系，即长期均衡关系，并以这种关系构造模型的误差修正项，然后建立短期模型，将误差修正项看作一个解释变量，连同其他反映短期波动的解释变量，即误差修正模型。

另外，由于式(3.7.8)中没有明确指出 ΔY 与 ΔX 的滞后期数，因此，可以是多期滞后；同时，由于一阶差分项是 I(0)变量，因此模型中也允许使用 X 的非滞后差分项 ΔX_t。

Granger 表述定理可类似地推广到多个变量的情形中去。

2. Engle-Granger 两步法

由协整与误差修正模型的关系可以得到建立误差修正模型的 E—G 两步法：

第一步，进行协整回归（OLS 法），检验变量间的协整关系，估计协整向量（长期均衡关系参数）；

第二步，若协整性存在，则以第一步求到的残差作为非均衡误差项加入误差修正模型中，并用 OLS 法估计相应的参数。

需要注意的是，在进行变量间的协整检验时，若有必要，则可在协整回归式中加入趋势项，这时对残差项的稳定性检验就无须再设趋势项。另外，第二步中变量差分滞后项的多少，可用残差项序列是否存在自相关性来判断，如果存在自相关，则应加入变量差分的滞后项。

另外，在实际操作过程中，也可以直接采用 OLS 法估计误差修正模型。比如，由于两变量误差修正模型如式(3.7.6)

$$\begin{aligned}\Delta Y_t &= \beta_1 \Delta X_t - \lambda(Y_{t-1} - \alpha_0 - \alpha_1 X_{t-1}) + \mu_t \\ &= \lambda\alpha_0 + \beta_1 \Delta X_t - \lambda Y_{t-1} + \lambda\alpha_1 X_{t-1} + \mu_t\end{aligned}$$

即直接估计该式就可以得到短期弹性、长期弹性等结果。当然，需要注意的是，基于不同方法建立的误差修正模型结果可能是不一样的。

例 3.7.4 建立中国居民消费总量的误差修正模型。

以 $\ln Y_t$ 关于 $\ln X_t$ 协整回归中的平稳残差序列 e_t 作为误差修正项,估计如图 3.7.13 所示:

```
      Source |       SS           df       MS      Number of obs   =        38
-------------+----------------------------------   F(3, 35)        =    205.23
       Model |  .281678208         3  .093892736   Prob > F        =    0.0000
    Residual |  .016012608        35  .000457503   R-squared       =    0.9462
-------------+----------------------------------   Adj R-squared   =    0.9416
       Total |  .297690816        38  .007833969   Root MSE        =    .02139

------------------------------------------------------------------------------
       D.lnY | Coefficient  Std. err.      t    P>|t|     [95% conf. interval]
-------------+----------------------------------------------------------------
         lnX |
         D1. |   .3862009    .080106     4.82   0.000     .2235771    .5488247
             |
         lnY |
         LD. |   .5497551   .0889993     6.18   0.000     .3690769    .7304332
             |
          et |
         L1. |  -.1224888   .0645437    -1.90   0.066    -.2535194    .0085419
------------------------------------------------------------------------------
```

图 3.7.13 中国居民消费总量的误差修正模型

残差序列 e_{t-1} 的参数估计值为负,表明前一期的非均衡误差对后一期居民消费的修正。如果该参数估计值为正,则模型一定是错误的。

$$\Delta \hat{\ln Y_t} = 0.386 \Delta \ln X_t + 0.550 \Delta \ln Y_{t-1} - 0.122 e_{t-1}$$
$$(0.080) \qquad (0.089) \qquad (0.065)$$
$$R^2 = 0.9462, \bar{R}^2 = 0.9416$$

由此可得 $\ln Y_t$ 关于 $\ln X_t$ 之间的短期弹性为 0.3862。与此形成对照的是,在例 3.7.1 中,两者之间的长期弹性为 0.8955。

Stata 操作代码:

```
reg d.lnY d.lnX l.d.lnY l.et, noconstant
```

三、格兰杰因果关系

(一)格兰杰因果关系定义

许多经济变量之间有着相互的影响关系,如 GDP 的增长能够促进消费的增长,但是反过来,消费的变化又是 GDP 变化的一个组成部分,因此,消费增长也能促进 GDP 的增长。但是,要进一步区分变量之间的相互影响关系是相关关系还是因果关系,是经济学研究的一个巨大挑战。回归方程本身并不能解决这个问题。在实际研究中,通常是根据经济理论和常识来解释回归方程。考虑问题：当两个变量之间在时间上有先导—滞后关系时，能否从统计上考察这种关系是单向的还是双向的？也就是主要是一个变量过去的行为在影响另一个变量的当前行为呢？还是双方的过去行为在相互影响着对方的当前行为？格兰杰提出了一个经典的检验程序，被称为**格兰杰因果关系检验**(Granger test of causality)。如果 X 导致 Y，那么使用 X 的过去值将使得比仅使用 Y 的过去值的情况能更好地预测 Y。也就是说，如果在给定 Y 的情况下，当期 Y 的期望还取决于 X 的过去值，那么就得到了 X 影响 Y 的证据。

具体对两变量 X 与 Y，格兰杰因果关系检验要求估计回归关系

$$Y_t=\beta_0+\sum_{i=1}^{m}\alpha_i X_{t-i}+\sum_{i=1}^{m}\beta_i Y_{t-i}+\mu_{1t} \tag{3.7.9}$$

$$X_t=\delta_0+\sum_{i=1}^{m}\delta_i X_{t-i}+\sum_{i=1}^{m}\lambda_i Y_{t-i}+\mu_{2t} \tag{3.7.10}$$

这两个变量的关系可能存在四种检验结果：

(i)X 对 Y 有单向影响，表现为式(3.7.9)中 X 各滞后项前的参数整体不为零，而 Y 各滞后项前的参数整体为零；

(ii)Y 对 X 有单向影响，表现为式(3.7.10)中 Y 各滞后项前的参数整体不为零，而 X 各滞后项前的参数整体为零；

(iii)Y 与 X 间存在双向影响，表现为式(3.7.9)中 X 各滞后项前的参数整体不为零，同时式(3.7.10)中 Y 各滞后项前的参数整体不为零；

(iv)Y 与 X 间不存在影响，表现为式(3.7.9)中 X 各滞后项前的参数整体为零，同时式(3.7.10)中 Y 各滞后项前的参数整体也为零。

对于同阶单整变量，通过格兰杰因果关系检验，确定变量之间的因果关系，检验确定变量之间的因果性。构建 F 统计量

$$F=\frac{(\mathrm{RSS}_R-\mathrm{RSS}_U)/q}{\mathrm{RSS}_U/(T-k)}$$

在这个 F 统计量中，q 为 X 的滞后项的个数，n 为样本容量，k 为包含可能存在的常数项及其他变量在内的无约束回归模型的待估参数的个数。如果计算的 F 值大于给定显著性水平下 $F(m,n-k)$ 分布的相应的临界值，p 值小于相应的显著性水平，则拒绝原假设，认为 X 是 Y 的格兰杰原因。

注意：格兰杰检验只能用于平稳序列。这是格兰杰检验的前提，而这里的因果关系也并非通常理解的因与果的关系，而是说 X 的前期变化能有效地解释 Y 的变化，所以称其为“格兰杰原因”。也就是说，格兰杰因果检验是检验统计上的时间先后顺序，并不表示真正存在因果关系，是否存在因果关系需要根据理论、经验和模型来判定。

由于格兰杰因果检验的变量应是平稳的，如果单位根检验发现两个变量不稳定，那么不能直接进行格兰杰因果检验，所以对不平稳的变量进行格兰杰因果检验，是错误的。

另外，非平稳序列很可能出现虚假回归。协整的意义就是检验它们的回归方程所描述的因果关系是不是虚假回归，即检验变量之间是否存在稳定的关系。所以，非平稳序列的因果关系检验就是协整检验。

(二)历史上的著名因果关系检验

现代货币数量论的代表人物,1976 年诺贝尔经济学奖获得者、芝加哥大学的米尔顿·弗里德曼认为,在宏观经济中,货币供给的变化导致真实 GDP 的变化。2011 年,获得诺贝尔经济学奖的克里斯托弗·A. 西姆斯(Christopher A. Sims)采用格兰杰因果关系的概念,回答了货币与真实 GDP 之间的关系。[①] 西姆斯指出,在格兰杰的因果关系逻辑中,如果只是 X 影响了 Y,那么在 Y 对 X 的当期值、过去值和未来值进行的回归中,X 的未来值的系数将是 0。本质上,如果是 X 影响了 Y,那么无需利用 X 的未来值,X 的当期值、过去值就能够预测 Y。西姆斯认为,如果 X 的未来值在这个回归关系中显著,那么一定是 Y 影响 X。西姆斯将真实 GDP 的对数对货币供给量的当期值、8 个滞后值和 4 个未来值进行回归,并讨论了其中干扰项的序列相关,然后交换了回归中真实 GDP 和货币供给的位置。结果发现,无法拒绝货币供给影响收入的单向因果关系的虚拟假设,但是能够拒绝收入影响货币供给的单项因果关系的虚拟假设。这些结论支持了弗里德曼的货币数量论观点。

(三)案例

例 3.7.5 检验 1980—2019 年中国居民实际消费总支出和实际可支配收入两变量增长率之间的因果关系。

首先,确定滞后阶数(见图 3.7.14)。

```
Lag-order selection criteria

   Sample: 1985 thru 2019                                  Number of obs = 35
```

Lag	LL	LR	df	p	FPE	AIC	HQIC	SBIC
0	140.633				1.2e-06	-7.9219	-7.89122	-7.83302
1	147.925	14.584	4	0.006	1.0e-06	-8.11002	-8.01798*	-7.84339*
2	148.81	1.7686	4	0.778	1.2e-06	-7.93198	-7.77858	-7.4876
3	151.186	4.752	4	0.314	1.4e-06	-7.83918	-7.62442	-7.21705
4	161.423	20.474*	4	0.000	9.7e-07*	-8.1956*	-7.91947	-7.3957

```
   * optimal lag
   Endogenous: gY gX
    Exogenous: _cons
```

图 3.7.14 确定滞后阶数

根据信息准则确定最佳滞后期为 4,进而进行格兰杰因果关系检验。从图 3.7.15 看,在 5%的显著性水平下,既拒绝"X 不是 Y 的格兰杰原因"的假设,又拒绝"Y 不是 X 的格兰杰原因"的假设。X 与 Y 是互为因果的。

---

① Christopher A. Sims. "Money, Income, and Causality", *American Economic Review*, 1972, (62): 540—552.

Granger causality Wald tests

Equation	Excluded	chi2	df	Prob > chi2
gY	gX	10.744	4	0.030
gY	ALL	10.744	4	0.030
gX	gY	31.265	4	0.000
gX	ALL	31.265	4	0.000

图 3.7.15 格兰杰因果关系检验

图 3.7.16 是模型取一阶滞后时的格兰杰因果关系检验结果。拒绝"X 不是 Y 的格兰杰原因"的假设,不拒绝"Y 不是 X 的格兰杰原因"的假设,X 与 Y 之间是单向因果关系。从这个结果看,选择正确的检验模型非常重要。

Granger causality Wald tests

Equation	Excluded	chi2	df	Prob > chi2
gY	gX	4.871	1	0.027
gY	ALL	4.871	1	0.027
gX	gY	.00862	1	0.926
gX	ALL	.00862	1	0.926

图 3.7.16 格兰杰因果关系检验

最后,对单位根检验、协整检验和格兰杰因果关系检验三者之间的关系进行小结:

三者之间关系的检验步骤是,先做单位根检验,看变量序列是否为平稳序列。若平稳,则可构造回归模型等经典计量经济模型;若非平稳,则进行差分,当进行到第 i 次差分时序列平稳,服从 i 阶单整(注意趋势、截距不同情况选择,根据 p 值和虚拟假设判定)。若所有检验序列均服从同阶单整,则可构造单方程或 VAR 模型,做协整检验(注意滞后期的选择),判断模型内部变量间是否存在协整关系,即是否存在长期均衡关系。如果有,则可以构造 VEC 模型或者进行格兰杰因果检验,检验变量之间"谁引起,谁变化",即因果关系。

注意事项:

(i)单位根检验是序列的平稳性检验,如果不检验序列的平稳性,直接采用 OLS 回归,则可能导致虚假回归。

(ii)当检验的数据是平稳的(即不存在单位根),要想进一步考察变量的因果联系,可以采用格兰杰因果检验,但要做格兰杰检验的前提是数据必须是平稳的,否则不能做。

(iii)当检验的数据是非平稳(即存在单位根)的,并且各个序列是同阶单整(协整检验的前提)的,想进一步确定变量之间是否存在协整关系,可以进行协整检验。协整检验主要有 EG 两步法和 JJ 检验。EG 两步法是基于回归残差的检验,可以通过建立 OLS 模型检验其残差平稳性;JJ 检验是基于回归系数的检验,前提是建立 VAR 模型(即模型符合

ADL模式)。

(iv)当变量之间存在协整关系时,可以建立误差修正模型,进一步考察短期关系。

Stata操作代码为:

```
*变量变换
gen gY=(Y-l.Y)/l.Y
gen gX=(X-l.X)/l.X
*滞后阶数确定
varsoc gY gX, maxlag(4)
*格兰杰因果检验
var gY gX, lags(1/4)
vargranger
var gY gX, lags(1/1)
vargranger
```

习题三

1. 时间序列数据与截面数据模型的基本假定有哪些差异,对统计量性质有什么影响?

2. 下列哪一项不是序列相关产生的原因。(　　)

A. 经济行为的惯性作用　　B. 经济活动的滞后性

C. 模型设定误差　　D. 解释变量之间存在线性关系

3. 当随机误差项存在序列相关时,参数估计值仍然具有无偏性的原因是(　　)。

A. 零均值假定成立　　B. 同方差假定成立

C. 无多重共线性假定成立　　D. 正态性假定成立

4. 如果样本回归模型中D. W.统计量的值接近2,那么样本回归模型一阶自相关系数ρ近似等于(　　)。

A. 0　　B. −1

C. 1　　D. 0.5

5. 如果经检验样本回归模型存在自相关,那么模型参数估计值(　　)。

A. 无偏、有效　　B. 有偏、有效

C. 有偏、非有效　　D. 无偏、非有效

6. 当样本回归模型存在自相关时,t检验的可靠性会(　　)。

A. 增大　　B. 降低

C. 不变　　D. 无法确定

7. 叙述序列相关的概念、后果和修正方法。

8. 写出用杜宾—沃森(D. W.)方法检验序列相关的检验条件和过程。

9. 以某地区22年的年度数据估计的工业就业回归方程为

$$\hat{Y}=-3.89+0.51\ln X_1-0.251\ln X_2+0.62\ln X_3$$
$$(-0.56)\quad(2.3)\quad(-1.7)\quad(5.8)$$
$$R^2=0.996, \text{D.W.}=1.147$$

其中，Y 为就业总量，X_1 为总收入，X_2 为平均月工资，X_3 为地方政府总支出。

(1)试证明：一阶自相关的D.W.检验是无定论的；

(2)为确定序列相关结果，说明LM检验的步骤。

10. 对于模型 $Y_t=\beta_0+\beta_1X_t+\mu_t$，试问：

(1)如果用变量的一次差分估计该模型，则意味着采用了什么样的自相关形式？

(2)用一次差分估计时，如果包含一个截距项，则其含义是什么？

11. 平稳时间序列应满足什么条件？

12. 简述白噪声、随机游走的概念，并论证其平稳性。

13. 设时间序列$\{X_t\}$由 $X_t=\delta_0+\delta_1t+\varepsilon_t$ 生成，其中，ε_t 为一个均值为0，同方差、无序列相关的白噪声序列，那么

(1)X_t 是平稳时间序列吗？

(2)$X_t-E(X_t)$是平稳时间序列吗？

14. 设时间序列$\{X_t\}$由随机过程 $X_t=Z_t+\varepsilon_t$ 生成，其中，ε_t 为一个均值为0、方差为 σ_ε^2 的白噪声序列；Z_t 是一个均值为0、方差为 σ_Z^2、协方差恒为常数 a 的平稳时间序列。ε_t 与 Z_t 是不相关的。

(1)求 X_t 的期望与方差，它们是否与时间 t 有关？

(2)求协方差 $\mathrm{Cov}(X_t, X_{t+k})$，并指出 X_t 是不是平稳的。

(3)证明：X_t 的自相关函数为 $\rho=a/(\sigma_\varepsilon^2+\sigma_Z^2)$。

15. 关于误差修正模型，下列表述正确的是(　　)。

A. 误差修正模型只反映变量之间的短期变化关系

B. 误差修正模型只反映变量之间的长期变化关系

C. 误差修正模型不仅反映变量之间的短期变化关系，还反映变量之间的长期变化关系

D. 误差修正模型既不反映变量之间的短期变化关系，也不反映变量之间的长期变化关系

16. 如果两个变量协整，那么(　　)。

A. 这两个变量一定都是平稳的

B. 这两个变量的一阶差分一定都是平稳的

C. 这两个变量的协整回归方程一定有D.W.=0

D. 这两个变量一定是同阶单整的

17. 将非平稳时间序列转化为平稳时间序列的方法是(　　)。

A. 差分平稳过程、趋势平稳过程　　B. 对模型进行对数变换

C. 协整平稳　　D. 滞后平稳

18. 产生虚假回归的原因是(　　)。

A. 自相关　　B. 异方差性
C. 序列相关性　　D. 随机解释变量

19. DF 检验式 $Y_t=\beta Y_{t-1}+\mu_t$ 的虚拟假设是(　　)。
A. 序列 Y_t 没有单位根,$\beta=0$　　B. 序列 Y_t 没有单位根,$\beta=1$
C. 序列 Y_t 有单位根,$\beta=0$　　D. 序列 Y_t 有单位根,$\beta=1$

20. 关于 Engle-Granger 检验的说法,下列正确的是(　　)。
A. 拒绝虚拟假设说明被检验变量之间存在协整关系
B. 接受虚拟假设说明被检验变量之间存在协整关系
C. 拒绝虚拟假设说明被检验变量之间不存在协整关系
D. 接受虚拟假设说明被检验变量之间不存在协整关系

21. 设时间序列 $X_t\sim \mathrm{I}(1)$,$Y_t\sim \mathrm{I}(2)$,则 X_t 和 Y_t 之间一般是(　　)关系。
A. 零阶协整　　B. 一阶协整
C. 二阶协整　　D. 不存在协整

22. 如果一个时间序列呈上升趋势,那么这个时间序列是(　　)。
A. 平稳时间序列　　B. 非平稳时间序列
C. 一阶单整序列　　D. 一阶协整序列

23. 如果 $X_t\sim \mathrm{I}(1)$,$Y_t\sim \mathrm{I}(2)$,$W_t\sim \mathrm{I}(2)$,$P_t=aY_t+bW_t\sim \mathrm{I}(1)$,$Q_t=aX_t+bP_t\sim$ I(0),那么认为(　　)。
A. Y_t、$W_t\sim \mathrm{CI}(2,1)$,X_t、$P_t\sim \mathrm{CI}(1,1)$
B. Y_t、$W_t\sim \mathrm{CI}(2,1)$,X_t、$P_t\sim \mathrm{CI}(1,0)$
C. Y_t、$W_t\sim \mathrm{CI}(2,0)$,X_t、$P_t\sim \mathrm{CI}(1,1)$
D. Y_t、$W_t\sim \mathrm{CI}(2,0)$,X_t、$P_t\sim \mathrm{CI}(1,0)$

24. 若两个变量都是一阶单整的,则(　　)。
A. 这两个变量一定存在协整关系
B. 这两个变量一定不存在协整关系
C. 相应的误差修正模型一定成立
D. 还需要对误差项进行检验

25. 关于非平稳的时间序列,下列说法不正确的是(　　)。
A. 序列均值是与时间无关的常数
B. 序列方差是与时间无关的常数
C. 序列的自协方差是与时间间隔和时间均无关的常数
D. 序列的自协方差是与时间间隔有关、与时间无关的常数

26. 什么是时间序列的单整性?举例说明。

27. 什么是协整?

28. 设两个时间序列 X_t 和 Y_t 都是随机游走序列,证明:如果 X_t 与 Y_t 是协整的,那么 X_t 与 Y_{t-1} 也是协整的。

29. 设两个时间序列 X_t 和 Y_t 都是 I(1)序列,但是对某个不为 0 的 β,使得 $Y_t-\beta X_t$ 是 I(0)序列。证明:对于任意 $\delta\neq\beta$,组合 $Y_t-\delta X_t$ 一定是 I(1)的。

30. 简述建立误差校正模型(ECM)的基本思路。

31. 假设两个时间序列 X_t 和 Y_t 满足 $Y_t=\beta X_t+\varepsilon_{t1}$ 和 $\Delta X_t=\alpha\Delta X_{t-1}+\varepsilon_{t2}$，其中，$\beta\neq 0$，$|\alpha|<1$，且 ε_{t1} 和 ε_{t2} 分别是两个 I(0)序列。证明：从这两个方程可以导出如下形式的误差修正模型

$$Y_t=\alpha_1\Delta X_{t-1}+\delta(Y_{t-1}-\beta X_{t-1})+\varepsilon_t$$

其中，$\alpha_1=\beta\alpha$，$\delta=-1$，$\varepsilon_t=\varepsilon_{t1}+\beta\varepsilon_{t2}$。

32. 简述格兰杰因果分析的概念、原理和基本思路。

33. 对例 3.6.4 中 Y_t 对数、增长率序列进行平稳性检验。

34. 收集最新居民总消费、收入数据，对其水平值、对数形式和增长率序列进行单整检验，对其对数形式序列进行协整检验，建立误差修正模型，进行格兰杰因果分析。

除了上帝，其他任何人都必须用数据说话。①

——[美]威廉·爱德华兹·戴明

第四章　面板数据回归分析

在使用回归模型进行经济实证研究时，除了采用截面数据、时间序列数据外，现在越来越多地采用兼有截面和时间序列两方面特点的数据。这类数据大致包括两种：第一种是独立混合截面数据，第二种是面板数据。简单地说，截面数据的特点是只包含不同个体在同一时间点的观测，时间序列数据则只包含一个个体在不同时间点的观测。独立混合数据和面板数据是兼有个体和时间两个维度的观测。当然，独立混合截面数据与面板数据也各具不同特点。

从计量经济模型基本假定角度看，面板数据回归分析主要是围绕误差项的分析，包括放宽零条件均值、异方差和序列相关等基本假定方面的内容。

第一节　理解面板数据

一、面板数据的结构

面板数据(panel data)是一个包含多个个体，且同一个个体含有一系列不同时间观测的数据。也就是说，面板数据是同时包含截面和时间序列两个维度的数据：截面的个体维度 $i=1,2,\cdots,n$ 和时间序列的时间维度 $t=1,2,\cdots,T$。个体也称组，可以是个人、企业、行业甚至国家等，时间可以是秒、分、时、天、月、季甚至年等。

一个典型的面板数据结构如图 4.1.1 所示。

① In God we trust, rest bring data.

——William Edwards Deming

	Id	Year	Agric	Black	Bus	Construc	Ent	Exper	Fin
1	13	1980	0	0	1	0	0	1	0
2	13	1981	0	0	0	0	0	2	0
3	13	1982	0	0	1	0	0	3	0
4	13	1983	0	0	1	0	0	4	0
5	13	1984	0	0	0	0	0	5	0
6	13	1985	0	0	1	0	0	6	0
7	13	1986	0	0	1	0	0	7	0
8	13	1987	0	0	1	0	0	8	0
9	17	1980	0	0	0	0	0	4	0
10	17	1981	0	0	0	0	0	5	0
11	17	1982	0	0	0	0	0	6	0
12	17	1983	0	0	0	0	0	7	0
13	17	1984	0	0	0	0	0	8	0
14	17	1985	0	0	0	1	0	9	0
15	17	1986	0	0	0	1	0	10	0
16	17	1987	0	0	0	1	0	11	0
17	18	1980	0	0	0	0	0	4	0
18	18	1981	0	0	0	0	0	5	0

图 4.1.1　面板数据的典型例子

其中，Id 代表个体识别号，*Year* 代表时间（年），*Agric* 代表所属行业（农业），*Black* 代表人种（黑人）等。图 4.1.1 中完整显示的有 2 个个体，Id 号分别是 13、17，每个个体有 8 个年份的观测。

如果其中个体（Id）在不同年份不一致，也就是没有跟踪到同一个体在不同年份的数据，该数据集就是所谓的**混合截面数据**（pooled cross-sectional data）。混合截面数据并没有完全跟踪到同一个体在不同年份的数据，只是个体多年截面数据的简单混合。

二、面板数据变动差异的来源

由于面板数据包含两个维度的信息，所以面板数据变量的变动来自两个方面：一是不同个体间的差异，二是同一个体在不同时间上的差异。图 4.1.1 中，Exper 变量值的变动来源于既有不同个体间经验的差异，又有同一个体在不同年份经验的差异。于是，面板数据变量的方差（总方差）可以分解为个体间方差（组间方差）和个体内方差（组内方差）：

总方差（total variation）＝个体间方差（between variation）＋个体内方差（within variation）

其中，个体间方差是个体平均值的方差，个体内方差是相同个体在不同时间上值的方差。

$$s_o^2=\frac{1}{NT-1}\sum_{i=1}^{N}\sum_{t=1}^{T}(X_{it}-\bar{\bar{X}})^2$$

$$s_b^2=\frac{1}{N-1}\sum_{i=1}^{N}(\bar{X}_i-\bar{\bar{X}})^2$$

$$s_w^2=\frac{1}{NT-1}\sum_{i=1}^{N}\sum_{t=1}^{T}(X_{it}-\bar{X}_i)^2$$

其中,X_{it} 是变量 X 在个体 i 和时间 t 上的值,$\bar{\bar{X}}$ 是变量 X 在数据中的平均值,$\bar{X}_i$ 是变量 X 在个体 i 中的平均值。由于是计算样本方差,所以做了 $NT-1$、$N-1$ 的自由度调整。

对于面板数据,可以通过分解变量的方差对其信息变化来源进行分析,这对于理解面板数据的估计结果很重要。面板数据的方差分解可以通过 Stata 命令 xtsum 实现。如图 4.1.2 所示,在观测中,N 表示样本数,n 表示个体数,T 表示个体内观测数。Stata 软件的 xtsum 命令给出了每个变量的样本总标准差 s_o、个体间标准差 s_b 和个体内标准差 s_w,这样,从图 4.1.2 中的结果容易发现每个变量变动的主要来源。

如,Year 的变动完全来自个体内差异,个体间没有差异,因为不同个体的 Year 平均值是一样的,不存在方差;Black 的变动则完全来自个体间差异,个体内没有差异,因为个体的肤色不随时间变化;Exper 的变动主要来自个体内差异,因为个体的经验随时间不断变化。

Variable		Mean	Std. dev.	Min	Max	Observations
Id	overall	5262.059	3496.15	13	12548	N = 4360
	between		3498.96	13	12548	n = 545
	within		0	5262.059	5262.059	T = 8
Year	overall	1983.5	2.291551	1980	1987	N = 4360
	between		0	1983.5	1983.5	n = 545
	within		2.291551	1980	1987	T = 8
Agric	overall	.0321101	.1763127	0	1	N = 4360
	between		.1270553	0	.875	n = 545
	within		.122348	-.8428899	.9071101	T = 8
Black	overall	.1155963	.3197769	0	1	N = 4360
	between		.320034	0	1	n = 545
	within		0	.1155963	.1155963	T = 8
Bus	overall	.0759174	.2648963	0	1	N = 4360
	between		.1657039	0	1	n = 545
	within		.2067761	-.7990826	.9509174	T = 8
Construc	overall	.075	.2634216	0	1	N = 4360
	between		.2008713	0	1	n = 545
	within		.1706061	-.8	.95	T = 8
Ent	overall	.0151376	.1221142	0	1	N = 4360
	between		.0742625	0	.875	n = 545
	within		.0969836	-.8598624	.8901376	T = 8
Exper	overall	6.514679	2.825873	0	18	N = 4360
	between		1.654918	3.5	14.5	n = 545
	within		2.291551	3.014679	10.01468	T = 8
Fin	overall	.0369266	.1886033	0	1	N = 4360
	between		.151152	0	1	n = 545
	within		.1129644	-.8380734	.9119266	T = 8

图 4.1.2 面板数据的统计值

Stata 操作代码为：

```
*数据导入
use "F:\Econometrics\data\Wagepan.dta", clear
*设置为面板数据
xtset Id Year
*面板数据的统计值
xtsum
```

第二节　独立混合截面数据回归分析

所谓独立混合截面(independently pooled cross section)数据，是在不同时点从一个总体中进行随机抽样得到的数据。混合截面数据与面板数据相比，不同之处在于它的不同时点的观测个体是不同的。例如，每年对城市出售住房抽取一个关于售价、面积和房间数的随机样本，其特点是由独立抽取的观测所构成，从统计上看，保持其他条件不变，不同观测误差项不相关。一个独立混合截面数据与单独一个随机样本数据的差异是，在不同时点对总体进行抽样可能导致观测结果不是**同分布**(identically distributed)的。比如，随着时间流逝，住房的售价、面积和房间数的分布特征已经发生了改变。

这样，从理论上看，该数据除了不符合同方差基本假定外，其他假定都符合，而在截面数据回归分析中，对于模型存在异方差性的处理已经形成了一套成熟的方法。

一、跨时期独立截面的混合

如果对某总体在每个时期都抽取一个随机样本，把所得到的随机样本合并起来，就得到一个独立混合截面数据。

使用独立混合截面的一个理由是要增加样本容量。把不同时点从同一个总体中抽取的多个随机样本混合起来使用，当被解释变量和某些解释变量保持着不随时间变化的关系时，就可以得到更精确的估计量和更具功效的检验统计量。

对于这种跨时期独立截面混合数据，如果总体在不同时期有不同分布，则可以考虑模型截距项在不同时期有不同取值，在技术上通过虚拟变量容易实现。如果其中存在误差方差随时间变化，就需要进行异方差处理。

例 4.2.1　采用美国民意调查中心(National Opinion Research Center)1972－1984 年间双年社会总调查(General Social Survey)数据，建立的一个解释女性生育小孩比率的模型。在控制教育变量后，女性的生育模式在 1972－1984 年间有无变化?

以小孩数量为因变量，受教育年数、年龄、种族、16 岁时的生活地区和生活环境等为自变量，采用年龄的平方项以考虑其中的非线性因素。建立模型

$$Kids=\beta_0+\beta_1 Educ+\beta_2 Age+\beta_3 Age^2+\beta_4 Black+\beta_5 East+\beta_6 Northcen$$

$$+\beta_7 West+\beta_8 Farm+\beta_9 Othrural+\beta_{10} Town+\beta_{11} Smcity$$
$$+\delta_1 Y74+\delta_2 Y76+\delta_3 Y78+\delta_4 Y80+\delta_5 Y82+\delta_6 Y84+\mu$$

回归结果如表 4.2.1 所示。

表 4.2.1　　生育的决定因素

因变量	*Kids*	
自变量	系数	标准误
Educ	−0.128	0.018
Age	0.532	0.138
Age^2	−0.0058	0.0016
Black	1.076	0.174
East	0.217	0.133
Northcen	0.363	0.121
West	0.198	0.167
Farm	−0.053	0.147
Othrural	−0.163	0.175
Town	0.084	0.124
Smcity	0.212	0.160
Y74	0.268	0.173
Y76	−0.097	0.179
Y78	−0.069	0.182
Y80	−0.071	0.183
Y82	−0.522	0.172
Y84	−0.545	0.175
常数项	−7.742	3.052
	$n=1129$	
	$R^2=0.1295, \bar{R}^2=0.1162$	

表 4.2.1 的结果表明:

(i)以 1972 年为基础,年度系数表明,在 20 世纪 80 年代生育率明显下降。例如,*Y*82 的系数意味着,在保持教育、年龄和其他因素不变的情况下,1982 年与 1972 年相比,一名女性平均少生 0.52 个小孩。也就是说,保持教育、年龄和其他因素不变,1982 年每 100 名妇女将比 10 年前同样条件的妇女少生育 52 个孩子。因为控制了教育,这一下降就与因平均受教育程度的提高而导致的生育率下降没有关系。实际上,1972 年的平均受教育年数为 12.2,而 1984 年为 13.3。*Y*82 和 *Y*84 代表了解释变量教育不能解释的生育率的下降。

单个地看，1982 年和 1984 年的虚拟变量系数都非常显著，联合显著性也非常强烈。这意味着，随着时间变化，女性的生育模式确实发生了显著变化。

(ii)教育对生育率影响也很大。在其他条件不变的情况下，100 名受大学教育的女性比同样数量的仅受高中教育的女性平均少生 51 个小孩：0.128×4=0.512。

(iii)年龄对生育有抑制作用。从二次项看，年龄的转折点在 46 岁[0.532/(2×0.0058)]。当然，这个年龄生育本身也是高龄产妇。

(iv)也可以利用年度虚拟变量与某些主要解释变量之间的交互作用，来考察这些变量的影响在特定时期是否发生了变化。

练习：预计一名黑人妇女要比一名非黑人妇女多生育 1 个孩子，是否正确？①

Stata 操作代码：

```
use "F:\Econometrics\data\Fertil1.dta", clear
gen Agesq=Age^2
reg Kids Educ Age Agesq Black East Northcen West Farm Othrural Town Smcity Y74-Y84
```

独立混合数据模型中的误差项可能存在异方差问题。它与截面数据异方差的区别是，误差方差既可能随解释变量 *Educ*、*Age*、*Black* 等变化，又可能随时间变化。但是，处理该问题只需要采用 BP 检验或 White 检验进行常规异方差检验即可，利用加权最小二乘法校正误差随时间变化问题也与通常的做法是一样的。异方差－稳健标准误及其检验也是有效的。

例 4.2.2 教育回报和性别歧视是否随时间变化？

将 1978 年和 1985 年的截面数据混合，前者样本中有 550 人，后者是另一组不同的 534 人。建立小时工资的对数模型

$$\ln(Wage)=\beta_0+\delta_0 Y85+\beta_1 Educ+\delta_1 Y85\cdot Educ+\beta_2 Exper+\beta_3 Exper^2+\beta_4 Union+\beta_5 Female+\delta_5 Y85\cdot Female+\mu$$

其中，$Union=\begin{cases}1,\text{观测是工会会员}\\0,\text{观测不是工会会员}\end{cases}$，$Y85=\begin{cases}1,\text{观测来自 1985}\\0,\text{观测来自非 1985}\end{cases}$。

这意味着 1978 年的截距是 β_0，而 1985 年的截距是 $\beta_0+\delta_0$。1978 年的教育回报是 β_1，而 1985 年的是 $\beta_1+\delta_1$。因此，δ_1 度量了多受 1 年教育的工资回报对数经过 7 年时间后所发生的变化。

男女性别工资回报对数的差异在 1978 年是 β_5，在 1985 年是 $\beta_5+\delta_5$。于是，检验 $H_0:\delta_5=0$，就能检验性别差异在这 7 年里有无变化。当然，表示性别差异已减小的备择假设是 $H_1:\delta_5>0$。假设工作经验和工会会员资格在两个时期对工资都有相同影响。

① 是，在控制了所有相关因素后，Black 的系数为 1.076，标准误为 0.174，系数在统计上无异于 1，95%的置信区间为(0.735，1.417)(对于 $H_0:Black=1$，统计上不能拒绝)。

这里，小时工资是用名义美元计算的。由于名义工资可能仅因通货膨胀而增加，而研究目的是分析每个解释变量对真实工资的影响，因此如果要用 1978 年美元来度量工资，就需要对 1985 年的工资平减为 1978 年美元。利用 1997 年《总统经济报告》中的消费者价格指数，平减因子是 107.6/65.2≈1.65。虽然用 1.65 去除每人在 1985 年的工资很容易，但回归中含有一个 1985 年变量，且用对数工资而不是工资作为因变量就没有必要这样做。取对数形式，用真实工资还是名义工资，只影响年度虚拟变量 $Y85$。以 $P85$ 为 1985 年工资的基准(如果用 CPI，它就是 1.65)，取 1985 年样本中观测值的真实工资的对数

$$\ln(Wage_i/P85)=\ln(Wage_i)-\ln(P85)$$

这里，尽管每个人的工资不同，但 $\ln(P85)$ 是相同的，因此对于回归分析而言，该变换只改变截距，即这里实际上不需要转化名义工资为真实工资。无论用美元价值表示因变量还是自变量，这个结论都成立。只要美元数额是以对数形式出现，且对所有时期都采用了虚拟变量，总价格平减因子的使用只影响截距，而不会改变任何一个斜率估计值。

$$\widehat{\ln(Wage)}=\underset{(0.093)}{0.459}+\underset{(0.124)}{0.118}Y85+\underset{(0.0067)}{0.0747}Educ+\underset{(0.0094)}{0.0185}Y85Educ+\underset{(0.0036)}{0.0296}Exper$$
$$-\underset{(0.00008)}{0.0004}Exper^2+\underset{(0.03)}{0.202}Union-\underset{(0.037)}{0.317}Female+\underset{(0.051)}{0.085}Y85\cdot Female$$
$$n=1084, R^2=0.426, \bar{R}^2=0.422$$

回归结果表明：

(i)1978 年的教育回报估计约为 7.5%；1985 年的教育回报估计增加约为 1.85%(约为 9.32%)且 $t=0.0185/0.0094\approx1.97$，在双侧备择假设下，教育回报的差异在 5%的水平上统计显著。

(ii)性别差异如何呢？在 1978 年，其他条件相同的女性比男性工资约少 31.7%[精确值为 $\exp(-0.317)-1\approx27.2\%$]；到 1985 年，差别是$(-0.317+0.085=)0.232$，性别差异降低了 8.5%。交互项 $t=0.085/0.051\approx1.67$，即相对于 $\delta_5>0$ 的单侧备择假设，在 5%的水平下显著[$t_{0.05}(1075)=1.65$]。

Stata 操作代码：

```
use "F:\Econometrics\data\CPS78_85.dta", clear
gen Y85Fem=Y85*Female
gen Y85Educ=Y85*Educ
gen Y85Union=Y85*Union
gen Expersq=Exper*Exper
reg lnWage Y85 Educ Y85Educ Exper Expersq Union Female Y85Fem
display invttail(e(df_r),.05)
```

二、利用混合截面数据进行政策分析

混合截面数据对于评价某事件或政策的影响是非常有用的。如果采集到两个截面数据，一个收集在事件发生之前，一个收集在事件发生之后，就可以采用所谓的倍差估计量方法评价事件的影响。

(一)经典案例之一

例 4.2.3　新建垃圾处理站的位置对房价的影响

基尔和麦克莱恩(Kiel and McClain，1995)研究了马萨诸塞州北安多弗市新建一个垃圾处理站对住房价格的影响。[①] 1978 年，传言要在北安多弗市建一个垃圾处理站，1981 年开始动工，1985 年开始运营。采用 1978 年住房出售价格和 1981 年售价的另一个样本数据(合起来看，就是 1978 年和 1981 年住房售价的混合截面数据)，研究新建垃圾处理站对房价的影响。考虑到垃圾处理站只对其附近范围的建筑价格有影响，定义若房子在处理站 3 英里(1 英里＝1.609344 千米)以内，则称之为靠近垃圾站。研究假设是，靠近垃圾处理站的房价相对于远离垃圾处理站的房价会下跌。

简单地，仅用 1981 年的数据，用真实房价(经过价格平减)对是否远离处理站做回归，得到的一个模型是

$$Rprice=\gamma_0+\gamma_1 Nearine+\mu$$

其中，$Nearine$ 为虚拟变量，在住房靠近垃圾处理站时等于 1，否则为 0。结果为

$$\widehat{Rprice}=101307.5-30688.27Nearine$$
$$(3093.03)\quad(5827.71)$$
$$n=142,R^2=0.165$$

因为这是一个仅对虚拟变量进行的一元回归，所以截距就是远离垃圾处理站的住房平均售价，而虚拟变量的系数的含义是靠近垃圾站与远离垃圾站的住房平均售价差。估计结果表明，靠近垃圾站的平均售价比远离的住房平均少 30688.27 美元，t 统计量显著(30688.27/5827.71＝5.27)，从而强烈拒绝靠近垃圾站与远离的住房同价的虚拟假设。但是，这是否证实了新建垃圾处理站影响了周边房价呢？

实际上，如果对 1978 年数据做同样的回归，有

$$\widehat{Rprice}=82517.23-18824.37Nearine$$
$$(2653.79)\quad(4744.59)$$
$$n=179,R^2=0.082$$

因此，即使在没有任何关于垃圾站的传言之前，靠近垃圾站选址的平均住房价格就比远离它的住房均价低 18824.37 美元，而且统计显著。这意味着垃圾处理站本来就选在房

① Kiel，K. A，and K. T. McClain. House Prices during Siting Decision Stages：The Case of an Incinerator from Rumor through Operation[J]. *Journal of Environmental Economics and Management*，1995，28：241－255.

价较低的地段。1981 年测算出来的 30688.27 美元这一差异不完全是由新建垃圾处理站导致的,其中还掺杂了区位等因素。

那么,如何论证新建垃圾处理站是否影响周边房价呢?

关键是看 *Nearine* 的系数在 1978—1981 年间是否发生了变化。该系数存在的差是

$\hat{\delta}_1 = -30688.27-(-18824.37)= \quad 11863.9$

这就是新建垃圾站对附近房价的影响。

在经验研究中,$\hat{\delta}_1$ 被称为**倍差估计量**(difference-in-differences estimator),它可以表示为

$$\hat{\delta}_1=(\overline{Rprice}_{81,nr}-\overline{Rprice}_{81,fr})-(\overline{Rprice}_{78,nr}-\overline{Rprice}_{78,fr})$$

经过 2 次相减求差,就把影响房价的共同因素消除了,$\hat{\delta}_1$ 就是新建垃圾处理站对周边房价影响的估计值。

按照这个定义,直接采用该数据集数据计算不同年度、靠近垃圾处理站与否的平均房价,结果如表 4.2.2 所示:

表 4.2.2　　倍差估计量的直接计算

房价	远离垃圾处理站	靠近垃圾处理站	差
1978 年	82517.23	63692.86	−18824.37
1981 年	101307.5	70619.24	−30688.26
差	6926.38	18790.27	−11863.89

直接从数据集中的数据计算平均房价的表 4.2.2 结果与回归分析各种不同结果是完全一致的,而且经济意义更加直观、明确。两相对照,对于直观理解回归分析结果的本质含义也会大有裨益。简单地说,回归分析的各种结果无外乎就是计算各种不同情形下房价的平均值而已。

如果要检验 $\hat{\delta}_1$ 的统计显著性,则还需要估计其标准误。这可以通过模型

$$Rprice=\beta_0+\delta_0 Y81+\beta_1 Nearine+\delta_1 Y81 \cdot Nearine+\mu \qquad (4.2.1)$$

得到。使用两个年度的混合数据,β_0 表示 1978 年远离垃圾站的住房的平均价格,δ_0 表示全部住房价格从 1978—1981 年的变化,*Nearine* 的系数 β_1 表示与新建垃圾处理站无关的区位效应,如 1978 年、1981 年两个简单一元回归的效应。交互项 $Y81 \cdot Nearine$ 的系数 δ_1 度量了房价因新建垃圾站而下降的幅度。图 4.2.3 为新建垃圾站对附近房价影响的估计。

表 4.2.3 新建垃圾站对附近房价影响的估计

Dependent Variable: *Rprice*			
Independent Variable	(1)	(2)	(3)
constant	82517.23 (2726.91)	89116.54 (2406.05)	13807.67 (11166.59)
Y81	18790.29 (4050.07)	21321.04 (3443.63)	13928.48 (2798.75)
Nearine	−18824.37 (4875.32)	9397.94 (4812.22)	3780.34 (4453.42)
Y81 · *Nearine*	−11863.90 (7456.65)	−21920.27 (6359.75)	−14177.93 (4987.27)
Other controls	No	Age, Age^2	Full Set
Observations	321	321	321
R-squared	0.174	0.414	0.660

在表 4.2.3 中，模型(1)就是式(4.2.1)，$\hat{\delta}_1$ 的 t 统计量为−1.59(−11863.90/7456.65)，相对于单侧备择假设来说，达到了 5%的显著性水平的边缘(p 值为 0.056)。

将住房的其他特征都引入模型，理由至少有两条：一是 1981 年在垃圾站附近的住房与 1978 年垃圾站附近的住房已经有了系统差异，所以控制其他因素住房特征就显得非常必要。二是即使这两个年份的住房特征没有改变，但包含它们能大大降低误差方差，从而降低 $\hat{\delta}_1$ 的标准误。

在模型(2)中，控制了住房使用年数及其二次项，用于反映住房新旧程度及非线性关系，这大大提高了拟合优度。$\hat{\delta}_1$ 也大幅提高，标准误则减小了。

模型(3)还控制了到达州际高速公路的距离、土地面积、住房面积、房间数和卫生间数，由此得到 $\hat{\delta}_1$ 的估计值虽与模型(1)更接近，但标准误却更小：$t_{\hat{\delta}_1}=-\dfrac{14177.93}{4987.27}\approx-2.84$，即模型(3)比模型(1)在统计上更为显著。因为模型(3)控制了更多因素，而且标准误最小，所以其估计值更为可取。值得注意的是，其中，*Nearine* 的系数小且不显著，这表明该模型包含的住房特征基本上涵盖了决定房价的最重要方面，于是名义变量就没有那么重要了。

如果对名义房价取对数，即若使用 ln(*Price*)，则

$$\ln(Price)=\beta_0+\delta_0 Y81+\beta_1 Nearine+\delta_1 Y81\cdot Nearine+\mu$$

正如例 4.2.2，使用名义房价的对数而非真实房价的对数，仅仅影响变量 $Y81$ 的系数。该模型中，$100\delta_1$ 就是新建垃圾处理站使住房价格下降的百分数。

$$\underset{(0.31)}{\ln(Price)=11.29}+\underset{(0.045)}{0.457Y81}-\underset{(0.055)}{0.340Nearine}-\underset{(0.083)}{0.063Y81\cdot Nearine}$$

$$n=321, R^2=0.409$$

交互项的系数意味着,由于新建垃圾处理站,靠近它的住房价值下降6.3%。但是,该估计值在统计上并非显著异于零。当控制了如模型(3)所有因素后,该系数为−13.2%,即靠近垃圾处理站的住房贬值−13.2%,t 统计量为−2.53,统计显著。该结果说明,控制影响房价的主要因素非常重要,否则将不能得到无偏估计。

当然,这种做法的一个重要前提是平行趋势假设。在控制其他变量不变的情况下,如果不修建垃圾处理站,则在1981年靠近垃圾处理站的房价与远离垃圾处理站的房价差异相同。这里都是18824.37美元。

Stata 操作代码:

```
*数据导入
use "F:\Econometrics\data\KielMC.dta", clear
*描述统计
ed
desc
tabulate Nearinc       //查看新建垃圾处理站的分布
*直接计算房价平均值
mean Rprice if Nearinc==1 & Year==1978
mean Rprice if Nearinc==0 & Year==1978
mean Rprice if Nearinc==1 & Year==1981
mean Rprice if Nearinc==0 & Year==1981
*简单回归分析
reg Rprice Nearinc if Year==1981
scalar b1=_b[Nearinc]
reg Rprice Nearinc if Year==1978
scalar b2=_b[Nearinc]
display b1-b2
*变量变换
gen Agesq=Age*Age
gen lnPrice=ln(Price)
gen lnIntst=ln(Intst)
gen Y81Nrinc=Y81*Nearinc
gen lnLand=ln(Land)
gen lnArea=ln(Area)
*倍差估计量
reg Rprice Nearinc Y81 Y81Nrinc
display ttail(e(df_r),1.59)
reg Rprice Nearinc Y81 Y81Nrinc Age Agesq
reg Rprice Nearinc Y81 Y81Nrinc Age Agesq Intst Land Area Rooms Baths
reg lnPrice Nearinc Y81 Y81Nrinc
reg lnPrice Nearinc Y81 Y81Nrinc Age Agesq lnIntst lnLand lnArea Rooms Baths
```

(二)一般讨论

当某些外生事件改变了个人、家庭、企业或城市运行环境时,就产生了**自然实验**(natural experiment)或**准实验**(quasi-experiment)。不同于真实实验,一个自然实验总有一个不受政策变化影响的**对照**(control)组和一个被认为受政策影响的**处理**(treatment)组。在真实实验中,处理组和对照组是随机且明确抽取的,而在自然实验中,对照组和处理组均来自某个具体政策的变化。为了控制好对照组和处理组之间的系统差异,需要两个年度的数据:一个在政策变化前,另一个在政策变化后。把对照组称为 C,处理组称为 T,并令处理组 T 中观测的 DT 等于 1,否则为 0。再令 $D2$ 为第 2 个时期的虚拟变量,于是

$$Y=\beta_0+\delta_0 D2+\beta_1 DT+\delta_1 D2\cdot DT+otherfactors+\mu$$

这里,δ_1 就度量了政策效应。$\hat{\delta}_1$ 就是倍差估计量(不同时间观测上的个体差)

$$\hat{\delta}_1=(\overline{Y}_{2,T}-\overline{Y}_{2,C})-(\overline{Y}_{1,T}-\overline{Y}_{1,C})$$

一般倍差估计量的情况如表 4.2.4 所示。

表 4.2.4　**倍差估计量系数的含义**

	之前	之后	之后－之前
C	β_0	$\beta_0+\delta_0$	δ_0
T	$\beta_0+\beta_1$	$\beta_0+\delta_0+\beta_1+\delta_1$	$\delta_0+\delta_1$
C－T	β_1	$\beta_1+\delta_1$	δ_1

参数 δ_1 度量了 Y 的平均结果的处理或政策效应,有时也被称为**平均处理效应**(average treatment effect,ATE)。

有人将倍差估计量译为双重差分估计量,这可能导致与数学上的二阶差分(second order difference)相混淆。实际上,当自变量从 x 变到 $x+1$ 时,二阶差分是函数 $Y=f(X)$一阶差分的差分

$$\begin{aligned}\Delta[\Delta f(X)]&=\Delta[f(x+1)-f(x)]\\&=\Delta f(x+1)-\Delta f(x)\\&=[f(x+2)-f(x+1)]-[f(x+1)-f(x)]\\&=f(x+2)-2f(x+1)+f(x)\end{aligned}$$

简单地说,二阶差分是同一维度上的两次差,而倍差估计是两个维度上的差。

(三)经典案例之二

例 4.2.4　工伤补偿法对离岗时间的影响

迈耶、维斯库西和德宾(Meyer,Viscusi and Durbin,1995)研究了法规变化对一名受伤工人领取补偿金的持续时间的影响。[①] 1980 年 7 月 15 日,肯塔基州提高了工人补偿金所支付的每周工资封顶值(cap on weekly earning)。封顶值的提高应该对低收入工人的

① Meyer, B. D., W. K. Viscusi and D. L. Durbin. Worker's Compensation and Injury Duration: Evidence from a Natural Experiment, *American Economic Review*, 1995, 85: 322—340.

福利没有影响,但它将使高收入工人继续领取补偿金时付出较少的代价。

定义高收入工人为受政策变化前封顶值约束的人。因此,低收入工人构成对照组,高收入工人构成处理组。采用法规变化前后两个随机样本,检验在其他条件不变的情况下,更丰厚的补偿金是否延长了人们离开工作岗位的时间,以 $\ln(Durat)$ 为被解释变量做一个倍差估计分析。

$$\underset{}{\ln(Durat)}=\underset{(0.031)}{1.126}+\underset{(0.0447)}{0.0077}Afchng+\underset{(0.047)}{0.256}Highearn+\underset{(0.069)}{0.191}Afchng\cdot Highearn$$

$$n=5626, R^2=0.021$$

其中,$\hat{\delta}_1=0.191, t=2.78$。这意味着,由于封顶值的提高,高收入者领取补偿金的平均时间延长了21.1%[exp(.191)−1≈.211]。

Afchng 的系数小且统计不显著,意味着收入封顶值的提高对低收入工人领取补偿金的平均时间长度没有影响。*Highearn* 的系数表明,在收入封顶值不存在任何变化的情况下,高收入者领取补偿金的平均时间长度为29.2%[exp(.256)−1≈.292]。虽然模型中的虚拟变量仅解释了 $\ln(Durat)$ 变化的2.1%,但是还有许多影响工人领取补偿金时间长度的因素,比如受伤严重程度等。好在该数据集样本容量足够大,从而得到了一个显著的 t 统计量。控制更多的解释变量如性别(*Male*)、婚姻状况(*Merried*)、工伤种类(*Head*、*Neck*、*Upextr*、*Trunk*、*Lowback*、*Lowextr*、*Occdis*)、行业(*Manuf*、*Construc*)等,以说明这两年里工人个人情况、所处行业和工伤种类可能导致的系统差异,结果如图4.2.1所示。

Source	SS	df	MS			
				Number of obs	=	5,349
				F(14, 5334)	=	16.37
Model	358.441793	14	25.6029852	Prob > F	=	0.0000
Residual	8341.41206	5,334	1.56381928	R-squared	=	0.0412
				Adj R-squared	=	0.0387
Total	8699.85385	5,348	1.62674904	Root MSE	=	1.2505

lnDurat	Coefficient	Std. err.	t	P>|t|	[95% conf.	interval]
Afchng	.0106274	.0449167	0.24	0.813	-.0774276	.0986824
Highearn	.1757598	.0517462	3.40	0.001	.0743161	.2772035
Afhigh	.2308768	.0695248	3.32	0.001	.0945798	.3671738
Male	-.0979407	.0445498	-2.20	0.028	-.1852766	-.0106049
Married	.1220995	.0391228	3.12	0.002	.0454027	.1987962
Head	-.5139003	.1292776	-3.98	0.000	-.7673372	-.2604634
Neck	.2699126	.1614899	1.67	0.095	-.0466737	.5864988
Upextr	-.178539	.1011794	-1.76	0.078	-.376892	.0198141
Trunk	.1264514	.1090163	1.16	0.246	-.0872651	.340168
Lowback	-.0085967	.1015267	-0.08	0.933	-.2076305	.1904371
Lowextr	-.1202911	.1023262	-1.18	0.240	-.3208922	.0803101
Occdis	.2727118	.210769	1.29	0.196	-.1404816	.6859052
Manuf	-.1606709	.0409038	-3.93	0.000	-.2408591	-.0804827
Construc	.1101967	.0518063	2.13	0.033	.0086352	.2117581
_cons	1.245922	.1061677	11.74	0.000	1.03779	1.454054

图4.2.1 工伤补偿法对离岗时间的影响

这里，$\hat{\delta}_1=0.231, t=3.32$。这意味着封顶值的提高对高收入者领取补偿金时长有重大影响[exp(.231)－1≈.260]，且统计显著。虽然拟合优度仍然很低(0.041)，也就是说，影响时长的重要因素仍然没有被考虑到，它意味着预测特定个人的时长不容易，但是这并不意味着 $\hat{\delta}_1$ 的估计有偏，它仍然是封顶值变化对工人因果效应的无偏估计量。

Stata 操作代码：

```
gen lnDurat=ln(Durat)
gen Afhigh=Afchng*Highearn
reg lnDurat Afchng Highearn Afhigh if Ky
reg lnDurat Afchng Highearn Afhigh Male Married Head Neck Upextr Trunk
Lowback Lowextr Occdis Manuf Construc if Ky
```

三、更广泛的情形

倍差估计法(DID)常用于各种经济政策的评估。只要有一个政策外生冲击使得被解释变量 Y 在两个维度发生变化，就可以考虑倍差估计法(DID)。当然，这两个维度一般是时间维度和地区维度，所以 DID 常见于面板数据。

$$Y_{it}=\beta_0+\delta_0 treat_i+\beta_1 period_t+\delta_1 treat_i \cdot period_t+otherfactors+\mu_{it}$$

其中，$treat_i$ 是政策分组变量，控制组为 0，处理组为 1；$period_t$ 是政策时间变量，政策时点之前取 0，之后取 1；交互项的系数 δ_1 即为政策效应。①

DID 模型与面板数据固定效应模型有着千丝万缕的关系，通常情况下，都习惯将固定效应引入 DID 模型，因为固定效应能够更为精确地反映两个维度上的变异性，并且可以在一定程度上帮助缓解遗漏变量偏误问题，所以见到更多的会是下面这个模型

$$Y_{it}=\beta_0+\delta_1 treat_i \cdot period_t+otherfactors+\lambda_i+\nu_t+\mu_{it}$$

其中，λ_i 是个体固定效应，更为精确地反映了个体特征，替代了原来粗糙的政策分组变量 $treat_i$；ν_t 为时间固定效应，更为精确地反映了时间特征，替代了原来粗糙的政策时间变量 $period_t$。②

多期 DID 包括多时点 DID、渐进 DID、交叠 DID 和交错 DID(Staggered DID)等。在多期 DID 中，不同个体的政策实施时点 $period_t$ 是不同的，所以政策时间变量 $period_t$ 会变成 $period_{it}$，这时不需要生成政策分组变量和政策时间变量的交互项 $treat_i \cdot period_t$，而仅仅使用一个虚拟变量 $policy_i$ 予以替代就可以，用于表示个体 i 在 t 期是否实施政

---

① David Card, Alan Krueger. Minimum Wages and Employment: A Case Study of the Fast Food Industry in New Jersey and Pennsylvania[J]. *American Economic Review*, 1994, 84(4): 772－793.

② 周茂，陆毅，杜艳，等. 开发区设立与地区制造业升级[J]. 中国工业经济，2018(3): 62－79.

策。所以对于多期DID①，见到更多的会是下面这个模型

$$Y_{it}=\beta_0+\delta_1 policy_{it}+otherfactors+\lambda_i+\nu_t+\mu_{it}$$

连续DID，在标准DID模型中，政策分组变量 $treat_i$ 是二值虚拟变量，这种设定仅仅体现的是个体实行政策与未实行政策的区别，无法体现出程度的变化。有些情况下，不同个体受政策影响的程度是不同的，也就是说，地区（个体）维度的变化并不是从0到1的变化，而是一种连续型的变化。根据这一思想，其实可以将地区（个体）维度的政策分组虚拟变量替换为一个连续型变量，用以反映程度的变化，从而也就衍生出一种扩展的（准）DID模型——连续型DID。②

队列DID（Cohort DID）又被称作“截面DID”，是一种较为特殊的DID类型，常用于评估特殊历史事件对个体和家庭的长期影响（通常使用的都是横截面数据）。与标准DID相似，队列DID也有两个维度的变异，通常而言，一个维度是地区，另一个维度是出生（年龄）队列，如果感觉难以理解的话，其实只需把出生队列这个维度理解为时间就好了。③

三倍差估计法，顾名思义就是要求三次差。在倍差模型（DID）中，当控制组和处理组的时间趋势不同时（不满足平行趋势假定），就无法得到纯政策效应。这个时候可以考虑三倍差估计法（DDD），找到另外一对不受政策影响的处理组和控制组，将第一对处理组和对照组的差异（政策带来的差异和其他方面的差异）减去第二对处理组和对照组的差异（其他方面的差异）。④

倍差倾向评分匹配方法（PSM-DID）是倾向得分匹配（PSM）与倍差估计法（DID）的有机结合（DID是主，PSM是次）。DID模型有一个重要的前提假设——平行趋势假设，如果不满足这一假设，就不能获得反事实结果的估计，这时候可以使用匹配的方法使得控制组和处理组尽可能相似，然后再用DID方法进行估计就可以了。不过，PSM之后也并不意味着平行趋势假定就一定满足，所以平行趋势检验还是要做的。⑤

第三节 面板数据的差分法

与独立混合截面数据结构类似，**面板数据**（panel data）也称**纵列数据**（longitudinal data），兼有截面和时间序列两个维度，但是与独立混合数据不同的是，面板数据需要在不

① Jia Ruixue. The Legacies of Forced Freedom: China's Treaty Ports[J]. Review of Economics and Statistics, 2014, 96(4): 596—608.

② Nathan Nunn, Nancy Qian. The potato's contribution to population and urbanization: evidence from a historical experiment[J]. *The Quarterly Journal of Economics*, 2011, 126(2): 593—650.

③ Chen Yi, Fan Ziying, Gu Xiaomin, Zhou Li—An. Arrival of Young Talent: The Send-Down Movement and Rural Education in China[J]. *American Economic Review*, 2020, 110 (11): 3393—3430.

④ Cai Xiqian, Lu Yi, Wu Mingqin, Yu Linhui. Does environmental regulation drive away inbound foreign direct investment? Evidence from a quasi-natural experiment in China[J]. *Journal of Development Economics*, 2016, 123: 73—85.

⑤ 刘晔，张训常，蓝晓燕. 国有企业混合所有制改革对全要素生产率的影响——基于PSM—DID方法的实证研究[J]. 财政研究，2016(10): 63—75.

同时间跟踪相同的个体(如个人、家庭、企业、城市和国家等)。比如,在一个时点上,从某总体中随机收集了一些个人的工资、工作时间、受教育程度等,在以后的若干时点上,要对同样的个体进行重复采访,以得到同样人群在不同年份的工资、工作时间和受教育程度等数据。从计量经济估计的角度看,由于面板数据是相同主体在不同时间的行为,所以不同时点的观测可能存在序列相关。

在通常的实证研究中,如果面板数据的个体维度 N 较大,而时间维度 T 较小,则称为**短面板**。与之相对,如果面板数据的个体维度 N 较小,而时间维度 T 较大,则称为**长面板**。如果对个人、企业、城市或其他主体截面,只有两个时期的数据,即 $t=1,2$,就构成最简单的面板数据。

一、两时期面板数据分析

(一)一阶差分法

例 4.3.1　为研究犯罪与失业的关系,采用一个包含 1982 年和 1987 年的 46 个城市犯罪、失业和其他方面的两时期面板数据。如果简单地仅仅采用 1987 年的数据,做一个犯罪率对失业率的回归,结果为

$$\widehat{Crmrte}=128.38-4.16Unem$$
$$(20.76)\quad(3.42)$$
$$n=46, R^2=0.033$$

这个结果看起来出乎意料。难道失业率上升会降低犯罪率?好在该结果在统计上并不显著,也就是说,该回归最多说明犯罪率与失业率没有关系。

实际上,一元回归分析很容易出现遗漏解释变量问题。该例子可能的解决办法是控制更多的因素,如年龄、性别、受教育程度、执法力度等。但在多元回归分析中,很多因素可能难以控制。如果把以前某年的 *Crmrte* 包括到分析中,就有助于控制不同城市在历史上有不同犯罪率的事实。这是利用两个年度的数据来估计因果效应的一种典型方法。

另一种方法是把影响因变量的无法观测因素分为两类:一类是恒常不变的,另一类是随时间变化的。令 i 代表截面单位,t 代表时期,则

$$Y_{it}=\beta_0+\delta_0 D2_t+\beta_1 X_{it}+\mu_i+\varepsilon_{it}, i=1,2,\cdots,n; t=1,2 \tag{4.3.1}$$

这里,$D2_t$ 是一个在 $t=1$ 时取值为 0,而在 $t=2$ 时取值为 1 的虚拟变量,它不随 i 变化。这样,当 $t=1$ 时,截距为 β_0,而当 $t=2$ 时,截距为 $\beta_0+\delta_0$。

变量 μ_i 概括了影响 Y_{it} 但又不随时间而变化的所有无法观测的因素,一般被称为**非观测效应**(unobserved effects),在应用研究中也常被称为**固定效应**(fixed effects)。由此,式(4.3.1)被称为**非观测效应或固定效应模型**。在应用研究中,μ_i 有时也被称为**非观测异质性**(unobserved heterogeneity),如个人异质性、企业异质性、城市异质性等。

误差 ε_{it} 常被称为**特异性误差**(idiosyncratic error)或**时变**(time varying)**误差**,它代表随时间变化且影响 Y_{it} 的那些无法观测因素。

描述 1982 年和 1987 年城市犯罪率的非观测效应模型是

$$Crmrte_{it}=\beta_0+\delta_0 D87_t+\beta_1 Unem_{it}+\mu_i+\varepsilon_{it}$$

其中，$D87$ 为代表 1987 年的虚拟变量。由于 i 代表不同城市，称 μ_i 为非观测城市效应或城市固定效应，代表了影响城市犯罪率且不随时间而变化的全部因素，诸如城市地理、历史特征都包含在 μ_i 中。

如何估计 β_1 呢？一个可能办法是，直接把所有数据都混合起来，进行 OLS 回归。这么做有两个缺点：一是必须假定非观测效应 μ_i 与 X_{it} 无关。也就是说，对于

$$Y_{it}=\beta_0+\delta_0 D2_t+\beta_1 X_{it}+\upsilon_{it},t=1,2$$

其中，$\upsilon_{it}=\mu_i+\varepsilon_{it}$，它常被称为**复合误差**(composite error)。显然，为了得到 β_1 的一致估计量，必须假定 υ_{it} 与 X_{it} 无关。因此，即使假定特异误差 ε_{it} 与 X_{it} 无关，如果 μ_i 与 X_{it} 相关的话，混合 OLS 估计就是有偏且不一致的，由此造成的偏误有时称为**异质性偏误**(heterogeneity bias)，它确实是遗漏了一个不随时间变化的变量所致。

比如，即使假定 μ_i、ε_{i1} 和 ε_{i2} 都具有零均值且两两无关，则 υ_{i1} 与 υ_{i2} 之间的协方差为

$$\mathrm{Var}(\upsilon_{i1}\upsilon_{i2})=\mathrm{E}[\upsilon_{i1}\upsilon_{i2})=\mathrm{E}[(\mu_i+\varepsilon_{i1})(\mu_i+\varepsilon_{i2})]=\mathrm{E}(\mu_i^2)$$

由于 $\mathrm{E}(\mu_i)=0$，所以 $\mathrm{E}(\mu_i^2)=\mathrm{Var}(\mu_i)$，这导致每个 i 在不同时期的误差存在正序列相关，从而使得混合截面回归中得到的通常 OLS 标准误是有偏的。

对该数据集，做混合 OLS 估计

$$\widehat{Crmrte}=93.42+7.94D87+0.427Unem$$
$$(12.74)\quad(7.98)\quad(1.188)$$
$$n=92,R^2=0.012$$

这里，失业率与犯罪率正相关，但 t 统计量非常小。可见，使用混合两年的 OLS 与使用单个截面相比没有实质性变化，因为使用混合的 OLS 除了扩大样本容量外，并没有解决遗漏变量问题。

在很多时候，应用面板数据就是为了考虑非观测效应 μ_i 与解释变量的相关性。比如，在犯罪模型中，让 μ_i 中无法观测却有影响犯罪率的城市因素与失业率相关。由于

$$Y_{i2}=\beta_0+\delta_0+\beta_1 X_{i2}+\mu_i+\varepsilon_{i2},t=2$$
$$Y_{i1}=\beta_0+\beta_1 X_{i1}+\mu_i+\varepsilon_{i1},t=1$$

两式相减，得

$$\Delta Y_i=\delta_0+\beta_1\Delta X_i+\Delta\varepsilon_i$$

这个方程被称为**一阶差分方程**(first-differenced equation)。为对方程进行 OLS 估计，需要假定 $\Delta\varepsilon_i$ 与 ΔX_i 无关，也就是严格外生假定。

在犯罪例子中，虽然假定 $\Delta\varepsilon_i$ 与 $\Delta Unem_i$ 无关可能合理，但也可能不对。假定特异误差中的执法力度在失业率减少的城市中加大，将造成 $\Delta\varepsilon_i$ 与 $\Delta Unem_i$ 之间负相关，从而导致 OLS 估计量有偏。通过控制更多变量，可能缓解该问题。另外，ΔX_i 必须因 i 的不同而有所变化。如果解释变量对任何一次截面观测来说不随时间变化或等量变化，这一条件就不成立。最后，假定方程具有同方差性，这样

$$\widehat{\Delta Crmrte}=15.4+2.22\Delta Unem$$
$$(4.70)\quad(0.88)$$
$$n=46, R^2=0.127$$

这里犯罪率与失业率之间正相关，且统计显著。可见，通过差分去掉时间上恒定的效应，使得结果大不相同，经济意义合理估计。

虽然取两年面板数据的差分是控制非观测效应的有效方法，但是却要付出至少两方面的代价：一是相同主体的面板数据难以收集；二是差分会减弱解释变量中的变异，从而导致其标准误增大。比如，考虑教育回报例子中两时期的教育水平一般差异不大。

Stata 操作代码：

```
use "F:\data\Crime2.DTA", clear
reg Crmrte Unem if Year==87
reg Crmrte D87 Unem
reg CCrmrte CUnem
```

面板数据还可以用来估计有限分布滞后模型。当然，即使只设定两年的方程，也需要收集多年的数据才能处理其中的滞后解释变量问题。

例 4.3.2　破案率的分布滞后对犯罪率的影响

艾德(Eide,1994)利用挪威警区的面板数据估计了犯罪率的分布滞后模型。[①] 解释变量是破案百分比($Clrprc$)，代表犯罪导致被定罪的百分比。犯罪率数据来自 1972 年和 1978 年两年。因为过去的破案率可能对当前的犯罪有抑制作用，所以把 $Clrprc$ 滞后 1 年和 2 年，得到两年非观测效应模型

$$\ln(Crime_{it})=\beta_0+\delta_0 D78_t+\beta_1 Clrprc_{i,t-1}+\beta_2 Clrprc_{i,t-2}+\mu_i+\varepsilon_{it}$$

对两年非观测效应模型差分采用数据估计，得到

$$\Delta\widehat{\ln(Crime)}=0.86-0.0040\Delta Clrprc_{t-1}-0.0132\Delta Clrprc_{t-2}$$
$$(0.064)\quad(0.0047)\qquad(0.0052)$$
$$n=53, R^2=0.193, \overline{R}^2=0.161$$

第 2 个滞后项为负且统计显著，意味着两年前更高的破案率对本年的犯罪有抑制作用。具体来说，两年前的 $Clrprc$ 提高 10 个百分点，会导致本年的估计犯罪率下降 13.2%。这一结果表明，将更多的警力资源用于破案并及时宣判，可以减少未来的犯罪率。

(二)两时期面板数据政策分析

面板数据对政策分析非常有用，特别是项目评估。

① Eide, E. *Economics of Crime: Deterrence and the Rational Offender*. North-Holland, Amsterdam. The Netherlands: Elsevier Science B. V., 1994.

一般地，设Y_{it}为结果变量，$Prog_{it}$为项目参与虚拟变量，简单的非观测效应模型为

$$Y_{it}=\beta_0+\delta_0 D2_t+\beta_1 Prog_{it}+\mu_i+\varepsilon_{it}$$

如果项目参与仅发生在第二个时期，则差分方程中β_1的OLS估计量就是

$$\hat{\beta}_1=\Delta\overline{Y}_{treat}-\Delta\overline{Y}_{control}$$

即计算处理组与对照组在这两个时期的平均变化，然后取两者之差即可。

例 4.3.3 酒后驾驶法对交通伤亡事故的影响

为了禁止酒后驾驶，美国各州各尽其能，采取了不同的政策法规。总的来看，一般有两类法规：其一是开瓶法，规定司机或乘客携带开瓶的酒精饮料为非法；其二是行政权力法，司机因酒后驾驶被捕后，法院可在未判刑之前吊销其驾照。

如果将交通伤亡事故变量对法规虚拟变量回归，则未必合适，因为每个州都是按照立法程序来决定是否需要某法规，所以法规的出现可能与近年来酒后驾驶的平均伤亡事故有关。也就是说，这是一个互为因果问题。

面板数据可能避免这个问题。当某些州实施新法规时，而同一时期某些州可能废止现行法规。Traffic1.dta是含有全部50个州和哥伦比亚特区的1985年及1990年两年的交通死亡数据。被解释变量是每行驶1亿英里的交通事故死亡人数($Dthrte$)。在1985年有19个州采用开瓶法，而在1990年有22个州采用这种法规。1985年有21个州采用行政权力法，而1990年增加到29个。

定义法规为虚拟变量，如$Admn90_i=\begin{cases}1,1990\text{年该州采用行政权力法}\\0,1990\text{年该州未采用行政权力法}\end{cases}$。这样，对于华盛顿州，有$\Delta Admn=-1$，即该州

$$Admn90-Admn85=-1$$

这意味着华盛顿州1985年执行行政权力法，但1990年废止了。

在一阶差分后，利用OLS得到

$$\widehat{\Delta Dthrte}=-0.497-0.420\Delta Open-0.151\Delta Admn$$
$$(0.052)\quad(0.206)\qquad(0.117)$$
$$n=51, R^2=0.119$$

结果表明，采用开瓶法，使交通事故死亡率降低了0.42。考虑到各州1985年的平均死亡率为2.7，而其标准差为0.6，所以这是一个不容忽略的下降。这个估计值相对于一个双侧对立假设来说，由于$t_{\Delta Open}=2.04\geqslant 2.01=t_{0.025}(48)$，所以在5%的水平上统计显著。

行政权力法效应相对较小，且其t统计量仅为-1.29，在统计上不显著，但符号正如所料。

该方程截距表明，无论法规有无变化，所有的州在这5年期间的交通事故死亡率均大大下降。

Stata操作代码：

```
*数据导入
use "F:\data\Traffic1.DTA", clear
*数据变换
gen CDthrte=Dthrte90-Dthrte85
gen COpen=Open90-Open85
gen CAdmn=Admn90-Admn85
*数据分析
reg CDthrte COpen CAdmn
summarize Dthrte85
```

二、多于两期面板数据的差分法

对于多于两期面板数据的情况,差分法仍然适用。

假设有 N 个人且每个人都有 $T=3$ 个时期的数据,一般固定效应模型为

$$Y_{it}=\delta_1+\delta_2 D2_t+\delta_3 D3_t+\beta_1 X_{it1}+\cdots+\beta_k X_{itk}+\mu_i+\varepsilon_{it}, t=1,2,3$$

如果非观测效应 μ_i 与任一解释变量相关,则对这 3 年数据使用混合 OLS 将导致有偏且不一致的估计值。

关键假定是,特异误差与每一时期的解释变量无关

$$\mathrm{Cov}(X_{itj},\varepsilon_{is})=0, \forall t,s,j \tag{4.3.2}$$

即去掉非观测效应后,解释变量严格外生。

如果 μ_i 与解释变量 X_{itj} 相关,则在式(4.3.2)条件下,X_{itj} 将与复合误差 $\upsilon_{it}=\mu_i+\varepsilon_{it}$ 相关,这样,取相邻期差分就可以去掉 μ_i。对于 3 期的情形,用第 3 期减去第 2 期,用第 2 期减去第 1 期,得到

$$\Delta Y_{it}=\delta_2\Delta D2_t+\delta_3\Delta D3_t+\beta_1\Delta X_{it1}+\cdots+\beta_k\Delta X_{itk}+\Delta\varepsilon_{it}, t=2,3 \tag{4.3.3}$$

当 $t=1$ 时,由于无法从第 1 时期方程中减去,所以就没有第 1 时期的差分方程。式(4.3.3)代表样本中每个样本各 2 个时期的方程。如果该方程满足经典线性假定,则混合 OLS 将给出无偏估计量。t、F 统计量都有效,渐近统计量有效。为了使 OLS 具有一致性,需要对所有 j 和 $t=2,3$,$\Delta\varepsilon_{it}$ 都与ΔX_{itj} 无关。

注意式(4.3.3)中包含 $D2_t$ 和 $D3_t$ 的差分的具体情况:当 $t=2$ 时,$\Delta D2_t=1$,$\Delta D3_t=0$;当 $t=3$ 时,$\Delta D2_t=-1$,$\Delta D3_t=1$。因此,式(4.3.3)不含截距项。就某些目的而言,这不太方便,为简便起见,有时会直接估计模型

$$\Delta Y_{it}=\alpha_0+\alpha_3 D3_t+\beta_1\Delta X_{it1}+\cdots+\beta_k\Delta X_{itk}+\Delta\varepsilon_{it}, t=2,3$$

该结果与式(4.3.3)中 β_j 的估计是一样的。

对于多于 3 期的情形,方法类似。如果 N 个截面中每一个都有相同的 T 时期数据,称这个数据集为**平衡面板数据**(balanced panel data)。

当 t 相对于 N 较小时,可以对每一时期包含 1 个虚拟变量,经过一阶差分,有

$$\Delta Y_{it}=\alpha_0+\alpha_3 D3_t+\alpha_4 D4_t+\cdots+\alpha_T DT_t+\beta_1\Delta X_{it1}+\cdots+\beta_k\Delta X_{itk}+\Delta\varepsilon_{it}, t=2,3,\cdots,T \tag{4.3.4}$$

在这个一阶差分方程中,每个个体 i 都有 $T-1$ 个时期的数据,总共有 $N(T-1)$ 个观测。

使用多于两期的数据时,为使通常的标准误和检验统计量有效,必须假定 $\Delta\varepsilon_{it}$ 序列无关。检验差分方程中的序列相关基本程序是,令 $r_{it}=\Delta\varepsilon_{it}$,若它遵循 AR(1)模型 $r_{it}=\rho r_{i,t-1}+e_{it}$,则检验 $H_0:\rho=0$。首先,通过式(4.3.4)求出残差 $\hat{r}_{it}$,然后做 $\hat{r}_{it}$ 对 $\hat{r}_{i,t-1}$ $(t=3,\cdots,T,i=1,\cdots,n)$的一元混合 OLS 回归,并计算 $\hat{r}_{i,t-1}$ 的系数的标准 t 统计量,$\hat{\rho}$ 就是 ρ 的一致估计量。

使用可行的 GLS,就能对 r_{it} 中出现的 AR(1)序列相关进行修正。本质上,在每个截面观测内,都使用基于上一段的 $\hat{\rho}$ 进行普莱斯一温斯顿变换。当然,相对于科克伦一奥克特变换去掉第 1 期观测,普莱斯一温斯顿变换更受欢迎。如果误差中没有序列相关,则通常的异方差方法都是适用的。

例 4.3.4 北卡罗来纳州的各县犯罪率

康威尔和特朗布尔(Cornwell and Trumbull,1994)采用 1981—1987 年北卡罗来纳州 90 个县的数据,估计了一个非观测效应的犯罪模型。① 取方程在时间上的差分,以消除非观测效应 μ_i,其中可能包含地理位置、对犯罪的态度、历史记录和报告惯例等。

犯罪率是指人均犯罪次数,*Prbarr* 是估计的逮捕概率,*Prbconv* 是估计的判罪概率,*Prbpris* 是被判入狱的概率,*Avgsen* 是平均服刑期限,*Polpc* 是人均警察数。按照标准刑事计量研究,取所有变量的对数,以估计各种弹性,引入年度虚拟变量,以控制犯罪率在该州的变化趋势。

$$\begin{aligned}\Delta\ln(\widehat{Crmrte})=&0.008-100D83-0.048D84-0.005D85+0.028D86+0.041D87\\&(0.017)(0.024)\quad(0.024)\quad(0.023)\quad(0.024)\quad(0.024)\\&[0.015][0.022]\quad[0.020]\quad[0.025]\quad[0.021]\quad[0.024]\\&-0.327\Delta\ln(Prbarr)-0.238\Delta\ln(Prbconv)-0.165\Delta\ln(Prbpris)\\&\quad(0.030)\qquad\qquad(0.018)\qquad\qquad(0.026)\\&\quad[0.051]\qquad\qquad[0.031]\qquad\qquad[0.035]\\&-0.022\Delta\ln(Avgsen)+0.398\Delta\ln(Polpc)\\&\quad(0.022)\qquad\qquad(0.027)\\&\quad[0.025]\qquad\qquad[0.076]\\&n=540,R^2=0.433,\bar{R}^2=0.422\end{aligned}$$

其中,圆括号给出了通常的 OLS 标准误,方括号给出了对序列相关和异方差都保持稳健的标准误。

3 个逮捕、判罪和入狱的概率变量的符号都符合预期且统计显著。具体来说,逮捕概率每增加 1%,预期会导致犯罪率下降 0.33%。判罪概率每增加 1%,预期会导致犯罪率

① Cornwell, C. and W. N. Trumbull. "Estimating the Economic Model of Crime Using Panel Data", *Review of Economics and Statistics*, 1994, 76: 360—366.

下降 0.24%。入狱概率每增加 1%，预期会导致犯罪率下降 0.17%。

平均判刑变量对犯罪有一定的抑制作用，但统计上并不显著。

如果从因果关系上解释警察变量，人均警察每增加 1%，犯罪率将提高 0.4%，且 t 统计量显著。如果呆板地解释为警察数量增加会造成更高的犯罪率，就显得特别荒唐。可能原因大概有两个：一是犯罪变量的计算来自犯罪报告，警察越多，犯罪报告越多；二是方程中的警察可能是内生的，政府预期犯罪率增高时会增加警力。

异方差的怀特检验的特殊情形给出了 $F=75.48$ 和 p 值$=0.000$，这是有异方差的强烈证据。

对 AR(1)序列相关的检验 $\hat{\rho}=-0.233$，$t=-4.77$，提示存在序列相关。

方括号的标准误是针对序列相关和异方差修正过的稳健结果。虽然没有变量因此改变统计显著性，但是由于稳健标准误增大，导致变量的 t 统计量明显变小。

最后，值得提醒的是，为了消除不随时间变化的非观测效应，将面板数据在不同时期进行差分是获得因果效应的一个好方法。但是，该方法也存在潜在缺陷。

一是当关键解释变量在不同时期变化不大时，该方法不可行。而且，即使该变量有足够的时间变异，一阶差分仍可能存在严重偏误。如果解释变量不是严格外生的，则更多的时期通常仍不能消除 FD 估计量的不一致性。

二是如果一个或多个解释变量存在测量误差，则它可能比混合 OLS 更差。对一个有测量误差的解释变量进行差分，相对其与差分的误差之间的相关，减少了变化，从而导致潜在相当大的偏误。

第四节 固定效应和随机效应法

对于非观测效应面板数据模型，除了一阶差分方法，还可以考虑固定效应和随机效应估计方法。

一、固定效应估计法

取一阶差分仅是消除固定效应的众多方法中的一种。在某些假定下，所谓的**固定效应变换**(fixed effects transformation)效果更好。

考虑模型，对于 $\forall i$

$$Y_{it}=\beta_1 X_{it1}+\beta_2 X_{it2}+\cdots+\beta_k X_{itk}+\mu_i+\varepsilon_{it}, t=1,2,\cdots,T$$

对每个 i 求方程在时间上的平均，得

$$\overline{Y}_i=\beta_1\overline{X}_{i1}+\beta_2\overline{X}_{i2}+\cdots+\beta_k\overline{X}_{ik}+\mu_i+\bar{\varepsilon}_i$$

其中，$\overline{Y}_i=T^{-1}\sum_{t=1}^{T}Y_{it}$。这样

$$Y_{it}-\overline{Y}_i=\beta_1(X_{it1}-\overline{X}_{i1})+\beta_2(X_{it2}-\overline{X}_{i2})+\cdots+\beta_k(X_{itk}-\overline{X}_{ik})+(\varepsilon_{it}-\bar{\varepsilon}_i), t=1,2,\cdots,T$$

即

$$\ddot{Y}_{it}=\beta_1\ddot{X}_{it1}+\beta_2\ddot{X}_{it2}+\cdots+\beta_k\ddot{X}_{itk}+\ddot{\varepsilon}_{it}, t=1,2,\cdots,T$$

其中,$\ddot{Y}_{it}=Y_{it}-\overline{Y}_i$ 是**去时间均值数据**(time-demeaned data)。固定效应变换也称为**组内变换**(within transformation)。这里,非观测效应 μ_i 已经被去除,这样就可以用混合 OLS 估计该模型。

由于该混合 OLS 使用了 Y 与 X 在每个截面观测内的时间变化,所以估计基于去时间均值变量的混合 OLS 估计量被称为**固定效应估计量**(fixed effects estimator)或**组内估计量**(within estimator)。

在解释变量严格外生的假定下,固定效应估计量是无偏的。简单地说,特异误差 ε_{it} 与所有时期的每个解释变量无关。当然,固定效应估计量与一阶差分估计量一样,它容许 μ_i 与任何时期的解释变量任意相关。因此,凡在时间上恒定的解释变量都必定随固定效应变换而消失。另外,为使 OLS 有效,还需要假定误差 ε_{it} 是同方差和无序列相关的。

最后,固定效应的自由度是 $NT-N-k=N(T-1)-k$。这是因为,除了 NT 个观测值、k 个自变量外,取每个时间平均都失去 1 个自由度。

例 4.4.1 工作培训对企业废品率的影响

采用 54 个企业在 1987 年、1988 年和 1989 年的废品率数据,研究工作培训对企业废品率的影响。[①] 数据集显示,1988 年以前没有任何企业享受到培训津贴,1988 年和 1989 年分别有 19 个和 10 个不同企业获得津贴。

采用非观测效应模型,结果如表 4.4.1 所示。

表 4.4.1 **废品率的固定效应模型**

ln*Scrap*	(1)	(2)
*D*88	−0.080 (0.109)	−0.140 (0.107)
*D*89	−0.247 (0.133)	−0.427 (0.100)
Grant	−0.252 (0.151)	−0.082 (0.126)
$Grant_{-1}$	−0.422 (0.210)	
观测次数	162	162
自由度	104	105
R^2	0.201	0.1701

培训津贴滞后效应的估计值大于当年效应。由于采用了对数形式,准确的滞后效应为 34.4%[exp(−0.422)−1≈−0.344],且在 5%的显著性水平统计显著。当年效应为 22.3%[exp(−0.252)−1≈−0.223],且在 10%的显著性水平统计显著。

① Holzer, H., R. Block, M. Cheatham and J. Knott. "Are Training Subsidies Effective? The Michigan Experience", *Industrial and Labor Relations Review*, 1993, 46: 625−636.

自由度是 104，该数值来自

$$N(T-1)-k=54\times(3-1)-4=104$$

模型(2)没有考虑培训津贴的滞后效应。培训津贴的系数估计值是 -0.082，$t=-0.65$，统计不显著，这说明在模型中考虑培训的滞后效应是非常重要的。

另外，如果一家企业在第一年没有领取培训津贴，那么在第二年就可能得到，也可能得不到。但是，如果在第一年领取了培训津贴的企业，在第二年就不可能再得到，就是说如果 $Grant_{-1}=1$，那么 $Grant=0$，这将导致两者之间呈负相关关系。在该数据集中，对于 1989 年的数据，有

$$\widehat{Grant}=0.248-0.248Grant_{-1}$$
$$(0.035)\quad(0.072)$$
$$n=157, R^2=0.07$$

$Grant_{-1}$ 的系数一定是截距项的相反数，因为现在的政策是 $Grant_{-1}=1$ 时，$Grant=0$。

Stata 操作代码：

```
use "F:\Econometrics\data\Jtrain.dta", clear
gen lnScrap=ln(Scrap)
xtset Fcode Year
xtreg lnScrap D88 D89 Grant Grant_1, fe
display exp(_b[Grant_1])-1
xtreg lnScrap D88 D89 Grant, fe
reg Grant Grant_1 if Year==1989
```

一般而言，不能把不随时间变动的变量包含到固定效应模型中，但是却能让它们与随时间变动的变量交互起来分析。如在一个工资方程中，受教育程度不随时间变动，但将教育与每个年度虚拟变量形成交互项，就可以研究教育回报的演变。

例 4.4.2 教育回报随时间发生变化了吗？

在一个包含收入的数据集中，工作经验、婚姻状况和工会会员身份是随时间变化的变量，而种族、教育等变量却不随时间而变化。为研究教育回报是否随时间发生变化，如果采用固定效应模型方法，就不能将种族、教育等重要变量放到方程中，一个解决办法是将教育与年度虚拟变量的交互作用引入方程，以检验在这段时间里教育回报是否变动。

结果如图 4.4.1 所示。从虚拟变量系数看，教育回报随时间逐渐变大，1987 年达到峰值 1.19，且统计显著。

交互项系数多数为负，且不显著。对全部 7 个交互项的显著性做一个联合 F 检验，得到的 p 值为 0.82，即交互项整体而言也不显著。

```
Fixed-effects (within) regression               Number of obs     =      4,360
Group variable: Id                              Number of groups  =        545

R-squared:                                      Obs per group:
     Within  = 0.1814                                         min =          8
     Between = 0.0211                                         avg =        8.0
     Overall = 0.0784                                         max =          8

                                                F(17,3798)        =      49.49
corr(u_i, Xb) = -0.1732                         Prob > F          =     0.0000
```

lnWage	Coefficient	Std. err.	t	P>|t|	[95% conf.	interval]
Expersq	-.0060437	.0008633	-7.00	0.000	-.0077362	-.0043512
Union	.0789759	.0193328	4.09	0.000	.0410722	.1168796
Married	.0474337	.0183277	2.59	0.010	.0115006	.0833668
D81	.0984201	.145999	0.67	0.500	-.1878239	.3846641
D82	.2472016	.1493785	1.65	0.098	-.0456682	.5400714
D83	.408813	.1557146	2.63	0.009	.1035207	.7141053
D84	.6399247	.1652396	3.87	0.000	.3159578	.9638917
D85	.7729397	.1779911	4.34	0.000	.4239723	1.121907
D86	.9699322	.1941747	5.00	0.000	.5892354	1.350629
D87	1.188777	.2135856	5.57	0.000	.7700231	1.60753
EdD81	.0049906	.012222	0.41	0.683	-.0189718	.028953
EdD82	.001651	.0123304	0.13	0.893	-.0225239	.0258259
EdD83	-.0026621	.0125098	-0.21	0.831	-.0271887	.0218644
EdD84	-.0098257	.0127593	-0.77	0.441	-.0348414	.01519
EdD85	-.0092145	.0130721	-0.70	0.481	-.0348436	.0164146
EdD86	-.0121382	.0134419	-0.90	0.367	-.0384922	.0142159
EdD87	-.0157892	.013868	-1.14	0.255	-.0429785	.0114002
_cons	1.436283	.0192766	74.51	0.000	1.398489	1.474076
sigma_u	.39876325					
sigma_e	.3511451					
rho	.56324361	(fraction of variance due to u_i)				

```
F test that all u_i=0: F(544, 3798) = 8.25                 Prob > F = 0.0000
```

图 4.4.1 教育回报的固定效应回归

F 检验的自由度是 7、3798。后一数值来自

$N(T-1)-k=545\times(8-1)-17=3798$

Stata 操作代码：

```
*数据导入
use "F:\Econometrics\data\Wagepan.dta", clear
*面板数据设定
xtset Id Year
*数据变换
gen EdD81 = Educ*D81
gen EdD82 = Educ*D82
gen EdD83 = Educ*D83
gen EdD84 = Educ*D84
gen EdD85 = Educ*D85
gen EdD86 = Educ*D86
gen EdD87 = Educ*D87
gen Expersq=Exper*Exper
*数据分析
xtreg lnWage Expersq Union Married D81-D87 EdD81-EdD87, fe
test EdD81 EdD82 EdD83 EdD84 EdD85 EdD86 EdD87
```

一阶差分和固定效应都可以用于估计非观测效应模型，如何判断孰优孰劣呢？

显然，当 $T=2$ 时，FD 和 FE 的估计值及其全部检验统计量都完全一样。

当 $T\geqslant 3$ 时，对于较大的 N 和较小的 T，按照特异误差 ε_{it} 来决定。

当 ε_{it} 无序列相关时，FE 比 FD 更有效，且 FE 的标准误是有效的。因为 FE 几乎都伴随着序列无关的特异误差 ε_{it}，所以 FE 估计量的使用更为常见。但如果随时间变化的非观测因素是序列相关的，比如误差 ε_{it} 遵循随机游走，那么 $\Delta\varepsilon_{it}$ 就序列无关，这样 FD 就更好。当然，如果误差 ε_{it} 表现出某种正的序列相关，却未达到随机游走的程度，计较 FE 和 FD 估计量的效率就不那么容易了。

在做了 FE 估计之后再检验误差 ε_{it} 是否序列相关也比较困难。能够估计的是去时间均值的误差 $\ddot{\varepsilon}_{it}$，而不是 ε_{it}。如果检验 $\Delta\varepsilon_{it}$ 序列相关，就可使用 FD。若有负的序列相关，则 FE 可能更好。

当 T 较大、N 不太大时（如 $N=20,T=30$），使用 FE 对假定的违背比较敏感。特别是，遇到单位根过程，则可能出现伪回归。FD 具有将一个单整时间序列转化成弱相依的优势。因此，使用 FD，即使在 T 大于 N 时，也能够使用中心极限定理。特异误差 ε_{it} 的正态性就不再需要，而异方差和序列相关都能按照常规处理。使用 FE 进行推断，对特异误差中的正态性、异方差和序列相关更加敏感。

二、随机效应模型及豪斯曼检验

面板数据除了需要考虑固定效应模型,还需要考虑的另一类重要模型是随机效应模型。这里简单介绍随机效应模型,以及如何使用豪斯曼检验区分在经验研究中究竟应该采用固定效应模型还是随机效应模型。

(一)随机效应模型

对于非观测效应模型

$$Y_{it}=\beta_0+\beta_1 X_{it1}+\cdots+\beta_k X_{itk}+\mu_i+\varepsilon_{it} \tag{4.4.1}$$

这里,引入截距项,能够保证非观测效应零均值假定。另外,也容许时间虚拟变量为解释变量。不管使用 FE 还是 FD,都是为了将 μ_i 消去,因为这可能与解释变量相关。

如果假定非观测效应 μ_i 与每个解释变量在任何时期都无关,那么消去 μ_i 的变换则会导致非有效估计量。

假定非观测效应 μ_i 与每个解释变量都无关

$$\mathrm{Cov}(X_{itj},\mu_i)=0, t=1,2,\cdots,T; j=1,2,\cdots,k \tag{4.4.2}$$

式(4.4.1)就被称为**随机效应模型**(random effects model)。定义**复合误差**(composite error)$\upsilon_{it}=\mu_i+\varepsilon_{it}$,则

$$Y_{it}=\beta_0+\beta_1 X_{it1}+\cdots+\beta_k X_{itk}+\upsilon_{it} \tag{4.4.3}$$

由于 μ_i 在每个时期都是复合误差的一部分,所以不同时期的 υ_{it} 应该序列相关。事实上,在随机效应假定下

$$\mathrm{Corr}(\upsilon_{it},\upsilon_{is})=\sigma_\mu^2/(\sigma_\mu^2+\sigma_\varepsilon^2), t\neq s$$

其中,$\sigma_\mu^2=\mathrm{Var}(\mu_i)$,$\sigma_\varepsilon^2=\mathrm{Var}(\varepsilon_{it})$。误差中正的序列相关可能很大。由于通常的混合OLS标准误忽略了这种相关,所以不正确,从而通常的检验统计量也不正确。如果 N 足够大和 T 相对小,可以使用广义 OLS 估计带有自回归的序列相关模型。GLS 消除误差中的序列相关,需要定义

$$\theta=1-[\sigma_\varepsilon^2/(\sigma_\varepsilon^2+T\sigma_\mu^2)]^{1/2}$$

它是介于 0 到 1 之间的一个数。于是

$$Y_{it}-\theta\bar{Y}_i=\beta_0(1-\theta)+\beta_1(X_{it1}-\theta\bar{X}_{i1})+\cdots+\beta_k(X_{itk}-\theta\bar{X}_{ik})+(\varepsilon_{it}-\theta\bar{\varepsilon}_i) \tag{4.4.4}$$

其中,变量上的横线表示时间均值。该方程使用了每个变量的**准去均值数据**(quasi-demeaned data)。固定效应估计量从相应变量中减去其时间均值,而随机效应变换值减去其时间平均的一个比例,该比例取决于 σ_ε^2、σ_μ^2 和时期数 T。GLS 就是式(4.4.4)的混合估计量。

这个变换容许考虑不随时间而变化的解释变量,与 FE 和 FD 相比,这是 RE 的优点,因为 RE 假定非观测效应与所有解释变量都无关,无论解释变量是否随时间变化。例如,在一个工资方程中,引入一个教育变量,即使它不随时间变化,但也假定教育与包含着能力和家庭背景的 μ_i 无关。在许多应用中,使用面板数据就是为了容许非观测效应与解释变量之间有相关关系。

实际上，参数 θ 当然是未知的，但总是可以估计的。通常 $\hat{\theta}=1-\{1/[1+T(\hat{\sigma}_\mu^2/\hat{\sigma}_\varepsilon^2)]\}^{1/2}$，这个估计一般是按照混合 OLS 或固定效应的残差计算的。一般软件都自动计算某种形式的 $\hat{\theta}$，代替参数 θ 的可行 GLS 估计量被称为**随机效应估计量**(random effects estimator)。

例 4.4.3　使用面板数据估计一个工资方程

采用 Pooled OLS、RE 和 FE 三种方法估计一个工资方程。在前两种方法中，可以把 *Educ* 和种族虚拟变量考虑进模型，而在固定效应分析中，就不可能包括这些变量。估计结果如表 4.4.2 所示。

表 4.4.2　**三种估计方法结果**

ln(*Wage*)			
自变量	*Pooled* OLS	RE	FE
Educ	0.091 (0.005)	0.092 (0.011)	
Black	−0.139 (0.024)	−0.139 (0.048)	
Hispan	0.016 (0.021)	0.022 (0.043)	
Exper	0.067 (0.014)	0.106 (0.015)	
$Exper^2$	−0.0024 (0.0008)	−0.0047 (0.0007)	−0.0052 (0.0007)
Married	0.108 (0.016)	0.064 (0.017)	0.047 (0.018)
Union	0.182 (0.017)	0.106 (0.018)	0.08 (0.019)

混合 OLS 和 RE 给出的 *Educ*、*Black* 和 *Hispan* 的系数类似。混合 OLS 的标准误就是通常的标准误，由于它忽略了正的序列相关，会低估真正的标准误。

关于经验，两种方法估计值的差异较大，且在 RE 中，已婚和加入工会的收益明显下降。

采用固定效应法将非观测效应消除后，已婚的收益减小到 4.7%，统计上是显著的。这符合越能干的男性(用一个更高的非观测效应 μ_i 描述)越可能已婚的预期。因此，在混合 OLS 估计中，结婚收益的一大部分反映出结了婚的男性即使不结婚也能挣更多的钱。剩下的系数 4.7%至少有两种可能解释：或者结了婚的男性确实有更高的生产力，或者因为结婚是一个稳定性信号，所以雇主给已婚男性某种奖励。

在随机效应估计中，参数 θ 估计值是 $\hat{\theta}=0.643$，这就可以解释，为什么对随时间而变化的变量而言，RE 估计值更接近 FE 而不是混合 OLS 估计值。

工会会员收益的 FE 估计值比 OLS 低约 10 个百分点，这也暗示着非观测效应 μ_i 与

$Union_{it}$ 正相关。因为混合 OLS 将 μ_i 保留在误差项中,而固定效应消除了 μ_i。两者正相关,OLS 高估变量的影响。图 4.4.2 为随机效应回归结果。

```
Random-effects GLS regression                   Number of obs     =      4,360
Group variable: Id                              Number of groups  =        545

R-squared:                                      Obs per group:
     Within  = 0.1799                                         min =          8
     Between = 0.1860                                         avg =        8.0
     Overall = 0.1830                                         max =          8

                                                Wald chi2(14)     =     957.77
corr(u_i, X) = 0 (assumed)                      Prob > chi2       =     0.0000
```

lnWage	Coefficient	Std. err.	z	P>|z|	[95% conf.	interval]
Educ	.0918763	.0106597	8.62	0.000	.0709836	.1127689
Black	-.1393767	.0477228	-2.92	0.003	-.2329117	-.0458417
Hisp	.0217317	.0426063	0.51	0.610	-.0617751	.1052385
Exper	.1057545	.0153668	6.88	0.000	.0756361	.1358729
Expersq	-.0047239	.0006895	-6.85	0.000	-.0060753	-.0033726
Married	.063986	.0167742	3.81	0.000	.0311091	.0968629
Union	.1061344	.0178539	5.94	0.000	.0711415	.1411273
D81	.040462	.0246946	1.64	0.101	-.0079385	.0888626
D82	.0309212	.0323416	0.96	0.339	-.0324672	.0943096
D83	.0202806	.041582	0.49	0.626	-.0612186	.1017798
D84	.0431187	.0513163	0.84	0.401	-.0574595	.1436969
D85	.0578155	.0612323	0.94	0.345	-.0621977	.1778286
D86	.0919476	.0712293	1.29	0.197	-.0476592	.2315544
D87	.1349289	.0813135	1.66	0.097	-.0244427	.2943005
_cons	.0235864	.1506683	0.16	0.876	-.271718	.3188907
sigma_u	.32460315					
sigma_e	.35099001					
rho	.46100216	(fraction of variance due to u_i)				

图 4.4.2 随机效应回归

注意:图 4.4.2 和图 4.4.3 在 RE 和 FE 的回归结果中,sigma_u 和 sigma_e 分别表示模型中的个体效应和特异误差的标准差。*rho* 为不同时期的复合误差项之间的相关系数

$$\rho_\upsilon = \mathrm{Corr}(\upsilon_{it}, \upsilon_{is}) = \sigma_\mu^2 / (\sigma_\mu^2 + \sigma_\varepsilon^2)$$

```
Fixed-effects (within) regression               Number of obs     =      4,360
Group variable: Id                              Number of groups  =        545

R-squared:                                      Obs per group:
     Within  = 0.1806                                         min =          8
     Between = 0.0286                                         avg =        8.0
     Overall = 0.0888                                         max =          8

                                                F(10,3805)        =      83.85
corr(u_i, Xb) = -0.1222                         Prob > F          =     0.0000

------------------------------------------------------------------------------
      lnWage | Coefficient  Std. err.      t    P>|t|     [95% conf. interval]
-------------+----------------------------------------------------------------
     Expersq |  -.0051855   .0007044    -7.36   0.000    -.0065666   -.0038044
     Married |   .0466804   .0183104     2.55   0.011     .0107811    .0825796
       Union |   .0800019   .0193103     4.14   0.000     .0421423    .1178614
         D81 |   .1511912   .0219489     6.89   0.000     .1081584     .194224
         D82 |   .2529709   .0244185    10.36   0.000     .2050963    .3008454
         D83 |   .3544437   .0292419    12.12   0.000     .2971125    .4117749
         D84 |   .4901148   .0362266    13.53   0.000     .4190894    .5611402
         D85 |   .6174823   .0452435    13.65   0.000     .5287784    .7061861
         D86 |   .7654966   .0561277    13.64   0.000     .6554532    .8755399
         D87 |   .9250249   .0687731    13.45   0.000     .7901893    1.059861
       _cons |   1.426019   .0183415    77.75   0.000     1.390058    1.461979
-------------+----------------------------------------------------------------
     sigma_u |  .39176195
     sigma_e |  .35099001
         rho |  .55472817   (fraction of variance due to u_i)
------------------------------------------------------------------------------
F test that all u_i=0: F(544, 3805) = 9.16                   Prob > F = 0.0000
```

图 4.4.3　固定效应回归

图 4.4.3 显示的 FE 回归结果中自带的 F 检验是，H_0：$all\ \mu_i=0$，即 Pooled OLS 可以接受，如果拒绝，则意味着 FE 优于 Pooled OLS，应该容许每个个体有各自的截距项。

Stata 操作代码：

```
*数据导入
use "F:\Econometrics\data\Wagepan.dta", clear
*数据设定
xtset Id Year
*数据变换
gen Expersq=Exper*Exper
*数据分析
reg lnWage Educ Black Hisp Exper Expersq Married Union D81-D87
xtreg lnWage Educ Black Hisp Exper Expersq Married Union D81-D87, re
xtreg lnWage Expersq Married Union D81-D87, fe
```

(二)随机效应还是固定效应

由于固定效应容许 μ_i 与 X_{itk} 任意相关,而随机效应则估计其他条件不变的效应,一般认为FE更令人信服。随机效应在某些特定情形中仍可适用。显然,如果关键解释变量不随时间变化,就不能用FE估计其对解释变量的影响。比如,说明教育回报的例子。当然,如果假定非观测效应与所有解释变量都无关,则只能使用RE。

常见的是,同时给出RE和FE,然后规范地检验时变解释变量系数的统计显著差异。豪斯曼(Hausman,1978)提出了一种检验,其思想是,除非豪斯曼检验拒绝式(4.4.2),否则使用随机效应估计值。实际上,不能拒绝这个假设意味着RE和FE的估计量接近,以至于使用哪一个都差不多;或者FE估计值中的抽样变化如此之大,以至于无法断定实际显著的差异是统计显著的。豪斯曼检验的拒绝,表明关键的RE假定是错误的,于是使用FE估计值。

豪斯曼检验

$$H_0: E(\mu_i \varepsilon_{it})=0$$
$$H_1: E(\mu_i \varepsilon_{it})\neq 0$$

豪斯曼统计量为

$$H=(\hat{\delta}_{FE}-\hat{\delta}_{RE})'[\mathrm{Var}(\hat{\delta}_{FE})-\mathrm{Var}(\hat{\delta}_{RE})]^{-1}(\hat{\delta}_{FE}-\hat{\delta}_{RE})\sim\chi_M^2$$

当无法拒绝原假设时,则选择随机效应;当原假设被拒绝时,则选择固定效应。

下面对于一个收入面板数据模型,采用豪斯曼检验判断究竟应该使用固定效应还是随机效应模型,结果如图4.4.4所示。

```
. hausman fe re
```

	—— Coefficients ——			
	(b) fe	(B) re	(b-B) Difference	sqrt(diag(V_b-V_B)) Std. err.
Exper	.0410831	.043617	-.0025338	.0018455
Expersq	-.0004091	-.000561	.0001519	.0000758
Tenure	.0139089	.0141541	-.0002452	.0008468
Tenuresq	-.0008962	-.0007553	-.0001409	.0000668
South	-.0163224	-.0818117	.0654893	.0283637
Union	.0636972	.0802353	-.0165381	.0053462

```
            b = Consistent under H0 and Ha; obtained from xtreg.
B = Inconsistent under Ha, efficient under H0; obtained from xtreg.

Test of H0: Difference in coefficients not systematic

    chi2(6) = (b-B)'[(V_b-V_B)^(-1)](b-B)
            =  20.73
Prob > chi2 = 0.0021
```

图4.4.4　豪斯曼检验

图 4.4.4 的检验结果报告了两个模型的常规系数(coefficients)和差异(difference)以及差异的标准误,由此可以计算相关的 t 统计量。比如,对于 South 系数的 t 值

$$t=\frac{b_{FE,k}-b_{RE,k}}{[\mathrm{se}(b_{FE,k})^2-\mathrm{se}(b_{RE,k})^2]^{1/2}}=\frac{-0.0163224-(-0.0818117)}{(0.036149^2-0.0224109^2)^{1/2}}=\frac{0.0654893}{0.0283637}\approx 2.3089$$

该统计量服从渐近正态分布,这里 2.3089 大于临界值 1.96,这表明应该拒绝两种估计无差异的原假设。

χ_6^2 报告了比较 6 个系数的卡方统计量,伴随概率 0.0021 表明,应该拒绝系数无系统差异的原假设,这意味着随机估计量不是一致的,应该选择固定效应估计。

Stata 操作代码:

```
*数据导入
use "F:\data\nls_panel.dta", clear
*数据设置
xtset Id Year
*数据变换
gen Expersq=Exper*Exper
gen Tenuresq=Tenure*Tenure
*数据分析
quietly xtreg lnWage Educ Black Exper Expersq Tenure Tenuresq South Union,fe
estimates store fe
quietly xtreg lnWage Educ Black Exper Expersq Tenure Tenuresq South Union,re
estimates store re
hausman fe re
```

第五节 面板数据的平稳性检验和协整检验

类似于时间序列数据回归分析,面板数据也需要考虑虚假回归和变量的长期均衡关系,这就需要对面板数据进行平稳性检验和协整检验。

一、面板数据的平稳性检验

面板数据的单位根检验主要用于检验面板数据的平稳性,以防止面板数据回归分析模型中的虚假回归问题。

面板数据存在单位根的情形可以用如下式子描述

$$Y_{it}=\rho_i Y_{it-1}+\beta_i X_{it}+\mu_{it},i=1,2,\cdots,N;t=1,2,\cdots,T_i \tag{4.5.1}$$

其中,X_{it} 表示外生变量,T_i 表示第 i 个截面个体的观测时期数,ρ_i 表示自回归系数。

式(4.5.1)是面板数据的一阶自回归过程,如果 $|\rho_i|<1$,那么序列 Y_i 为平稳序列;如果 $|\rho_i|=1$,那么序列 Y_i 为非平稳序列。

(一)同质单位根检验

同质单位根,是指面板数据中各截面序列具有相同的单位根过程。同质单位根的检验方法有三种:LLC 检验、Breitung 检验和 Hadri 检验。三种方法类似,这里只简要介绍 LLC 检验。

LLC 检验的基本步骤是:

首先建立检验假设:

H_0:面板数据中各截面数据序列具有一个相同的单位根,即 $\theta=0$;

H_1:各截面数据序列没有单位根,$\theta<0$。

其次,采用 ADF 检验法检验方程

$$\Delta Y_{it}=\theta Y_{it-1}+\sum_{j=1}^{m_i}\gamma_{ij}\Delta Y_{it-j}+\beta_i X_{it}+\mu_{it}$$

其中,m_i 为第 i 个截面个体的滞后阶数。

检验需要确定各截面个体的滞后阶数 m_i,从 ΔY_{it} 和 Y_{it-1} 中剔除 Y_{it-j} 和外生变量的影响,通过标准化求出代理变量,然后利用代理变量模型 $\Delta\tilde{Y}_{it}=\theta\tilde{Y}_{it-1}+\varepsilon_{it}$ 去估计参数 θ,从而根据参数 θ 的值进行判别。

(二)异质单位根检验

异质单位根,是指面板数据中的各截面序列具有不同的单位根过程,也就是允许参数 θ_i 跨截面变化,这样就需要对每个截面的序列进行单位根检验,且根据各截面检验的结果来构造相应的统计量。

常用的方法有 Im-Pesaran-Skin 检验、Fisher-ADF 检验和 Fisher-PP 检验。三种方法的虚拟假设和备择假设相同。虚拟假设是各截面数据序列均含有单位根;备择假设是某些截面数据序列不含有单位根。

二、面板数据的协整检验

协整检验是用来判别变量之间是否具有长期均衡关系的。如果两个或者多个非平稳变量序列的线性组合序列呈平稳性,就认为这些变量序列之间存在协整关系。面板数据的协整检验方法分为两类:一类是建立在 Engle-Granger 二步法检验基础上的,具体方法主要有 Pedroni 检验法和 Kao 检验法;另一类是建立在 Johansen 协整检验基础上的。

(一)Pedroni 检验

Pedroni 检验从允许不同截面之间存在不同个体效应和趋势的协整检验出发,考虑回归形式

$$Y_{it}=\alpha_i+\delta_i t+\beta_{i1}X_{it1}+\beta_{i2}X_{it2}+\cdots+\beta_{ik}X_{itk}+\mu_{it},i=1,2,\cdots,N;t=1,2,\cdots,T_i$$

其中,t 表示时期,i 表示截面,α_i、δ_i 分别表示各截面的确定效应和趋势效应。记 Y 与 X 一阶协整为 I(1)。

Pedroni 检验的虚拟假设是不存在协整关系。在此假设下,μ_{it} 应该是 I(1)过程。通过辅助回归来判断 μ_{it} 是不是 I(1)过程。

$$\mu_{it}=\rho_i\mu_{it-1}+\varepsilon_{it},i=1,2,\cdots,N;t=1,2,\cdots,T_i$$

Pedroni 检验采用一系列方法构建不同的统计量来检验同一个虚拟假设

H_0:不存在协整,即 $\rho_i=1$;

H_1:对于各截面 i,有 $\rho_i<1$。

Kao 检验的思路与 Pedroni 检验相似,这里不再赘述。

(二)Johansen 检验

将 Fisher 采用多个个体独立检验结果进行整体的联合检验方法应用到面板数据的联合检验中,并与 Johansen 检验结合起来,即先整合单个截面的 Johansen 检验结果,再得到检验整个面板数据的统计量。

在不存在协整关系的虚拟假设下,构造的检验统计量为

$$p=-2\sum_{i=1}^{N}\ln p_i\rightarrow\chi^2(2N)$$

其中,N 表示截面的个数。

小知识

Stata 软件为什么用 xt 定义面板数据?

Stata 软件对某些类型的数据进行相应估计之前,都要求对数据进行定义,如时间序列指令 arima、var 等要求数据被定义为时间序列类型:

tsset timevar,frequency (string) delta (interval)

stset 用于定义生存数据(survival data)或长久数据:

stset timevar[if] [weight],id(idvar) failure(failvar[==numlist])

空间计量模型的指令 spregress、spxtregress 等要求数据被定义为空间数据:

spset idvar [,options]

面板数据的相关指令 xtreg、xtabond 等要求数据被定义为面板数据类型,xtset,xt 代表什么?

国外马路上经常会看到这样的路标(见图 4.4.5):

图 4.4.5　国外路标

图 4.4.5 的第一、二个图中的 PED XING 是"pedestrian crossing"的缩写,字面意思是"行人通行",意在提醒司机避让行人。显然,第三个图中的 SCHOOL XING 就是避让学生通行,第四个图中的 DEER XING 就是避让鹿等动物。

所以,指令 xtset 中的 x 是 cross-section 的缩写,而 t 就是 time-series 的缩写。于是,这一指令既包含截面又包含时间序列,当然 Stata 软件应该用 xt 定义面板数据。

习题四

1. 面板数据是指(　　)。

A. 相同时点上不同统计单位相同统计指标组成的数据

B. 相同时点上相同统计单位不同统计指标组成的数据

C. 不同时点上不同统计单位相同统计指标组成的数据

D. 不同时点上相同统计单位不同统计指标组成的数据

2. 面板数据模型的一般形式及基本假定是什么?

3. 什么是面板数据的固定效应模型?

4. 对于面板数据,什么是随机效应模型? 直接采用混合 OLS 估计可能存在的问题是什么? 如何修正?

5. 豪斯曼检验的虚拟假设是什么?

6. 什么是倍差估计量(difference-in-differences estimator)? 设计一个对其进行估计和显著性检验的计量经济模型并解释其经济意义。

7. 面板数据单位根检验的目的是什么?

8. 下表列出了美国、加拿大和英国在 1980—1999 年的失业率 Y、对制造业的补助 X 的相关数据。

Year	USA		Canada		UK	
	Grant($/h)	Unemp(%)	Grant($/h)	Unemp(%)	Grant($/h)	Unemp(%)
1980	55.6	7.1	49	7.2	43.7	7.0
1981	61.1	7.6	54.1	7.3	44.1	10.5
1982	67.0	9.7	59.6	10.6	42.2	11.3
1983	68.8	9.6	63.9	11.5	39.0	11.8
1984	71.2	7.5	64.3	10.9	37.2	11.7
1985	75.1	7.2	63.5	10.2	39.0	11.2
1986	78.5	7.0	63.3	9.2	47.8	11.2
1987	80.7	6.2	68.0	8.4	60.2	10.3
1988	64.0	5.5	76.0	7.3	68.3	8.6
1989	86.6	5.3	84.1	7.0	67.7	7.2
1990	90.8	5.6	91.5	7.7	81.7	6.9
1991	95.6	6.8	100.1	9.8	90.5	8.8
1992	100.0	7.5	100.0	10.6	100.0	10.1
1993	102.7	6.9	95.5	10.7	88.7	10.5
1994	105.6	6.1	91.7	9.4	92.3	9.7
1995	107.9	5.6	93.3	8.5	95.9	8.7
1996	109.3	5.4	93.1	8.7	95.6	8.2
1997	111.4	4.9	94.4	8.2	103.3	7.0
1998	117.3	4.5	90.6	7.5	109.8	6.3
1999	123.2	4.9	91.9	5.7	112.2	6.1

考虑模型

$$Y_{it}=\beta_0+\beta_1 X_{it}+\mu_{it}$$

(1)分别对 3 个国家估计 Y 关于 X 的回归方程；

(2)将 3 个国家的数据合并成一个数据集，估计回归方程；

(3)估计固定效应模型；

(4)比较以上 3 类回归方程的估计结果，判断哪一类更好。

9. 在《中国统计年鉴》中收集中国 31 个省、市和自治区近 5 年人均可支配收入和人均消费支出数据，建立面板数据模型。

10. 美国某些州的法律允许公民携带隐蔽武器。由于这些法律授权地方政府准许那些心智成熟且没有犯过重罪的公民申请者携带隐蔽武器，因此这些法律被称为"准许"法律。该法律的支持者认为，如果更多人持有隐蔽武器，那么能够阻止罪犯袭击其他人，因此犯罪率会下降。而反对者认为，由于意外或一时冲动造成人们使用隐蔽武器，犯罪率会上升。采用数据 Guns. dta，进行经验研究。

(1)估计 ln(Vio)对 Shall 的回归模型，以及 ln(Vio)对 Shall、Incarc_rate、Density、Avginc、Pop、Pb1064、Pw1064、Pm1029 的回归模型，解释 Shall 的含义。列出一个在州间不同但时间上几乎不变或固定的，且可能导致回归产生遗漏变量偏差的变量。

(2)考虑州固定效应后，回归模型会发生什么变化？考虑时间固定效应呢？

(3)用 ln(Rob)和 ln(Mur)代替 ln(Vio)，重新进行上面的回归。

(4)隐蔽武器对犯罪有什么影响？

11. 随着收入的提高，公民对民主和自由的需求会增加吗？采用数据 Income_Democracy. dta 进行经验研究。

(1)做 Dem_ind 对人均收入的对数 ln(GDPPC)的回归，解释变量系数估计值是多少？是否显著？

(2)引入国家固定效应，重新估计上面的模型。

(3)引入时间和国家固定效应，重新估计上面的模型。

(4)收入对民主有什么影响？

君子性非异也，善假于物也。

——先秦·荀子《劝学》

第五章 工具变量估计

早期的工具变量法主要被用来解决联立方程组问题，后来被用作解决回归模型中由度量误差带来的偏误问题，更为广泛的做法是用于解决遗漏变量偏误。工具变量法就像随机实验一样，既避免了在回归分析中加入过多的控制变量，又解决了控制变量被遗漏或存在未知控制变量时带来的问题。遗漏重要变量时 OLS 估计量通常是不一致的，如果对无法观测的解释变量给出适当的代理变量，或能减轻或消除遗漏变量偏误，则寻找代理变量本身也不容易。

对于面板数据而言，出现不随时间变动的遗漏变量时，可以采用固定效应或一阶差分来估计随时间变化的解释变量的影响。但是，如果希望估计那些不随时间变动的变量的影响，则这两种方法也无效。因为它们都在估计过程中直接消除了不随时间变动的变量。另外，时变遗漏问题也无法解决。

比如，采用回归分析方法估计方程

$$Y_i=\beta_0+\beta_1X_{i1}+\beta_2X_{i2}+\mu_i$$

其中的解释变量 X_{i1} 的系数 $\hat{\beta}_1$ 是 β_1 的无偏和一致估计量的条件是，干扰项的条件均值独立于解释变量 X_{i1}，即 $E(\mu_i|X_{i1},X_{i2})=0$。在实际操作中，为满足这一严格要求，可以通过增加模型的控制变量 X_i，提取干扰项中的因素，直到干扰项中的剩余因素与解释变量不相关联。

一般回归分析控制了可观测变量，面板数据还控制了不可观测且不随时间变化的变量。但是在实际运用中，很多解释变量是不可观测且随时间变化的。要通过添加变量来实现完全提取干扰项中的因素不太现实。工具变量提供了另一种可能。

实际上，工具变量法可用以解决这样的**内生解释变量**(endogenous explanatory variable)问题。经典线性假定中的关键假定是零条件均值假定，该假定保证了 OLS 估计量的无偏性。在 OLS 估计量的渐近性质部分，该假定可放宽为零均值、零相关，这样能保证 OLS 具有一致性。但是，如果解释变量与随机干扰项不可避免地具有相关性，就需要考虑工具变量问题。

采用工具变量方法解决模型内生性问题，既可以理解为理清干扰项，解决遗漏变量问题，也可理解为理清解释变量。如果认为某解释变量变化中与干扰项相关的部分是不好的变化，与干扰项不相关的部分是好的变化，那么工具变量方法就是将该变量中不好的变化清除，将好的变化分离出来，用好的变化部分去估计该变量对被解释变量的因果影响。

第一节 工具变量估计基础

一、工具变量

经典线性计量经济模型的关键假定是随机误差项具有零条件均值。如果该假定成立，则称解释变量是**外生解释变量**或具有**严格外生性**，否则称为**内生解释变量**或解释变量具有**内生性**。解释变量的严格外生性假定要求解释变量的任何观测值都与该处的随机干扰项不相关，违背这一假定的问题称为**内生解释变量问题**。

（一）内生解释变量问题

对于模型

$$Y_i = \beta_0 + \beta_1 X_{i1} + \beta_2 X_{i2} + \cdots + \beta_k X_{ik} + \mu_i \tag{5.1.1}$$

其基本假定之一是解释变量 $X_1, X_2, \cdots, X_k$ 是严格外生变量。如果存在一个或多个内生解释变量，则称原模型出现内生解释变量问题。

（二）实际经济问题中的内生解释变量问题

在实际经济问题中，经济变量的内生性往往出现在下面三种情形中：一是被解释变量与解释变量具有**联立因果关系**（simultaneous causality）；二是模型设定时遗漏了重要的解释变量，而所遗漏的变量与模型中的一个或多个解释变量具有相关性，即**遗漏相关变量**（omitting relevant variables）；三是解释变量存在**测量误差**（errors-in-variables）。

例如，为了研究企业引进外资是否提高了效益，以企业资金利润率 $Profit$ 为被解释变量，以企业资产中外资所占比例 FI 和其他外生变量 X 为解释变量，建立模型

$$Profit_i = \beta_0 + \delta FI_i + \beta_2 X_i + \mu_i, i = 1, 2, \cdots, n$$

在企业引进外资的实际工作中，一般规律是效益好的企业比较容易引进外资；效益差的企业引进外资比较困难。于是，在这个模型中，解释变量 FI 既影响被解释变量 $Profit$，同时也受被解释变量影响，而 $Profit_i$ 与 μ_i 相关，从而导致 FI_i 与 μ_i 相关，这就形成联立因果关系。

再比如，在劳动经济学中，劳动者的工资 $Wage$ 主要由劳动者的受教育程度 $Educ$、工作经验 $Exper$ 和个人能力 $Abil$ 等诸多因素决定：

$$Wage_i = \beta_0 + \beta_1 Educ_i + \beta_2 Exper_i + \beta_3 Abil_i + \mu_i$$

由于其中个人能力的大小难以测度，因此该解释变量无法正式引入模型，于是进入随

机干扰项，即实际模型为

$$Wage_i = \beta_0 + \beta_1 Educ_i + \beta_2 Exper_i + \mu_i$$

而个人能力的大小往往与其所受教育程度有着密切联系，这就导致 $Educ_i$ 与 μ_i 具有相关性。这就是遗漏相关变量问题。

另外，如果个人能力无法准确测量，将其归入干扰项，都会导致或是被解释变量或是解释变量的测量误差，从而产生测量误差问题。

(三)内生解释变量的后果

计量经济模型一旦出现内生解释变量，即与随机扰动项同期相关，如果仍采用普通最小二乘法估计模型参数，则会产生不良的后果。下面以一元线性回归模型为例进行说明。

从图形上看(见图 5.1.1)，如果内生解释变量与随机干扰项正相关，则在抽取样本时容易出现 X 值较小的点在总体回归线下方，而 X 值较大的点在总体回归线上方，因此，拟合的样本回归线则可能低估(underestimate)截距项，而高估(overestimate)斜率项；反之，如果内生解释变量与随机误差项负相关，则往往导致拟合的样本回归线高估截距项，而低估斜率项(有偏估计)。

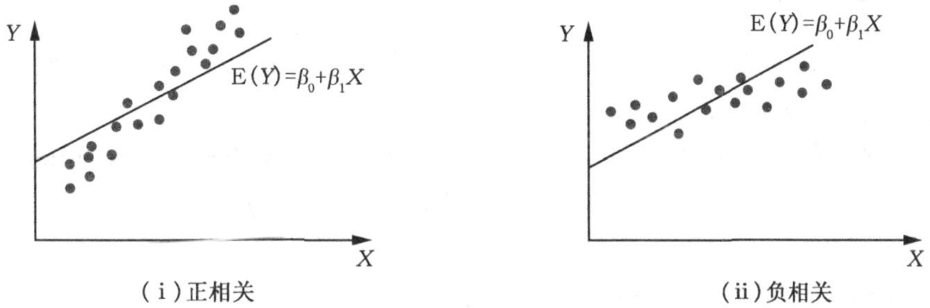

图 5.1.1　内生解释变量与随机误差项相关图

对一元线性回归模型

$$Y_i = \beta_0 + \beta_1 X_i + \mu_i$$

估计解释变量 X_i 的系数 $\hat{\beta}_1$ 对 Y_i 的因果关系，如果 $\mathrm{Cov}(X_i, \mu_i) \neq 0$，则变量 X_i 就是内生解释变量。

仍然采用最小二乘估计量

$$\hat{\beta}_1 = \frac{\widehat{\mathrm{Cov}(X_i, Y_i)}}{\widehat{\mathrm{Var}(X_i)}}$$

其中，$\widehat{\mathrm{Var}(X_i)}$ 和 $\widehat{\mathrm{Cov}(X_i, Y_i)}$ 是样本方差和协方差；或

$$\hat{\beta}_1 = \frac{\sum x_i y_i}{\sum x_i^2} = \beta_1 + \frac{\sum x_i \mu_i}{\sum x_i^2}$$

如果内生解释变量 X_i 与随机项 μ_i 相关，则

$$E(\hat{\beta}_1)=\beta_1+E(\frac{\sum x_i\mu_i}{\sum x_i^2})=\beta_1+\sum E(k_i\mu_i)\neq\beta_1$$

样本概率极限为

$$\text{Plim}\hat{\beta}_1=\text{Plim}\frac{\text{Cov}(\widehat{X_i,Y_i})}{\text{Var}(X_i)}=\text{Plim}\frac{\text{Cov}(X_i,\widehat{\beta_0+\beta_1X_i+\mu_i})}{\text{Var}(\hat{X}_i)}$$

$$=\beta_1+\text{Plim}\frac{\text{Cov}(\hat{X}_i,\mu_i)}{\text{Var}(\hat{X}_i)}=\beta_1+\text{Plim}\frac{\text{Cov}(X_i,\mu_i)}{\text{Var}(X_i)}$$

由于 X_i 是内生解释变量,$\text{Cov}(X_i,\mu_i)\neq0$,所以 $\hat{\beta}_1$ 不依概率收敛于 β_1,即非一致估计量。这就是说,参数估计量 $\hat{\beta}_1$ 是有偏、非一致的。

无偏性、一致性是参数估计量最重要的性质之一。一个有偏、非一致的估计量对于参数估计而言,没有任何理论和实际意义,这意味着内生解释变量问题是参数估计中的严重问题。

(四)工具变量条件

对于模型遗漏变量问题,处理办法有:一是使用代理变量;二是如果假定它不随时间变动,则使用固定效应法或一阶差分法。

将无法观测的变量保留在干扰项中,如考虑劳动者的工资方程,一个简单的模型为

$$\ln(Wage)=\beta_0+\beta_1Educ+\beta_2Abil+\mu$$

其中,μ 是干扰项。

考虑 IQ 作为能力的代理变量,可以得到 β_1 的一致估计。

如果没有合适的代理变量,则原模型为

$$\ln(Wage)=\beta_0+\beta_1Educ+\mu$$

其中,μ 包含能力。如果教育与能力相关,则 β_1 有偏且不一致。

如果能找到一个工具变量,比如,对于一个一元回归模型

$$Y=\beta_0+\beta_1X_1+\mu \tag{5.1.2}$$

这里,X_1 与 μ 相关

$$\text{Cov}(X_1,\mu)\neq0$$

无论 X_1 与 μ 是否相关,工具变量法都可以使用;当不相关时,最好还是应该使用OLS。

由于模型中出现内生解释变量时,OLS估计量有偏且不一致。为了得到大样本下的一致估计量,最常用的估计方法是**工具变量**(Instrument Variables,IV)法。

对于变量 X_1 与被解释变量 Y 的因果关系,图 5.1.2 展示了观测不到的干扰项 μ 和变量 X_1 对被解释变量 Y 的相关关系。在这种情形下,变量 X_1 对被解释变量 Y 的因果路径有两条:

因果路径:$X_1\rightarrow Y$

混淆路径：$X_1 \leftarrow \mu \rightarrow Y$

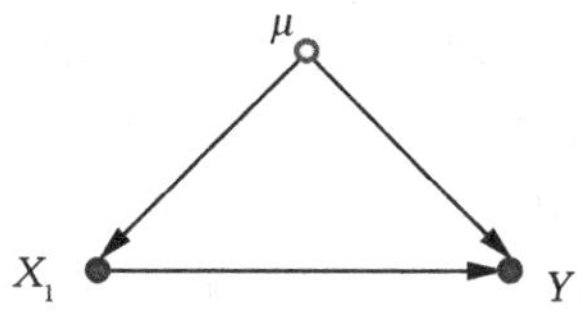

图 5.1.2　解释变量、干扰项与被解释变量关系图

为去除混淆路径，可以增加控制变量，将干扰项 μ 和变量 X_1 相关的部分分离出来。如果另一个变量 X_2 与变量 X_1 相关，且也影响被解释变量 Y，忽略变量 X_2，那么变量 X_2 就包含在干扰项里，导致干扰项 μ 与变量 X_1 相关；如果通过观测得到变量 X_2，就可以把干扰项 μ 分解为

$$\mu_i = \beta_2 X_{i2} + \nu_i$$

其中，X_2 与变量 X_1 相关，ν 与变量 X_1 不相关。于是

$$Y_i = \beta_0 + \beta_1 X_{i1} + \beta_2 X_{i2} + \nu_i$$

当控制了 X_{i2} 后，变量 X_{i1} 与 ν_i 不相关，所以系数 $\hat{\beta}_1$ 是 β_1 的一致估计。

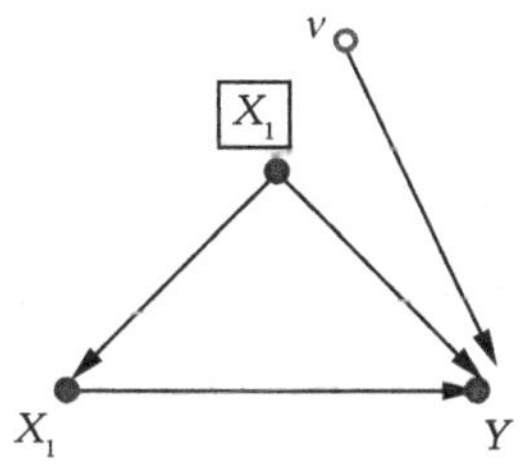

图 5.1.3　分解干扰项解决内生性问题

图 5.1.3 展示了增加控制变量之后的效果：原来的混淆路径 $X_1 \leftarrow \mu \rightarrow Y$ 已经被分解了。ν 与 X_1 和 Y 之间没有路径，而在路径 $X_1 \leftarrow \boxed{X_2} \rightarrow Y$ 上，由于控制了 X_2，所有这条路径也被去除了，这样就只剩下一条因果路径 $X_1 \rightarrow Y$。

在实际研究中，由于有些变量 X_2 往往不可观测，所以通过增加控制变量清洗干扰项就很困难。工具变量方法就是去除内生变量中与干扰项相关的变化，再用与干扰项不相关的变化去估计对 Y 的作用。具体来说，工具变量方法就是寻找内生变量 X_1 中与干扰项不相关的部分变化 $\hat{x}_1$。这就要求工具变量 Z 满足条件：

(i)工具变量 Z 与 X_1 相关，即 $\mathrm{Cov}(Z_i, X_{i1}) \neq 0$；

(ii)工具变量 Z 与 μ 不相关，即 $\mathrm{Cov}(Z_i, \mu_i) = 0$。

前者意味着 Z 必然与内生解释变量有相关关系，该条件也被称为**工具相关性**(instrumental relevance)条件，其目的就是为清洗变量 X_1，以分离出其中有用变化；满足后者也就是 Z 在方程(5.1.2)中是外生的，该条件也被称为**工具外生性**(instrumental exogeneity)条件，要清洗变量 X_1，其本身必须与 μ 不相关。这意味着工具变量 Z 只能通过 X 影响

Y。**一个有效的**(valid)工具变量必须既有用又干净，即必须同时满足相关性和外生性条件。

工具变量 Z、内生解释变量 X_1、随机干扰项 μ 与被解释变量 Y 之间的关系可以用图5.1.4表示。X_1、μ 和 Y 三者的关系是：X_1、μ 都与 Y 相关，同时 μ 与 X_1 相关。这样，根据经典线性模型假定就不能直接构造用 X_1、μ 解释 Y 的回归模型。由于 Z 与 μ 不相关的外生性和与 X_1 的相关性，可以得到 Z 通过解释变量 X_1 影响被解释变量 Y，这就满足了经典线性模型假定的要求。

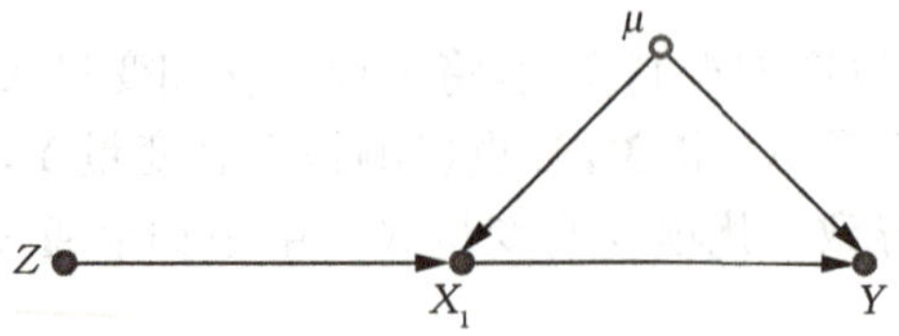

图5.1.4 工具变量的使用

工具变量 Z 影响变量 X_1(相关性)，但与干扰项 μ 之间没有开放路径(外生性)。因此，变量 Z 到变量 Y 的开放路径只有 $Z \to X_1 \to Y$。另一条路径 $Z \to X_1 \leftarrow \mu \to Y$ 是对撞路径。也就是说，变量 Z 对变量 Y 的影响只有通过变量 X_1，再没有其他路径了，因此外生性也称**排他性**(exclusion)。这也意味着

$$Z\text{对}Y\text{的作用}=Z\text{对}X_1\text{的作用}\times X_1\text{对}Y\text{的作用}$$

从遗漏变量的角度看，工具变量外生性意味着，一旦控制了 μ 和 X_1 中的遗漏变量，Z 应当对 Y 没有多余的影响，且 Z 与该遗漏变量也不相关。

当然，为避免模型出现多重共线性问题，工具变量也应该与模型中其他解释变量不相关。

工具变量条件式(ii)涉及 Z 与无法观测的误差项 μ 的协方差，通常无法对它进行检验，一般只能通过经济行为或逻辑思考来保证这一条件成立。

对于条件式(i)，给定一个总体的随机样本，就可以加以检验。一个简单方法是，估计一个 X 与 Z 之间的简单回归。在总体中，有

$$X_1=\pi_0+\pi_1 Z+v$$

由于

$$\pi_1=\mathrm{Cov}(Z,X_1)/\mathrm{Var}(Z)$$

所以条件式(i)中的假设当且仅当 $\pi_1 \neq 0$ 时成立。通过假设检验，就能够在较高的显著性水平(比如1%或5%)上，相对双边备择假设 $H_1:\pi_1 \neq 0$ 而拒绝虚拟假设

$$H_0:\pi_1=0$$

从而证明条件式(i)是成立的。

在处理遗漏变量问题时，引入代理变量，代理变量与该条件相反时就不是好的工具变量。如，在存在遗漏能力的工资例子中，*Abil* 的代理变量应该尽可能与它高度相关，而工具变量必须与它不相关。因此，尽管 *IQ* 作为 *Abil* 的一个备选代理变量不错，而作为 *Educ* 的工具变量却不好。

其他变量是否满足式(ii)中的外生性就不太明显了。劳动经济学家在工资方程中使用家庭背景作为教育的 IV,如母亲的教育(*Motheduc*)与孩子的教育是正相关的,通过收集劳动者数据样本并作教育对 *Motheduc* 的简单回归即可。因此,*Motheduc* 满足式(i)。但是,母亲的教育也可能与孩子的能力有关。教育的另一个备选工具变量是成长过程中兄弟姐妹的数目(*Sibs*)。一般来说,较多的兄弟姐妹与较低的教育水平相联系。因此,如果兄弟姐妹的数目与能力不相关,则它就可以作为教育的工具变量。

对于政策分析,内生解释变量通常是虚拟变量。例如,安格里斯特(Angrist,1990)研究了参加越南战争的老兵终身收入因参战受到的影响①

$$\ln(Earns)=\beta_0+\beta_1 Veteran+\mu$$

其中,*Veteran* 是虚拟变量。问题是,如果用 OLS 估计该方程,则可能存在一个**自选择**(self-selection)的问题。人们因为能从军队中得到更多收入而选择参军,或者参军的决策与其他影响收入的因素相关,这些都将导致 *Veteran* 与 μ 相关。

安格里斯特(Angrist,1990)认为,越南战争的征兵抽签提供了一个**自然试验**(natural experiment),从而产生了 *Veteran* 的一个工具变量。年轻人分到的抽签号决定了他们是否会被征召去参加越南战争。号码足够小的人必须服役于越南战争,从而参军的概率与抽签相关,即 $\mathrm{Cov}(Z, Veteran)\neq 0$。又因为号码是随机分配的,所以征兵抽签号与扰动项不相关,$\mathrm{Cov}(Z,\mu)=0$。基于这两点,征兵抽签号是 *Veteran* 的一个好的工具变量。

(五)弱工具变量的性质

当 Z 与 μ 不相关,而 Z 与 X 相关时,IV 估计是一致的。但是当 Z 与 X 弱相关时,IV 估计值的标准误可能很大。更严重的是,当 Z 与 μ 适度相关,IV 估计量的渐近偏误也可能很大。

当 Z 与 μ 相关的情况下,对 IV 估计量的极限

$$\mathrm{Plim}\hat{\beta}_{1,IV}=\beta_1+\frac{\mathrm{Corr}(Z,\mu)}{\mathrm{Corr}(Z,X)}\cdot\frac{\sigma_\mu}{\sigma_X}$$

其中,σ_μ 和 σ_X 分别表示总体中 μ 和 X 的标准差。

而

$$\mathrm{Plim}\hat{\beta}_{1,\mathrm{OLS}}=\beta_1+\mathrm{Corr}(X,\mu)\cdot\frac{\sigma_\mu}{\sigma_X}$$

从一致性角度比较两个估计结果,如果 Z 与 X 的相关系数小于 Z 与 μ 的相关系数,用 IV 不一定比 OLS 好。

另外,两者渐近偏误的方向可能不同。比如,当 $\mathrm{Corr}(Z,\mu)>0$,$\mathrm{Corr}(Z,X)>0$,$\mathrm{Corr}(X,\mu)<0$ 时,IV 估计量向下偏误,而 OLS 估计量向上偏误。

实践中的**弱工具**(weak instruments)问题,大致定义为 Z 与 X 之间的相关度很低,但不为 0 的问题。

---

① Angrist, J. D. Lifetime Earnings and the Vietnam Era Draft Lottery: Evidence from Social Security Administrative Records, *American Economic Review*, 1990, 80: 313—336.

(六)IV 估计后的R^2

由于

$$R^2=1-\text{RSS}/\text{TSS}$$

其中,RSS 表示使用 IV 估计后的残差平方和。与 OLS 不同,由于 IV 估计后的 RSS 可能大于 TSS,所以 IV 估计中的 R^2 可能为负。

如果仅为得到较大的 R^2,当然使用 OLS 更好。但是,IV 法试图在 X 与 μ 相关时,为 X 在其他条件不变的情况下对 Y 的影响给出一个更好的估计,所以拟合优度不是考虑的出发点,如果不能一致地估计 β_1,OLS 中再高的 R^2 也没有意义。

二、多元回归模型中的 IV 估计

称考虑两个解释变量的线性模型

$$Y_1=\beta_0+\beta_1X_1+\beta_2X_2+\mu_1$$

为**结构方程**(structural equation),以强调研究要点在于 β_j。其中,假设 X_1 是内生的,X_2 是外生的。

例如,

$$\ln(Wage)=\beta_0+\beta_1Educ+\beta_2Exper+\mu_1$$

假设 $Exper$ 是外生的,但 $Educ$ 是内生的,如果直接采用 OLS 估计,所有估计量则都将是有偏且不一致的。

寻找 X_1 的工具变量 Z_1:Z_1 和 X_2 与 μ_1 不相关,μ_1 具有零均值

$$\text{E}(\mu_1)=0,\text{Cov}(Z_1,\mu_1)=0,\text{Cov}(X_2,\mu_1)=0$$

对应的样本方程为

$$\sum_{i=1}^{n}(Y_{i1}-\hat{\beta}_0-\hat{\beta}_1X_{i1}-\hat{\beta}_2X_{i2})=0$$

$$\sum_{i=1}^{n}Z_{i1}(Y_{i1}-\hat{\beta}_0-\hat{\beta}_1X_{i1}-\hat{\beta}_2X_{i2})=0$$

$$\sum_{i=1}^{n}X_{i2}(Y_{i1}-\hat{\beta}_0-\hat{\beta}_1X_{i2}-\hat{\beta}_2X_{i2})=0 \tag{5.1.3}$$

给定 Y_1、X_1、X_2 和 Z_1 的样本数据,可以求解工具变量估计量。

称将内生解释变量表示为关于外生变量和误差项的一个线性函数

$$X_1=\pi_0+\pi_1Z_1+\pi_2X_2+v_1 \tag{5.1.4}$$

为**约简型方程**(reduced form equation),其中

$$\text{E}(v_1)=0,\text{Cov}(Z_1,v_1)=0,\text{Cov}(X_2,v_1)=0$$

π_j 是未知参数,关键的识别条件是 $\pi_1\neq0$。也就是说,排除了 X_2 的影响后,X_1 与 Z_1 仍然相关。实际上,可以通过 OLS 估计式(5.1.4),采用 t 检验判别变量的显著性。当然,这里仍然不能检验 Z_1 和 X_2 与 μ_1 不相关,只能依赖对经济行为的逻辑思考。

例如,考虑吸食大麻对大学平均成绩的影响

$$ColGPA=\beta_0+\beta_1 Daysused+\beta_2 SAT+\mu$$

对于大四学生构成的总体,设 *Daysused* 表示一个学生在过去一个月中吸食大麻的天数,设 *perHS* 表示该学生所在的高中毕业班中报告定期吸食大麻的学生百分数。如果它是 *Daysused* 的一个备选 IV,关键识别条件则可能成立,但是需要假设高中的同龄群体效应保持到大学,即对于给定的 *SAT* 分数,如果一个学生毕业于吸食大麻盛行的高中,到了大学就可能吸食更多的大麻。

perHS 是否确实是外生的呢? 这里必须假设高中吸食大麻的学生人数百分数与影响大学平均成绩的非观测因素无关。尽管通过引入 *SAT* 分数控制了高中质量,但是未必足够。可能大麻吸食量与收入水平相关,或为学生上大学做了较好准备的高中,学生吸食大麻较少等,这些都只能从经验上探讨。

一般地,对于结构模型

$$Y_1=\beta_0+\beta_1 Y_2+\beta_2 Z_1+\cdots+\beta_k Z_{k-1}+\mu_1 \tag{5.1.5}$$

其中,Y_2 被认为与 μ_1 相关。Z_k 是式(5.1.5)中未包含的外生变量。设

$$\mathrm{E}(\mu_1)=0,\mathrm{Cov}(Z_j,\mu_1)=0,j=1,\cdots,k \tag{5.1.6}$$

$Z_k(j=1,\cdots,k-1)$是式(5.1.5)中包含的外生变量。

Y_2 的约简型是

$$Y_2=\pi_0+\pi_1 Z_1+\cdots+\pi_{k-1}Z_{k-1}+\pi_k Z_k+v_1 \tag{5.1.7}$$

当 Y_2 与 Z_k 之间存在偏相关关系

$$\pi_k\neq 0 \tag{5.1.8}$$

在式(5.1.6)和式(5.1.8)的假定下,Z_k 是 Y_2 的一个有效工具变量。当然,外生变量之间不存在完全线性关系。μ_1 具有同方差性。

例 5.1.1 用临近大学作为教育的 IV

卡德(Card,1995)采用 1976 年的一个男性样本中的工资和受教育程度数据估计了教育回报。[①] 解释变量受教育程度采用的工具变量是是否在一所四年制大学附近成长(*NearC*4)的虚拟变量。

在工资的对数方程中,变量还包括经验、黑人虚拟变量、居住在大城市及其郊区、居住在南方的虚拟变量,以及 1966 年在何处居住的虚拟变量等。

为了让 *NearC*4 成为一个有效的工具变量,它必须与工资方程中的误差项不相关(假设如此),必须与 *Educ* 偏相关。为验证后一个要求,用 *Educ* 对 *NearC*4 及方程中出现的所有外生变量作回归,即估计 *Educ* 的约简型

$$\widehat{Educ}=16.64+0.320NearC4-0.413Exper+\cdots$$
$$(0.24)\quad(0.088)\qquad(0.034)$$
$$n=3010,R^2=0.4771$$

*NearC*4 的系数意味着,在其他因素固定的情况下,1966 年曾住在大学附近的人在

① Card, D.. "Using Geographic Variation in College Proximity to Estimate the Return to Schooling", *in Aspects of Labour Market Behavior: Essays in Honour of John Vanderkamp*, ed. L. N. Christophides, E. K. Grant and R. Swidinsky. Toronto: University of Toronto Press, 1995: 201—222.

1976年所受的教育比不在大学附近长大的人平均多出1/3年,t统计量的值为3.64,变量统计显著。因此,如果 *NearC4* 与误差项中的无法观测因素不相关,就可以用它作为教育的IV。

采用OLS和IV估计的结果如表5.1.1所示。

表5.1.1　　OLS和IV估计结果

被解释变量:ln(*Wage*)		
解释变量	OLS	IV
Educ	0.075 (0.003)	0.132 (0.055)
Exper	0.085 (0.007)	0.108 (0.024)
$Exper^2$	−0.0023 (0.0003)	−0.0023 (0.0003)
Black	−0.199 (0.018)	−0.147 (0.054)
Smsa	0.136 (0.020)	0.112 (0.032)
South	−0.148 (0.026)	−0.145 (0.027)
观测次数	3010	3010
R^2	0.2998	0.2382
其他控制变量	*Smsa*66,*Reg*662,…,*Reg*669	

教育的回报IV估计值将近OLS估计值的2倍,而标准误大18倍多。IV估计值的95%置信区间是[0.024,0.239]。当认为教育内生时,要得到教育回报的一致估计量,必须付出更大的置信区间的代价。

OLS最小化了残差平方和,所以OLS的R^2总是大一些。

Stata操作代码:

```
use "F:\Econometrics\data\Card.dta", clear
gen lnWage=ln(Wage)
gen Expersq=Exper*Exper
reg lnWage Educ Exper Expersq Black Smsa South Smsa66 Reg662-Reg669
reg Educ NearC4 Exper Expersq Black Smsa South Smsa66 Reg662-Reg669
ivreg lnWage (Educ = NearC4 ) Exper Expersq Black Smsa South Smsa66
Reg662-Reg669 , first
```

三、IV 运用常见问题

(一)使用软件估计 IV 模型，手动计算需调整标准误差

使用计量经济学软件估计 IV 模型得到干扰项的方差估计是通过残差计算的，手动计算需调整标准误差。

(二)第一阶段回归的解释变量应包括所有外生变量

工具变量使用的常见问题是，只使用 IV 作为解释变量进行第一阶段回归。实际上，应该将 IV 和所有外生解释变量都包含在第一阶段回归中。

(三)避免使用组均值、内生变量的滞后项作为 IV

(四)含有二次项、交叉项的 IV 模型

如果模型含有内生变量的二次项，则不要手动计算，要用 IV 的二次方，使用软件计算。模型含有交叉项的情况也是这样。

(五)IV 的外生性与强相关性通常难以兼得

好的 IV 是解决内生性的有效方法。但是，好的 IV 不仅要满足外生性、相关性，而且不能是弱相关性。由于外生性无法通过统计检验确认，因此 IV 的外生性总是令人怀疑的。在实际应用中，外生性与强相关性通常难以兼得，一个明确的外生 IV 可能相关性较差，相关性高的变量可能不是外生的。

第二节 两阶段最小二乘法

一、两阶段最小二乘法的基本原理

两阶段最小二乘法(Two Stages Least Square，2SLS)是一种直接分解出 X_1 中与 μ 不相关的变化部分 $\hat{x}_1$ 进行估计的方法。基本原理按两个阶段来说是这样的：

第一阶段：分解 X_1。

通过工具变量 Z 将 X_1 分解为两个不相关变量，$X_1=\hat{x}_1+\nu$，其中，$\hat{x}_{i1}=\gamma_0+\gamma_1 Z_i$。因为 Z 与 μ 不相关，所以 $\hat{x}_{i1}$ 与 μ 不相关，即 $\hat{x}_{i1}$ 是干净的。ν 是与 μ 相关的变量，是 X_1 中不干净的部分，即

$$X_{i1}=\hat{x}_{i1}+\nu_i=\gamma_0+\gamma_1 Z_i+\nu_i$$

分解后 $\mathrm{Cov}(Z_i, \nu_i)=0$，于是 $\mathrm{Cov}(\hat{x}_{i1}, \nu_i)=0$。在图 5.2.1 中，将 X_1 分解为 $\hat{x}_1$ 和 ν，$\hat{x}_1$ 与 μ 之间不存在路径；$\hat{x}_1$ 到变量 Y 的开放路径只有 $\hat{x}_1 \rightarrow Y$。

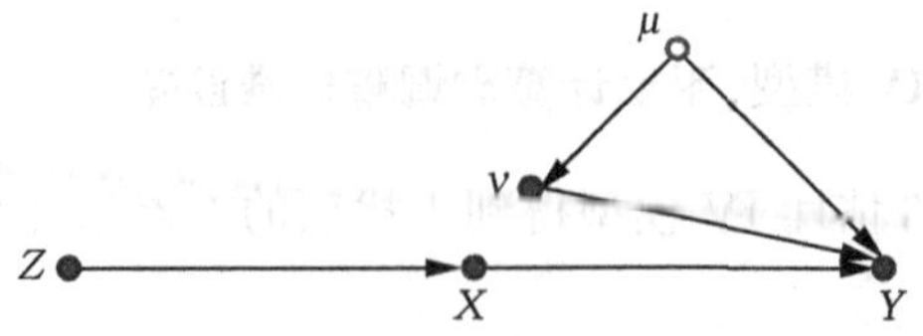

图 5.2.1 工具变量解决内生变量问题

第二阶段：用 $\hat{x}_1$ 估计 X_1 对 Y 的影响

$$Y_i=\beta_0+\beta_1 X_{i1}+\mu_i=\beta_0+\beta_1(\hat{X}_{i1}+\nu_i)+\mu_i=\beta_0+\beta_1\hat{X}_{i1}+\beta_1\nu_i+\mu_i \quad (5.2.1)$$

令 $\varepsilon_i=\beta_1\nu_i+\mu_i$，由于 $\hat{X}_{i1}$ 与 ν_i 和 μ_i 都不相关，于是 $\mathrm{Cov}(\hat{X}_{i1}, \varepsilon_i)=0$。这意味着对式(5.2.1)进行回归，可以得到无偏或一致的 β_1

$$\beta_1=\frac{\mathrm{Cov}(\hat{X}_{i1}, Y_i)}{\mathrm{Var}(\hat{X}_{i1})}=\frac{\mathrm{Cov}(\gamma_0+\gamma_1 Z_i, Y_i)}{\mathrm{Var}(\gamma_0+\gamma_1 Z_i)}=\frac{\gamma_1\mathrm{Cov}(Z_i, Y_i)}{\gamma_1^2\mathrm{Var}(Z_i)}=\frac{\mathrm{Cov}(Z_i, Y_i)}{\gamma_1\mathrm{Var}(Z_i)}$$

$$=\frac{\mathrm{Cov}(Z_i, Y_i)}{\frac{\mathrm{Cov}(Z_i, X_{i1})}{\mathrm{Var}(Z_i)}\mathrm{Var}(Z_i)}=\frac{\mathrm{Cov}(Z_i, Y_i)}{\mathrm{Cov}(Z_i, X_{i1})}$$

该式表明，β_1 是两个协方差之间的商，即 β_1 被识别了。

这里，如果工具变量数量少于内生变量数量，则无法识别内生变量的系数 β_1，称为识别(identification)不足；如果工具变量数量等于内生变量数量，则可以得到唯一内生变量的系数 β_1 的估计值，称为**恰好识别**；如果工具变量数量多于内生变量数量，分别使用这些工具变量都可以得到一致估计，也可组合为一个所谓的最佳组合工具变量，即用其线性组合最大限度地分离出 X_1 中的 $\hat{X}_1$。

给定一个随机样本，β_1 的**工具变量估计量**[instrumental variable (IV) estimator]为

$$\hat{\beta}_1=\frac{\sum_{i=1}^{n}(Z_i-\bar{Z})(Y_i-\bar{Y})}{\sum_{i=1}^{n}(Z_i-\bar{Z})(X_{i1}-\bar{X}_1)}$$

这样给定样本数据，就可以得到工具变量估计值。

截距项 $\hat{\beta}_0$ 的 IV 估计量

$$\hat{\beta}_0=\bar{Y}-\hat{\beta}_1\bar{X}_1$$

当 $Z=X_1$ 时，就得到 OLS 估计量。也就是说，当 X_1 外生时，它可用作自身的 IV，IV 估计量就等同于 OLS 估计量。

用工具变量法所求的参数估计量 $\hat{\beta}_1$ 与总体参数真值 β_1 之间的关系为

$$\hat{\beta}_1=\frac{\sum z_i y_i}{\sum z_i x_i}=\frac{\sum z_i Y_i}{\sum z_i x_i}=\frac{\sum z_i(\beta_0+\beta_1 X_i+\mu_i)}{\sum z_i x_i}=\beta_1+\frac{\sum z_i\mu_i}{\sum z_i x_i}$$

两边取概率极限得

$$\text{Plim}(\hat{\beta}_1)=\beta_1+\frac{\text{Plim}(\frac{1}{n}\sum z_i\mu_i)}{\text{Plim}(\frac{1}{n}\sum z_i x_i)}$$

如果工具变量 Z 选取恰当，则有

$$\text{Plim}(\frac{1}{n}\sum z_i\mu_i)=\text{Cov}(Z_i,\mu_i)=0$$

$$\text{Plim}(\frac{1}{n}\sum z_i x_i)=\text{Cov}(Z_i,X_i)\neq 0$$

因此

$$\text{Plim}(\hat{\beta}_1)=\beta_1$$

也就是说，根据大数定律，满足式(i)和(ii)，β_1 的 IV 估计量具有一致性。

尽管工具变量法估计量在大样本下具有一致性，但容易验证在小样本下，由于

$$\text{E}(\frac{\sum z_i\mu_i}{\sum z_i x_i})\neq\text{E}(\frac{1}{\sum z_i x_i})\text{E}(\sum z_i y_i)=0$$

因此工具变量法估计量仍是有偏的。

对于工具变量法，有三点需要特别指出：

第一，经常产生一种误解，以为采用工具变量法是将原模型中的内生解释变量换成工具变量，即改变了原来的模型。实际上，从上面一元回归模型的例子已看出，工具变量法并没有改变原模型，只是在原模型的参数估计过程中用工具变量“替代”内生解释变量；或者说，上述工具变量法估计过程可等价地分解成下面的两步 OLS 回归：

1. 用 OLS 法进行 X 关于工具变量 Z 的回归

$$\hat{x}_i=\hat{\alpha}_0+\hat{\alpha}_1 Z_i \tag{5.2.2}$$

2. 以第一步得到的 $\hat{x}_i$ 为解释变量，进行如下 OLS 回归

$$\tilde{Y}_i=\tilde{\beta}_0-\tilde{\beta}_1\hat{x}_i \tag{5.2.3}$$

容易验证，式(5.2.3)中的参数 $\tilde{\beta}_1$ 与式(5.2.1)相同。式(5.2.3)表明，工具变量法仍是 Y 对 X 的回归，而不是对 Z 的回归。

第二，当找到一个内生解释变量的工具变量时，运用工具变量法或两阶段最小二乘法就可以得到参数的一致估计量；而当找到多个工具变量，又不想损失这些工具变量提供的信息时，仍可以采用 2SLS 得到参数的一致估计。比如，对于二元回归模型

$$Y_i=\beta_0+\beta_1 X_i+\beta_2 Z_i+\mu_i$$

式中，假设 X 是内生变量，Z 为外生变量。如果对 X 找到两个工具变量 Z_1、Z_2，则 2SLS 过程为

第一,做 X 对 Z_1、Z_2 和 Z 的回归,得到

$$\hat{x}_i=\hat{\alpha}_0+\hat{\alpha}_1 Z_{i1}+\hat{\alpha}_2 Z_{i2}+\hat{\alpha}_3 Z_i$$

第二,以 $\hat{x}_i$ 为解释变量,进行如下 OLS 回归

$$Y_i=\beta_0+\beta_1\hat{x}_i+\beta_2 Z_i+\mu_i$$

如果1个内生解释变量可以找到多个互相独立的工具变量,人们希望充分利用这些工具变量的信息,就形成了**广义矩方法**(Generalized Method of Moments,GMM)。在 GMM 中,矩条件大于待估参数的数量,于是如何求解成为它的核心问题。GMM 是近20年计量经济学理论方法发展的重要方向之一。工具变量法是 GMM 的一个特例,同样地,OLS 法也可看成工具变量法的特例。

第三,如果 2SLS 估计中怀疑或检验出存在异方差,则当然可以采用稳健标准误。

二、估计方法

(一)模型设置

对于模型

$$Y_i=\beta_0+\beta_1 X_{i1}+\beta_2 X_{i2}+\mu_i \tag{5.2.4}$$

其中,X_{i1} 是一个内生变量,即 $\mathrm{Cov}(X_{i1},\mu_i)\neq 0$,$X_{i2}$ 是外生变量。如果存在 X_{i1} 的一个工具变量 Z_i,则满足

(1)工具变量 Z 与 X_1 相关,即 $\mathrm{Cov}(Z_i,X_{i1})\neq 0$

当控制了所有外生变量与 X_{i1} 的相关性后,Z 与 X_1 相关,即

$$X_{i1}=\gamma_0+\gamma_1 Z_i+\alpha_2 X_{i2}+\delta_i$$

其中,工具变量的系数 $\gamma_1\neq 0$。

相关性是一个工具变量的有用性条件,即工具变量 Z 与 X_1 之间的相关性不能完全被其他外生变量与 X_1 的相关性所包含,否则变量 Z_i 就无法提供新的信息去分离出有用的 X_{i1}。

(2)外生性

工具变量 Z 与 μ 不相关,$\mathrm{Cov}(Z_i,\mu_i)=0$,即当控制了包括内生变量和其他外生变量在内的所有解释变量对 Y_i 的作用后,Z_i 对 Y_i 没有作用。外生性是对一个工具变量的干净性要求,即当控制了其他外生变量后,Z_i 对 Y_i 的作用只能通过内生变量 X_{i1} 实现。当内生变量被控制后,Z_i 对 Y_i 就没有影响了。因此,控制了所有解释变量后,影响 Y_i 的剩余干扰因素 μ 就与 Z 无关了。所有外生性也称排他性。相反地,如果 $\mathrm{Cov}(Z_i,\mu_i)\neq 0$,即 Z 与 μ 相关,则无法用 Z 来干净地分离出 X_1 中与干扰项不相关的部分。

图 5.2.2 显示了如式(5.2.4)控制外生变量 X_2 的情况下 X_1 仍然与干扰项 μ 相关,即存在干扰路径。

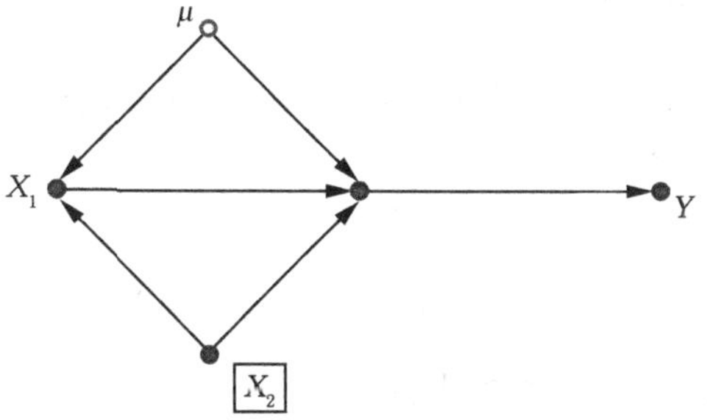

图 5.2.2　控制外生变量情况下X_1与干扰项μ相关

图 5.2.3 显示了工具变量的要求。在控制其他外生变量后，工具变量 Z 与 X_1 之间存在路径 $Z \to X_1$，即相关性；但是 Z 与 Y 之间只有一条开放路径 $Z \to X_1 \to Y$，即外生性。

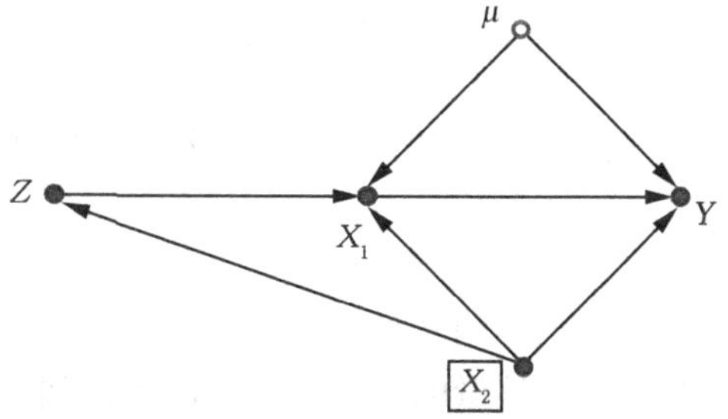

图 5.2.3　控制外生变量情况下的工具变量路径图

注意，$Z \to X_1 \leftarrow \mu \to Y$ 是对撞路径，而 $Z \leftarrow \boxed{X_2} \to Y$ 是截断路径，都不是开放路径。

(二)模型估计

1. 第一阶段

将内生变量 X_{i1} 对工具变量 Z_i 和所有外生变量 X_{i2} 进行回归

$$X_{i1}=\gamma_0+\gamma_1 Z_i+\alpha_2 X_{i2}+\delta_i$$

得到内生变量的预测值

$$\hat{x}_{i1}=\hat{\gamma}_0+\hat{\gamma}_1 Z_i+\hat{\alpha}_2 X_{i2}$$

这个预测值与干扰项 μ 不相关，是 X_{i1} 中干净的部分。

2. 第二阶段

将预测值替代结果模型中的内生变量 X_{i1}，进行回归

$$Y_i=\beta_0+\beta_1\hat{x}_{i1}+\beta_2 X_{i2}+\delta_i$$

得到 $\hat{\beta}_1$ 即为样本 2SLS 系数。在第二阶段，由于只使用了 X_{i1} 与干扰项不相关的干净变化部分，因此得到 $\hat{\beta}_1$ 是系数 β_1 的一致估计量，即 $\text{Plim}\,\hat{\beta}_1=\beta_1$。

(三)IV估计法的统计推断

为进行推断,需要计算 t 统计量和置信区间标准误。这里的条件同方差假定是以工具变量 Z,而不是内生解释变量 X 来表述的。

$$E(\mu^2|Z)=\sigma^2=\mathrm{Var}(\mu)$$

在此条件下,$\hat{\beta}_1$ 的渐近方差为$\frac{\sigma^2}{n\sigma_X^2\rho_{X,Z}^2}$,其中,$\sigma_X^2$ 是 X 的总体方差,σ^2 是 μ 的总体方差,$\rho_{X,Z}^2$ 是 X 与 Z 的总体相关系数的平方。

对于任意给定样本,为估计 σ_X^2,只需计算相应的样本方差。对于 $\rho_{X,Z}^2$,可以作 Z_i 对 X_i 的回归,得到 R^2,即 $R_{X,Z}^2$。对于 σ^2,可以运用IV残差

$$\hat{\mu}_i=Y_i-\hat{\beta}_0-\hat{\beta}_1X_i,i=1,2,\cdots,T$$

其中,$\hat{\beta}_0$ 与 $\hat{\beta}_1$ 是IV估计量。

$$\hat{\sigma}^2=\frac{1}{n-2}\sum_{i=1}^{n}\hat{\mu}_i^2$$

$\hat{\beta}_1$ 的渐近标准误是所估计渐近方差的平方根。渐近方差为

$$\frac{\hat{\sigma}^2}{\mathrm{TSS}_XR_{X,Z}^2}$$

一般计量经济学软件都会计算出IV估计量的标准误。

另外,可以比较IV和OLS估计量的渐近方差。两者之间相差 $R_{X,Z}^2$,由于 $R_{X,Z}^2$ 小于1,所以IV方差总大于OLS方差。

例5.2.1 估计已婚职业女性的教育回报①

简单地,考虑模型

$$\ln(Wage)=\beta_0+\beta_1Educ+\mu$$

(1)OLS估计值

$$\widehat{\ln(Wage)}=-0.1852+0.1086Educ$$
$$(0.1852)\quad(0.0144)$$
$$n=428,R^2=0.1179$$

β_1 的估计值为0.1086,且统计显著,即多接受一年教育可增加10.86%的回报。

(2)IV估计值

如果用父亲的受教育程度($FathEduc$)作为 $Educ$ 的工具变量,由于 $FathEduc$ 与 μ 不相关,且 $Educ$ 与 $FathEduc$ 相关,则

$$\widehat{Educ}=10.2371+0.2694FathEduc$$
$$(0.2759)\quad(0.0286)$$
$$n=428,R^2=0.1726$$

$FathEduc$ 解释了样本中 $Educ$ 约17%的变化,两者之间存在统计显著的正相关。

---

① Mroz, T, A. "The sensitivity of an Empirical Model of Married Women's Hours of Work to Economic and Statistical Assumptions", *Econometrica*, 1987, 55: 765—799.

用 *FathEduc* 作为 *Educ* 中的 IV，有

$$\ln(\widehat{Wage}) = 0.4411 + 0.0592Educ$$
$$(0.4451) \quad (0.0351)$$
$$n = 428, R^2 = 0.0934$$

教育回报的 IV 估计值为 0.0592，约为 OLS 估计值的 1/2。这表明，OLS 估计值过高，且与遗漏能力变量的偏误相一致。另外，IV 估计的标准误较大。

当然，这只是一个样本的情况，是否统计显著，需要通过过度识别约束检验。

Stata 操作代码：

```
use "F:\Mroz.dta", clear
gen lnWage=ln(Wage)
reg lnWage Educ
reg Educ FatherEduc if Wage>0
ivregress 2sls lnWage (Educ=FatherEduc) if Wage>0
```

(四)多个内生变量和多个工具变量情形

上面假设有单个内生解释变量 X_1 和一个工具变量，但是如果有不止一个外生变量，则它们都在结构模型之外，且可能与 X_1 相关，这意味着它们都是 X_1 的有效 IV。

1. 单个内生解释变量

考虑有一个内生解释变量 X_1 和一个外生解释变量 X_2 的结构模型

$$Y_1 = \beta_0 + \beta_1 X_1 + \beta_2 X_2 + \mu_1 \tag{5.2.5}$$

假设还有 2 个未在模型(5.2.5)中的外生变量：Z_1 和 Z_2。如果它们都与 X_1 相关，只用其中一个作为 IV，就会有两个 IV 估计量，一般来说，没有一个会是有效的。由于 Z_1、Z_2 和 X_2 都与 μ_1 不相关，它们的线性组合也与 μ_1 不相关，因此，外生变量的任何线性组合都是有效的 IV。为寻找最好的 IV，选择与 X_1 最相关的线性组合，X_1 的约简型为

$$X_1 = \pi_0 + \pi_1 Z_1 + \pi_2 Z_2 + \pi_3 X_2 + v_2 \tag{5.2.6}$$

其中

$$\mathrm{E}(v_2) = 0, \mathrm{Cov}(X_2, v_2) = 0, \mathrm{Cov}(Z_j, v_2) = 0, j = 1, 2$$

那么，X_1 最好的 IV 是式(5.2.6)中 Z_j 与 X_2 的线性组合

$$X_1^* = \pi_0 + \pi_1 Z_1 + \pi_2 Z_2 + \pi_3 X_2$$

为使该 IV 与 X_2 不完全相关，需要 π_1 和 π_2 至少一个不为 0。如果两者都为 0，则式(5.2.6)不能识别。这里，可简单地用 F 统计量检验 $H_0: \pi_1 = \pi_2 = 0$ 即可。

这里考虑式(5.2.5)的方式，就是将 X_1 分成两部分：第一部分是 X_1^*，这是 X_1 中与误差项 μ_1 不相关的部分；第二部分是 v_2，它可能与 μ_1 相关——这也是为什么可能 X_1 是内生的原因。

如果知道总体参数 π_j，就可以对观测 Z_j 计算 Y_2^*，这在实践中是不可能的。但是，总可以用 OLS 估计约简型，得到拟合值

$$\hat{x}_1=\hat{\pi}_0+\hat{\pi}_1Z_1+\hat{\pi}_2Z_2+\hat{\pi}_3X_2 \tag{5.2.7}$$

即对每个 i，都有 $\hat{x}_{i1}$，这时应该先验证式(5.2.5)中 Z_1 和 Z_2 在一个较高显著水平(比如1%或5%)上联合显著。如果不联合显著，就不用做IV估计。

一旦得到了 $\hat{x}_1$，就可以用它作为 X_1 的IV。用于估计 β_1、β_2 和 β_3 的三个方程(5.1.3)中的第一、三个方程，代替第二个方程的

$$\sum_{i=1}^{n}\hat{x}_1(Y_{i1}-\hat{\beta}_0-\hat{\beta}_1X_{i1}-\hat{\beta}_2X_{i2})=0$$

求解关于3个未知量的3个方程，就得到IV估计量。

在多重工具变量条件下，IV估计量仍然被称为**两阶段最小二乘估计量**(two stages least squares estimator)。运用OLS方法可以证明，当用 $\hat{x}_1$ 作为 X_1 的IV时，IV估计值 $\hat{\beta}_0$、$\hat{\beta}_1$ 和 $\hat{\beta}_2$ 等同于从

$$Y_1 \text{对} \hat{x}_1 \text{和} X_2 \text{的回归} \tag{5.2.8}$$

中得到的OLS估计值。也就是说，可以通过两个阶段来得到2SLS：第一阶段是做式(5.2.7)中的回归，得到拟合值 $\hat{x}_1$，第二阶段是做式(5.2.8)中的OLS回归。

也可以这样解释式(5.2.8)：拟合值 $\hat{x}_1$ 是 X_1^* 的估计，X_1^* 与 μ_1 不相关，因此2SLS在做式(5.2.8)的回归之前消除了 X_1 中与 μ_1 的相关性。显然，将 $X_1=X_1^*+v_2$ 代入式(5.2.5)，有

$$Y_1=\beta_0+\beta_1X_1^*+\beta_2X_2+\mu_1+\beta_1v_2 \tag{5.2.9}$$

式中，复合误差 $\mu_1+\beta_1v_2$ 具有零均值，且与 X_1^* 和 X_2 都不相关，这样，式(5.2.8)中的OLS估计是有效的。

实际上，任何计量经济学软件对2SLS都有专门的指令，无需明确地分两阶段进行，应当避免用手动做第二阶段的工作，因为这样得到的标准误和检验统计量是不正确的。原因是式(5.2.9)中的误差项包括 v_2，但标准误中只包括 μ_1 的方差。

在 X_1 有单个IV的模型中，IV估计量等同于2SLS估计量。因此，对于每个内生解释变量都有一个IV时，可称估计方法为IV或2SLS。

2. 多个内生解释变量

(1)基本模型

2SLS也可以用于多个内生解释变量模型，如

$$Y_1=\beta_0+\beta_1X_1+\beta_2X_2+\beta_3Z_1+\beta_4Z_2+\beta_5Z_3+\mu_1 \tag{5.2.10}$$

其中

$$E(\mu_1)=0, \mathrm{Cov}(Z_j,\mu_1)=0, j=1,2,3$$

X_1 和 X_2 是内生解释变量：每个都可能与 μ_1 相关。

为了估计式(5.2.10)，至少需要两个外生变量 Z_4 和 Z_5。

(2)识别条件

(i)必要条件

方程识别的阶条件：未包含在方程中的外生变量至少与结构方程中包括的内生解释

变量一样多。

(ii)充分条件

秩条件:在一个具有 k 个方程的模型系统中,任何一个方程被识别的充分必要条件是:所有不包含在这个方程中变量的参数的秩为 $k-1$。

(3)采用 2SLS 处理多个内生变量和多个工具变量情况

如要估计有两个内生变量的模型

$$Y_i=\beta_0+\beta_1 X_{i1}+\beta_2 X_{i2}+\beta_3 X_{i3}+\mu_i$$

其中,X_{i1} 和 X_{i2} 是内生解释变量。假设前者有 1 个工具变量,后者有 2 个工具变量。

第一阶段:将每个内生变量 X_i 对所有工具变量 Z_i 和所有外生变量 X_{i3} 进行回归

$$X_{i1}=\gamma_0+\gamma_1 Z_{i1}+\gamma_2 Z_{i2}+\gamma_3 Z_{i3}+\alpha_4 X_{i3}+\delta_{i1}$$
$$X_{i2}=\theta_0+\theta_1 Z_{i1}+\theta_2 Z_{i2}+\theta_3 Z_{i3}+\theta_4 X_{i3}+\delta_{i2}$$

得到内生变量的预测值 $\hat{X}_{i1}$、$\hat{X}_{i2}$。

第二阶段:将预测值替代结果模型中的内生变量进行回归

$$Y_i=\beta_0+\beta_1 \hat{X}_{i1}+\beta_2 \hat{X}_{i2}+\beta_3 X_{i3}+\delta_i$$

得到 $\hat{\beta}_1$、$\hat{\beta}_2$ 即为样本 2SLS 系数,它们是 β_1、β_2 的一致估计量。

如工资方程为

$$\ln(Wage)=\beta_0+\beta_1 Educ+\beta_2 Exper+\beta_2 Exper^2+\mu_1 \qquad (5.2.11)$$

其中,μ_1 与 $Exper$ 和 $Exper^2$ 均不相关。如果认为父母亲的教育程度与 μ_1 不相关,那么可以将它们都作为 $Educ$ 的 IV。$Educ$ 约简方程

$$Educ=\pi_0+\pi_1 Exper+\pi_2 Exper^2+\pi_3 MothEduc+\pi_4 FathEduc+v_2 \qquad (5.2.12)$$

识别要求为 $\pi_3 \neq 0$ 或 $\pi_4 \neq 0$,或两者都不为 0。

对于例 5.2.1 中的已婚职业女性的教育回报问题,首先,用 F 统计两检验 H_0:$\pi_3=\pi_4=0$,结果是 $F(2,423)=55.40$,$p=0.0000$。教育与父母亲的受教育水平都相关。用 2SLS 估计式(5.2.11),有

$$\widehat{\ln(Wage)}=0.0481+0.0614Educ+0.0442Exper-0.0009Exper^2$$
$$(0.3985)\quad (0.0313)\quad (0.0134)\quad (0.0004)$$
$$n=428, R^2=0.1357$$

估计的教育回报约为 6.14%,相比之下,OLS 估计值约为 10.86%。由于教育回报 2SLS 估计值由相对较大的标准误在 5%的显著性水平上进行双边检验,几乎不显著。

Stata 操作代码:

```
use "F:\Mroz.dta", clear
gen lnWage=ln(Wage)
gen Expersq=Exper*Exper
reg Educ Exper Expersq MotherEduc FatherEduc if Wage>0
test MotherEduc=FatherEduc=0
ivregress 2sls lnWage (Educ=FatherEduc MotherEduc) Exper Expersq if Wage>0
```

最后,需要指出工具变量作为解决遗漏变量问题的方法,也能用于处理测量误差问题。

三、2SLS 在其他数据类型中的应用

(一)2SLS 应用于截面数据和时间序列数据模型

对时间序列数据或截面数据,2SLS 的运作机制是相同的。只是对时间序列数据,2SLS 统计性质依赖于潜在序列的趋势性和相关性。如果变量含有趋势,则必须将趋势包含进来。由于趋势是外生的,所以它总可以作为自身的工具变量。

具有强持续性的序列,往往需要差分处理,包括对工具变量进行差分。对于序列相关也有相似处理。

(二)2SLS 应用于混合截面和面板数据

对于独立混合截面数据运用工具变量法没有产生新问题。对于存在无法观测效应,且一个或多个随时间而变化的解释变量具有内生性的情况,为了一致估计参数,工具变量估计可以与面板数据方法特别是一阶差分相结合。包含序列相关的,序列相关的检验和修正同样适用。

在例 4.2.1 中,采用混合截面数据估计了教育对女性生育率的影响模型。如果考虑教育在方程中内生的可能性,则用父亲和母亲的教育水平作为教育的工具变量。2SLS 估计值为

$$\hat{\beta}_{Educ} = -0.153(se=0.039)$$

相比之下,OLS 估计值为

$$\hat{\beta}_{Educ} = -0.128(se=0.018)$$

就教育对生育率的影响而言,2SLS 估计值看起来要大一些,但是其标准误却将近是 OLS 标准误的 2 倍。实际上,通过内生性检验可以采用两种方法得到的 $\hat{\beta}_{Educ}$ 在统计上并无差异。两者估计值差异源于抽样误差。

Stata 操作代码:

```
gen Agesq=Age^2
ivregress 2sls Kids (Educ=FEduc MEduc) Age Agesq Black East Northcen West
Farm Othrural Town Smcity Y74-Y84
```

第三节　工具变量估计的检验

为保证工具变量使用的科学性,需要进行一系列检验,主要包括内生性检验、弱工具变量检验和过度识别检验。

一、内生性检验

工具变量的内生性检验可以判断是否需要使用工具变量。

如何判断解释变量是外生的呢？当然，经济学的相关知识能提供一些基本判断，比如，前期消费对当期消费支出有一定影响，而不是相反。此外，豪斯曼（Hausman）从计量经济学技术上给出了一个解释变量是否外生的检验方法。

（一）Durbin-Wu-Hausman χ_j^2 检验

该检验的虚拟假设是，X_{i1} 外生，即 $\mathrm{Cov}(X_{i1},\mu_i)=0$。在虚拟假设下，OLS 和 2SLS 得到的参数估计量是一致的，因此 $\hat{\beta}_{1,\mathrm{OLS}}-\hat{\beta}_{1,2SLS}$ 和 H 值应该接近于 0。

（二）Wu-Hausman *F* 检验

Wu-Hausman F 检验是一个基于回归形式的检验。

在虚拟假设（X_i 外生）下，系数 ρ 为 0。

注意，检验变量是否外生的前提条件是使用了合理的工具变量。如果工具变量的相关性和外生性不满足，则检验结果没有意义。

当解释变量外生时，2SLS 估计量的有效性不如 OLS，2SLS 估计值有较大的标准误，因此检验一个解释变量的内生性非常必要，这会导致是否需要 2SLS 法。

假设有一个疑似内生解释变量

$$Y_1=\beta_0+\beta_1 Y_2+\beta_2 Z_1+\beta_3 Z_2+\mu_1 \tag{5.3.1}$$

其中，Z_1 和 Z_2 是外生的。有 2 个未出现在式（5.3.1）中的外生变量 Z_3 和 Z_4。豪斯曼（Hausman，1978）建议，直接比较 OLS 和 2SLS 的估计值，判断其差异在统计上是否显著。如果所有变量都是外生的，则 OLS 和 2SLS 都是一致的。如果在统计上有明显差别，则可以断定 Y_2 必定是内生的。回归检验 Y_2 的约简型

$$Y_2=\pi_0+\pi_1 Z_1+\pi_2 Z_2+\pi_3 Z_3+\pi_4 Z_4+v_2 \tag{5.3.2}$$

这时，因为各 Z_j 与 μ_1 不相关的充要条件是 v_2 与 μ_1 不相关。检验

$$\mu_1=\delta_1 v_2+e_1$$

其中，e_1 与 v_2 不相关，且有零均值。那么，v_2 与 μ_1 不相关的充要条件是 $\delta_1=0$。用 OLS 估计

$$Y_1=\beta_0+\beta_1 Y_2+\beta_2 Z_1+\beta_3 Z_2+\delta_1 \hat{v}_2+error$$

并用 t 统计量检验 H_0：$\delta_1=0$。如果在很小的显著性水平上拒绝 H_0，就可以根据 v_2 与 μ_1 的相关性推断 Y_2 是内生的。

对于二元回归模型

$$Y_i=\beta_0+\beta_1 X_i+\beta_2 Z_i+\mu_i \tag{5.3.3}$$

其中，Z 为外生变量，怀疑 X 是内生变量。

豪斯曼提出检验的基本思想是，如果 X 是内生变量，则需要寻找一个外生变量 Z_1 对

式(5.3.3)进行工具变量法估计，将工具变量法的估计结果与式(5.3.3)直接 OLS 回归结果对比，看差异是否显著，如果存在显著的差异，则表明 X 是内生变量。由于工具变量法等价于 2SLS，因此该检验法可按如下步骤进行：

第一步，将怀疑是内生变量的 X 对外生变量 Z_1、Z 作辅助回归

$$X_i = \alpha_0 + \alpha_1 Z_i + \alpha_2 Z_{i1} + \upsilon_i \tag{5.3.4}$$

得到残差项 $\hat{\upsilon}_i$，假设 υ 满足基本假定。

第二步，将 $\hat{\upsilon}_i$ 代入原模型，得到

$$Y_i = \beta_0 + \beta_1 X_i + \beta_2 Z_i + \delta\hat{\upsilon}_i + \varepsilon_i \tag{5.3.5}$$

假设 ε 满足基本假定，并与 υ 不同期相关。如果 $\hat{\upsilon}$ 的参数 δ 显著为 0，则表明式(5.3.4)的随机干扰项 υ 与 Y 同期无关，进而与式(5.3.3)的随机干扰项 μ 同期无关。而 Z_1、Z 是外生变量，当然与 μ 同期无关，由式(5.3.4)知 X 与 μ 同期无关。因此，式(5.3.5)的 OLS 不拒绝 $\delta=0$ 的假设，则可判断原模型(5.3.3)中的解释变量 X 是同期外生变量，否则判断 X 是同期内生变量。

最后，有三点需要说明：

第一，由式(5.3.4)知，判断 X 与 μ 是否同期相关，等价于判断 υ 与 μ 是否同期相关，而对式(5.3.5)的 OLS 回归，等价于

$$\mu_i = \delta\upsilon_i + \varepsilon_i$$

第二，如果一个被怀疑的内生解释变量有多个工具变量，则在第一步中需要将该解释变量关于所有的工具变量及原模型中已有的外生变量进行 OLS 回归。

第三，如果原模型有多个解释变量与被怀疑和随机干扰项同期相关，则需要寻找多个外生变量，并将每个所怀疑的解释变量与所有外生变量作 OLS 回归，取得各自的残差，将它们全部引入原模型再进行 OLS 估计，通过 t 或受约束的 F 检验，判断哪些解释变量是内生变量。

检验单个解释变量的内生性，可以采用如下步骤：

(1)通过 Y_2 对所有外生变量回归而估计 Y_2 的约简型方程，得到残差 $\hat{v}_2$。

(2)在结构方程中添加 $\hat{v}_2$，并用一个 OLS 回归检验 $\hat{v}_2$ 的显著性。如果 $\hat{v}_2$ 的系数显著异于零，推断 Y_2 是内生的。

对于例 5.2.1，做豪斯曼检验，得到 $\hat{\delta}_1=0.0582$，t 值为 1.67，这是两者正相关的证据。这样，应该同时报告两个估计值，因为教育回报的 2SLS 估计值(6.14%)远低于 OLS 估计值(10.86%)。

Stata 操作代码：

```
reg Educ Exper Expersq Mothereduc Fathereduc if Wage>0
predict uhat, residual
regress  lnWage Educ Exper Expersq uhat if Wage>0
```

二、弱工具变量检验

工具变量的使用需要满足相关性条件，但是仅仅满足工具变量与内生变量相关还不够，还需要检验相关程度是否足够强，否则会导致**弱工具变量**问题。如果工具变量与内生变量的相关性较小，则称为弱工具变量。弱工具变量导致估计值的偏差较大、有效性降低，这就要求在使用工具变量时必须进行相关检验。

如果只有1个内生变量，则只需观测2SLS中第一阶段所有工具变量的系数同时为0的 F 检验。如果第一阶段得到的 F 统计量较小，则表示所选工具变量可能是弱工具变量。

对于多个内生变量和多个工具变量，Stock and Yogo(2005)给出了严格的弱工具变量检验方法。该方法计算一个最小特征值统计量，如果该值高于临界值，则不存在弱工具变量问题。

三、过度识别检验

工具变量的另一个条件是外生性，Stata软件的过度识别检验。

工具变量法的核心任务是寻找与原模型随机干扰项不相关的适当工具变量。当一个内生解释变量有多于一个工具变量时，就可以对该组工具变量的外生性进行检验，这就是所谓的**过度识别约束检验**(overidentifying restrictions test)。

该检验的基本思路是，如果寻找到的工具变量具有外生性，则它们应与原模型中的随机干扰项不相关，因此，只需对原模型进行2SLS，将得到的残差项在关于所有工具变量及原模型中的外生变量进行OLS回归，并对该回归中的所有工具变量的参数都为0的假设进行联合性 F 检验。

对于一个二元模型

$$Y_i=\beta_0+\beta_1X_i+\beta_2Z_i+\mu_i$$

如果对于内生变量 X 找到了两个工具变量 Z_1、Z_2，记2SLS的参数估计为 $\tilde{\beta}_0$、$\tilde{\beta}_1$ 和 $\tilde{\beta}_2$，残差为 $\tilde{\mu}_i$，则

$$\tilde{\mu}_i=Y_i-(\tilde{\beta}_0+\tilde{\beta}_1X_i+\tilde{\beta}_2Z_i)$$

将 $\tilde{\mu}_i$ 关于所有工具变量 Z_1、Z_2 及原模型中的外生变量 Z 作辅助回归

$$\tilde{\mu}_i=\delta_0+\delta_1Z_{i1}+\delta_2Z_{i2}+\delta_3Z_i+\varepsilon_i$$

记辅助回归的可决系数为 R_μ^2，则在所有工具变量为外生变量的假设下

$$J=nR_\mu^2\sim\chi^2(1)$$

这里，一个内生变量对应着两个工具变量，额外的工具变量个数为1。因此，当 nR_μ^2 大于给定显著性水平下自由度为1的 χ^2 分布的临界值时，拒绝 Z_1、Z_2 同时为外生变量的假设，意味着它们中至少有一个不是外生的。

当 $q=1$ 时，一个自然的问题是，这个以回归方程为基础的检验与直接比较估计值的

检验相比如何呢？事实上，这两种检验方法的结果渐近相同。实践中，一般采用计算两个IV估计值并看它们有多少不同的方法。

更一般地，当 $q \geqslant 2$ 时，可以将运用所有 IV 的 2SLS 的估计值与只用一个工具的 IV 估计值比较。通过比较，能够看出各个 IV 估计值是否确实不同，而无须考虑过度识别检验拒绝与否。

只要有多于所需的工具，都可以使用过度识别检验。如果恰好有足够的工具，则该模型被称为**恰好识别**(just identified)。这时，$R_1^2=0$。

小结：过度识别约束检验

(i)用 2SLS 估计结构方程，得到残差 $\hat{\mu}_1$；

(ii)将 $\hat{\mu}_1$ 对所有外生变量回归，得到 R_1^2；

(iii)在所有 IV 都与 μ_1 不相关的原假设下，$nR_1^2 \underset{\sim}{a} \chi_q^2$，其中，$q$ 是模型之外的工具变量数减去内生解释变量的总数。如果 nR_1^2 超过了 χ_q^2 分布中 5%的临界值，就拒绝 H_0，推断至少部分 IV 不是外生的。

例如，用 *MothEduc* 和 *FathEduc* 作为 *Educ* 的 IV 时，有一个过度识别约束。将 2SLS 残差 $\hat{\mu}_1$ 对 *Exper*、*Expersq*、*MothEduc* 和 *FathEduc* 回归，得到 $nR_1^2=0.3781$，χ_1^2 的 p 值为 0.5386，于是父母亲的教育通过过度识别检验。将父亲的教育添加到 IV 中，$nR_1^2=1.1150$，χ_1^2 的 p 值为 0.5726，于是父亲的教育通过过度识别检验。

运用 3 个工具变量，得到 *Educ* 的 2SLS 估计值为 0.0804(se=0.0217)，比不运用父亲教育做工具变量的结果($\hat{\beta}_{Educ}=0.0614$，se=0.0313)显著得多。

两变量的过度识别检验 Stata 操作代码：

```
ivregress 2sls lnWage (Educ=FatherEduc MotherEduc) Exper Expersq if Wage>0
predict uhat1, residual
reg uhat1 Exper Expersq FatherEduc MotherEduc if Wage>0
display e(N)*e(r2)
scalar nr2=e(N)*e(r2)
display chi2tail(1,nr2)
```

三变量的过度识别检验 Stata 操作代码：

```
ivregress 2sls lnWage (Educ=FatherEduc MotherEduc HEduc) Exper Expersq if
Wage>0
predict uhat2, residual
reg uhat2 Exper Expersq FatherEduc MotherEduc HEduc if Wage>0
display e(N)*e(r2)
scalar nr21=e(N)*e(r2)
display chi2tail(2,nr21)
```

例 5.3.1 采用 Mroz. dta 已婚妇女劳动力经验数据。使用工作女性的工资数据估计对数线性工资方程

$$\ln(Wage)=\beta_0+\beta_1 Educ+\beta_2 Exper+\beta_2 Exper^2+\mu$$

要考虑该问题，首先需要消除数据中未工作女性的观测样本。劳动参与变量为虚拟变量 Lfp，工作为 1，否则为 0。做工资对数对教育、经验及其平方的回归，结果如图 5.3.1 所示。结果表明，教育的回报率约为 10.74%，且统计显著。

Source	SS	df	MS			
				Number of obs	=	428
				F(3, 424)	=	26.29
Model	35.0222967	3	11.6740989	Prob > F	=	0.0000
Residual	188.305145	424	.444115908	R-squared	=	0.1568
				Adj R-squared	=	0.1509
Total	223.327442	427	.523015086	Root MSE	=	.66642

lnWage	Coefficient	Std. err.	t	P>|t|	[95% conf.	interval]
Educ	.1074896	.0141465	7.60	0.000	.0796837	.1352956
Exper	.0415665	.0131752	3.15	0.002	.0156697	.0674633
Expersq	-.0008112	.0003932	-2.06	0.040	-.0015841	-.0000382
_cons	-.5220406	.1986321	-2.63	0.009	-.9124667	-.1316144

图 5.3.1 回归结果

考虑到教育可能是内生解释变量，因为它可能与能力和回归误差项中的其他因素有关，于是考虑采用 2SLS 法。先作 *Educ* 对 *Exper*、$Exper^2$ 和 *MotherEduc* 回归，结果如图 5.3.2 所示。

Source	SS	df	MS			
				Number of obs	=	428
				F(3, 424)	=	25.47
Model	340.537834	3	113.512611	Prob > F	=	0.0000
Residual	1889.65843	424	4.45674158	R-squared	=	0.1527
				Adj R-squared	=	0.1467
Total	2230.19626	427	5.22294206	Root MSE	=	2.1111

Educ	Coefficient	Std. err.	t	P>|t|	[95% conf.	interval]
MotherEduc	.2676908	.0311298	8.60	0.000	.2065029	.3288787
Exper	.0488615	.0416693	1.17	0.242	-.0330425	.1307655
Expersq	-.0012811	.0012449	-1.03	0.304	-.003728	.0011659
_cons	9.775103	.4238886	23.06	0.000	8.941918	10.60829

图 5.3.2 *Educ* 对 *Exper*、$Exper^2$ 和 *MotherEduc* 的回归结果

检验 *MotherEduc* 是否统计上显著，结果如图 5.3.3 所示。结果表明，*MotherEduc* 可以作为 *Educ* 的工具变量。类似地，检验 *FatherEduc* 和 *HEduc*，都可以作为工具变量。

采用 IV 回归，结果如图 5.3.4 所示。结果表明，教育的回报率约为 8.03%，且统计显著。

```
. test MotherEduc

 ( 1)  MotherEduc = 0

       F(  1,   424) =   73.95
            Prob > F =    0.0000
```

图 5.3.3 检验 *MotherEduc* 统计显著性

```
Instrumental variables 2SLS regression            Number of obs   =        428
                                                  Wald chi2(3)    =      34.90
                                                  Prob > chi2     =     0.0000
                                                  R-squared       =     0.1495
                                                  Root MSE        =     .66616

------------------------------------------------------------------------------
      lnWage | Coefficient  Std. err.      z    P>|z|     [95% conf. interval]
-------------+----------------------------------------------------------------
        Educ |   .0803918    .021672     3.71   0.000     .0379155    .1228681
       Exper |   .0430973   .0132027     3.26   0.001     .0172204    .0689742
     Expersq |  -.0008628   .0003943    -2.19   0.029    -.0016357   -.0000899
       _cons |  -.1868572   .2840591    -0.66   0.511    -.7436029    .3698884
------------------------------------------------------------------------------
Instrumented: Educ
 Instruments: Exper Expersq MotherEduc FatherEduc HEduc
```

图 5.3.4 IV 回归结果

豪斯曼检验结果如图 5.3.5 所示。在 10%的显著性水平上,拒绝虚拟假设,即 IV 与 OLS 估计的教育回报有统计差异。

```
Note: the rank of the differenced variance matrix (1) does not equal the number
      of coefficients being tested (4); be sure this is what you expect, or
      there may be problems computing the test.  Examine the output of your
      estimators for anything unexpected and possibly consider scaling your
      variables so that the coefficients are on a similar scale.

                 ---- Coefficients ----
             |      (b)          (B)            (b-B)     sqrt(diag(V_b-V_B))
             |       iv          ols         Difference       Std. err.
-------------+----------------------------------------------------------------
        Educ |   .0803918     .1074896       -.0270979        .0164291
       Exper |   .0430973     .0415665        .0015308        .0009281
     Expersq |  -.0008628    -.0008112       -.0000516        .0000313
       _cons |  -.1868572    -.5220406        .3351833        .2032174
------------------------------------------------------------------------------
                          b = Consistent under H0 and Ha; obtained from ivregress.
           B = Inconsistent under Ha, efficient under H0; obtained from regress.

Test of H0: Difference in coefficients not systematic

    chi2(1) = (b-B)'[(V_b-V_B)^(-1)](b-B)
            =   2.72
Prob > chi2 = 0.0991
(V_b-V_B is not positive definite)
```

图 5.3.5 豪斯曼检验

Stata 操作代码：

```
*数据处理
drop if Lfp==0
gen lnWage=ln(Wage)
gen Expersq=Exper*Exper
*数据分析 OLS 法
reg lnWage Educ Exper Expersq
estimate store ols
*数据分析之 IV 法
reg Educ MotherEduc Exper Expersq
test MotherEduc
ivregress 2sls lnWage (Educ=MotherEduc) Exper Expersq
estimate store iv
*数据分析结果 IV 与 OLS 的比较
hausman iv ols, constant sigmamore
```

第四节　工具变量应用的典型案例

为说明工具变量的应用过程，选取运用实际数据的经典案例两则：一则是构建美国各州的香烟需要模型，另一则是阿西莫格鲁等人关于制度与经济增长的著名论文。

一、内生解释变量问题的检验及修正案例

例 5.4.1　美国各州的香烟需求模型

采用美国各州 1995 年人均香烟消费数据为样本观测值，建立香烟需求模型。根据需求理论，对香烟的人均消费需求与居民收入水平及香烟的销售价格有关，即香烟的需求模型可表示为

$$\ln(Cigs_i)=\beta_0+\beta_1\ln(Income_i)+\beta_2\ln(Price_i)+\mu_i$$

其中，$Cigs_i$ 表示香烟的人均消费需求，$Income_i$ 表示收入水平，$Price_i$ 表示香烟销售价格，i 表示第 i 个观测样本。

如果考虑到在市场均衡时香烟销售价格也同时受香烟需求量的影响，则 $Cigs_i$ 与 $Price_i$ 之间存在双向因果关系。因此，由于 $Price_i$ 的内生性将导致模型的 OLS 回归估计量有偏且非一致，因此就需要寻找工具变量进行 2SLS 估计。

考虑香烟价格的组成部分更多是政府对烟草的课税，而香烟的人均消费量本身不会直接影响政府对香烟的课税政策，因此香烟消费税可能是一个适当的工具变量。

样本数据是 1995 年美国 48 个州的人均香烟消费量、香烟平均销售价格、各州人均收

入水平以及香烟的平均消费税,同时大多数州还对香烟征收了特别消费税,其中,香烟价格、税以及人均收入都经过了居民消费价格指数的调整。

首先,作OLS回归,结果如图5.4.1所示。

Source	SS	df	MS			
				Number of obs	=	48
				F(2, 45)	=	17.17
Model	1.20450758	2	.602253792	Prob > F	=	0.0000
Residual	1.57881538	45	.035084786	R-squared	=	0.4328
				Adj R-squared	=	0.4075
Total	2.78332297	47	.059219638	Root MSE	=	.18731

lnCigs	Coef.	Std. Err.	t	P>|t|	[95% Conf.	Interval]
lnIncome	.3440318	.2348828	1.46	0.150	-.1290465	.81711
lnPrice	-1.406376	.2512945	-5.60	0.000	-1.912509	-.9002431
_cons	10.34094	1.022633	10.11	0.000	8.281256	12.40063

图5.4.1 回归结果

$$\ln\widehat{Cigs}=10.341+0.344\ln Income-1.406\ln Price$$
$$(1.023)\quad(0.235)\qquad(0.251)$$
$$R^2=0.4328, \bar{R}^2=0.4075, F=17.17$$

可见,价格确实是影响人均香烟消费的重要因素。但是由于价格与消费需求可能存在双向因果关系,使得模型中的 *Price* 具有内生性,因而OLS估计有偏且不一致。

使用香烟消费税 *Tax* 作为 ln*Price* 的工具变量,采用工具变量法回归,结果如图5.4.2所示。

Instrumental variables (2SLS) regression

Source	SS	df	MS			
				Number of obs	=	48
				F(2, 45)	=	13.27
Model	1.19982743	2	.599913715	Prob > F	=	0.0000
Residual	1.58349554	45	.03518879	R-squared	=	0.4311
				Adj R-squared	=	0.4058
Total	2.78332297	47	.059219638	Root MSE	=	.18759

lnCigs	Coef.	Std. Err.	t	P>|t|	[95% Conf.	Interval]
lnPrice	-1.314595	.2709906	-4.85	0.000	-1.860398	-.7687918
lnIncome	.2989526	.2403537	1.24	0.220	-.1851447	.7830499
_cons	10.02296	1.081718	9.27	0.000	7.844264	12.20165

Instrumented: lnPrice
Instruments: lnIncome Tax

图5.4.2 工具变量法回归结果

$$\ln Cigs = 10.023 + 0.299\ln Income - 1.315\ln Price$$
$$(1.082)\quad(0.240)\qquad(0.271)$$
$$R^2 = 0.4311, \bar{R}^2 = 0.4058, F = 13.27$$

可以看出，工具变量法估计得到的人均香烟消费关于价格的弹性要低于 OLS 估计的结果。

由于许多州都对香烟有额外的特别消费税 *Taxs*，因此它也可以作为价格 ln*Price* 的一个工具变量，用这两个工具变量进行 2SLS，结果如图 5.4.3 所示。

Instrumental variables (2SLS) regression

Source	SS	df	MS			
Model	1.19524766	2	.597623828	Number of obs	=	48
Residual	1.58807531	45	.035290562	F(2, 45)	=	13.28
				Prob > F	=	0.0000
Total	2.78332297	47	.059219638	R-squared	=	0.4294
				Adj R-squared	=	0.4041
				Root MSE	=	.18786

lnCigs	Coef.	Std. Err.	t	P>|t|	[95% Conf.	Interval]
lnPrice	-1.277276	.2631142	-4.85	0.000	-1.807215	-.7473366
lnIncome	.280623	.2384762	1.18	0.245	-.1996929	.7609388
_cons	9.893659	1.058514	9.35	0.000	7.761703	12.02561

Instrumented: lnPrice
Instruments: lnIncome Tax Taxs

图 5.4.3　引入两个工具变量的回归结果

$$\ln Cigs = 9.894 + 0.281\ln Income - 1.277\ln Price$$
$$(1.059)\quad(0.238)\qquad(0.263)$$
$$R^2 = 0.4294, \bar{R}^2 = 0.4041, F = 13.28$$

结果显示，估计的人均香烟消费关于价格的弹性进一步下降了。也就是说，采用工具变量法确实对香烟的价格弹性估计做出了调整。

再进行过度识别约束检验过程，用 *Tax* 和 *Taxs* 两个工具变量对原模型进行两阶段 OLS 估计后，得到残差

$$\tilde{\mu} = \ln Cigs - (9.894 + 0.281\ln Income - 1.277\ln Price)$$

然后，作 $\tilde{\mu}$ 关于工具变量及原模型中外生变量的 OLS 辅助回归(见图 5.4.4)为

$$\hat{\tilde{\mu}} = -0.066 - 0.002Tax + 0.006Taxs + 0.032\ln Income$$
$$(0.580)\quad(0.004)\qquad(0.012)\qquad(0.233)$$
$$R^2 = 0.007, \bar{R}^2 = -0.0607, F = 0.10$$

从 *F* 统计量看，即使在 10%的显著性水平下[$F(3,44,0.1)=2.21$]，也不拒绝 *Tax*、*Taxs* 和 ln*Income* 系数同时为 0 的假设。

Source	SS	df	MS			
				Number of obs	=	48
				F(3, 44)	=	0.10
Model	.011121831	3	.003707277	Prob > F	=	0.9576
Residual	1.57695345	44	.035839851	R-squared	=	0.0070
				Adj R-squared	=	-0.0607
Total	1.58807528	47	.033788836	Root MSE	=	.18931

uhat	Coef.	Std. Err.	t	P>|t|	[95% Conf.	Interval]
Tax	-.0015153	.003681	-0.41	0.683	-.0089338	.0059032
Taxs	.0063666	.011788	0.54	0.592	-.0173906	.0301238
lnIncome	.0317111	.2331143	0.14	0.892	-.4381	.5015222
_cons	-.0657755	.5801356	-0.11	0.910	-1.234962	1.103411

图 5.4.4　辅助回归结果

由于

$$nR^2=0.336$$

在有一个额外工具变量的情况下，5%显著性水平下、自由度为1的 χ^2 分布的临界值 $\chi^2(1,0.05)=3.84$，可见 χ^2 检验也不拒绝 *Tax* 和 *Taxs* 作为工具变量的外生性假设。

下面用豪斯曼检验来判定香烟价格 *Price* 是否确实是内生变量。

以 *Tax* 和 *Taxs* 作为 ln*Price* 的工具变量，将 ln*Price* 关于 ln*Income*、*Tax*、*Taxs* 进行 OLS 回归(见图 5.4.5)

Source	SS	df	MS			
				Number of obs	=	48
				F(3, 44)	=	230.99
Model	.721697757	3	.240565919	Prob > F	=	0.0000
Residual	.045823214	44	.001041437	R-squared	=	0.9403
				Adj R-squared	=	0.9362
Total	.767520971	47	.016330233	Root MSE	=	.03227

lnPrice	Coef.	Std. Err.	t	P>|t|	[95% Conf.	Interval]
lnIncome	.1082881	.0397377	2.73	0.009	.0282021	.1883741
Tax	.0093528	.0006275	14.91	0.000	.0080882	.0106174
Taxs	.0108901	.0020094	5.42	0.000	.0068404	.0149399
_cons	4.103152	.0988924	41.49	0.000	3.903847	4.302456

图 5.4.5　辅助回归

$$\widehat{\ln Price}=4.103+0.108\ln Income+0.009Tax+0.011Taxs$$

对于残差 $\hat{v}$，作 OLS 回归(见图 5.4.6)

$$\widehat{\ln Cigs}=\underset{(1.032)}{9.894}+\underset{(0.232)}{0.281}\ln Income-\underset{(0.257)}{1.277}\ln Price-\underset{(0.893)}{1.565}\hat{v}$$

由于 $t(44,0.05)=1.68$，$t(44,0.025)=2.02$，因此在10%的显著性水平下，拒绝残

差 $\hat{v}$ 的系数为 0 的假设，可判断香烟的价格是内生变量；但在 5%的显著性水平下，不拒绝残差 $\hat{v}$ 的系数为 0 的假设，可判断香烟的价格不是内生变量。

Source	SS	df	MS			
				Number of obs	=	48
				F(3, 44)	=	12.99
Model	1.30752055	3	.435840182	Prob > F	=	0.0000
Residual	1.47580242	44	.033540964	R-squared	=	0.4698
				Adj R-squared	=	0.4336
Total	2.78332297	47	.059219638	Root MSE	=	.18314

lnCigs	Coef.	Std. Err.	t	P>|t|	[95% Conf.	Interval]
lnIncome	.2806229	.2324896	1.21	0.234	-.1879291	.749175
lnPrice	-1.277276	.2565091	-4.98	0.000	-1.794236	-.7603157
vhat	-1.56529	.8931749	-1.75	0.087	-3.365365	.2347862
_cons	9.893659	1.031941	9.59	0.000	7.813918	11.9734

图 5.4.6 内生性检验

Stata 操作代码：

```
*数据导入
use "F:\data\Cigs.dta", clear
*数据变换
gen lnCigs=ln(Cigs)
gen lnIncome=ln(Income)
gen lnPrice=ln(Price)
*数据分析
reg lnCigs lnIncome lnPrice
*数据分析之工具变量法
ivreg lnCigs lnIncome (lnPrice=Tax)
ivreg lnCigs lnIncome (lnPrice=Tax Taxs)
predict uhat, residuals
reg uhat Tax Taxs lnIncome
dis invFtail(e(df_m),e(df_r),.10)
dis e(N)*e(r2)
dis invchi2tail(1, .05)
*数据分析之豪斯曼检验
reg lnPrice lnIncome Tax Taxs
predict vhat, residuals
reg lnCigs lnIncome lnPrice vhat
dis invttail(e(df_r),.05)
dis invttail(e(df_r),.025)
```

二、工具变量运用的经典论文

例 5.4.2 社会制度是否与经济发展存在因果关系?[①]

这个案例研究的基本步骤是,清晰定义问题,描述经济机制,设置基本模型,采用合适的数据进行估计、检验,特别是对可能存在的内生性问题进行检验和修正。

该案例认为,良好的社会制度(institution)意味着更好的产权保护和更少的扭曲资源配置的政策,会促进固定资产和人力资源的投入,并更有效率地产出。

(一)直接估计

案例的基本模型

$$\ln(\text{GDP}_i) = \beta_0 + \beta_1 \text{In}stitutions_i + \beta_2 Latitude_i + e_t$$

其中,被解释变量为人均 GDP 的对数。处置变量为国家制度,以 1985—1995 年间企业免受政府盘剥(expropriation risk)的指数平均值衡量。该值越大,说明制度越好。控制变量为国家地理纬度。

OLS 回归结果如图 5.4.7 所示。

```
reg logpgp95 avexpr lat_abst if baseco==1, robust
```

```
Linear regression                               Number of obs     =         64
                                                F(2, 61)          =      64.91
                                                Prob > F          =     0.0000
                                                R-squared         =     0.5745
                                                Root MSE          =     .69166
```

logpgp95	Coef.	Robust Std. Err.	t	P>|t|	[95% Conf.	Interval]
avexpr	.4678871	.0626811	7.46	0.000	.3425484	.5932257
lat_abst	1.576884	.6506046	2.42	0.018	.2759197	2.877848
_cons	4.728082	.3413732	13.85	0.000	4.045464	5.4107

图 5.4.7 回归结果

Institutions 的系数是 0.468,反映了社会制度和经济发展是正相关的。但这并不能证明两者之间有因果关系,由于

(1)发展较好的经济体更可能建立较好的制度,即可能存在反向因果关系;

① Acemoglu Daron, Simon Johnson, James A. Robinson. The Colonial Origins of Comparative Development: An Empirical Investigation. *The American Economic Review*, 2001, 91(5): 1369—1401.

(2)可能存在未包含的控制变量,如文化同时影响经济发展和社会制度,即可能存在遗漏变量问题;

(3)社会制度衡量误差,即存在测量误差。

这3个原因都可能导致 $\mathrm{Cov}(Institutions_i, e_i) \neq 0$,即导致内生解释变量问题,于是需要寻找工具变量。

(二)工具变量

根据经济机制和理论基础选择有效工具变量,解释该工具变量的相关性和外生性。

1. 相关性

不同国家社会制度为什么不同?追根溯源,一个国家的现有制度在一定程度上是早期社会制度的延续,早期的社会制度又与欧洲殖民政策有关。比如,英国在澳大利亚实行建立"新欧洲"的长远政策,比利时在刚果实行掠夺的短期政策,不同的殖民政策形成了早期的社会制度。当然,采取什么样的殖民策略受到殖民者是否愿意长期在殖民地定居的影响,后者又受殖民者最初登陆殖民地时死亡率的影响。图5.4.8反映了社会制度的演进。

图5.4.8　国家现有社会制度的演进

殖民者的死亡率(M)以17—19世纪之间殖民地驻扎的军人、海员和宗教人员的死亡率表示;早期殖民地欧洲定居者人数(S)用1900年殖民地欧洲人占总人口的比例表示;早期社会制度(C)用1900年国民的民主指数表示;现有社会制度(R)用1985—1995年间平均的保护免征风险指数表示。

2. 外生性

M、S、C 都满足相关性条件,但是 M 外生性最强。如果选择 S 或 C 作为模型的工具变量,则它们还是可能与干扰项相关。比如,早期的定居人数可能反映定居者更喜欢迁徙到富裕地区并影响现有经济发展;而早期社会制度和现有经济发展水平可能同时受到某些地域特征影响而存在相关;殖民者的死亡率除了通过制度影响经济发展,基本没有其他影响经济发展的可能。

(三)估计与检验

1. 两阶段模型设置与估计

$$\ln(\mathrm{GDP}_i) = \beta_0 + \beta_1 Institutions_i + \beta_2 Latitude_i + e_t$$

$$Institutions_i = \gamma_0 + \gamma_1 \ln(Mortality_i) + \gamma_2 Latitude_i + \mu_t$$

其中,工具变量 $\ln(Mortality_i)$ 是早期死亡率的对数。

Stata 操作代码:

```
ivregress 2sls logpgp95 lat_abst ( avexpr=logem4) if baseco==1, first
```

这里,括号内的等式表示在第一阶段内生变量 *avexpr* 以死亡率、*logem*4 为工具变量,选项 *first* 表示需要报告第一阶段,结果如图 5.4.9 所示。

```
First-stage regressions
-----------------------

                                          Number of obs    =        64
                                          F(   2,     61)  =     12.82
                                          Prob > F         =    0.0000
                                          R-squared        =    0.2960
                                          Adj R-squared    =    0.2729
                                          Root MSE         =    1.2523

------------------------------------------------------------------------------
      avexpr |      Coef.   Std. Err.      t    P>|t|     [95% Conf. Interval]
-------------+----------------------------------------------------------------
    lat_abst |   2.001775   1.337176     1.50   0.140    -.6720747    4.675624
      logem4 |  -.5102681   .1410186    -3.62   0.001    -.7922521    -.228284
       _cons |   8.529432   .8123128    10.50   0.000     6.905113    10.15375
------------------------------------------------------------------------------


Instrumental variables (2SLS) regression           Number of obs   =        64
                                                   Wald chi2(2)    =     35.68
                                                   Prob > chi2     =    0.0000
                                                   R-squared       =    0.1025
                                                   Root MSE        =     .9807

------------------------------------------------------------------------------
    logpgp95 |      Coef.   Std. Err.      z    P>|z|     [95% Conf. Interval]
-------------+----------------------------------------------------------------
      avexpr |    .995704   .2164236     4.60   0.000     .5715216    1.419886
    lat_abst |  -.6472071   1.303473    -0.50   0.620    -3.201967    1.907553
       _cons |   1.691814   1.262317     1.34   0.180    -.7822821     4.16591
------------------------------------------------------------------------------
Instrumented:  avexpr
Instruments:   lat_abst logem4
```

图 5.4.9 工具变量回归结果

2SLS 估计法得到 *Institutions* 的系数为 0.995,且统计显著。注意,Stata 软件将另一个外生解释变量自动纳入第一阶段回归。

2. 检验

(1)Hausman 检验解释变量是否外生

采用 Stata 软件工具变量估计后的命令

```
estat endogenous
```

进行统计检验,如图 5.4.10 所示。

```
Tests of endogeneity
Ho: variables are exogenous

Durbin (score) chi2(1)          =  15.2386  (p = 0.0001)
Wu-Hausman F(1,60)              =  18.7508  (p = 0.0001)
```

图 5.4.10 外生性检验

Stata 软件报告了卡方和 F 检验的结果。两种方法都拒绝了 *Institutions* 外生假设。注意,该检验的前提是死亡率是一个有效工具变量。

(2)检验工具变量是不是弱工具变量

检验工具变量的有效性,首先要检验工具变量的相关性。殖民者的死亡率作为工具变量的问题是它可能是弱工具变量,也就是说,死亡率与现有制度关系较弱。Stata 软件的工具变量估计后检验命令

```
estat firststage
```

可以对第一阶段结果进行分析,并判断是否存在弱工具变量问题,结果如图 5.4.11 所示。

First-stage regression summary statistics

Variable	R-sq.	Adjusted R-sq.	Partial R-sq.	F(1,61)	Prob > F
avexpr	0.2960	0.2729	0.1767	13.0932	0.0006

Minimum eigenvalue statistic = 13.0932

Critical Values　　　　　　　　　# of endogenous regressors:　1
Ho: Instruments are weak　　　　 # of excluded instruments:　 1

	5%	10%	20%	30%
2SLS relative bias	(not available)			
	10%	15%	20%	25%
2SLS Size of nominal 5% Wald test	16.38	8.96	6.66	5.53
LIML Size of nominal 5% Wald test	16.38	8.96	6.66	5.53

图 5.4.11 弱工具变量检验结果

该结果包括两部分:

第一部分是第一阶段回归总结。包括 Rsq 和 AdjRsq,PartialRsq 表示扣除其他外生

变量后工具变量的解释力度。PartialRsq=0.17,说明死亡率对制度有一定的解释力。F 用于检验工具变量是否显著,$F=13.09$,可以认为不存在弱工具变量问题。

第二部分是 Stock/Yogo 的弱工具检验。

检验统计量最小特征值=13.09,与 2SLS Size of nominal 5% Wald test 的关键值对比,通常需要最小特征值大于表中 10%对应的值。这里,13.09 小于但接近 16.38。

也就是说,使用简单的 F 检验和复杂的 Stock/Yogo 弱工具变量检验可能得到不同的结果。

(3)检验过度识别情况下工具是否外生

检验工具变量有效性的另一个条件是外生性,需要工具变量数量多于内生变量。由于早期殖民定居者人数、早期社会制度也可以作为工具变量,这里考虑两者同时作为工具变量情形,euro1900 表示 1900 年欧洲人在国家 i 占的比例。

```
ivregress 2sls logpgp95 lat_abst ( avexpr = logem4 euro1900 ) if baseco==1 , first
```

结果如图 5.4.12 所示。

```
First-stage regressions
-----------------------

                                                Number of obs     =         63
                                                F(   3,     59)   =      11.42
                                                Prob > F          =     0.0000
                                                R-squared         =     0.3674
                                                Adj R-squared     =     0.3353
                                                Root MSE          =     1.2047

------------------------------------------------------------------------------
      avexpr |      Coef.   Std. Err.      t    P>|t|     [95% Conf. Interval]
-------------+----------------------------------------------------------------
    lat_abst |   .2004581   1.495034     0.13   0.894    -2.791099    3.192015
      logem4 |  -.3684413   .1485276    -2.48   0.016    -.6656444   -.0712382
    euro1900 |   .0211563   .0082455     2.57   0.013     .0046571    .0376554
       _cons |   7.853131   .8308378     9.45   0.000     6.190628    9.515633
------------------------------------------------------------------------------


Instrumental variables (2SLS) regression          Number of obs   =         63
                                                  Wald chi2(2)    =      45.50
                                                  Prob > chi2     =     0.0000
                                                  R-squared       =     0.1742
                                                  Root MSE        =     .93496

------------------------------------------------------------------------------
    logpgp95 |      Coef.   Std. Err.      z    P>|z|     [95% Conf. Interval]
-------------+----------------------------------------------------------------
      avexpr |   .9458258   .1692131     5.59   0.000     .6141743    1.277477
    lat_abst |  -.5971357   1.157721    -0.52   0.606    -2.866227    1.671955
       _cons |   1.994732   .9930283     2.01   0.045     .0484318    3.941031
------------------------------------------------------------------------------
Instrumented:  avexpr
Instruments:   lat_abst logem4 euro1900

.
```

图 5.4.12 2SLS

Institutions 系数为 0.945，与只使用 1 个工具变量的结果相近。为检验工具变量的外生性，使用 estat overid 命令(见图 5.4.13)：

```
estat overid
```

```
Tests of overidentifying restrictions:

Sargan (score) chi2(1) =  .070283  (p = 0.7909)
Basmann chi2(1)        =  .065894  (p = 0.7974)
```

图 5.4.13 外生性检验

由于使用了 2SLS，假设同方差，图 5.4.12 显示，Stata 软件报告了 Sargan 和 Basmann 卡方值，两者都不显著，说明无法拒绝所有工具变量都是外生的假设。

(四)结果含义

1. 经济显著性

2SLS 回归系数为 0.945。如果选择两个典型国家，比如尼日利亚和智利，前者现有制度较差，两国之间在 *Institutions* 指数上的差距 2.24 会导致 GDP 产生 7 倍差异，也就是说，制度对经济发展水平具有较大的实质性影响。

2. 与 OLS 对比

2SLS 回归系数为 0.945 与 OLS 结果 0.468 相比，说明 OLS 向下偏差。

测量误差会导致向下偏差，如果逆向关系和缺失变量造成偏差，则 OLS 的估计值会比真实值高。因此，测量误差可能是造成系数差别的主要原因。

习题五

1. 估计出勤率对学生成绩的影响模型

$$Stndfnl=\beta_0+\beta_1 Atndrte+\beta_2 PriGPA+\beta_3 ACT+\mu$$

(1)令 *Dist* 为学生宿舍到教学大楼的距离，它是否与 μ 相关?

(2)如果不相关，则能否成为出勤率的有效 IV?

(3)如果增加交互项

$$Stndfnl=\beta_0+\beta_1 Atndrte+\beta_2 PriGPA+\beta_3 ACT+\beta_4 PriGPA\cdot Atndrte+\mu$$

如果 *Atndrte* 与 μ 相关，则 *Atndrte* · *Atndrte* 也与 μ 相关，它的有效 IV 是什么?

2. 埃文斯和施瓦布(Evans and Schwab, 1995)研究了就读于天主教高中对未来读大学的概率产生的影响。令 *College* 为虚拟变量，如果读大学，则等于 1；否则为 0。令 *CathHS* 也为虚拟变量，如果就读于天主教高中，则等于 1；否则为 0。一个线性概率模型为

$$College = \beta_0 + \beta_1 CathHS + \beta_2 Other + \mu$$

其中,其他因素包含种族、性别、家庭收入和父母受教育程度。

(1)$CathHS$ 是否与 μ 相关?

(2)$CathRel$ 是虚拟变量,如果学生是天主教徒,则等于 1;否则为 0。讨论它成为 $CathHS$ 的 IV 的可能性。

3. 变量 $Mrdrte$ 为谋杀率,变量 $Exec$ 为当年和前两年中被处决的犯人总数,$Unem$ 是州失业率。

(1)用 OLS 估计方程

$$\Delta Mrdrte = \delta_0 + \beta_1 \Delta Exec + \beta_2 \Delta Unem + \Delta\mu$$

处以死刑是否具有威胁作用?

(2)用前一年 $Exec$ 作为它的 IV,结果会怎样变化?

4. 对于一元回归模型 $Y_t = \beta_0 + \beta_1 X_t^* + \mu_t$,假定解释变量 X_t^* 的实测值 X_t 与它有偏误:$X_t = X_t^* + e_t$,其中,e_t 是具有零均值、无序列相关,且与 X_t^* 和 μ_t 不相关的随机变量。

(1)能否将 $X_t^* = X_t - e_t$ 代入原模型,使之变换成 $Y_t = \beta_0 + \beta_1 X_t + \nu_t$ 后进行估计?其中,ν_t 是变换后模型的随机干扰项。

(2)假设 μ_t 与 e_t 之间以及它们与 X_t^* 之间无异期相关,证明 $E(X_{t-1}\nu_t) = 0$。

(3)能用什么工具变量对变换后的模型进行估计?

5. 拉姆(Ram,1986)检验政府支出增长对经济增长影响的模型为

$$g\mathrm{GDP}_t = \beta_0 + \beta_1 gGov_t + \beta_2 gInv_t + \beta_3 gLab_t + \mu_t$$

其中,g 表示增长,GDP 是实际国内生产总值,Gov 为实际政府支出,Inv 是国内投资总额占 GDP 的比率,Lab 是劳动力规模。

在什么假设下,一个表示 $t-1$ 年的总统是否为共和党人的虚拟变量,可以成为 $gGov_t$ 的工具变量?

6. 生育如何影响劳动力供给?

女性再生产一个小孩时,她的劳动力供给将下降多少?用 1980 年人口普查中已婚女性数据来估计这一效应。该数据集包含年龄为 21—35 岁的已婚女性信息,且她们有两个及以上的孩子。采用数据集 Fertility. dta 进行经验研究。

(1)利用 OLS 估计劳动力供给(Weeksworked)对指示变量生育(Morekids)的回归,从平均水平看,有两个以上孩子的女性的工作时间要少于有两个孩子的女性吗?

(2)解释为什么(1)中的 OLS 回归不能合理估计生育(Morekids)对劳动力供给(Weeksworked)的因果效应。

(3)数据集包含变量同性别(Samesex),当最大的两个孩子性别相同时,其等于 1(男孩—男孩或女孩—女孩),否则等于 0,则前两个孩子的性别相同时,该夫妇生第三个孩子的可能性是否更大?该效应大吗?是否统计显著?

(4)解释为什么同性别(Samesex)是劳动力供给(Weeksworked)对生育(Morekids)回归的有效工具?

(5)同性别(Samesex)是弱工具吗?

(6)将同性别(Samesex)作为工具估计劳动力供给(Weeksworked)对生育(Morekids)的回归,生育对劳动供给的影响有多大?

(7)在劳动力供给(Weeksworked)回归中引入外生变量 Ageml、Black、Hispan 和 Othrace 后,估计结果会有所改变吗?请解释原因。

7. 观看暴力影片是否会导致暴力行为?如果是,当一部暴力影片上映后,暴力犯罪事件将更加频繁。若相反,则观看影片能使其他诱发暴力行为的事件(如酒精消费)减少,从而暴力事件发生次数下降。数据集 Movies. dta 包含美国强暴力影片(如 Hannibal)、轻微暴力影片(如 Spider—Man)及非暴力影片(如 Finding Nemo)上映期间周末观看人数,还包括同一周末美国部分地区暴力事件发生的次数。此外,数据集还包括年份、月份、周末是否出现节假日,以及天气数据等。

(1)做暴力事件发生次数的对数对年份、月份变量的回归,暴力事件是否具有季节性?做电影观看总人数对年份、月份变量的回归,观看电影行为是否具有季节性?

(2)做暴力事件发生次数的对数对电影观看总人数、年份、月份、天气和是否为节假日变量的回归,说明观看暴力影片对暴力事件是否具有促进作用?强暴力影片与轻微暴力影片对暴力事件的影响是否有差别?与非暴力影片呢?如果一部强暴力影片上映,周末电影院的观影人数增加了 600 万,同时轻微暴力影片观看人数减少了 200 万,非暴力影片减少 100 万,试预测其对暴力事件的影响,并构建暴力事件变化的 95%置信区间。

(3)很难控制所有影响暴力事件与观影人数相关的因素。如,天气的影响只能通过数据集中已有的天气变量进行粗略估计。然而,数据集中还包括一些工具变量,Pr_attend_v、Pr_attend_m、Pr_attend_n 等与观影人数有关,但与其他既影响暴力事件又影响观影人数等可能因素(如天气)不相关。这些工具变量在预测给定周末的观影人数时用的是先验历史信息,而不是与特定周末相关的信息。若一个影片上映后第二周的观影人数很多,则可以预测第一周观影人数也很多,以 Pr_attend_v、Pr_attend_m、Pr_attend_n 作为 Attend_v、Attend_m、和 Attend_n 的工具变量进行(2)中的回归,包括控制变量年份、月份、天气、是否为节假日和天气,并与(2)的结果进行比较。

(4)上题工具变量选取的思路是某周末的观影人数与相邻几周相关。每一条记录中,数据集包含临近几周电影观影人数,用变量 Attend_v_f、Attend_m_f、Attend_n_f 和 Attend_v_b、Attend_m_b、Attend_n_b 代替(3)中的工具变量重作回归,并与(2)的结果进行比较。

(5)前两题共列出了 9 个工具变量,识别时只需要 3 个变量,试进行过度识别检验。

(6)基于以上分析,说明暴力电影对于短期暴力行为有什么影响?

附录一　Stata常用命令

一、正态分布密度函数

(一)正态分布密度图

用 twoway function 和 normalden()函数，绘制标准正态分布函数 $y=f(x)$的散点图。

例如，正态分布密度图(见图 1)，$x\in[5,5]$。

代码为：

```
twoway function y=normalden(x), range(-5 5) title("Standard Normal Density")
```

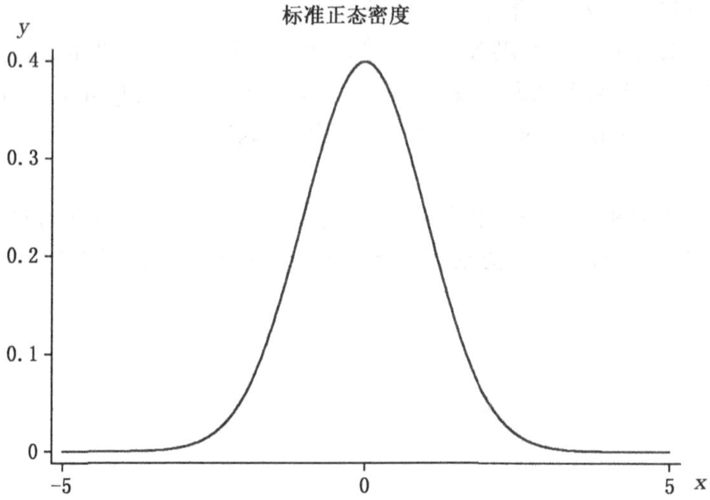

图 1　正态分布密度图

图保存代码为 saving(normal_pdf. emf,replace)。

一般地,normalden(x,s)表示均值为 0,标准差为 s 的正态分布函数。而 normalden(x,m,s)表示均值为 m、标准差为 s 的正态分布函数。

采用该函数画一个复杂一点的图 2。

```
twoway function y=normalden(x), range(-5 5) || function y=normalden(x, 0.8), range(-5 5) lpattern(dash) || function y=normalden(x, 1, 0.8), range(-5 5) lpattern(dash_dot) || ,title("Normal Density") legend(label(1 "N(0, 1)") label(2 "N(0, 0.8^2)") label(3 "N(1, 0.8^2)"))
```

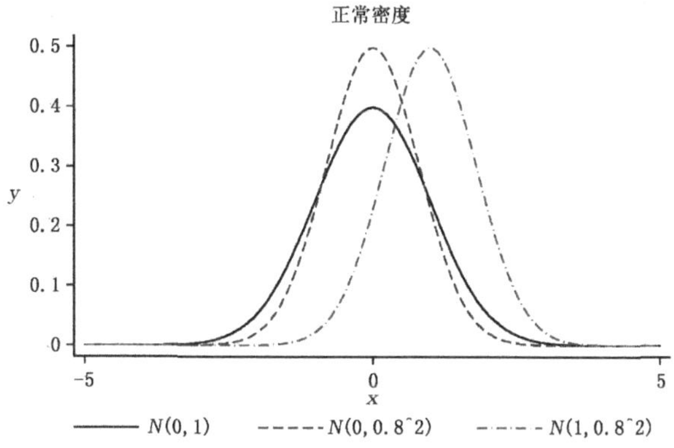

图 2 不同均值、标准差的 3 个正态分布图

(二)正态分布概率计算

当 x 给定时,通过 normalden()函数可以计算标准正态函数 $\Phi(x)$的值。

在标准正态分布的累积函数中,随机变量 Z 被广泛运用,$\Phi(z)=P(Z\leqslant z)$,表示的含义是

$$P(a\leqslant X\leqslant b)=P(\frac{a-\mu}{\sigma}\leqslant Z\leqslant\frac{b-\mu}{\sigma})=\Phi(\frac{b-\mu}{\sigma})-\Phi(\frac{a-\mu}{\sigma})$$

Stata 中 normal()函数可以计算函数 $\Phi(z)=P(Z\leqslant z)$。

例如,计算 $\Phi(1.33)=P(Z\leqslant 1.33)$

代码为:

```
scalar n_tail=normal(1.33)
di "lower tail probability N(0,1)<1.33 is" n_tail
. scalar n_tail=normal(1.33)

.
. di "lower tail probability N(0,1)<1.33 is" n_tail
lower tail probability N(0,1)<1.33 is.90824086
```

一般地，如果 $X \sim N(3,9)$，那么

$$P(4 \leqslant X \leqslant 6)=P(\frac{4-3}{3} \leqslant Z \leqslant \frac{6-3}{3})=\Phi(\frac{6-3}{3})-\Phi(\frac{4-3}{3})=\Phi(1)-\Phi(0.33)$$

代码为：

```
scalar prob=normal(1)-normal(0.33)
di "probability 4<=N(3,9)<=6 is" prob
. scalar prob=normal(1)-normal(0.33)

.
. di "probability 4<=N(3,9)<=6 is" prob
probability 4<=N(3,9)<=6 is.21204473
```

正态分布逆函数的计算命令为 invnormal()，如计算标准正态分布中概率为 95%对应的值，代码为：

```
scalar n_95=invnormal(0.95)
di "95th percentile of standard normal=" n_95
. scalar n_95=invnormal(0.95)

.
. di "95th percentile of standard normal=" n_95
95th percentile of standard normal=1.6448536
```

二、计量经济学常用的 Stata 命令

(一)基本命令

基本描述统计分析语法格式为：

```
sysuse "auto.dta", clear    //打开 auto 美国 1978 年汽车行业横截面数据
sum price mpg rep78 weight ,detail
pwcorr price mpg rep78 weight
pwcorr price mpg rep78 weight, sig star(0.05)
```

(二)截面数据模型

1. 回归分析

```
use nerlove.dta,clear
reg lntc lnpf lnpk  lnpl
reg lntc lnpf lnpk  lnpl ,noc
predict yhat                      //拟合被解释变量 GDP
predict e, residual               //计算残差
rvfplot
```

2. 参数检验

```
regress lntc lnpk lnpl
test lnpk=0.5                         //检验系数
test lnpk=lnpl
estat hettest                         //异方差BP检验
estat imtest,white                    //异方差white检验
estat vif                             //多重共线性检验
```

3. 带约束条件检验

```
cons 1 lnpk+lnpl=1
cons 2 lnpk+lnpl=1.6
cnsreg lntc lnpk  lnpl,constraints(1)           //有约束的回归
cnsreg lntc lnpk  lnpl,constraints(2)           //有约束的回归
bootstrap, reps(200):regress lntc lnpk lnpl   //bootstrap 方法的回归
bootstrap _b :regress lntc lnpk  lnpl          //bootstrap 方法的回归
```

(三)时间序列数据模型

1. 时间序列声明

```
use timeseries.dta, clear
tsset year                            //时间序列声明
```

2. 单位根检验

```
use timeseries.dta, clear
dfuller d.m,lag(2)                    //ADF检验
dfuller m,nocon regress               //ADF检验
dfuller m,trend regress
pperron m,lag(2)                      //PP检验
pperron m,nocon regress
pperron d.m,regress
dfgls m                               //DF-GLS检验
kpss m,notrend                        //KPSS检验
```

3. ECM 单位根检验

```
reg m s g
estimates  store model1
predict ecm,residual
reg d.m d.s d.g ecm   //ECM模型
```

4. VAR 模型

```
varsoc m s g ,maxlag(5)
var m s g ,lags(1/4)
varstable,graph
vargranger
irf create myrif,set(myrif) replace
irf graph irf
```

5. VECM 模型

```
vecrank m s g,lags(4)
varsoc m s g,maxlag(5)
vec m s g,lags(4)
reg m s g
vecstable,graph
```

(四)面板数据模型

1. 面板声明

```
use FDI.dtar, clear
xtset id year
xtdes
xtline lngdp
```

2. 单位根检验

```
xtunitroot llc lngdp,lags(2) trend
xtunitroot llc d.lngdp,lags(2) trend
xtunitroot ips lngdp
xtunitroot ips d.lngdp
```

3. 协整检验

```
xtwest lngdp lnfdi lni,lags(2)
```

4. 混合回归

```
reg lngdp lnfdi lnie
reg lngdp lnfdi lnie,robust
reg lngdp lnfdi lnie,vce(cluster id)
```

5. 固定效应

```
xtreg lngdp lnfdi lnie lnex lnim  lnci lngp,fe
xtreg lngdp lnfdi lnie lnex lnim  lnci lngp,fe,fe vce (cluster id)
xi:xtreg lngdp lnfdi lnie lnex lnim  lnci lngp  i.id,vce(cluster id) //LSDV
考虑个体固定效应
tab year,gen(year)
xtreg lngdp lnfdi lnie lnex lnim  lnci lngp year2-year14,fe
xtreg lngdp lnfdi lnie lnex lnim  lnci lngp year2-year14,fe vce (cluster
id)
test year2=year3=year4=year5=0
```

6. 随机效应

```
xtreg lngdp lnfdi lnie lnex lnim  lnci lngp,re mle
xtreg lngdp lnfdi lnie lnex lnim  lnci lngp,vce (cluster id)
xtreg lngdp lnfdi lnie lnex lnim  lnci lngp,re mle    //随机效应的 MLE 参数
估计方法
```

7. Hausman 检验——随机和固定效应的检验

```
xtreg lngdp lnfdi lnie lnex lnim  lnci lngp,re
est store re
xtreg lngdp lnfdi lnie lnex lnim  lnci lngp,fe
est store fe
hausman fe re
est table re fe, b(%6.3f) star(0.1 0.05 0.01)
outreg2 [fe re] using daqinxueshu.doc,stats(coef,tstat) addstat(Ajusted
R2,`e(r2_a)') replace
```

(五)获取帮助

```
help, net search, search
```

附录二　统计分布表

由于 Stata 软件是计量经济学的基本分析工具，所以相关统计分布表是直接采用 Stata 软件计算得到的。这里给出基本计算命令。

一、标准正态分布

1. 计算标准正态分布下某点对应的概率值

某一点对应的概率就是标准正态分布下的累积面积，采用 Stata 软件容易计算：

如果 $Z \sim \text{Normal}(0,1)$，那么 $P(Z \leqslant -1.96)=0.0250$，$P(Z \leqslant 1.96)=0.9750$。

前者用函数 display normal(－1.96)，后者用 display normal(1.96)计算即可。

2. 计算特定概率下的临界值

如果要计算特定概率下的临界值，如 $P(Z)=0.0250$，那么采用函数 display invnormal(0.025)即可得到－1.96。

二、t 分布

1. 计算临界值下的概率

如果要计算临界值下的概率 $P(25, t \leqslant 2.060)=0.9750$，那么采用函数 display t(25,2.060)即可，当然与之对应地有 display ttail(25,2.060)＝0.0250。

2. 计算 t 分布的临界值，采用 Stata 软件容易计算

对于显著性水平为 2.5％、自由度为 25 的单尾检验，临界值为$t_{0.025}(25)=2.060$。

对于显著性水平为 5％、自由度为 25 的双尾检验，临界值为$t_{0.05}(25)=2.060$。

两者都用函数 display invt(25,0.975)或者 display invttail(25,0.025)计算即可。

三、F 分布

1. 计算概率

如果要计算临界值下的概率 $P(2,30,F \leqslant 2.49)=0.10$，那么采用函数 display Ftail

(2,30,2.49)=0.10 即可,当然与之对应的有 display F(2,30,2.49)=0.90。

2. 计算临界值

F 分布的临界值采用 Stata 软件容易计算:

对于显著性水平为 10%、分子和分母自由度分别为 2 和 30 的 F 分布,临界值为 F(2,30,0.10)=2.49。

用函数 display invF(2,30,0.90)或者 display invFtail(2,30,0.10)计算即可。

四、χ^2 分布

1. 计算概率

如果要计算临界值下的概率 $P(3,\chi^2\leqslant 6.25)=0.10$,那么采用函数 display chi2tail(3,6.25)即可,当然与之对应的有 display chi2(3,6.25)=0.90。

2. 计算临界值

χ^2 分布的临界值,采用 Stata 软件容易计算:

对于显著性水平为 10%、自由度为 3 的χ^2 分布,临界值为$\chi^2(3,0.10)=6.25$。

用函数 display invchi2(3,0.90)或者 display invchi2tail(3,0.10)计算即可。

五、D.W. 检验上下界表

表 1　　5%的上、下界

T	k+1=2		k+1=3		k+1=4		k+1=5		k+1=6	
	d_L	d_U	d_L	d_U	d_L	d_U	d_L	d_U	d_L	d_U
6	0.610	1.400								
7	0.700	1.356	0.467	1.896						
8	0.763	1.332	0.559	1.777	0.367	2.287				
9	0.842	1.320	0.629	1.699	0.455	2.128	0.296	2.588		
10	0.879	1.320	0.697	1.641	0.525	2.016	0.376	2.414	0.243	2.822
11	0.927	1.324	0.758	1.604	0.595	1.928	0.444	2.283	0.315	2.645
12	0.971	1.331	0.812	1.579	0.658	1.864	0.512	2.177	0.380	2.506
13	1.010	1.340	0.861	1.562	0.715	1.816	0.574	2.094	0.444	2.390
14	1.045	1.350	0.905	1.551	0.767	1.779	0.632	2.030	0.505	2.296
15	1.077	1.361	0.946	1.543	0.814	1.750	0.685	1.977	0.562	2.220
16	1.106	1.371	0.982	1.539	0.857	1.728	0.734	1.935	0.615	2.157
17	1.133	1.381	1.015	1.536	0.897	1.710	0.779	1.900	0.664	2.104
18	1.158	1.391	1.046	1.535	0.933	1.696	0.820	1.872	0.710	2.060

续表

T	k+1=2		k+1=3		k+1=4		k+1=5		k+1=6	
	d_L	d_U	d_L	d_U	d_L	d_U	d_L	d_U	d_L	d_U
19	1.180	1.401	1.074	1.536	0.967	1.685	0.859	1.848	0.752	2.023
20	1.201	1.411	1.100	1.537	0.998	1.676	0.894	1.828	0.792	1.991
21	1.221	1.420	1.125	1.538	1.026	1.669	0.927	1.812	0.829	1.964
22	1.239	1.429	1.147	1.541	1.053	1.664	0.958	1.797	0.863	1.940
23	1.257	1.437	1.168	1.543	1.078	1.660	0.986	1.785	0.895	1.920
24	1.273	1.446	1.188	1.546	1.101	1.656	1.013	1.775	0.925	1.902
25	1.288	1.454	1.206	1.550	1.123	1.654	1.038	1.767	0.953	1.886
26	1.302	1.461	1.224	1.553	1.143	1.652	1.062	1.759	0.979	1.873
27	1.316	1.469	1.240	1.556	1.162	1.651	1.084	1.753	1.004	1.861
28	1.328	1.476	1.255	1.560	1.181	1.650	1.104	1.747	1.028	1.850
29	1.341	1.483	1.270	1.563	1.198	1.650	1.124	1.743	1.050	1.841
30	1.352	1.489	1.284	1.567	1.214	1.650	1.143	1.739	1.071	1.833
31	1.363	1.496	1.297	1.570	1.229	1.650	1.160	1.735	1.090	1.825
32	1.373	1.502	1.309	1.574	1.244	1.650	1.177	1.732	1.109	1.819
33	1.383	1.508	1.321	1.577	1.258	1.651	1.193	1.730	1.127	1.813
34	1.393	1.514	1.333	1.580	1.271	1.652	1.208	1.728	1.144	1.808
35	1.402	1.519	1.343	1.584	1.283	1.653	1.222	1.726	1.160	1.803
36	1.411	1.525	1.354	1.587	1.295	1.654	1.236	1.724	1.175	1.799
37	1.419	1.530	1.364	1.590	1.307	1.655	1.249	1.723	1.190	1.795
38	1.427	1.535	1.373	1.594	1.318	1.656	1.261	1.722	1.204	1.792
39	1.435	1.540	1.382	1.597	1.328	1.658	1.273	1.722	1.218	1.789
40	1.442	1.544	1.391	1.600	1.338	1.659	1.285	1.721	1.230	1.786
45	1.475	1.566	1.430	1.615	1.383	1.666	1.336	1.720	1.287	1.776
50	1.503	1.585	1.462	1.628	1.421	1.674	1.378	1.721	1.335	1.771
55	1.528	1.601	1.490	1.641	1.452	1.681	1.414	1.724	1.374	1.768
60	1.549	1.616	1.514	1.652	1.480	1.689	1.444	1.727	1.408	1.767
65	1.567	1.629	1.536	1.662	1.503	1.696	1.471	1.731	1.438	1.767
70	1.583	1.641	1.554	1.672	1.525	1.703	1.494	1.735	1.464	1.768
75	1.598	1.652	1.571	1.680	1.543	1.709	1.515	1.739	1.487	1.770
80	1.611	1.662	1.586	1.688	1.560	1.715	1.534	1.743	1.507	1.772

续表

T	$k+1=2$		$k+1=3$		$k+1=4$		$k+1=5$		$k+1=6$	
	d_L	d_U	d_L	d_U	d_L	d_U	d_L	d_U	d_L	d_U
85	1.624	1.671	1.600	1.696	1.575	1.721	1.550	1.747	1.525	1.774
90	1.635	1.679	1.612	1.703	1.589	1.726	1.566	1.751	1.542	1.776
95	1.645	1.687	1.623	1.709	1.602	1.732	1.579	1.755	1.557	1.778
100	1.654	1.694	1.634	1.715	1.613	1.736	1.592	1.758	1.571	1.780
150	1.720	1.747	1.706	1.760	1.693	1.774	1.679	1.788	1.665	1.802
200	1.758	1.779	1.748	1.789	1.738	1.799	1.728	1.809	1.718	1.820

T	$k+1=7$		$k+1=8$		$k+1=9$		$k+1=10$		$k+1=11$	
	d_L	d_U	d_L	d_U	d_L	d_U	d_L	d_U	d_L	d_U
6										
7										
8										
9										
10										
11	0.203	3.004								
12	0.268	2.832	0.171	3.149						
13	0.328	2.692	0.230	2.985	0.147	3.266				
14	0.389	2.572	0.286	2.848	0.200	3.111	0.127	3.360		
15	0.447	2.471	0.343	2.727	0.251	2.979	0.175	3.216	0.111	3.438
16	0.502	2.388	0.398	2.624	0.304	2.860	0.222	3.090	0.155	3.304
17	0.554	2.318	0.451	2.537	0.356	2.757	0.272	2.975	0.198	3.184
18	0.603	2.258	0.502	2.461	0.407	2.668	0.321	2.873	0.244	3.073
19	0.649	2.206	0.549	2.396	0.456	2.589	0.369	2.783	0.290	2.974
20	0.691	2.162	0.595	2.339	0.502	2.521	0.416	2.704	0.336	2.885
21	0.731	2.124	0.637	2.290	0.546	2.461	0.461	2.633	0.380	2.806
22	0.769	2.090	0.677	2.246	0.588	2.407	0.504	2.571	0.424	2.735
23	0.804	2.061	0.715	2.208	0.628	2.360	0.545	2.514	0.465	2.670
24	0.837	2.035	0.750	2.174	0.666	2.318	0.584	2.464	0.506	2.613
25	0.868	2.013	0.784	2.144	0.702	2.280	0.621	2.419	0.544	2.560
26	0.897	1.992	0.816	2.117	0.735	2.246	0.657	2.379	0.581	2.513
27	0.925	1.974	0.845	2.093	0.767	2.216	0.691	2.342	0.616	2.470

续表

T	$k+1=2$		$k+1=3$		$k+1=4$		$k+1=5$		$k+1=6$	
	d_L	d_U	d_L	d_U	d_L	d_U	d_L	d_U	d_L	d_U
28	0.951	1.959	0.874	2.071	0.798	2.188	0.723	2.309	0.649	2.431
29	0.975	1.944	0.900	2.052	0.826	2.164	0.753	2.278	0.681	2.396
30	0.998	1.931	0.926	2.034	0.854	2.141	0.782	2.251	0.712	2.363
31	1.020	1.920	0.950	2.018	0.879	2.120	0.810	2.226	0.741	2.333
32	1.041	1.909	0.972	2.004	0.904	2.102	0.836	2.203	0.769	2.306
33	1.061	1.900	0.994	1.991	0.927	2.085	0.861	2.181	0.796	2.281
34	1.079	1.891	1.015	1.978	0.950	2.069	0.885	2.162	0.821	2.257
35	1.097	1.884	1.034	1.967	0.971	2.054	0.908	2.144	0.845	2.236
36	1.114	1.876	1.053	1.957	0.991	2.041	0.930	2.127	0.868	2.216
37	1.131	1.870	1.071	1.948	1.011	2.029	0.951	2.112	0.891	2.197
38	1.146	1.864	1.088	1.939	1.029	2.017	0.970	2.098	0.912	2.180
39	1.161	1.859	1.104	1.932	1.047	2.007	0.990	2.085	0.932	2.164
40	1.175	1.854	1.120	1.924	1.064	1.997	1.008	2.072	0.952	2.149
45	1.238	1.835	1.189	1.895	1.139	1.958	1.089	2.022	1.038	2.088
50	1.291	1.822	1.246	1.875	1.201	1.930	1.156	1.986	1.110	2.044
55	1.334	1.814	1.294	1.861	1.253	1.909	1.212	1.959	1.170	2.010
60	1.372	1.808	1.335	1.850	1.298	1.894	1.260	1.939	1.222	1.984
65	1.404	1.805	1.370	1.843	1.336	1.882	1.301	1.923	1.266	1.964
70	1.433	1.802	1.401	1.838	1.369	1.874	1.337	1.910	1.305	1.948
75	1.458	1.801	1.428	1.834	1.399	1.867	1.369	1.901	1.339	1.935
80	1.480	1.801	1.453	1.831	1.425	1.861	1.397	1.893	1.369	1.925
85	1.500	1.801	1.474	1.829	1.448	1.857	1.442	1.866	1.396	1.916
90	1.518	1.801	1.494	1.827	1.469	1.854	1.445	1.881	1.420	1.909
95	1.535	1.802	1.512	1.827	1.489	1.852	1.465	1.877	1.442	1.903
100	1.550	1.803	1.528	1.826	1.506	1.850	1.484	1.874	1.462	1.898
150	1.651	1.817	1.637	1.832	1.622	1.846	1.608	1.862	1.593	1.877
200	1.707	1.831	1.697	1.841	1.686	1.852	1.675	1.863	1.665	1.874

注：T 是观测值的数目；$k+1$ 是解释变量(包括常数项)的数目。

六、协整检验临界值表

表 2 协整检验临界值表

k	模型形式	p	φ_∞	φ_1	φ_2
1	无常数项,无趋势项	0.01	−2.5658	−1.960	−10.04
		0.05	−1.9393	−3.098	0.00
		0.10	−1.6156	−0.181	0.00
	常数项,无趋势项	0.01	−3.4336	−5.999	−29.25
		0.05	−2.8621	−2.738	−8.36
		0.10	−2.5671	−1.438	−4.48
	常数项,趋势项	0.01	−3.9638	−8.353	−47.44
		0.05	−3.4126	−4.039	−17.83
		0.10	−3.1279	−2.418	−7.58
2	常数项,无趋势项	0.01	−3.9001	−10.534	−30.03
		0.05	−3.3377	−5.967	−8.98
		0.10	−3.0462	−4.069	−6.73
	常数项,趋势项	0.01	−4.3266	−15.531	−34.03
		0.05	−3.7809	−9.421	−15.06
		0.10	−3.4959	−7.203	−4.01
3	常数项,无趋势项	0.01	−4.2981	−13.790	−46.37
		0.05	−3.7249	−8.352	−13.41
		0.10	−3.4518	−6.241	−2.79
	常数项,趋势项	0.01	−4.6676	−18.492	−49.35
		0.05	−4.1193	−12.024	−13.13
		0.10	−3.8344	−9.188	−4.85
4	常数项,无趋势项	0.01	−4.6493	−17.188	−59.20
		0.05	−4.1000	−10.745	−21.57
		0.10	−3.8110	−8.317	−5.19
	常数项,趋势项	0.01	−4.9695	−22.504	−50.22
		0.05	−4.4294	−14.501	−19.54
		0.10	−4.1474	−11.165	−9.88

参考文献

1. Jeffrey M. Wooldridge. *Introductory Econometrics : A Modern Approach*. 7th ed. Cengage, 2018.

2. Michael P. Murray. *Econometrics : A Modern Introduction*. Pearson Education, Inc. , 2006.

3. Damodar N. Gujarrati. *Basic Econometrics*. 4th ed. McGraw-Hill Company, 2001.

4. James H. Stock, Mark W. Watson. *Introduction to Econometrics*. Pearson Education, Inc. , 2003.

5. William H. Greene. *Econometric Analysis*. 5th ed. Prentice-Hall Inc. , 2003.

6. 李子奈，潘文卿. 计量经济学[M]. 5 版. 北京：高等教育出版社，2020.

7. 张晓峒. 计量经济分析[M]. 北京：经济科学出版社，2003.

8. 赵国庆. 计量经济学[M]. 北京：中国人民大学出版社，2001.

9. 洪永淼. 高级计量经济学[M]. 北京：高等教育出版社，2011.

10. 庞皓. 计量经济分析[M]. 3 版. 北京：科学出版社，2014.

11. 邱嘉平. 因果推断实用计量方法[M]. 上海：上海财经大学出版社，2020.

12. 李景华. 法与工商管理：概念、模型及其应用[J]. 学术论坛，2016，39，(11)：47－51.

13. 李景华. 2020 年全球经济基本面研判及政策建议[J]. 人民论坛・学术前沿，2020(8)：52－61.

14. 李景华. 中国农村居民消费的实证分析[J]. 理论学刊，2006(5)：46－48.

15. 陈航，李景华. 养老保险基金支出对农村居民消费的影响研究[J]. 科技咨询，2016(18)：163－166.

16. 黄婷，李景华. 美元指数与大宗商品价格关系的实证分析[J]. 经济纵横，2015(8)：116－120.

续表

k	模型形式	p	φ_∞	φ_1	φ_2
5	常数项,无趋势项	0.01	−4.9587	−22.140	−37.29
		0.05	−4.4185	−13.641	−21.16
		0.10	−4.1327	−10.638	−5.48
	常数项,趋势项	0.01	−5.2497	−26.606	−49.56
		0.05	−4.7154	−17.432	−16.50
		0.10	−4.4345	−13.654	−5.77
6	常数项,无趋势项	0.01	−5.2400	−26.278	−41.65
		0.05	−4.7048	−17.120	−11.17
		0.10	−4.4242	−13.347	0.00
	常数项,趋势项	0.01	−5.5127	−30.735	−52.50
		0.05	−4.9767	−20.883	−9.05
		0.10	−4.6999	−16.445	0.00

注:临界值计算公式为 $C_p(k,T)=\varphi_\infty+\frac{\varphi_1}{T}+\frac{\varphi_2}{T^2}$,其中,$T$ 表示样本容量,k 表示解释变量个数(包括常数项),p 表示显著性水平。